21世纪经济管理精品教材
心理学系列

Social Psychology

社会心理学

钟毅平◎主编
杨碧漪　谭千保◎副主编

清华大学出版社
北京

图书在版编目（CIP）数据

社会心理学 / 钟毅平主编. —北京：清华大学出版社，2020.11（2025.6 重印）
21 世纪经济管理精品教材. 心理学系列
ISBN 978-7-302-55013-6

Ⅰ. ①社… Ⅱ. ①钟… Ⅲ. ①社会心理学—高等学校—教材 Ⅳ. ①C912.6-0

中国版本图书馆 CIP 数据核字(2020)第 042297 号

责任编辑：刘志彬
封面设计：李召霞
责任校对：宋玉莲
责任印制：沈　露

出版发行：清华大学出版社
网　　址：https://www.tup.com.cn，https://www.wqxuetang.com
地　　址：北京清华大学学研大厦 A 座　　邮　　编：100084
社 总 机：010-83470000　　邮　　购：010-62786544
投稿与读者服务：010-62776969，c-service@tup.tsinghua.edu.cn
质 量 反 馈：010-62772015，zhiliang@tup.tsinghua.edu.cn
印 装 者：三河市人民印务有限公司
经　　销：全国新华书店
开　　本：185mm×260mm　　印　张：29.5　　字　　数：665 千字
版　　次：2020 年 11 月第 1 版　　印　　次：2025 年 6 月第 4 次印刷
定　　价：79.00 元

产品编号：067974-01

前言

2015 年 10 月，我们三人（杨碧漪、谭千保及本人）正式接受《社会心理学》教材的编写任务，到今天完成编写工作，已经过去了四年多的时间。编写期间由于各种原因，编写工作断断续续。好在编写之初，我们三个人反复讨论，确定了基本原则和注意事项，从而保证了教材的内容与质量。

这些基本原则和注意事项包括：第一，教材内容只含基础社会心理学部分，不包括应用社会心理学部分。第二，为体现社会心理学的新进展，主要理论视角采用社会文化视角（sociocultural perspective）、进化论视角（evolutionary perspective）、社会学习视角（social learning perspective）和社会认知视角（social cognitive perspective），摒弃传统的社会心理学四大理论，即行为主义理论、精神分析理论、符号互动理论和认知相符理论。为贯彻这一思想，尤其要注意适当地介绍当前此领域不同文化的差异是怎样的，以及从进化的角度看是怎样解释的。第三，每章开头用一个与本章主要内容有关的案例导入。第四，概念第一次出现时需注明英文，再次出现时不再注明英文了。第五，每章以传统的研究内容为主，适当介绍最新的理论，但不能太多，否则学生学习起来会有困难。第六，描述一种心理现象时，注意尽量从“知（冷）”“情（热）”“意（行）”进行完整的分析。第七，引用资料时注意注释，尊重他人劳动成果。

在编写过程中，除了遵循以上几点外，我们还特别注意内容的更新。因此，本书大量参考了国内外的同类资料，尤其是最新的国外社会心理学教材、著作与相关研究，尽量吸纳社会心理学研究发展的新观点、新内容，并在本教材中体现出来。略举数例，例如，在第一章中把社会心理学研究的主要内容定为“两个基本原理、三个动机原则和三个信息加工原则”，在“两个基本原理”中我们总结认为社会心理学主要研究的是社会过程与认知过程这两大过程，而在“三个动机原则和三个信息加工原则”中同时强调了人们社会心理“热”与“冷”的两大方面。在第二章中，把社会心理学的历史细分为七个时期，而不是传统的三个阶段，并以介绍近现代的历史为主；根据社会心理学以“中型理论”见长的特点，我们主要介绍了社会心理学研究的社会学习视角、社会文化视角、进化论视角与社会认知视角，而不是传统的社会心理学四大理论流派：行为主义理论流派、符号互动理论流派、精神分析理论流派和社会认知理论流派。在第四章的“自尊概念”部分中，重点介绍了更为复杂的低自尊者的特点，以免学习者误认为低自尊者就是与高自尊者有着相反的表现。在第五章“社会认知”中，加入了“具身社会认知”的内容。在第七章“人际关系”中，介绍了较新的自我拓展理论。在第十一章“社会影响”里，我们加入了源于欧洲社会心理学家研究的“众从（即少数派对多数人的影响）”，并对其主要的依据“皈依理论”与心理机制做了比较详细的介绍，等等。另外，每一章除了展示传统的观点外，也不乏有新颖的内容介绍。

本书各章节编写者情况具体如下：第一章“社会心理学简介”（杨碧漪）；第二章“社会心理学简史和理论”（杨碧漪）；第三章“社会心理学的研究方法”（谭千保）；第四章“自我”第一节、第二节、第三节（钟毅平、杨碧漪），第四节（钟毅平）；第五章“社会认知”第一节、第二节、第三节（钟毅平、杨碧漪），第四节、第五节、第六节（杨碧漪）；第六章“态度与态度改变”（杨碧漪）；第七章“人际关系”（杨碧漪）；第八章“侵犯行为”（谭千保）；第九章“亲社会行为”（谭千保）；第十章“群体行为”（杨碧漪）；第十一章“社会影响”（杨碧漪）；第十二章“偏见与歧视”（钟毅平）。

特别感谢出版社的领导与编辑，正是由于他们的优质服务与不断提醒，才使我们完成了这本教材。如有错误与不当之处，是编写者水平有限所致，欢迎广大读者批评并不吝赐教。

编　者

二零二零年

目录

第一章

社会心理学简介

【开篇案例】

疯狂的传销

在不少地方，存在着一种名叫纯资本运作、连锁经营的以吸收资金为目的的传销模式。一开始，传销组织以旅游观光、项目考察、做小生意等名义骗来许多人，接着便有一套成熟的模式在此等候。首先，骗人来的“上线”会亲自或者安排一个人全程陪同被骗者。然后，按照他们事先安排好的流程，被骗者跟其他被骗来的人一起，花 40 块钱“买票”参加当地半日游。从当天下午开始，每天到 4 个以上的“朋友”家里串门，听他们介绍“资本运作项目”。他们介绍的内容、表达的方式基本一致，在层次上则是步步深入，一开始是口头讲解，后面辅之以图书、视频等，形式丰富。

他们可能会说，所要从事的事业是一项秘密的国家战略，模式由国务院副总理花巨资从美国引进，名字很模糊或者经常变化，有“资本运作”“纯资本项目”“连锁经营”“1040 阳光工程”等多个名字。

如果想参与，具体操作方法如下：首先要“投资入股”。按照 3 300 元一股的标准，一次性要申购 21 股，也就是 69 300 元，另外还要缴纳 500 元作为管理费用，这样算下来，一共需要投资 69 800 元。投入 69 800 元的第二个月，“组织”会自动返还你 19 000 元，作为入股奖励，也有叫“工资”的。这样，你实际投入的资金是 50 800 元。

接下来，你要寻找 3 个合作伙伴，也就是要发展 3 个下线，你的 3 个下线同样要投资 69 800 元，每人还要再发展他们的 3 个下线。你本人加上 3 个下线，再加上 9 个下下线，你的团队已经有 13 个成员了。1 变 3，3 变 9，9 变 27，同时伴随着一套复杂的晋升机制（“五级三阶制”），你就成了“老总”，一年内便可以拿到上千万元了。拿到钱之后，就退出，把当老总的机会留给后来人。

从资金流的角度看，原理不复杂：你交上的 69 800 元钱，分给了你的上线、上上线、上上上线，而你再去赚取你的下线、下下线们的钱。

“这个是国家政策，而且是一个秘密的政策，外面的人都不知道，只有您到××来亲自感受，才能领悟这其中的玄机。我国的改革开放，第一极在深圳;第二极在上海，新浦东；第三极是渤海湾;那么第四极就是××。国家给了××四大政策，别的地方不能做的事情，在这里都可以做。”这是传销组织的一套说辞。

传销的危害已经“名满天下”，不少人谈之色变，为了抵消这种负面影响，传销组织设计了一整套“免疫”措施。

首先，他们反复强调坚决反对传销，并且煞有介事地分析“资本运作项目”跟传销的多项区别。例如，传销必然销售某种产品，资本运作项目只是融资，不销售任何产品（毕竟，很少有人了解国家法律对于什么是传销有明确规定）。

此外，出于对“行业”的“自我保护”，这个传销网络里还有一个“行规”，就是“五类人不得进入”，这五类人是：公务员、现役军人、学生、教师和本地人。

媒体对“纯资本运作”已经予以曝光，传销者却有自己的解释：“所有负面报道都是国家安排的，是一种宏观调控的手段，目的是‘既要有人来××，又不要太多人来××’。人来多了不好，会乱套，所以，政府经常搞一些负面报道，把胆小的、低素质的人吓跑，让聪明的人进来，这也是国家为西部开发选拔人才的机制。”

“就算你是记者，也不能随便对这里进行报道。”传销组织的一名大叔说得很郑重，听口气俨然像高层领导——他不知道坐在对面的就是一名记者，比他更了解新闻媒体的运作方式。

在他们的说辞之中，国家对资本运作项目的真正态度是“宏观调控，微观支持”。

怎么支持?因为是国家秘密项目，不可能让你看到红头文件，你要通过在当地大街上观察到的各种现象和各种细节去“感悟”。而且，他们很有耐心，你如果想急着入伙，他们不会同意，一定要让你确认了是“国家在做这个事情”之后，才同意你加入。

他们组织的当地半日游当中，所有的建筑设计含义，都被故意解读为资本运作项目的暗示。

××广场是必须去的地方，按此地传销组织的人们说，××广场是最有说服力的一个实证。每一个图案，每一件装饰，每一层阶梯，每一款灯饰……都是此地传销合法性的有力实证。例如：门旁有 21 棵大树，为 21 份之意；三道台阶数相加为 29 阶，有 29 个人就可以成功上平台之意；最上面为 5 个台阶，地面有 3 个平台代表连锁销售模式为五级三阶制。

又如，当地的人民会堂后面放有一口鼎，这口鼎为什么要放在后门而不是正门?这是代表国家在“背后”支持当地的资本运作事业。

传销组织一名小伙子介绍：“‘纯资本运作’项目，是‘1998 年国家领导人去美国考察时引进中国的’，放在××。中央给××的定位是‘国家优化资本结构试点城市’，这就是国家对我们这个行业的认可，让我们先做试点，只是不便明说而已。国家对这种反传统的经济运行模式是支持的、肯定的，但是由于没有立法，所以也很谨慎，表面打击，暗地支持，不然的话，上百万外地人在××，花高价租房子，整天吃饭、聚会、唱歌，就是不工作。当地政府怎么会不知道?你好好想想。”

他指着××国家经济技术开发区随处可见的密集的民房说：“这些全都是违章建筑，都是在政府的支持下才建立起来的，目的是对外出租增加收入。”他反问：“你知道为什么这个地方，号称国家级开发区，却没有企业和工厂吗?如果不是政策宽松，可能出现这么多违章建筑吗?你在别的任何一个城市，可能看到这种奇怪的现象吗?”

据他称，××至少有 2 000 万人同时在参与这个项目。

有人从财政角度提了一个专业问题：“如果 10%的人（200 万人）能够成功退出，每个人获得 1 000 万元收益，则‘国家财政’需要支付的总资金是 20 万亿。这么庞大的资金量，是国家每年财政收入的两倍左右，是每年国家军事预算总经费的数十倍，根本不可能。”

对面负责讲解的小伙子立即急了眼：“那你就是质疑国家在做这个事情，你先去搞清楚到底是不是国家在做，不管你账怎么算，我选择相信共产党。”

这名小伙子来自山东，大学学的是舞蹈专业，来××解救搞传销的父亲，结果看完之后自己留下了。原来他跟朋友在北京合伙开舞蹈培训班，据他说，生意还不错，但他现在不想回去了。

还有更牛的，他们有能力建构一整套理论、说法，甚至捏造历史事实，把“资本运作模式”不但说成是美国西部开发的关键、日本崛起的法宝，还说成是中国参与大国竞争的利器。这套理论旨在令人“顿悟”：原来国家在下一盘好大的棋，而我坚持来××，终于捅破窗户纸看到真相，有幸加入其中了。

虽然大力打击传销的专项行动每年都会开展，但是传销组织并没有偃旗息鼓，反而不断翻新花样、巧妙包装，吸引新人源源不断地加入其中。让人难以理解的是，警方解救传销人员时，有的人见到亲人，不仅不愿跟其回家，还劝说亲人留下一起“发财”。

上述的传销活动几乎在全国各地都有，而且存在了很长时间，当我们看到传销人员的表现时，会感到不可思议，大多数人的反应是传销组织者“卑鄙、可恨”；传销人员“素质低、愚不可及、荒唐、可怜、可耻”；如果自己在场，绝不会相信传销说教者的说辞。真的是这样吗？到底如何解释此种现象？传销组织者在给传销人员洗脑时使用了哪些心理学的技巧与方法？传销人员身上有哪些具体的内部因素和外部力量致使他参与了传销活动，并且越陷越深？如果我们自己被他们洗脑，我们会不会被他们劝服，也变成一名传销人员？

对传销现象进行深入的分析和解释，需要多学科、多层次、多领域知识的综合运用。社会心理学可以提供一个独有的、深入的视角来解读。不仅如此，社会心理学还可以帮助人们了解其个人的生活与日常的社会互动状况——你的友谊情形、你的爱情关系、你的工作交流、你的学校表现等。例如，社会心理学能够让你洞悉为什么你最近的恋爱失败了，为什么有人对你称兄道弟而有人却对你冷若冰霜；社会心理学也可以帮助你弄懂为什么一对情侣看上去那么般配却冲突不断，同学中最想不到会在一起的两个人却最终走进了婚姻的殿堂而且很幸福；社会心理学还会告诉你同一家公司的销售员中，有的销售成绩比别人多了十倍，公告要如何写才能达到其目的，等等。

心理学已经有 100 多个分支学科，而社会心理学可以说是其中最引人入胜的了。社会心理学的吸引力之一是它几乎对所有正常人行为领域的东西持开放态度。很多心理学的分支学科都是依据一个具体侧重点来定义的：精神疾病、儿童心理，或者大脑活动过程。社会心理学没有这样的侧重点。任何东西，只要能增进对人们如何思考、感受及行动的理解，都受其欢迎。这样看来，新想法、新方法、新方向似乎无穷无尽了。很多领域的学者只会在意他们自己的学科上的事物，而社会心理学家对任何有关认识人性的东西，都会非常乐意去倾听和解读。

第一节 社会心理学的研究对象

一、社会心理学的定义争议

一般而言，在新接触一门学科时，学习者会想要知道这门学科的定义是什么。也许对于其他的学科而言，这不是一件难事，但对社会心理学来说，恐怕没有哪位学者敢说自己可以下一个人人都认同的关于社会心理学的定义。对此，墨顿·亨特（Morton Hunt）在他所著的《心理学的故事》中论及社会心理学部分时，开篇就是下列的对话，由此可见一斑：

问：现代心理学中什么领域极为忙碌和高产而又没有明确的身份，甚至没有一个普遍接受的定义？

答：社会心理学。①

类似的，阿伦森在谈到什么是社会心理学时说："几乎有多少位社会心理学家，就有多少种关于社会心理学的定义。"②

为什么给社会心理学下个定义如此之难呢？主要有两个方面的原因。

第一，社会心理学到现在为止仍然是一门新兴的科学。无论是从有记载的第一个社会心理学实验（特里普利特，1897），还是从第一本社会心理学著作的出版发行（麦独孤和罗斯，1908）来看，社会心理学才经历了100余年的时间，在研究的深度和广度上还有很大的不足，何况它研究的是人的心理现象，恐怕是这个世界上最为复杂、深奥的现象。因此，对于什么是社会心理学，就难免众说纷纭。

第二，社会心理学在西方成立之初，就深受它的两门母体学科——社会学与心理学的影响，对于什么是社会心理学，社会学和心理学会从不同的学科角度来进行诠释。对此，墨顿·亨特说："自从社会心理学诞生之后，它的实践者们就开始对'它究竟是什么'产生意见分歧。心理学家以一种方式给它定义，社会学家以另一种方式给它定义，而大多数教科书编者都提出一些模糊的定义，他们什么都说，什么也没说，希望把两种意见都综合进来，并覆盖这个领域整个的杂凑课题。举个例子，'（社会心理学是）对影响一个人的社会行为的个人和情境因素进行的科学研究。'"③

对比中国与西方（主要是美国）的社会心理学教材，我们会发现，在谈到社会心理学的定义时，中国的教材基本都是尽量详细地去对社会心理学的各种定义进行分析，并试图提出一个尽量完美的定义。而西方教材的作者一般不去分析各种不同的定义，只提出自己认可的定义。艾略特·阿伦森最近表达了大部分社会心理学家对他们自己的研究领域的看法：

"（这）是我的想法，即社会心理学是极为重要的，社会心理学家可以起很大的作

① 墨顿·亨特. 心理学的故事［M］. 李斯,译. 海口：海南出版社，1999：516.

② E. 阿伦森. 社会性动物（第九版）［M］. 邢占军,译. 上海：华东师范大学出版社，2007：5.

③ 墨顿·亨特. 心理学的故事［M］. 李斯,译. 海口：海南出版社，1999：516.

用，可以让这个世界成为一个更好的地方。的确，我更夸张一些的时候，还在心里暗想，社会心理学家处于一个独特的位置，可以对我们的生活产生深刻而有益的影响，他们可以为理解像顺从、说服、偏见、爱和进攻性这类的重要现象提供更多的解释。

如果说它没有合适的界限，没有一致统一的定义，也没有统一的理论，那又有什么关系呢？”

在这里，我们也不试图给社会心理学下一个完整、全面、人人满意的定义，不过我们有必要对社会心理学定义的主要争议做一个简要的回顾。在此，我们根据大致时间的先后，对早期和近期的社会心理学定义做一个简单的回顾分析。而且，我们只对西方学者下的社会心理学定义进行分析，原因是国学者对社会心理学下的定义，基本上都是从这些西方的学者的定义出发，提出一个自己对社会心理学定义的看法。

（一）早期的社会心理学定义

这里所指早期是指 20 世纪 80 年代以前，这个时期的社会心理学定义带有比较明显的不同母体学科的色彩，即社会学家和心理学家对什么是社会心理学的看法差异较大。

首先我们看看心理学家对社会心理学的看法。相对于社会学家，心理学家更喜欢从微观的角度去研究社会心理学，其在社会心理学的定义中的体现，就是把个体当作是社会心理学的分析单元。在西方的社会心理学界，被引用得最多、影响最大的定义是奥尔波特（G.W.Allport, 1968）提出来的，他认为社会心理学“是了解和解释个人的思想、情感、行为怎样受到他人存在的影响，包括实际存在、想象中的存在或隐含的存在的影响”的一门科学。就连 2015 年出版的《美国心理学会心理学词典》（第二版）在解释社会心理学时，还是用的这个定义。

即使是到了 20 世纪 80 年代左右，大部分心理学家依然持有这样的观点，如霍兰德认为：“社会心理学研究在社会中的个体的心理活动。”[①]

但是，社会学家却更喜欢从宏观的角度，强调社会心理学要研究社会互动（即人与人之间的相互作用）及群体的心理与行为。第一本社会心理学著作的作者，美国的社会学家罗斯（1908）认为，社会心理学研究“因人们交往而产生的，存在于人们之间的心理面和心理流”。所谓“心理面”，就是人们之间一致的静态心理现象，如语言、信仰、文化中所包含的共同心理；而“心理流”则指人与人之间动态的心理现象，如军队溃败时的恐慌、工潮中的愤慨，以及宗教信仰狂热时的心理表现等。早期的社会学家埃尔伍德认为，社会心理学是“关于社会互动的研究”，它所关心的“是人类群体行为的心理学解释”。这就明显带有社会学的学科色彩，只见群体不见个体。

到了 20 世纪 80 年代，社会学家虽然不会极端地认为社会心理学只研究群体的心理与行为现象，但是对社会互动依然重视。例如，巴克（Kurt W. Back）认为：“社会心理学家却要进行一种更精确的研究，他要考察一个人对另一个人的知觉。对某一个人，

---

① 霍兰德. 社会心理学原理和方法（第四版）[M]. 冯文侣,等译，吴江霖,审校. 广州：广东高等教育出版社，1988：2.

其他人会做出一定反应，此人对这些反应一定会有所知觉，这种知觉最终会影响到知觉者看待自己的方式。因此，社会心理学家必须研究这种知觉影响知觉者看待自己的方式的过程。总而言之，社会心理学家要研究一个并非单一和自由的个体被他周围的人塑造和影响的方式。”①

（二）近期的社会心理学定义

20 世纪 80 年代以后，尤其是进入 90 年代，社会学角度的社会心理学教材越来越难以见到，现在几乎是清一色的心理学家写的社会心理学教材。我们先就心理学内部关于社会心理学的定义作一分析。

许多美国的社会心理学家，如艾略特·阿伦森（Elliot Aronson）、迈克尔·霍格（Michael A. Hogg）等直接在教材中就引用了上述 G.奥尔波特的定义，可见 G.奥尔波特给社会心理学下的定义影响之大。

美国的社会心理学家戴维·迈尔斯（David G. Myers）认为：“社会心理学是一门研究我们周围情境影响力的科学，尤其关注我们如何看待他人，如何影响他人。更确切地说，社会心理学是一门研究人们如何看待他人，如何互相影响，以及如何与他人互相关联的科学。”②

在这个定义里，戴维·迈尔斯强调了社会心理学应该重点研究社会情境对人的心理与行为的影响，而不是放在人与人不同的个性差异上，即使人的内在态度与性格也能够影响行为；其次，社会心理学要研究人们是如何对社会情境进行认识理解的，戴维·迈尔斯尤其看重社会认知在人的心理与行为中起到的作用。持有类似观点的学者还有美国的肯里克、纽伯格和西奥迪尼，他们认为：“社会心理学是以科学的方法研究人们的思想、情感和行为是如何受到他人影响的一门学科。”③

索尔·卡辛（Saul Kassin）、斯蒂文·费恩（Steven Fein）和哈泽尔·罗丝·马库斯（Hazel Rose Markus）认为：社会心理学是“对个体如何在社会情境中思维、情感和行为进行科学研究”的一门学问。④这个定义依然强调社会心理学要研究的主体是个体（individuals），另外就是很广泛地认为社会心理学研究的是个体的社会心理与社会行为。托马斯·吉洛维奇等也完全是持这个观点的，他们认为：“社会心理学可被定义为是对个体在社会情境中的情感、思想和行为进行的科学研究”。⑤类似的还有凯瑟琳·桑德森（Catherine A. Sanderson），认为社会心理学是“对人们的思想、态度和行为如何

① 巴克. 社会心理学［M］. 南开大学社会学系,译. 天津：南开大学出版社，1984：5.

② David G. Myers, Jean Twenge. Social Psychology［M］. 12th ed. New York: McGraw-Hill, 2016：2.

③ 肯里克，纽伯格，西奥迪尼. 自我·群体·社会：进入西奥迪尼的社会心理学课堂（第 5 版）［M］. 谢晓非,等译. 北京：中国人民大学出版社，2011：3.

④ Saul Kassin, Steven Fein,and Hazel Rose Markus. Social Psychology［M］. 9th Edition.Belmont: Wadsworth, Cengage Learning, 2014：6.

⑤ Thomas Gilovich, Dacher Keltner, Serena Chen, Richard E. Nisbett. Social Psychology[M]. 4th ed. New York: W. W. Norton & Company, Inc., 2016：5.

被社会性世界的因素影响的科学研究”。[①]这个定义与之前的定义稍微不同的是，认为社会心理学研究的主体是人们（people），而不是个体。

德拉玛特（John D. DeLamater）认为：社会心理学“是对人类社会行为的本质和成因进行系统研究的科学”，并对这个定义做出了解释：第一，社会心理学主要关注的是人的社会行为，这有许多内容，比如因他人存在而引发的个体的活动，两人或多人之间的社会互动过程，个体和他们所属群体之间的关系等；第二，社会心理学不仅要研究人的社会行为的本质，还要研究引起此种社会行为的原因。变量间的因果关系对于构建社会心理学的理论十分重要，而理论又是预测和控制社会行为的关键；第三，社会心理学家是以系统化的方式来研究社会行为的，他们依靠严谨的研究方法论来进行，其中包括实验法、结构性观察法和样本调查法等。[②]

那么，当代的社会学到底是如何看待、定义社会心理学的呢？为此，笔者查阅了 2000 年出版的《社会学百科全书》与 2007 年出版的《布莱克威尔社会学百科全书》有关社会心理学的条目，前者中由霍华德·卡普兰（Howard B. Kaplan）撰写的条目是这样定义社会心理学的：“社会心理学研究的是个体的行为与心理结构，以及人际关系的结果和影响的过程，群体和其他集体形式的运行，以及文化层面上的宏观社会结构及其过程。”[③]后者中由安妮·艾森贝格（Anne F. Eisenberg）撰写的条目对社会心理学的定义是：“社会心理学是一种了解人社会关系的途径，它关注的是个体如何与社会组织、社会体系的互动。”[④]可见，这两个现代社会学对于社会心理学的定义都关注了个体的心理与行为，但依然强调社会的宏观面及社会互动本身及其影响。

罗霍尔等（David E. Rohall et al., 2011）在 2011 年出版了一本教材——《社会心理学——社会学的视角》（*Social Psychology:Sociological Perspectives*），他们给出的社会心理学定义是：社会心理学是一门对社会环境中人们的思想、感情和行为进行系统研究的科学。从表面上看，这个定义与心理学家下的定义非常接近了。但他们对这个定义进行解释时是这样说的：“一些社会心理学家聚焦于即时的社会环境对我们的思想、感情和行为的影响，但他们很快就会发现即便是这些即时的社会环境也受更大的社会力量和社会条件影响。”因此，社会学家始终把宏观的社会层面当作是影响人们心理和行为的重点。

二、社会心理学的定义及其分析

根据前面我们对社会心理学定义争议的分析，我们在此也提出了一个关于社会心理

① Catherine A. Sanderson. Social Psychology［M］. Hoboken :John Wiley & Sons, Inc., 2010:4.

② John D. DeLamater, Daniel J. Myers. Social Psychology［M］. Seventh Edition. Belmont: Wadsworth, Cengage Learning, 2011:3.

③Edgar F. Borgatta, Rhonda J.V. Encyclopedia of Sociology［M］. Second Edition. New York: Macmillan Reference USA, 2000:2766.

④ George Ritzer.Blackwell Encyclopedia of Sociology［M］. Malden: Blackwell Publishing Ltd., 2007:4516.

学的定义：社会心理学是从社会互动的观点出发，对人的社会心理和社会行为规律进行系统研究的科学。这里所说的人，既包括个体也包括群体，而人的社会心理和社会行为是指个体或群体在特定的社会文化环境中对于来自社会规范、群体压力、自我暗示、他人要求等社会影响所作出的内隐的和外显的反应。

（一）社会心理和社会行为

心理与行为都是人脑对客观现实（即刺激）进行的反应，只是心理是内隐的反应，而行为是外显的反应。内隐反应是指人们不能直接观察到的反应，外显反应是指人们可以直接观察到的反应。社会心理和社会行为是指人对社会性刺激进行的反应。

那么，人的社会心理和社会行为是怎么产生的，它们的关系又是怎样的呢？对此，著名的社会心理学家勒温（Kurt Lewin, 1936）提出了一个经典的公式加以说明：

$$B = f(P, E)$$

公式中的 B 是人的行为(behavior),具体指的是人的社会行为; f 是函数(function); P 指的是人（person），其具体的含义是人的个性特征（individual characteristics）；而 E 是环境（environment），环境包含了自然环境和社会情境（social situation）两个部分，一般指的是社会情境。这个公式的意思是，人每天的社会行为，如果分开单独来看，第一，主要是由人自身决定的；第二，主要是人们身处的环境决定的。如果全面地看，从理论上讲，人的社会行为是由人自身和环境共同作用而引起的。

1. 环境因素

这里的环境，是指存在于个体自身之外的那些能对其社会行为产生影响的所有因素。如前文所述，环境包含了自然环境和社会情境。

首先是自然环境，它可能是吵闹的或是安静的，温暖的或是寒冷的，狭小的或是宽敞的，丑陋的或是美观的。这些特征会影响到人们的感受。比如，噪声会给人压力感。长期处于噪声之下（这些噪声可能来自机动车辆、飞过头顶的飞机及设计不科学的建筑等）会损害人的健康，抑制人的阅读能力，使人无法在困难任务上持之以恒。

以前的社会心理学很少研究自然环境对人的社会行为的影响，认为社会心理学只研究人们在社会情境下的心理与行为。但是，现代学者越来越意识到这一部分不可或缺，进化社会心理学和具身认知对此有比较深入的研究。例如，威廉姆斯和巴格（2008）安排实验辅助人员与被试在电梯里见面，途中要求被试暂时帮忙端着咖啡（热咖啡或冰咖啡），之后实验者让被试就那名辅助人员的热情等特质进行评价。结果显示，端热咖啡的被试把辅助者评价为热情的、友好的、亲切的、善意的，而端冷咖啡被试的评价相对来说比较消极或中性。塞米（2009）进一步证实了上述结论，同时，他还发现适当提高室内温度会增加人际亲密度。换言之，周围环境温度高时，个体倾向于认为他人是热情的、友善的、和睦的，并且与他人心理距离小。可见，物理性的冷热尽管是自然刺激，却能对人的社会判断产生影响。

其次，由人与人之间的相互作用形成的社会性世界，即社会情境更能影响我们的社会行为。很多时候人们的行为并非出自于他们自身的心愿，而是由于受到了周围的人的影响，正所谓是“人在江湖，身不由己”。当然，不同的个体会对同样的社会情境有着不同的反应。

有时候情境的因素会以一种相当微妙的方式对人们的行为产生影响，即使他人并没有施加压力，人们也会修正自己的行为。因为人们会想象或者相信在那样的情境中，他人期望我们以某种特定的方式去行动，而这种信念会与情境一样强有力。例如，你是大学生，和几位关系好的同学一起去餐馆里吃盖饭，你在决定吃哪一种盖饭，看了菜单后你觉得香干回锅肉的盖饭最合自己的胃口，酸辣鱿鱼的盖饭也不错。当服务员过来时，你准备点香干回锅肉的盖饭。然而，当前面的几位同学点的都是酸辣鱿鱼的盖饭时，最后你也点了酸辣鱿鱼的盖饭。此时，你根据同学们的行为修改了自己的行为，因为你不想让自己成为一个异类。在吃什么的问题上，你的同学们没必要强迫你，实际上也没有任何强迫你的意思，如果说你感觉到了什么压力，并且由于这个压力而改变了自己的行为，那也是你自己造成的压力。

情境因素或行为的社会决定因素会同时有若干个层面。有时社会环境会促使人们的行为暂时发生改变，就像上面所述情形，当时你点了酸辣鱿鱼的盖饭，以后你也许再没有点过酸辣鱿鱼盖饭了。在其他的情况下，社会情境则是一个更具有普遍性的影响因素，对人们的行为发挥着持久的作用。文化就是这样，它非常深刻、广泛而持久地影响着人们的行为。例如，文化影响人们对饮食的偏好，湖南人无辣不欢，而上海人就喜欢偏甜的食物；文化也会影响人们同异性的关系，很多国家实行的是一夫一妻制，而中东等一些国家的一个男人却可以娶几个女人；文化还会影响人们在人际交往中所需要的空间距离，阿拉伯人倾向于在交往中紧贴对方，而欧美人在交往中则需要保持适当的距离，所以，假如一位阿拉伯人与一位欧美人士进行面对面的交谈，则会出现这样戏剧性的一幕：阿拉伯人步步紧逼，欧美人则不断后退，等他们把事情谈好，会发现他们已经远离最初的地方了！此外，文化还会影响人们的生活目标及其他许多行为。

2. 个性特征因素

个性特征包含了对个体的社会行为有影响的各种内部因素，如性别、年龄、种族、人格特征、态度、自我概念、思维方式等。在各种个性特征中，其中的生理特征对人的社会行为的影响是比较持久且明显的。人格特征对人的社会行为影响也比较持久，但却不那么明显，即不容易让人觉察得到。其他的内部特征，比如态度、观念、自我概念等对人的社会行为的影响，相对而言容易随着时间的流逝而发生改变。

开篇案例中那名来自山东的小伙子，大学学的是舞蹈专业，本来是去某地解救搞传销的父亲的，但结果自己留下了。原来他跟朋友在北京合伙开舞蹈培训班，生意还不错，但他现在不想回去了。当然还有相反的情况，比如某人不幸被骗到传销窝点后，无论传销者以何种方法来劝说自己，始终不为所动，想方设法地找机会脱离传销窝点，最后采取把求救信号写在纸上，用百元大钞将其包裹掷于楼下的方法成功报警，得以逃脱。两人面临的社会情境是一样的，但最后采取的行为方式是相反的，这与两人的人格特质有很大差异有关。

个性特征，是每个人对自己身处社会性世界的特定思维方式。社会认知是指对社会性事件进行了解的过程。社会心理学关心的主要不是客观的社会环境，而是人们如何受他们对社会环境的解读或构建的影响。换句话说，对于了解社会环境如何影响人们本身，社会心理学家认为，了解人们如何知觉、理解或解释社会环境，比了解客观的社会环境更为重要（Lewin, 1943）。例如，看到一些屡教不改、痴迷于传销的人，人们可能会对这件事有自己的解释，试图给这些传销人员的行为一个合理化的理由。也许会认为这些人囿于自己知识经验的限制，没有认清传销的本质而上当受骗了，可怜可悲！或者是认为这些人明明知道传销就是一场骗局，然后抱着暴富、捞一把就走的心理而卷入其中，可鄙可恨！

社会认知非常重要，当身处一个特定的社会情境中时，人们会如何反应取决于自身对这个情境的解释，解读影响着每个人的日常生活。想象李磊是个害羞的大学生，他已经偷偷爱慕韩梅很久了，你现在的任务是预测李磊会不会邀请韩梅参加周末舞会。一种做法是从李磊的角度来看韩梅的行为，即李磊会如何理解韩梅的行为。如果韩梅对李磊微笑，李磊是把她的微笑理解成一种礼貌，即那种她也会对班中任何讨厌的人和失败者给予的微笑，还是一种鼓励的信号，激励他鼓足勇气约她出来？另一方面，如果她忽视了他，李磊会认为她是在玩“欲擒故纵”的游戏，还是对和他约会不感兴趣？想要预测李磊的行为，仅仅知道韩梅的行为是不够的，还必须知道李磊如何理解韩梅的行为。每个人对同样社会情境的解释都会有些许或者很大的不同，因为每个人都有自己独特的人格特质和生活经历，而每个人会主动、主观地解释社会性信息，最后形成对社会性世界的认知结果。

3. 拓展勒温公式的模型

勒温的公式告诉我们，社会情境（物理环境、他人存在，包括实际的或想象的）和个性特征（生理特质、人格特质、态度、习惯性思维方式、认知过程、需要和工作任务等）这两者都会影响人的社会行为。但是勒温的公式并没有详细地说明这两者是如何共同对社会行为发生影响的，我们需要对勒温的公式进行拓展，以便更好地理解这个形塑社会行为的力量，如图 1-1 所示。

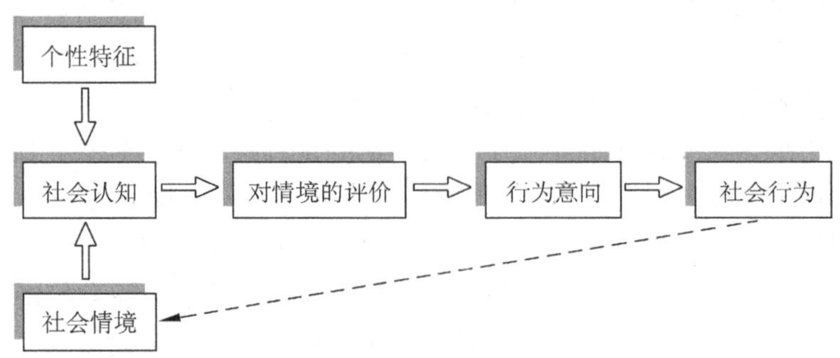

图 1-1　对勒温公式进行拓展的一个模型

如图 1-1 所示，社会情境和个性特征并没有直接影响社会行为，而是先一起决定了人们是如何通过社会认知的机制来加工社会性信息的，而对社会性信息的加工方式导致了对社会情境的特定评价。例如，面对街头流浪者或乞讨者，有人（个性特征）认为流浪者或乞讨者好吃懒做（社会认知），他们沦为此种境地是活该，不值得同情（评价）；而另一个人却觉得流浪者或乞讨者有自己的难处，对他们的处境深表同情。

我们对社会情境的评价并不会马上转化为外显的社会行为，而是基于这个评价形成行为意向。同样是觉得流浪者可怜的人，在寒流即将来袭时，有的会将其遇见的流浪者的位置报告给民政部门，请民政部门收容流浪者；也有的会回家后把家里的棉衣或棉被带过来，送给流浪者御寒。可见，同样的事件却产生了不同的行为意向。行为意向可谓是导致社会行为的最密切原因。

需要注意的是，有了行为意向并不意味着人们必定会按照意向去行动。比如，你已经打算送流浪者棉被了，但最终还是没有去送。也许你觉得送棉被给流浪者会有损于他的自尊；还有可能是等你回到家，已经大雪纷飞，这阻止了你的行为。

这个关于社会行为的观点表明了人的心理与行为是一个动态的过程。人们对社会情境的监控并不会随着自己有了对情境的评价，或形成了行为意向，或做出了社会行为而终止。相反，人们会不断地监控着社会情境（自己和他人的行为），及时修正自己对社会情境的评估，微调自己的行为意向。因此，虽然图 1-1 中的一系列分离的组块呈现了导致社会行为的过程，但是这些组块并不是必然和固定的，而是随着人们对情境的评价不断更新的。

对这个拓展的模型还需要强调的一点是，社会行为和社会情境间有一条虚线连接着，意思是人们的社会行为虽然会受到社会情境的影响，但是一旦人们做出了社会行为，就会对其身处的社会情境有一个反作用，社会情境会由于人们的行为出现了新的变化，继而会引起他人行为的改变。例如，想象一下你在与新认识的人交谈，刚听她说了几句，你就认为她不好惹，因此，你就会作出防御的态势（你双臂交叉抱在胸前，斜身对着她），冷淡地敷衍着她。她感受到了你的冷淡，结果她变得更加冷淡了。这样耗了几个来回，终于你们其中之一设法结束了交谈。如果你将她最初的行为解释成她并没有什么恶意，然后用积极的方式对待她，情况又会怎样呢？你很可能结交了一位新朋友。因此，你自己的解释和行为将会对情境产生意义深刻的作用。

（二）个体心理与群体心理

被誉为“实验社会心理学之父”的 F.H.奥尔波特在其极具影响的《社会心理学》教材中将社会心理学定义为是“对个体的社会行为和社会意识的研究”。奥尔波特对任何形式的群体或集体意识都严加指责，认为根本不存在任何群体精神，说组成群体的所有个体面临灭顶之灾，群体意识也将烟消云散。因此，在他的结论性分析中，群体和社会心理就被缩简为个体心理，群体成了芸芸个体的次现象。受奥尔波特的影响，现代社会心理学界，尤其是美国的社会心理学界，自此之后长期秉持这个传统，几乎只对个体的社会心理与行为加以研究。

个体具有心理与行为是容易理解的，那么，到底有没有属于群体的心理与行为呢？如果在过去这是一个问题的话，现在则根本不是一个问题了。可以明确地说，群体具有不同于个体时态的心理与行为。

其实，在比 F.H.奥尔波特更早的年代里，具体来说在 19 世纪末、20 世纪初，以德、法学者为代表的早期欧洲大陆的社会心理学，都在一定程度上具有关注民族、阶级、群众这样的大群体研究的特点，尤其是以法国社会学家为代表的社会心理学研究更是如此，此时的社会心理学研究群体心理是司空见惯的。

1807 年，黑格尔在《精神现象学》一书中就曾论及了不同于个体精神的绝对精神。绝对精神是在历史的进程之外独立存在着的，而作为个体的人们只是它的代理人。黑格尔认为，个人是微不足道的，“单个的个人只有作为某种普遍物的成员才能表现自己”。1859 年，德国哲学家拉扎勒斯和语言学家斯泰因塔尔合创《民族心理学和语言学》杂志。在德国出现的民族心理学是社会心理学的一种早期形态，其所要研究的是一种与社会群体中个人所有的社会心理不同的、作为民族成员的心理共有物的社会心理。随后冯特历时 20 年（1900—1920 年）写出了十卷本的《民族心理学》。冯特认为，民族心理学的较为合适的研究领域涉及“由共同的人类生活所创造的那些精神产品，因此，仅凭个体意识是无法对它加以说明的”。民族心理学处理的合适对象是民族精神，以及作为民族精神之体现的语言、习俗和神话。因此，他进一步提出，新的心理科学应分为实验的和社会的两个部分：前者是研究个人意识过程的个体心理学，即实验心理学；后者是以人类共同生活方面的复杂精神过程为研究对象的民族心理学，即社会心理学。

法国是社会学的发端之地，法国社会学家塔德认为，一切社会现象都是个人行为相互影响、相互作用的结果，个人行为受以信念和愿望为基本因素的心理活动所支配。因此，社会学只有以社会的心理分析为前提，才能对社会现象作出科学、合理的解释。塔德的推理是：“社会学就是单纯的群体心理学。”但是，在具体研究的过程中，他主要是通过模仿去说明群体心理与行为的，这实际上是将群体的心理与行为还原到了个体的水平去了。

埃米尔·迪尔凯姆也是法国的社会学家，他认为有两类表象：个体表象和集体表象，个体表象以个体的感觉为基础，而集体表象（集体意识和社会心理）以个体表象为基础，但是每一种新的、更高一级的综合从个体生活或个体表象(高一级的综合来源于此)的角度是无法解释清楚的。集体表象这种新的现象产生于联合之中，联合创造了一个具有新质的整体，而这一整体并不等同于各部分之和。这不仅明确了群体心理的存在，而且迪尔凯姆认为个体的心理与行为深受群体、社会的影响。他在《自杀论》一书中把个体自杀行为的原因归咎于社会现象，而不是个人的原因。

法国的社会学家古斯塔夫·勒庞更进了一步，他在其 1895 年出版的《乌合之众：大众心理研究》一书中说，“群体”一词是指聚集在一起的个人，无论他们属于什么民族、职业或性别，也不管是什么事情让他们走到了一起。但是从心理学的角度看，“群体”一词却有着完全不同的重要含义。在某些既定的条件下，并且只有在这些条件下，一群人会表现出一些新的特点，它非常不同于组成这一群体的个人所具有的特点。聚集成群的人，他们的感情和思想全都转到同一个方向，他们自觉的个性消失了，形成了一种集体心理。它无疑是暂时的，然而它确实表现出了一些非常明确的特点。这些聚集成群的人进入一种状态，因为没有更好的说法，我姑且把它称为一个组织化的群体，或换个也许更为可取的说法，一个心理群体。它形成了一种独特的存在，受群体精神统一律的支配。①

在神秘力量的指引下，群众表现出某种十分低劣的心理，并对某些不可预测的催眠力量作出无意识的反应。一旦个体聚集成众，新的心理特征便会显露出来。只要群众心理统一律发挥作用，那么“构成这个群体的个人不管是谁，他们的生活方式、职业、性格或智力不管相同还是不同，他们变成了一个群体这个事实，便使他们获得了一种集体心理，这使他们的感情、思想和行为变得与他们单独一人时的感情、思想和行为颇为不同。若不是形成了一个群体，有些闪念或感情在个人身上根本就不会产生，或不可能变成行动。心理群体是一个由异质成分组成的暂时现象，当它们结合在一起时，就像因为结合成一种新的存在而构成一个生命体的细胞一样，会表现出一些特点，它们与单个细胞所具有的特点大不相同”②。

总之，勒庞认为不同于个体心理的群体心理肯定是存在的，而且群体心理一旦形成，其主要的特点是去个性化、感情作用大于理智作用和失去个人责任感。奥尔波特（Gordon W. Allport）对勒庞有着极高的评价，这位美国社会心理学领域的泰斗说：“在社会心理学这个领域已有的著作当中，最有影响者，也许非勒庞的《乌合之众》莫属。”无论如何，勒庞对群体心理特征的总结，我们从现在的社会心理学教材中关于群体心理的部分中仍然可以直接看到。

可是，过了这个时段，如前所述，随着社会心理学在 20 世纪第二个十年研究的重心由欧洲转向美国，特别是 F.H.奥尔波特的倡导，社会心理学中个体主义盛行，群体心理的研究难觅踪迹，此种状况一直延续了几十年的时间。慢慢地，自 20 世纪 60 年代起，主要在欧洲当时一些“非主流”学者如泰弗尔（Henri Taifel）和莫斯科维奇（Serge Moscowici）的努力下，群体心理与行为的研究又得以重燃，泰弗尔基于群际过程的研究所提出的“社会认同理论（Social Identity Theory, SIT）”以及莫斯科维奇别出心裁的对群体内“少数派影响（Minority Influence）”的研究，影响日盛。泰弗尔原来在牛津大学当讲师，之后去了布里斯托大学（The University of Bristol, UK）当社会心理学的讲席教授，一时间布里斯托大学成了社会认同研究的“重镇”。随着泰弗尔的部分学生（Hogg, Turner, 伍锡雄等）移居澳洲，社会认同研究在澳洲也发展起来。到了 20 世纪 90 年代，

① 古斯塔夫·勒庞. 乌合之众：大众心理研究［M］. 冯克利，译. 北京：中央编译出版社，2000：15-16.

② 古斯塔夫·勒庞. 乌合之众：大众心理研究［M］. 冯克利，译. 北京：中央编译出版社，2000：18.

随着研究人才的交流（Giles 及 Hogg 等社会认同论大师先后赴美，其中介绍社会认同理论的主要著作《社会认同过程》排名第一的作者米歇尔·A. 霍格，目前就任教于美国的克莱蒙研究大学），社会认同研究在美国本土生根，并迅速发展。短短十几年间，美国成为了社会认同研究的重要国家，而社会认同论也成为美国社会心理学主流理论之一。如果说在如今的社会心理学中，研究个体心理最具影响的中型理论是认知失调理论的话，那研究群体心理最具影响的中型理论，就是社会认同理论了。

因此，在过去考虑社会心理学到底要不要研究群体的心理与行为是情有可原的话，现在还纠结这个问题显然是过时了。总之，社会心理学既要研究个体的心理与行为，也要研究群体的心理与行为。

（三）社会互动

在前述勒温的公式中，提到了人的社会行为是由个人与情境决定的。但是，需要注意的是，个人和情境本身都不足以决定社会行为。实际上，个人与情境的特征会结合在一起，以生动复杂的方式影响人们对所处的社会性世界的反应，具体体现在以下六个方面。

1. 不同的人会对相同的情境做出不同的反应

例如，一些学生认为大学生活精彩纷呈，另一些学生却认为大学生活沉闷而单调。这是因为，其一，如前所述，不同的人具有不同的个性特征，即使面对的情境完全一样，所作出的反应也是不同的；其二，情境是复杂、多面的，而个人的心理资源是有限的，不可能顾及情境中的所有方面，这就意味着个体其实是对情境中的不同侧面进行反应。也就是说，大家貌似是身处相同的情境中，实际上却是对不同的刺激进行反应。比如两个人同样在看新闻联播，一个人在看新闻内容时，却评论道："××夫人的包包是紫色的，好漂亮啊！""这人长得真有福气！"没有这样的提醒，可能另一个人不会注意到这些细节，要么注意到了，也不会有如此大的反应。

这就引申出一个重要的问题，即个人与情境的匹配性问题。既然不同的人具有不同的个性特征，情境又是复杂多样的，这两者匹配得适当，才能使人产生良好的反应。例如，深圳市大疆创新科技有限公司生产的无人机现在世界闻名，其创始人汪滔从小就对飞行器，尤其是直升机极感兴趣。他在杭州读完高中后考入华东师范大学电子系，尽管学校尽力帮助他，但他觉得这里并不适合自己追寻梦想，读到大三时转到香港科技大学继续攻读电子专业。2005 年，汪滔开始准备毕业课题，说服老师同意他自己决定毕业课题的方向——研究遥控直升机的飞行控制系统，研究的核心在于使航模能够自动悬停。这一研究，便确定了汪滔今后的事业道路。2006 年，汪滔继续在香港科技大学攻读硕士学位，与此同时，他和一起做毕业课题的两位同学正式创立大疆公司，汪滔将他在大学获得的奖学金的剩余部分全部拿出来研发生产直升机飞行控制系统。2008 年他研发的第一款较为成熟的直升机飞行控制系统 XP3.1 面市。2010 年，大疆每月的销售额达到几十万元，也正是在这一年，香港科技大学方面向汪滔团队投资了 200 万元。原来汪滔只希望能养活一个 10～20 人的团队，渐渐地他发现这个行业市场前景很宽阔……目前，在全球商用无人机市场中，大疆独领风骚，一举夺得近 70%的市场份额，大疆已成为无人机领域的领军者。虽然大疆的成功还得益于其他因素，但是汪滔求学的这段经历，还是能够说明个人与情境匹配的作用。

2. 情境选择个人

具体而言，情境是由一些个人与群体组成的，无论是个人还是群体，凡事都有各自的规范或标准，都会有一个进入的最低门槛，只接受达到标准的人和事。所以，对个体来说，在社会互动的过程当中，你想与某个人或某个群体打交道，但是没有达到他们的进入门槛，你是不会如愿的。例如，股神巴菲特有着很多成功的投资诀窍和极强的个人魅力，想当面向他讨教的人成千上万，巴菲特不可能一一满足。但是，自 2000 年开始，对那些仰慕巴菲特的人来说，有了一个平等的机会。巴菲特每年拍卖一次与他共进午餐的机会，把拍卖收入捐给位于旧金山的慈善机构葛莱德基金会，用于帮助当地的穷人和无家可归者。拍卖规则自然是价高者得，那么，想与巴菲特共进午餐需要多少钱呢？以 2015 年为例，2015 年 6 月，中国大连天神娱乐公司董事长朱晔花了 234.567 8 万美元在巴菲特午餐竞拍中胜出，这个价格对于一般人而言自然是可望而不可及。

个人会设立门槛，群体也不例外。例如，对莘莘学子来说，清华、北大是他们梦寐以求的高校，不过如果考分不够，也不能如愿以偿。

3. 个人选择情境

个人也会选择情境。每个人的能力、需要、兴趣、目标等都各不一样，在一定范围内，个人会选择不同的、他们想要的情境。接着上述的例子，清华、北大会挑选学生，但是对那些能力强、成绩极其优秀，考了高分的学生来说，却有着幸福的烦恼。他们不仅要面对来自于清华、北大招生老师反复地登门游说，还得考虑来自英国、美国等海外的著名高校。在日常生活中，个人挑选情境的情形就更普遍了。例如，大学生到了周末，会根据自己的需要、兴趣、爱好，有的看电影，有的继续泡图书馆，有的好好地聚一次餐，有的去唱歌。

4. 不同的情境会启动个人的不同方面

人有不同的侧面，具备一定的灵活性，按照角色理论，在不同的社会情境中，人能以不同的角色去应对，在什么山上就唱什么歌。很多大学生在老师、同学面前是彬彬有礼的，具体表现为耐心说话、谦虚、讲理、容忍等，可是一回到家中就变得粗暴了，表现为任性、苛刻、不耐烦、说话粗声粗气。

其实不同情境对人的影响十分微妙，它可以在不知不觉中对人的反应起作用。“启动效应（priming effects）”指的就是仅仅暴露在情境中的某个线索，就能促使、触发或启动人的某种印象、判断、行为目标或行动，而且经常是超出了人的意图或意识之外的。比如，用老年人的刻板印象去启动年轻人，这些年轻人会觉得自己更老，继而会行走更缓慢，记忆力也变差了（Wyer, Neilens, Perfect and Mazzoni, 2011）。

现实中的社会情境要远比实验室的刺激丰富得多，佩皮斯和他的同事（Papies, E. K. et al., 2013）就做了一个现场实验。在一家食品商店里，研究者塞给一组体重超重的顾客每人一份健康节食的食谱传单，而给另一组体重超重的顾客每人一份普通的广告传单。结账后发现，第一组顾客比第二组顾客购买的零食少了 75%。当顾客离开商店后，研究者上前对他们进行了询问，当问到他们在购物过程中是否考虑到食谱传单时，绝大部分顾客回答在购物时并没怎么想到那份食谱传单，只有极少数顾客能够回忆起那份传单含有低卡路里或节食的字样，而且没有顾客意识到研究者的研究假设。于是，研究者得出的结论是“健康启动对购买行为的影响与顾客在购物时是否意识到这个启动无关”。由此可见，我们所处情境中的微小特征都会启动我们的目标、信念、情感及行为，而且是不知不觉的。因此，我们可能在一种情境下是一个样子，而在另一种情境下却是另一副模样。

5. 个人改变情境

社会情境是由人构成的，具体来讲是由人的行为造成的。所以，身处情境中的每一个人做出的行为，都会使情境发生改变。当然，影响力大的人，能更有效地改变情境。比如，一个精力旺盛、博学多才的老师能将安静、被动的课堂转变成一个活跃、投入的课堂。

人们也可能在不经意间改变自己所处的情境。在家里受了气的领导到了单位，他并不想责骂下属，但他无意中这样做了，员工们就会对他敬而远之，噤若寒蝉。“中国式过马路”的现象很普遍，如果先到者遇到红灯坚定地站在斑马线外，后来者也不会随意地横穿马路了。

6. 情境改变个人

从宏观的角度来看，情境的力量极为强大。进化论告诉我们，人类变成现在这个样子，包括人们的生理结构和心理与行为的反应倾向，从根本上说，就是适应环境的结果，是身处的环境改造了人类。

从微观的角度来看，情境影响、改变个人的情况也是无处不在的。比如，一个青少年经常看暴力视频或玩暴力游戏，那么他的攻击性就会增强；如果一个大学生进入了国防班，与之相似的一个朋友进入了普通班，四年后他们的相似性应该会减少。

三、社会心理学与常识

社会中的每一个人都是朴素的社会心理学家。我们很难想象，一个人在社会中生存与发展，却可以不去琢磨自己和他人的心理与行为。如果你说的是“量子力学”“黑洞”“转基因”“哥德巴赫猜想”之类的概念，别人会觉得这确实是在研究一门高深的学问。但是，如果你说自己研究的是人的心理与行为，别人都觉得自己至少是半个专家，其中一个普遍现象是，别人在看了社会心理学的理论或研究发现后可能会想，这些东西了无新意，社会心理学家只不过是对常识炒炒冷饭而已。比如，你说社会心理学研究发现相似性会导致人际吸引，别人的反应是："这有什么奇怪的啊，老乡见老乡，两眼泪汪汪嘛！"

但是且慢！如果你继续陈述下去，比如：

如果一个人在做了 1 个小时枯燥单调的事情之后获得了 20 美元的报酬，要比只获得 1 美元报酬的人更有可能撒谎说这工作是有趣的。

常言道："四肢发达，头脑简单。"美貌与智慧不可兼得，貌美的人不如貌丑的人聪明。

当你遇到困境需要别人帮忙时，你周围的人越多，你就越有可能获得帮助。

观看暴力视频或玩暴力游戏会让人发泄掉很多攻击性能量，从而使他们在生活中的攻击性变小。

很多人会觉得以上陈述是有道理的，并且还能够联想到自己身边不少人就是这样的。然而，社会心理学的研究表明以上的说法全是错误的。也就是说，常识毕竟是常识，常识不是科学，常识不一定正确。如果我们进一步梳理这些常识，就会发现很多常识相互之间在打架，彼此是矛盾的，比如："血浓于水"与"亲兄弟，明算账"，"机不可失，时不再来"与"三思而后行"，"有备无患"与"船到桥头自然直"，等等。那么，面对这些相互矛盾的常识，我们应该相信哪一边呢？

与常识不一样，社会心理学是一门科学，它会通过科学的方法对理论进行验证，这些科学方法后面有专门的章节介绍。因此，社会心理学一方面会确认我们生活当中的某些常识；另一方面却对这些常识发起了挑战，进而告诉人们什么才是正确的知识。

第二节 社会心理学的研究范围与主要内容

一、社会心理学的研究范围

社会心理学研究的范围极广，下面列举其中一些重要的研究主题：从众、劝说、权力、影响、服从、偏见、歧视、刻板印象、谈判、小群体、社会类别、群际关系、集群行为、社会冲突与和谐、过度拥挤、应激、决策、领导行为、沟通、演讲、印象形成、印象管理、自我呈现、认同、自我、文化、情绪、人际吸引、友谊、家庭、爱、浪漫、性行为、暴力、攻击、利他主义与亲社会行为，等等。

如果仅仅根据研究主题确定社会心理学的研究范围，那就太随意了，这并不能让我们知道社会心理学与其他学科的区别。比如，"群际关系"不仅属于社会心理学研究范畴，政治学与社会学也会对其进行研究；"家庭"也是一样，社会心理学家和临床心理学家都会去研究它。社会心理学的研究特色主要体现在它把研究的内容、研究的方法和解释的水平结合在一起，从而形成了自己独有的比较完整的体系。可以从以下几点分析社会心理学的研究范围。

（一）社会心理学的历史

社会心理学是从哪里来的？迄今为止研究得怎么样了？在此过程中有哪些经验和

教训？未来的社会心理学又将往何处去？通过梳理社会心理学的发展历史，我们可以对社会心理学有更加全面和完整的认识。后面将在第二章第一节介绍本部分内容，在此从略。

（二）社会心理学的方法

通过上述的“社会心理学与常识”部分，我们知道了生活中的每个人都是“社会心理学家”，都对社会心理现象有着自己的一些观察与思考，并得出一些结论。那么，这些结论中哪些是有道理的？哪些又是错误的呢？怎么去判定这些内容的对与错？社会心理学是一门科学，它的科学性主要是通过其与众不同的研究方法来体现的。后面也有专门章节介绍本部分内容。

（三）基础社会心理学

所谓基础社会心理学，也就是社会心理学的解释水平，即如何解释人们纷繁复杂的社会心理与行为。在此，我们引用杜瓦斯（Doise, 1986）的观点，将社会心理学的解释水平概括为以下四种。

1. 个体内水平（intra-personal or intra-individual level）

它是最为微观也是最为心理学化的解释水平。个体内水平的分析，主要关注个体在社会情境中组织其社会认知、社会情感和社会经验的机制，并不直接处理个体和社会环境之间的互动。

以个体内水平为核心的个体内过程，包含以下基本研究主题：具身性（embodiment）、自我、社会知觉和归因、社会认知和文化认知、社会情感、社会态度等。

在这一解释水平上，社会心理学者投入的精力最多，取得的研究成果也最为显著。属于这一层面的经典理论主要有：费斯廷格的认知失调论、态度形成和改变的双过程模型［如精细加工可能性模型（elaboration likelihood model, ELM）与启发式加工——系统加工模型（heuristic-systematic model, HSM）］和希金斯的知识启动和激活模型（Higgins, 1997）。

2. 人际和情景水平（interpersonal and situational level）

它主要关注在给定的情景中所发生的人际过程，而不考虑在这特定的情景之外个体所占据的不同的社会位置（social positions）。具体来说，就是不考虑双方的角色是什么，只研究纯粹的个体之间相互作用的过程。

以人际水平为核心的人际过程，其基本的研究主题有：亲社会行为、攻击行为、亲和与亲密关系、竞争与合作等。其典范理论模型是费斯廷格的社会比较论。

3. 社会位置水平（social positional level）或群体内水平

它关注社会行动者在社会位置中的跨情景差异（inter-situational differences），如社会互动中的参与者特定的群体资格或类别资格（different group or categorical membership）。

以群体水平为核心的群体过程，包含基本研究主题：大众心理、群体形成、多数人的影响和少数人的影响、权威服从、群体绩效，领导—部属关系等。

其典范理论模型是莫斯科维奇有关少数人影响的皈依模型（conversion theory），多数人和少数人影响的双过程模型、社会作用力理论（social impact theory）和社会表征论（Moscovici, 2000）。

4. 意识形态水平（ideological level）或群际水平

它是最为宏观也最为社会学化的解释水平。它在实验或其他研究情景中，关注或考虑研究参与者所携带的信念、表征、评价和规范系统。

以群际水平为核心的群际过程，包含以下基本研究主题：群际认知如刻板印象、群际情感如偏见、群际行为歧视及其应对。

在过去的 30 年中，群际水平的研究有突破性的进展。主宰性的理论范式由泰弗尔的社会认同论启动，并深化到文化认同的文化动态建构论（dynamic constructivism）（Chiu and Hong, 2006; Hong et al., 2000; Wyer et al., 2009）和偏差地图模型（bias map）（Cuddy et al., 2007；Fiske et al., 2002）中。

（四）应用社会心理学

社会心理学研究发展到现在，不仅获得了崇高的学科地位，深受人们的喜爱，也能够与社会实际密切结合，在应用中大放异彩。应用社会心理学，就是把获取的社会心理学知识理论运用到社会实践中去的研究。应用社会心理学又可以分为两类：一类是边缘性的应用社会心理学，它和其他一些学科相互渗透而形成新的体系，比如社会心理学与教育学的相互渗透形成了教育社会心理学；另一类是专业社会心理学，即社会心理学与具体社会领域结合而产生的新的分支学科，如把社会心理学应用到广告领域产生的广告心理学，应用到司法领域产生的司法心理学等。

二、社会心理学研究的主要内容

社会心理学研究的边界很广泛，很难轻松获知其全部内容。社会心理学的具体内容也是纷繁复杂，很多人在学习它们时往往也会沉浸在一些细节中，而不能跳出来对其进行整合，从更宏观的角度来总揽。我们在此概括出社会心理学最核心的三个方面内容，它们分别是社会心理学的两个基本原理、三个动机原则和三个信息加工原则。

（一）社会心理学的两个基本原理

前面我们在对社会心理学的定义进行分析时，引用了勒温提出的关于人们社会行为的公式。从这个公式中，可以分析出社会心理学需要研究的两个主要过程：社会过程（social processes）与认知过程（cognitive processes）。社会过程是指人们的思想、情感和行为受到周围的人、所属的群体、人际关系、父母的教育及从他人那里体验到的压力的影响；认知过程指的是人们的记忆、知觉、思维、情绪与动机会引导着人们对所处世界的理解，引导着人们的行为。此处采用的是一个宽泛的认知概念，把情绪和动机也当做是与记忆和思维一样的属于认知过程的固有部分。现代社会心理学需要纠正一个源自古希腊的误解，即认为纯粹、“理性”的思维与“非理性”的情绪是水火不相容的对立体。其实，无论是思维还是情绪，它们都是人们对所处世界的反应，都是人们对这个世界进行理解的方式。由此，能够引申出社会心理学的两个最重要的原则，即社会心理学的两个基本原理（two fundamental axioms of social psychology），第一个原理是人们会构建（construct）他们的现实，第二个原理是遍及所有社会生活的社会影响。

1. 构建现实（Construction of Reality）

研究社会行为看似是一件容易的事情。当考察人们的日常生活时，人们会认为自己所看见的世界就是它真正的样子。也就是说，有一个对所有人而言都一样的客观现实就在那里存在着。比如，当我们与朋友一起去看球赛，或一起去餐馆就餐，我们会认为大家看到的是同样的比赛，听到的是一样有趣的餐间谈话；当遇到一位新人，我们会迅速地形成同样的印象；或者当看见有人举起拳头、皱眉，我们会自然地知道这些行为的意义。因为假定我们形成的印象是准确、真实的，所以我们通常也期望别人遇到同样的人，开展同样的约会，看见同样的行为。

果真是这样吗？我们先看一项研究。

1951 年的秋季，主场不败的普林斯顿大学足球队迎来了与达特茅斯学院足球队的一场硬战。这两支球队长期以来旗鼓相当，这场比赛也是火花四溅，双方频繁犯规、冲撞，两边都有不少队员受伤，最后普林斯顿大学足球队险胜。一个月之后，两名社会心理学家（Hastorf and Cantril, 1954）让普林斯顿大学和达特茅斯学院的大学生观看这场比赛的录像，结果大学生们的反应让人惊奇。两所大学的大学生们看完比赛后的报告会让人怀疑他们看的是不同的比赛，普林斯顿大学的学生看完比赛后认为达特茅斯队的队员在比赛中有太多的暴力行为，缺乏体育道德，普林斯顿大学的运动员们只是出于自我防卫才偶尔地回应对手一下。而达特茅斯学院的大学生们则认为两队有同样多的侵犯行为，认为面对普林斯顿大学运动员们的野蛮进攻，达特茅斯队队员的反击是情有可原的。甚至有个达特茅斯学院的男生说，他看完录像后发现达特茅斯队的队员们犯规是如此之少，怀疑给他看的是经过剪辑的录像。

可见，面对同样的事件，人们理解到的意义是不一样的。举起拳头可能有威胁的意思，也可能有胜利的意思；皱眉可能有抑郁的意思，也可能有全神贯注的意思。这取决于是谁的体验。实际上我们会对现实进行构建，构建的结果一部分取决于认知过程（我们心理工作的方式）；另一部分则取决于社会过程（他人对我们的影响，这个他人可以是实际存在的，也可以是我们想象的）。

认知过程使人们把搜集到的片段信息拼接在一起，从中推导出一个整体性的结论。

人们会听到他人呈现的一系列论据，注意到听众的反应，推论出他人的感受，决定何种信息是有价值的，值得我们进一步考虑。从这个意义上说，一个人的所见、所闻、所感可以决定他对这个世界的理解。

社会过程则使人们在理解现实的意义时可以影响他人的观点，也可以被他人的观点所影响。比如，群体内的文化对人们来说非常重要，它是人们对事件进行反应和解释的标准。举例来说，大多数西方社会的成员都认可接吻，不过接吻的含义会因人们吻谁及如何接吻而有所差异。但当南非的聪加人（Thonga）第一次看见欧洲人接吻时，他们会觉得很恶心。他们认为接吻是在吃对方的唾液，脏死了（Hyde, 1979）。如果我们是聪加的牧人，或是德国的大学生，我们应该多多少少会因对方关于接吻的观点而进行一些调整。聪加人也许慢慢地觉得接吻是一件有意义的事情，而德国大学生则会认识到接吻时需要注意卫生。因此，一个人对这个世界的理解总会带有一些他人的看法。

2. 社会影响的普遍性（pervasiveness of social influence）

他人会影响人们的行为，而人们的行为反过来也会影响到他人的言行。比如，有人在背后支持我们的话，我们就会勇气大增，畅所欲言；当有批评者与我们抗辩，则有可能让我们感到害怕，进而沉默寡言。

前面提到，即使我们是独自一人，他人依然会影响到我们。所谓社会影响的普遍性，是指他人实际上可以影响到我们所有的思想、感受和行为，无论他人在场与否。我们对他人反应的思考，以及我们对社会群体的认同，形塑了我们内心最深处的知觉、思维、感受、动机，甚至是自我。当你是一名金州勇士队的球迷、一个志愿者协会的会员、一个中国人的时候，你会为自己感到自豪吗？我们效忠的群体可能是小范围的，例如一个家庭、团队或委员会；也有可能是大规模的，例如某个种族、宗教、性别，或社会与文化。无论这些群体是大是小，群体成员身份为我们提供了观察社会性事件的框架和过滤器。故前述普林斯顿大学与达特茅斯学院的大学生对同样的比赛过程做出了不同的判断，就不难理解了。

有时我们体验到的社会影响是社会压力，例如当我们面对一位咄咄逼人的售货员、受到了冷暴力，或持有不同于我们的政治观点而受到嘲笑时就是如此。但是，当社会影响不明显时，更能彰显出它的深远意义来。换言之，你实际上受到了他人的影响而不自知，误认为自己所作出的反应只是基于自己内部的认知过程而已，此时的社会影响更是意义重大。普林斯顿和达特茅斯的大学生们之所以判断不同，是因为他们属于不同的大学，但他们意识到了这一点吗？可能没有。因为从婴儿时起社会影响就包围了我们，所以我们通常不会意识到社会影响的存在。有时当人们转换了角色，就能够意识到社会影响的作用了，比如当叛逆的青少年自己成为父母后，也会对自己的青少年子女实行宵禁，担心不良的生活习惯或交友不慎会毁了孩子，而自己在青少年时期却没有意识到这些，反而嫌父母管得太严。一些外国人在四川或湖南生活久了，等回到自己的国家，却为吃不下原本习惯的面包和薯条而发愁。即使如此，这样的变化还是会让人们觉得这是自然而然的事情，不会把它归因为是社会影响的作用，而是认为现实就是如此。比如，外国人会觉得川菜或湘菜本身就是好吃，他们已经忘记以前的自己觉得面包和薯条就是人间美味。社会影响具有强大威力，它会形塑人们对现实的构建，它能够改变人们的思维、感受和行为。无论是与他人相处，还是独自一人思考，社会影响都在人们身边。

（二）三个动机原则

那么，人们在构建现实与受到别人影响和影响他人时，会朝着哪个方向行进？换言之，其背后的动机是什么？社会心理学家认为，这主要会牵涉到三个方面的动机：掌控感的动机（to strive for mastery）、与他人联系的动机（to seek connectedness with others）、看重自己及与自己有关的人和物的动机（to value themselves and others connected to them）。

1. 掌控感的动机

掌控是指人们需要对自己所生活的世界进行了解，进而帮助自己在生活中获取想要的结果与奖赏。无论是面对自然性世界还是社会性世界，人们都需要先对其了解、熟悉，才能适应我们身处的这个世界。比如，农作的时候，我们需要了解当地四季的变换，土壤、日照、温度与雨水的状况等；求职的时候，必须对单位和岗位的性质进行了解。能否做出正确的决定，取决于人们是否能够收集到可靠与精确的信息。

2. 与他人联系的动机

早在两千多年前，古希腊的亚里士多德就认为，人是“社会性动物”。人作为一个物种，在长期进化的过程中，必须与他人紧密联系，这样才能存活、发展下去。因此，我们生活中的每个人都想与自己关心和重视的人建立并维持相互之间的支持、喜爱与接纳。研究表明，当人们与他人发生严重冲突时，这种动机就会更加强烈，原因是人们需要从自己熟悉的人那里寻求支持与安慰。即使是在平和的生活状态下，他人的支持依然很重要，这体现在人们心理与行为的性质与意义，都是在与他人联系和比较的过程中衍生出来的。

3. 看重自己及与自己有关的人和物的动机

这种动机指的是人们会激发起以一种积极的眼光来看待自己及任何与自己有关的人和物，比如家庭、团队、国家，甚至自己的拥有物。一个人即使病入膏肓了，还会认为自己的这点病并不算什么事，还有比自己病情更重的人。每个人都会高看与自己有关的他人或群体，这就不难解释人们对同样的事件会有不同的解释了。前述的普林斯顿大学的学生和达特茅斯学院的学生多多少少会偏袒各自学校的球队，指责对方球队队员犯规太多，己方队员是迫不得已才进行防御。这些大学生是在不知不觉中做出这样判断的，这样的判断会让他们感觉良好。

（三）三个信息加工原则

无论人们是要寻求奖赏、联系他人还是要看重自己或与自己有关的人和事，人们都需要在自己生活的世界中收集、加工相关的信息。在对这些信息进行加工的过程中，人们会遵循以下三个原则。

1. 保守主义原则：已有的观点难以改变（Conservatism: Established Views are Slow to Change）

保守主义原则是指个体或群体一旦对这个世界形成了某种观点，这种观点就难以改变，会持续很长的时间，甚至会永久地保持这种观点。普林斯顿球队的支持者们，坚信他们的球队是最棒的，他们就通过这种信念的过滤来解释自己所看到的东西——符合这种信念的信息就用来证实、加强自己的信念，不符合这种信念的信息则有意无意地视而不见。保守主义的例子可谓比比皆是。笔者于 2016 年买了一辆吉利博越的汽车，一些同事表示不解："怎么买吉利车呢？怎么不买大众、丰田、本田或雪铁龙的车呢？"笔者知道他们对吉利的印象还停留在过去生产十分粗糙的"豪情""美人豹"时代，笔者也并不看好那个时代的吉利汽车。但同事们或许不知道，从吉利的博瑞、博越品牌开始，吉利制造已进入了 3.0 时代，其设计、制造和质量与以前不可同日而语。2018 年，吉利汽车在中国的销量仅次于一汽大众、上海大众和上海通用，排在第四位，把一众合资品牌，如奔驰、宝马、丰田、本田、现代、雪铁龙等，远远地抛在了后面。当情况发生变化时，笔者在信息加工时愿意改变过去旧有的观点，不受保守主义原则的制约。你会这么做吗？（有趣的是，吉利博越汽车是笔者的拥有物，笔者对自己的汽车的辩护含有前述的看重自己拥有物动机的意思。）

2. 易得性原则：容易获取的信息影响大（Accessibility: Accessible Information has the Most Impact）

从一场足球赛，到一场学术演讲，每一种社会情境都含有大量信息，以至于人们根本无法详细地处理其中每一种信息。其结果是，人们很可能只考虑、记忆和使用其中的一部分信息来形成判断和做出决策。易得性原则是指哪一种信息更容易被人们获取，那这些信息就会对人们的思想、感受和行为产生更重要的影响。在大多数情况下，最先进入人们头脑中的就是过去已经思考过的那些东西。因此，前面提及的足球赛，达特茅斯队的拥趸就是在利用"他们的足球队是很棒的"这一信念来做出许多判断。在另一些情景中，人们经常会利用那些容易被注意和解释的信息来做出判断。比如，你去听一场关于废止死刑的演讲，而你平常对此没有什么思考。那么，如果在演讲的过程中听到较多鼓掌声，你就有可能对废止死刑形成积极的态度；而如果听到比较多的嘘声，你更有可能对废止死刑形成消极的态度。

3. 肤浅或深入的原则：人们可以肤浅地加工信息，也可以深入地加工信息（Superficiality Versus Depth: People can Process Superficially or in Depth）

多数时候，人们就好像是一架安装了自动导航仪的飞机，不用费什么劲，就能对现实形成一些粗浅的印象，此时人们在信息加工中非常依赖上述那些唾手可得的信息。但当人们注意到事情发展与自己的期望不相符合，或者是想要达成的重要目标受到威胁的时候，人们就会愿意花时间精力去深入地处理信息。这就是信息加工的肤浅或深入原则。拿上述那个去听关于废止死刑主题的演讲的例子来说，假如你有亲朋好友犯下了极为严重的罪行，很有可能被判处死刑，你就不会太在乎其他观众的掌声或嘘声，而是仔细收集演讲中正反两方面的论据，并进行仔细的逻辑分析，最终得出有关废止死刑的结论。

第三节　社会心理学的研究取向

很多学者认同 1908 年是社会心理学诞生的年份，原因是在这一年，世界上终于有冠以“社会心理学”名称的教科书出版了，而且还是两本，分别是英国心理学家麦独孤的著作《社会心理学导论》和美国社会学家罗斯的著作《社会心理学：大纲与资料集》。可是，这两本书除了书名都写有“社会心理学”之外，内容却相去甚远。“罗斯的著作表明他是集群行为研究的先驱，而且他并不强调社会背景中的个人，相反，麦独孤则强调个人行为，他研究了行为的机制和先天倾向。”[①] 可以说，社会心理学的诞生与分化是同时进行的。它不是诞生于同一门学科，只有一个母体，而是诞生于两门学科，有着两个母体。社会心理学与其母体学科的亲缘关系，决定了它有两个截然不同的发展方向，我们将不同学科的学者发展出的具有本学科特点的社会心理学称为社会心理学的研究取向。从一开始，就存在着两种社会心理学的研究取向，即心理学的社会心理学（psychological social psychology, PSP）和社会学的社会心理学（sociological social psychology, SSP）,而且学者们广泛认为这两种社会心理学在各自的核心问题、理论和研究方法上有相对的差异（House, 1977）。

后来，随着不断有其他的学科对人的行为感兴趣，并取得了显著的成果和影响，社会心理学的研究取向也随之扩增。到目前为止，主要有以下四种社会心理学的研究取向。

一、心理学的社会心理学

心理学的社会心理学是目前最主要的一种研究取向，顾名思义是心理学家对社会心理学的研究。它带有心理学的学科色彩。心理学家在研究社会心理学时，喜欢从具体微观的角度入手，关注的核心是个体，以及个体如何对社会刺激进行反应，强调的是发生在个体内部的那些过程。行为的变异被认为是人们根据自己的人格和气质对社会刺激或差异的解释。尽管心理学的社会心理学家也研究群体动力，但他们倾向于在个体的层次上对这些过程进行解释。由于其研究主要强调的是内部的心理过程，可以称之为认知与内心社会心理学（cognitive and intrapersonal social psychology），它源起于 19 世纪中叶德国的实验心理学家如冯特（Wilhelm Wundt）等的工作，这些工作致力于了解人的内

① 周晓虹. 现代社会心理学史［M］. 北京：中国人民大学出版社，1993：82.

部过程是如何影响人与他人互动的能力的，这些内部过程包括认知（记忆、知觉、决策）与生理（化学与神经活动）方面。心理学的社会心理学的代表性理论主要是社会学习理论（social learning theory），这一理论强调个体在各种社会情境中是如何学到适当的反应的，认为社会学习的主要过程包括强化，即个体特定行为的产生是与某种奖赏或惩罚联系在一起的；还有模仿，即个体通过观察另一个人行为而产生的强化过程。

此外，认知与内心社会心理学的一个具体根基是个体如何在头脑中以图式（schemas）的形式储存信息。图式是指人们对环境中的客体进行标定的方式，对客体进行分类。使用了图式，就能够让个体加工环境中数十亿比特的信息，进而轻松地参与社会互动。

认知与内心社会心理学努力探索图式对社会互动影响的不同侧面。

首先，在认知方面，心理学家主要研究大脑活动是如何特定地与记忆、知觉与决策过程联系在一起，这些过程影响了个体成功地进行社会互动了解信息的能力。此外，心理学家还探索认知过程的变量是如何造成了个体互动能力的差异的。其中记忆的研究审查了人们是如何对先前遇到的事件、情景与他人进行分类的，以帮助研究者了解图式结构的类型，并运用到特定的群体、文化和情景中去。对记忆的研究使得研究者可以直接探索人们的互动及对其进行标签之间的联系。例如，一位女士进入一个房间，观察到了一男一女之间的互动。如果她把这两人的互动标签，归类为是情人之间的浪漫插曲，而不是同事间的交谈，她就不太可能去打断他们。如果她进入房间后认出并认为其中一人是她的亲密朋友，其与这两人的互动就和认为这两人仅是普通同事时的互动不一样。与了解图式和记忆有关的理论概念还有刻板印象（stereotypes）、自我实现的预言（self fulfilling prophecy）等。

在研究知觉时，研究者对人们是如何解读环境中的信息，而这解读又是如何影响人们与他人的互动深感兴趣。对知觉的研究考查了个体与事件、情境及人的类别相联系的意义。从认知社会心理学的角度看，这一领域关键的理论概念有归因及归因偏向。归因是指个体如何对自己与他人的行为原因进行归结。归因偏向的研究发现，人们进行归因时，很难做到完全客观、全面与准确，而是会进行有倾向性的归因。

对决策的研究揭示了记忆、图式与知觉是如何影响人们的诸多行为，从早上要穿什么衣服，到在某一环境中人们愿意冒风险的程度等。而人们作出的决策直接影响到了个体与他人的互动的意愿，以及互动的质量。

其次，对内部过程的生理方面的研究，则探索了特定的生物与化学过程影响个体创建适当与有用图式、使用记忆及精确知觉事物的能力，进而影响个体作出相关的决策。初看上去这一块似乎并不与人们的社会互动直接相关，但是新近的发展表明人的生化过程是和人的认知紧密联系的。认知和行为心理学家，与神经科学家一道，精确地揭示了特定的生化过程是如何直接影响了人的认知功能的，现在发展出来的技术可以使生理学方面的研究者在心理学、神经科学及社会学去测量、检查这些生化过程与人们相应的行为及社会互动之间的关系。这些技术包括有脑电波记录技术（EEG）、功能磁共振成像技术（fMRI）等，它们可以使研究者研究对个体行为和社会互动的神经与化学反应，这就意味着社会心理学家可以更精确、更直接地去测量人的社会互动过程。

二、社会学的社会心理学

虽然大多数的社会心理学家是在心理学领域研究的心理学家，但也不能忽视另一小部分重要的社会心理学家是在社会学领域研究的社会学家。这两组学者对同样的研究问题感兴趣，但他们的取向却不相同。心理学的社会心理学家倾向于关注个体，重点放在个体对社会情境的知觉是如何影响了他在那种社会情境中的思考、情感和行为的。而社会学的社会心理学家却倾向于关注个体与社会的互动及其关系，以及较大的群体或社会变量在决定社会行为的过程中所发挥出来的作用。这些社会群体包括家庭、组织、社区和社会机构等。可以说，他们的研究并不逊于心理学的社会心理学家，其主要的理论有符号互动理论、社会交换理论、参照群体理论、社会角色理论等,下面我们通过其中有代表性的部分来了解社会学的社会心理学的具体内容。

（一）符号互动理论

符号互动理论（symbolic interactionism）是社会心理学中一个重要的理论。1980 年，当代认同理论的大家谢尔顿·斯特赖克（Sheldon Stryker）提出，社会心理学具有三个面（three faces）：心理学的社会心理学、社会学的社会心理学和符号互动理论。符号互动理论是 20 世纪初期美国社会学的产物，其核心人物是乔治·赫伯特·米德（George Herbert Mead）。米德一直执迷于自我—社会之间的关系，米德理论的要点是社会产生、发展出了人的自我，人的自我继而影响了人的行为，人的行为反过来维持了社会的形成。

20 世纪中期，符号互动理论分裂成了两支：芝加哥学派和爱荷华学派。虽然这两派都声称自己是源于米德的自我与社会的理论，但是在关于人的本质、互动的本质和社会的本质假设上是完全不同的。

我们先看看芝加哥学派。米德是芝加哥大学社会学系的教授，他 1931 年去世后，他的学生布鲁默（Herbert Blumer）把米德讲课的笔记进行了整理，出版成书，这就是被奉为“符号互动理论圣经”的《心灵，自我与社会》。在这本书里，符号互动理论（symbolic interactionism）这一术语才正式出现。布鲁默的互动论强调人自我的本质是变动不定的，犹如变色龙一般在社会互动中随着社会情境的变化而变化。布鲁默认为社会互动在很大程度上是不可预知的，社会是摇摆不定的，充满了变化的可能性。既然如此，布鲁默主张用探索性的方法论和归纳法去了解社会生活。

再看看爱荷华学派。曼福德·库恩（Manford Kuhn）从 1946 年开始，一直到他 1963 年去世，都在爱荷华州立大学任教，爱荷华学派由此得名。库恩就米德的互动论发展出了另一种观点。与布鲁默关于自我变动不居的观点相比，库恩认为自我其实稳定得多，他主张人有一个核心的自我，它源于人们的社会角色。按照库恩的观点，核心自我对人是有限制的：每个人经历了社会现实之后所选择的行为要和其核心自我保持一致，而无论是在什么样的社会情境中。库恩认为社会互动是高度模式化、可预测的，社会则是相对稳定的。库恩主张用演绎的理论方法去预测和测量人的行为。1950 年，库恩发展出了著名的"自我概念 20 问"的方法，用以评估人的核心自我。这个测试要求受试者用 20 个陈述句来回答"我是谁"这个问题。

最后来了解一下符号互动理论的新进展。现代符号互动理论的主要发展体现在将米德的开创性的但却相当模糊的关于自我与社会的学说转译成更具实验性的主张，其中最值得注意的是有关认同（identity）的研究。认同是指自我成分中人所承担的社会角色给个体带来的特别的意义。当代认同理论又有两种不同的观点。

第一种是由谢尔顿·斯特赖克及其同事提出的结构的观点，他们主要关注社会结构是如何形塑人的认同，继而影响其社会行为的。

第二种是认知的观点，代表性的研究是彼得· 伯克（Peter Burke）的认同控制理论（identity control theory）和戴维·海斯（David Heise）的情感控制理论（affect control theory），他们关注的是影响个体在社会互动过程中如何表达其认同的心理机制。伯克和海斯理论的一个共同之处是他们都提到了在认同与行为的关系中"控制系统"的观点，意思是认同的意义就像是恒温器那样进行工作，当房间的温度偏冷，恒温器就要打开火炉，把房间的温度加热到设定的度数。类似地，如果一个人从环境当中得到了与其自我认同意义不一致的反馈，那么此人将会改变其行为以求与认同相一致。伯克和海斯理论的重要区别，是关于"人们努力控制的到底是什么"的假设不同。伯克的观点是偏向个人主义的：人们是以想要证明其自我意义的方式去行动的。例如，一位学生认为自己是积极的，那么其行为就会以积极的方式去进行，比如努力学习，争取优秀的学习成绩，经常参加活动等，以从他人（父母、老师、同学）那里获取证实其自我观点的社会反馈。相反，海斯主张人们是以创建情境的方式去行动的，既要证明自身的自我意义，还要力证情境中其他客体，包括他人的意义。当一位积极的学生与一位努力工作的老师在教室里进行互动的话，他们之间会相互激励，彼此认同，并希望以如此适宜的社会情境的方式去行动。在这一点上，海斯的理论与布鲁默的自我仅是影响社会行为的一个客体的观点相一致，与布鲁默不一样的是，海斯认为即使是在极其复杂的社会情境中，人的行为也是可以预测的。

（二）社会结构与人格

社会结构与人格（social structure and personality）和符号互动理论的总体思想是一脉相承的，强调社会特征是如何影响个体生活的诸多方面。从这个角度上看，个体在社会中占据着不同的位置，个体在社会位置中的关系则体现了系统的社会结构，社会结构的位置将个体置于不同的社会网络之中（包括家庭、友谊、同事网络等），个体在这些网络中承载着行为的特别的期望，表达出权力和声望的不同层次，继而这些社会结构的特征以众多的方式影响人们，豪斯（James S. House）曾将这方面的研究称之为“心理社会学（psychological sociology）”。社会结构与人格的研究显示，这些在社会中所处的位置（例如身份、性别、种族、地位等）是如何决定了人们大量的行为结果的，包括生理与心理健康、与犯罪行为的牵连、个人的价值观、所获取的成就。得克萨斯大学人口中心的马克·海沃德（Mark Hayward）的研究显示，童年时期的社会条件（例如社会经济地位，这些儿童是与亲生父母生活还是在别的家庭生活，孩子的母亲是否在外地工作等）会影响到其在成人时死亡的年龄。近些年来，社会结构与人格的研究把重点放在了个人是如何影响社会的模式与趋势方面，弱势群体成员的行动有时也能促使权力、声望、特权等社会标准发生变革，一个经典的例子就是非裔美国人罗莎·帕克斯（Rosa Louise McCauley Parks）的故事：

罗莎·帕克斯是蒙哥马利的女裁缝。自 20 世纪 30 年代至 1955 年，她一直从事缝纫工作。后来，她成为数百万计非裔美国人争取自由的代表人物。

在 1950 年代美国南部的许多地方，法律明确规定黑人与白人在公车、餐馆等公共场所内需分隔，且黑人必须给白人让座。巴士前部的座位仅限于白种人使用，黑人只能坐在车的后部，中间的区域两类人都可以使用。然而，如果某个白人想要坐上某个黑人的座位，那个黑人只能离开。在北方，法律认可的种族歧视也使黑人被许多行业和社区拒之门外。

1955 年 12 月 1 日，时年 42 岁的罗莎·帕克斯和其他三位黑人坐在一辆巴士的中间区域，一位白人上了巴士，并示意想要座位时，开车司机要求这四位黑人离开自己的座位，这样子这位白人就不会与他们中的任何一位邻座了。其他三个黑人起身让座，但罗莎拒绝了司机的要求。当年早些时候，蒙哥马利就有两名黑人妇女因拒绝让座而被捕。这次也不例外，罗莎遭到监禁，并被罚款 10 美元。

她的被捕引发了蒙哥马利市长达 381 天的黑人抵制公交车运动，组织者是当时还名不见经传的一名浸礼教牧师——马丁·路德·金，后来马丁·路德·金获得反种族隔离斗士的称号和诺贝尔和平奖得主的荣誉。这场运动的结果，是 1956 年最高法院裁决禁止公车上的“黑白隔离”；1964 年出台的民权法案禁止在公共场所实行种族隔离和种族歧视政策。30 年后，罗莎·帕克斯追忆道：“我被捕的时候没想到会变成这样。那只是很平常的一天，只是由于广大民众的加入，才使它意义非凡。”

罗莎·帕克斯因她为公民权利积极实践而获得两项国家级最高荣誉。1996 年，克林顿总统授予她总统自由勋章；1999 年，她得到国会颁发的金质奖章，并被美国国会命名为“民权之母”。

罗莎·帕克斯于 2005 年 10 月 24 日去世，享年 92 岁，她的遗体荣誉地安放在华盛顿美国国会大厦，她是美国首位获此殊荣的女性。3 万人静默地走过了她的遗体，向她表示他们的尊敬。

众议员科尼尔斯提到这位以沉默和力量著称的女士对国家而言的重要性，他说：“有极少数人可以说他们的行动和品行改变了国家的面貌，罗莎·帕克斯就是其中一位。”

早些时候，在华盛顿的追思会上，美国参议院的宗教官员谈起罗莎·帕克斯时说，她的勇敢担当是小行动引发大力量的示例。杰西·杰克逊牧师在一个声明评论说，罗莎·帕克斯小小的勇敢举动，对于非裔美国人意义重大。他说在1955年的巴士上，“她照旧坐着，但我们可能会站起来，是她打开了通向自由之旅的大门。”

（三）群体过程

社会学的社会心理学的第三个主要方面是群体过程，研究在群体情境中基本的社会过程是如何进行的。群体是社会重要的组成部分，也是社会心理学的重点研究区域。因为只要有三个人就能组成群体了，也因为人们本质上是社会性的，所以人们会花大量的时间生活在群体情境里，包括家庭、朋友和同事等，群体过程研究在群体中人们的互动情况及在群体中的位置是如何影响人们的心理与行为的。

例如，马克思就认为社会结构中的经济系统会影响我们的社会关系与个人的思维过程（冲突理论）。他认为资本主义的经济系统会使个体产生与他们的工作或与其他工人异化或隔离的感觉。现在有句网络热语：“贫穷限制了人的想象。”这是有道理的。社会心理学家布鲁纳做了一个实验，让孩子们看一个50美分的硬币，然后让他们在纸上画出来。结果发现，富裕家庭的孩子画出来的硬币比贫穷家庭的孩子画出来的硬币小一些。

研究群体过程的学者特别对群体形成时出现的一些过程和现象感兴趣，比如地位。当你新进入一个班级，你会注意到有些人更善于言辞，他们的意见要比别人的意见更容易贯彻下去。这种差异是如何形成的？再比如权力。当你与卖方讨价还价时，当时情景的一些特定特征会给予你或对方更多权力来确定最终的价格。那么，是什么样的情景特征会赋予一个人更多的权力？再比如说公平公正。当你考虑自己的工资是否合适时，你会与别人的工资进行比较，比较的结果会影响你在职场中的行为，比如是否会跳槽，或就是为了泄愤而辞职等。那么，我们会与哪个群体的人进行比较呢？我们是如何判断事情的公平与否呢？简而言之，这些学者是通过研究如地位、权力及公正等形成的过程来回答这些问题的。

总之，社会学取向强调通过社会地位、社会角色、社会化等社会结构层面的因素来研究人们的社会互动，并达到对人类行为本质的理解，其基本的方法是问卷法和访谈法。

三、文化人类学的社会心理学

从20世纪20年代开始，美国成为了全世界心理学（包括社会心理学）的研究中心，绝大多数有关社会心理学的理论、概念和知识，都来源于美国的研究者。但是长期以来，美国学者在研究心理学的过程中，忽视了文化差异对人们心理与行为的影响。比如，有很多学者发出了这样的抱怨，“文化……被认为是同质性的，也就是说，主要是基于白人中产阶层的那套价值观和期望来进行研究的……例如，在发展心理学中，所谓的儿童实际上是白人儿童（McLoyd, 1990）；在女性心理学中，女性通常指的是白人女性（Reid,

1988）”。著名的文化心理学家马库斯和北山志乃（Markus and Kitayama, 2003）认为：“我们所知的心理学还不是一个综合性的心理学；它像是美国本土心理学，或更确切地说，是世俗的、中产阶级盎格鲁美国人的心理学。”

意识到问题后，不少学者致力于研究跨文化心理学，试图证明文化在一个民族的人格与社会行为形塑中的重要作用，以及能动的人格与社会行为又是在何种程度上建构文化的。

其实心理学家对文化因素影响人们心理与行为的探索由来已久，实验心理学的创建者冯特，在其十卷本的《民族心理学》中就主张文化民族的研究；被誉为“现代社会心理学之父”的勒温则对德国和美国的国民性进行过重要的研究；一些俄罗斯学派的学者，如列夫·维果斯基（Lev Vygotsky）和亚历山大·鲁利亚（Alexander Luria）,以及 20 世纪 50 年代的一些社会心理学家们，从社会文化出发进行研究。不过，作为一种社会心理学研究取向的正式建立，是由美国夏威夷东西文化研究中心的特里安迪斯（Trandis）和朗伯特主编的《跨文化心理学大全》中的第五卷《跨文化社会心理学》宣告的。

在跨文化心理学的研究进展方面，最具影响力的单项研究首推荷兰社会心理学家霍夫施泰德（Hofstede）开展的一项研究。自 20 世纪 60 年代晚期至 20 世纪 70 年代早期，霍夫施泰德是美国 IBM 公司研究团队中的一员。该团队在其公司 70 多个国家的雇员中开展了一项全球性的士气调查，最终累积成拥有 116 000 名被试的巨大的数据库。霍夫施泰德对这些数据进行了大量的分析，在此基础上，于 1980 年出版了他的经典著作——《文化的结果》（*Culture's Consequences*）。霍夫施泰德在研究中通过对特定项目得分进行比较，以及对问卷项目中一些经标准化的国家均值进行因素分析，成功地找出了国家差异的四个维度，并把它们分别命名为：权力距离、不确定性规避、个人主义对集体主义、男性气质对女性气质。研究发现，价值观对人的行为有很大的影响。尤其是强调个人主义和集体主义［Individualism-Collectivism（IC），Hofstede, 1980；Triandis, 1972, 1980, 1988］的不同价值观，可以用来预测不同文化中的人的社会行为、经济行为和领导行为等具体行为。由此，个人主义和集体主义成了最重要的文化维度。

个人主义和集体主义的差异，主要体现在以下四个方面：①对自我的定义。个人主义把自我视为是独立的，集体主义则把自我视为是相互依赖的。②目标的结构。个人主义把个人的目标置于优先的地位，而集体主义则会把内群体的目标置于优先地位。③内群体规范的重要性，社会行为被内群体规范决定的程度。集体主义把内群体的规范和对内群体的态度都当作是社会行为重要的决定因素，而个人主义则把对自身的态度当作是其行为极其重要的决定因素，把内群体的规范当作是行为次要的决定因素。④对关系和理性的强调。集体主义在处理社会关系时对奖赏和成本的计算会把内群体置于优先的地位，个人主义在作相应考虑时，则主要根据与自己的关系来进行计算。假如成本太高的话，个体会降温甚至结束这段关系，哪怕这段关系对内群体的相关成员十分重要（比如婚姻）。

个人主义的典型代表是美、德、英等西方发达国家的人们，集体主义的典型代表是中、日、韩等亚洲地区的人们。关于个人主义和集体主义的具体差异，著名的跨文化社会心理学家理查德·尼斯贝特（Richard E. Nisbett）认为：“东亚人群体与欧洲人群体之间存在显著的社会心理差异。东亚人生活在相互依赖的世界中，自我是整体的一部分；西方人生活在自我是单一自由行动的人的世界中。东方人重视成功和成就，原因是这会给他们所属的群体带来益处；西方人重视这些东西，原因是这些是个人价值的勋章。东方人重视和睦相处，并进行自我批评以确保做到这一点；西方人重视个性，他们力求自我完美。东方人十分在意他人的情感，他们力求人际间的和谐；西方人更在意了解自己，他们牺牲和谐来换得公平。东方人可以接受等级制度和群体控制；西方人则喜欢平等和个人行动的空间。亚洲人回避争议和辩论；西方人则对从法律到政治到科学各个领域的论辩修辞充满了信心。”①

文化议题真正被社会心理学认真看待，始自琼·米勒（Joan Miller, 1984）的归因研究。社会心理学此前的归因研究有一个非常著名的结论，叫做“基本归因错误（Fundamental Attribution Error）”，意思是人们在归因过程中，会自发地把他人行为的原因归结为行为者的内部特征而不是外部情境因素的强烈倾向，并且认为此种倾向是放之四海而皆准的，具有跨文化性。然而米勒却发现，不同文化中的人出现这种错误的情况是不一样的，印度人的情境归因比美国人多两倍，而美国人的个性归因比印度人多两倍。他认为归因中的这种文化差异取向是通过社会化过程渐渐发展起来的。

自此之后，有关跨文化社会心理学的具体实证研究层出不穷，对人们的社会心理与行为进行文化解释已经成为不容忽视的一个视角。

四、进化视角的社会心理学

跨文化社会心理学的研究认为，生活在不同社会文化中的人们的心理与行为有着很大的差异。但是，我们也应注意到，古今中外的任何人，无论是在生理上还是在心理与行为上，人们的相似性都远超他们的差异性。例如，人都要睡眠，都会感到饥渴，并能够通过相同的机制习得语言。人们都偏爱甜味而不是酸苦，对颜色的分辨也很类似。人们都可以理解他人的皱眉和微笑。所有人都是社会性动物。人们会加入团体组织，服从并认可社会地位的差异。人们知恩图报，惩罚冒犯行为，并且会因为孩子的夭亡而悲伤。婴幼儿在 8 个月左右就表现出对陌生人的恐惧。而长大后，他们会偏爱自己所属团体的成员。他们会以戒备或消极的态度对待那些持有不同态度和特性的个体，等等。强调人类共同属性的观点就是进化论，自 20 世纪 90 年代起，从进化论观点去研究人们的心理与行为的取向就是进化心理学。进化心理学强调用进化理论来预测在假定的祖先生存环境中，哪些行为会被选择出来。

进化（evolution）是指随着时间而发生变化的过程。进化论中最为人知的是达尔文的进化论，达尔文进化论的核心思想是自然选择（natural selection）和适者生存（survival

① Richard E. Nisbett. The Geography of Thought: How Asians and Westerners Think Differently…and Why[M]. New York: The Free Press, 2003：76-77.

of the fittest）。自然选择的观点可以概括为：

（1）生物体有许多不同的后代。

（2）这些后代在环境中互相竞争以求生存。

（3）某些特定的生理和行为变异会提高他们在相应环境中繁殖和存活的概率。

（4）存活下来的后代更有可能将他们的基因传递给下一代。

（5）随着时间的推移，族群特征可能会发生变化。

最适应环境的物种或个体能够生存下来，也就是适者生存。另外一个有关的概念是适应性（adaptive）,能适应环境的动植物才能存留下来。例如，长颈鹿为什么会有那么长的脖子。在一个食物稀缺的环境中，碰巧拥有稍长一点脖子的长颈鹿可以吃到别的动物够不到的叶子，这些长颈鹿就比别的长颈鹿更容易存活下来并留下后代。这样的状况屡次发生，“长脖子基因”因此成了长颈鹿后代的普遍拥有的基因。

进化论进一步认为，自然选择不仅是动物和人类形态与生理的基础，而且也是动物和人类行为的基础，人的生理和心理机制都受进化规律制约。进化心理学认为，在进化历史的指导下可以更好地研究人类的认知和行为。进化心理学的基本理论是：人的心理包括成千上万个进化的模块，这些模块是心理适应，它们是在自然选择中被设计出来满足特殊的信息—加工的功能，它们要解决更新世（Pleistocene）狩猎—采集（hunter-gatherer）的祖先面对的生存和繁衍问题。自然选择通常在物种中产生了复杂的适应，人类心理也是进化形成的，这是人性。进化心理学试图用符合自然选择规律的基因来解释社会行为，其核心思想是进化总是发生得非常缓慢。在今天看来显而易见的社会行为至少部分源于对远古环境的适应。换言之，现代人的头骨里装着一副石器时代的大脑。这是因为，人类祖先在采集和游猎状态下已经生活了数百万年；而我们的农业文明，才不过 10 000 年；而工业文明，才仅仅 500 年。人类的进化速度远远没赶上文明的发展速度。

从进化心理学的角度进行解释的一个著名例子是：当我们看见一辆汽车和一条蛇时，我们会害怕哪一个？相信绝大多数人害怕的是蛇，而不是汽车。请注意一下，现在汽车的危险性毫无疑问要大于蛇的危险性，据世界卫生组织统计，2015 年，全球每年因道路交通事故死亡者超过 125 万人，每年被蛇咬死的人数是 10 万人。也就是说，每年全球死于车祸的人数大约是死于被蛇咬人数的 13 倍之多！按道理说，我们应该害怕更具危险性的东西（汽车）才对呀，但是为什么我们看见蛇会不由自主地害怕，而看见汽车却不害怕，甚至绝大多数人还很欣赏汽车呢？这是因为数百万年前的地球上到处都是蛇，蛇是会咬死人的，人如果不进化出对蛇防御机制，人是不可能存活到现在的。而汽车的出现仅仅才 100 多年的时间，100 多年的时间对进化来说太短，远远不足以让人产生对汽车害怕的适应性。因此，通常我们所害怕的恰是远古祖先所面临的危险。我们害怕敌人、陌生面孔和极高的位置，可能的恐怖主义者、其他种族的人和飞行都会让我们感到害怕。我们更害怕突然出现的直接威胁，而容易忽视诸如吸烟和气候变化等一些新出现的威胁，后者的危害较缓慢但更严重。同样，我们对现代其他那些杀伤力、危险性大的东西都是这样反应的，如对枪支、插线板等总是害怕不起来，而对很多远古就存在且具危险性的东西如黑暗的环境、蜘蛛等会下意识地、莫名其妙地感到紧张、害怕。

再看看进化心理学在人类行为其他方面的解释。巴斯（David Buss）是当代进化心理学的创始人之一，他发现配偶选择过程中男女有不同的偏好,男性偏爱漂亮、温柔的女性,而女性偏爱拥有财富和权力的男性。这种心理机制之所以存在，是因为在人类进化的远古环境中,漂亮是女性健康的标志,更具生殖力,而拥有财富和权力的男性能保证女性在怀孕和养育后代过程中所需的投入,具有这些机制的人比没有这些机制的人更容易取得生存和生殖方面的成功。

尽管目前对进化心理学还存在诸多的争议，但进化心理学还是成为了社会心理学研究中一种重要的取向。在本书中，只要有相应的研究，我们会尽量对人们的心理与行为作出进化心理学的介绍与解释。

那么，如何看待这些不同取向的社会心理学呢？是不是觉得这样的社会心理学还很幼稚，不够科学甚至于不太让人信服？关于这个问题，谢尔顿·斯特赖克（Sheldon Stryker）说道：“我的意思很简单，有两种社会心理学并不必然是件坏事。”他进一步分析道：“第一，确实存在两种社会心理学，虽然这两种社会心理学并非完全不一样，但确实有着重要的区别；第二，人们普遍对社会心理学的这种状态有着负面的评价，认为两种不同社会心理学的存在是有害的，因为造成了社会心理学的分离，所以不能使社会心理学成为一门理想的单一学科；第三，这种对社会心理学的典型评价忽略了伴随着两种社会心理学鸿沟导致的消极后果而来的真实可能性，而且忽略了这个鸿沟其实也有许多积极的东西，这些积极的结果不仅对统一的还是分离的社会心理学都同样适用；第四，要取得这样的积极结果，需要在把两种社会心理学联结起来和分开之间的体制机制上持续不断的创新努力。”[①]我国著名社会心理学家周晓虹也认为，从社会心理学以往的发展和现状来看，现在既不可能也没有必要完全消除在社会心理学内部不同取向相互并存的现象，以求得纯粹的统一或综合。他还生动地比喻道，人的大脑不是一整块而是由左右两半球构成的，人的视觉器官也不是一个而是一双。大脑的左右两半球不仅大大增加了据说是由脑细胞构成的皮质的面积，而且保证了对左右肢体相对独立的支配；而一双眼睛则是立体视觉形成的前提。我们可以认为，正是社会心理学内部两种或两种以上取向的同时存在，才极大地丰富了我们对个人、对社会及对个人与社会的互动关系的认识。[②]

第四节　社会心理学的学科性质

从前述有关社会心理学的研究取向中我们可知，人类行为受到社会、环境、文化、人格与生物等因素的制约，这就决定了社会心理学“边缘学科”的性质。一方面，社会

---

① Cookie White Stephan, Walter O. Stephan, Thomas F. Pettigrew. The Future of Social Psychology: Defining the Relationship Between Sociology and Psychology［M］. New York: Springer-Verlag, 1991: 83.

② 周晓虹.现代社会心理学——多维视野中的社会行为研究［M］. 上海：上海人民出版社，1997：27.

心理学与其母学科——心理学、社会学等有着千丝万缕的联系；另一方面，社会心理学不仅从母学科中吸收了大量营养，而且还从其他学科中不断汲取养分，不断促进自身的成长与发展，最终成为一门独立的学科。

一、社会心理学与邻近学科的关系

社会心理学与许多学科都有着紧密的联系，在此我们重点阐述它与社会学、人格心理学这两个学科的关系。

（一）社会心理学与社会学

社会心理学与社会学都研究社会行为。由于社会是由个体汇集组成，因此社会学和社会心理学不免有重叠的研究领域，比如，它们都研究下列的问题：暴力、偏见、文化差异、婚姻等。二者主要的差异在于，社会学的焦点不是个体的心理，而是整个宏观社会。社会学的分析水平是团体或情境。而社会心理学以对个体的研究为根基，并强调内部心理过程，对社会心理学家而言，分析的层次是社会情境下的个体。

比如，为了了解人们为什么会故意去伤害别人，社会心理学就会去重点研究，在特定情形下引发攻击行为的心理过程。比如攻击前，挫折感的强度应达到什么程度？受挫是不是必要条件？如果人们有挫折感，那么在什么条件下会以攻击行为来宣泄情绪？又有哪些行为可能导致一个受挫个体出现攻击反应？

社会学家对于攻击行为虽然也可能有兴趣，但是他们会关注在一个社会内部不同的社团或团体的成员之间为何会产生不同水平和不同类型的攻击行为。例如，美国的谋杀案发案率为什么远远高于加拿大？在美国，为什么某些社会阶层中的谋杀案发案率比较高？社会变迁和攻击行为的改变之间有何关联？

此外，社会心理学与社会学在研究方法上也有差异。社会心理学更多地采用实验法，通过精确、量化地操纵相关变量，以确定变量间的因果关系。社会学主要的研究方法是调查法，以获取一些现象的状况。

（二）社会心理学与人格心理学

在 20 世纪上半叶，作为心理学领域的标准学科，社会心理学是一个小的，很少受关注的领域，而人格心理学是一个强盛王国。人格理论家，如弗洛伊德、荣格、阿德勒、埃里克森和马斯洛，发展了大量的理论，影响了许多学科思想家的思想。此时的社会心理学家则在努力探索如何模仿人格心理学的套路。由于一些错综复杂的原因，在 20 世纪六七十年代，情况发生了变化，社会心理学成为一个庞大的、蓬勃发展的领域，而人格心理学失去了许多的影响力。这两个领域也开始出现紧密的结合，其象征是对两个领域都是首要的杂志，《人格与社会心理学杂志》（*Journal of Personality and Social Psychology*），它逐渐成为美国心理学会（APA）出版的最大杂志。从杂志的名称就可以看出它们之间的关系，它们的研究内容是交织在一起发表出来的，人格心理学可谓是社会心理学的近亲。

但是，现今的这两门学科强调的重点迥然不同，有点水火不相容的味道。人格心理学更加关注个体的差异，也就是研究人们为什么会有差异，其逻辑是人们不同的人格导致了其行为的差异，而且不管是在什么样的社会情境中都会有这种个体差异。社会心理学的研究认为，人们的社会行为主要是由社会情境的影响而产生的，个体的人格在社会情境下势单力薄，不同的个体（意味着不同的人格）在相同的社会情境下表现出来的行为是相似的。大量社会心理学的经典研究表明了这一点，个体和人际层面如津巴多的“斯坦福监狱模拟研究”和拉塔涅的“旁观者效应”。前者的研究表明，让不同的参与者模拟警察，这些参与者最后就会越来越像警察；而让其他不同的参与者模拟罪犯，参与者最后也就会越来越像罪犯。后者的研究表明，如果旁观者众多，会抑制人们的助人行为，无论什么人都是如此。在这里，人格都去哪里了呢？群体层面也是如此，如最早的社会心理学实验“社会促进”研究表明，在群体中，简单、熟练的动作会使其行为效率得以提高，而不管是什么样的个体。社会心理学的这种认为几乎所有的人都一样的观点可以称为“无差异个体（the Nondifferent Individual）”。选择这个术语是为了与在人格心理学中所强调的个体差异形成对比。其基本理论是行为主要是对情境的一种反应，故也称之为“情境响应者（the Situational Responder）”。人们的思考、感受和行为是情境压力和影响的直接结果。与许多人格理论认为的自我内部有大量深奥的东西不同，这种观点认为人的内部除了有使人们对当下的情境作出反应的机制外，并没有什么东西。当然，无差异个体理论的倡导者可能认为，人确实有个性特征和差异。他们只是认为，这些特性不是非常重要或没有多大影响力。

总而言之，社会心理学是介于两个与它关系最密切的学科（社会学与人格心理学）之间。它和社会学一样重视情境和整个社会影响行为的方式，但更重视使人们易受社会影响的个体心理成分。它和人格心理学一样强调个体的心理，但强调的不是个体差异，而是使大多数人都会受社会影响的心理过程。

二、社会心理学的学科性质

（一）社会心理学是一门边缘学科

社会心理学是在社会学和心理学的共同孕育下产生的，社会学和心理学是社会心理学的两门母体学科。在随后社会心理学发展的过程中，其他学科如文化人类学、进化心理学等又对社会心理学产生了深远的影响。今后的社会心理学还会从更多的学科中汲取营养，以进一步发展和壮大自己，社会心理学是一门边缘学科。

之所以成为一门边缘学科，与社会心理学的研究对象是息息相关的。人类社会心理和行为产生的原因极为复杂，从宏观上看，有自然的环境地理因素，也有社会的文化历史因素；从中观的角度看，则有生物生理的因素；从微观的角度看，有群体个体及其交互的因素，和人际群际的因素，等等。其中每个方面的因素都有众多的学科去研究，而社会心理学则需要从所有的这些学科中汲取营养，并把它们有机地结合起来。

（二）社会心理学是一门独立的学科

长期以来，社会学把社会心理学当作是自己的一门分支学科，而心理学也把社会心理学当作是自己的分支学科。我们可以从高校的专业和课程设置中看出：社会学系有社会心理学的专业和课程，心理学系也有社会心理学的专业与课程。而且，社会心理学在这两个系中似乎都是“二等公民”，因为社会学家觉得社会心理学不够“结构完整”，不够“宏观”，理论性不够；心理学家认为社会心理学不够“基本”，不够“微观具体”，实证性不够。

那么，到底应该如何看待社会心理学呢？我们认为，社会心理学是一门独立的学科。它是社会学、心理学、文化人类学、进化心理学等学科的综合。从它最早的两门母体学科来讲，社会心理学对于人的社会行为的研究，既不像社会学那样，只重视外在社会因素的作用，也不像心理学那样，只重视内在人格因素的作用，而是既重视外在，又重视内在。把人的社会行为看作是外在环境和内在人格相互作用的产物。它的研究主题，既不是抽象的社会，也不是孤立的个人，而是社会和个人的互动关系。因此，把它简单地看作是社会学的分支学科或心理学的分支学科都是不恰当的。社会心理学发展到现在，已经是一门独立出来的学科了，准确地说，社会心理学是一门具有边缘性质的独立学科。

关于这点，引用我国著名学者的观点，周晓虹（1997）先生说：“社会心理学虽然是在社会学、心理学和文化人类学等母体学科的基础上形成的，但它既不是某一学科的附属物，又不是上述学科的简单的拼凑和混合，形成后的社会心理学具有社会学、心理学和文化人类学等学科所不具备的全新的性质和特点。”方文（2011）教授也说道：“社会心理学绝不是哪个学科的附属亚学科，它以从容开放的胸怀，持续融会心理学、社会学、人类学、进化生物学和认知神经科学的智慧，逐渐建构和重构自主独立的学科认同和概念框架，岸然成为人文社会科学的一门基础学问。”

第二章

社会心理学简史和理论

第一节　社会心理学简史

作为社会心理学两门母体学科之一的心理学被公认是 1879 年成立的，其标志是德国的心理学家冯特这一年在莱比锡大学成立了第一个心理学的实验室。另一门社会心理学的母体学科社会学则公认是 1838 年成立的，其标志则是法国的哲学家孔德在这一年出版的著作《实证哲学教程》中的第四卷正式提出了“社会学”这一名称，并建立起社会学的框架和构想。那么，人们自然要问，作为它们产物的社会心理学是哪一年成立的呢？其标志性的事件又是什么？

这个问题不那么容易回答，社会心理学有其复杂和特殊的地方。首先，有两种社会心理学：心理学的社会心理学和社会学的社会心理学。尽管有人试图把这两种社会心理学整合成单一的社会心理学，但并没有成功。因此，我们这里所说的社会心理学历史，主要指的是偏向心理学的社会心理学历史。其次，世界有两种主要的文化取向，即个人主义文化和集体主义文化，尽管有大约 70%的人口是生活在集体主义文化取向的社会里，但是社会心理学却主要是在个人主义文化取向的社会里发展起来的。因此，社会心理学具有显著的个人主义文化取向的特点，社会心理学的历史也不例外。故本书所说的社会心理学，实际上指的是个人主义文化取向的、心理学的社会心理学。

如果要说社会心理学成立的具体年份，也有三个不同的年份被不同的社会心理学家提出来，认为是社会心理学的成立之年。第一个年份是 1897 年，这一年的标志性事件是美国的特里普利特（Norman Triplett）做了世界上第一个有记载的社会心理学实验，这和确定心理学成立之年的理由一样。第二个年份是 1908 年，这一年的标志性事件是英国心理学家麦独孤（W. McDougall）和美国社会学家罗斯（E. Ross）同时出版了专著，分别为《社会心理学导论》和《社会心理学：大纲与资料集》，这和确定社会学成立之年的理由相似，而且巧合的是，这两本专著中一本是心理学家写的，一本是社会学家写的，正好暗合了社会心理学的来源，这一年被最多的学者认同为社会心理学的成立之年。还有第三个年份，1924 年，这一年的标志性事件是奥尔波特（F.Allport）于 1916—1919 年间进行了一系列有关“社会促进”的实验，并在总结了自己的研究结果之后，于 1924 年发表了《社会心理学》一书，该书“使这些实验方法及其成果第一次可以普遍地为人利用……并迅速统治了美国社会心理学”（Murphy, 1972），被人们公认是实验社会心理学诞生的标志。确定这一年的理由与心理学和社会学都有相似之处，最重要的是，奥尔波特在此书中规定了社会心理学研究要遵循的范式，即实证主义和个体主义，广泛深入地影响了自此之后的社会心理学。

可见，上述三个年份对于社会心理学而言都十分重要，也有充分的理由来把其中任何一个年份当作是社会心理学的成立之年。因为这并没有定论，所以我们认为，在谈及社会心理学的历史时，最好避免说社会心理学具体是哪一年成立的。因此，在论及社会心理学的历史时，美国社会心理学家 E.P.霍兰德自 20 世纪 70 年代起就在其多次再版的《社会心理学原理和方法》一书中智慧地提出了一个观点，他把社会心理学的历史划分为三个阶段：第一个阶段是古代的阶段，他称之为是社会哲学阶段，此阶段社会心理学的特点是着重推想；第二个阶段是 19 世纪的近代，他称之为社会经验主义阶段，此阶段社会心理学的特点是着重描述；第三个阶段就是现代，他称之为是社会分析阶段，霍兰德说，所谓“分析”，它有几种意义，这里指的是运用得自系统研究的数据而进行的关于因果关系的研究。这种研究途径的主要特征是，不只是作简单的描述，而且要确定各种变量之间的关系。这种做法可能既包括实验，也包括调查。[①]因此，此阶段社会心理学的特点是着重因果关系。霍兰德的这个观点一经推出，就受到了众多社会心理学家的推崇，在提及社会心理学的发展历史时纷纷采用这个观点。但是，霍兰德的学说毕竟是 20 世纪 70 年代提出来的，许多基于此学说的教科书对较早和欧洲的社会心理学历史着墨较多，对于之后异彩纷呈的社会心理学发展状况则没能论及，我们考虑到现今美国社会心理学在全世界霸主的地位以及现代社会心理学的快速发展，加上篇幅有限，我们会把前面社会心理学的历史划分粗略一些，而把现代的、美国的社会心理学发展历史当做重点划分细致一点，不求面面俱到。读者想要比较全面学习社会心理学历史需要，还请参考其他资料。

一、前社会心理学时期

艾宾浩斯在谈到心理学的历史时说过一句名言：“心理学有一个长久的过去，却只有一段短暂的历史。”社会心理学也是如此。社会心理学长久的过去，具体而言就是这里所说的前社会心理学时期，也是霍兰德所说的哲学思辨阶段。这一阶段时间大约是从公元前的古希腊起，止于 19 世纪中叶。霍兰德之所以把这一阶段称之为“哲学思辨阶段”，“哲学”的意思是指从内容上看，社会心理学的主要思想其实是被包裹在一些哲学思想里面的。换句话说，这一阶段并没有真正的社会心理学家，只有哲学家，此阶段的社会心理学只是哲学家们研究哲学问题时出现的副产品。因此，这一阶段也是社会心理学孕育的阶段。而“思辨”指的是研究方法，是说这一阶段的社会心理学内容主要是这

---

① 埃德温 · P. 霍兰德. 社会心理学原理和方法（第四版）[M]. 冯文侣,等译, 吴江霖,审校. 广州：广东高等教育出版社，1988：10.

些哲学家们推想出来的，可见其主观性是很强的，当然我们也不能就此否认这些思想的价值。

这一阶段有众多的哲学家论及社会心理学，在很多不同的社会都涌现出了社会心理学的思想。例如，已知的最早的法典，古巴比伦的《汉谟拉比法典》，包含了282条法则，规定了社会群体中相互依存的准则、责任和权利要如何与社会地位相适配，分配和程序正义的规则以及判罪的规则等。“以牙还牙”的原则（即今天的互惠规范）首次出现在这里。印度的“圣经”之一《薄伽梵歌》，提供了众多的有寓意学说，用以描述说明动机和行为之间的联系、自我、社会以及神灵的影响。在公元6世纪，努西亚的本尼狄克特，西方基督教修道的创立者，编辑了73条规则来描述一个修道院应该如何运行以及僧侣该如何过精神生活。这些规则包括许多社会心理学的思想，例如，规范个人的责任和僧人活动的相互依存。在犹太基督教的圣经中可以发现无数的社会心理原则，内容包括自由意志、亲社会与反社会行为、以自我为中心或以其他为中心的动机、与他人关系中的自我、因果归因、人的需要和动机的本质（及如何在社会生活中处理这些需要和动机）、宽恕和内疚、自我调节、社会认知、公正的动机等。一些社会心理的效应甚至依据圣经的章节内容来命名（例如，慈善的撒马利亚人实验）。但是限于篇幅，在此只重点介绍柏拉图和亚里士多德的社会心理学思想。

（一）柏拉图的社会心理学思想

柏拉图（Plato，前427—前347），一个非常有影响力的古典希腊哲学家，受教于苏格拉底，并教导了亚里士多德。他最著名的作品《理想国》（*The Republic*）描绘了他幻想的“完美”国家。

正义是柏拉图理想国的主题。柏拉图首先论述了国家的正义。柏拉图在他的《理想国》中，认为正义是理想城邦的原则。这条正义原则是“每个人必须在国家里执行一种最适合他天性的职务”，或“每个人都作为一个人，干他自己分内的事而不干涉别人分内的事”，也就是各守本分、各司其职等。

柏拉图指出，这个“正义”国家应该具有智慧、意志和节制三个条件，而体现这三个条件的就是不同的人。理想国的公民被分为三类：赋有最高理性的人是神用金子做成的，他们的本性决定了其在国家中处于统治地位，他们是理想国的立法者和监护者，这些人是哲学家、统治者，属于第一等人物；赋有意志的本性、勇敢善战的人是神用银子做成的，他们是国家的卫士，这些人是军人、武士，属于第二等人物；只有情欲本性的人是神用铜和铁做成的，他们安分守己，节制情欲，忍受劳苦，他们处于最下层，为统治者及其辅助者服务，这些人是农业劳动者和手工劳动者，为第三等人物。一个国家有这三种人，而这三种人被安排在力所能及的岗位上，各安其位，各得其所，从而使社会井然有序。一个国家做到了这一点，就算是具备了“正义”的美德。

柏拉图继而从城邦的正义类比地推出个人的正义，认为那是“大”与“小”，或“外”与“内”的关系——个人是缩小的城邦，城邦是扩大的个人。既然个人与城邦只是扩大与缩小的关系，那么，城邦的制度也必然同个人的灵魂存在着同构关系。因此，柏拉图认为，人的生物本性有三重——头、心和胃，与之相应的三种心理成分是理智、意志和欲望。如果这三种心理成分都能得到恰当的发展，达到杰出的境界，那么，随之又会出现三种相应的美德：理智具有智慧，意志发展为勇敢，欲望应受节制。在三者中理智最高，意志其次，欲望最低。他认为个人的正义也就是“正义的人不许可自己灵魂里的各个部分互相干涉，起别的部分的作用。他应当安排好真正自己的事情，首先达到自己主宰自己，自己内秩序井然，对自己友善”。同时，“在挣钱、照料身体方面”或“在某种政治事务或私人事务方面”，保持和符合协调的和谐状态的行为，就是正义的好的行为。否则，是不正义的行为。而且柏拉图认为，正义的人又聪明又好，不正义的人又笨又坏。正义是心灵的德性，不正义是心灵的邪恶。正义的人生活得好，不正义的人生活得坏。正义的人是快乐的，不正义的人是痛苦的。

在柏拉图看来，政治社会——政体形式或政府结构——是由生活在这一社会中的个体的心理特征决定的。一种心理类型产生一种相应的政治结构。“国家和人一样，产生于人的性格。那么，如果有五种政治制度，就应有五种个人心灵。”因此，当人潜在的动物本性占支配地位时，社会的政体形态便呈现僭主政体的特征；当财富欲与控制力共同滋长时，社会就实行寡头统治；当个体企望“随心所欲地活着”时，民主政体便蔚然成风；当对于真理的热爱成为首要的促动因素时，贵族政体便会盛行起来；而当理性失去支配的优势，听命于精神（荣誉）的摆布时，荣誉政体又会应运而生。理想国（贵族政体）会因腐化的激增而衰退。由此，贵族政体沦为荣誉政体，荣誉政体沦为寡头政体，寡头政体沦为民主政体，民主政体沦为僭主政体。而僭主政体则是一种典型的以动物欲望作为主导动力的政体。在柏拉图的理想国中，人的各种可能的邪恶行径都被揭露了出来。

因此，为了达到他理想的境地，柏拉图非常重视教育问题，他为理想国设定的很多规矩、礼仪、道德，都没制定成法律，而是寄希望于通过从小时候开始的教育来引导人的行为和方向。正如书中所说：“一个人从小所受的教育把他往哪里引导，能决定他后来往哪里走。”柏拉图认为，理想国的教育应从儿童开始，包括质朴的音乐教育和体育教育。“朴质的音乐文艺教育能产生心灵方面的节制，朴质的体育锻炼产生身体的健康。”他希望监督诗人，强迫他们在诗篇里培植良好的形象，同时监督其他的艺人，禁止他们描绘邪恶、卑鄙的精神。他希望通过这样的方式，让城邦的护卫者远离罪恶的形象，潜移默化、耳濡目染，受到熏陶，从童年时，就和优美、理智融合为一。如此的话，从一个人的童年就开始施加影响，将服从统治的信念根植于他的心中，必然是最彻底、最有效、最稳定的统治方法。

（二）亚里士多德的社会心理学思想

亚里士多德（Aristotle，前 384—前 322），古希腊斯吉塔拉人，世界古代史上最伟大的哲学家、科学家和教育家之一。亚里士多德是柏拉图的学生、亚历山大大帝的老师。

他的著作涉及许多学科，包括物理学、形而上学、诗歌（包括戏剧）、生物学、逻辑学、政治学以及伦理学。亚里士多德和苏格拉底、柏拉图被誉为西方哲学的奠基者。亚里士多德的著作是西方哲学的第一个广泛系统，包含道德、美学、逻辑、科学、政治和玄学。

对于社会心理学而言，亚里士多德有一个著名的命题："人天生是一种政治动物。"他认为："在本性上而非偶然地脱离城邦的人，他要么是一位超人，要么是一个鄙夫。就像荷马所指责的那种人：无族、无法、无家之人。这种人是卑贱的，具有这种本性的人乃是好战之人，这种人就仿佛棋盘中的孤子。"[①] 亚里士多德所说的政治是广义的政治，体现着人与人之间的关系，说的是人的本质是社会性的。亚里士多德认为，人类不同于其他动物的特性，就在于他的合群性（即社会性），在于他对善恶、正义及其他类似观念的认识，而这种认识以人类所独有的言语机能为基础，人类一般都能择善而从。因此，很多人也把亚里士多德的这句话演绎为"人是社会性动物"。

柏拉图以其"知识即美德"的命题作为出发点，以正义作为一条基本的主线，描述了他的"理想国"。他希望用正义作为一个理想政治生活的灵魂，通过良好的教育来改造并抑制人的不良本性，构筑一个以正义为轴心的理想社会。亚里士多德则使用了另一个相似的概念：善。在他看来，国家是由人所组成的。人的本性是合群的，要求结成国家。只有到国家阶段，他们才能获得最高的"善业"，过美好的生活，实现自己的本性。因此，通过个人之善，可以推及国家之善，国家的根本宗旨就是维持社会之善，国家是"最高的善业"。为此，亚里士多德力主通过良好的政治制度，来推进国家的善业。

柏拉图和亚里士多德都认为社会分层是必然的，前者将社会一分为三，有统治者、武士和劳动者三个等级（个体合适的等级成员资格是根据作为他的人格特征的、独特的心理成分或德性来确定的），而后者则将社会一分为二——一个人要么是贵族（领导者），要么是庶民（追随者或奴隶），人的社会等级是由人内在的心理气质决定的。当一个人以非常适合他的自然气质的那种角色发挥作用时，他就能达到自我满足、自我实现、幸福或自身目的现实化的境界。而理想的社会正是这种能够给人的心理属性带来极大满足的社会。

亚里士多德不仅将人分为奴隶或主人，还将社会区分为三种阶级：上层阶级或曰富有阶级，下层阶级或曰贫穷阶级，以及居于中间的中等阶级。他认为，中等阶级最可取，因为它不受另外两个阶级所具有的重重障碍的影响。不仅如此，它还是富有和贫穷两个极端阶级间矛盾的仲裁者。"仲裁者总是受人信赖的，只有中等阶级中的人才能成为仲裁者。"亚里士多德的社会政治形态是随着生活在该社会中的人的天性和需求的不同而变化的，而柏拉图认为他的理想国是绝对的，即对于任何人而言，在任何情况下都将行之有效。

亚里士多德认为，德性也即人的本性，德性产生、养成、毁灭并实现于同一活动，

① 苗力田主编. 亚里士多德全集（第九卷）[M]. 北京：中国人民大学出版社，1994：6.

而我们是怎样的，又取决于自身实现活动的性质。亚里士多德认为，有这样三种品质："两种恶——其中一种是过度，一种是不及——和一种作为它们中间的适度的德性。"过度和不及这两个极端彼此相反，适度同二者也完全相悖。如果我们称在怒气上适度的人是温和的人，在怒气上过度的人是愠怒的人，在怒气上不及的人是麻木的人，那么，对于愠怒的人来说，温和的人是麻木的；对于麻木的人来说，温和的人又是愠怒的。由此可知，适度对于过度来说是不及，对于不及来说又是过度。而过度和不及都会阻碍实现活动的完满形成。但德性作为一种值得称赞的品质，"既使得它是其德性的那事物的状态好，又使得那事物的活动完成得好"，"是既使得一个人好又使得他出色地完成他的活动的品质"。因而，德性便是一种适度。"德性是一种选择的品质，存在于相对于我们的适度之中……德性是两种恶即过度与不及的中间。在感情与实践中，恶要么达不到正确，要么超过正确。德性则找到并且选取那个正确。所以虽然从其本质或概念来说德性是适度，但是从最高善的角度来说，它是一个极端。"亚里士多德把德性看作是两种恶的中间即适度，这便是他的"中道"思想，他将中道看作最高善的极端的美。在亚里士多德看来，理想的集群行为往往择取中道。当形态、大小、数量、能力等都为适中时，以过度为特征的过失行为就会消失。和平也是人的一种基本性质，战争则是过失行为。

柏拉图和亚里士多德这两位思想家都是先天论者。他们深信，人生来就具有特殊的或固有的能力，它们在人的一生中都将得到发展。有些人才智出众生来就是贵族，而另一些人因天资不足，只能步入社会的低层阶级。

此外，我们还可以把亚里士多德当作是社会心理学态度研究的创始人。现代社会心理学许多有关态度或劝导的研究与亚里士多德有直接联系。亚里士多德将这些内容归入修辞学的范畴。亚里士多德提出了三种基本说服方式——人格诉求、情感诉求和理性诉求。

人格诉求是指修辞者的道德品质、人格威信，亚里士多德称人格诉求是"最有效的说服手段"，所以演讲者必须具备聪慧、美德、善意等能够使听众觉得可信的品质，因为"人格对于说服几乎可以说是起支配作用的因素"。"当演说者的话令人相信的时候，他是凭他的性格来说服人，因为我们在任何事情上一般都更相信好人。"人格诉求不仅是演讲者与听众建立可信性的桥梁，同时也是对雅典人所认为的可信人群品质的研究。

情感诉求是指通过对听众心理的了解来诉诸他们的感情，用言辞去打动听众，即我们通常所说的"动之以情"。它是通过调动听众情感以产生说服的效力，或者说是一种"情绪论证"，主要依靠使听众处于某种心情而产生。演讲者通过带有倾向性或暗示性的语句向听众施加某种信仰和情感来激起感情并最终促使他们产生行动。亚里士多德在《修辞学》中讨论了诸如喜怒哀乐、忧虑、嫉妒、羞愧等人类几乎所有的情感，在他看来，情感不是影响人们做决定的非理性障碍，而是对不同情境和论辩模式的理性回应。

理性诉求是指言语本身所包括的事据与或然式推理证明，即"逻辑论证"。因此，理性诉求既是对理性推论的研究，也是对言语逻辑的研究。亚里士多德将理性诉求分成

“修辞三段论”“例证法”。严格逻辑意义上的三段论是基于必然性而且由大前提、小前提和结论三部分组成，而亚里士多德的修辞三段论叫做省略推理法，它的前提是属于人类行动范围内的或然的事，然后根据这种前提得出或然式证明的修辞式推论，这在本质上就是一种演绎论证法，是一种不完整的三段论。修辞三段论用在演讲艺术中主要是劝说听众，演讲者只给出大前提，听众在猜测小前提的基础上推断出结论，通过让听众去猜测演讲者不直接表明的或故意省略的内容来激发起他们的参与意识。

所以，亚里士多德认为，要达到劝导的目的，劝导者必须具备：（1）逻辑推理能力，（2）对于人的各种形式的性格和善行的理解能力，以及（3）对于人类情感的理解能力。至于论据，至关重要的是能否对表面的论据和真正的论据加以鉴别。

二、社会心理学的黎明时期（1862—1895）

对于社会心理学而言，上一个阶段延续了 2 000 多年的时间，显得非常漫长，不过人类社会的历史就是这样走过来的。无论是西方的古希腊还是东方中国的先秦时代，都创造过璀璨的文明。但是自此之后，西方经历了黑暗而漫长的中世纪阶段，文明似乎停滞了，直到文艺复兴开始，社会又向前发展，才有了近代的文明与科学。先是数学、物理学、化学、生物学等自然科学的发展，后有心理学、社会学等社会科学的创立，这才有可能催生社会心理学。

社会心理学的出现，与其母体学科心理学和社会学的创立、发展有关。随着这两门学科研究的范围不断扩大，就会产生交集，由此催生了社会心理学。社会心理学的黎明阶段，是指人们看到了社会心理学出现的曙光，这一阶段的具体时间大概是 1862 年至 1895 年。

20 世纪，现代意义的社会心理学诞生。在此之前的 19 世纪后半段，有两门学科促使心理学朝向了社会的方面：民族心理学和群众心理学。

民族心理学，德文是 Völkerpsychologie，很不好翻译，以至于有些英语国家的学者使用原文，但我们又不得不翻译，按照约定俗成的方式，翻译成了“民族心理学”。其实这样翻译不容易明白它主要的含义，原因是我们很容易望文生义，以为民族心理学研究的是不同民族心理差异的一门学问。实际上它是文化心理学的意思，或者广义上就把它理解为社会心理学。按照民族心理学的一位领军人物冯特的话来讲，民族心理学研究的是“由共同的人类生活所创造的那些精神产品，因此，仅凭个体意识是无法对它加以解释的，因为这是以许多相互的行为为先决条件的”。由人们的相互作用所带来的主要社会文化产品包括语言、神话和习俗等，并认为其中的语言特别值得心理学家的关注，因为是语言才形成了“更高的精神功能”，即认知。

心理学里最早对社会文化方面感兴趣，要归功于 1860 年德国的拉扎鲁斯（M. Lazarus）和施泰因塔尔（H. Steinthal）合创的首份专业杂志《民族心理学和语言学》，他们的杂志旨在运用“直接观察”方法来“揭示那些无论在哪里，只要那里的众人能像一个个体那样生活和行动，就能发挥作用的各种规律”。它要研究“社会人或人类社会的心理学”。1860 年至 1890 年，这两位合作者在柏林共出版了 20 卷该杂志。然而，这个历史上的社会心理学并没有像他们所说的那样坚持下来，至少在心理学的意义上是如此。杂志的内容更多的是人类学和语言学，有点联系的是跨文化心理学和语言心理学，但没有达成在社会心理学上的连贯性，颇为可惜。

德国心理学家冯特（Wilhelm Wundt）不仅是心理学的奠基人，也对日后即将到来的社会心理学的发展作出了贡献。19 世纪 70 年代，欧洲及北美的一些学者和学生来到莱比锡大学，学习冯特关于心理成分的研究，这些人中有迪尔凯姆（Émile Durkheim）、贾德（Charles Judd）、黑尔帕赫（Willy Hellpach）和米德（George Herbert Mead）等。米德后来提出的符号互动理论是社会心理学的一个基础理论。

在冯特职业生涯的早期，他就预测过心理学有两个分支：生理心理学（physiological psychology）和社会或民族心理学（social or folk psychology）。他认为，由生理心理学家在实验室里进行研究的个人心理学（individual psychology）这种类型，并不能很好地解释在社会互动过程中呈现出来的高级心理过程。尽管社会行为具有显著的个体性，但是社会互动所造成的结果却要大于个体心理活动的总和。由于这个差异，冯特认为，与生理学一样，生理心理学是自然科学的一部分；而社会心理学则和其母体学科哲学一样，是社会科学。冯特进一步指出，生理心理学家应该去做实验来研究它们的问题；而社会心理学家则要采取非实验的方法，这样才能够更好地攫取那些社会互动的复杂问题。这一点让人感到颇为奇怪和不解，因为冯特被广泛认为是现代实验心理学之父，而他却认为实验的方法对他的《民族心理学》并无益处，这可以帮助解释为什么在冯特的一些概念里面没有包含那个时代的实验社会心理学的内容。冯特把自己职业生涯的前一半奉献给了生理心理学，后一半则给了社会心理学。

冯特写了十卷本的《民族心理学》，对欧洲的学者影响很大，但是由于当时没有及时翻译成英语，美国的社会科学家们对此并不熟悉。部分原因是“一战”前后冯特对德国民族主义令人不快的支持让他失去了与众多以前美国学生的联系，更深层次的原因则是年轻的美国学者们更喜欢自然科学的东西，而不是那些总与哲学联系在一起的古董。冯特关于心理学是自然科学，而社会心理学是社会科学的观点在欧洲颇有市场，但在 20 世纪初的美国却因为行为主义的兴起而乏人问津。

行为主义的哲学是逻辑实证主义，通过可以经验证实或直接观察的方式来表达知识。这种行为的新科学对冯特关于社会心理学的观点及他警告说社会科学家要依靠非实验的方法论而言没有多少用。行为主义对美国心理学的社会心理学影响巨大，而对美国社会学的社会心理学却影响甚微。心理学的社会心理学，是摆脱了冯特的影响发展起来的，日后成为了美国社会心理学的核心。相反的是，美国社会学的社会心理学却间接地受到了冯特著作的影响，因为这一块的一个奠基者米德，对冯特的民族心理学倾注了大量的精力，直到今天，符号互动理论依然是美国社会学理论与研究的热点。

另外一门具有社会意味的心理学是法国的群众心理学（crowd psychology），它原本是研究相对于个体“正常”的意识而言“非正常”的群众心理的，其主要的研究课题——集群行为、从众、去个性化、聚集的效应、社会条件、暴力的形式等，这些内容同时被社会学和社会心理学研究。这些现象从心理学的角度解释是只有在形成群体的条件下才会出现的，具体的机制有暗示、模仿、高度的从众、去个性化等。加布里埃尔·塔尔德（1843—1904）是其最具影响者，他不仅是法兰西学院的现代哲学教授，而且还是一位犯罪学家、预审推事和统计学家。塔尔德用模仿来对集群现象作出社会心理学的解释，他认为最根本的社会事实就是模仿，并宣称模仿作为一种活动模式可比作对于自然法则的无休止的重复。塔尔德当预审推事的经历使他相信，犯罪是通过暗示、模仿和欲望等社会原因产生的。结果，他认为罪犯就是由罪犯抚养的人，“社会就是模仿，而模仿乃是一种梦游症”。

塔尔德从由模仿的扩散所形成的发明中来探讨社会心理学的基本原理并注重于个体因素，而埃米尔·迪尔凯姆（1858—1917）在研究中则强调社会群体或集体因素。他认为社会的事情是无法还原到个人水平的。群体是一种结构形式，一种能够以不同于组成它的个人的方式进行思考、感受、行动的整体，整体并不等同于各部分之和。他在其著作《自杀论》中充分说明了他的观点。

迪尔凯姆认为自杀率与个人自杀事件分属于社会与个人两个不同的层次。社会学对个人自杀事件并不感兴趣，它无意于探求导致个人自杀的各种具体原因。在迪尔凯姆看来这是心理学的研究课题。社会学感兴趣的只是自杀者在某一群体或某一社会中所占的比例，即自杀率。自杀率是一种只能以群体为其基本单位的社会事实。

迪尔凯姆驳斥了当时流行的各种关于自杀的自然主义和生物学主义的论点，提出自己的研究假设：造成欧洲各国、各地区及各个时期不同自杀率的原因是非物质性的社会事实——社会潮流。迪尔凯姆根据社会潮流的不同，划分了四种自杀类型：利己主义自杀、利他主义自杀、失范性自杀及宿命性自杀，并从统计数据的比较中寻找影响自杀的社会因素。

第一种是利己性自杀（Egoistics suicide）。整合性强的社会群体通过共同的规范和强有力的权威控制着成员的思想行为，使成员完全归属于群体。在个人遇到挫折时，可以得到群体的保护和支持。因此群体的整合是遏制成员自杀倾向的社会因素。相反，个人主义的兴起增强了个人的独立性，削弱了群体对个人的约束和控制，降低了成员对群体的归属感，松弛了成员之间的相互联系。在这种情况下，那些遭遇不幸的人很容易陷入沮丧、绝望而难以自拔，进而采取自杀以求解脱。

第二种是利他性自杀（Altruistics suicide）。高度的社会整合使得个性受到相当程度的压抑，个人的权利被认为是微不足道的，他们被期待完全服从群体的需要和利益。利他型自杀的两种表现形式：第一种义务性自杀，群体强加给个人的义务。第二种表现是负疚性自杀。执行者对群体和任务的认同十分强烈，完全献身于群体，服从群体，为了群体利益即使付出生命的代价也在所不惜。如果说利己型自杀的原因是社会整合程度不足，那么利他型自杀的原因是社会过度整合。

第三种是失范性自杀，或称为“异常性自杀”（Anomic suicide）。在过去惯于某种生活规范与习惯时，突然因丧失规范与认同下，造成认知错乱造成的自杀状况，诸如突然经济恐慌的自杀者。

第四种是宿命性自杀（Fatalistic suicide）。其常发生在过度压迫的社会，并且导致人们会有想要死亡的欲念。这是一个很奇怪的自杀理由，但是对于监狱来说却是一个非常好的例子，如果当他们受到虐待时，这些狱中人会选择死亡，也不想继续被刑囚。

因此，迪尔凯姆得出结论：社会整合程度影响社会的自杀率。

古斯塔夫·勒庞（Gustave Le Bon）在其《乌合之众：大众心理研究》一书中所提出的理论被认为是法国社会心理学思想中有关群体意识理论发展的顶峰。勒庞认为群众是“一群人的聚集”并具有“完全不同于组成它的个体特征的新特征……集体心理得以形成……集体心理成为一种独立的存在，服从于群众心理统一律”。勒庞的理论是对当时各家学说的折中。一方面，勒庞接受了塔尔德的观点，以具有催眠性质的暗示感受性来解释人的社会行为，尤其是个人聚集而成的“群众”行为。他认为，群众具有神经质的感染因素，去个性化、感情作用大于理智作用、失去个人责任感是群众的三大特征。另一方面，勒庞也接受了迪尔凯姆的观点，认为群体意识是不同于个体意识的一种独立的存在，因为群体本身就具有“与作为构成群体的各个体完全不同的特征……群体意识……服从于群体心理统一律”。

在神秘力量的指引下，群众表现出某种十分低劣的心理，并对某些不可预测的催眠力量作出无意识的反应。一旦个体聚集成众，新的心理特征便会显露出来：他的个性便会被湮没，群体的思想便会占据绝对的统治地位。与此同时，群体的行为也会表现出排斥异议、极端化、情绪化及低智商化等特点，进而对社会产生破坏性的影响。

在这一阶段社会心理学术语开始出现了。亚霍达（Jahoda, 2007）认为可能开始于一个不起眼的意大利哲学家卡罗·卡塔尼奥（Carlo Cattaneo），卡罗·卡塔尼奥 1864 年提出“psicologia sociale”的术语，用来描述“交往心理”的心理现象，即如何从个体心理的交互作用中产生新的思想。该术语的一个更有影响力的早期使用者是古斯塔夫·林德纳，一位奥地利/捷克的心理学家，1871 年他写了一本教科书《论作为一门社会科学的社会心理学》，其中详细地讨论了许多有关“源自共同影响……个体在社会中的现象，社会生活中的法律”的内容。林德纳的书中包括题为“社会心理学基本原理”的章节，因为这本书被广泛阅读，所以它比卡塔尼奥的文章更像是今天社会心理学的源头。

几乎在同一时间，德国的艾伯特·埃伯哈德·弗里德里克·谢夫勒出版了其四卷本的著作——《社会躯体的结构及生活》（1875—1878），在这部著作中，谢夫勒用了整整 300 页的篇幅来谈论“就一般意义而言的社会生活中的心理状况或民族意识的一般现象”。在这一著作的标题下，还有一个副标题——社会心理学大纲。谢夫勒试图运用不同于民族心理学家所采用的方法（虽然方法见效甚微）来研究社会心理学。他所使用的“社会心理学”一词与古斯塔夫·林德纳在 1871 年所写《论作为一门社会科学的社会心理学》中的“社会心理学”一词意义相同。虽然在德国谢夫勒的观点被认为已经过时了，但是在美国，这些观点却在斯莫尔和文森特在 1894 年出版的、首次使用“社会心理学”一词的《社会研究导论》一书中出现过。这部著作将“社会心理学”列为该书的主要章节之一。自此之后，社会心理学这术语才被广泛地采用了。

三、社会心理学的早期（1895—1935）

特里普利特（Norman Triplett）是美国印第安纳大学的一名心理学家，他于1895年进行了世界上第一项社会心理学的实证研究。特里普利特既是一名心理学家，又是一名自行车运动的爱好者，他在参加自行车运动后查阅成绩时发现了一个现象，如果是一群自行车运动员一起从起点骑行到终点，要比一名运动员从起点骑行到终点的比赛成绩好。当时对此现象进行解释的主流声音是从物理学发出的，用的是“气流”的概念，认为好像大雁在空中要排列成雁阵一样，领头大雁拍出的气流可以让随后的大雁节省力气，从而可以飞得更远。同样，只有一群运动员在一起比赛才会产生这种气流，达成省力快速的结果，一名运动员的形式竞速则不会有此效果。特里普利特却对此深表怀疑，认为不是什么物理原因的结果，而是心理原因导致的。为了验证自己的假设，他做了一个实验。把40名儿童参与者请来实验室，要他们尽快地卷鱼线。一部分儿童是独自一人在实验室里卷鱼线，另一部分儿童是有五六个一组同时进行这一活动，或者是有别人在场时才卷鱼线。结果正如他预料的那样，后一种情形下儿童卷得更快。特里普利特的研究成果于1897年出版，正式宣告了可以将实验方法运用到社会科学的研究中去。

还有一个人在此阶段做了一个现在仍被引用的社会心理学实验，而且做实验的时间比特里普利特还早，他就是法国的农业工程师林格曼（Max Ringelmann）。他在19世纪80年代做了一个实验：把参与者叫来拔河，分为两种不同的情况，一种是一个人单独地拔河，另一种是一组人一起拔河，然后测量计算每个参与者所付出的力量。他发现随着群体的规模增加，个体所付出的力量会变少，一个人单独拔河时是最卖力的，这与特里普利特实验的结论正好相反。尽管林格曼做的实验更早，但其研究报告到了1913年才出版。因此，第一个社会心理学实验被认为是特里普利特所做的。

把社会心理学建成一门科学学科的荣誉，传统上要归功于以“社会心理学”为名出版著作的作者，即英国的心理学家威廉·麦独孤（William McDougall）和美国的社会学家爱德华·罗斯（Edward Ross），他们于1908年分别出版了自己的著作。麦独孤契合了当代心理学的社会心理学取向，把个体当做分析的基本单元；而罗斯则与当代社会学的社会心理学取向一致，强调的是群体与社会结构。罗斯所强调的正是法国社会学家古斯塔夫·勒庞在其群众心理学研究中的观点，但麦独孤的社会行为是源于本能和达尔文学说关于进化过程的招牌观点，不久就遭到了强调在行为塑造过程中学习和环境重要性的新兴的行为主义学家的反对，因此麦独孤的社会心理学在美国的心理学家中并没有立足之地。事实上，对社会行为的进化视角解释在接下来的80年间都被排斥在社会心理学的主流理论之外。

作为心理学家的麦独孤，尽管于1908年就出版了世界上第一本社会心理学的专著，但对于美国的心理学界来讲，他的非主流的观点实在是没有什么市场，他的著作也被认为是徒有其表，其象征意义大过实际意义。因此，亚霍达认为 1908 年是社会心理学的早期时代的结束，而不是新一时期的开始（尽管这两本著作的影响把社会心理学这个术语推向新的学术地位）。那么，真正使社会心理学这门新兴学科在美国产生影响的人是谁呢？他就是 F·奥尔波特（Floyd Allport）。1924 年，奥尔波特出版了第三本社会心理学的教科书，才使心理学的社会心理学在美国有了一个明确的身份。现在看他书中所说的话，那鲜明的个体主义特色依旧跃然纸上：

> 我相信，只有在个体的框架之内，我们才能够发现行为的机制和意识，行为和意识是个体之间的互动产生的，这是一个基本原理……本质上并没有什么群体心理学，实质上只有个体心理学……心理学从根本上是关于个体的科学。

奥尔波特的社会心理学概念是在华生（John Watson）开辟了美国心理学行为主义纪元 11 年后才提出的，他强调社会心理学要研究人在社会情境中是如何对刺激进行反应的，而群体只不过是这众多刺激中的一种。除去他鲜明的个体主义和行为主义标签，奥尔波特还通过大力赞美采用实验方法去研究诸如从众、非语言沟通和社会促进这样的内容的方式，进一步塑造了美国社会心理学的身份。奥尔波特号召大家用仔细控制的实验方法去获取社会心理学的知识，而不是像 16 年前的麦独孤和罗斯那样用哲学的方式去创建社会心理学。

采用实验法研究社会心理学的优点，是可以使研究者在保持其他变量恒定的情况下，系统性地考察某些变量的效应，这些变量可以是单个的或者是几个变量的组合。但奥尔波特的过于依赖实验法的缺点是容易忽视现实生活中历史和文化层面因素的作用，而只强调了个体是如何对社会刺激的呈现进行反应的，对于生动复杂的社会和文化过程是怎样影响人的心理和行为却没办法进行研究。在同一时期，甚少实验聚焦的美国社会学的社会心理学则更多地去考虑了社会行为中的文化和历史背景。

20 世纪 20 年代，社会心理学在众多质询的目光下，能在心理学领域中进一步取得合法地位，从而在其众多的分支学科占有一席之地的一件引人注目的事件是，1921 年莫顿·普林斯（Morton Prince）把一份出版物《变态心理学杂志》（*Journal of Abnormal Psychology*）的名称变更为《变态与社会心理学杂志》（*Journal of Abnormal and Social Psychology*），而且把奥尔波特增补为编辑。自此之后对精神障碍的了解，除了弗洛伊德的婴儿期冲突和无意识动机的学说，又多了一种美国式的方式（例如人格特质和行为主义视角）。

奥尔波特的这套社会心理学理念使他获得了众多的拥趸，但他一个关于群体的基本假设却在此时受到了挑战。在 20 世纪 30 年代的早期，一位在土耳其出生的美国学者谢里夫（Muzafer Sherif）对社会规范发展的研究，可以看出他并不赞同奥尔波特关于群体只是个体集合的观点，以及当个体组成集体实体时不会产生什么新的群体性品质的看法。谢里夫年轻的时候在土耳其目击了一群希腊士兵残忍地杀害了他的朋友，同时也许是受到了其出生地土耳其的集体主义文化的影响，谢里夫反驳道，一个群体形成之后，其产生的心理内容要比个体那种非群体的思想总和更多，他做了一个群体规范形成的实验来验证其假说。谢里夫让受试者坐在一间黑屋子里，一次一人。受试者凝视着一盏昏暗的灯，并被要求说出这只灯什么时候开始动，移动了多远。（他们不知道，幻觉运动是一种常见的错觉。）谢里夫发现，每个人在接受单独测试时对灯移动了有多远距离的回答各不相同，差异极大。可是，当在黑屋子里有几个人一起做实验且意见不同时，其中一个受试者就会因为这些人的意见而产生动摇，多次实验后，最后的结果是对灯移动距离的回答趋同，差异变小或几无差异。这一实验显示出，个人对社会观点的判断力很脆弱。这一实验也为后来的 20 年间进行的几百次依从实验指出了方法。10 年之后，纽科姆（Theodore Newcomb）通过一个在本宁顿学院进行的纵向田野研究，他研究的内容是参照群体，在实验室之外拓展了谢里夫的发现。谢里夫的社会规范研究在社会心理学历史上非常重要，因为谢里夫第一个证明了即使是复杂、现实的社会情景也可以进行实验室的实验。

此时德国社会心理学的主流观点是格式塔心理学，它对当时欧洲关于群体心理的观点和美国个体主义的立场都加以拒绝。格式塔社会心理学家们主张社会环境不仅是由个体组成的，也是由个体之间形成的关系组成的，而且这些关系具有重要的心理含义。由此格式塔社会心理学家促进了把群体当作真实的社会实体的理解，这直接导致了群体过程和群体动力学的传统可以留存至今。在心理学的社会心理学内部的这两个学派，一个源于美国，另一个产生在德国，原本是彼此独立的，不久由于世界发生的大事而走在一起了。

四、社会心理学的成熟期（1936—1945）

在 20 世纪的前 30 年，基于奥尔波特关于社会心理学的理念，学术界着重于社会心理学的基础研究，很少考虑具体的社会实际问题。到了 20 世纪 30 年代中期，社会心理学有了进一步的发展，并逐渐扩展自己的研究范围。在这个关键节点上，对社会心理学有重要影响的一些事件发生了，这就是美国的大萧条和第一次、第二次世界大战给欧洲带来的社会政治剧变。

1929 年开始的股市崩塌，使许多年轻的心理学家没能找到或失去了工作。在这种情况下，他们中的大多数人偏向了罗斯福新政的自由主义理念或更激进的社会主义和共产党左翼的政治观点。1936 年，这些社会科学家成立了一个组织，致力于对重要的社会问题进行研究，以及对进步的社会活动给予支持。这个组织，就是“社会问题心理学研究协会”（the Society for the Psychological Study of Social Issues, SPSSI），其中就有很多社会心理学家热衷于把他们的理论与政治行动运用到解决真实的社会问题中去。这个组织对社会心理学的一个重要的贡献是把伦理和价值观注入社会生活的讨论中去，从而在这段时期开拓了很多新的研究领域，如群际关系、领导行为、宣传、组织行为、选举行为和消费者行为等。

在美国之外的其他国家，世界性的大事件引起了许多变化，使美国的社会心理学与之有了进一步的差异。例如，第一次世界大战末期俄国的共产主义革命使俄国清除了个人主义取向的理论与研究，相比之下，美国的社会心理学在强调个体上的研究却与日俱增。到了 1936 年，苏联共产党禁止了各种场合的心理学实验，严禁个体差异的研究。与此同时，德国、西班牙、意大利兴起的法西斯主义使这些国家产生了严重的反智和反犹气氛。为了避免在这些国家遭受迫害，大量顶尖的欧洲社会科学家，如海德（Fritz Heider）、伊凯塞（Gustav Ichheiser）、勒温（Kurt Lewin）和阿多诺（Theodor Adorno）等都移民到了美国。当美国参战时，欧洲和美国的社会心理学家都将他们关于人类行为的知识运用到为战争服务中去，其中就包括为战略服务办公室（Office of Strategic Services，中情局的前身）挑选军官，劝导妻子们用平常不爱用的食材烹饪食品，用有效的宣传手段破坏敌人的士气等。这些卓有成效的建设性工作使得以后政府有关部门和其他组织加大了对社会心理学研究的资助。

在那个全球纷争的时代，最有影响力、最值得一提的社会心理学家是一位来自纳粹德国的犹太难民：柯尔特·勒温。1890 年，勒温出生于波森的一个小村庄（当时是普鲁士的一部分，如今属于波兰），他家在村上开了一间杂货铺。他上学的时候成绩不太好，也没有显示出任何天赋。也许是因为同学中有反犹的倾向，于是，当他 15 岁的时候，他家搬到了柏林，他在那里获得了知识的丰收，对心理学产生了兴趣，最终在柏林大学获得了博士学位。当时的许多心理学课程都是冯特传统的理论，勒温发现这些理论处理的一些问题太小了，很无聊，而且对理解人类特性并无裨益，因此，他急切地寻求一种更有意义的心理学。他在第一次世界大战期间从部队复员回到大学不久，科勒成了研究院的负责人，而且韦德海默（M. Wertheimer）也成为了教研室的成员，因此，勒温就找到了他一直在寻求的东西，即格式塔理论。

勒温早期的格式塔研究主要处理动机和灵感的问题，可是，他很快转移到了把格式塔理论应用到社会问题中。勒温以“场论”构想社会行为，即一种透视影响一个人的社会行为的各种力量的整体概念的方式。在他看来，每个人都被一种“生命空间”或动态力场所围绕，他或她的需要和目的在这些力量中与环境的影响互相发生作用。社会行为可以用张力和这些力量的互相作用，及一个人在这些力量中维持平衡或者在这种平衡被打破时恢复平衡的倾向加以系统化。在格式塔心理学理论的指导下，他的学生布鲁马·蔡加尼克进行过一项实验，以验证他自己的一项假说，即没有完成的任务比已经完成的任务更容易让人记住。

为了描述这些相互关系，勒温总在黑板上、纸片上、灰砂上，或者在雪地里画着“乔丹曲线”——代表生命空间的椭圆——并在这些曲线上面勾画这些力在社会情形中的推拉作用。他在柏林的学生把这些椭圆叫做“勒温蛋”；后来，他在麻省理工学院的学生把它们称作“勒温澡盆”；再后来，在爱荷华的学生又称它们为“勒温土豆”。不管叫蛋也好，叫澡盆、土豆也罢，它们都勾画出在小型的面对面互动中的一些过程，这些都被勒温视为社会心理学研究的领地。

尽管柏林的学生都挤着听勒温的课，观摩他的研究项目，可是，跟其他的犹太学者一样，他在学术阶梯上没有什么进步。可是，他极聪明的场论写作，特别是应用在个人间冲突和儿童发展领域里的写作，使他在 1929 年获得一份去耶鲁大学讲课的邀请函，并于 1932 年获得一份作为访问学者去斯坦福大学 6 个月的邀请函。1933 年，希特勒成为德国元首后不久，勒温从柏林大学辞职，并在美国同事的帮助下，在康奈尔大学获得一份过渡性工作，后来又在爱荷华大学获得一份永久性教职。

为了实现自己长久以来的理想，勒温于 1944 年在麻省理工学院成立了自己的社会心理学研究所，即“群体动力学研究中心”。仅 3 年后，1947 年，当时 57 岁的勒温就因心脏病发作而去世；群体动力学研究中心很快搬到了密歇根大学。虽然勒温过早地去世了，但是勒温的众多学生被勒温的远见和鼓舞力深深地影响着，他们成为了这一领域在战后迅速扩张的核心成员。细数一下受勒温影响的学生们，一共有三代，第一代是利昂・费斯汀格（Leon Festinger）和多温・卡特莱特（Dorwin Cartwright），他们和勒温共过事，帮助勒温建立了群体动力学研究中心。这个中心很快就吸引了众多的第二代学生：斯坦利・沙赫特（Stanley Schachter）、柯尔特・巴克（Kurt Back）、莫顿・多依奇（Morton Deutsch）、默里・霍维茨（Murray Horwitz）、阿尔伯特・佩皮通（Albert Pepitone）、约翰・弗伦奇（John French）、罗纳尔德・里皮特（Ronald Lippitt）、阿尔文・赞德（Alvin Zander）、约翰・蒂伯特（John Thibaut）和哈罗德・凯利（Harold Kelley）等。而他们培养出了第三代学生：琼斯（E. E. Jones）、克劳斯（R. Krauss）、罗丝（L.Ross）、申巴赫（P. Schönbach）、辛格（J. Singer）和津巴多（P. Zimbardo）等，如果我们把费斯汀格他们的学生算入第三代的话，还有阿伦森（E. Aronson）、尼斯贝特（R. Nisbett）和扎琼克（R. Zajonc）等。这简直就是美国社会心理学界的豪华天团，原因是从第二次世界大战后一直到 20 世纪 90 年代大多数被引用的文章都出自他们之手，几乎所有的当代社会心理学家都能在他们所从事的学术领域中看到这些名人。他们的研究和理论范围极广，涵盖了当今社会心理学大部分重要的主题：归因理论、认知一致性和失调理论、态度改变的理论和研究、合作与竞争、顺从、冲突、互依、社会比较、社会交换等。

勒温大胆和富于想象力的实验风格远远超出了早期的社会心理学家，并成为这个研究领域最突出的一个特征。他所体验到的纳粹独裁和他对美国民主的向往激发了他的一项研究，这可以作为一个例子。为了探索独裁和民主政体对人民的影响，勒温和他的两名研究生罗纳德・里比德和拉尔夫・怀特创立了一系列为 11 岁儿童设立的俱乐部。他给每个俱乐部提供一位成人领导，以帮助儿童学习手艺、游戏和其他一些活动，并让每位领导采取三种管理方式之一：独裁、民主或者放任。实行独裁制的那组儿童很快变得充满敌意，或者很消极；实行民主制的那组变得很友善，具有合作精神；被放任的那组儿童也很友善，不过很淡漠，也不太情愿去做什么事情。勒温对此实验结果十分自豪，原因是这一实验证明了他的想法，即独裁制有极其有害的影响，而民主制对人类的影响是极其有益的。

勒温的这类的课题和实验对社会心理学产生了重要的影响。利昂・费斯汀格（1919—1989）是勒温的学生、同事和学术继承人，他说，勒温的主要贡献有两方面。

一方面，勒温选择了非常有趣和重要的课题。很大程度上，社会心理学正是通过他的努力才开始探索群体凝聚力、群体决策、专制与民主管理、态度转变技巧和冲突解决。另一部分是，勒温“执着地尝试在实验室里建立有力的、可以发出巨大变化的社会情形”，和他在设计方法时超凡的创造性。

勒温也帮助成立了 SPSSI，并于 1941 年成为这个协会的主席。他坚定地认为，社会心理学并不需要在是属于纯科学还是属于应用科学之间进行选择。他经常强调：“没有行动就没有研究，没有研究就没有行动。”“好理论，最实用。”他使社会心理学家去把自己的知识运用到当下的社会问题中去。尽管勒温的名字从未为大众所熟悉，直到今天也只有一些心理学家和学心理学的一些学生知道，但是，爱德华·蔡斯·托尔曼（Edward Chase Tolman）在勒温 1947 年去世之后提到过他：“临床心理学家弗洛伊德和实验心理学家勒温——这是两位巨人，他们的名字在我们这个心理学时代的历史上会排在所有人前面。”正是由于他们互为对照但又相互补充的洞察力，才第一次使得心理学成为一门能够适用于真正的人类和真正的人类社会的科学。勒温之前的社会心理学可谓是支离破碎：没有自己的身份，没有独特的理论与方法。是勒温和他的学生们成功地扭转了乾坤：有了独特的方法论，形成了“中型”理论的特色和乐观进取的精神。此外，社会心理学还实行“拿来主义”，不拘一格地进行跨学科的研究，只要是有助于明确自己的身份和有助于自身发展的“有用的”理论和方法，都能够吸取过来。勒温被誉为“现代社会心理学之父”，实不为过。

随着战争的结束，北美社会心理学的前途已经光明。由于社会心理学学科地位的提升，社会心理学家可以建立新的研究设施，拿到政府的资助，最重要的是培养了研究生。这些未来的社会心理学家的主要特征是白人、男性和中产阶级，而其他专业的研究生则主要是一些退伍的士兵，他们是通过新的退伍军人法在联邦政府的资助下接受教育的。成长于大萧条时代，受罗斯福民主党新政的影响，许多年轻的社会心理学家持有自由主义的价值观和信仰，这不可避免地影响到了他们日后的研究和理论。他们中许多人的导师是逃离自己国家的欧洲学者，在战争结束后选择留在了美国。卡特莱特（Dorwin Cartwright）认为这些年轻的社会心理学家的政治倾向可以部分地解释为什么直到 20 世纪 60 年代，美国南方还是没能很好地建设社会心理学，因为这里的保守主义和种族隔离主义是与自由主义相对立的。

美国的社会心理学繁荣昌盛，而由于毁灭性战争的影响，其他国家的社会心理学严重受阻，尤其是德国的社会心理学。战后的美国成为了世界的霸主，不仅向其他国家输送自己的物质，还向其他国家输送自己的社会心理学。在此过程中，除了美国这些社会心理学家自由主义政治倾向的影响之外，美国的社会心理学也反映了美国社会的政治意识形态，研究的是自身的社会问题。

五、社会心理学快速扩张期（1946—1969）

随着欧洲知识分子的涌入和对美国年轻社会心理学家的训练，成熟了的社会心理学扩展了它的理论和研究基础。为了弄清楚像德国这样的文明社会也被像希特勒这样的人无情地煽动和摧残的原因，阿多诺（Theodor Adorno）和他的同事研究了权威主义人格，分析了童年时期的人格因素是如何形塑了一个人成年以后的服从和对少数族裔的不容。数年之后，米尔格拉姆（Stanley Milgram）在其著名的服从实验里扩展了这个系列的研究，这些实验告诉我们情境因素更有可能使人们服从于一个破坏性的权威人物。其他的社会心理学家则受勒温对格式塔心理学解释的启发，把注意力放在了小群体动力学上面。

在耶鲁大学，霍夫兰德（Carl Hovland）和他的同事依据行为主义的原理研究了劝导沟通的力量，这个研究的动力很大程度上是源于“二战”时对宣传、军队士气及如何将少数族裔的人整合进军队服务的关注。这个时期美国的社会心理学也关注了美国对共产主义的焦虑与恐惧及与苏联发生国际冲突所带来的问题。

20 世纪 50 年代美国的社会心理学还关注了社会偏见。例如，1954 年美国最高法院决定终结种族隔离的教育，部分原因就是基于 K.克拉克（Kenneth Clark）和 M.克拉克（Mamie Phipps Clark）这对黑人夫妇学者的研究，他们的研究表明，种族隔离对黑人儿童的自我概念有消极的影响。同一时期，G.奥尔波特（Gordon Allport，F.奥尔波特的弟弟）则提供了废止种族隔离可以减少种族偏见的理论概要，这就是接触假说（Contact Hypothesis），这个假说提供了通过操纵情境变量去减少群体间敌意的一个社会心理学蓝图，这种了解和修复偏见的作法要比早期权威主义人格的在行为主义社会心理学盛行的美国更接地气。

20 世纪 50 年代另一意义重大的系列研究是列昂·费斯汀格（Leon Festinger）的认知失调理论（Theory of Cognitive Dissonance），一些人认为它是社会心理学历史上最有影响的理论（Cooper, 2007）。费斯汀格是勒温的研究生，他认为当两种认知不协调时，便有压力使之相协调，这可以通过各种认知和行为的改变来解决。强调认知一致的失调理论不同于那一时期的其他模式那么受欢迎（如平衡理论），但是失调理论以更具动力学和自我调节的方法最后胜出。这一新颖的理论和相关实验使其得到了热烈的支持，同时也遭到了广泛的批评，特别是行为主义者的强化作用原则与认知失调理论大相径庭。随着时间的推移，认识失调理论获得了胜利，但是更重要的是这一理论在不断地发展，并且启发了其他新的理论。一段时间之后，费斯汀格的理论转变为了行为辩解的理论，它假设通过外在奖励或限制的对行为的不充分的解释会引起自我辩护态度变化的需求。其他重要的工作也受到了认知失调传统理论的促进，包括贝姆的自我知觉的模型、心理抗拒理论、自我证实理论，还有外在动机的研究。认知失调理论的极简性和与之带来的许多惊人发现使其多年来在社会心理学圈内外让人深感兴趣，到了 20 世纪 60 年代末期，由于这个理论的主要内容得到了大量研究的充分支持，才使得学者们对它研究的热情减退。

20 世纪 60 年代的美国社会极其动荡，整个国家陷入了政治暗杀、都市暴力、社会抗议和越南战争的泥沼，人们在寻找改造社会的良策，社会心理学家顺势而为，更多地致力于诸如攻击行为、助人、人际吸引和爱等课题的研究。其中包括沙赫特的情绪两因素理论，它使情绪作为社会心理学探索主题得到了普及，并且介绍了对生理唤醒的归因和错误归因的观点。对人际吸引和友谊形成的研究也日见增多，其中有纽科姆（Newcomb, 1961）对密歇根大学新生认识过程的详细研究，拜恩（Byrne, 1971）的相似性与吸引的研究，奥特曼和泰勒（Altman & Taylor, 1973）的自我暴露和社会渗入的研究，以及不久以后，伯奇德和沃尔斯特（Berscheid & Walster, 1974）的外貌吸引力研究。史都华（Stouffer, 1949）在《美国战士》一书里介绍了相对剥夺概念，它与霍曼斯（George Homans, 1950）的社会交换理论结合在一起，使亚当斯（J. S. Adams, 1965）提出了公平理论，他们推动了社会心理学家们对社会公平研究的持续长久的兴趣。

在这个过程中，哈特菲尔德（Elaine Hatfield）和伯奇德（Ellen Berscheid）在人际和浪漫关系方面的开创性研究，不仅在拓展社会心理学研究范围上非常重要，也引发了社会心理学之外的大量论战，很多政治家和普通市民均表示社会科学家不要去研究像爱情这样神秘而美好的东西，应该留着它继续保持其神秘性。而由拉塔涅（Bibb Latané）和达利（John Darley）主导的旁观者介入研究则甚少受到非议，这项研究源于 1964 年纽约的女侍者吉诺维斯（Kitty Genovese）被谋杀事件，如今，他们的这项研究已经成为社会心理学中的经典。

1964 年 3 月，在纽约昆士镇的克尤公园发生一起谋杀案，很快成为《纽约时报》的头版新闻，并使全美国感到震惊。这件谋杀案受注意的原因跟凶手、被杀害者或谋杀手段都没有什么关系。吉娣·吉诺维斯是位年轻的侍者，她于早晨 3 点回家途中被温斯顿·莫斯雷刺死。莫斯雷是个事务处理机操作员，根本不认识她，他以前还杀死过另外两名妇女。使这场谋杀成为大新闻的原因是，这次谋杀共用了半个小时的时间（莫斯雷刺中了她，离开，几分钟后又折回来再次刺她，又离开，最后又回过头来刺她），这期间，她反复尖叫，大声呼救，有 38 个人从公寓窗口听见她呼救或目击她被刺。没有人下来保护她，她躺在地下流血也没有人帮她，甚至都没有人给警察打电话（有个人的确打了——在她死后）。

新闻评论人和其他学者都认为这 38 个目击者无动于衷的言行是现代城市人，特别是纽约人异化和不人道的证据。可是，有两位生活在这个城市的年轻社会心理学家，他们虽然都不是纽约本市人，但是对此一概而论的说法甚为不满。约翰·达利是纽约大学的副教授，毕博·拉塔涅是哥伦比亚大学的讲师，他们都曾是斯坦利·沙赫特的学生。谋杀案发生后不久，他们在一次聚会上相遇。虽然两人有很多地方不同——达利是黑头发，彬彬有礼，常青藤学院派头；拉塔涅个子瘦长，一头浓密的头发，一副南方农家子弟的样子，口音也是南方的，但是作为社会心理学家，他们都觉得，对于目击者的无动于衷，一定有个更好的解释办法。

他们当夜就此长谈了数小时，获得了共识。拉塔涅回忆说："报纸、电视，以及每个人都在说，事实是有 38 个人目击了这场暴行而没有一个人出来做点什么事情，就好像是说，如果只要一两个目击者看到了，而没有做什么事情的话，事情就容易理解多了。

因此，我们突然间就有了一个想法，也许，正是由于这样一个事实，即的确有 38 个人解释了他们的无动于衷。在社会心理学中，人们把一种现象颠来倒去地分析，然后看看你认为的后果是否就是那个原因，这是一个旧把戏了。也许，这 38 个人中的每个人都知道，还有其他的人都在看，这就是他们什么也没做的原因。”

两人立即开始设计一项实验，以检测他们的假设。几个星期后，经过周密筹划和精心准备，他们启动了一个广泛的旁观者针对紧急情形的反应调查。在研究中，纽约大学心理学入门课的 72 名学生参与了一项未说明的实验，以满足课程必需的一项要求。达利、拉塔涅和一位研究助手会告诉每个到达的参与者，该实验涉及都市大学生的个人问题讨论。讨论以 2 人组、3 人组或者 6 人组的形式进行。为了尽量减少暴露个人问题时的尴尬，他们将各自分配在隔开的工作间里，并通过对讲机通话，轮流按安排好的顺序讲话。

这些不知情的参与者不管假设是在与其他 1 个人、2 个人或者 5 个人谈话——之所以称为假设，是因为事实上他听到别人说的任何事情都是录音机上播出来的——第一个说话的声音总是一位男学生，他说出了适应纽约生活及学习的难处，并承认说，在压力的打击下，他经常出现半癫痫的发作状态。这话是理查德·尼斯贝特说的，当时，他是哥伦比亚大学的一位研究生，今天，他是密歇根大学的一位教授，他在试演中表现最好，因此选了他来扮演这个角色。到第二轮该他讲话时，他开始变声，而且说话前后不连贯，他结结巴巴，呼吸急促，“老毛病又快要犯了，”开始憋气，并呼救，上气不接下气地说，“我快死了……呃哟……救救我……啊呀……发作……”然后，再大喘一阵后，一点声音也没有了。

在以为只有自己和患有癫痫病的那个人在谈话的参与者中，有 85%的人冲出工作间去报告有人发病，甚至远在病人不出声之前；在那些认为还有 4 个人也参与谈话的参与者中，只有 31%的人动了。后来，当问及学生别人的在场是否影响到他们的反应时，他们都说没有；他们真的没有意识到其巨大的影响。

达利和拉塔涅现在对克尤公园现象有了令人信服的社会心理学解释了，他们把它叫做“旁观者介入紧急事态的社会抑制”，或者，更简单地称为“旁观者效应”。正如他们所假设的一样，正是因为一个紧急情形有其他的目击者在场，才使得一位旁观者无动于衷的。对旁观者效应的解释，他们说：“可能更多的是出于旁观者对其他观察者的反应，而不太可能事先存在于一个人‘病态’的性格缺陷中。”

他们后来提出，有三种思想过程在支撑着旁观者效应：当着别人的面会使人犹豫是否采取行动，除非确定此时是合适的；认为其他无动于衷的人的行为是合适的；最重要的是“责任分散”——认为其他人都有责任对紧急情况采取行动，使得自己的责任减轻了。后来由拉塔涅、达利和其他一些研究者进行的实验也证明，个体是否能看见其他的旁观者，是否能被别人看见，或者是否知道还有其他人，会在这三种思想过程中的一种起作用。

达利和塔拉涅的实验引起了其他研究者广泛的兴趣，并激发他们进行了大量类似实验。在接下来的十多年时间里，在 30 个实验室里进行的 56 项研究，实验者共邀请了近 6 000 名不知情的实验被试，他们要么是孤身一人，要么与一人、数人或者很多人同时在场。（结论：旁观者数量越大，旁观者效应越明显。）向他们展现的紧急情形有许多种：隔壁房间里传来一阵巨响，然后是一位女士的呻吟；一位穿着整齐的年轻人拿着一根手杖（有时候换成一位浑身脏兮兮、满身酒气的年轻人），在地铁车厢里突然摔倒了，挣扎着试图爬起来；一个人正在偷书；实验者本人晕倒……在 48 项研究中，旁观者效应都明确地表现出来了。如果只有实验被试独自在场，则有近半数的被试会出手相助；如果知道有其他人在场，则只有 22%的人会行动。旁观者效应是社会心理学中最为确定的假设之一。

然而，大量助人行为研究——有利于或者不利于非紧急情形之下的助人行为的社会及心理学因素——还在不断进行着，直到 20 世纪 80 年代，才算告一段落。助人行为是亲社会行为的一部分，在理想主义化的 20 世纪 60 年代，它开始替代社会心理学家战后对攻击行为的大力研究；它今天仍然是社会心理学研究领域中一个重要的课题。

六、社会心理学的危机和重估时期（1970—1984）

在 20 世纪 60 年代，美国联邦政府不断地加大力度，决定在社会科学家的指导下去医治美国的社会病，社会心理学家的数量急剧上升。在这些新的社会科学家中，有不断增加的女性专家，还有一些少数族裔的学者。这些新生力量从一开始对社会行为进行研究时，就对社会情境与人格因素的交互作用很感兴趣。今天，这种交互论者的视角体现在两本一流杂志的刊名上，即《人格与社会心理学杂志》（*Journal of Personality and Social Psychology*）和《人格与社会心理学公报》（*Personality and Social Psychology Bulletin*）。

20 世纪 60 年代社会心理学研究的激增也带来了另一个问题的激增，即研究的伦理问题，因为一些有争议的研究使参与者受到了心理伤害。其中最有争议的研究就是米尔格拉姆的服从实验，在这个实验中，志愿者被命令要对另一个人实施看上去令人痛苦的电击，名义上说这是学习效果的一部分。当然，实际上那名学习者并没有受到电击——他是实验者的“同谋”，假装受到了电击而努力配合表演出痛苦来——但参与者信以为真，在实验过程中承受了程度不等的压力和紧张。尽管这个研究和其他类似研究的结果对揭示有关社会行为有重要价值，但是人们还是质询其研究价值与参与者在实验过程中所受到的心理伤害相比孰重孰轻。受这些争论的影响，1974 年美国政府颁布命令，要求所有受到联邦政府资助的学术机构制定审查制度，以确保参与者在研究过程中的健康与安全。

与此同时，对社会心理学的怀疑升级了，且不仅限于伦理的方面。社会心理学家们怀疑其研究方法的有效性，自问自己所从事的学科是不是一门有意义和有用的科学。第二次世界大战开始时社会心理学猛地出现在人们面前，然后快速地扩张，大家对它能够解决社会问题寄予厚望。到了 20 世纪 70 年代，这些社会问题依然悬而未决，社会心理学的信任危机也随之而来。其中，格根（Kenneth Gergen）开玩笑说，应该把社会心理学当作是一门历史学科，而不是一门科学，因为社会行为背后的心理学原则经常随着时间和文化的变化而变化。随着女性和少数族裔接踵而来的批判，说过去社会心理学的研究和理论只是反映了白人、男性的观点，许多人开始对社会心理学的基本原理重新进行评估。幸运的是，社会心理学接受了批评，采用了更多不同的科学方法，其成员也更加多样性，一个更具活力和包容性的社会心理学又出现在人们面前了。

对于社会心理学的历史来讲，20 世纪 70 年代非常重要，这是一个关于人类行为本质理论范式转换的关口。长期以来，一些社会心理学家认为人们的行为是基于他们的需要、欲望和情绪。这种从"热"的方面去认识人性本质的视角认为，那些"冷"的、算计的行为是处于第二位的，是为人们的欲望而服务的。现在的观点是，人们的行为主要是在特定的情境下对情况进行理性分析然后选择的结果。这种"冷"的视角断言，人们的考虑方式最终决定了他们想要什么和他们的感受。在 20 世纪五六十年代，"热"的理论视角最具影响力，但是到了 20 世纪 80 年代，由于受到认知心理学的影响，"冷"的理论视角支配了社会心理学的思想，结果是社会认知占据了统治地位。

归因理论就是其中的一个典型，这个理论认为人们的社会判断是一个理性的、系统的认知过程。受早期出生于奥地利的社会心理学家伊凯塞和海德工作的启发，这段时期涌现出了各种各样的归因理论。长期以来人们把海德的归因理论当作是所有归因研究的一个基础，而伊凯塞由于要与精神病做斗争，他的贡献直到最近才为人所知。

除了归因理论，其他的社会认知理论也大放异彩，为人们如何解释、分析、记忆和使用社会性世界的信息提供了许多深刻的见解，而且这些理论也为态度、劝导、偏见、亲密关系和攻击行为等方面的研究注入了新的能量，在当代社会心理学中依然处于支配性地位。这一时期重要的成果包括：判断和决策的研究（为行为经济学的发展作出了贡献）；社会推断加工过程的研究，例如有关采用启发法和其他策略来组织和使用信息的研究（Kahneman and Tversky, 1973）；自动性思维的早期研究（Winter and Uleman, 1984）；态度改变的形成理论，如精细加工可能性模型（Petty and Cacioppo, 1986），以及态度与行为关系的理论，如理性行动理论（Fishbein and Ajzen, 1974）；大量的社会归类和图式使用模型，包括个体记忆模型（Ostrom, 1989）；双重加工模型，如那些分辨审慎的和工具性心理的装置（Gollwitzer and Kinney, 1989）或是系统性和启发性加工过程（Chaiken et al., 1989）；以及分辨刻板印象、偏见和歧视是自动化还是受意识控制的加工过程的模型（Devine, 1989），等等。一时间，社会认知在解释社会行为方面要比任何其他视角都更流行。

但是，这并不意味着其他观点就不活跃。随着社会认知的兴起和互动取向研究的增加，一度被认为是社会学的社会心理学里的自我概念，又在心理学的社会心理学中重燃起了兴趣。尽管自我被当作是态度研究和其他社会心理学研究领域里的内隐概念有很多年了，但自 1913 年以来，激进的行为主义在美国心理学领域盛行后，就把自我的研究带入了一个暗黑的年代。随着行为主义影响的式微，心理学的社会心理学重新发现了那些开创性社会科学家如詹姆斯（William James）、杜威（John Dewey）、库利（Charles Horton

Cooley）和米德（George Herbert Mead）等在自我探索上深刻的洞察力。1943 年，以 G. 奥尔波特在美国心理学会就任主席时的讲话为标志，吹响了重新向自我研究进军的号角，他说道："现代心理学历史上最奇怪的一件事情就是自我靠边站了，变得无人问津。"在他讲话的 30 年后，自我已经成为了心理学的社会心理学的核心概念，冠以"自我"的理论和模型越来越多，如德西和赖安的自我决定理论（Deci and Ryan, 1985），希金斯的自我差异理论（Higgins, 1987）等。大量与"自我"有关的研究逐渐流行起来，如自我评价维护、自我提升、自我验证及自我评估等。

七、社会心理学全球扩张和跨学科研究时期（1985 年至今）

在 20 世纪 70 年代，欧洲和拉丁美洲的社会心理学会先后成立。1995 年，亚洲社会心理学会建立。这些美国之外的社会心理学研究与美国的方法有所不同，他们更加强调影响社会行为的群际和社会变量。例如，法国的社会心理学家瑟吉·莫斯科维奇（Serge Moscovici）研究指出，文化经验对人们的社会知觉有影响，少数派成员可以引发社会创新和变革。类似地，泰弗尔（Henri Tajfel）和特纳（John Turner）基于他们对群体过程和社会知觉的分析，主张社会心理学家要研究群际关系，以及群体生活是如何对个体的社会认同与思维起作用的。泰弗尔在类别化方面的工作也被用来对刻板印象的过程进行解释。这些欧洲社会心理学家的贡献，是对 19 世纪杰出学者如迪尔凯姆和冯特的学术成果及 20 世纪初格式塔心理学最好的继承。

到了 20 世纪 80 年代中期，美国之外的社会心理学的蓬勃发展很好地重塑了社会心理学，世界各地的学者们积极交换思想，开展了多国之间的合作研究。那些来自集体主义文化社会的学者和传统社会的社会心理学家相比，对于群体和个体之间的关系和社会行为有很不一样的视角，产生了许多新思想。随后的跨文化研究发现，以前一些被认为是放之四海而皆准的社会信念和行为，在现实中却因在不同文化中进行的社会化的不同而不同。基于这些发现，大量研究的注意力放在了人类的心理和行为中，哪些是随文化的不同而有差异的，哪些又是由于人类共同的进化和遗传而相同的。

学者们对人类社会行为的进化基础产生兴趣，不仅是对麦独孤的基于进化视角的社会心理学进行重新审视，还来自与生物学家的进一步交流。尽管进化的解释被看作是与社会文化的解释直接相对的，原因是社会心理学家向来对导致行为的情境因素感兴趣，以至于他们尽量避免用生物进化的描述方式，但许多社会心理学家还是明白这两种理论视角并非是水火不相容。相反，他们相信，通过承认进化的力量会给人类留有特定的能力，以及认识到当前的社会与环境力量鼓励或阻止这些能力的实际发展与使用，可以使我们对社会行为有更完整的理解。

随着进化心理学将目光从着重对遗传及相对固定的特质的描述转移到用于解决生存和繁殖问题的灵活的行为适应性上来，社会心理学家对这个领域的兴趣也越来越浓厚。这种兴趣在巴斯和肯里克一篇重要的评论里得到了强调，在文中他们指出：

进化心理学将社会交互作用和社会关系置于作用的中心。尤其是围绕在配偶、亲属、互惠联盟、同盟和等级之间的社会交互作用和关系是特别关键的，因为这些关系可以带来成功的生存和繁殖。从进化的角度来看，社会关系的功用在人类心理中是中心位置的。

从那以后，进化心理学的概念常出现在社会心理学的相关文章中（尽管不乏关于其内容的争论）（Park, 2007），且成为日益增长的有价值的研究假设的来源，例如，吸引、亲密关系、亲社会行为、攻击、社会认同、内集体偏好、领导、社会认知和情绪等。

即使 20 世纪 80 年代社会认知处于统治地位，一些社会心理学家还是把目光聚焦在了相对少人关注的、对社会思维进行解释的情绪和动机上。他们对当前的社会认知理论批评道，如果把动机和情绪仅仅当作是中央处理系统的最终产品，那这样的社会心理学就少了好多人味。20 世纪 90 年代初期，许多社会心理学家寻求在传统的冷、热视角上通过把它们进行融合以建立一种更加平衡的观点，一些人把它取名叫"温情的眼神（warm look）"。这些改进了的社会认知理论提出，人们会根据他们当前的目标、动机和需要来发展出多样的认知策略。其中的代表性理论就是双重加工模型（dual-process models），意思是社会思维和行为是由对社会刺激进行反应和理解的两种不同方式决定的：一是信息加工的模式——这与冷视角有关——是建立在努力的、审慎的基础之上，不把各种可能性计算好就不会有行动；二是从热的视角出发，建立在最小认知努力的基础之上，行为是由情绪、习惯、生物性驱力等因素冲动地和不经意地激发而来的，经常是无意识的。人们在给定的时间里要采取其中的哪一条途径，是需要进一步研究的课题。

人们有外显和内隐社会认知的现象，促使社会心理学家探索大脑的神经活动是如何与社会心理过程关联的，这些社会心理过程包括：自我意识、自我管理、态度形成与改变、群体互动和偏见等。尽管从事这样研究的社会心理学家目前还是少数，但是他们考察社会行为的生物学因素的知识无疑将对重塑当前的理论起到重要作用。事实上，美国联邦政府的一些机构越来越多地把资助优先给予将社会心理学和神经科学结合在一起的那些研究。

心理生理学对社会行为，包括对主要发生在大脑内的心理生理学加工过程的研究，并不是什么新鲜事了，但过去的 20 年间认知神经科学的迅速发展确实起到了促进作用。重点之一是功能性磁共振成像技术的发展，这项技术使得可以无创性地捕捉到大脑协同心理加工过程的画面。社会神经科学家运用神经科学的方法来验证基于行为水平的神经加工过程的假设。例如，比尔（Beer, 2007）通过内层前额叶皮质区的活动来确定是准确的自我评估还是自我提升能更好地代表长期的自我评价；阿伦等（Aron et al., 2005）运用 FMRI 技术支持了他们将强烈的罗曼蒂克的爱情看作是动机状态而非情绪的模型；德西提和杰克逊（Decety and Jackson, 2006）通过运用 FMRI 技术更好地理解了移情作用的神经和认知基础。把社会神经科学看作是"在大脑中寻找社会行为"是对它的错误解读。这个学科的目标是依据已发现的神经运作和结构的知识来更好地理解社会心理学的理论（如大脑是如何工作和停止工作的），同时更好地了解大脑是如何制定影响我们每天生活的心理和社会加工的（Cacioppo et al., 2003）。尽管社会神经科学还是一门非常年轻的学科，但假以时日，它会为有关社会行为的社会心理学理论打下一个良好的生物学的可信的基础。

说到更实际的改变就必须提到计算机了，它的出现为研究者进行实验研究和数据分析提供了更加精密的仪器。举例来说，计算机技术使得研究者可以测量毫秒级的反应时间或者将呈现刺激的范围精确控制在阈上或者阈下（Bargh and Chartrand, 2000）。这些工具为研究者们提供前所未有的机会去提出他们以前根本就无法设想的问题（如有关自动性思维或者内隐的加工过程等问题）。

更广泛的改变来自数据分析领域。在 1970 年，大部分数据分析都是靠庞大、笨重、易出故障的手工的计算器来完成。几乎所有发表的研究涉及的都是比较简单的统计分析，主要是因为涉及超过三个变量的分析需要矩阵代数学（而这是大多数社会心理学家所回避的）。到了 1990 年，中央处理器和个人计算机上已经普及精密的统计软件，这使得复杂的多变量程序分析变得常见。发明产生需要，社会心理学家开始广泛且频繁地把新计算机技术应用于他们的研究和统计方法中。举例来说，最早出现于 20 世纪 70 年代日常使用的方法如经验抽样法，为众人所知和使用的结构方程模型（Reis, 1982），以及肯尼改变了个体知觉研究方式的社会关系模型（Kenny, 1994）。巴伦和肯尼的有关中介的在 JPSP 历史上被引用最多的文章，同样改变了这一领域的研究方式。对于社会心理学家来说，评估中介的方法不仅仅是一个新的工具，同时它们的出现改变了研究的进程，并通过实现中介加工过程的证据的常规化，广泛地帮助了理论改进。

至于社会心理学的应用方面，当代社会心理学家继承了勒温和 SPSSI 的遗产，把他们的知识广泛地运用到人们的日常生活中去，社会心理学的研究在很多领域都有所增加，如法学界（如目击者证言，陪审团决策）、商业和经济领域（如判断与决策，动机性社会认知，劝说）、医药领域（如与健康有关行为的动机过程，社会对健康和行为的影响）、家庭研究（如亲密关系中的二元过程）、教育（如成就动机，学生与教师的互动）以及政治领域（如选举行为）。这种学术性的流散可以看作是一个学科领域健康程度的标志。社会心理学研究的主要范围就是研究社会环境是如何影响人的行为的，而这点正是其他学科领域科学家和实践者所寻求的专业知识。同时，社会心理学家拥有优秀的技术来定义和实施有关社会环境影响的研究，这点同样是众多学术性和应用性机构所看重的。

人们搜寻到了社会心理学的知识，然后饶有兴趣地应用到社会生活实际中，这是很自然的一件事情。然而，一些社会心理学家争论说，对学科的运用过于注重在消极的社会行为和人性的缺陷上，也有人不认可这个批评，其他人则回应说，注重不好的一面要比关注好的方面更能使人获得长远的利益。

如果把一门科学类比于人的生命的话，那么当下的社会心理学在社会科学里就是一名年轻人。与其他已建成的科学相比，社会心理学是“初出茅庐”。然而，这门学科其创新的观念广受欢迎，其新颖的理论视角和从其他学科借鉴来的研究方法时常地运用到对社会思维和社会行为的研究中，其成员们也时常地思考他们研究发现的社会意义，在这个不断挑剔的自我评估过程中，绝大多数社会心理学家对他们所从事的依然年轻的科学在继续揭示人性的重要深刻见解上抱有信心。

第二节　社会心理学的理论视角

由于人的社会心理与行为的复杂性，社会心理学家在研究的过程中从不同的角度着手，形成了各种社会心理学的理论流派。传统上，社会心理学有四大理论流派，分别是行为主义理论流派、符号互动理论流派、精神分析理论流派和社会认知理论流派。

行为主义和精神分析，将 20 世纪 50 年代的心理学分成了两大阵营。行为主义主张用诸如奖赏与惩罚这样的学习原理去解释人的行为，反对去研究心灵、思想、情绪或其他的内部过程，强调去研究那些可以用科学方法进行实验的能观察得到的行为。弗洛伊德的精神分析则偏爱对个体的经历用临床实践的方式进行精细的分析，而不是对行为进行实验。社会心理学对这两大阵营并没有真正的偏向，它对可以用实验方法去研究行为的行为主义青睐有加，但也赞赏精神分析对个体内部状态和过程的研究。在很长一段时间里社会心理学尽量走在它们的中间。到了 20 世纪七八十年代，社会心理学终于探索出了自己的道路，采用科学方法去测量行为，但也可以科学地去研究思想、感受和其他内部状态。

考虑到这四大理论流派基本上是 20 世纪上半叶提出来的，没能很好地反映之后的发展，而且其中很多也会在别的分支心理学有详细的介绍，加上篇幅所限，我们就只在此介绍相对更新，也是主要流行的四种社会心理学理论视角。

一、社会学习视角（social learning perspective）

社会学习，指的是发生在社会情境中的学习。准确地说，社会学习是指由于观察到别人（或动物）发生的适应性行为改变（即学习），而不是个体直接经验而来的学习。具体而言，人们获得和发生的社会行为、态度和情绪反应的改变，是观察到了像父母或同伴这样榜样的行为，然后模仿而来的。也就是说，这种学习仅仅是观察到了别人的行为及其结果就得以发生了。例如，如果你和同学一起聚餐，服务员上了一道菜，你的同学嫌它没有摆好，就自己动手去摆，结果被碗烫得痛苦地缩回了手。那么，你应该不会马上去模仿、重复你同学的行为，伸手想去摆好它：同学被烫，就好像自己被烫了一样。

（一）背景与历史

在 20 世纪的前半段，学习的心理学理论本质上还是古典的行为主义思想，主要关注的是一个人行为的直接后果。就拿其代表人物斯金纳（B. F. Skinner）的操作条件反射理论来说，他认为学习是通过奖赏或强化的体验而发生的。斯金纳阐述了建立条件反射的两个原则：（a）任一反应若有强化刺激尾随其后则有重复出现的倾向；（b）强化刺激可以是增强操作反应速率的任何事物。

例如把一只饥饿的老鼠放在实验用的笼子中，老鼠可能表现出多种行为，如乱窜、尖叫等。而一旦触到一根实验者有意设置的杠杆，则有食物落下。经过多次尝试后，老鼠便学会了按动杠杆的行为，即建立了操作条件反射。在这里，食物促使了按动杠杆行为的重复，因而具有强化刺激的性质。

动物的学习过程如此，人类的学习亦遵循这个过程。如婴儿学语，偶尔发出一声“妈”，母亲就会高兴地抱起来吻孩子一下。实际上，婴儿并不是有意识地叫“妈妈”，但母亲的吻却给孩子带来温暖。久而久之，婴儿便学会了叫妈妈。这里，孩子的操作行为是“妈”音，母亲的亲吻是强化刺激，孩子学会叫妈妈就是操作条件反射的建立。

这种极其死板的要与环境中的奖励和惩罚联系在一起的行为主义在20世纪40年代左右有了新的改变，米勒（John Miller）和多拉德（Neal Dollard）提出了社会学习的概念，强调了学习中社会情境的重要性。尽管他们研究中存在局限性（例如他们依然维持没有模仿和强化，学习就不会发生的说法），他们却强调了学习中内部认知过程的作用，刺激了学者们把很多理论与实证研究放到社会学习上去。

米勒和多拉德在 1941 年出版的《社会学习和模仿》一书中继续用霍尔的理论，提出了一种包括驱力—反应—线索—酬赏四种因素在内的社会学习理论。我们先看一项实验。一个 6 岁的小女孩事先被告知一个书橱里藏有糖果，并要求她要把取出的书和杂志都放回原位。结果，小女孩花了 210 秒钟，翻了 37 本书，终于找到了糖果并将其吃掉。在小女孩离开房间以后，在她最初找到糖果的同一本书下面又放了另一块糖，并允许小女孩再来找一次。与第一次不同的是，小女孩进屋后并未停下来坐一会儿或进行任何提问，而是径直去寻找糖果。结果只花了 86 秒钟，翻了 12 本书和杂志，她就找到了那块糖。第三次再让她去找，她花了 11 秒钟，仅翻了 2 本书。然而奇怪的是，当第四次让她去找时，她竟花了 86 秒钟，翻了 15 本书才找到糖果。但在此之后，她的进步却是惊人的，到第十次，她一下子就找到了藏有糖果的那本书，并且只用了 2 秒钟。从第一次实验来看，小女孩花了 210 秒钟，时间主要花在进行错误的选择，询问别人，在房间的其他地方搜寻，以及流露泄气的情绪等方面了。然而最后一次，时间减至 2 秒钟，其原因主要是没作任何停顿或没有浪费任何精力。

小女孩的学习经验涉及四个因素：（1）驱力。如果小女孩没有想获得糖果的愿望和需求作为动机，她是决不会按照预期的计划去行动的。（2）反应。如果她对实验的全部细节缺乏了解，那么她是永远不会知道怎样去寻找糖果的。（3）线索。或者说引起一系列反应的提示，具体包括驱力、对小女孩的要求或指示，以及整个房间内的状况，如色彩、设施、面积、位置和书上的标记等。（4）酬赏。它使接二连三所进行的实验中发生了大致相似的期待反应。酬赏使线索和适当的反应之间的联结得到了加强，但是酬赏的作用是依驱力而定的，因此，如果由于满足而导致酬赏强度的减弱，就会使酬赏变得毫无效用或毫无价值。因此，一个完整的社会行为的学习也就是上述四种因素的依次展现。

社会学习中最具影响力的研究者和理论家是班杜拉（Albert Bandura）。与其他的学习理论家不同的是，班杜拉强调要以人类作为自己的基本研究对象，而不是从动物那里去获取第一手研究资料。他在 20 世纪 70 年代介绍了自己的社会学习理论（social learning theory）：尽管人们确实会从行为中接受反应进行学习（例如让人痛苦的炙热会促使人用防烫垫套去把火热炉灶上的东西拿走），但大多数人类行为是通过观察别人的行为学来的。他认为，人类的学习并不是从桑代克起许多行为主义理论家描述的那种试误过程，其行为也并非是由行为结果的直接强化或惩罚而塑造的。“如果人们只能依靠其行动的后果获知该做些什么，那么，且不说学习是危险的，也是非常费力的。幸运的是，大多数人类行为都是通过观察和模仿学会的：人们通过观察他人了解到新行为如何操作，在以后的场合中，这一编码的信息就能作为行动的向导。”按照这个理论，孩子们在餐厅里会怎么做是从父母那里模仿来的，青少年学到的政治态度是听到了成人们关于政治的谈话而来的。社会学习理论是把行为和认知综合起来去理解学习的——在强调对榜样的观察和模仿上是行为的，而在强调对人们思考、预期结果和象征的能力上又是认知的。

后来，班杜拉在他的理论中扩充了一个过去缺失的重要元素：自我信念。他把社会学习理论改名为社会认知理论（social cognitive theory）来强调认知因素在学习、动机和行为上的重要性。从这个理论视角来看，人的心理机能是环境、个人和行为影响动态地交互作用的产物，这个动态的交互作用被称之为交互决定论（reciprocal determinism）。例如，一个人在一场考试中成绩很差（环境因素），就会影响到他自己在这个领域里能力的信念（个人因素），接着就会影响到他的行为（改变学习方法），而他的行为则会影响到他的环境（他把同学召集在一起组成一个学习小组来准备考试）。

（二）替代性学习、榜样示范、自我调节与自我效能

社会学习理论主张人的学习并不需要去模仿行为，社会学习的一个重要元素是观察别人行为的后果，这就是所谓的替代性学习（vicarious learning）。这些行为的后果告知了人们什么是合适的行为和行为的可能结果，人们更有可能去模仿那些被奖赏的行为，而不是被惩罚的行为。所以，一个男孩看见了自己的姐姐因为撒谎而被父母惩罚了，他就学习到了不能撒谎，而不必非要自己撒谎挨揍才学到这一点。

榜样示范（modeling），就是观察到的别人的行为及其行为结果，可以以若干种方式来影响人的行为。第一，榜样的示范可以教会人们新的行为，如打高尔夫球时如何正确地挥杆。第二，榜样的示范能够帮助人们进行行为决策，如帮助决定是否离开聚会。第三，榜样的示范还可以改变人们的行为抑制（基于自我欺骗基础之上的行为限制）。例如，一个人难以掌握音乐中的经过音，也许会因为看见了老师训斥一位经过音掌握不好的同学而得到了解除。第四，通过观察榜样的示范，人的情绪反应亦会发生改变。例如，观看了一个演讲者紧张的演讲，有可能增加自己对在公众场合演讲的恐惧。

社会学习的研究表明，并非所有示范的效果都是一样的。那些被个体认为与自己相似的榜样示范，其效果是最好的。例如，同性榜样的示范好于异性榜样的示范。社会地位高的榜样示范其效果也不错，例如像姚明这样的运动员或像马云这样的商界精英，其行为的示范效果不容小觑。此外，现实中真实的人们，如自己的父母或最好的朋友，以

及具有象征意义的人们，如书本或电影中的人物，对人们的学习有一定的效果。

班杜拉的社会认知理论也强调了自我调节(self-regulation)和自我反省(self-reflection)的重要概念。自我调节涉及目标设定、自我观察、自我评估以及自我强化，一旦设定了目标，人们就会调控自己的行为，对照着自己的标准去评判行为，然后强化或惩罚他们自己。另外重要的是，行为的标准是不一样的。比如，一个人考试只得了 65 分，为了鞭策自己的学习，他就轻拍自己的头作为惩罚，而另一个则有可能在获得同样差劲的成绩时踢自己一脚。自我反省现在被自我效能（self-efficacy）的概念表达了，指的是个体对在一项特定的任务或一个特定领域的任务完成中自己能力的知觉。自我效能是环境依赖的，尽管一个人在某个领域（如数学）有很高的自我效能，但他可能会在另一个领域（如领导）表现出很低的自我效能。大量的实证证据表明，自我效能在影响人们作出选择、目标的设定、向目标进发时所付出的努力与坚持以及在特定领域中的成绩中，是一个重要的动机性构念。

（三）社会学习的过程

社会学习理论提出了社会学习的四个阶段：注意阶段、保持阶段、再现阶段以及动机阶段。首先，要向他人学习，个体必须注意到榜样示范行为中的相关方面。比如，孩子学习自己系鞋带，就要紧紧地盯住榜样手指的运动。其次，孩子需要把这些手指的运动记住，这是模仿发生的前提，主要依赖表象（童年早期）和言语编码（童年后期发展出的）两种表征系统。再次，这是有一定难度的事情，孩子要把他对别人系鞋带的理解转换成自己的行为动作，这是模仿学习中极为重要的环节。最后，孩子要有足够的动机才会自己去系鞋带，动机如孩子为了避免被鞋带绊倒，或是为了获得父母的赞扬。

（四）社会学习的重要性和影响

虽然社会学习被认为对孩子们来说特别重要，但是也被应用到一个人一生的学习中去。社会学习的视角在发展有关促进行为改变（如促进健康）和减少有害行为（如侵犯）的技术方面非常重要。社会学习也在对很多广泛现象的认识方面贡献良多，包括课堂学习，群体和领导者对个体行为的影响，有关健康的问题如对医药治疗的依从和酗酒，以及孩子对道德与价值观的内化等。

最受社会学习视角影响的研究领域是反社会行为、侵犯行为，其研究揭示了侵犯性的榜样可以引起大范围的侵犯行为。在一系列人们熟知的“宝宝玩偶”实验中，班杜拉和他的同事成功地阐明了儿童仅是简单地观看别人就可以学习到行为：让三组儿童都观看一成人（模特）踢打充气的塑料玩偶。第一组中模特的侵犯行为受到了实验者的夸奖，第二组模特则受到了惩罚，第三组模特既不受奖也未受罚。此后，通过单向透视玻璃观察儿童独自和塑料玩偶留在一起的情景。结果正如班杜拉设想的那样，看了模特受罚的那组儿童的侵犯行为最少，而看了模特受奖的那组儿童的侵犯行为最多，并且男孩子的侵犯行为明显多于女孩子。

更重要的是，这些模特不必是真人，电视电影（包括卡通片）里的那些侵犯性模特也同样是引发人们侵犯行为的有效性榜样。儿童尤其容易受这种影响，他们会认为侵犯是能够接受的，因为他们看到了电视电影中的“好”人也在打坏人，而且还从模特那里学会了如何具体地侵犯。除了学习特定的侵犯行为之外，人们还学到了态度，即会在不同的场合像电视电影那样用侵犯的方式去解决问题。从乐观的方面来看，因为非侵犯性的模特可以减少人们的侵犯行为，所以社会学习的原理也能够在亲社会行为和助人行为中发挥出它的作用。

二、社会文化视角（sociocultural perspective）

心理学研究主要是在西方的文化里发展而来的，这些研究主要采用的是西方的样本。有一篇论文在对出版的重要心理学期刊进行分析后发现，总的来说，其中98%的第一作者是出自于西方或英语国家的大学，95%的研究样本来源于这些国家（Arnett, 2008）。这就是说，心理学知识是由人口数只占全世界人口总数 12%的国家创建的。如此的话，人们不禁要问，从这么狭小的样本中获取的心理学知识能够推广到全世界吗？在过去的 30 年间，跨文化的研究表明，以前被认为是没有文化差异的心理过程，其实是与特定的社会文化联系在一起的，反映了特定的文化价值观和行为模式。例如，基本归因错误和认知失调现象，就是在看重自我的西方国家才有的普遍现象，在其他文化中要么减弱了很多，要么就不存在。

社会文化视角认为，个体的偏见、喜好以及政治信仰会受到群体水平上诸多因素的影响，如国籍、社会阶层和现今的历史趋势等。社会文化理论家们聚焦于社会规范（social norm）（或是关于恰当行为的规则）的核心作用。比如我们中国人特别讲究一个“礼”字，从周公制礼乐起始，礼节不仅是人的一种美德，更成为一种不可逾越的行为规范，只有合乎“礼”的才是合理的，否则便是大逆不道。到了孔夫子，更是强调非礼勿视、非礼勿言、非礼勿听、非礼勿动。比如在生活中，父子间要“上慈下孝”，兄弟间要“兄友弟恭”，夫妻间要“相敬如宾”，朋友间要“谦恭礼让”，邻居间要“守望相助”，等等。

这一视角的中心是文化（culture）这一概念。文化的基本意思是人工的产物，即由于人类的活动而留下来的痕迹，因此文化囊括了环境中所有的人类可以调控的特征，从主观的特征如礼节规定，到客观的特征如房屋和服饰等。关于文化的定义有很多，我们在此将文化定义为生活在特定的时间和空间内，具有共同社会认同的人们所共享的一套信念、风俗、习惯以及语言。罗纳（Rohner, 1984）也提出“文化”的精髓在于个体用共享的方式解释他们周遭的事物。这些可以共享的解释不仅包括个体的行为，还包括这些行为所发生的环境。如果你和我能够就一个特定的姿势表示友好而不是表示侵犯达成一致，或者我们都认为那个姿势是美丽的而不是丑陋的，我们就是以相似的方式在解释我们周遭的世界。如果在你和我之间这样的相似之处不可胜数，就可以说你和我共享一个文化。

文化可以用很多方式来进行比较，其中有些比较是显而易见的。比如，不同文化的语言（如汉语、英语、阿拉伯语）、服饰（如苏格兰短裙、和服、西服三件套）以及社交问候（如吻、鞠躬、握手）是不一样的。而从心理学的角度来看，文化会显示出其更微妙，也更重要的差异出来。在社会互动中人们是如何解释他们的行为方式的，他们注意到和记住了什么，对同伴群体是要融入进去还是要逃离开来等，都与文化有关。例如，在美国和澳大利亚，个体趋向于用个性特征来定义自己（如热情、乐观、雄心勃勃）；在韩国与墨西哥，个体更有可能根据与他人或社会群体中成员的联系来定义自己（如姐妹、朋友、学生）。在中国文化里，如果要做生意，哥们儿义气要比一纸合约更能够建立起信任；在美国文化里，人们更重视合约而不是个人关系。心理学对文化差异的研究主要关注的就是这种在人们信念和行为上微妙的差异，以及意想不到的相似性上面。

（一）背景与历史

人们对文化差异感兴趣由来已久，最早有关文化差异的文献可以追溯到公元前 4 世纪的古希腊历史学家希罗多德（Herodotus）对黑海沿岸国家进行贸易时不同文化群体人们独特信念和习惯的描述上。然而，直到 19 世纪学者们才开始对独特的文化信念和实践进行系统的研究，例如，法国的托克维尔（Alexis de Tocqueville）对早期美国文化独特方面的论著（《论美国的刑事制度及其对法国的应用》《论美国的民主》）以及韦伯（Max Weber）对北欧发展的宗教思想是如何引起了关于工作意义的文化差异的分析。大约 100 年后，文化人类学开始对世界各地的文化差异进行研究。今天，通过采用精妙的社会心理学和认知心理学实验方法，结合文化人类学的研究，心理学让我们对文化差异与文化相似性有了新的认识，这便是社会心理学的社会文化视角。

在心理学开始研究文化之前，经常假设从一种文化进行心理学研究获取的知识可以推及到所有人身上去。但是，当学者们在其他文化中对一些心理学研究进行重复验证时，却发现了有不同的结果，得出了不同的结论。例如，社会惰化指的是当一个人与大家一起干活要比独自干活时所付出的努力偏少的现象，但在东亚社会里却出现了相反的现象，那里的人们与大家一起干活时要比独自干活时所付出的努力多。

（二）研究证据

有三个方面的证据表明了这些文化差异。第一个方面的证据是，对某一种文化的深入研究发现，人们在人际关系的想法和处理上的具体方式有很多不同。例如，墨西哥人的人际关系理念是，即便是陌生人，也要主动地与之创建和谐的人际关系。而在日本和韩国，他们也强调和谐人际关系的重要性，但却是针对内群体（朋友、家庭）的成员而言的，而且是以一种“别惹事”的被动方式去维持这种人际关系的。在美国，和谐的人际关系又会因在休闲、社会关系与工作关系间而不同。尽管美国人普遍认为无论什么场合都要建立愉悦、积极的社会关系，但他们对人际关系不太重视，却对工作中的和谐比较在意。例如，有研究表明，在如何向他人传递令人尴尬、失望的信息时，如果传递的对象是朋友或熟人，美国人和韩国人都会采用婉转、含蓄的方式以避免让对方尴尬。如果传递的对象是一起工作的同事，美国人觉得即使是坏消息也要直截了当地告知对方，这样会合适些。但韩国人却认为面对同事传递坏消息的话，需要用更加间接的方式去告知对方，以给足对方面子。因此，某些场合（如工作）要比另一些场合（如聚会）在人际关系方面的文化差异要显著得多。

第二个方面的证据来自对包括了主要大陆、数百种社会形态的人们的价值观进行测量的多国调查。在这些调查研究中，调查对象要对像“自由地作出自己的决定是重要的”“人们需要通过与他们的社会群体的联系来定义自己”这样陈述句的同意程度进行评估。研究显示，不同社会文化的人们在是要重视个人自主还是要有义务遵循传统，是要平等还是要有地位的尊卑，是要强调竞争还是合作以及在内群体与外群体之间的差异上有着显著的波动。

第三个方面引人注目的文化差异证据来自于对人们是如何对他们的社会环境知觉和反应的跨文化实验。当这些实验向不同文化的人们呈现相同的社会情境时，比如两个人在工作组会议上交谈的视频，他们的解释和反应很不一样。在拉美的文化中，人们注意到和记住的是视频中的人工作有多努力以及他们在一起时人际关系的好坏；而在北美文化中，人们也注意到了他们工作的努力情况，但却甚少注意他们的人际关系状况。

还有证据表明，文化差异是人们在不同的社会文化中生活与参与经验的结果。例如，华裔加拿大人和墨西哥裔美国人这样的双文化人群，他们的心理模式经常是处于他们的祖国（中国、墨西哥）和新适应的文化（加拿大、美国）之间。研究证据也表明，同一社会的不同宗教有很大的文化差异，例如美国北方人和南方人之间就有很大的文化差异：相对来讲，北方人的荣誉受辱只会引起短暂的不快，而南方人的名誉受损则变成了奇耻大辱。尽管在对暴力的容忍度上美国南北方人的差异不大，但是南方人在其重视的荣誉上要比北方人更可能去讨个说法。

（三）启示

文化差异几乎对心理学的各个方面都有启示。文化差异表现在儿童的教养方式（发展心理学）、在一个社会里人格特质的范围（人格心理学）、人们是如何加工信息的（认知心理学）、精神失调的有效处理方式（临床心理学）、师生互动（教育心理学）、员工的激励（组织心理学）以及解释风格（社会心理学）等方面。对以上各个领域的研究向我们提供了文化差异性和文化普遍性的知识。

对人们的日常生活来说，文化差异也会给予我们启示，无论是在学校、工作还是其他的场合，不同文化背景的人们互动是不一样的。更重要的是要认识到这样的多样性要比种族或国家的差异更多，文化的多样性也包含了不同文化的人们在驾驭他们的社会性世界时，他们所使用的假设、信念、知觉与行为有着微妙却很大的差异。

三、进化论视角（evolutionary perspective）

对一个不认识的男人，仅仅是闻到他最近穿过的衬衫的气味，女人就可以在一定程度上知道他的长相——只限于她在排卵期间；当担心感冒的时候，人们就会对残疾人、肥胖人和外国人有强烈的歧视现象；当浪漫倾向被暂时激发出来，男人——而不是女人——变得更有创造性、对抗性以及更不循规蹈矩；遇见一个与自己态度相似的人，会不由自主地想这个人是不是自己的亲戚；怀孕的女性要比没有怀孕的女性更加爱国，但是只在怀孕的前三个月才会如此；看见异性长得像自己，会觉得此人是一个好朋友但不是一个好的性伴侣——他（她）值得信任但不够诱惑。

这些实验发现，以及其他类似的实验发现，用传统的社会心理学理论很难解释。然而，以上这些都是从进化生物学中蕴含的心理学启示被预测及验证了的。社会心理学的进化论视角在理解人类社会行为和人性本质上正发挥着独特的作用。

1908 年，最早的两本《社会心理学》教科书问世了。其中的一本是由一位有着生物学背景的英国裔美国心理学家——威廉・麦独孤（William McDougall）之手。这位学者持进化论视角（evolutionary perspective），他认为人类的社会行为根源于生理、心理上的先天倾向，这种倾向曾经帮助我们的祖先存活以及繁衍。麦独孤继承了查尔斯・达尔文（Charles Darwin, 1873）的观点：人类的社会行为（如微笑、轻蔑以及其他情绪表达）和生理特征（如直立姿势以及紧握大拇指）一样，也在不断进化着。从进化论视角去研究人的心理与行为的学科，就是进化心理学（evolutionary psychology）。

进化（evolution）是指随着时间而发生变化的过程。进化的核心驱动力是自然选择（natural selection），即动物将有利于其生存和繁衍的特征传递给后代的过程。适应特定环境的进化精良的新特质，又称做适应特质（adaptations），这些特质将替代那些进化不够精良的旧有特质。从进化论的角度来看，动物的大脑与它的身体机能一样，会受到自然选择过程的塑造。所以，尽管虎鲸与牛在远古是相似的，同属哺乳类动物，但如果虎鲸与牛的大脑是一样的话，虎鲸将不能够很好地工作，因为虎鲸需要一个可以引导自己的躯体在海洋里捕食的大脑，而不是在草场吃草。同样的道理，蝙蝠尽管也是哺乳动物，却需要一个可以操纵自己那微小的身体在黑暗中高速飞行捕捉昆虫的大脑。进化心理学想要研究的是，人类的心理是如何受进化过程设计塑造的？

（一）历史与背景

我们可以把达尔文当作是第一个进化心理学家。达尔文在 1873 年论证道，人类的情绪表达很可能是与其生物特征（如对向的拇指和直立行走）一样进化而来的，他推测说，人的情绪表达在与自己同种的其他成员沟通时非常有用，一个愤怒的面部表情意味着准备战斗但留有让对手知难而退的选择，以免双方受到伤害。达尔文的观点对早期心理学的发展产生了意义深远的影响。1890 年，詹姆斯（William James）在其经典著作《心理学原理》中使用了进化心理学这一术语，认为人类许多行为都反映了本能的操作（即对特定的刺激以适应性的方式进行反应的先天倾向），就像人打喷嚏的本能一样，用急速的气流冲洗干净鼻腔的异物。1908 年的麦独孤也持有同样的观点，但是他把本能看作是一个复杂的程序：特定的刺激（如社会性障碍）引发了特定的情绪（如愤怒），接着增加了特定行为（如侵犯行为）的可能性。

到了 20 世纪中期，麦独孤的观点失去了市场，此时行为主义大行其道。按照华生（John Watson，他曾与客居美国的麦独孤公开论战）的行为主义观点，人的心灵是一块白板，行为都是由人出生后的经验来决定的。20 世纪的人类学也支持白板说，如前述的社会文化视角那样，认为人类行为的差异乃至人类本性是由不同的社会文化规范形成的。

到了 20 世纪下半叶，白板说在不断增加的实证发现面前支撑不下去了，跨文化证据表明，人们有着普世的、跨人种的偏好。例如，全世界的男性都会被处于生殖高峰（年轻漂亮）的女性所吸引，而大多数女性偏爱的是能够提供资源的男性。又如，在每一种人类社会中，男人和女人都会建立长期的婚姻关系，在这种关系中，男人帮助女人抚养家庭。但是我们会发现大多数和我们有亲缘关系的物种并不如此。在其他哺乳类动物中，95%～97%的雌性会独立抚养自己的子女。为何这些雄性哺乳类动物的家庭观念相对淡薄呢？或许是因为对这些物种而言，雄性的作用在受精之后便微乎其微了。然而，雄性的养育作用对草原狼以及人类等物种来说却是至关重要的，因为这些物种的婴幼儿在出生之时非常弱小无助。从更加宽广的比较范围来看，这些普遍的人类行为模式反映了能够广泛运用于跨动物领域的强有力的原理。例如，雄性的投资在晚熟物种（无助羸弱的后代，如鸟类和人类）中要比在早熟物种（生下来就可以走，比如山羊等许多哺乳动物）中更为常见。

（二）现代进化心理学

现代进化心理学是若干不同领域学科发展综合的结果，包括动物行为学、认知心理学、进化生物学、人类学和社会心理学。进化心理学的基础是达尔文进化理论中自然选择的观点，其基本原理在第一章已经比较详细地阐述过，这里不再重复。

（三）领域特殊性机制

进化的研究假设，大脑包含有大量专门的领域特殊性机制。例如，鸟类使用不同的记忆系统和不同的规则去记住物种的鸣声、有毒食物的味道以及储藏食物的位置等。许多鸟类在它们生命早期短暂的关键期里学习了自己物种的唱歌，在下一个繁殖季又完美地把它唱出来，期间这些鸟儿并没有对它进行练习。另一方面，鸟类只要在它们的生命中的任何时期有过一次尝试，就能够学习到有毒食物的特征。根据不同的一套规则，鸟类对储藏食物的地点进行学习、更新、去除。如果使用相同的决策规则去解决不同的问题肯定是无效的，那么鸟类不同的记忆系统在解剖上就是不同的。同样的道理，人类在处理不同的任务时，也是遗传了不同的记忆系统。这些任务包括学习语言、学会避开有毒食物、识记他人的面孔等。

所以，适应性问题都具有特殊性——避免被毒蛇咬伤，选择一个水资源充足且易于藏身的栖息之所，避免食用有毒的食物，选择一个有生育力的配偶，等等。不存在所谓“一般的适应性问题”，所有的问题在内容上都具有特殊性。

因为适应性问题具有特殊性，所以这些问题的解决方案也具有特殊性。看看下面的两个适应性问题：选择正确的食物（生存问题）和选择正确的配偶（繁殖问题）。这两个适应性问题的“成功的解决方案”是完全不同的。成功的食物选择包括，确认那些富含营养的食物，且避开那些有毒的食物。成功的配偶选择则要求个体找到一个有生育能力、并将成为好父母的异性伴侣。

对这两个适应性问题的一般性解决方案是什么呢？它能够有效地解决这两个问题吗？比如“选择看到的第一个对象”这种一般性解决方案。但是，这种方法所带来的结果将是灾难性的，因为你有可能会摄入有毒的植物，和一个没有生育力的人结婚。如果在人类的进化历史中，有人曾经发展出这种一般性解决方案来处理各种适应性问题，那他（她）不可能成为我们的祖先。

为了合理地解决这些选择问题，我们需要更多关于食物和配偶的重要特征作为具体的指导。比如，成熟的新鲜水果往往比腐烂的水果包含更好的营养物质。一般而言，年轻健康的人总会比年老体弱的人拥有更强的生育能力。所以，为了成功地解决这些选择问题，我们需要特定的选择标准，而这些标准正是我们的选择机制所包含的一部分特征。

选择机制的特殊性可以通过人在错误情况下的反应来加以说明。如果你在食物选择中犯了一个错误，那么将会出现一系列的机制来纠正这些错误。例如，当你吃到变质的食物时，食物的味道会非常糟糕，你肯定会将它吐出来。如果食物试图通过你的咽喉，你会产生作呕反应。而且，如果食物已经不慎被吃进了肚子，那你可能会呕吐——这是一种被设计来排出有毒或有害物质的特定机制。

但是，如果你在择偶时犯了错误，你不会有恶心、呕吐等反应（至少很少见）。不过，你可以采用其他方式来更正你的错误，比如和他（她）分手，选择其他人作为配偶，或者直接告诉对方你再也不想见到他（她）了。

（四）为广泛适用的理论原则搜寻跨物种证据

行为的进化视角包含了对一个物种的成员面对周期性发生的特定问题的分析，以及不同物种在同样环境条件下有着同样行为之间关系的证据搜寻。研究单独的适应特质（比如珊瑚蛇的颜色波段或者人投掷物体距离的能力）可能是有意思的，但是进化理论家们志存高远：要揭示这些不同适应特质背后的共同规则。例如，特里弗斯（Robert Trivers）的亲代投资理论（parental investment theory）认为，如果某种性别的个体（通常是雌性，但也有例外）在后代身上投入了更多的资源，那么这种性别的个体在挑选配偶时会表现得更加谨慎和敏锐。相反，投资较少的那种性别将不会如此挑剔，但它们会表现出很强的同性竞争倾向，主要是为了争夺更有价值、投资更多的异性。换言之，有机体在繁殖上的投资越高，那它选择一个糟糕的配偶所付出的代价也就更高。

特里弗斯（Trivers）的亲代投资理论得到了来自大量物种的经验证据的强烈支持。在很多物种当中，雌性对后代的投资要远远高于雄性，我们人类也是如此，雌性在选择配偶时往往更为谨慎和挑剔。不过也存在少许例外，也就是雄性的投资多于雌性的情况。例如在某些物种当中，雌性将卵植入雄性体内，后代在出生之前都是一直由雄性照管的。

在摩门蟋蟀、巴拿马箭毒蛙和海岸尖嘴鱼中，雄性对繁殖的投资就远远高于雌性。

雄性尖嘴鱼从雌性那里获得卵子，然后把卵子放在它的与袋鼠类似的育儿袋中。雌性尖嘴鱼之间会为了争夺“最好”的雄性而大动干戈，而雄性则对配偶更为挑剔。这种“性别角色倒错”的物种为特里弗斯的理论提供了支持，它说明并不是“雄性”或“雌性”本身导致了配偶选择的性别差异，而是因为两性在亲代投资上的差别所带来的结果。因此，不断累积的证据为特里弗斯的亲代投资理论提供了坚实的基础，这个理论认为亲代投资才是配偶选择中挑剔倾向和竞争性的决定性因素。

（五）进化心理学论战

尽管有大量证据与白板说是相对的，但是许多社会心理学家依然不情愿持有进化论的视角。大多数心理学家接受了人类行为受到了明显的生物限制（比如女性要养育子女，其大脑的语言能力更强）的观点，一些心理学家在他们自己的研究领域里还是认同白板说。其中一部分之所以不愿意接受进化视角，是基于进化模型如何被检验的错误概念；其他的一部分则从政治的角度来考虑。例如，有些人害怕如果科学家承认男性与女性的动机有着生物先天的影响，那在工作场合实行不同的待遇就是天经地义的了。对此进化心理学家回应道，科学的审查机构未必会导致在这个领域一定发生这样的事，或开明的社会政策。例如，如果工作场所里男女平等的待遇是建立在男女一样的错误前提之上，那任何与这个前提相反的证据会被用来证明不平等就是合法的了。在现代环境中男女平等的社会价值观不应该靠否认生物差异来建立。

一些心理学家则深陷自然主义之中，认为只要是自然的就是好的，那岂不是连裙带关系等都是合理的。另一些心理学家明白自然主义谬论的危害，害怕公众一旦听说人们的行为是受进化影响的，会受自然主义谬论的危害。进化心理学家普遍相信，与其压制科学事实，了解操纵行为的真实机制才是改变行为的最好方式。越来越多的研究者开始认识到，人类过去的进化过程不仅塑造了一些现今社会不合时宜的特征（如男性的攻击行为），还有人类本性中积极的一面（如家庭之爱，以及与他人合作得以使整个群体受益）。

（六）进化心理学未决的问题

进化心理学是个让人兴奋的领域，因为很多问题得到了令人满意的回答。但是我们对遗传素质是如何影响心理机制发展的所知甚少。比如，全世界的男人都会被处于生殖高峰的女人所吸引，可是研究者并不太清楚这些偏好是如何发展而来的，其中的大脑机制是怎样的，以及是如何与环境互动的。还有，发生在一个人身上偏好的简单先天机制，却对周围另一个人的偏好不管用的动态过程，人们对此仍不清楚。

到目前为止，进化模型已经在小范围内得到了应用，比如求偶行为的性别差异、攻击行为以及亲缘偏好等。现在，心理学家开始认识到进化视角前景广阔，可以用来说明人类社会行为的很多方面，包括印象形成、友谊、群际关系以及偏见等。用进化视角去认识人类的社会行为将会有更多激动人心的科学发现。

四、社会认知视角（social cognitive perspective）

尽管各有差异，但总体来说，社会学习、社会文化和进化论视角都强调客观环境的重要性。它们都认为，人们的社会行为是受到所处世界的客观真实事件的影响的。在20世纪三四十年代，库尔特·勒温（Kurt Lewin）为社会心理学引入了一个新的视角，他认为社会行为的驱动力是每个人对社会事件的主观解释。比如，你是否愿意通过努力成为班长的决定取决于：（1）你对获得这一职位的概率的主观猜测；（2）你对成为班长所得益处的主观评估。如果你认为成为班长并不能给自己带来好处，或者你有意成为班长但达成的可能性微乎其微，你就懒得为竞选奔走了，即使从客观上看，你获得这一职位的胜算很大，而且此职位也颇能给你带来乐趣。

尽管强调主观解释，但勒温不认为客观现实不重要。为了全面地理解勒温的思想，首先我们得认识到一个人当下的环境会对他的思维、感受和行动有深刻的影响。情境的力量是强大的，特定的情境会使所有的人以同样的方式去行动，无论这些人有各种各样的差异。看看你周围上社会心理学课的这些同学，有些人外向健谈，而有些却内向缄默。可是当老师开讲时所有的同学都会安静下来，为什么呢？因为上课这个情境告诉他们，安静才是正确的行为方式。事实上，情境之强大，能够驱使一个人去做他正常情况下不会做的事情。

然而，我们每个人都是一个独特的个体，有着自己的人格特质、价值观、态度以及对这个世界的信念，这使得我们与他人区别开来。我们从父母那里遗传而来的基因是与众不同的，每个人的生活经历也不一样，每个人的性格都是独特的。我们一贯的偏好、思维方式以及行为倾向都难以随情境和时间的变化而变化。

人格心理学主要关注人的内部特质对人行为的影响，其研究发现，人们的行为在不同的情境中表现出了很好的一致性，这反映了人们适应世界独特的方式，而且特质与行为的一致性贯穿于人的一生。例如，科斯塔和麦克雷（Costa and McCrae, 1994）的研究发现，一个人出生后前几年的行为，与其青年、中年和晚年的行为倾向是一致的。特质强有力地引导着人们社会生活中的思想、感受和行为。如果再回到你的社会心理学课堂上，你会发现即使是在老师讲课的时候，有几个同学也在说话——他们那外向的特质已经压过了情境的力量。

现在我们知道了情境和人格特质都对人的行为有影响，那么，到底哪一股力量对人的行为影响更大一些？学者们为此争论了很多年。按照勒温的理论，大多数社会心理学家是这样去进行理解：人格特质与情境因素是如何一起互动来决定我们的思想、情感与行为的。换言之，我们应该关注何种情境使何种人以何种特定的方式行事。

这种对内在体验与外部世界相互作用的强调，很自然地将社会心理学与认知心理学建立起了密切的联系。认知心理学家研究思维的过程，涉及对环境中事件的注意、解释、判断和记忆。在20世纪50年代，计算机的出现引领了一场“认知革命”，人们对大脑工作机制的兴趣重新燃起。在20世纪七八十年代，越来越多的社会心理学家采取了社会认知视角（social cognitive perspective）。该视角强调人们对社会事件的选择性关注、解释以及如何在记忆中储存这些经历的过程。并认为这种认知过程要比社会事件本身更为重要。

想象一下你在与一位朋友约会，这人迟到了。事实上，在约定的时间 30 分钟后你就开始怀疑这位朋友不会来了。终于，他出现在你的面前，说："对不起，我都忘了和你约会这事了，刚刚才记起来，然后我就赶来了。"你的反应会是怎样的？你可能会恼火。再想象一下，假如你的朋友是这样说的："很抱歉来迟了，路上发生了严重的车祸，导致长时间的堵车。"那么你的反应如何？你也许只有一点点恼火了。如果这个朋友以前经常迟到并用过这个借口，你就会怀疑这个解释是不是真实的。如果你的朋友是第一次和你约会迟到，或者是第一次这样解释，你会认为这是真的。在此情境中你的反应会取决于你对朋友过去行为的记忆，以及对他迟到借口真假的推断。可见，对社会情境的认知过程很大程度上决定了人们的行为反应。

社会认知视角发轫于 1930 年代的格式塔心理学，在格式塔心理学家看来，决定人类行为的不是客观的地理环境，而是人所感知到的"行为环境"。考夫卡（Kurt Koffka）曾以一个骑马人飞渡冰雪掩盖的康斯坦斯湖（他以为是大草原），后闻知实情便惊骇而死的故事说明行为环境对人的行为的决定作用。行为环境和地理环境并不总是相符的，因为人在与环境的相互作用中，并不是消极被动的，他经常积极地通过组织自己的知觉和观念，形成单一的、有意义的整体。正是这种对环境的组织作用影响着我们对环境的知觉，并进而影响着我们的行为方式。如今，社会认知视角在现代社会心理学中占据着极其重要的位置，它会为我们在本书中要讨论的社会行为的不解之谜提供关键的解释。

五、视角的整合

以上的每一种视角都是对人类社会行为和人性本质的深邃洞察，但却像盲人摸象一样，只摸到了一只大象的局部。我们只有把这些不同的视角整合起来，才有可能使我们对社会心理学有一个比较全面、整体的理解，因为人的心理现象本来就是各种因素综合的结果，而不是简单的某一种因素作用的结果。与其他动物相比，人类在长期进化的过程中为了生存下去，没有形成猛兽那样的强壮四肢和尖牙利齿，可以恣意抓捕其他动物，也没能生长出一对翅膀来飞行在空中，可以躲避诸多猛兽的袭击，而是进化出了一个认知能力超群的大脑，可以使人类以智取胜，以"团结就是力量"的方式结成群体，形成社会，最终傲然成为地球的主宰。在这个过程当中，很多因素是同时交织在一起，进而共同发展的。首先，为了活命，人的大脑容量相对比较大，结成群体时为了能够真正地形成合力，面临着一个高效沟通的实际问题，这就逼着人类发展出语言来。其次，有了语言又进一步使得人类大脑的心理水平和认知能力突飞猛进。再次，因为结成群体和强大的认知能力，就使得人类的社会文化出现了。最后，社会文化又进一步地影响了人的心理和行为。为了说明的方便，以上只是个简化的过程，实际上环节先后并不能截然分开，而是十分复杂地纠缠在一起来造就了我们人类，以及发展形成了人类的心理与行为。

因此，任何一种心理现象的背后，其原因必定是复杂的，是多种因素共同作用的结果。

以偏见为例，在某种程度上，对其他群体成员的偏见与人们进化出的对陌生人的反感是息息相关的，人类的祖先会将陌生人看作人身危险与新疾病的来源。但是，对外人的反感总会涉及利弊权衡，因为不同群体的成员需要通商、通婚。因此，人类总得学会识别谁是朋友、谁是敌人、谁是应该害怕的以及谁是可以信任的。与此同时，在对群体的认知上，人们会对群体进行分类，一个重要的结果就是自己所属的群体——内群体，和自己没有隶属的群体——外群体，进而产生了内群体偏爱和外群体歧视。当不同群体间的关系随着历史事件不断改变时，文化规范也会相应做出改变。为了完全领会社会生活的神秘之处，我们需要将不同视角中的线索拼合在一起以观全貌。

第三章

社会心理学的研究方法

社会心理学的研究内容与日常生活关系密切。无论是个人还是群体，其社会心理现象及行为都能成为社会心理学的研究对象，社会心理学研究旨在探究社会现象和行为发生的原因、产生条件以及影响。但仅靠生活经验很难得出令人信服的结论，必须采用公认的科学研究方法进行研究。

第一节　社会心理学的问题来源

在社会心理学研究中，依赖标准化和既定主题不是生成研究构想的唯一方式。达纳·S.邓恩（Dana S.Dunn）曾在《社会心理学研究方法》（*Research Methods for Social Psychology*）中提出了选题的方法：进行自我反思，探索并证实人类的事后偏差，聚焦于校园中的热点问题，关注人类的社区生活，关注现行的大众媒体（大众传播媒介），关注大众生活，寻求相应研究领域中专家的建议，浏览全球资讯网（万维网），尝试观察身边的人，选题的其他来源（查看相关领域书籍中的索引、目录、关键词等，阅览相关领域中新出版书籍的书评，参加社会心理学领域的讲座，查阅社会心理学文章或书籍中的参考文献，与其他研究人员共同进行头脑风暴）。

综上所述，社会心理学的问题来源主要有两种：一是在过去研究的基础上发现新的问题，二是个人在日常生活中的观察体悟。

一、过去的研究

从前人研究中汲取经验是社会心理学研究的问题来源之一。任何一个科学理论的发展都经历了从无到有的过程，而这个过程并不总是一帆风顺的，面临着诸多的质疑、争论与否定，而这也恰恰是科学发展的动力。一个理论能够被大众所承认无非基于两点：一点是不可证伪，采用实验无法将该理论推翻；另一点是该理论的预测功能，依据该理论可以预测某种现象。心理学的众多理论都是深受前人研究影响，如关于学习，不同理论学派的观点有所不同甚至大相径庭。桑代克（Edward Lee Thorndike）通过“饿猫谜笼”实验得出学习就是动物（包括人）通过不断的尝试形成“刺激—反应”联结，从而不断减少错误的过程。他把自己的观点称为试误说。格式塔学派心理学家苛勒（Wolfgang

Kohle）与桑代克的观点完全不同，他对黑猩猩的问题解决行为进行了一系列的实验研究，从而提出了与当时盛行的桑代克的“尝试—错误”学习理论相对立的“完形—顿悟”说。苛勒指出：“真正的解决行为，通常采取畅快、一下子解决的过程，具有与前面发生的行为截然分开来而突然出现的特征。”[①]这就是所谓的顿悟，而顿悟学习的实质是在主体内部构建一种心理完形。现在我们知道，试误与顿悟不是相互排斥，而是相互补充，是学习过程的不同阶段。

再例如“挫折—攻击”假设的理论发展也可印证这点。最初是 J.多拉德、N.E.米勒等提出了“挫折—攻击”理论，由于批评者质疑该理论比较武断，后来米勒对此进行修正，认为挫折可以转为攻击。再后来，伯克维茨认为个体受到挫折并不直接导致侵犯，于是进一步修正了“挫折—攻击”理论。详细内容可以见第八章第二节。

二、个人的观察体悟

社会心理学研究的另一来源是个人的观察感悟，这类问题来源于个人对生活的观察或实践中所遭遇的问题，这些问题与个人息息相关。问题来源于生活，其研究结果也将服务于生活。尤其是社会心理学研究，社会心理学的研究问题多与某种社会现象息息相关，社会心理学的研究对象多为某种社会问题，并旨在通过此研究针对某一问题提出解决之道。这就要求研究者善于发现生活当中的问题及保持对社会问题的高度敏感性。大部分研究来源于此方式，个人与社会的紧密联系也是社会心理学更容易被大众所理解的原因。一个著名的案例是达利（J.M.Darley）与拉特内（B.Latane）的“责任分散”理论的建立，该理论的设想及其实验验证便是受到“吉诺维斯悲剧”的启发。“吉诺维斯悲剧”是 1964 年美国纽约发生的著名的吉诺维斯案件，一个典型的见死不救事件。有人把它当作一个可以闲谈的社会事件，有人则对此进行了深入的思考，并进行相关研究。

第二节　社会心理学研究的方法论

一、实证主义方法论

实证主义是强调感觉经验、排斥形而上学传统的西方哲学派别。又称实证哲学。它产生于 19 世纪三四十年代的法国和英国，由法国哲学家、社会学始祖孔德（Auguste Comte）等提出。实证主义作为一种方法论对西方心理学影响深远，至今仍然对心理学研究起指导作用。

当时的心理学刚脱下传统哲学的外衣，急于成为自然科学的一部分。实证主义作为一种时代精神渗入即将诞生的心理学中，并从方法论层面深刻地影响了心理学的产生和发展。有研究者曾总结了实证主义的特点：第一，强调研究对象的可观察性。实证主义

---

① 舒尔茨. 现代心理学史［M］. 北京：人民教育出版社，1981.

的一个主张是将科学的对象限定在可观察的资料范围之内。孔德曾提出人类整体知识演化三阶段规律的理论。按照这一理论，人类的所有思想或精神，无论是个人的还是社会的，都不可避免地先后经历三个不同的阶段，也就是神学阶段、形而上学阶段和实证阶段。到了“实证阶段”，“人类智慧便放弃追求绝对知识，而把力量放在从此迅速发展起来的真实观察领域，这是真正能被接受而且切合实际需要的各门学识的唯一可能的基础”。第二，方法中心。实证方法包括实验法、观察法、测验法、调查法等基本方法，它们是心理学的科学性的重要保证。第三，元素主义。实证主义认为经验或行为可以分为几种简单元素，强调心理现象的分析。其关注社会中的个体现象、个人的心理和价值，认为若离开了对真实的人的生活及其价值的理解和认识，社会实践本身将迷失其真正的价值和目的。第四，还原论。实证主义的主要目的在于把科学的理性主义扩展到人们的行为中去，即让人们看到，把人们过去的行为还原为因果关系，再经过理性的加工，就可以使这种因果关系成为未来行为的准则。第五，描述性。马赫认为实证哲学是一种科学认识论，科学的任务不是去理解和解释，而是仅仅对事实作概要性描述。第六，定量性。在逻辑实证主义的影响下，托尔曼提出了中介变量这一概念，把行为看做是一种“因变量”，它由环境和内部的“自变量”所决定；赫尔也假设了介于刺激和反应之间不可直接观察的理论实体。

受实证主义哲学的影响，冯特（Wilhelm Wundt）认为，心理学的研究对象为人的直接经验，他将心理学视为“直接经验的学科”。实证主义为心理学提供了方法论指导，冯特主张运用实验内省法来研究心理现象，力图使心理学成为自然科学，并极力推崇和提倡还原论与元素主义，他说:“既然一切科学始于分析，那么心理学家的首要任务是将复杂的过程简化为基本感觉要素。”但冯特并不崇拜实证主义，更不把实证主义原则作为教条。他认为实证方法只能用于研究感觉、知觉等低级心理现象，而不能用于研究思维、想象等高级心理过程；铁钦纳（Edward Bradford Titchener）继承了冯特心理学的实证研究传统，从马赫的经验实证主义出发，对实验内省法及被试提出了极为严格的要求，他认为心理学研究人的意识经验，为获得对意识经验清晰、准确的描述和报告，必须借助实验；同时主张对内省者进行严格训练，使之掌握感知和描述自己意识状态的方法，而非描述刺激或说明刺激的意义。这导致实验内省法脱离了心理生活的实际而更趋近于自然科学。为了更准确地贯彻实证主义的主张，铁钦纳极力主张对意识进行更彻底的元素分析，在他看来，元素分析就是要发现最基本的感觉要素，据称他所发现的感觉要素大约有 44 000～50 000 种。与冯特的实验内省法相比，铁钦纳的实验内省法重在内省，他对内省的限制比冯特更加严格，而且进一步把实验内省用于研究思维、想象等高级心理过程。

行为主义时代对实证科学的推崇发展到了极端。华生接受了孔德的实证主义观点，明确主张心理学是纯粹自然科学的一个客观的实验分支，他抛弃了实验内省法，代之以自然科学常用的实验法与观察法。为更逼真地贯彻实证主义的主张，华生不惜“削足适履”，他认为意识不应作为心理学的研究对象，心理学研究应以行为为研究对象，并对个体行为进行预测与控制，以严格控制的实验法和操作策略对行为进行研究，使心理学在研究对象和研究方法上更接近自然科学。斯金纳接受了孔德和马赫的实证主义并将其与物理学家布里奇曼的操作主义相结合，主张把所有的科学语言还原为通用的物理语言，心理学术语必须还原为行为术语，从而把行为主义推向了极端。这种极端的无“意识”心理学引起了行为主义心理学以外心理学家的批评，在行为主义心理学内部也引起了强烈不满。

实证主义对心理学的历史贡献：第一，实证主义推动了心理学实证方法的完善和发展。第二，实证主义为心理学的研究提供了指导，心理学研究者通过实证研究搜集了大量的来自可观察事实的第一手材料，丰富和充实了心理学知识体系。第三，在当时科学主义兴盛的历史条件下，实证主义客观上有利于心理学科学地位的巩固和发展。实证主义方法论推动了心理学的发展，但由于其自身存在的局限性，它不能也不应成为心理学研究的唯一方法。

实证主义对心理学的局限：第一，以实证主义哲学为基础的心理学无视理论研究的必要性，力图将心理学建设成为“自然科学的一个纯客观的实验分支”，完全看不到文化历史特征对揭示心理现象的一般机制和普通规律。实证主义在推动心理学的自然科学化进程中，也给心理学造成了极大的负面影响。正如车文博先生所言：“实证主义不但是真正科学的哲学方法，而且它已经给西方心理学带来了恶果。”第二，受实证主义经验实证原则和客观主义原则的影响，心理学研究忽视了人的内部心理活动和主观体验，否定了心理的主观属性，使心理学研究脱离了人的实际需要并因此导致了心理学研究中的表面化、低级化现象。构造主义的元素还原论、行为主义的生物还原论以及认知心理学的机器还原论均有此表现，即从研究对象、研究方法到研究过程的控制、研究结果分析，都以自然科学的要求为准。

二、人文主义方法论

在心理学发展史中，格式塔心理学和人本心理学深受人文主义（Humanism）思潮影响，尤以人本心理学为甚。它们以现象学和存在主义为基础，在心理学的研究上开创了一套与科学心理学研究相迥异的体系，表现为以下特点：

在研究对象上，人文取向的心理学强调要抓住统摄经验的有意义结构，因而要将作为整体的人及其心理为研究对象。格式塔心理学用心理的整体解释取代心理元素主义。人本心理学以作为整体的经验的人及其意义为自己的研究对象，把重点放在人类所特有的一些特性上，如选择性、创造性、价值观、自我实现等，反对根据机械论和还原论的观点来研究人的心理。人本主义心理学力求体现出一种朝向真正“人之所以为人”的心理学的研究取向，在理论信念、哲学基础、临床实践和研究态度等方面致力于“不同于说明动物和机械行为的心理学模式的人的心理学”。

在研究方法上，人文取向的心理学认为，心理学是研究人的科学，提倡人文的研究方法，如个案法、谈话法、临床法、历史法等，认为心理现象只能去理解而不是客观描述，坚持现象学质的分析先于量的分析的解释原则；主张以问题为中心，反对方法中心论。人本心理学的代表人物马斯洛指出:“所谓方法中心，就是用来表示那种认为科学的实质依赖于工具、步骤、设备及其科学的方法，而与科学的问题、疑难、功用或目的无关的倾向。”在马斯洛看来，真正坚实的科学应当首先区分目的和方法，只有科学目的才能赋予方法以意义并使方法有效。尤其心理学直接研究人的经验，它的对象与研究者的兴趣、动机、追求有密切关系，而仅依靠科学手段来研究心理学是不行的。所以，在解释原则上，应当始终以问题为中心，要面对人的问题，始终寻求发现，而不寻求证明，要依靠人的主动性，始终探索未知。从整体上说，人本主义心理学致力于提供和发展自己的心理学理论和心理学实践技术，用心理学理论指导和衡量心理学实践技术，通过心理学实践技术支持和完善心理学理论，最终希望实现人本主义心理学的理想：一种真正的心理学与人的自我实现。

人文取向的心理学研究整体的人，它强调人的主体性，关心人的价值、人的存在和尊严，认为不应该是把人的存在和心理经验分解为各种成分、特质和元素。这恰恰是实证主义所忽视的问题，在某种程度上，人文取向的心理学反对将人视作物，反对用研究自然物质的方法来研究人的精神世界，主张从人的现实存在出发，人的存在形式与其他生命的存在形式不同，不能对心理过程作机械的、还原的解释，把复杂的、具有意识的、历史经验和现实生活融为一体的心理现象（心理过程）简单地还原为物理或生理事件的机械法则。人的存在尽管有生物—生理限制，但人本质上是自律和自由的。

在秉承心理学中人文传统的同时，人本主义心理学也开始暴露出危机。人本主义心理学的危机与整个心理学自身的危机有着“异曲同工”之处。“人本主义运动的危机是心理学自身的主要危机。”（Wertz, 1998）“人本主义心理学处于危机的境地……有许多方面表明，人本主义心理学甚至其后续发展，没有实现它起初点燃起的希望和期待。”人本主义心理学缺乏清晰的、彻底的和深厚的理论基础，在方法论和真正理解人的经验方面存在明显的不一致，而且其实现目的的方法和手段并不统一，仍然没有完全摆脱使用传统研究方法及量化的色彩。罗杰斯指出，“在美国，人本主义心理学没有对主流心理学产生深远或重要的影响……主要原因看来是有价值的人本主义取向研究的缺乏。”（Rogers, 1985）

用非自然科学的人文方法研究心理学有其可贵之处，然而也正因如此，它遭到实证主义的强烈反对。在科学心理学看来人文取向的心理学似乎在对抗人类的逻辑式公认的关于可能性的标准，它经常被看成是“神秘的或无法考证的”，因此，也就不属于正统的科学范围。

三、马克思主义方法论

马克思主义社会科学方法论对心理学研究具有重要的指导作用。研究马克思的思想以及对现代心理学的影响，对于把握和分析西方的精神分析心理学、辩证法心理学、人本主义心理学等流派和苏联心理学，同时对于发展和丰富我国的心理科学，都有着极其重要的理论和实践意义。心理学不能没有马克思主义，心理学的马克思主义取向，是当代心理学发展的必然趋势，各种不同心理学流派的马克思主义都有其优点与不足，要克服当代心理学危机，就必须在全球范围内对马克思主义心理学研究进行不断的探索与反思。

（一）以实践为基础的研究方法

实践是社会存在和社会发展的基础，是认识的来源，是认识不断提高与发展的根本动力，是检验认识是否正确的唯一标准。实践与认识是辩证统一的关系，实践对认识有决定性作用，认识反作用于实践。正确和科学的认识促进实践的发展，错误的认识则阻碍实践的发展。认识要随着实践的发展而不断完善、进步。实践是马克思主义哲学体系的最重要的也是最基础的观点，是明晰人的本质，了解人、意识与环境交互作用的出发点。这一思维方法为当代心理学研究开辟了一种新的视角。心理学是研究人的科学，根据马克思主义实践哲学的看法，这个“人”是同时受到主观世界、客观存在、个人行为与其交往作用影响的人。

实践是社会科学方法论的基础。在心理学研究中，“实践”的指导意义尤为重要。社会上有一部分人认为心理学和算卦一样，可以什么都不用说就猜测人的心理。想必大家都有这样的体会，当有些朋友得知我们在学习心理学后，第一句话往往是“猜猜我现在在想什么？”这是对心理学知之甚少者的普遍认识。1879 年，冯特在莱比锡大学建立了第一个心理学实验室，标志着心理学成为一门独立的科学。虽然心理学作为学科发展不到 200 年的时间，但是心理学和其他科学一样有着漫长的过去，也曾经历了很长一段时间的思辨过程。自心理学成为一门独立的学科后，也进行过大量的实验性研究，为其更好地成为一门科学，做出了巨大的贡献。今天的心理学不能仅仅停留在理论研究上，要始终坚持实践的原则，坚持在实践中深化认识，提升认识，发展认识，大胆地进行科学探索和实验研究来继续发展。

（二）社会系统研究方法

世界上不存在完全孤立的事物，事物之间必然存在某些特定联系，这是所有事物的客观本性。联系具有普遍性，事物间具有普遍地联系并以系统的形态存在。马克思、恩格斯认为社会是一个有机的整体。这首先表现在他们对构成社会结构的要素的认识上。如生产力，马克思指出：“受分工制约的不同个人共同活动产生了一种社会力量，即扩大了的生产力。”社会复杂现象的背后，其原因不可能是单一的，而是受到多种因素的影响，研究者必须要系统地看待社会问题及现象。

在心理学研究中，心理及行为是一个复杂的系统，心理学研究应当注重采用系统的研究方法。相较于传统的研究方法，系统的研究方法对于解决复杂的心理问题有着强大的优越性。我们知道，某一心理现象或行为的产生很少会是由单一因素造成的，因此看待心理学研究的问题时，必须要避免绝对化和单一化的思维方式，特别是一些社会大众心理和社会大众现象的研究，要用系统性的、整体的、联系的眼光看待要研究的问题，详细分析其社会行为产生的种种原因。只有这样才能使心理学的研究有更高的质量，可以解释更多的社会现象，帮助更多的人。

（三）矛盾分析法

众所周知，通过研究社会矛盾及及其运动特点，可以发现人类社会的一般结构、人类社会的普遍本质和人类社会发展的一般规律，同时也为更好地解决社会矛盾，提供最基本的原则和方法。社会矛盾推动社会发展，运用社会矛盾分析方法研究社会科学使得我们能够从本质上认识、发展社会科学，并运用社会科学去促进社会发展。

矛盾是普遍存在的。社会矛盾不仅存在于社会生活的各个领域，而且还贯穿于社会发展的全过程。心理学研究中也时刻存在着矛盾。这就要求我们在心理学研究过程中要有强烈的“问题意识”。在研究中要善于抓住矛盾，提出问题。可以这样理解，社会生活中若没有心理上的矛盾、没有思维上的疑惑，也就没有心理学上的问题，也就没有心理学研究的今天。但是要注意，不是所有的矛盾都可以上升为研究中的问题。心理学研究，要善于从复杂的矛盾中提炼出具有现实意义、学术价值的“问题”。且心理学研究仅有“问题意识”还是不够的，还必须要有问题的“质量意识”。“问题”质量越高，“理论”才越有研究与应用价值。

在心理学研究中，要善于通过矛盾发现问题，在每解决一个问题后，再从问题的发现与解决过程中，总结出有用的经验，规避出现的弊端，将之思考汇总，在原有的研究基础上，形成适合新研究要求的研究方法。这便是矛盾法在心理学中的重要价值与运用。还需注意的一点是，在研究过程中，矛盾分析法应居于最主要地位，矛盾分析法是根本的认识方法，内容较为广泛且深刻。采取矛盾分析法分析心理学研究的问题时，要注意“两点论”与“重点论”相结合的方法，抓住问题关键的方法，把握好对立与统一，处理好批判与继承。

（四）社会过程研究方法

社会在矛盾运动中不断发展，社会矛盾使社会展现为一个自然历史过程，任何事物都有其发生、发展、灭亡的过程。“马克思主义揭示了这一过程的内容、实质和规律，为我们具体研究社会历史现象提供了科学的方法论指导。”马克思和恩格斯认为，人类社会是一个过程，世界是个过程的集合体，把事物和过程、矛盾和过程联系起来，认为整个自然就是“种种自然和种种过程的体系而展现在我们面前”。运用马克思主义社会过程研究方法，第一，要坚持社会历史过程的连续性与非连续性的统一；第二，要坚持社会历史过程的前进性和曲折性的统一；第三，要坚持主体选择性与客观规律性的统一，既要尊重客观规律，又不能忽视人的主观能动性。

马克思主义社会科学方法论作为一门系统性科学理论，在人们生活的各个方面，都有其价值。在心理学研究的所有步骤中，各个方法论都贯穿其中，只有通过不断地学习理论，不断地进行实践研究，才能更好地发挥马克思主义社会科学方法论对心理学研究的价值。

第三节 社会心理学的研究原则

社会心理学研究只有在遵从研究原则的前提下，其结果才是科学有效的。社会心理学能更好地服务于社会，这才是有意义的。

一、客观性原则

客观性原则，是指在进行心理学研究时，任何心理现象都必须得到尊重并按它的本来面貌加以研究和考察，研究者不能附加任何主观意愿。个体心理是人脑对客观现实的反映，一切心理活动都是由刺激引起的，并通过一系列的生理变化，以人的外部活动表现出来。人的心理活动无论如何复杂或作出何种假象与掩饰，都会在行动中表现出来或在内部的神经生理过程中反映出来。因此，在心理学的研究中切忌采取主观臆测和单纯内省的方法，应根据客观事实来探讨人的心理活动规律。

客观性是科学方法与其他求得知识的方法的基本区别。心理学作为科学，研究的客观性，是指按照人本来的心理表现去觉察和记录人一切的心理活动和规律，而不是离开客观现实而单凭主观猜测。研究的客观性一直是心理学家不懈追求的目标，这也是心理学不断取得与自然科学对话可能的重要条件。高觉敷将实证论视为西方心理学发展的两大基石之一。实证论的代表人物孔德认为一切知识必须以被观察到的事实为出发点，冯特将传统的内省法与生理学的实验法相结合，创立了实验内省，为心理学研究的客观化作了首次尝试；华生以客观的行为代替主观的意识，以实验和观察代替内省。

由于坚持客观化的研究，心理学取得了令人振奋的成就，使其得以在广泛的领域被运用。随着科学的进步和人类认识能力的提高，心理学将在更广泛、更深层的领域进行客观化的研究。但是，一味强调研究客观化，而排斥、否定心理学研究中的主体参与也是不正确的。研究主体参与是必要的，也是不可避免的。皮亚杰（Jean Piaget）曾指出，知识或自然科学都涉及先验的方面，它们处于经常变动与建构中，因而不能被确证。

首先，研究者主体的参与很难避免。在科学研究中，研究者的知识背景、认知结构、个人经历都会影响对资料的收集和整理，使研究的“客观性”受到制约。库恩（Thomas Sammual Kuhn）和费耶阿本德（Paul Feyerabend）认为，客观观察总是要受到理论的渗透和“污染”，任何观察都会因理论的转换而导致不同的结果，支配科学理论的不是经验陈述，而是高层背景理论或科学家的世界观。尤为重要的是，心理科学的研究对象是活生生的人，具有特殊性，研究者一旦与被试进行交流（在研究中主试被试之间的交流往往是必须的），其人格、对实验结果的期待等因素就可能影响到实验结果。“霍桑效应”就说明了因研究者主体的参与而影响到研究的客观性。研究者主体对实验结果还可能存在更多的潜在影响，只是没有被我们认识到罢了。

其次，研究者主体的参与是必要的。科学发展的历史表明，有些科学发现是以高度主观的方式产生的。科学理论有时是建立在枯燥的事实收集上，有时来源于研究者的顿悟。一个新理论的构建常常直接来源于主体的直觉和积极思维，而非来源于按照客观性原则建立的实验室。如弗洛伊德（Sigmund Freud）的人格结构理论、马斯洛（Abraham H. Maslow）的需要层次理论的提出就并未严格遵循客观性原则。因此，库恩认为，科学发现是依靠天才、灵感、想象和机遇性。综上所述，研究者必须严格遵从客观性原则，背离这条原则，科学研究就不能称之为科学。但是，研究者主体的参与也不容忽视，特别是一个新理论刚刚提出时往往缺乏足够的资料作为根据，对其应采取宽容的态度。

可重复性问题是当前科学界面临的共同问题。最近，心理学研究领域的可重复性问题也受到广泛关注，引起了研究者的积极讨论与探索。胡传鹏等人通过对 2008 年发表的 100 项研究结果进行大规模重复实验，研究发现，心理学研究的成功重复率约为 39%，但该研究仍然存在着巨大的争议，不同的研究者对其结果的解读不尽相同。针对可重复性问题，研究者通过数据模拟、元分析以及调查等多种方法来分析和探索其原因，这些研究表明，可重复性问题本质上可能是发表的研究假阳性过高，可疑研究操作是假阳性过高的直接原因，而出版偏见和过度依赖虚无假设检验则是更加深层的原因。面对可重复性问题，研究者从统计方法和研究实践两个方面提出了相应的解决方案，这些方法与实践正在成为心理学研究的新标准。然而，要解决可重复性问题，还需要心理学研究领域的多方参与，尤其是在政策上鼓励公开、透明和开放的研究取向，避免出版偏见。心理学研究者为解决可重复性问题做出的努力，不仅会加强心理学研究的可靠性，也为其他学科解决可重复问题提供了借鉴，推动科学界可重复问题的解决。

二、系统性原则

心理是一个错综复杂、纵横交错的动态系统，是一个在与环境进行各种能量交换，特别是信息交换中实现的、有序化的、开放的、可控制的、整体的自组织系统。在其内部存在着许多子系统，子系统又可细分。那么，在心理科学研究中如何贯彻系统性原则呢？

系统分析的首要原则是整体性，即把研究对象作为一个有机整体来看待。心理是一个由许多要素按一定的相互关系和组合模式构成的有机整体。整体功能与单个要素的功能比较起来，具有本质的不同和全新的特性。同时，要素在功能上的简单累加又不同于整体功能。只有各个子系统之间相互联系、相互制约和相互作用，心理的整体功能才能实现。因此，在研究人的心理时，我们应当始终从心理系统的整体性出发，着重考察整体与部分之间、整体与外部环境之间的相互联系、相互作用和相互制约，着重考察系统在整体水平上的运动和功能。当然，为了更精确地了解心理系统的整体特性，必须对组成系统的各个层次结构或要素进行充分的研究，但这应该把要素看作是系统整体有机联系的一部分的条件下进行，而不能抽象地、孤立地研究要素，更不能把系统的功能简单地归结为某个层次结构或要素的功能。在心理学发展史上，有不少心理学家犯此错误，如弗洛伊德只强调潜意识而忽略了其他因素，华生只强调行为而忽视对意识的研究。我们应当牢记此类教训。

此外，心理系统的各个组成部分之间并不是毫不相干、完全独立的，而是彼此相互依存、制约和作用的，才构成了心理系统的整体。心理的各个要素是心理整体赖以存在的基础，并对整体产生重要影响。在心理系统中，各个要素都不仅是各自独立的子系统，而且是组成心理母系统的有机成员，是不可缺少的。因此，研究者就必须对心理的各个要素及其组成关系进行全面的分析研究，把心理各方面的研究结合起来。例如，对儿童心理的研究，就不仅应注重普通心理范围的研究，也应注重其社会心理方面的研究。众所周知，人是社会人，儿童亦如此。儿童是通过不断与他人交往，与环境互动而成长的。他们必然会对社会环境中的人和风俗习惯、生活方式、行动准则等获得认识、建立联系，并以一定的方式对其产生反映。儿童社会心理的发展是其心理发展的一个重要方面。因此，对儿童心理的研究不应只局限于普通心理学中所提到的心理现象，仅仅把他作为一个独立的个体去研究，而应包括儿童的社会心理，把他放在与他人、与周围环境的相互联系、交往、互动中去研究。只有这样，才能真正全面地了解儿童的心理发展。

三、伦理性原则

社会心理学家在进行实验时必须严格遵守一定的道德标准。其中，伦理性原则是在对第二次世界大战中被关押在监狱或集中营中的囚犯遭受的一系列暴行进行研究的基础上发展起来的（Dunn，2012）。第二次世界大战结束后，纽伦堡法庭颁布了《纽伦堡法典》，该法典列出了研究者在进行人体实验时应遵循的十条行为规范，其中基本原则有二：一是必须有利于社会，二是应该符合伦理道德和法律法规。显而易见，上述内容均与社会心理学实验中应遵循的伦理性原则息息相关。

张东军等人（2014）对 2008—2012 年 4 家心理学期刊刊载的人体对象论文的伦理性原则遵守情况进行了调查。共收集 2008—2012 年期间《心理学报》《心理科学》《心理发展与教育》《中国心理卫生杂志》发表的以人体为对象的原研性论文 3 099 篇，从人体对象的心身健康保护、知情同意、隐私保护、权益保护、研究方案有无经过伦理委员会审查 5 个方面对论文中关于伦理性原则遵守的相关信息进行分析，仅 1 156 篇（37.3%）论文对科研伦理问题进行了描述；描述人体对象的心身健康保护的仅 6 篇（0.2%），描述隐私保护的仅 75 篇（2.4%），描述研究经过了伦理委员会审查的仅 111 篇（3.6%）。由此可见，我国心理学领域科研论文的科研伦理性原则遵守情况不太好，且发展不均衡、不全面。

不仅如此，在一些经典的社会心理学研究中，也无法排除这点。1971 年，心理学家菲利普·津巴多（Philip George Zimbardo）在斯坦福大学进行了著名的斯坦福监狱实验（The Stanford Prison Experiment）。实验共招募了 24 名身心健康、情绪稳定的大学生，让他们分别扮演囚犯和狱警的角色，在斯坦福大学的模拟监狱里展开了一场监狱生活。这个实验证明了特定处境完全可以改变一个人的行为。津巴多对囚犯和狱警们的不同表现进行了记录。实验中，这些原本非常正常甚至优秀的年轻人，迅速转变为自己扮演的角色。扮演狱警的年轻人从第一天就表现出超乎寻常的冷酷和无情，对“囚犯”嘲讽、侮辱甚至攻击；而“囚犯”也在压力之下逐渐接受了自己是罪犯的身份。狱中情况的逐渐恶化启动了这些被试的心理适应机制。在实验中原本善良的狱警用了可以用的一切手段对囚犯进行肉体和心理上的虐待，囚犯从开始的挑衅反抗到后来的逆来顺受，最后甚至保持沉默，丧失了自我感。被试这些极端的表现导致本来计划持续两周的实验，在仅仅六天之后便被终止。从津巴多的实验可以看出，社会环境对人的行为有巨大的影响。当被试拥有一项不受控制的权力，或者置身于一个不受控制的群体之中，其产生的可怕后果是难以想象的。斯坦福监狱实验对所有被试造成的心理伤害可能是终生的。扮演狱警的被试在实验终止之后无法相信自己会对待他人如此残忍，并对自己的行为后悔不已；扮演囚犯的被试则更是不敢回想在监狱中的黑暗生活，而这些被试所获得的回报也仅仅是微不足道的实验津贴。

因此，进一步加强心理学领域的科研伦理意识的宣传和教育，不断提高相关人员的伦理意识，是不可或缺的环节。这里需要注意以下几个方面：

一是被试的身心健康问题。有些心理学研究对被试缺乏尊重，将被试置身于恶劣的条件下，如睡眠剥夺实验、感觉剥夺实验等，对被试的身体造成了相当大的伤害。还有些心理学研究伤害了被试心理健康，如华生“小阿尔伯特”实验、电击实验等。这些非人化的心理学实验违反了科研的伦理性原则。

二是实验的欺骗性问题。社会心理学实验中的“欺骗”是指在人体实验中某些事实或真相被故意隐瞒或掩盖，其中“欺骗”的类型主要分为两种，一类是主动欺骗，另一类是被动欺骗（Rosnow and Rosenthal, 1996）。主动欺骗是指被试在参与实验的过程中故意向研究者反馈错误的信息。美国社会心理学家阿希（Asch）在 1956 年设计的从众实验和米尔格拉姆于 1963 年进行的米尔格拉姆实验都属于主动欺骗。另外，被动欺骗是指在人体实验中，实施者有意向被试隐瞒与实验相关的事实或真相。总而言之，无论是在主动欺骗还是被动欺骗中，被试都没有意识到自己正在欺骗他人或被他人所欺骗（Dunn, 2012）。很多心理学研究有必要向被试隐瞒真相，否则无法进行，如阿希的从众实验。这就涉及实验的欺骗性问题，容易伤害到被试。有些研究没有解决好这个问题，实验一结束就对被试不管不问，没有做好实验结束后对被试的安抚工作。在社会心理学实验中实施欺骗是否合理这一争论仍然没有定论，但毋庸置疑的是如果不采取一些欺骗行为，就无法对各类社会心理现象进行充分的研究。并且，社会心理学家都希望被试能够积极参与自身设计的研究，因此，研究者会用看似合理的谎言去欺骗被试以达到扩大实验参与度的目的。

三是被试的隐私问题。有心理学研究涉及被试的隐私问题，如情感问题、智商分数、情商分数、人际关系、性等。作为研究者一定要对被试的隐私进行保护，不得泄露有关资料，否则就会造成无法挽回的损失，对相关被试造成巨大的伤害。

四是保密原则。心理学家有责任并采取适当的措施保护参与研究的被试的个人信息。心理学家只能为了正当的科学或专业目的，而且只能在必须涉及某些被试信息时才能讨论这些需要保密的信息。那么，在社会心理学实验中，要如何遵循保密性原则呢？首先，调查问卷上不应附有被试的姓名或其他私人信息，研究者可以向每位被试分配一个唯一的标识号，将该标识号与被试的个人信息联系起来，以此方式来避免信息泄露。最后，妥善保管好与实验有关的问卷或相关资料，尽量将其放置于安全隐蔽的地方。但总的来说，无论是手写记录、自动记录，还是采用其他记录工具，心理学家必须管理记录的建立、储存、访问、转换和清除，以保证信息的机密性。心理学家在个人同意、法律强制或有法律许可的条件下才能透露机密信息。

五是被试的知情同意权。在进行人体实验时，研究者必须严格遵循知情同意原则，即在进行实验前必须获得被试的同意。被试的知情同意权是指被试有权利知道实验目的及实验中可能存在的风险等内容（Dunn, 2012）。这是因为，任何一项实验都不可避免地存在着或多或少的风险，即使是程度最小的风险也可能会对被试造成一定的伤害，因此被试有权利知情并决定是否参与其中。另外，既定的道德准则明确规定，在实验中，任何被试都有权利在任何时候退出研究并不受任何处罚，也无须对此做出任何解释。当然，被试的知情同意权也与其法律地位息息相关，一般来说成年人（18 周岁及以上）被认为可以自主决定是否参与实验。但如果要以未成年人为被试，则一定要得到其父母或其他法定监护人的同意。

第四节　社会心理学研究的具体方法

社会心理学的一项基本原则是：许多社会问题可以用科学的方法来进行研究。在讨论如何进行社会心理学研究时，有个问题值得我们关注——我们在看到一些社会心理学研究结论时，可能会说：这些我们都知道（或事实就是这样），为什么还要研究啊？是这样吗？其实不是，尽管一个实验研究没有惊人之处，但是仍有理由要求我们进行实验。

理由之一是人们容易出现事后偏见（Hindsight bias），也叫事后聪明偏差。事后偏见是指人们往往倾向于利用事件发生之后的结果去理解事件发生的原因及过程，而倾向于过高地估计自己的预测力。在评价社会心理学的实验时，也会存在这种现象，即看到了实验结果，会根据结果预测这个实验，人们会说：肯定会有这样的结果，这是事实。但实际上，我们在看到某个心理学实验之前，不一定理解事件的原因和过程。例如，整洁与美德有什么关系？大家一下子难以说出它们之间的关系来。英语中有一句谚语：整洁近于美德（Cleanliness is next to goodliness）。英国《心理学》杂志 2008 年 12 月介绍了普利茅斯大学心理学家西蒙妮·施纳尔女士及其同事共同研究的成果。其研究结果显示，如果一个人在作出道德判断之前洗过手，那么他对那些不道德的行为会较为宽容，更容易接受。研究证明，一个人作出的道德判断是一个直觉的反应过程，而不是理性判断结果，影响道德判断的直觉之一就是生理上的清洁感，因为这种清洁感对心理有极大影响。

理由之二是平时生活中人们认为是对的，不一定事实就是对的。一些实验结果看上去似乎显而易见，但进行这类实验仍然是重要的，因为许多被人们“认为”正确的事情，经过仔细的考察后被证实是错误的。例如，有这样一个假定：人们受到做出某种行为要受严厉惩罚的威胁，最终他们可能厌恶这种行为。尽管看上去这一假定合乎情理，但是有实验显示，真实情况不是这样的：当面对轻微惩罚的威胁时，人们会讨厌被禁止的行为，而那些受到严重威胁的人，则恰好相反，对被禁止的行为的喜爱反而有所增加。

社会心理学是一门科学，已发展出一套系统的研究方法来解答社会行为的问题，例如下面我们所讲的观察法、相关法和实验法等，都是从实证的角度来研究社会行为。

一、观察法

观察法（Observational Method）是指研究者观察人们的行为，并对其测量值或行为的印象加以记录的方法。许多著名的教育家、心理学家都曾用观察法研究儿童。裴斯泰洛齐（Johan Heinrich Pestalozzi）早在 18 世纪下半叶就开始用观察法记录了 3 岁半的儿子的发展情况；我国著名幼儿教育专家陈鹤琴用日记方式记录儿子自出生起的发展，观察了 808 天，于 1925 年出版了《儿童心理之研究》一书。

（一）结构化观察法和非结构化观察法

根据观察程序的形式，可以分为结构化观察法和非结构化观察法。结构化观察是指人们为认识事物的本质和规律，通过感觉器官或借助一定的仪器，有目的地对特定对象进行有计划、系统化观察，并作严格详细的可量化记录的一种观察方法。它是为进行量化研究提供数据资料的一种研究方法。如果我们需要研究地铁乘客在进出站时对一幅广告注意的时间和人数，那么就不能只在上班人多的时候观察。上班时人们的时间压力更强，而且人多会产生遮挡，有些人可能根本没有看到这幅广告。因此，就需要进行精密的结构化观察设计，如每隔 20 分钟观察一次，每次有三种观察角度；每个被观察者从一个角度一出现，都会被连续追踪 15 秒；整个观察序列持续 15 天，并且有人专门观察男子的反应，还有人专门观察女子的反应；同时观察的记录系统要准确而细致，保证观察不漏过任何一个有效的信息的客观记录。非结构性观察或称无控制观察是指调查者根据总的观察目标和要求，确定大致的观察内容和范围，依据具体情况有选择地进行的观察。一般作为一种辅助性的工具。例如，皮亚杰在研究自己的孩子的发展时，就采用非结构性观察与一些非正式小实验相结合的方法。如给婴儿看一件东西（手表），然后把它藏起来，看他会不会寻找，以观察婴儿有没有客体的永久性的观念；有人研究儿童的人际交往，那么在制定研究方案前，最好花一定时间观察儿童交往时的各种行为活动，这就属于非结构性观察。

两者相比较，结构性观察能获得大量翔实的观察材料，并可进行定量分析和对比研究，但缺乏弹性，显得模式化、费时；非结构性观察机动灵活，简便易行，适应性强，但所得材料零散，无法进行定量分析和严格的对比研究。

（二）自然观察与实验室观察

根据观察的场所和组织条件，可分为自然观察与实验室观察。自然观察是指调查人员在自然条件下对调查对象不加控制和影响的一种观察，其特点是在自然状态中进行观察，结果真实可信。例如，英国科学家珍妮·古道尔（Jane Goodall）远赴非洲坦桑尼亚，为考察灵长类动物的群体习性而展开了实地的自然观察。

实验室观察是指调查人员模拟周围条件和环境对调查对象实施有效控制而进行的观察，具有严密性和精确性的特点。波波玩偶实验就采用了实验室观察，在儿童观察成年人如何对待波波玩偶之后，将儿童带到放有波波玩偶的实验室，对儿童的行为进行观察。

（三）连续性观察与非连续性观察

根据观察是否具有连贯性和持续性，可以分为连续性观察与非连续性观察。连续性观察是指人员在某段时期围绕某一目的或某一研究课题对同一调查对象反复地进行观察。一是研究问题的连续性，整段时间的观察都围绕某个研究课题展开；二是观察的反复性，观察不是一次即止而是反复进行；三是对象的同一性，即在反复的观察中，被观察的对象始终如一。

连续性观察有定期连续观察和不定期连续观察两种形式，前者依一定的时间周期进行观察，后者则不按严格的时间周期实施观察。连续性观察适用于动态性问题或事件的跟踪调查。

非连续性观察就是一次完成的观察，无观察时间的周期性变化。间隔一段较长的时间对事物的变化进行一次性观察，一般适用于对过程性、非动态性事件的观察。可以有效减少不必要的人力、财力、物力的消耗。

（四）参与观察与非参与观察

根据观察者的立场，可以分为参与观察与非参与观察。参与观察是指观察者进入被观察者的社会环境或社会关系之中进行观察、收集资料的一种研究方法。在这种观察状态下，由于研究者或是作为被观察群体的一员，或是作为被观察群体可以信赖的“外人”出现的，它减少了对所要观察对象的干扰，可以使被观察者作出比较自然的反应。较早使用这种研究方法的是英国人类学家布罗尼斯拉夫·马林诺夫斯基（Bronislaw Malinowski）。1914—1921 年，马林诺夫斯基先后三次在西太平洋上的特罗布里恩德群岛从事当地的土著文化的研究，时间长达 6 年之久。在此期间，他一方面学习土著的语言，一方面全面地参与土著人的社会生活，几乎成了土著社会的一员。他的研究从被研究者的角度出发，希望能够借助他们的目光去理解整个世界。

参与观察法在社会学和社会心理学中也得到了广泛的运用。1923 年，社会学家安德森（Anderson）就曾运用这种方法加入流浪汉的队伍，写成《流浪汉：无家可归者的社会学》一书；而另一位社会学家威廉·富特·怀特在1936—1940年间对美国波士顿的一个意大利人贫民区的研究以及在此基础之上写成的《街角社会：一个意大利人贫民区的社会结构》，更是运用参与观察法的典范之作。在从事研究的那些日子里，怀特以被研究群体——“街角帮”一员的身份，置身于被研究者的生活环境和日常活动之中，对闲荡于街头巷尾的意裔青年的生活状况、非正式组织的内部结构、活动方式，以及他们与周围社会的关系加以观察，并及时作出记录与分析，最后得出了关于该社区社会结构及互动方式的重要结论。20世纪50年代，美国中西部地区有一群人预测地球会因一场剧烈的大变动而在某一天毁灭。他们宣称那时会有一艘太空飞船降落在其领袖家的院子里，及时把他们救走。费斯汀格（Leon Festinger）等人为了了解这群人并记录下他们在信念与预测幻灭时的反应，研究者加入了这个群体，假装自己也相信世界末日即将来临，以便对这些人进行观察和研究。

非参与观察是指观察者完全处于旁观者的立场，不参与被观察者的任何活动。这种观察法，由于一般不需要被观察者的配合，使观察者能够做到客观冷静。但是，这种方法往往会对观察环境和被观察者造成较大的干扰，从而导致观察结果的失真。为了克服这方面的缺陷，观察者必须采取最不引人注意的姿态出现，要做到不露声色，不对观察对象表露出过分的兴趣。观察者多听、多看、不提问、不加评论，或者与被观察者隔离，进行暗中观察。

（五）完全参与观察与半参与观察

可以根据参与的程度，将参与观察分为完全参与观察与半参与观察。完全参与观察指的是，研究者本人在一定时间内作为被研究群体的一员，和其他人一样正常地参加这个群体的活动，并且隐瞒了自己的真实身份，其研究目的也不让被观察者知道，完全参与的观察者要用比较长的时间和被观察者生活在一起。同时，研究者也用心体验新的环境，努力使自己在情感和行为上融入这一新的社会群体之中。这样，被观察者就会将真实的想法和行为暴露于研究者面前。前述马林诺夫斯基和W.怀特的研究采用的就是这种完全参与的观察。

在半参与观察中，观察者也参加被观察群体的活动，但是他们的真实身份并不隐瞒，通过与被观察者的密切接触，使得被观察者把他们当作一个可以信任的“外人”，从而能够接纳研究者。但是，终因研究者有着自己特殊的身份，不是群体中的一员，所以了解问题的深度不如完全参与观察。比较隐秘的、与私人有关的事实很难了解到。这种方法由于较少带有个人色彩，所以能保持观察者的客观立场。但是由于观察者的特殊身份，被观察者可能会故意地迎合观察者，故意表现和夸大某种现象而隐瞒对自己不利的方面。或者由于观察者深入生活不够，对于一些现象做出错误的解释，这些都使资料有可能被歪曲而造成偏误。在中国，20世纪五六十年代，一些去基层“挂职”“深入生活”的作家就常常采取这种半参与观察的方式，来了解基层百姓的生活。

二、档案法

档案法（Archival Method）是指搜集与研究对象有关的文献资料以阐释其心理和行为特征的心理学辅助性研究方法。大多数文献资料的初衷并不是为了从心理学角度对某一现象或行为进行阐释。在使用档案法时，首先要对所获得的文献资料的可靠性、可信性和准确性进行检验，然后再根据研究的要求，对资料进行加工、分类和选择。例如，库钦斯基（Kulchinsky）1973 年运用档案法研究了色情文学与犯罪之间的关系。他从档案资料中发现，丹麦 1965 年取消色情文学禁令之后，一般犯罪和性犯罪率出现了明显下降的现象。开禁后性犯罪率从原来的 0.85‰下降到 0.5‰，一般犯罪率由原来的 2.2‰下降到 0.87‰。研究者分析后认为，色情文学开禁，为人们提供了一种替代性满足的途径。性驱力的累计减少，攻击性的性犯罪也就降低了。性驱力作为机体紧张状态的背景，会直接增加人们的攻击性。性驱力及时释放，攻击性降低，因而一般攻击性犯罪率也出现明显下降。

文献内容多种多样，范围甚广：有第一手文献（即行为者本人或经历该事件者的亲自描述）和第二手文献（即不在现场者通过访问目击者或阅读第一手文献而撰写的），私人文献（如日记、给朋友或亲属的信件、笔记、自传、自供词）和非私人文献（如企业或组织的会议记录），以及印刷的大众传播媒介（如报纸、杂志）等。例如，要研究大众传播对中学生攻击行为的影响问题，可以对中学生常看的报纸、杂志及广播电视节目的内容进行分析。这是控制程度最小的研究方法。

档案法的主要优点是：（1）与其他研究方法不同，其他研究方法中，被试因知道自己被观察而产生不自然的反应。而这种反应可能会对研究结果造成影响，如“皮格马利翁效应”与“安慰剂效应”。档案法不会受到这些影响。（2）它可以研究涉及广大时空范围的问题。例如，要研究青年的自我观念，可以选择不同时期、不同国家青年的日记进行研究。

档案法的缺点是：（1）难以搜集到研究所需要的有效资料。例如，日记是研究青春期心理有价值的资料，但绝大多数青少年都不愿提供自己的日记。（2）不少资料真假难分，影响研究结果的可靠性。例如，青少年的日记和思想小结等资料虽然能在一定程度反映他们的真实思想，但由于青少年防备心理较重，对自我描述往往混杂有夸大、自我歪曲等虚假内容。这就要求研究者对研究资料的真实性进行鉴别。（3）由于缺乏客观的标准形式，研究者对资料的分析难免带有主观色彩。档案法主要应用于青少年研究、社会心理学、教育心理学、管理心理学和法律心理学等领域。

三、调查法

调查法是通过各种途径，间接了解被试心理活动的一种研究方法。调查法总体上易于进行，但在调查的过程中往往会因为被调查者记忆不够准确等原因使调查结果的可靠性受到影响。调查的可能方法与途径是多种多样的，在社会心理学的研究中，最常用的调查方法主要有问卷法、访谈法等。

（一）问卷法

问卷法是目前国内外社会调查中广泛使用的一种方法。问卷是指为统计和调查所用的、以设问的方式表述问题的表格。问卷法就是研究者用这种控制式的测量对所研究的问题进行度量，从而搜集到可靠的资料的一种方法。问卷调查法需要具有从总体中选取代表性样本的能力，只有调查的结果能反映更多的人群而不仅仅是样本时，调查才是有效的。

调查要注意的问题很多，其中样本的代表性很重要，最好能做到随机抽样，即让总体中的每个人都有同等的机会被选为样本，以确保该样本能够代表这个总体。如果不注意样本的代表性，其结果可能是不可靠的。美国《文学文摘》成功地预测了 1924 年、1928 年和 1932 年美国总统的选举结果，使其名声大振。《文学文摘》的方法创新在于将局部性民意测验推广到全国。其抽样调查的样本框来源于电话号码簿上和汽车登记记录，但是在 1936 年时，《文学文摘》却做出了错误的预测。当时《文学文摘》共发出 2 000 多万张选票，收回 237 万张选票，并且根据统计结果宣布：兰登将击败罗斯福！但投票结果是，罗斯福以 2 775 万票赢得了 46 个州，比对手兰登多 1 107 万张选票，选举人票是 523 票对 8 票。这次预测的失败也使《文学文摘》的信誉一落千丈，不久后便停刊了。原因何在呢？一是问卷的回收问题；二是样本的代表性问题，因为穷人很难买得起电话和汽车，所以样本基本是富人。当时美国富人多数是共和党人，他们基本上偏好兰登。

问卷调查中要注意假卷。在自陈式问卷调查中，少数被试表面持合作态度填写问卷，但实际上不作真实填答或不完全作真实填答。如何处理？陶冶（1991）提出了系列方法[①]：（1）研究者要熟知并掌握实施调查的每一个环节，布置具体调查时，对调查者和受调查者，都要结合实际情况讲清各项调查的目的和意义，又不要太理论化太空洞，应尽量具体，并结合实际。（2）对某些有逆反心理的青少年，在问卷设计时考虑在卷末安排一项开放性项目，请受调查者对前述项目中未提到但有关调查主题的重要事项，自行笔述。（3）调查应尽量取得受调查者所在单位或地方上的配合，在进行抽样时尽量避免调查近期发生过异常事件和情绪的人。（4）问卷回收集中后，需有较丰富调查经验的人逐份审核问卷，抽出有明显作假或疑问作假的问卷加以讨论。（5）若问卷数据用计算机处理，还可用逻辑检验程序检验。（6）对于有作假内容的“假卷”，如果作假是受调查者基本状况项目，有一、二项，可作为“不慎”处理，整份问卷仍可使用，如项目较多，则问卷作废。

（二）访谈法

访谈法指研究者通过与被调查者进行直接交谈，来探索被调查者的心理状态。在访谈调查时，研究者与被调查者能够面对面交流，针对性强，灵活真实可靠，便于深入了解社

---

① 陶冶. 问卷调查中的“假卷”现象和解决方法［J］. 社会, 1991(11):10-11.

会现象发生的内部原因，但访谈法比较花费人力和时间，且调查范围比较窄。

根据访谈对象的人数可以分为个别访谈与集体访谈。个别访谈是与被调查者逐个谈话，集体访谈是以座谈会的形式展开访谈。根据访谈的性质可以将访谈法分为非正式访谈或正式访谈。非正式访谈不必详细设计访谈问题，自由交谈，根据实际情况展开，而正式访谈有预先的较完善的计划，按计划进行访谈。

访谈过程有以下四个步骤：第一步，访谈开始，应向被调查者说明此次访谈的目的和基本要求。第二步，逐步提问，倾听回答。对于谈话要收集的内容可以用脑记，也可以用笔记，还可以用录音机记录，以备以后整理分析。第三步，访谈结束，要对访谈材料加以整理，形成陈述性材料，并作一定的统计性整理。第四步，形成访谈结论。例如，被调查问题的现状、性质，产生问题的原因等，并提出意见、建议。

四、相关法

相关法（correlational method）指系统地测量两个或多个变量，继而评估其关联性的方法。换言之，对一个变量在多大程度上能对另一个变量做出预测。这可以通过心理统计的相关分析求相关系数和回归分析求回归方程式实现。相关系数（correlation coefficient）是描述变量之间相关程度的指标。样本相关系数用 r 表示，总体相关系数用 P 表示，相关系数的取值范围一般介于-1～1 之间。回归方程式，是从一变量的数值预测另一变量的相应数值的直线方程式，当两个变量部分相关时，有两个回归方程式。

社会心理学的目标是科学地描述、解释、预测和控制人的社会行为。前面的研究方法有助人们描述、解释社会行为，那么如何做到预测人的社会行为？这需要研究与社会行为相关联的变量，以此预测不同社会行为在何时发生。在横断研究中经常会采用相关法，系统地测量两个或多个变量，继而评估其关联。举一个例子：张梅、辛自强、林崇德等（2011）使用相关分析，研究青少年社会认知复杂性与同伴交往的关系。在该项研究中，研究者采用角色分类问卷测量被试的社会认知复杂性（即分化和抽象两种分数），采用同伴提名测验考察被试的同伴交往情况。相关分析法的结果显示，分化和抽象分数与除社会影响外的三类同伴交往的指标显著相关（见表 3-1）。①

表 3-1　社会认知复杂性分数与同伴关系各指标的相关

	分化分数	抽象分数
同伴接受	0.30*	0.31*
同伴拒绝	–0.30*	–0.28*
社会喜好	0.36*	0.36*
社会影响	0.04	0.03

注：*表示 $p < 0.01$。

① 张梅，辛自强，林崇德. 青少年社会认知复杂性与同伴交往的相关分析［J］. 心理科学，2011，34(2)：354-360.

不仅如此，在纵向研究中也使用相关法。例如，王莉、陈会昌、陈欣银等（2002）考察儿童情绪调节的早期发展对以后社会行为的预测。他们在对 176 名儿童进行了 2 年的追踪：被试 2 岁时，观察他们在陌生情境和延迟满足情境下的情绪调节策略。4 岁时，对他们在陌生同伴情境中的自由游戏活动的情况进行观察，评价其社会交往能力和社会退缩性；在儿童完成分车票任务和收拾玩具过程中对其任务坚持性进行评价。回归分析发现，被试 2 岁时的情绪调节策略能显著地预测儿童 4 岁时的社会行为（社会交往能力、社会退缩性和任务坚持性）。

相关研究的结果往往取决于其选用相关研究法的前提条件是否得到了满足，例如我们已经知道动机水平和任务绩效之间的确存在非常明显的相互关系，但是用相关研究法很可能得到一个极低的相关系数，并不能真实反映二者间的紧密联系——因为这种联系事实上是倒 U 型曲线关系，而不是一条直线。相关法只能告诉我们两个变量有关联，但社会心理学家的目的是确认社会行为的起因。一般来说，两个变量相关有三种意义，以“儿童观看暴力节目和攻击性相关”为例，其三种意义分别是：一是观看暴力节目使儿童本身变得更加暴力，二是具有暴力倾向的儿童更喜欢看暴力节目，三是父母对孩子的关心程度会影响两者之间的相关关系。再看一例，20 世纪末的调查研究发现，妇女使用避孕方法与感染性病的可能性之间具有相关性，使用安全套的妇女比使用其他避孕方式的女性更容易得性病。这是否意味着使用安全套会提高女性感染性病的概率？答案是不一定：安全套使用者的性伴侣可能更多。因此，相关关系不等于因果关系。这也是相关法的主要缺点，具体而言，即相关法只能告诉我们两个变量之间是否相关，却无法回答社会行为的起因。要解决这个问题，需要使用后面的实验法。

五、实验法

实验法是判断因果关系的唯一方法，实验法是社会心理学中最常用的研究设计。使用这种方法时，研究者会将参与者随机分派到不同的情境中，并确保这些情境中除了自变量之外，其他的条件完全一致。自变量是研究者操纵或改变的变量，目的是了解它是否会对其他变量产生影响。因变量是研究者所测量的变量，目的是了解它是否会受到自变量的影响。研究者假设，因变量取决于自变量的不同水平。自变量是会对人们的反应产生因果性影响的变量。

利用因子式设计可以很好地揭示两种或多种因素之间是否存在交互作用。在一项研究中，研究者探讨了结果和意图两种因素对中国人责任归因的影响。被试读到的前半部分内容为阿明和阿丽是一对情侣，他们产生了严重的矛盾。对情境的操作主要放在了后半部分，不同被试会读到阿丽对阿明做出的不同的伤害行为，共有四种。在这个情境中，前半部分和后半部分组合起来构成了一个 2×2 的因子设计，共有四个情境：有意—后果严重、有意—后果不严重、无意—后果严重、无意—后果不严重。

在实验法研究中会存在以下问题：

（一）实验研究中的伦理问题

社会心理学的实验方法，是以人类为对象的研究活动。这样的研究自然会涉及严肃的伦理责任问题。美国社会心理学家 S.W.库克指出了社会心理学中的实验研究中的主要伦理问题：在被试没有关于研究知识和同意的情况下，就把他们当被试来使用；不让被试知道研究的真实性质，对被试说谎；哄骗、侵犯被试的个人秘密以及给被试恐惧、失败、担心等情绪的冲击等。在所有这些内容中，有三个方面的伦理问题最为明显，这就是对被试的实验性欺骗、对被试隐私的侵犯以及给被试造成实验性痛苦（包括精神上的和肉体上的）。

那么，如何解决这些伦理问题呢？为此，社会心理学家进行了多种尝试，提出了许多建议，归纳起来有以下几个方法：应避免那些可能引起极大不安和痛楚的程度，即使使用其他方法得出的结果不太清晰，保护被试也是研究者首先要考虑的问题；如果能找到其他行之有效的方法，最好在实验中不使用欺骗手段，比如可以使用“角色扮演”的方法；如果被试的不安心情变得十分剧烈，实验者应给予他们退出实验的自由；实验结束以后，实验者应该尽一切努力去消除实验可能给被试造成的羞耻感及其他不适情绪；研究者对实验过程中有关被试个人的任何材料，负有保密的责任；如果允许的话，应将实验目的、实验过程尽量向被试讲清楚，然后询问被试是否愿意参加实验。

（二）实验研究中的倾向性问题

第一，实验者的倾向性问题。我们将实验者的愿望、评价、态度及行为趋向等称之为实验者的倾向性。社会心理学的研究证明，人们之间会产生各种相互作用和相互影响。在实验中实验者的各种特征对被试也会造成不同的影响。如果实验者在有关某种实验目的的倾向性上表现得比较明显，那么它对被试的影响将更大，同时，对研究结果的正确性的消极作用也更大。上述倾向性产生的原因在于，在实验的条件下，被试对实验者的行为是非常敏感的。即使实验者不向被试提出如何做的要求，但出于对实验目的的了解，也会使被试有意无意受到一些暗示，从而使被试的行为出现顺乎实验者愿望或反抗实验条件的倾向。有研究表明：在实验中，12%的主试对男性被试表示了微笑，但 70%的主试对女性被试表示了热情微笑。解决实验者倾向性的办法之一，是采取实验中的“双盲法”。即不仅被试不知道实验设计的目的，实验的主持者也同样一无所知。解决实验者倾向性的第二个方法，是尽一切可能将实验情境同一化、规范化。如果一切都统一了，一切条件都毫无差异，倾向性自然就不存在了。

第二，被试的倾向性问题。在社会心理学的实验中，被试的倾向性也会对研究结果产生不同的影响。因为被试明确地意识到自己是在接受测验，他不想让人认为他是愚蠢的、易上当的，所以他将极力做出“正确”的反应。另外，在实验的情境下，被试更加注意自己的言行，大部分被试都想做出社会能接受的反应，还有的被试想取悦于实验者，给实验者留下良好的印象等。这些被试的倾向性，都会导致被试不按自然的反应去行动。

（三）实验的效度问题

在社会心理学实验中，要注意内部效度与外部效度。实验的关键是维持较高的内部效度，即要确保除了自变量以外，没有其他因素会影响到因变量。要做到这一点，就必须控制所有无关变量，并且把人们都随机分派到不同的实验情境当中去。随机分配是让所有被试都有同等机会被分配到实验的任何一种情境中去的过程。通过随机分配，研究者能够相对地肯定被试在人格或背景上的差异，能够被平均分派到不同的情境中。

外部效度指一项研究的结果能够被概化到其他情境或其他人身上的程度。一是在多大程度上能将某个研究者所营造的情境概化到真实生活情境中去；二是实验的被试能够多大程度上概化到一般人中去。社会心理学受到批评的原因之一是其人为设定的环境不能被概化到现实生活中。

最理想研究要保证两个方面：一是对情境有足够的控制，以确保没有额外变量影响结果和将人们随机分配到情境中去（内部效度）；二是确保结果能够外推到日常生活中去（外部效度）。对此，社会心理学经常通过下面的办法达到这点：一是重复性实验。重复进行的研究，通常针对不同的被试总体或不同的场景来进行。二是元分析。一种将两项或更多实验的结果加以平均的统计技术，目的是了解自变量的效果是否可靠。三是跨文化研究。在不同文化成员中进行的研究，目的是探讨人们所感兴趣的心理过程在两种文化中是否都存在，还是在不同文化中表现各异。四是现场实验，在自然环境中而非实验室内进行的实验。

举个现场实验的例子。周欣悦等通过一系列实验研究发现，当人们接触或看到脏钱的时候，更容易从事不道德行为。研究者带着准备好的实验材料——三张脏的十元人民币进入农贸市场内部进行实境研究。在实验中，实验员挑选了一些蔬菜，结账的时候拿出了提前准备好的脏钱/干净的钱，确定卖家接触到钱并准备开始找零时，实验员要求稍等一下，然后换了一张普通的纸币付款。实验员回去之后对蔬菜称重，发现当卖家接触过脏钱之后就容易短斤缺两。

第四章

自　我

【开篇案例】

一样的鞋子真没劲

……这下苏菲没办法了，无奈地说："爸爸，请——帮我把鞋带系上吧。"爸爸刚低下头，苏菲穿着的那双"特别"的鞋子马上引起了他的注意："你穿了双不一样的鞋子。左边一只是红色的，右边一只却是棕色的。"苏菲得意地点点头。爸爸说："这样穿太傻啦，这两只鞋在一起不合适。"苏菲瞅了瞅自己的鞋子，说："它们正好相配呢。"

……这时他又察觉到："你的两只袜子也是不一样的，一只绿，一只蓝。"苏菲点点头说："鸳鸯鞋子和鸳鸯袜子正好相配。请帮我系鞋带吧。"这回爸爸终于被说服了："好吧……反正穿着它们上街的是你，外面肯定人人都会笑你傻的。"

"肯定不会。"苏菲可自信了。终于，爸爸把她的鞋带系好了。

苏菲立刻跑去按了卢卡斯家的门铃。开门的是他的妈妈，卢卡斯站在妈妈身旁。苏菲把两只裤腿拉得高高的，得意地说："瞧！"卢卡斯也说："瞧！"哦，原来他穿的是两只一样的鞋子，但却配了两只不同颜色的袜子，一只黄一只绿。苏菲得意扬扬地说："看起来不俗啊。""才不是呢。"卢卡斯的妈妈说。苏菲反驳道："袜子就很好看！"卢卡斯附和道："明天我也要穿上两只不同的鞋子，就像苏菲一样。"他的妈妈问道："非得这样吗？"卢卡斯和苏菲异口同声地说："当然咯！"

——《苏菲偏要这么做》阿希姆·布吕格

我们通常觉得鞋子要穿一样的，袜子也要穿一样的，穿得不一样就是不对的。但是小孩子却觉得大家都一样没意思，想要与别人不一样。很多时候家长会强制性地要求孩子按照他的规则来，而忘记了孩子也是一个独立的个体。随着年龄的增长，孩子的自我意识开始发展，他们不再盲目地听从父母的安排，而是有了自己的想法，想要按照自己的意愿做事。如果家长不了解这一点，往往会影响到孩子的发展。这一章，我们来讨论一下什么是自我。

第一节 自我概念概述

一、相关概念辨析——自我、自我意识与自我概念

自我、自我意识与自我概念这三个概念会经常出现在大家的眼前，很多人对这三个概念感到迷惑。它们到底是什么意思？它们之间的关系又如何呢？

（一）自我

从逻辑上讲，自我（self）是包含了自我意识与自我概念的。在心理学中，自我是指一个人与其他人区分开来的单一的、统一的、自主的存在的经验，这种经验具有跨越时空的连续性。“单一的”是指每个人的自我都是独一无二的；“统一的”是指个体即使是多方面的，依然能够统一起来（比如你3岁时的身高是95cm，你现在的身高有175cm，客观上的差异可谓巨大，但你还是会把3岁的你和现在的你看作是同一个人）；“自主的”是指个体具备的主观能动性。

自我的经验体现在个人的生理特征、人格品质、社会角色、过去经验、未来目标等方面上。关于自己本身，我们知道些什么内容呢？首先，对于一个特定的具体的环境来说，自己是活动的参与者，即知道自己此时此刻在做什么事，应该怎么做，做得怎么样等。比如说此刻我正坐在电影院里，看一部非常有名的电影，这是我盼望已久的侦探故事片。也就是说，对今天发生的关于我的各种事件，我是清楚的。第二，对于自己经历的事件和关系也是知道的。过去的经验在头脑中留下了痕迹，当某些类似的事件和人物再次作用于感官时，我们能够作出某种判断，意识到这些事件与我们自己的关系，知道事件的性质对自己是具有积极意义还是消极意义。第三，对于自己的生理、心理特征以及在社会中所扮演的社会角色，同样也是清楚的。比如知道自己身高175cm，相貌堂堂；知道自己性格果断、聪明伶俐；知道自己在父母面前是儿子（女儿），在儿子面前是父亲（母亲），在妻子（丈夫）面前是丈夫（妻子），在学生面前是教师等。总之，对于不同环境的不同对象，我们所扮演的角色是不同的，我们也非常清楚自己在什么情况下扮演什么，而不是固着于一个特定的角色。以上三方面的内容，都是我们对自己的认识，并以一定的形式表征在我们的头脑中。

另外，自我有不同的形式或水平，它们之间存在着差异，常见的有三种形式：一是实际自我（actual self），即当前我是什么样的；二是理想自我（ideal self），即自己愿意或喜欢的形象；三是“应该”自我（ought self），即认为自己应该是什么样的。这三个自我之间一致的时候不多，在大部分时间里它们是不一致的。比如说作为丈夫，理想的自我是在家里体贴妻子、分担家务，在外面会挣钱、能出人头地等；实际的自我却只表现在某一方面，如能干、会挣钱、受人尊敬等，而在家里饭来张口，衣来伸手。它们之间的不一致会出现什么样的情况，或者说对个体来说会有什么样的反应呢？希金斯（Higgins, E.T）的自我差异理论（self-discrepancy theory）理论认为，在实际自我与理

想自我之间不一致时，会产生与沮丧有关的诸如失望、不满意、悲哀等情绪；在实际自我与应该自我之间不一致时，则产生与焦虑相关的诸如害怕、烦躁、忧虑等情绪。一般来说，它们之间不一致时，会促使人们采取建设性的行动来减少差异。希金斯等人的实验研究证明了这一点：他们首先让大学生回答有关自我方面的一系列问题，如自己的理想是什么样的、感到自己应该是什么样的等与内容相关的问题；回答这些问题的角度是不同的，一是完全从自己的角度来回答，二是从自己父亲、母亲和最亲密的朋友的角度来回答。结果发现，实际自我与理想自我之间的差异，会产生与沮丧相关的情绪，如想成为学校球队的核心前锋，但失败了，则产生失望、悲哀等沮丧情绪，而没有产生与焦虑有关的情绪；在实际自我与应该自我（朋友、父母的理想）之间不一致，则会产生与焦虑相关的情绪，如父亲的愿望是自己成为一名腰缠万贯的商人，但基本上已无实现的可能，则产生诸如恐慌、害怕等焦虑方面的情绪。

（二）自我意识

自我意识（self-awareness）顾名思义就是对自己存在的觉察，是指向自己的注意。杜瓦尔与维克兰（Duval and Wicklund, 1972）认为自我意识是个体把自己意识成客体的一种状态，就好像你意识到自己身边有一棵树，或有另外一个人一样，他们觉得自我意识这个概念更准确地说是客观性自我意识（objective self-awareness）。因此，自我意识通常被定义为从事反思意识的能力。根据大多数理论家的看法，这需要特定类型的认知能力。即使是在它初级的形式上（视觉的自我再认，即从镜子中认出自己的能力），自我意识的表现也只局限在一个很小的动物子集里，包括人类、黑猩猩、红毛猩猩与海豚等。

为了研究动物是否有自我概念，研究人员将一面镜子放在动物的笼子里，直到动物对镜子感到熟悉。然后对动物进行短暂的麻醉，在它的额头或耳朵上涂上一种无味的红色染料。当动物醒来照镜子时会发生什么呢？

类人猿家族的成员，如黑猩猩和红毛猩猩，会立即触摸头部有红斑的区域，而较小的类人猿，如长臂猿，则不会（Suddendorf and Collier-Baker, 2009）。

这些研究表明黑猩猩和红毛猩猩有一个基本的自我概念。它们意识到镜子里的形象就是自己，而不是另一种动物。它们意识到自己看起来和以前不一样了，那么其他动物呢？如前所述，较小的类人猿不能通过镜像测试，但也有其他物种的成员通过测试的情况，包括海豚、亚洲象和两只喜鹊。这就提出了一种有趣的可能性：除了类人猿，其他一些物种也有一个基本的自我概念。

在人类中，这种能力在刚出生时并不存在，只有在 12～18 个月大时才开始出现。此外，乔治·赫伯特·米德（George Herbert Mead）的观点似乎也得到了一些支持。米德认为，人类这种能力的发展需要一段社会养育历史，即需要进行社会化。通过社会化，个体开始认识到自己与他人不同。

自我意识可以分为两种：私下性自我意识（private self-awareness）和公开性自我意识（public self-awareness）。私下性自我意识是指对个体内部状态的注意，包括情绪、思想、欲望和特质等。公开性自我意识是指个体如何被他人感知，包括他人会把你想象成什么。公开性自我意识是从外部评价来了解自己。

自我意识通常包含了对自己的评价，而不仅仅是意识到了自己。人站在镜子面前会拿各种标准来对照自己进行比较。不仅仅是“我站在镜子前面了，我就是那个样子，无所谓”，而是“我的发型太糟糕了。这件衬衫穿在我身上挺好看的啊。我需要减点肥了”。自我意识的实质就是与这些标准进行比较，进而获得对自己好或坏的评价。

“人比人，气死人。”当人们意识到自己低于这些标准时，感受自然不好，接着就会产生两种主要的反应：改变或躲避（图 4-1）。一种反应是设法解决问题，把自己的某些方面提升至标准之上。简单一点的比如说改善一下发型，复杂的则需要改变自己生活的基本面，比如说考研、考博、考公务员等。有的时候个体会去改变评价的标准，这比改变自己要来得容易。另外一种反应就是设法避免或减少自我意识，以避免让自己产生糟糕的感受。

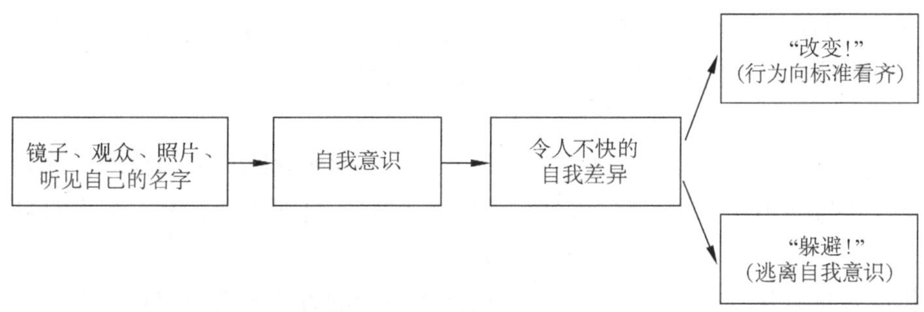

图 4-1　自我意识的评价作用

需要注意的是，人们并不会把所有的时间都花在思考自己身上，自我意识的来临与离走有很多不同的原因，也会产生许多不同的结果。

人们产生了自我意识之后，知道这个世界上有自己这么一个人存在着，就会在心理上产生许多微妙的作用。其中一个就是人们往往把自己视为舞台的中心，高估了别人对自己的关注程度。例如，我们高估了自己的显著性。聚光灯效应（spotlight effect）就是指人们倾向于认为自己在舞台的中心，所以我们直觉地高估了别人关注我们的程度。

托马斯·吉洛维奇等（Thomas Gilovich et al., 2000）研究了聚光灯效应，他们让康奈尔大学的学生在和其他学生进入一个房间之前穿上令人尴尬的印有巴里·曼尼洛（Barry Manilow）图像的 T 恤（巴里·曼尼洛是一位成名于 20 世纪 70 年代的美国明星，到这个实验时肯定过气了，故让年轻的大学生穿上印有他头像的 T 恤会使大学生尴尬）。那些穿上 T 恤的大学生猜测，应该有近一半的同龄人会注意到自己身上穿的这件 T 恤，而事实上，只有 23%的人注意到了。

不仅那些古怪的衣服和糟糕的发型会让我们产生这种体验，我们的情绪也会如此。比如我们认为别人会轻易地看出了自己的焦虑、愤怒、厌恶、欺骗或吸引力，而实际上注意到这些的人比我们想象的要少。我们能够敏锐地意识到自己的情绪，然后经常产生一种透明度错觉（illusion of transparency，或称为被洞悉错觉）：我们内隐的情绪泄露出去并被他人轻易获悉的错觉。如果知道自己快乐，那么我们一定会表现出来。同时我们认为，其他人会注意到这一点。但事实上我们是自作多情了，别人注意到的要比自己估计的少。

（三）自我概念

1. 什么是自我概念

自我概念（self-concept）是指个体关于自身的看法和观念，即人们对自己是谁、像什么所持有的特征观念。这些特征包括自己的一切，例如自己的生理状况（如身高、体重、形态等）、心理特征（如兴趣爱好、能力、性格、气质等）以及自己与他人的关系（如自己与周围人们相处的关系、自己在群体中的位置与作用等）。总之，自我概念就是自己对所有属于自己身心状况及社会属性的认识。

尽管心理学家经常谈及自我概念，但一个人的自我概念是一种松散的集合，而不是一个关于自己的单一、统一的概念。比如，当在学校时，你会认为自己是一个学生、一个同学、一个球员；当回到家时，你就会觉得自己是一个儿子或女儿、一个亲戚、一个邻居。

自我概念是一种主观体验，这意味着一个人的自我概念既可能与他的实际表现很吻合，也有可能与其实际上的表现有差异。但归根结底，自我概念就是一个人对自己形成的概念。

自我概念具有复杂性，有的人可能会用许多不同的方式来看待自己，而有些人只以有限的几种方式看待自己。林维尔（Linville, 1985, 1987）用自我复杂性（self-complexity）来指代这种差异。用许多不同的方式看待自己的人被认为具有高自我复杂性，反之则被认为自我复杂性较低。

林维尔认为，自我复杂性上的差异会影响人们对积极事件和消极事件的反应。个体的自我表征越不复杂，他对于积极事件或消极事件的反应就越极端。例如，假设你是个优秀的运动员，你生活的全部重心都围绕着比赛。如果赢得了冠军，你就会感到欣喜若狂，但如果没有赢得冠军，你就会觉得受到了沉重打击。林维尔认为，这是因为你没有其他的东西可以依靠。但是如果你既是一个优秀的运动员，又是一个善解人意的朋友，一个情意绵绵的爱人，一个充满爱心的家长等。那么输掉一场比赛并不会让你感到深受打击，因为你还有很多其他的方式来缓冲这种打击。

具有多种特性可以让我们更健康地生活，但需要注意的是，复杂的自我概念也可能让我们陷入冲突之中。众多的特性之间如果不相匹配，这些特性之间就会发生冲突。例如，努力工作和照顾家庭有些时候就是冲突的，你想要努力工作就意味着你没有更多的时间去照顾家庭。

自我概念的另一个方面是确定性。我们对于关于自己的某些观点是非常确定的，如我们绝对会相信我们善交际。而我们的另一些自我概念则模棱两可，如我们不确定我们是否具有直觉。有研究表明，人们的自我概念越确定，他们对自我的感觉越好（Baumgardner, 1990; Campbell, 1990）。

除了要考虑自我概念的确定性，也要考虑自我概念的重要性。人们的一些自我概念非常重要，而另一些则不那么重要。一般而言，一个特性的重要性随着目标而发生变化。

尽管自我、自我意识与自我概念有着不同的内涵，但我们统一用“自我概念”来指各种关于“自我”的讨论，因为与自我有关的问题，归根到底是人们的反省意识，即以自己为对象，形成对自身的看法和观念的问题。

2. 自我概念的结构与功能

自我概念是由自我认识、自我体验与自我控制三种心理成分所构成的。这三种心理成分相互联系、相互制约，统一于个体的自我意识之中。

1）自我认识

自我认识，是指主观的我对客观的我的认知与评价。自我认知是指对自己身心特征的认识，自我评价是指在这基础上对自己作出的某种判断。例如“我是一个身高 160cm，体重 45kg 的人”，这是自我认知；“我是一个瘦子”，这是自我评价。中国有句古话叫“人贵在有自知之明”。正确的自我认识对个人的心理生活及其行为表现，对协调社会生活中的人际关系有较大的影响。

2）自我体验

自我体验，是指对自己怀有的一种情绪体验，也就是主观的我对客观的我所持有的一种态度。例如，自信、自卑、自责、自我欣赏等都属于自我体验。自我情绪体验反映了主体的我的需要与客体的我的现实之间的关系。客体的我满足了主体的我的需要，就会产生积极肯定的自我体验，表现为自我满足，否则就会产生消极的自我体验，表现为自我责备。

3）自我控制

自我控制，是指自己对自身行为与思想言语的控制，也就是主观的我对客观的我的制约作用。自我控制表现为两个方面：一是发动作用。人们在克服困难的过程中，命令自己的言语器官和运动器官进行各种活动。例如，坚持每天锻炼，每天记单词等，都是自己发动与支配自己行动的结果。二是制止作用。主观的我根据当时的情境，抑制客观的我的行动和言语。例如，不随地吐痰，不乱扔垃圾，公共场所不大声喧哗等，都是自我抑制的结果。

二、自我的结构与功能

（一）自我的结构

1. 詹姆斯的观点

早在 1890 年，被誉为美国心理学之父的威廉·詹姆斯（William James）在其著作《心理学原理》中就提到，人们在两种意义上体验他们的自我。他建议使用不同的术语主我（I）和客我（me）来区分自我的这两个方面。用主我来指代自我中积极的知觉、思考的部分，用客我来指代自我中被注意、思考或知觉的客体。当人们说“我看见他”时，其中只牵涉到主我，当人们说“我看见我自己”时，两个术语都涉及了。我是看的主体，也是看的客体。人类自我反思的本性使自我既是客观的又是主观的，也就是说，有一个“客我”需要“主我”去反思性地思考。

“主我”是认知过程（大多数时候是自动发生的，有时也是故意的），“客我”是以自我概念形式表现出来的认知结构。在“主我”和“客我”之间存在着紧张的或者是辩证的关系，其原因在于，虽然“主我”对建构“客我”负责，但是“主我”在完成这一任务的过程中，受到它已经建构起来的“客我”的具体内容的规制和影响。比如说，如果我的“客我”是“建筑工”，那么，“主我”将不容易给自身建构一个作为“律师”的“客我”。

詹姆斯也把“客我”称之为“经验自我”，并将经验自我分成三类：物质自我、社会自我以及精神自我。

1）物质自我（material self）

物质自我可进一步分为躯体自我和躯体外自我（超越躯体的自我）。罗森伯格（Rosenberg, 1979）认为躯体外自我是延伸的自我。

物质自我的躯体部分并不需要做任何解释。一个人谈及自己的手臂或腿，很明显，这些实体是其身体的组成部分。但人们对于自我的感知却并不仅限于身体。它还包括其他人（我的孩子）、宠物（我的狗）、财产（我的汽车）、地方（我的家乡），以及我的劳动成果（我的绘画作品）。

但并不是这些物理实体才构成了物质自我。相反，是我的心理主宰了它们（Scheibe, 1985）。例如，一个人也许有一张她最喜欢坐的椅子，椅子本身并不是她自我的一部分。相反，是句子“我最喜欢的椅子”表达了一种占有感。所以延伸的自我包括所有的人、地方和关于表明我们是谁的心理部分。

有大量研究支持詹姆斯关于所有物和自我之间紧密联系的经验性论述。

首先，当要求人们描述自己时，人们往往提及他们的所有物（Gordon, 1968）。人们也热衷于聚敛所有物，例如，年幼的儿童就是积极的收集者。他们收集瓶盖、石头、贝壳等。他们收藏这些东西并不是看重它们的物质价值（它们往往没有什么价值），而是由于它们代表了自我的重要方面。把所有物当作自我的一部分的趋势将贯穿人们一生，这就解释了为什么那么多人不舍得丢弃旧衣服或早已没有用处的东西。关于人们不愿意丢弃自己的所有物，有以下几个原因。

① 所有物具有象征功能，它们帮助人们定义他们自己。我们所穿的衣服、驾驶的汽车以及我们装饰房间和办公室的风格都在提醒我们（和其他人）是谁，以及我们想要被如何看待。当人们感到他们的身份不明确或受到威胁时，他们就会展示这样的信号或符号（Wicklund and Gollwitzer, 1982）。例如，一个刚获得博士学位的人可能会突出他的学位以说服自己（他人）立志成为博学的学者。这些功能支持了萨特（Sartre, 1958）的

主张，他认为人们积累所有物是为了扩展他们的自我感。

② 所有物也及时地延伸了自我。大多数人设法让自己的信件、照片、财产和纪念品在死后分配给别人。尽管这种分配反映了允许他人享有这些物品的使用价值的愿望，但昂鲁（Unruh, 1983）认为这种分配依然具有符号功能。人们总是希望通过将他们的所有物传递给下一代而获得永恒。

③ 人们对他们的所有物的情绪反应也证明了这些东西对于自我的重要性。例如，许多车主会为汽车的损坏而感到极度愤怒，哪怕那只不过是很轻微的损伤；许多因自然灾害而损失财产的人会体验到与失去他们心爱的人一样的悲痛体验（McLeod, 1984）。

其次，有关所有物是延伸自我的一部分的进一步证据来自于贝根（Beggan, 1992）的一系列调查。在初始的研究中，展示给被试大量不昂贵的物品（如钥匙环、塑料梳子、纸牌），从中选取一样，要求他们保管。后来，被试对于他们的东西的评价要高于其他的东西。接下来的调查发现，这种趋势先前在无关实验测验中失败的被试身上显得尤为明显。对于这种“纯粹所有者效应”（mere ownership effect）有多种解释，而一种可能性是，一旦所有物成为自我的一部分，人们就会赋予其价值并利用其来提升积极的自尊感。

最后，赋予与自我有关的物体和实体以价值的倾向甚至延伸到了字母表。当要求人们判断他们对于不同字母的愉悦程度时，他们表现出对于构成他们名字（尤其是词首大写字母）字母的偏爱（Greenwald & Banaji, 1995; Nuttin, 1985, 1987）。“人名字母效应”为詹姆斯的观点［我们的自我感远远超越了我们的身体，它还包括我们的（ours）物体和实体］提供了又一有力证据。[①]

2）社会自我（social self）

社会自我是指我们被他人如何看待和承认。可以把自我的这些方面归为个体的社会特性（social identities）。

迪克斯等人（Deaux, Reid, Mizrahi & Ethier, 1995）区分出五类社会特性：私人关系（relationships，如丈夫、妻子）、种族/宗教（religion or ethnicity，如非裔美国人、穆斯林）、政治倾向（political affiliation，如民主党人、和平主义者）、烙印群体（stigmatized identity，如酒鬼、罪犯），以及职业/爱好（vocational or avocational role，如教授、艺术家）。某些特性是归属特征（生来就有的，如儿子或女儿），其他是后来获得的（生活中得到的，如教授或学生）。

每一种特性都伴随着一系列的期望和行为。我们处于“父亲”角色时和处于“教授”角色时的行为是不同的。我们如何看待自己在很大程度上取决于我们所扮演的社会角色（Roberts and Donahue, 1994）。在不同的社会情境中，我们的自我是不同的。当置身于与两个或两个以上自我相关的情境中时，就会产生问题。比如在家庭聚会中，某人既是父母，又是孩子的情况时。当只在固定情境或角色中出现的人出现在其他场合或以其他

① 乔纳森·布朗. 自我［M］. 陈浩莺,等译. 北京：人民邮电出版社, 2004:19-20.

角色出现时，人们也会感到惊讶。比如在校外（如电影院、饭馆或运动场）遇到老师的学生往往会感到慌乱，因为他们很少看到老师穿得如此随便，而且如此不拘礼节。

3）精神自我（spiritual self）是我们的内部自我或我们的心理自我。它由除真实物体、人或地方，或社会角色外的被我们称为我的（my 或者 mine）的任何东西构成。我们所感知到的能力、态度、情绪、兴趣、动机、意见、特质，以及愿望都是精神自我的组成部分。简言之，精神自我指的是我们所感知到的内部的心理品质，它代表了我们对于自己的主观体验——对自己有什么样的感受。

尽管主我和客我是自我的两个重要方面，但心理学家更关注客我的性质。

2. 现代心理学的观点

詹姆斯关于自我的观点是从宏观上进行剖析的，现代心理学则从微观、具体的层面对自我的结构进行了分析，并且不同的模型有不同的看法。

1）相关网络模型（associative network models）

该模型认为自我知识是以一系列的命题表征在大脑中，这些命题以自我节点（self node）为中心，联系着特定的自我相关的情节或品质。图 4-2 是简单的自我知识的相关网络模型。在这一模型中，自我节点有机地联系着品质概念（如运动的、冒险的）、行为概念（如经常打网球、到尼泊尔旅行）以及其他由自己定义的信息（如喜欢京剧）。这些自我知识可以按照某一角色或概念来进行组织，如作为研究者的自我和作为父母的自我，是与多重自我的概念相一致的。网络表征允许在各种不同的自我知识之间发生联系，例如品质与行为联系，“工作勤奋”与“在周末工作”发生联系；品质和行为又与某一领域或角色发生联系，如“工作勤奋”与“作为研究者的自我”相联系；还有不同品质之间的联系，不同行为之间的联系；一般的语义知识（如“研究者做实验和写论文”）与自我知识也有联系。在网络模型中语义品质可能直接与中心概念“自我”节点相联结，

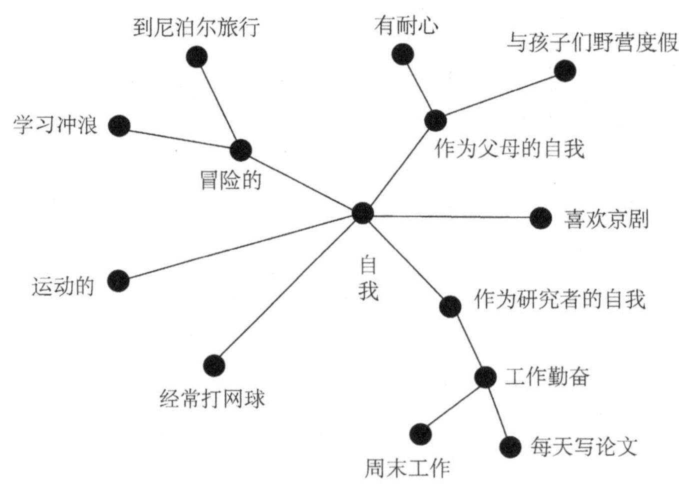

图 4-2 自我知识的相关网络表征

因而我们能对语义品质相关的问题作出快速的反应，同样在网络模型中自我知识的提取是通过扩散的激活而进行的。

2）自我库模型（The self bins model）

威尔等（Wyer and Srull）认为，在社会信息加工模型中有一个自我存储库（Self bins），自我库中包括把自己作为客体已经获得的和曾经思考过的信息。有几种不同的自我库，每一种自我库都涉及不同的经验领域，并用信息头表示诸如作为教授、丈夫、网球运动员等不同社会角色的自我经验。构成这些领域的信息头的自我特征可能是不同的，如作为教授自我的信息头可能包括“聪明”的属性，而作为社会情境中的自我，其信息头可能是“害羞”的特征。在自我库中的知识单元可能有几种类型，包括自我的抽象特征（如品质描述）、个人在特定情境的个体行为表现、自我和他人一起参与的有关事件图式，也可能包括自己没有实际参与但设身处地思考过的事件。威尔等所涉及的自我库的信息单元，也像他们所描述的其他对象库中的信息单元一样，彼此独立地存储，提取也是彼此不受影响的。这意味着自我知识的任何一个子集或单元的提取，一是依赖所给予的提取线索，二是依赖所要提取的知识单元是否处在存储库的顶部。因而启动效应的频因和近因都是影响自我的知识单元位置的重要因素，从而也影响自我知识的提取。

3）多重样本模型（The exemplar models）

多重样本模型认为，一个类别的知识是通过该类的样本或例子来进行表征和记忆的。如何判断新来的刺激或信息呢？它是通过把新刺激与所储存的特定样本进行比较，根据它们之间的类似性而得出结论。按照这个模型，自我知识是通过大量的自我样本或例子来表征的，每一个自我样本可能由一系列描述自我及其内容的品质和命题所组成，有些样本可能是描述特定的情节记忆的，其他的则是描述关于自我的内容特定的普遍规律。在从长时记忆提取信息的加工中对于自我记忆的巨大存储，都将有一个特定的结构用来帮助完成这一加工。为了提取某一特定内容的知识，人们可能形成这样的记忆线索：“自我，大学”，它将用来激活包括两个概念的记忆痕迹，如，“自我，大学，在专业课上”和“自我，大学，争论，不同意教授的观点”；又如，为了提取自己作为家庭成员的信息，就需要一个不同的记忆线索或提取结构，像“自我，家庭”，它能帮助人们激活记忆中有关的样本。人们可以根据不同的任务要求，采取不同的维度，如情景、品质、时期等来提取和建构关于自我的信息，并且在每一个背景或维度下表征自我的可变性。这就是自我样本表征的灵活性和机动性。上面的例子也说明了样本模型的一个重要性质，即一个样本可以按照特定行为情节对细节进行编码（如“不同意教授的观点”），也可以抽象出关于自我的品质信息（如“好争论”），或者两方面兼而有之。事实上我们既需要对特定经验的细节非常敏感，也同样需要对一系列经验抽象出典型特征，而自我知识的复杂性则要求自我模型能够较好地解决这两方面的问题。

4）平行分配加工模型（parallel distributed processing models, PDP）

PDP 记忆模型在表征关于自我的抽象知识和具体实例方面，已经证明是非常有用的。它是一种相互联结的网络单元形式，网络的基本元素一是单元，二是单元之间联结的强度。在前面所涉及的相关网络模型中，对应于节点的有意义的概念是专门为特定的知识服务的，概念的提取则是由于该节点的激活；而在 PDP 模型中，单元并不与概念一一对应，而是与该概念的详细特征对应，因而每一个概念对应于单元集合中的一种激活模式，每个单元表征许多不同的概念，在不同单元集合中，激活的不同模式代表不同的概念。网络由三个层面组成：输入层面，知觉通道的输入激活相应的单元；输出层面，其单元接受从更低水平而来的激活，并由此激活反应机制；中间的层面是一个隐蔽的单元，它们从更低水平接受输入并把它们向上传输。每个单元都有一个激活水平，它通过联结传输到其他单元，联结之间的强度可能具有正向性也可能具有负向性，反映了从一个单元到另一个单元是兴奋或者是抑制的效应，而单元之间联结的强度决定了在一个单元之间的激活到另一个单元之间的效果。因而从单元 A 到单元 B 之间信号的传输依赖两个因素：一是单元 A 的激活水平，二是从单元 A 到 B 联结的强度。

图 4-3 说明了自我知识在 PDP 模型中的表征形式。圆圈中的数字代表特定的记忆情节，而由箭头表示的单元联结是相互兴奋的，在同一组中的单元是相互抑制的（如害羞与友好）。记忆情节 1 代表“工作的自我”，是竞争的、害羞的、认真的；情节 2 代表“作为父母的自我”，具有认真、合作的特征；圆圈 3 代表“作为父母的自我”，具有合作、友好、幽默的特征。网络表征了在这些单元之间的联结并预计到了具体说明的自我方面。比如“作为父母的自我”的正向激活引起情节 1 和情节 2 的记忆，它也很强烈地唤起“合作”品质，微弱地唤起“友好”品质。这说明，PDP 模型较好地总结了具体的事例和关于事例的普遍规律。

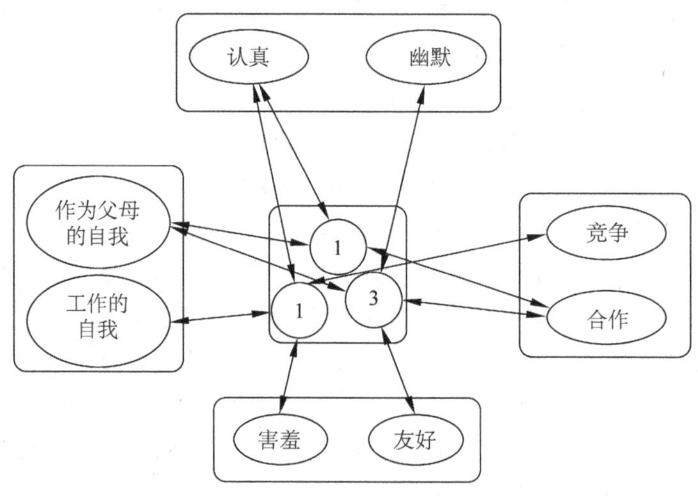

图 4-3 表征多重自我的简单 PDP 模型

（二）自我的功能

自我的功能主要从三个方面来说明，一是自我评价，二是自尊，三是自我调节。

首先来看自我评价。大多数人都能作出关于自己的判断，包括内隐地通过与别人比较来了解的。聪明、干净、神经质或友善等都是相对的而不是绝对的条件，这除了理解其他人在这些方面有相似外，基本上没有什么意义。以某些自我的标准来对照真实自我才是自我评价的基础。自我评价不是一个“冷”的认知过程，包括对自我可利用信息的客观汇编，它受自我评价的动机影响。自我评价动机影响人们对自己信息的搜寻、注意、回忆和归因的方式。

传统上，研究者认为有一个或三个以上主要的自我评价动机：自我评价（self-assessment）、自我增强（self-enhancement）和自我肯定（self-verification）。自我评价动机导致个体搜寻精确的和诊断性的信息，因此能够产生关于实际的自己的看法。自我增强导致个体尽可能集中于可能的自我的信息资源。自我肯定是鼓励个体确定他们的自我存在信念。泰勒等（Taylor et al., 1995）认为有第四种自我评价动机，即自我改进（self-improvement）。泰勒认为以改进自我为目标的自我评价与其他三种动机，在概念和经验上存在明显的不同。特别是自我改进动机允许自我评价过程的未来定位，这就能获取自我潜在的改变和渴望。

自我功能的第二个方面是自尊。自尊是“关于自我的个人评价的积极性……它作出基于自我知识的有价值的判断”。尽管自尊与自我评价相关，但二者并不是一回事。自我评价显示了一个人关于自己有关的表现或能力或所拥有的某些品质的看法，自尊是从评价中提取自我的推论。因此，把自己看成是不合群的人可能会给自尊带来严重的后果或者只有轻微的后果，这取决于做出什么样的归因以及这些方面在个体自我概念中的重要性。

保护和提高自尊是社会心理学中一个重要的研究主题。特塞尔（Tesser）认为，自尊的维持包括在很广的心理加工的范围内，如社会比较、归因、恐怖管理、信息加工和人际暴力。尽管自尊的发展在西方社会被广泛认为是一个重要的目标，但不清楚为什么个体对维持自己的自尊有那么多的投入。非常清楚的一点是，高自尊与积极的情绪经验高度相关。

自我的最后一个功能是自我调节（self-regulation）。大多数时候人们的行为都有潜在的意图。自我调节包括对行为有意地参与和监控，目的是带来自我想要的结果的行为，或者是避免不想要的结果的行为。自我调节理论可以分为两类：关注内驱力和关注诱因。

根据动机和自我调节的内驱力理论，个体参与行为的计划是为了降低由未满足的需要引起的唤醒水平。这些理论通常根据不同的个体经验和一个或更多共同需求的程度来解释动机，例如对成就的需要，或者是从属关系的需要。当这些需要没有被满足是与一种令人不愉快的紧张状态相联系的，个体为了移除这一紧张状态而被激发并开始行动。激发行为的次级内驱力模型是基于费斯汀格（Festinger）的认知失调理论。认知失调理论模型的基本理念是当人们处理不一致的态度或行为时，他们认识到这一失调后体验到一种消极的唤醒状态。经验上的失调是与心理上的不适相联系的。人们要么改变态度，要么改变行为，失调才被移除，并且不适得到减轻。与之相反的是，自我调节的不一致降低模型，它强调目标没有达成的消极结果，而诱因模型强调目标成功的积极好处。

第二节 自我认识

在古希腊德尔斐神庙的廊柱上镌刻着一句名言："认识你自己"。一般认为出自苏格拉底，也有人认为出自比苏格拉底早一百多年的另一位古希腊哲学家泰勒斯。据记载，有人问泰勒斯："世上何事最难？"泰勒斯回答说："认识你自己。"进而又问："世上何事最容易？"泰勒斯答道："给别人提建议。"本杰明·富兰克林（Benjamin Franklin, 1706—1790）也把自我认识与钢铁、钻石相提并论，并称为最难被攻破的三样坚固东西。如果没引用上述先哲的观点，也许有很多人认为自我认识似乎是一件轻而易举的事情。社会心理学的研究表明，自我认识的研究中有许多让人着迷的东西。

詹姆斯认为客我是由物质自我、社会自我与精神自我构成的，自我认识的对象涵盖了这三种自我。但相对而言，物质自我与社会自我的自我认识会比较浅显、容易一些，故学者们对自我认识的研究主要是放在精神自我上面，即自我认识主要是针对人们的心理内容而言的。

一、自我认识的动机

人们在进行自我认识时，背后有不同的动机驱使人们朝特定的方向进行，而且这些不同的动机有时还会混杂在一起，情况就更为复杂了。

（一）自我提高动机（self-enhancement motive）

自我提高动机涉及人们被激励去体验积极情绪和避免体验消极情绪的原因。人们喜欢自我感觉良好，并最大限度地体会到自尊。客观上任何人都有自己的优缺点，但基于自我提高动机的影响，人们往往在提及自己的优点时眉飞色舞，但对自己的缺点却讳莫如深。

（二）准确动机（appraisal motive）

人们会努力寻找关于自己的真实的信息，而不管这个信息是令人开心的还是失望的（Trope, 1986）。人们想要减少不确定性，在知道自己是什么样子时，他们可以体验到一种纯粹的喜悦，因此人们总是会寻求与自我相关的准确信息。

在很多时候，知道自己的真实情况是非常重要的，因为只有这样才能有效地帮助人们实现目标。例如，我今年毕业打算找工作，如果知道自己擅长人际交流，那么我可能去应聘的岗位是销售类的，这样我能够成功地找到一份适合自己的工作。要知道社会情境能对人们产生很大的影响，如果不了解自己的真实情况，轻易随波逐流，对个体就会有所损失。例如现在演艺界大火，文娱明星对青少年有极大的吸引力，许多青少年想要朝这个方向发展，比如想要成为一名歌星。抛开其他方面的考虑不说，如果客观上自己五音不全，还要满怀信心地逐梦歌星，结果可想而知。

维护正面的自我形象的动机，以及正确了解世界的动机，是人们最主要的社会动机。

有时，自我提高动机和准确动机把人们引向同一结果。比如，你在班上的学习成绩排在前三，你为此骄傲。但有时这两种动机会是矛盾的，并让我们左右为难——如果要准确地认识自己，就要求我们直面自身的缺点，这会让我们感到很没面子。那么，是为了让自己有好的自我感觉而扭曲世界，还是真实地反映世界呢？

在过去半个多世纪中，社会心理学家发现，人类行为最有力的决定因素之一源于我们希望维护一个稳定、正面的自我形象的需求；大多数人都认为自己是高于平均水平的，自己比大多数人更有道德和能力，更擅长判断人的性格，更有吸引力。例如，欧拉·斯文森（Ola Svenson, 1981）在一项研究中问道：与路上你所碰到的司机相比较，你的驾驶技术是超出一般水平、属于一般水平还是低于一般水平呢？82%接受调查的大学生认为他们的驾驶水平是超出平均水平的。可见，人们通常会从超出实际的积极面来看待自己。因此，如果让人们在扭曲真实世界以满足维持良好自我感觉的需要和真实地反映世界之间作选择，人们通常会选择前者。

那么，哪些因素会影响到人们良好的自我感觉呢？试想一下你认为自己是一个很好的乒乓球手——事实上，你在你们学院可以打败其他同学。后来，你转专业到了一个新的学院，并发现你最喜欢的新同学打乒乓球像个国家队选手。你有什么感受？你可能对此感到很不舒服，因为你的同学在你长期得意的地方超过了你。

现在假设你最喜欢的新同学是个非常棒的歌手，而不是乒乓球明星。在这种情况下，你会觉得不舒服吗？当然不会。事实上，你可能会沉浸在这位同学歌唱艺术上的成功当中。你可能会向你的亲朋好友夸耀说："我交了一个新朋友，他在著名的《中国好声音》节目中获得了导师的转椅青睐！"

这就是亚伯拉罕·特泽（Abraham Tesser）提出的自我评价维护理论（self-evaluation maintenance theory）：即个人的自我概念可能会因为别人的行为而受到威胁，威胁的程度则取决于对方与我们的亲密程度，以及该行为与我们的相关程度。如果亲密的朋友超过我们的领域并不是我们重视的，就不会有什么问题。事实上，有这样出色的朋友，我们对自己的感觉也会更好。问题会发生在亲密的朋友在对自我定义很重要的领域胜过我们，这样的话会使我们的自我感觉变得糟糕。

（三）一致性动机

人们除了上述两种动机之外，还有保持自我一致性的动机。这种动机促使人们寻求和信奉与他们自己所认为的自我相一致的信息，回避与他们所想的不一致的信息。例如，认知不协调理论（cognitive dissonance theory, Festinger, 1957，详见第六章态度方面的内容）认为两种不一致的想法会引起让人感到不舒服的状态，使人们努力想避免这种状态。在这个过程中，人们喜欢通过自我验证（self-verification）的过程去寻找那些与现有自我概念相一致的信息来证实他们所知道的关于自己的信息（Swann, 1987）。例如，讨论会刚刚结束，一个同学走到面前对你说："喂，你在课堂上说话不太多啊，是吗？"有可能就是这一天，你在课堂上没怎么发言，但是你认为自己平常不是这样的。这样，在下一次课上，你会发现自己的发言比平常要多，以便使你的同学相信你平常的发言本来就是比较多的，你关于课堂参与的自我概念是正确的。

斯旺和瑞德（Swann and Read, 1981）在进行了一系列研究后提出，这种保持自我一贯性的需要是非常普遍的。在一个研究中，他们设立了两种实验条件，分别让大学生们相信其他同学对他们的评估与他们的自我形象是一致的，或是不一致的。结果表明在阅读这些评估时，大学生们在一致的反馈上花费的时间比不一致的反馈更多。甚至他人评估的特征与知觉到的负性自我特征一致时也会出现这一现象（Swann and Schroeder, 1995）。

在与他人交往时，人们会使用能够加强自我概念的行为策略。也就是说，人们故意以强化已经存在的自我形象的方式来行动（McNulty and Swann, 1994），特别是当人们对自己的看法很确定时，这种表现就显得更为突出了（Pelham and Swann, 1994）。当人们相信他人对他们有着不正确的信念时，这种倾向会特别强烈。在上文中提到的例子就很好地说明了这一点：在课堂上更加主动以消除同学对自己产生的不良印象。

二、自我认识的途径

如果有人问你，你是怎么认识自己的？你可能会认为："这是多大的事啊！很简单，我只要想想自己就知道啦，大惊小怪的！"你这样做所用的是内省的方法，你向自己的内心深处探索，搜集出与自己的想法、感受及动机有关的内在信息。

人们可以通过内省的方法来认识自己。但是：（1）人们并不是经常依赖这些信息来源——事实上，人是很少花时间去思考自己的；（2）即便人们进行内省，他们的感受或行为的原因也可能会隐藏得让意识察觉不到；（3）人们通过内省获知的是何种信息？是准确性信息、积极性信息还是一致性信息呢？简言之，自我无法仅靠自我省察来了解。

（一）反射性评价

一个极具影响力的理论认为人们是从他人那里来了解自己的。人们每天都要与他人进行社会互动，通过这些互动可以得知别人是如何看待自己的。比如"你的乒乓球打得可好了！""你好聪明啊！""你好漂亮啊！"诸如此类的他人评价可以帮助人们获知关于自己的信息。

两位20世纪的社会学家查尔斯·库利（Charles Cooley, 1902）和乔治·赫伯特·米德（George Herbert Mead, 1934）从符号互动的视角提出了自我概念的社会起源，其核心观念是人们是通过自己生活里重要他人对自己的观察与评价来奠定认识、评价自己的基础的。库利提出了"镜像自我（looking-glass self）"的概念，认为人们的自我概念主要是通过将别人对自己的态度当作镜子来看到自己的"镜映过程"获得的。这个过程可以分为三个阶段：第一，想象你是怎样出现在他人面前的；第二，想象他人是如何评判你的；第三，想象他人如何评判你的结果后，你就产生了情绪反应（比如骄傲或羞愧）。这个过程就好像是别人举着一面镜子，你通过这面镜子认识了自己。我们所感知到其他人对我们的反应叫作反射性评价（reflected appraisals）。

关于反射性评价有一个非常有趣的例子。鲍德温等（Baldwin et al., 1990）招募了一些学生（部分信仰天主教）来参加研究。在研究中，他们首先给被试呈现一张照片，照片上是一个皱着眉的人。这个研究有两种不同的实验条件：一是照片上的人是教皇，二是照片上是一个普通人。随后，实验者让参加实验的学生对自己的人格特征作出评价。结果发现，信奉天主教的人在看过皱着眉的教皇照片后对自己的评价要远远比其看到不知名人士的照片后的自我评价苛刻，也比看过同样照片的非天主教教徒作出的评价更为苛刻。可见，教皇皱眉的形象足以影响信仰天主教的学生的自我形象。

米德则在库利“镜像自我”概念的基础上进一步精细化了，他认为特定的个体固然可以影响到我们的自我概念，但与我们互动的他人数不胜数，“一千个人的眼中就有一千个哈姆雷特”，被许多不同的人来看待自己之后，我们的自我认识将何去何从？米德提出了“概化他人（generalized other）”的概念，这是一种将他人平均起来如何评价自己的心理表征。他人回答了我们是谁，我们像什么。

（二）内省

内省（introspection）也是自我认识的一种途径。内省是指一个人检视自己心理与精神状态内容的过程。很多人认为自己简单地就能够拥有关于他们是谁、像什么的直接答案，无须依赖他人来告诉自己这些知识，他们只要朝自己的内心瞧一瞧，就知道答案了。因为他们是这样想的：我经历过的心理、行为等内容会储存在自己的长时记忆系统中，而且也只有自己才拥有访问这个系统的特权，我可以直接提取这些信息。如果我不告诉你，你只能通过观察我后进行推断才能间接地获知我的这些信息。你的这些二手资料哪能比得过我的一手资料呢？

这当然是有道理的，人们确实可以直接获知自己的思想与感受。内省是自我认识的一条途径，但它却有自身的局限性。例如发展性的问题。要想成功有效地进行内省，需要人们具备一定的认知能力。儿童认知能力的发展需要经过一定的阶段，在他们幼小的时候其认知能力很有限，在进行自我认识的时候他们的内省就经常不能与他们父母对他们的看法相匹配。

在一项实验中，儿童们被问道：“关于你是一个什么样的人，谁最懂你？”“访问特权”有道理的话，所有的儿童应该这样回答：“我最懂我自己。”但研究表明，在儿童11岁之前，他们更有可能回答说是自己的父母最懂自己（Rosenberg, 1979）。如果儿童与其父母在其儿童时期具备什么样特质的问题上观点不一致的话，儿童往往会认为父母的意见更正确一些。这一点让人印象深刻：儿童相信父母能比自己更好地认识儿童自身。

1977年，尼斯比特和威尔森（Richard Nisbett and Timothy Wilson, 1977）写了一篇系统性地对内省进行抨击的意义深远的文章。他们指出，因为人们并没有多少对自己内心进行访问的特权，所以当人们检视自己的内心时，他们要么会出错，要么就是靠猜，或者是给出一些似是而非或是社会赞许性强的答案。

尼斯比特和威尔森进行了一系列的研究，这些研究表明人们经常不知道他们的内心是如何工作的。例如，有个实验让参与者选购袜子，实验时研究者对每个参与者呈现到其面前的袜子顺序都是不规则的，于是研究者知道大多数参与者购买的是最后呈现的那双袜子。但是参与者对此却没有意识到，当研究者问他们为什么要购买这双袜子时，参与者并没有说："我就是要选最后这双袜子。"而回答"因为这双袜子颜色漂亮"或"因为这双袜子很柔软"等。

还有一项能够证明内省失效的研究（Smith and Engel, 1968）。在这项研究中，要年轻男性观看一些汽车广告，每一则广告都宣传了汽车的某项特性，比如一则广告说这部汽车很省油，另一则广告说这部汽车很安全等。其中一则广告还会配有一名性感的广告模特。在不同的广告中，这位性感广告模特会搭配出现在不同的汽车里。参与者看了广告后，研究者问他们会选购哪部汽车？

研究显示参与者选购的是有性感广告模特出现的那部汽车。但当问到他们为什么要选购这部汽车时，参与者根本没有提及那位广告模特，而是回答说他们看中的是汽车的某项性能，比如"良好的安全记录对我来说真的太重要了"等。

总之，内省可以使人们得知自己的思想与感受。但他们也许并不清楚为什么对某些事是那样思考和感受的。

（三）社会比较

第三种想要知道自己是谁、自己怎么样的途径就是拿自己与别人进行比较。利昂·费斯汀格（Leon Festinger, 1954）在他的社会比较理论（social comparison theory）中首先描述了这个过程。他指出，人们经常不知道衡量自身某种特征的客观方法。比如说，你在某场考试中得了 80 分，或者是你花了 40 分钟游了 2 000 米的距离，这些成绩是好是坏？光靠这些数据本身并不能给你提供答案。想要知道答案，就得与别人的成绩进行比较才行。

那么，要与谁比呢？费斯汀格的社会比较理论认为，与他人进行比较有三种情况。第一种是相似性比较（similarity comparison），即与那些在某个方面与自己类似的人进行比较。相似性比较的主要目的就是认识自己。你考了 80 分意味着什么，那要看与你同场竞技的其他同学考得怎么样。如果他们的平均成绩只有 70 分，那你的 80 分就是一个好成绩，你的这场考试就是成功的。如果他们的平均成绩达到了 90 分，那你的 80 分就是一个糟糕的成绩，你的这场考试就是失败的。同样，你花了 40 分钟游了 2 000 米的距离意味着什么，也要与他人进行比较才知道。如果你与手握 23 枚奥运金牌的菲尔普斯（Michael Phelps）相比，那没有任何含义。

第二种是下行比较（downward comparison），即与那些在某个方面要比自己更差的人来进行比较。下行比较的目的是要让自己体验到自尊，当我们看到这个世界上还有比自己差的人，会让我们感觉好受一些。

第三种比较是上行比较（upward comparison），即与那些在某个方面要比自己更好的人来进行比较。上行比较的目的则是让自己知道“山外有山，人外有人”，这样就能激励自己更加努力，以向这些优秀人物看齐。

（四）自我知觉

关于自我认识途径的另外一个理论认为，人们认识自我与认识他人的逻辑是一样的，即观察行为表现，再从行为推断出相应的心理。在某种意义上讲，这依然是与内省相对的，因为这也并非是通过“特许访问”而达成的。

这就是贝姆（Daryl Bem, 1965, 1972）提出的自我知觉理论（self-perception theory），其要义就是我们想要知道自己是谁的方法与我们对他人形成印象的方法是一样的。在对他人形成印象的过程中，首先观察他的行为，当我们认为他的行为不是由情境因素造成的话，我们就会认为是由他的某种内在特质引起的。同样地，我们在对自己形成印象时，也是先要观察自己做了什么，再对自己的所作所为进行归因。如果自己的行为可以被情境因素所解释，我们就进行外归因。否则的话，自己的行为不能被明显的情境因素所解释，那我们就会作内归因，认为此种行为是由我们的态度或特质导致的。

当我们身处一种新的或不寻常的情境时，我们极有可能通过自我知觉的过程来认识自己的。想象一下一位朋友邀请你和他一起去洞穴探险，此前你从未进行过洞穴探险，而你想尝试一下新鲜事物，所以你就答应了。你深入到了地下 20 米处，进入到了一个紧密的廊道，这时你发现自己心跳加速，掌心出汗，想要撤退。而你的朋友则平静如常，你又回想起自己早上并没有喝咖啡，只喝了一杯不是很浓的茶。那么，你将如何解释你的行为呢？你会在你的生活中第一次意识到你有幽闭恐惧症。

其实，我们在日常生活中也经常运用自我知觉理论。比如说问你一个问题：“你叛逆吗？”你可能猛地一下不知该如何回答。稍过一会儿，你可能就有了答案。不管这答案是什么，你是怎么得出这个答案的呢？估计还是运用了自我知觉理论。推断的过程大致是这样的：回忆了一下你与叛逆相关的行为，如果你在儿童时期总是顶撞父母，求学时经常要与老师讨论些问题，工作时向老板提了不少建议，那么，你就会认为自己是比较叛逆的。如果你在家里是个乖孩子，求学期间从不主动向老师发问，工作了领导让干什么就干什么，那你就会认为自己是不叛逆的。

我们不仅利用自我知觉过程来推断自己的人格与能力，我们还会利用它们来推断自己当前的情绪。我们对所观察到的东西作出反应（如一只具有威胁性的狗，一位有吸引力的伙伴），并通过对我们的思维和生理反应进行思考来确认情绪。但是很多情绪反应在生理变化上都是类似的。尽管我们能够对唤醒水平的高低进行区分，但却无法确定具体的情绪是什么。

沙赫特（Schachter, 1964）认为我们对自己的情绪的知觉依赖于：（1）我们的生理唤醒水平；（2）我们所赋予的认知标签，如生气或高兴。为了能够赋予认知标签，需要对我们的行为和情景进行回顾。例如，如果感觉到自己的生理唤醒，同时发现我们正对着电视上的喜剧哈哈大笑，那么就会推断出自己很高兴。正像贝姆所提出的自我知觉理论一样，这种观点强调内部状态的模棱两可，认为人的自我知觉至少在一定程度上是归结为明显的行为及外部环境的。

第三节 自 尊

自我概念的成分里包含了对自己的评价与体验，这已经含有自尊之意。之所以要把自尊单独拿出来介绍，是因为自尊本身的普遍性与重要性，以及目前社会心理学对自尊研究的深入性，其中的一些内容会让你感到惊讶。

一、自尊的概念

你对自己的感觉如何？你对自己的相貌、人格、学业成绩、运动能力、成就以及与朋友间的友谊等感到满意吗？你对未来感到乐观吗？当提及自我，人们并非是一个冷静、客观、毫无感情的观察者，而是对自我带有浓厚的评价性、动机性、情感性以及保护性，我们对自我有着强烈的情怀，这就是自尊（self-esteem）。

英文单词中的“esteem”来源于拉丁文“aestimare”，它是“评价”的意思。自尊是指个体对自己持有积极性感受的水平，是对自己进行评价的程度。自尊在一般情况下被认为是一种特质，是关于自我从非常积极到非常消极的普遍性态度。研究者把此类自尊看成是整体自尊或者特质自尊。研究者开发了许多自陈式工具来测量人们的自尊，利用这些工具对人们的自尊进行纵向研究，发现人们在其一生中自尊是相当稳定的（Trzesniewski et al., 2003）。

自尊也可被看作是一种状态，是由那些好的或者差的结果引发的对自我暂时性的情绪，人们说到某个经验会支持自尊或威胁自尊，指的就是这个意思。例如，一些特质自尊低的人在考试取得了好成绩，或有人夸其漂亮后，他们的自尊也会暂时性地提升。同样地，一些特质自尊本来很高的人们在经历降职或离婚之后，他们的自尊也会暂时性地下降。

自尊还可以用来指个体评价自己能力和特性的方式。比如，在学校里，一个对自己能力持怀疑态度的学生就被说成是学业自尊低，认为自己很受欢迎、被很多人喜欢的人则被说成是具有高的社交自尊。按照同样的方式，人们可以说自己具有高的工作自尊或者低的运动自尊。在这里，自尊和自我评价是有关系的，高自尊的人比低自尊的人认为自己有更多的积极品质。但是两者并不是同一个东西，在学校里缺乏自信的人同样会非常喜欢自己。相反，认为自己很受欢迎的人对自己的感觉可能却很差。

高自尊者会对自己持有相当良好的观点，他们会认为自己是能干的、可爱的、迷人的以及道德高尚的人。那么，按道理说，低自尊者会是相反的情况，他们对自己会有糟糕的评价，认为自己是一个无能的、丑陋的、不讨喜的以及道德恶劣的人。

如果真是这样的话，那低自尊者将会是一个多么可怕的人啊！但实际上，极少有人会用如此极端负面的词来描述自己。换句话讲，哪怕是低自尊者也是有自尊的。可见，维护自尊的动机是多么的强大和普遍。低自尊者的普遍表现形式是，他们只是对自己缺乏非常积极的认可。所以，高自尊者对自己说："我很棒！"而低自尊者对自己说："我一般般。"而不会对自己说："我糟透了。"

自尊心强的人认为自己有很好的品质，他们希望别人对自己也有同样的观点，他们愿意冒险和尝试新事物，他们认为自己会成功。

但自尊心低的人究竟想要什么？成为他们中的一员会是什么样子？关于低自尊有很多不同的理论和假设，但随着研究的深入，学者们对低自尊的表现取得了一些共识。以下是关于低自尊者的一些主要结论：

（1）他们也不想失败。（这与早期的一些理论相悖，包括那些基于一致性的理论，比如自我验证理论，这些理论认为，自卑的人会用行动证实他们对自己的坏印象。）

（2）事实上，低自尊者和高自尊者有着相同的目标，比如想要成功，想让别人喜欢自己等，并同样会为之努力奋斗。他们的不同之处在于，低自尊者对实现这些积极目标缺乏信心（McFarlin and Blascovich, 1981）。

（3）他们对自己的看法是冲突和不确定的，这种模式被称为"自我概念困惑"。当被问及关于自己的问题时，低自尊者比其他人更有可能说他们不知道或不确定；更有可能给出矛盾的答案，比如说自己既"冷静"又"紧张"；更有可能在不同的时期用不同的方式描述自己（Campbell, 1990）。

（4）他们注重自我保护而不是自我提升。（自我保护意味着尽量避免失去尊重。）低自尊者一生都在寻求避免失败、尴尬、拒绝和其他不幸，即使这意味着不去冒险或失去机会也要如此（Baumeister et al., 1989）。

（5）他们更容易出现极端化的情绪，时而高涨，时而低落。生活中的事件对他们的影响比其他人更强烈，因此他们的情绪更容易波动，更容易在情绪上出现过度反应（Campbell et al.,1991）。

二、自尊的来源

人们的自尊来源于何处呢？关于这个问题，有两种观点给予了解释。

（一）詹姆斯的观点

詹姆斯在《心理学原理》（1890）一书中提出了关于自尊的经典公式：

自尊 = 成功 / 抱负

这个公式很好理解，人们的自尊既来源于其成功的程度，也来源于其抱负的高低。单独地从分子来看，一个人成就越大、越成功，他的自尊水平就会越高；一个人成就越小、越不成功，那他的自尊水平就会越低。但单独从分母来看，一个人的抱负越大，他的自尊水平会越低；一个人的抱负越小，他的自尊水平就会越高。把这两者结合起来，就是自尊取决于成功，还取决于获得的成功对个体的意义。

（二）社会认同理论

詹姆斯的公式有一个明显的不足，就是带有典型的美国式个体主义特色，只看见个体自身的情况，忽视了人们的自尊还来源于其身处的群体与社会，社会认同理论（social identity theory, SIT）则弥补了这个缺憾。

社会认同理论是亨利·泰弗尔（Henri Tajfel）等人在20世纪70年代提出，并在群体行为的研究中不断发展起来的一个理论。后来约翰·特纳（John Turner）提出了自我归类理论，进一步完善了这一理论。社会认同理论强调了社会认同对群体行为的解释作用，它的提出促进了社会心理学在相关领域的发展，为群体心理学的研究作出了巨大贡献。下面对这个理论的主要观点进行介绍。

1. 社会认同的概念

特纳和泰弗尔区分了个体认同与社会认同，认为个体认同是指对个人的认同作用，或通常说明个体具体特点的自我描述，是个人特有的自我参照；社会认同是指社会的认同作用，或是由一个社会类别全体成员得出的自我描述。泰弗尔将社会认同定义为："个体认识到他（或她）属于特定的社会群体，同时也认识到作为群体成员带给他的情感和价值意义。"

社会认同最初源于群体成员身份。人们总是争取积极的社会认同。而这种积极的社会认同是通过在内群体和相关的外群体的比较中获得的。如果没有获得满意的社会认同，个体就会离开他们的群体或想办法实现积极区分。

泰弗尔认为对社会认同的追求是群体间冲突和歧视的根源所在，即属于某群体的意识会强烈地影响着人们的知觉、态度和行为。

2. 社会认同的基本过程

社会认同理论认为，社会认同是由社会分类（social-categorization）、社会比较（social comparison）和积极区分原则（positive distinctiveness）建立的。

1）社会分类

泰弗尔和威克斯（Tajfel and Wikels, 1963）在一个实验中安排有一系列长短不等的线，其中四条稍短的线被标为"A"，四条稍长的线被标为"B"。实验者要求被试判断这一系列线中每一条线的长度。两位学者发现，A类型的线和B类型的线两者之间的差异被明显地夸大了。被试也倾向于过高地估计同一类型的线之间长度的相似性。这种现象称为增强效应（accentuation effect，或译为加重效应）。

增强效应也发生在对社会刺激（即人）的判断中。例如，西科德等（Secord et al., 1956）给被试呈现一系列的面部图片，从纯种的白人到纯种的黑人。他们要求被试对每张脸在面容和心理上与黑人相似的程度进行排序。结果发现，被试会生成他们自己的边缘二分法——黑人—白人，在范畴内部增强或夸大相似性，而对于落入两个不同范畴的图片则增强或夸大他们之间的差异。

特纳（1985）进一步提出了自我归类理论（self-categorization theory），对泰弗尔的社会认同理论进行了补充。他认为人们会自动地将事物分门别类；因此在将他人分类时会自动地区分内群体和外群体。当人们进行分类时会将自我也纳入这一类别中，将符合内群体的特征赋予自我，这就是一个自我定型的过程。个体通过分类，往往将有利的资源分配给己方群体成员。

2）社会比较

社会比较使社会分类过程的意义更明显，这样使积极区分的原则起作用，而积极区分满足了个体获得积极自尊的需要。群体间比较通过积极区分原则使个体寻求积极的自我评价的需要得到满足。在进行群体间比较时，人们倾向于在特定的维度上夸大群体间的差异，而对群体内成员给予更积极的评价。这样就产生了不对称的群体评价和行为，偏向于自己所属的群体，即从认知、情感和行为上认同所属的群体。

3）积极区分

社会认同理论的一个重要假设是，所有行为无论是人际的还是群际的，都是由自我激励这一基本需要所激发的。在社会认同水平上的自我尊重是以群体成员关系为中介的，社会认同理论认为，个体为了满足自尊的需要而突出某方面的特长。因此，在群体中个体自我激励的动机会使个体在群体比较的相关维度上表现得比其他成员更出色，这就是积极区分原则。个体过分热衷自己的群体，认为它比其他群体好，并且从寻求积极的社会认同和自尊中体会群体间的差异，这容易引起群体间偏见、群体间冲突和敌意。

3. 自尊假设

人们通过积极区分来获得评价性的积极的社会认同，而积极区分是为了满足个体获得积极自尊的需要。这就暗示自尊的需要激发了个体的社会认同和群体行为；也就是说社会认同是满足自尊的需要。

自尊通常只注重个人特质，就像前面詹姆斯的公式指出的那样，但群体成员的身份也很重要。当一个人所属的重要社会群体受到重视，并在与其他群体比较后处于一个有利地位时，他的自尊心就会增强。因此，自尊不仅是个人层面的，它还包括一个人对其所属群体的评价。社会认同理论指出，人们都需要积极的自我概念，而其中的一部分来自于人们对特定群体的认同。

杰西·欧文斯（Jesse Owens）就是一个生动的例子。杰西·欧文斯出生于美国南方一个贫穷的农民之家，是土著黑奴的后裔，是奥运历史上最辉煌的田径明星之一，是一名奥运英雄。他在 1936 年的柏林奥运会上拿下了 4 枚金牌，这让希特勒大为光火。众所周知，希特勒上台后大搞种族清洗，宣扬日耳曼民族是世界上最为优等的种族，其他的种族，尤其是犹太人、黑人等是下等民族。希特勒上台不久，恰逢举世瞩目的奥运会在柏林召开，又是主场作战，他要求德国运动员要拿下多数的金牌，尤其是最为重要的田径金牌，以佐证他的极端的种族主义观点。结果是杰西·欧文斯在 100 米预赛第一轮中，就平了当时的世界纪录，在决赛中，他领先第二名 1 米多，率先冲过终点夺取金牌。在跳远比赛中，他也轻松获得金牌，他第三好的成绩都超过其他运动员的最好成绩。第二天，欧文斯毫无悬念地拿下 200 米跑金牌，这是他在三天之内夺取的第三枚奥运金牌。

四天后，他代表美国队参加 4×100 米接力比赛，创造了新的世界纪录，并夺取个人第四枚金牌，他们这项纪录保持了长达 20 年之久。希特勒和纳粹分子极力想利用奥运会标榜日耳曼民族的优越，但杰西·欧文斯在奥运会上的表现赢得了全柏林人民的欢呼，他们不顾纳粹的威胁和禁止，勇敢地为欧文斯庆祝。杰西·欧文斯在柏林享尽了荣光。

当杰西·欧文斯回国之后，却很难高兴得起来。因为他的群体成员身份改变了：他在德国奥运会时，他主要的群体成员身份是美国人，当他回到美国之后，他的主要群体成员身份是黑人。而在 20 世纪 30 年代，美国的种族歧视还很严重，黑人是被严重歧视的对象。因此，杰西·欧文斯在德国参加奥运会时因为他个人取得的优秀成绩，也因为他代表了美国队，他的自尊程度达到了一个极高的水平。但当他回到美国后，因为自己的黑人身份，所以其自尊水平严重地下降了。

三、自尊的影响因素

自尊作为一种特质是稳定的，而作为一种状态则容易发生变化。这说明影响自尊的因素是多方面的，下面对影响自尊的主要因素进行介绍。

（一）遗传因素

特质自尊从儿童时期一直到成人都表现出很强的稳定性，有学者认为人们的自尊部分来源于先天遗传特定的人格特质或气质（Neiss et al., 2002）。这种稳定性还表明，人们童年经历的反射性评价和社会比较对自我价值感有持久的影响。有研究支持这一观点（Harter, 1998）。在其他条件相同的情况下，如果一个孩子能更好地达到父母和其他人所传达的价值标准，那么他很可能会得到更多积极的反射性评价和更有利的社会比较，从而拥有更强的自尊。

（二）家庭因素

1. 教养方式

鲍默琳德（Baumrind, 1971）将父母的教养方式分为专断型、放任型和权威型三种。不同的教养方式对儿童的自尊发展具有重要影响。

专断型父母的特点是控制、限制以及过分保护。这种父母不鼓励他们的孩子提问、探索、冒险和主动行为，倾向于把严格的规则强加给孩子而不作说明，甚至用惩罚来强制执行。一项对五、六年级学生的研究发现，专断型的教养方式与低自尊有关，因为子女在这种家庭氛围中被认为不能独立从事活动，而且没有能力去做。

放任型父母倾向于对孩子采取放任的态度，不加控制，不提要求，也不惩罚。这种不加干预的方式同样不利于儿童自尊的发展。

权威型的父母对孩子温和而关心，他们鼓励孩子争取成就、独立和探索，他们虽然也用轻微的惩罚来贯彻提出的规则，但是会加以说明，并且会随儿童对它们的反应而显示出灵活性。在鲍默琳德的研究中，权威型父母的子女比其他两种教养方式下的子女能力更强、自尊感也相对较高（Comstock, 1973）。

2. 家庭结构

家庭结构是指家庭中的基本人员构成。现在社会发展迅速，离婚率逐年增高，单亲家庭越来越多；外出务工人员也越来越多，大量留守儿童与祖父母生活在一起。不同的家庭结构对儿童的自尊发展有着不同的影响。

张文新等（1997）研究发现，核心家庭环境的儿童（父母与子女两代人生活）的自尊水平要明显高于生活在非核心家庭的儿童；独生子女儿童的自尊水平也显著高于非独生子女。另外，单亲家庭成长的儿童自尊水平普遍低于完整家庭的儿童。

此外，有研究表明，父母的教育水平、社会地位、家庭的经济状况等，都会影响儿童对自己的评价和自尊水平。

（三）学业成绩

学业成绩在很大程度上影响着教师、学校、家长和社会对一个学生的整体评价，因此学业成绩的好坏，会影响到学生的自尊水平。有研究表明，学业成绩和自尊的发展水平呈正相关关系（金盛华，1993, 1999）。

（四）个人因素

1. 年龄

随着个体的成长，个体的人格、自我意识都会随着年龄的增长发生变化。有研究认为小学阶段的儿童自尊水平是相对稳定的，而中学生的自尊水平会明显下降（Wigfield and Eccles, 1994）。中学时期的孩子一方面渴望独立，另一方面又有很强的依赖性，因此这一阶段的青少年自尊水平容易波动或受外界影响而降低。

2. 个体经历

自尊作为个人内心的感受，意味着不同的个体经历会影响个体的自尊水平。詹姆斯早期强调个体的自尊水平与成功经验的联系。个体通常关注其渴望获得成功的领域，自尊往往来自这些领域的成功。同时，正如詹姆斯早期揭示的，个人抱负过高可能会对自尊产生负面影响。即个体对一种成功或失败的价值评估越小，其对自尊的影响也越小，甚至不产生影响。反之，成功或失败的价值越大，其对个体自尊的影响也越大。

四、自尊的作用

自尊作为起中介作用的人格变量，它以深层次的心境的形式存在于人的心理背景中，直接制约着人的情绪情感，间接影响人的活动动机和行为，其心理作用具体体现在学业成绩、人际关系、主观幸福感、心理健康和攻击性等方面。

（一）自尊与人际关系

利里（Leary）等人提出自尊是一种社会计量器，是人际关系的监控者。通常人们认为，高自尊的个体在与他人的交往中，比低自尊的个体更容易受到他人的欢迎和喜爱，但事实上，一些研究得出了不同的结论。在布洛克纳和洛伊德(Brockner and Lloyd, 1986)的研究中，他们首先让被试对自尊进行自我评定，然后与陌生异性进行约 10 分钟的谈话，然后对交谈对象进行评定。高自尊的个体通常会认为在与人交往中，他们给对方留下深刻印象，并且与低自尊的个体相比，他们给对方留下的印象要好。但实验结果表明，高自尊的个体接触的陌生异性给予他们的评定与对低自尊的个体的评定并没有显示出差别。研究还发现，高自尊的自我评定与同伴的评定之间的差异大于低自尊个体的自我评定与同伴评定之间的差异。坎贝尔和费尔（ Campbell and Fehr, 1990 ）的研究也得到类似的结论，他们还发现，高自尊的个体对同伴的评定高于低自尊个体对同伴的评定，并且他们对于同伴的评定非常接近同伴的自我评定。

希瑟顿和沃斯（ Heatherton and Vohs, 2000 ）在前人研究的基础上，采用一种更为复杂的方法对自尊与人际关系二者的关系进行研究。与以前研究不同的是，他们要求被试与他人进行交谈之前参加一个智力测试，并且把他们平均分为两组，一组为控制组，另一组为实验组。控制组所完成的智力测试是难度适中，并且没有反馈，而实验组所要完成的智力测试难度很高，然后给予他们即时、消极的反馈，以达到打击其自尊的目的。接着所有被试都和另一个陌生的被试就亲密性分别为高、中、低的话题进行谈话，然后相互评定喜爱对方的程度。研究结果表明，高自尊的个体在其自尊受到威胁时，被同伴喜爱的程度低于自尊受到威胁的低自尊个体。高自尊的个体的自尊一旦处于受到威胁的状态，容易变得不能控制自己，会给其他人留下坏印象。同时，研究也发现，如果人们的自尊或能力不受到打击、威胁时，他们的人际关系则不受自尊这一因素的影响。

（二）自尊与主观幸福感

在以往的研究中，有很多研究支持自尊和主观幸福感(Subjective Well-Being, SWB)之间有紧密联系，在人口统计学变量、自尊、社会支持、人格特质、应付能力、适应能力等预测指标中，自尊是预测生活满意度的最佳指标之一。罗森伯格（ Rosenberg, 1995 ）发现，个体总体自尊与快乐感的相关是 0.50，同消极情感的相关是－0.43。迪纳(Diener)等人对 31 个国家 1 万多名大学生参加的跨文化研究发现，自尊与生活满意度的相关系数达到 0.47。虽然有很多研究表明，自尊与主观幸福感关系很密切，但是迪纳等从跨文化角度研究自尊和个体主观幸福感的关系时发现，在不同的文化背景下，自尊与主观幸福感的关系是不同的。在个人主义文化背景下，自尊对主观幸福感的预测作用要高于集体主义文化中自尊对主观幸福感的预测作用。另外也有研究表明，研究自尊和主观幸福感的关系要考虑到自尊这一因素本身的复杂性。帕拉迪斯和克尼斯(Paradise and Kernis, 2002 ）考察了自尊水平、自尊稳定性和主观幸福感之间的关系，研究发现，高且稳定自尊的个体倾向于较高的心理幸福感水平。克尼斯（ 2003 ）在探讨高自尊时，对最佳自尊和高自尊作了区分。他们认为具有防御性质的自尊就不是真正的高自尊，而只有真正的、稳定的和一致性的自尊才是最佳的自尊。目前还没有足够的研究探讨脆弱的高自尊和安全性的高自尊与主观幸福感之间的关系。近来，一些研究者从内隐社会认知的角度出发，来研究自尊和主观幸福感之间的关系，结果发现，外显自尊可以较好地预测个体在积极和消极情绪上的差异，内隐自尊可以较好预测个体的积极情绪（Bosson, 2000），个体外显自尊和主观幸福感相关较为显著，内隐自尊同主观幸福感之间呈较低的相关（Schimmack and Diener, 2003）。然而，我国学者却得出了不同的结论。徐维东等（2005）的研究发现，外显自尊和主观幸福感之间相关不显著，内隐自尊和主观幸福感之间呈显著相关，并且内隐自尊对主观幸福感有预测作用。

（三）自尊与心理健康

许多研究者和临床专家认为，自尊是社会行为的主要驱动力，是心理健康重要的决定因素。很多具体研究也表明，自尊对于青少年和成人心理健康有很强的预测作用。钟杰等（2002）对自尊在大学生人格、羞耻感与心理健康关系模型中的作用进行研究，结果表明自尊对心理症状有显著的直接影响作用。高自尊个体通常的自我感觉较好，对自己的评价较积极，倾向于认为自己有能力、自信，因此能体验到积极的情感，能够接纳和喜欢自己,能够保持较好的心理状态。而低自尊个体通常对自己持消极否定的态度，看不到自己的价值所在，从而表现出严重的自卑心理，自我评价过低，经常有消极的情感体验，社会适应严重不良，害怕与人交往（钱铭怡等，2002）。有研究表明低自尊的人在面临消极生活事件时比高自尊的人更容易产生抑郁情绪（Brown, 2004）。

第四节　自 我 呈 现

一、自我呈现概述

（一）自我呈现的概念

人们大部分的时间都是和他人一起度过的，在他人一起活动的过程中，我们会对他人形成不同的印象；反过来，他人也会形成许多关于我们的印象。而在这一过程中，我们并不是被动的，我们会主动地采取一些策略来控制自己在他人心目中的形象。我们将这种行为称为自我呈现（self-presentation），它是指任何旨在创造、修改和保持别人对自己的印象的行为。按照这个定义，当人们试图引导别人按照特定的方式看待自己时，就是在进行自我呈现，也叫作印象管理（impression management）。

自我呈现通常是一种有意的行为。例如，当要和一个心仪的男生初次约会时，我们在约会前会精心打扮自己，如果事先知道对方喜欢的是乖巧可爱型的女孩，那么我们就会打扮得可爱一些，而不是浓妆艳抹，打扮得很成熟；然后在约会的过程中，我们也会刻意地表现得很乖巧可爱。但是，在熟悉的情境下，自我呈现也可以是自发的行为（Baumeisterm et al., 1989）。当和朋友在一起的时候，我们就会习惯性地表现出自己本来的样子来。当特定情境下的自我呈现成为一种习惯时，我们就不会再有意识地进行自我呈现了，而是会将注意力投向其他情境中。

社会学家欧文·戈夫曼（Erving Goffman, 1959）曾经把自我呈现比作演戏。就像演员一样，我们通常会特别注意自己的外表——我们看起来怎么样、我们的服装以及我们的习惯，等等。当为一次约会而精心打扮时，或者牢记在图书馆不能大声喧哗时，都是在控制我们的外表以传达我们希望留给他人的印象。有时在自我呈现时我们会需要一些道具的帮助，比如开一辆法拉利，戴一只闪耀的戒指等，这都是人们借助物理手段表达特殊印象的途径。自我呈现的另一个特征是预演。在一件事情发生之前，我们通常会想好我们要怎么做、怎么说，还会设想如果遇到各种突发状况时自己要怎么应对，在心理上做好各种准备。

戈夫曼观察到，人们通常会在社会交往中区分“前台”和“后台”。后台是人们为表演做准备的地方，前台是进行表演的地方。

自我呈现的一个重要方面是了解你的观众。就像前面的例子，如果你约会的男生喜欢的是乖巧可爱的女孩子，而你却是一副成熟妩媚的打扮，那么对方肯定不会喜欢你。因此，在社会交往中，我们需要学会在不同的情境下，依据自我呈现的目标和观众的属性做出不同的适宜的行为。

（二）自我呈现的功能

1. 促进社会交往

戈夫曼首次强调了自我呈现的这个功能，他认为社会生活是高度结构化的。在某些情况下，这种结构是非常正式的，如白宫举行的国会晚宴就有严格的礼仪规范；但更多情况下它却是大家默认的、非正式的，如社会交往活动中的礼貌。

在这些标准中，其中一条就是要求人们支持，而不是诋毁他人的公众身份。戈夫曼称之为面子工作（face work）。社会交往中的每个参与者都有义务尊重和维护他人的社会角色。为了这个目的，人们可能会说假话，或者隐藏自己内心的真实感受和想法。例如，人们总是表示他们喜欢收到的礼物，赞美别人的新服装或者新发型，为不能参加某个聚会寻找借口等等。此类行为的一个主要目的就是避免社会冲突并降低紧张度（DePaulo et al., 1996）。

2. 获取奖赏

人们努力控制自己在他人心目中的形象的另外一个原因是为了获得物质和社会奖赏（逃避物质和社会惩罚）。例如员工努力在老板心目中留下聪明、敬业、勤奋的形象，这样子他们得到提升以及加薪的机会就会大大增加。学生想要得到老师的表扬，就要表现出努力刻苦；我们想要得到他人的尊敬就要表现得友好善良，乐于助人。

在社会交往中，如果能够控制别人看待我们的方式，就可以使得社会交往以有利于我们的方式进行。这在有些人看来，似乎是欺骗性的行为。但事实并不是这样的，我们更多地是把自己优秀的一面展现给别人，欺骗和说谎只是例外，而不是必然的原则。

3. 自我建构

自我呈现的另一个功能是为自己建构一个特定的身份（Rosenberg, 1979）。有时，自我建构是以创建一个身份开始的。罗森伯格（Rosenberg, 1979）认为这个现象在青少年期特别突出。为了给自己塑造一个合适的形象，他们通常会尝试各种各样的角色。在其他阶段，自我建构是为了再次肯定已经建立起来的自我观念，即上一节所说的“自我验证”。

通过自我建构人们可以满足自我增强的需求。人们都喜欢别人认为自己是聪明的、能干的、受人喜欢的等。通过呈现自己的优良品质，让别人相信我们是优秀的人，反过来就会使得我们的自我感觉更好。

自我建构能够起到激励的作用。当公开宣布自己的决定时，我们就会感到更多的压力，从而更好地履行决定。有时候高三的班主任会让学生当着全班同学的面说出自己想要考的大学，就是为了激励学生更努力地学习。

二、自我呈现的策略

为了在他人心目中留下一个我们所期望的印象，琼斯等（Jones and Pittman, 1982; Jones, 1990）提出人们通常会采用五种自我呈现的策略。

（一）逢迎讨好

逢迎讨好（ingratiation）是最常见的自我呈现策略。为了让别人更喜欢自己，人们通常会通过效仿、恭维、支持别人和表现积极的个体品质来讨好别人。

但是逢迎讨好过度也会产生相反的效果。例如，如果知道某个一直赞美你的朋友其实说的都是假话，或者是有着其他目的，那么你还会喜欢他吗？答案是不会。不过我们总是愿意相信自己是受别人喜欢的，而不愿意相信别人对我们的夸赞是假的。因此，逢迎讨好是一种很有效的自我呈现策略。

（二）自我提升

自我提升（self-promotion）是另一个常见的自我呈现策略。逢迎讨好是为了让别人喜欢我们，而自我提升则是为了让别人觉得我们是有能力的。

通常情况下，我们都会更喜欢那种又有能力又很友好的人，这种人也更容易取得成功。然而，想要同时呈现这两种品质是非常困难的。比如，为了让别人喜欢我们，我们会表现得很谦虚，然而这却不会给别人留下能力强的印象；反之，为了让别人觉得我们能力强，我们可能会自吹自擂，但是这会让别人不喜欢我们。因此，通常我们会混合使用这两种策略，并寻求两者之间的平衡点。

（三）威胁

威胁（intimidation）不是常用的自我呈现策略，但当人们希望别人怕自己的时候，人们就会使用这一策略。例如，大学老师通常会希望学生怕自己，他们会使用挂科这一手段来威胁学生，这样学生就不会逃课，并且在上课的时候积极回答问题。白宫前助理约翰·苏努努（John Sununu）曾经说道，只要能被人尊重和敬畏，他不会在乎别人是否喜欢他。

（四）榜样化

自我呈现的另一种形式是榜样化（exemplification）。为了在别人心目中塑造出品德高尚和有正义感的形象，人们通常会采用榜样化的策略。例如人们会通过夸大自己所遭遇的悲惨待遇或者承受过的苦难，表现出自己的坚韧不拔，让别人对自己肃然起敬，以自己为榜样。

（五）哀求

自我呈现的最后一种策略是哀求（supplication）。哀求通常发生在人们无助或者想要获得某个东西时，这时人们会夸大自己的软弱和缺陷来寻求他人的怜悯和帮助。例如，有些女性会表现很娇弱，做出一副楚楚可怜的样子，以此来吸引男性；有些男人也会通过声称自己不会使用洗碗机或洗衣机来逃避做家务。

如果通过哀求可以获得想要的东西，人们有时会夸大自己的无知和脆弱。但是在一些极端情况下，这种倾向会造成抑郁和其他心理困难（Gove et al., 1980; Leary and Miller, 1986）。

琼斯等研究发现，这五种特殊自我表现策略，人们会根据时间、场合选择其中一种加以运用，也可能同时运用多种。不同人对策略的偏好不同。但是，几乎每个人都会使用某种策略来帮助自己达到预定的目的。

第五章

社 会 认 知

【开篇案例】

美国多地引发强烈抗议和连日示威

［新华网芝加哥 2014 年 10 月 9 日电］（记者徐静）据美国媒体 9 日报道，一名黑人青年 8 日晚间在密苏里州圣路易斯市南部地区被一名白人警察开枪打死。事发后，当地数百名民众走上街头，抗议警察暴力行径。

警方负责人在 9 日清晨举行的新闻发布会上说，涉案警察下班后前往私人保安公司从事第二份工作途中遇到 4 名男子，警察准备上前盘问时，4 人拔腿便跑。警察追逐其中一人。被追男子掏出手枪向警察开了 3 枪。警察开枪还击，将这名男子打死。

警方称，在事发现场找到一只 9 毫米口径手枪。

不过，当地媒体援引抗议民众的话报道说，被这名白人警察连开 16 枪打死的青年并未携带枪支，手中只拿着一个三明治。

今年 8 月 9 日，18 岁黑人青年迈克尔·布朗在圣路易斯市弗格森地区遭白人警官达伦·威尔逊拦截并开枪打死。此事在圣路易斯及美国多地引发强烈抗议和连日示威。

相信很多人都看到过这个报道，试想，如果那个 18 岁的青年是一个白人，当他看到警察拔腿便跑的时候，警察会将他手里拿着的“东西”判断为枪吗？并随即做出连开 16 枪的决定吗？警察知觉到了什么？是什么影响了他的认知判断？

第一节　社会认知概述

社会认知是从 20 世纪 70 年代兴起的，它标志着社会心理学家对人研究的彻底改变。20 世纪 70 年代以前，行为主义心理学统治了社会心理学，它主张为了研究的科学化，心理学只须对人可见的行为进行研究，不要去推断在人的内部发生了什么，比如思维、感情等。但社会心理学家逐渐意识到，不去研究人们的思想和情感，很难说我们理解了人。于是到了 20 世纪 70 年代，社会心理学家着重于研究人们的思想和情感。研究人员开发了直接和间接观察心理过程的方法和技术，以便对这些过程进行科学研究。社会心理学家研究的第一个心理过程是态度和保持与态度一致的动机（见第六章）。20 世纪六七十年代归因理论的发展是社会认知研究中最重要的步骤之一。归因理论关注的是人们如何解释事件的原因，比如外部压力或内部特征。“社会认知”一词在 20 世纪 80 年代被普遍使用。至此之后，社会认知的研究一直引领着社会心理学。

一、社会认知的定义

美国社会心理学家菲斯克和泰勒（Fiske S.T. and Taylor S.E., 1984）在他们所著的第一本社会认知教科书中是这样定义的："社会认知是一种对别人和自己的思考。"1984年威尔和斯路迩（Wyer R.S. and Srull T.K.）出版了《社会认知手册》（*Handbook of Social Cognition*），共三卷，该手册的第二版也于1994年问世。尽管第一本社会认知研究的专著问世已近四十年，但是对于什么是社会认知仍然难有一致的意见。

此后，国外陆续有学者对其进行定义。谢尔曼（Sherman S.J., 1989）等认为，社会认知是通过研究社会现象的认知结构与加工来理解社会心理现象的一种概念性和经验性的途径或方法。奥古斯汀（Augoustinos, 2006）等认为社会认知是社会心理学的一个领域，狭义的解释就是人们如何理解社会及他们在其中的位置。迈克尔·豪格（Michael A. Hogg, 2011）认为，社会认知是社会心理学中的一种方法，侧重于认知如何广泛地受到社会情境的影响和调节，以及认知又是如何影响人们的社会行为。《美国心理学大辞典》（2015）将社会认知定义为：（1）认知。人们认识、思考、解释、分类和判断自己的社会行为和他人的社会行为。社会认知的研究涉及认知心理学和社会心理学两个方面。主要研究领域：归因理论，人的感知，社会影响和道德判断中涉及的认知过程。（2）在动物行为中，个人对其社会群体的其他成员的知识及基于这种知识推理他人行为的能力。例如，在黑脸猴子中，处在母系A中的个体攻击母系B中个体之后，B的其他成员更可能攻击A中的成员。它特别强调了文化和社会群体对社会认知的影响。鲍迈斯特与福斯（Baumeister, R. F. and Vohs, K. D., 2007）主编的《社会心理学百科全书》中将社会认知定义为"社会认知是主要利用认知心理学和社会心理学中的材料来检验基本认知操作与基本社会问题之间的关系"。这个领域研究表明，在人的一生中，个人的思想和行为受人们以前的社会经验的影响，但同时，这些经验又被当前的个人行为所影响。认知和社会经验之间的这种动态关系意味着社会认知几乎影响人类生存的每一个领域。人们以互动的范式来感知周围环境，进而收集和使用信息。社会认知有两个核心内容，一是主体会不断努力简化和构建他们对世界的认识，二是对自我的理解和欣赏。

国内也有学者也对其进行了定义。时蓉华（1998）认为社会认知是"个人对他人的心理状态、行为动机和意向做出推测和判断的过程"；郑全全（2008）认为，社会认知是指人们理解、储存、回忆有关他人社会行为信息的方式，那么社会认知心理学则是指研究人们理解、储存、回忆有关他人社会行为信息的方式的一门科学。

综上所述，我们把社会认知定义为：人们对社会性世界进行意义构建的过程。下面我们对这个定义进行阐释。

是什么决定了我们对社会性世界进行思考与感受的？我们对他人是如何形成印象的？什么决定了我们的社会行为？大多数时候，人们面对的社会性世界是非常复杂、不断变动的，没有两种情境是完全一样的。人们需要了解彼此与遇到的每一种情境，才能恰当地应对身处的社会性世界。表面上看，了解社会情境似乎是一件简单的事情，实际上却面临着大量的挑战。社会事件并不是简单展现在人们眼前，完整地显示其固有的意义和内涵，静待在那里等着人们去抓取。相反，在理解社会事件意义的过程中，人起着非常重要的作用，是人们赋予它意义。人们对社会性世界的理解不仅受自身的目标和情感的影响，也受人们的观念、信仰和理论观点的影响，而人们在这些方面又是各不一样的。这就好比不同的人戴上了不同的有色眼镜，他们对同一社会事件或情境会有完全不同的理解。比如，被一个人看成是诙谐玩笑的评论，可能会被另一个人看成是对自己的无礼和侮辱；同一个榜样，既可能鼓舞一个人，也可能引起另外一个人的挫折感；一次冒险的行为对一个人来说就像是场有把握取胜的赌博，而在另一个人看来则注定要失败。

而且，即使是同一个人，如果他在不同的时间场合有着不同的思想、目标和情感，那么他可能在不同的时间场合对同样的情境有不同的理解。对于同样的推挤动作，如果我刚好想到暴力，我会把它看成是攻击行为；但是，如果我正好想到开玩笑，我会把它看成是嬉戏。同样的言论，当我相信的时候它就有说服力，当我不相信的时候就会认为它很荒唐。当我休闲时爱人凑上前来，我会觉得她（他）可爱有趣，而当我忙的时候就会觉得她（他）很烦人。因此，社会认知不是对刺激的被动反映，而是一个对刺激进行主动构建的过程。

社会认知研究的核心内容包括：客观情境是如何转译为人们的主观现实的？有哪些过程在特定的情境输入与人们的行为之间进行了调节？为什么同样的刺激输入却导致了人们不同的解读？人们的先前经验与知识是如何影响对刺激解读的？社会认知的研究涉及人们在构建其主观现实时所需要的社会知识及心理过程，这些过程包括人们如何对情境赋予意义，在记忆系统里如何储存信息，以后如何提取这些信息，以及人们如何进行判断与决策的。

二、社会认知的三要素

人们是如何构建其社会现实的呢？总体而言，它离不开三个方面的要素：首先是来自当前情境的信息输入，其次是人们会把自己先前的知识经验带入当前的情境，最后就是对上述的信息进行综合加工，形成社会认知。

（一）来自当前情境的输入

社会情境是构建社会现实的信息输入之一。如开篇所举例子中，在涉案警察的眼中，他遇到 4 名男子，准备上前盘问时，4 人“拔腿便跑”。警察追逐时，被追男子“掏出手枪向警察开了 3 枪”。之后事发现场“找到一只 9 毫米口径手枪”。但在其他目击者的眼中，被这名白人警察连开 16 枪打死的青年“并未携带枪支，手中只拿着一个三明治”。这些属于感知者感知到的外部信息输入。此外，还有感知者内部的信息输入，比如我们会感到自己饥饿或紧张等。在我们构建社会现实时，在特定情境中的这些信息起到了重要的作用。

（二）来自认知者先前知识经验的输入

情境的信息输入仅仅是决定解释的一部分，另一部分则是来自于感知者在此情境中自己带入的先前的知识经验。这些知识经验有各种不同的形式。一方面，它可能包含相当普遍性的知识：个体关于某个群体正确或不正确的概化假设（例如，男人是果断的），他们关于特定社会情境中事情顺序的知识（例如，当他们去餐馆时事件顺序的脚本），他们一般假设什么是诚实和可信的（例如，一个善意的谎言是否反映出不诚实），他们关于在特定社会情境中某些社会规范的知识（例如，去参加婚礼时该怎么做），他们关于在特定情况下自己或他人该如何反应有着普遍的预期，等等。另一方面，先验知识也可能包含特定的情节。例如，某一个体可能认识许多不果断的男人，他们可能会记得一个不符合脚本的特定的晚餐，他们可能有作弊或被骗的个人经历，他们可能会回想起自己或他人在表现情境中的行为，等等。因此，先验知识以多种形式出现，并且构成了个体可以带到一个情境中去的信息的巨大差异的来源。例如，"帮助一个朋友在考试中作弊"的信息输入可能与先前对诚实的认识有关，但同样的信息输入也可能与先前对友谊的认识有关，因此就可能导致对同样的信息输入有了不同的解释。

人们的先验知识会影响对当前对象的认知，而且还是潜移默化的。比如美国警察看到黑人青年就会下意识地觉得他们危险，容易把黑人青年手中拿的东西判断为是危险品（如枪支）。如果是白人青年，美国警察也许就不会这样看待了。

（三）对输入信息的加工

社会现实建构的第三个主要成分是对直接刺激和先验知识进行加工的过程。加工可以采取非常不同的形式，并且在不同的维度上有所不同。例如，有的人可以非常快速且相当浅显地加工信息，或者他们可以慎重地考虑相当长一段时间。加工可以自动运行，也可以以更受控制的方式运行。此外，他们可以基于直接的信息输入进行加工，也可以更多地依赖于先验知识进行加工。

在试图理解个体如何构建他们的社会现实时，需要考虑三个因素——情境的刺激因素、先验知识及对它们进行加工的过程。这三种成分并不像这一初步概述所表明的那样明显和容易区分。事实上，它们是高度交织的，只有在理想化的情况下才会分离开来。

三、社会认知的隐喻

社会认知的隐喻，指人们是如何进行社会认知的，并用一个直观的比方来形容社会认知的总特点。有很多关于社会认知的隐喻，在此我们对其中一些经典且重要的隐喻进行介绍。

（一）一致性寻求者（consistency seekers）

很多时候，人们认识世界，是朝着自己相信的那个方向去进行的。因此，从一般意义而言，可以把这样的人们称为是一致性寻求者。人们在社会认知时有了先前信念，并继续用这一信念来对某一特定的新信息进行解释。例如，某同学自认为很聪明，当他得知自己在一场考试中考得很差时，他的解释是这场考试一点都不重要，它考察的是人们次要的能力，这个解释就维持了他的先前信念。研究表明，一致性需要广泛影响着人们对社会性世界的构建，费斯汀格的认知失调理论有力地证明了这一点，这个理论在第六章中会有详细的介绍。

（二）朴素科学家（naive scientists）

我们知道，自然科学如数学、物理、化学等的科学性很强，表现在这些学科对某一现象研究出来的结论是“放之四海而皆准”，不会因人因时而异，非常客观。而社会科学的学者们经过研究之后所得出的结论常有不一致之处，故社会科学家们总是对自然科学怀敬羡之情，进而模仿自然科学的范式，如早期的社会学家提出的“有机还原论”，就是模仿了生物学家的研究范式。经典科学的研究方式主要体现在对问题的信息收集要齐全，并且对收集到的所有信息要进行逻辑严密的加工才行。想象一下，你在考试时要正确地解出一道数学题，必须把题目中所有的已知条件和未知条件分析出来，与这道题有关的定理或公式也得记住，缺一不可。接下来要对这些信息进行逻辑严密的推导，才能解出这道题来。社会心理学家依葫芦画瓢，认为人们的社会认知也是这样的。尤其是有时候人们需要非常精确地认识社会性世界，人们就会收集所有相关的信息，并且以一种无偏差的方式来构建社会现实。但即使是这样，也不能达到自然科学家那样的效果。所以，以这样的方式来进行社会认知的人，我们称其为“朴素科学家”，意思是比真正的自然科学家还差那么一点。比如，你在某一科目的考试中考砸了，原因是什么？你需要收集其他同学考试的分数，你在其他科目中考试的成绩，还要考虑是不是考试时考场的环境与情境影响了你的考试等，经过综合分析后才找出你考砸这门科目的原因。总之，朴素科学家的隐喻认为人们要详尽地收集与加工一切可得的信息，以一种无偏差的方式来找出一件事的原因。

（三）认知吝啬者（cognitive misers）

人们在特定的情况下会像朴素科学家那样去加工信息，以获得一个精确的结果。但大多数时候，人们并没有能力或动机去进行系统化且精细的信息加工。在日常生活中，需要面对大量的信息，人们只能在很短的时间内对这些信息进行快速的加工。在这种情况下，人们就发展出了心理捷径来简化信息加工过程，此时的人们就成了“认知吝啬者”。认知吝啬者具体表现在收集信息时不够齐全，然后对收集到的有限的信息也不会进行逻辑严密、条分缕析的加工。比如，我们在看电视时，面对大量的广告信息，我们不太可能注意、加工每一条广告信息，而是经常采用简化的方式来加工信息（比如，“那个明星喜欢这个产品，这个产品肯定不错”）。粗看上去认知吝啬者的信息加工方式所产生的结果会令人担心，有可能影响到人们的生活。事实上，虽然它不如朴素科学家的结果精确，但是它在大部分时候已经足以让人们适应生活了。一旦人们觉得情况不对，人们的动机就会增强，又会变成朴素科学家。否则，人们不管什么事都全力以赴，那得多辛苦啊！这样反而不能很好地适应生活了。因此，人们的头脑中会储存大量的心理捷径，以便省力高效地来应对社会生活。

（四）目标明确的策略家（motivated tacticians）

人们在构建其主观社会现实时所采用的认知策略弹性十足。人们有时是一致性寻求者，有时是朴素科学家，有时又变成了认知吝啬者。这样的人被称之为目标明确的策略家，意思是人们备有多种认知策略，会视情况拿出相应的策略去应对刺激。对此，布鲁尔（M. B. Brewer, 1988）提出了一个“印象形成双重加工模型（the dual process model of impression formation）”：一种是基于类别的加工（category-based procession），其特点是自动的，无须意识控制、注意的加工，所需的加工资源很少，无须人们多大的努力，这是一种自动化的加工；一种是基于特征的加工（attribute-based processing），它需要意识的参与，需要较多的时间与努力，这属于控制性的加工。这两种加工方式人们都会使用，至于使用哪种加工方式更多，取决于认知对象的特点和人们在加工时具备的动机和能力。具体如图 5-1 所示。

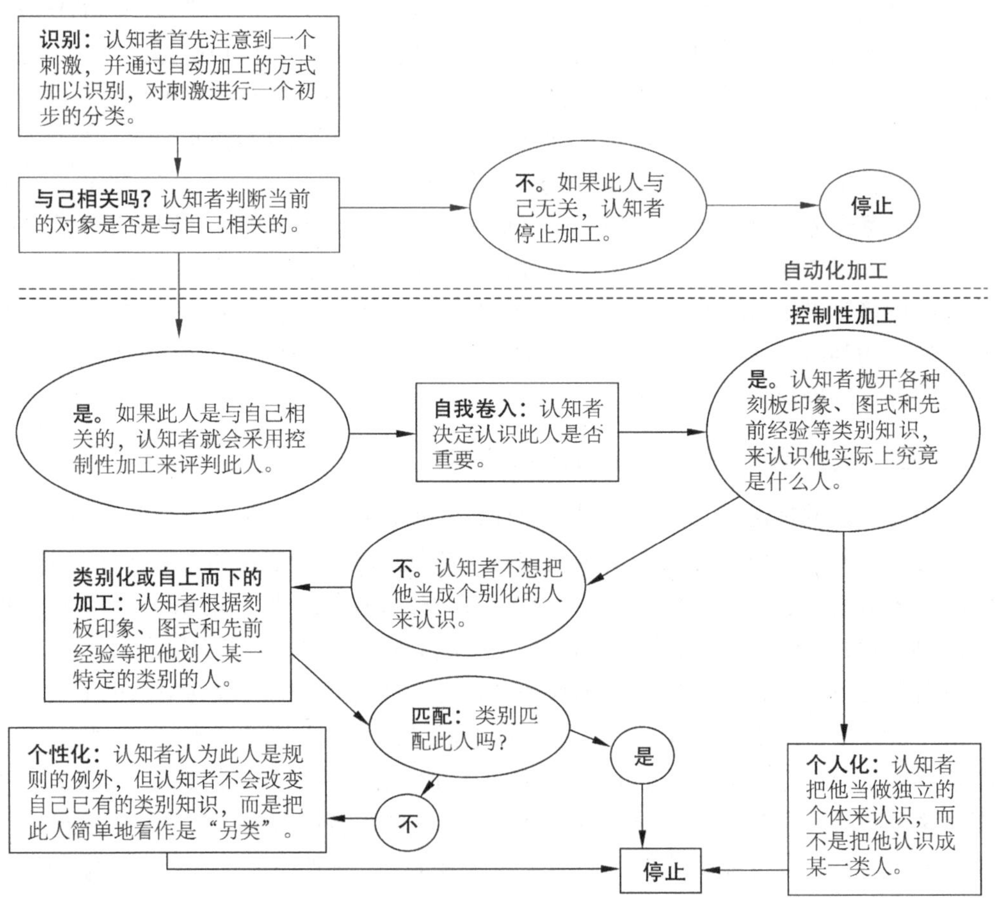

图 5-1　布鲁尔印象形成的双重加工模型

（五）激活的行动者（activated actor）

有时候，人们的思想和行为是高度自动化的，此时的人们就像是一架安装了自动导航仪的飞机，无须驾驶员操作，就能有效地向目的地飞去。自动化的加工过程也无须人们付出多少努力和时间，可以自动将情境中的线索与头脑中相关的知识进行匹配，迅速地做出有效评估并采取行动，菲斯克与泰勒（S. T. Fiske and Taylor, 2017）把这样的人称之为激活的行动者。例如，遇到交通信号灯变红，人们会下意识地踩下刹车，这个过程无须花多少时间来考虑。

四、社会认知的步骤

社会认知包括三个加工阶段，从过程来看，社会认知主要包括社会知觉、社会判断与归因三个阶段。

（一）社会知觉

社会知觉是指人通过感官对社会客体属性直接的整体的感知。社会知觉是社会认知的第一步，区别于普通心理学中的知觉反应，它带有社会性。其差异主要体现在以下三个方面：首先，知觉对象的区别。社会知觉的对象是人，普通心理学所讲的知觉的对象是物。人与物相比，更具复杂性与动态性。其次，知觉的内容也不同，人们对物体的知觉比较客观地反映了物体的基本属性。即使是不同的人，其反映的结果也基本一致。而社会知觉的内容重点不是反映物体本身，更多的是要构建出刺激的社会意义。第三，不同点在于普通心理学的知觉主要受刺激的物理强度的影响，而社会知觉更多的是受刺激的社会因素的作用。

正如普通心理学中的知觉有它的特征一样，社会知觉也有自己的特性，归纳起来主要有四点：

1. 直接性。人对社会物、社会人、社会事件的知觉，首先是通过人的感知器官来完成的，即社会刺激物进入人的感知器官，人就有一个自动的、直接的反应。由于是自动的、直接的反应，也就没有多少思考的成分，这种知觉往往被称为第一感觉。

2. 整体性。社会知觉是对社会刺激属性的整体感知，产生的是一个整体形象，是一个综合的结果，而非社会刺激的各个属性或部分。例如看到某人的照片后，感知的不仅仅是该人的某些外部特征（着装、面容等），还包括该人的个性心理特征，如内向或外向、聪明与否等，并会产生是否喜欢的整体性判断。

3. 选择性。社会知觉的选择性是指知觉者首先感知有重要社会意义的社会刺激，即知觉者有选择知觉对象的特权。

4. 恒常性。社会知觉的恒常性是指所感知的社会刺激的整体属性在一定的时间和范围内不会发生变化的现象，它往往表现为“司空见惯”“熟视无睹”或“习以为常”等社会心理现象。

社会知觉一般指的是初次见面的人相互交往并认识，其结果是彼此对对方形成一个比较粗浅的社会印象。印象形成是指人通过与社会刺激的相互作用，形成并留在记忆中的关于认知对象的形象。这些形象往往是以表象的形式储存。

（二）社会判断

我们结交的人之中，有一些是经常接触的人，对这些人我们就不会只有一个粗浅的认识了，而是会对他们进行更加深入的了解，这就牵涉到了社会判断。社会判断是指在社会知觉和印象形成的基础上对社会刺激的推理和决策。它有两个基本的含义：一是社会判断在社会知觉和印象形成的基础上进行，没有社会知觉和印象形成，便不可能对社会刺激进行推理和决策，即它是通过感觉器官对各种形式的社会刺激进行识别，把有意义的、与自己头脑中预存知识有联系的刺激物按特性分门别类；二是在社会知觉的基础上把社会刺激以表象的形式储存起来，为社会判断作好进一步的准备。没有对社会刺激的识别，没有社会刺激的表象和表征，就无法对社会刺激进行更抽象的推理和评价。

社会判断有四个特点：

1. 实践性。社会判断是对未来实践的方向、目标、原则及方法等进行评价、推理及决策过程，具有很强的实践性。离开了实践性，社会判断变得毫无意义。由于这一特性，社会判断有别于一般的纯逻辑推理。

2. 预见性。它是指在社会知觉和社会印象的基础上所形成的正确的社会判断，即可以预见某种社会现象或社会行为在另一种场合或情境出现的可能性和条件性。

3. 文化制约性。这主要反映在文化对社会判断的逻辑法则的制约和对社会现象、社会行为因果关系的解释方面。在实际生活中，每一个文化群体的人都有自己的思考方式，对社会行为总有自己的解释。

4. 超标准化趋势。它是指虽然社会判断是有标准的、稳定的，但是事实上社会判断又常常受到现实生活的冲击和破坏，无法具有稳定性。根据社会心理学家的研究，社会信息和社会规范是影响社会判断的两大社会因素：一方面社会信息复杂多变，有时甚至前后矛盾，这无疑会对社会行为作出正确的推理和决策产生影响；另一方面是社会规范，即社会化以后社会规范成为人们内在的心理尺度，它具有很强的文化制约性，从而也影响对社会行为或社会刺激的推理和评价。

（三）归因

无论是社会知觉还是社会判断，都只能让认知者认识到 “是什么”。如果要想使认知者的认识更进一步，必然得使认知者对认知对象产生的认识中，既包含知道“是什么”，还要包含知道“为什么是这样”。当我们问一个人“为什么是那样”时，我们就是在进行归因。

第二节　印 象 形 成

一、印象形成的一般规则

（一）评价的中心性原则

奥斯古德（C. E. Osgood，1957）等在一项实验中发现，人们在印象形成中，往往会从评价（好或坏）、力量（强或弱）、活动（积极和消极）这三个角度来进行描述。在一般情况下，评价是其中最重要的一个角度，也就是说在实际的认知过程中，一般我们评价判断完一个人的好坏之后，对此人的整体印象也基本确定了。这是第一原则：评价的中心性原则。

罗森伯格（S. Rosenberg, 1968）等发现人们往往根据社会特征和智慧特征去评价他人，见表 5-1。

表 5-1　印象形成中评价的维度

评价	社会特征	智慧特征
好的评价	助人的	科学的
	真诚的	果断的
	宽容的	有才能的
	幽默的	聪明的
	平易近人的	有恒心的
不好的评价	不快乐的	愚蠢的
	自负的	轻浮的
	易怒的	笨拙的
	令人厌烦	不可靠
	不受欢迎的	优柔寡断的

汉密尔顿（D.L.Hamilton, 1974）等的研究表明，一个人的社会特征会影响人们对他的喜欢程度，一个人的智慧特征会影响人们对他的尊重程度。

（二）一致性原则

在形成对他人的印象时，人们会把关于该对象的各种特征组织起来，形成一个统一的印象。也就是人们倾向于将他人视为某种“内部一致”的人，当然这种一致并不是说个体对于他人的印象只有好坏两种，而是指对他人的某一特质的评价没有截然相反的两面。一个人不会被看成既是完美无缺的又是十恶不赦的，既是诚实的又是虚伪的，既是热情的又是冷酷的，既是体谅人的又是虐待人的。而生活中为了印象的“一致性”，人们在与他人有了基本了解后往往去推论他的大多数行为和性格特征。即使在获得的信息存在矛盾时，个体也通常会重新整理或歪曲信息资料，以消除或减少不一致性。

（三）综合性原则

印象形成遵循综合性原则。对社会客体要形成一个完整的社会形象，必须将获得的社会知觉材料综合起来。印象形成虽然以知觉材料为基础，但是，印象不是知觉材料的算术和。

在这种综合过程中如果获得的社会知觉材料不太全面，或材料贫乏、模糊，就会产生“以偏概全”的倾向，导致社会印象的偏差。此外，在综合过程中，具有不同社会重要性的社会知觉材料对社会印象的形成具有不同的贡献率，社会客体的“中心特征”往往在社会印象的综合过程中起着主导作用。

二、印象形成的方式

（一）累加方式

累加方式是指以特性的价值的总和来形成对别人的印象。我们对一个人的判断依据全部特性的价值总和而定。一个人在肯定评价上的特征越多，强度越大，给人的总体印象就越好，越容易被人接纳；一个人在消极评价上的特征越多，强度越大，给人的总体印象就越差，越难被人接纳。例如同学 A 的真诚、善良、聪慧、多嘴的得分值分别为+3、+2、+1、−2，同学 B 的此四种品质的得分为+1、+4、+5、−3，通过累加，同学 A 的得分为 3+2+1−2=4，同学 B 的得分为 1+4+5−3=7，因为 4 小于 7，所以同学 B 会给人更好的印象。

（二）平均方式

安德森（Anderson, 1978）研究发现，有些人在总印象形成上，并不是简单地将人们各个评价分值进行累加，而是通过将各个特征的分值加以平均，然后根据平均值形成对一个人的总体印象。以上述的 A、B 同学为例，按照平均方式，同学 A 的得分（3+2+1−2）÷4=1，同学 B 的得分（1+4+5−3）÷4=1.75，因为 1 小于 1.75，所以同学 B 会给人更好的印象。

（三）加权平均方式

在上面的案例中，无论是累加方式，还是平均方式，得到的结果都是同学 B 会给人更好的印象。但并不是每次用这两种方法得到的印象结果都会一致，有时候两种方法得到的结果并不一致。如 A 同学的四种品质及其分数为善良（6）、自信（6）、偏激（3）、虚伪（1），B 同学的三种品质及其分数为有恒（6）、理智（6）、固执（3），那么按照累加方式，A 的总印象分为 6+6+3+1＝16，B 的总印象分为 6+6+3＝15，A 的总分高于 B，对 A 的印象要好于 B；而按照平均方式，A 的总体印象分为 16÷4=4，而 B 的印象分为 15÷3=5，对 B 的印象要好于 A。

此时，两种方式得到的结果是矛盾的，为了解决这个矛盾，安德森又提出了“加权平均方式（weighted averaging model）”，在对别人形成总体印象时，不止考虑每一个特征的重要性，而且考虑特征的重要程度。在计算时，并不是将每一个特征值简单地累加，或者是加后算平均，而是将这些特征值乘以它们相应的权重之后再算平均，即加权平均。例如上述A同学的四种品质及其分数为善良（6）、自信（6）、偏激（3）、虚伪（1），但是四种品质的权重不一，分别为2、4、3、1，则A同学的印象分为（6×2+6×4+3×3+2×1）÷4=11.75。

（四）中心品质理论

1946年阿希（Solomon Asch）开始了有关社会印象形成的实验研究。他以大学生为被试，采用一组描述人格特征的形容词作为实验材料，研究有关人格印象形成的过程。这组人格形容词为：精干、坚信、健谈、冷酷（热情）、机智、进取、有说服力等。实验分为两组进行，两组之间的差别主要是所呈现的第四个形容词不同，其中一个组为“冷酷”，另一个组为“热情”。实验结果表明，尽管两组被试都是根据所呈现的形容词来描述该人的形象，但是这两个组所描述的形象却有很大的差异，即呈现“冷酷”形容词的大学生认为该人是个“冷酷型”的人，呈现“热情”形容词的大学生认为该人是个“热情型”的人，两组被试都认为，在所呈现的形容词中最关键的形容词是“冷酷”或“热情”。当不呈现“冷酷”或“热情”时，大学生关于该人的印象则没有差别。

阿希通过一系列实验发现，印象的形成并不是社会知觉对象的各种特征的平均或简单相加，知觉对象的各种特征在印象形成过程中并不是处于同等重要的地位。特征的性质不同，所起的作用也不同。在人的印象形成过程中，可以把认知对象的特征分为两类，即中心特征和边缘特征。中心特征对印象形成往往起着关键性作用，甚至中心特征对边缘特征有一种限制和变更的作用。随后，有人用声调刺激代替人格形容词来重复阿希的实验，其结果在一定程度上验证了阿希的理论。

三、印象形成的心理效应

（一）首因效应和近因效应

1. 首因效应

首因效应（Primacy Effect）是指认知者与他人初次接触时，首先接触到的关于他人的信息，会给认知者留下强烈的印象，影响到认知者的判断。

阿希是最早进行有关首因效应对认知影响的社会心理学家。1946年，他做过一个实验，即让两组大学生被试评定对一个人的总体印象。第一组大学生被试被告知这个人的特点是“聪慧、勤奋、冲动、爱批评人、固执、嫉妒”，六个特征按从肯定到否定来排序；而第二组被试被告知的同样是这六个特征，只是其排序方式是从否定到肯定。结果显示，大学生对这个人的总体印象受特征排序的影响。先接受肯定特征的第一组被试对评价者的印象要远远优于先接受否定信息的第二组。这说明，最初印象具有高度的稳定性。

美国社会心理学家洛钦斯（A. S. Lochins）在 1957 年对首因效应做了一个经典性实验。他在实验中向四组大学生介绍某个陌生人：在向第一组介绍时说这是个性格外向热情的人；在向第二组介绍时说这是个性格内向冷漠的人；在向第三组介绍时，先说这是性格外向热情的人，后说是一个性格内向冷漠的人；在向第四组介绍时同在第三组介绍时的说法一样，只是次序颠倒了。随后洛钦斯要求四组被试描述这个陌生人。第一、二组在描述时并无异常，第三组被试中有 78%的人认为此人性格外向热情，第四组被试中只有 18%的被试认为此人性格外向热情。

2. 近因效应

认知者在与他人的接触过程中，所依据材料的先后顺序对印象形成具有强烈影响。最初出现的信息影响最大，被称为首因效应；最新获得的信息在时间上距离认知者最近，对认知者影响也较大，被称为近因效应。

近因效应没有首因效应这么明显。之所以会产生近因效应，是因为在形成印象的过程中，不断出现足够吸引人的新信息，或是原来的信息随着时间的推移而被遗忘掉。心理学家发现，人们在难以回忆旧有信息，对一个人的判断要依赖于目前的情境时，就倾向以新近信息为依据，从而产生近因效应。

近因效应和首因效应看似矛盾，其实它们是在不同条件下分别起作用。一般来说，如果关于某人的两种信息连续被认知者感知，认知者总是会对第一种信息印象较深，此种情况产生的是首因效应；但如果认知者对关于某人的两种信息的感知存在一段时间间隔，这种情况下近因效应会发挥作用。此外，认知者面对不同对象也会产生不同的效应。认知者在感知陌生人时，首因效应是明显的；在感知熟人时，近因效应会更明显。

（二）光环效应

个体一旦对认知对象的某种品质形成倾向性印象，就会用它评价认知对象的其他品质。最初的倾向性好似一个光环，使其他品质也因光环影响产生类似色彩，这类现象叫光环效应。光环效应，也叫晕轮效应、光圈效应或成见效应。当一个人对他人的印象较好时，就会认为他各方面都好；当一个人对他人印象较差时，就会认为他各方面都很糟糕。社会心理学家发现，外表有吸引力的个体在其他方面容易得到更好的评价。相反，外表缺乏吸引力的个体，人们对他们的特征评价会更差。

美国心理学家凯利针对麻省理工学院的两个班级的学生做了一个实验。上课之前，实验者向学生宣布，临时请一位研究生来代课。接着告知学生有关这位研究生的一些情况。实验者向一个班的学生介绍这位研究生具有热情、勤奋、务实、果断等品质；向另一班学生介绍的信息中除了将“热情”换成了“冷漠”，其余各项都相同。而学生们并不知道这一区别。实际结果是：下课之后，前一个班的学生与研究生一见如故，亲密攀谈；后一个班的学生对他却敬而远之，有意回避。可见，仅介绍中的一词之别，竟会影响到对一个人的印象。学生们戴着这种有色眼镜去观察代课者，这位研究生就被罩上了不同色彩的晕轮。

（三）投射效应

投射效应也称为假定相似性，即人们总是假设他人与自己是相同的。

在一项实验中，李·罗斯（Lee Ross）和他的同事们询问大学生，是否愿意在身上挂一块印有"到 Joe's 餐馆用餐"的广告牌在校园里做宣传。结果发现，那些同意佩戴标志的人会认为，大多数学生会同意这么做；那些不愿意佩戴标志的人则估计，没有多少学生会愿意佩戴它。

投射效应在生活中非常普遍，而且人们会在不知不觉中这样做。例如，美国电影《金刚》在国内上映之后，某杂志的一篇影评写道："看完《金刚》，我走在电影院外的马路上，看到一群人嬉笑着走过。我不禁为他们感到悲哀——你们连《金刚》都没有看过，人生还有什么可欢乐的？"意思就是说，我看了《金刚》，你们也应该去看；我觉得《金刚》很好看，你们也应该觉得它好看，不接受任何反驳意见！

（四）刻板印象

刻板印象（stereotype）也称类属性思维，是指人们通过整合有关信息及个人经验形成的一种针对特定对象的既定认知模式，即人们对某一类人或事所产生的一种比较固定、概括且笼统的看法。

社会文化理论认为，刻板印象是社会情境和文化传承的产物，强调刻板印象形成和维系过程中社会（包括家庭、传媒、文化传统）的影响作用。人们通过社会学习获得社会环境中所流行的群际的观念和态度，反过来这些系统又会得到社会的强化，其焦点在于如何通过社会经验、伙伴群体的影响及媒介渲染获得和保持刻板印象。

费斯克（Fiske）和纽伯格（Neuberg）提出的印象形成的模式就强调了印象形成中目标的关键作用：当一种关系对于印象形成非常重要时，认知者将基于目标对象的特殊信息，分配充足的认知资源去形成印象；当关系不重要时，他将简化形成印象的任务，把目标归入某一范畴，根据刻板印象形成印象。

性别刻板印象，即关于男女行为差异的相对稳定的、倾向性的信念和看法。职业刻板印象，即人们对男性和女性在专业、职业方面的期望、要求和一般看法。在现实社会的传统职业定向中，人们普遍认为女性学习数理等理工科专业的能力明显弱于男性，不易取得成就，她们更适合学习中文等人文科学专业。地域和种族刻板印象，即人们口中通常所说的"德国人严谨，法国人浪漫，中国人含蓄"等。

近年来，对刻板印象的研究越来越多，其测量方法也得到了发展，如内隐刻板印象的新型测量方法。刻板印象的积极作用是使社会知觉过程简化，但由于刻板印象是根据以往的印象和经验对现有认知对象加以判断，因此很难避免主观性与偏执性，有时会造成认知失误。

经过学者们对刻板印象数十年的研究，有了如下几项清晰的认识（Brigham, 1971; Katz and Braly, 1933; Oakes et al., 1993; Tajfel, 1978）：第一，人们仅凭少许几个粗浅的共同特征，就迅速地刻画出某一群体的形象，形成了对此群体的刻板印象；第二，刻板印象很难改变；第三，当社会、政治、经济发生了广泛而深刻的变化，人们的刻板印象才会发生改变；第四，刻板印象很早就形成了，经常是在孩子没有习得关于某一群体的任何知识时就能够形成；第五，当群体间关系紧张、发生冲突时，人们的刻板印象就容易凸显出来，并变得有敌意，而且极难改变；第六，刻板印象并非总是不精确或错误的，刻板印象能够帮助人们理解特定的群际关系。

第三节　社 会 推 断

社会推断（Social Inference）在许多方面都是社会认知的核心，社会推断重点研究的是人们进行推断的过程（推断可以是条分缕析及抽象的，或是直觉与具体的），人们利用它来识别、选取信息，并对这些信息进行加工以形成印象、作出判断。

一、背景的影响

普通心理学关于图形与背景的关系的研究指出，人的认知能力是有限的，人们不可能对周边的所有信息都作出同等的反应。让人们选择作出反应的刺激就成为人们的对象（即图形），其他的刺激就是背景，我们不会对其作出反应。也就是说，这些成为背景的刺激，不会对我们的认知产生任何影响。

但果真如此吗？随着社会心理学家研究的深入，他们发现那些属于背景的刺激依然会对人们的认知产生作用，甚至有时人们还会被这些背景刺激所影响。

（一）参照点与对比效应

假如你要买一台液晶电视机，现在有如下两台液晶电视机摆在你面前，你觉得哪台更划算，你会买哪一台?

- 产品 A：70 英寸，4K 超高清。原价 10 499 元，售价 4 999 元。
- 产品 B：70 英寸，4K 超高清。原价 8 799 元，售价 4 999 元。

相信多数人会购买产品 A。为什么呢？简单地说，答案就是：对比效应。对比效应（Contrast Effects）是指对某一对象作出的判断，取决于将它与其他对象进行对比的结果。也就是说，某一对象看起来可以比实际上更好，也可以比实际上更差，这取决于将它与什么东西相比较。如果人们将某一认知对象与同它类似但不如它好（或者不如它漂亮、不如它高大，等等）的东西相比时，会认为该认知对象实际上比一般东西更好、更漂亮或者更高大；如果人们将某一认知对象与同它类似但比它更好（或者比它更漂亮、比它更高大，等等）的东西相比时，会认为该认知对象实际上要比一般东西更差、更丑或者更矮小。

对比效应可以巧妙地发生，可能具有强大的影响力。一个二手车经纪人，可能会在卖场摆上一部年久失修的旧汽车，以让那些摆在旁边的汽车看上去更好；女生第一次相亲时，总喜欢要带上自己的闺密一起去，是带一个比自己漂亮的，还是带一个不如自己的？答案很明显。

普通心理学指出，人们不太关注处于背景中的刺激，这就大大增强了如政治家、广告商、记者、销售代理等的“背景制造者”的影响力。他们所创设的背景可能影响人们的感知与判断，诱导人们做出在其他情况下不可能作出的决定。

人们所作出的一些针对自己的重要判断，也可能受到对比效应的有力影响。例如，某个中学毕业时致辞的优秀毕业生代表，在进入名牌大学后，面对着众多同样优秀的毕业生代表时，会感到沮丧。由于自己不再是周围孩子中最聪明的那一个，他可能仅仅因为表现平平，便认为自己愚笨。同样，有研究表明，如果让被试面对着一个长相漂亮的人的图像来对其自身的魅力评分，会比面对着一个长相一般的人的图像时评分低。

（二）为决策设置框架——框架效应

我们先看一个丹尼尔·卡尼曼（Daniel Kahneman）和阿莫斯·特沃斯基（Amos Tversky）所做的实验。研究者告诉一组大学生参与者，“假定你是美国总统，而且这个国家正面临着一场突然爆发的罕见瘟疫，预计将会有 600 人丧生。为了抗击疾病，你的高级顾问为你准备了两套方案，而且已经尽他们的最大努力预测了采取每种方案可能出现的后果”。两套方案如下所示：

- 如果采用方案 A，可以挽救 200 条生命。
- 如果采用方案 B，600 人获救的可能性为 1/3，全部丧生的可能性为 2/3。

研究者问参与者，如果你是美国总统，你会选择哪一套方案？结果是有 72%的参与者选择了方案 A。

研究者告诉第二组参与者同样的背景信息，但列出的两套方案是这样的：

- 如果采用方案 A，400 人会丧生。
- 如果采用方案 B，全部获救的可能性为 1/3，600 人丧生的可能性为 2/3。

研究者也问第二组参与者，如果你是美国总统，你会选择哪一套方案？这次的结果是有 78%的参与者选择了方案 B。

这是一个具有深远意义的研究，对很多学科，尤其是对经济学来说是革命性的。传统经济学的一块基石是理性假设，认为所有人都是追求利润最大化或效用最大化的“经济人”。就拿这个假设下著名的期望效用函数理论（Expected Utility Theory）来说，这个函数也称冯·纽曼—摩根斯坦效用函数（von Neumann-Morgenstern utility）。期望效用函数理论是 20 世纪 50 年代冯·诺伊曼和摩根斯坦（von Neumann and Morgenstern）在公理化假设的基础上，运用逻辑和数学工具，建立了不确定条件下对理性人（rational actor）选择进行分析的框架。

如果某个随机变量 X 以概率 P_i 取值 x_i，$I = 1,2,\cdots,n$，而某人在确定地得到 x_i 时的效用为 $u(x_i)$，那么，该随机变量给它的效用便是：

$$U(X) = E[u(X)] = P_1u(x_1) + P_2u(x_2) + \cdots + P_nu(x_n)$$

其中，$E[u(X)]$表示关于随机变量 X 的期望效用。因此 $U(X)$称为期望效用函数，又叫做冯·诺伊曼—摩根斯坦效用函数（VNM 函数）。以双人零和博弈为例，两个人出同样多的钱（100 元）赌博，赢者获得 200 元，输者为 0 元。不考虑其他因素情况下，输赢概率均为 0.5，故每个人的期望效用便是 $E(u)=0.5×200+0.5×0=100$。

经济学认为，在备选的方案中，人们会选择期望效用更大的行动。以上述卡尼曼的实验为例，在第一组参与者的两个方案中，方案 A 的期望效用 $E(u)=1.0×200=200$，方案 B 的期望效用 $E(u)=1/3×600=200$。也就是说，两个方案的期望效用是一样的。同理，第二组参与者的两个方案中的期望效用也是一样的。既然期望效用是一样的，那么理论上参与者对 A、B 两个方案的选择偏好应该是等同的。参与者对这两个方案选择的占比应该都是 50%左右，在统计学上不应该有显著性差异才对。但是实际结果却是：第一组参与者中有 72%选择了方案 A，第二组参与者中有 78%选择了方案 B，这两组参与者的选择都有着显著性差异。尤其是第一组参与者中的多数选择了方案 A，而第二组参与者中的多数选择的却是方案 B。这是怎么回事呢?

特沃斯基和卡尼曼的解释是，人并非是像经济学家所说的“理性人”，人是有情绪的。而人的情绪带有动力作用，使人的反应具有偏向性。情绪又分为积极情绪与消极情绪两种，一般而言，消极情绪的作用往往会大过积极情绪的作用。比如，失去 20 美元所体验到的痛苦，要比得到 20 美元所带来的快乐强烈得多。所以，人们不喜欢失去，总是试图避免受到损失。在上述实验中，总统顾问为第一种决策设置的框架，使得方案 B 看上去就像一种巨大的损失（方案 A 中的关键字眼是“挽救”，而方案 B 中不仅有“挽救”，更有“全部丧生”的字眼）；在第二种形式中，总统顾问所设置的框架，使得方案 A 看上去似乎必然受损（方案 A 中只有“丧生”的字眼，方案 B 中不仅有“丧生”，还有“全部获救”这一关键字眼）。因此，如何对问题设置框架，是极为重要的。

一个重要的概念就此产生了，这就是框架效应（Framing Effect），指决策过程中由于备择方案描述方式（即框架）的改变而导致决策者选择偏好发生改变的现象。有很多研究证实了框架效应的存在，比如林维尔等（Linville et al.，1992）的研究表明，如果说避孕套预防艾滋病的成功率是 95%，那么 90%的大学生相信它是有效的；但如果说它预防艾滋病的失败率是 5%，那么只有 40%的大学生相信它是有效的。

1982 年，麦克尼尔、波克尔、苏克斯和特沃斯基提交了一份精心挑选的对美国医生的测试统计采样，它的基础是实际的临床诊断数据。这些数据说明，绝大多数诊断者犯了“框架”错误。假如他们被告知某种手术在 5 年内的死亡率是 7%，那么，他们就会犹豫不决，不知是否应该向病人介绍该手术。相反，如果他们被告知这种手术在 5 年后的存活率是 93%时，他们就会毫不犹豫地给病人推荐该手术。

卡尼曼因这一系列的研究获得了 2002 年诺贝尔经济学奖，委员会的颁奖词是：把心理学研究和经济学研究有效地结合，从而解释了在不确定条件下如何决策（特沃斯基 1996 年去世，没能分享这份殊荣）。卡尼曼的研究给传统的经济学以巨大的警醒，也催生了经济学的一门新学科：行为经济学。

卡尼曼与特沃斯基所做的研究意义十分重大，它又一次告诉我们，那些看似毫不起眼的边角信息，很有可能让我们驶离理性的轨道，而且并不自知。下面是一个关于苏丹君主的故事。苏丹梦见自己牙齿掉光，于是就召人来解梦。第一个解梦人说："天啊！掉牙齿说明您将会目睹所有家庭成员的死亡。"怒不可遏的苏丹下令给这个传递坏消息的解梦人 50 鞭子。第二个解梦人听了这个梦以后，他解释说这预示着苏丹的好运："你将比你整个家族的人都要长寿！"于是，安下心来的苏丹下令管家奖给这个传递好消息的解梦人 50 个金币。途中，迷惑不解的管家向第二个解梦人请教："你的解释和第一个没有什么区别呀？""哦，没错，"那个睿智的解梦人回答道，"不过，请记住一点，重要的不仅是你说了什么，还在于你是怎么说的。"

（三）前景理论

前景理论（prospect theory）是卡尼曼和特沃斯基在 1979 年提出的。所有关于行为经济学的著作，都绕不开这个理论。曾有一位著名的财经编辑问过卡尼曼，为什么将他们的理论称为"前景理论"，卡尼曼说："我们只想起一个响亮的名字，让大家记住它。"不知这是不是玩笑话，不过现在这个理论已经是如雷贯耳了。

前景理论是一种非传统的过程化的理论（Procedural Theories），即试图一直构造导致选择的心理过程的理论。其显著特征包括：有限理性（Bounded Rationality）的存在和直觉推断式（Heuristics）决策结论的使用。

有限理性蕴含着参与者不但在复杂和动态决策环境中处于不完全信息下，而且只具备有限计算能力，参与者的目标可能也不是十分清晰的。在时间、可计算资源和通常相互冲突目标的约束下，这样最优的概念就变得更加复杂了。在这种情况下，直觉推断的应用是必要的，这样就产生了一个简化决策程序的可计算的捷径。

在面对未来的风险选择时，人们通过一个价值函数来进行价值评估。这个函数具有四个重要的性质，即确定效应（Certainty Effect）、损失厌恶（Lose Aversion）、参照依赖（Reference Dependence）和敏感度递减（Diminishing Sensitivity）。

1. 确定效应

卡尼曼和特沃斯基做了一个实验，问参与者面对如下两个备择方案将做何选择？

- 你一定能赚 30 000 元。
- 你有 80%可能赚 40 000 元，20%可能什么也得不到。

实验结果是，大部分人都选择了 A。

传统经济学中的"理性人"认为选择 A 是错的，原因是 B 的期望值 40 000×80%=32 000，要大于 A 的期望值 30 000×100%=30 000。

卡尼曼和特沃斯基则认为：人们愿意体验的是积极情绪，而不愿意体验消极情绪。方案 A 是让参与者处于完全的收益状态，人们体验到了积极情绪。而方案 B 固然有收益的喜悦，但也有失去的恐惧和担忧，这能让参与者体验到消极情绪。这就使得参与者的决策偏向了方案 A。卡尼曼和特沃斯基把这种现象称为"确定效应"，即处于收益状态时，大部分人都是风险厌恶者。

所谓确定效应，就是在确定的好处（收益）和“赌一把”之间做一个抉择的话，多数人会选择确定的好处。用一个词形容就是“见好就收”，用一句话打比方就是“二鸟在林，不如一鸟在手”，正所谓落袋为安。

2. 损失厌恶

卡尼曼和特沃斯基认为，失去20美元所体验到的痛苦，要比得到20美元所带来的快乐强烈得多。即等量的损失要比等量的获得，对人们的感觉产生更大的影响。如图5-2所示。

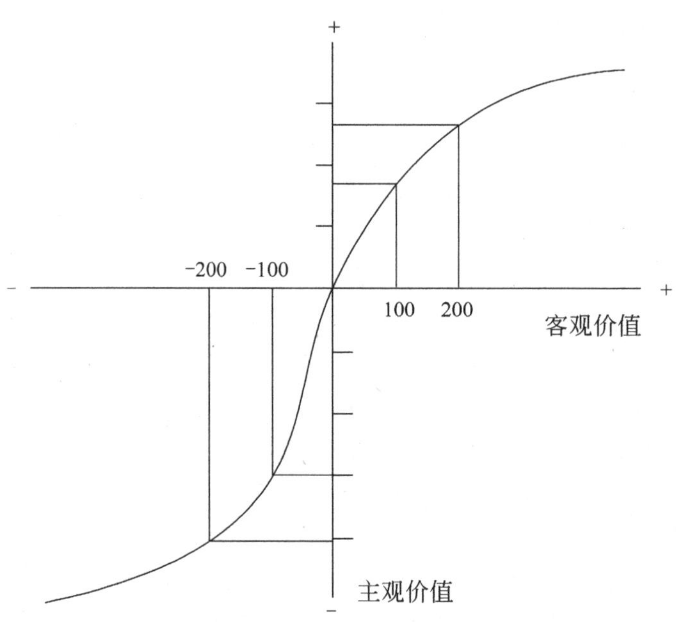

图5-2　收益与损失时的反应差异

从图5-2中可以明显地看出，负数区域（即损失区域）的函数图像要比正数区域（即获得区域）的陡峭。“在金钱方面（或在其他的‘损失’和‘获得’能够被衡量的领域），人们对‘损失’的价值感知通常是相同数量‘所得’的两倍。”一般人会因这种“损失规避”（lose aversion）而放弃本可以获利的投资。

3. 参照依赖

同样，我们先看一个卡尼曼所做的实验，问参与者在以下两项中如何选择？

A. 其他同事一年挣6万元的情况下，你的年收入为7万元。

B. 其他同事年收入为9万元的情况下，你一年有8万元进账。

卡尼曼的这项调查结果出人意料：大部分人选择了前者。那为什么参与者会选择一个期望效用小的选项呢？

前述的对比效应说明，人们对得与失的判断，也是来自比较。人们的自尊程度是在社会比较的过程中形成的。选项A虽然期望效用相对较小，但在与同事进行比较时能体验到高的自尊；选项 B 尽管期望效用较大，但在与同事进行比较时自尊变低了。最终还是情绪战胜了效用，所以参与者更多地选择了 A，而不是 B。

因此，所谓的损失和获得，一定是相对于参照点而言的。卡尼曼称为“参照依赖”。

4. 敏感度递减

敏感度递减的状况在人的认知领域中无处不在，不论是获得还是损失，其边际价值随其不断增大而减小（Tversky and Kahneman, 1979）。从图 5-2 中可以看出，在零点的右侧，即获得区域内，函数图像是上凸的；而在零点的左侧，即损失区域内，函数图像是下凸的。

从对上述价值函数的四个特性分析后，前景理论引申出的四个基本结论：

第一，大多数人在面临获利的时候是风险规避的；

第二，大多数人在面临损失的时候是风险喜好的；

第三，人们对损失比对获得更敏感；

第四，大多数人对得失的判断往往根据参照点决定。

（四）信息的数量

亨利·朱奇尔（Henry Zukier, 1982）做了一项实验，先提供给参与者如下的信息资料：

- 平均每个星期，蒂姆要花 31 个小时的课外时间学习。
- 平均每个星期，汤姆要花 31 个小时的课外时间学习。汤姆有一个弟弟、两个妹妹。他每隔 3 个月去看望一次爷爷奶奶。他曾经赴过一次约，去见别人给他介绍的女朋友。他每隔两个月打一次台球。

然后问参与者：蒂姆和汤姆谁的成绩更好？

大多数参与者认为蒂姆比汤姆聪明、成绩更好。朱奇尔发现，与手头问题无关的一些不相干的和不典型的信息（例如有关兄弟姐妹、家庭探访、日常习惯方面的信息）会稀释相关信息（蒂姆和汤姆都花了大量的时间学习）的影响，或者说导致了有关信息效力的降低。朱奇尔把这种现象称之为稀释效应（dilution effect），指的是中性的或无关的信息弱化判断或印象的趋势。稀释效应产生原因是：关于一个人的非相关信息使该人似乎与他人相似，因此更普通，与他人别无二致。

人们在思考一项困难的决定时，经常可以听到的一个托词是：“要是我能够得到更多的信息就好了。”尽管有时候拥有更多的信息可能会有帮助，但这也可能通过所谓的稀释效应改变我们对事物的感知与评价。

二、社会图式及其作用

一个年轻的衣着随便的妇女走到学院咖啡吧的柜台前。她说：“我想预订明天下午一个 6 人左右的包间，以供学生学术讨论之用。”柜台后面的年长妇女答道：“哦，明天下午我们这里有个会议，你问问你们教授具体什么时候要用包间，好吗？”年轻女子莞尔一笑："我就是教授。"

（一）社会图式的概念

社会图式（Social Schemas）简称图式（Schemas），它是一个概念、此概念关联的属性以及这些属性之间关系的认知表征。例如，在前面的例子中，店员头脑中的"教授"图式或许至少包括如下属性：年长、男性、组织学生的学术讨论、有女秘书。最后两个属性可能联结在一起：由女秘书去预订学术讨论的地方。

社会图式是社会概念的表征，它包含了外貌、特质、行为信息、功能等方面的观念。社会图式可以是具体的（如社会心理学老师），也可以是抽象的（如可爱的人）。当一个图式被激活时，特定概念的特性也就同时被激活了。例如，"跳舞"的图式可能就包含动作、节奏、重复和协调，也还会与音乐、鞋子、浪漫、时尚、艺术或许还有尴尬联系在一起。图式中的特性有可能是错的，如某些教授的形象就是与那些刻板印象不同，但人们还是把那些特性与某个概念联系在一起。尽管不同的人对某些概念形成的图式会有差异，但在同一社会文化环境中的人们还是会有相似的图式。简言之，社会图式包含了人们对他们自己、他人以及社会情境的特性和行为的期望。

（二）社会图式的分类

1. 自我图式

1977 年，马库斯首先提出了自我图式（Self-schemata）的概念。自我图式是个体对源于过去经验的自我的认知类化，能够组织和引导个体的社会经验中与自我有关的信息加工过程。当个体试图组织、概括或解释他在特定领域的行为时，就产生了个体关于自我的认知结构，这种认知结构就是自我图式。

为了考察自我图式对与自我有关的信息选择和加工的影响，马库斯进行了实验研究。通过前期问卷测验，她选取了独立—依赖维度作为进一步研究的维度，并确立了三组被试——独立组被试、非独立组被试、非图式化（Aschematics）组被试。在第一个实验阶段，研究者设计了三个独立的认知任务来评价关于独立的自我图式对自我信息加工的影响。这三项任务包括：第一，自我描述的内容和反应时间。呈现给被试许多与独立—依赖有关的特质形容词，让每个被试指出它是否是自我描述性的，记录被试每一次判断的反应时间；第二，为自我描述提供行为证据。让被试选择自我描述性的特质形容词，然后从自己的过去行为中引用事例来支持自我描述；第三，预测行为的可能性。呈现给被试对独立行为和依赖行为的一系列描述,让他们判断自己以这些方式进行行为的可能性。

结果发现，自我图式有助于对与自我有关的信息的加工，帮助个体作出与自我有关的判断和决策，使个体能够很容易地回忆起与自我图式一致的行为证据，对自己的行为做出更为自信的预测，并使个体拒绝与自我图式相冲突的信息。

2. 关系和角色图式

角色图式是关于人们恰当的标准和行为所组织起来的认知结构。具有特定身份、职业、年龄等的人群在思维方式和行为习惯等方面的社会认知表征，具有一定程度上的稳定性。即人们对特殊角色者（如教授）所具有的有组织的认知结构，比如人们常常认为教授是知识渊博、潜心学术的。

关系图式是指个体对于人与人之间关系的一种认知结构。包括两个或多个实体之间（如自己和母亲）的行为关系、情感、思想、动机等。当某个关系图式被激活后，相应的情感、目标等也被激活。这将使个体对新事物的看法产生影响（影响对新信息的加工）。这种影响是内隐的。

3. 个人图式

个人图式指人们对某一特殊的个体的认知结构，比如“二战”时对美国总统罗斯福就有一个个人图式，这个图式的内容包括：有勇气、自信、百折不挠等。

4. 团体图式

团体图式是指对某个特殊团体的认知结构，有时候也叫团体刻板印象。团体图式使得人们将某些特质归于一个特殊团体的成员所共有。比如人们常常根据刻板印象认为中国人勤劳、诚实，美国人乐观、热情。

5. 事件图式

事件图式是主要反映了某类事件及其子事件发生、发展的认知结构。是人对各种社会事件中的典型活动按先后次序所作的有组织的认知。香克（Schank）与阿贝尔森（Abelson）于 1977 年对事件图式进行了早期的研究。他们把事件图式称为脚本。下面的一个脚本包括了去餐馆用餐的一系列典型活动。场景一是进餐馆。顾客走进餐馆、顾客寻找座位、顾客决定坐哪儿、顾客向座位走去、顾客坐下。场景二是点菜。顾客拿起菜单、顾客翻看菜单、顾客决定吃什么菜、顾客唤来侍者、侍者来到餐桌边、顾客点菜、侍者走进厨房、侍者把菜单交给厨师、厨师准备烧菜。场景三是用餐。厨师把菜交给侍者、侍者把菜端给顾客、顾客用餐。场景四是离开餐馆。侍者开出账单、侍者走到顾客边、侍者把帐单交给顾客、顾客付小费给侍者、顾客走向收银台、顾客付钱给收银员、顾客离开餐馆。

事件图式的作用主要在于，当认知主体受到外来事件刺激时，即调动对于该类事件的既有认知经验，并对该刺激进行解释。事件图式也影响个体对事件的记忆，原有的事件图式影响了被试对新信息的加工。

6. 无内容图式

无内容图式不包含关于特定类别的丰富信息，而是包含有限数量的用于处理信息的规则（Michael A. Hogg，2011）。无内容的模式可以给出这样的推理：你喜欢约翰且约翰喜欢汤姆，那么为了保持平衡，你也应该喜欢汤姆，此类例子有海德的平衡理论；或者推理人们如何归因他们的行为，如凯利的因果模式的理论。

（三）图式的作用

图式对外界的信息加工存在过滤作用。主体的认知图式可以看做是一张过滤网，当主体认知客体、摄取客体信息时，客体的信息受到认知图式这张网的筛选。接受与图式一致的信息，忽略或排斥不一致的信息。每天都有大量的信息涌来，任何人都不可能完全把握这些信息，只能选择性地对某些信息进行加工。此时，图式的重要性就体现出来了，它帮助人们经济快捷地处理大量信息。

图式使复杂的世界更容易理解，它们通过联结彼此相关的信念来帮助组织信息，它们帮助大脑形成预期。因此，如果有人邀请你去跳舞，你会意识到这个人可能不只是想和你出去走走，而是想开始一个浪漫的约会。你可能会穿漂亮的鞋子，为约会做好准备。

如果有什么事情让你大费周章，那就是这事违背了你的预期。一般来说，人们在日常生活中似乎对应该发生的事情有一个坚定的想法。当生活符合他们的期望时，人们通常不需要想太多。当事件与人们的预期严重背离时，他们可能会停下来分析发生了什么。这是一个非常有用的模式。人们发展了对社会世界的理解，他们的期望和图式是这种理解的一部分。你通过经验生成了你的图式，它们引导着你加工信息的方式。如果你有了图式并且知道该期待什么，生活会变得容易得多。违反你预期的事件表明，你对世界的理解可能出了问题，所以值得停下来分析一下情况。在俱乐部里，你邀请某人跳舞，这个人有时会点头同意并陪你去舞池，有时会礼貌地拒绝你，一切如你所料，无须分析。但是，如果你邀请别人跳舞，对方却报以大笑或匆匆离去，你可能会停下来想，到底出了什么问题：你不被允许邀请别人跳舞吗？你的样子有问题吗？你身上有异味吗？

三、启发式判断

我们对浩若烟海的信息进行理解的一种途径是采用启发式判断（Judgmental heuristics）。启发式判断是一种思考上的捷径，它是一种解决问题的简单的（往往只是近似的）规则或者策略。例如，“如果一位男士和一位女士一起在街上行走，那位男士会走在外侧。”“来自健康食品店里的一种食品，一定会对你的健康有益。”“如果一个人来自上海，他或她一定是精明小气、不近人情的。”启发式判断几乎不需要思考——只需选择特定的规则（使用此规则不一定正确），并直接用于眼前的问题。启发式判断与系统性思考（systematic thinking）形成鲜明的对照。在系统性思考中，人们可以依据尽可能多的相关信息，从多种角度对问题进行分析、类比和评估，详细考察各种解决方案的影响。启发式判断主要有以下几种。

（一）代表性启发

我们先看一个实验。研究者要参与者看一段材料：“斯戴维是一个很害羞而退缩的人，总是乐于助人，但对他人不感兴趣，或对现实世界不大感兴趣。他温顺，爱整洁，需要秩序和组织，感情细腻。”然后要参与者猜测斯戴维的职业。他是一个农庄主、杂技演员、图书管理员、勇敢的跳水运动员，还是一个外科医生？结果是大多数参与者猜斯戴维是个图书管理员。

根据丹尼尔·卡尼曼和阿莫斯·特沃斯基的观点，当人们运用代表性启发（Representative Heuristic）的时候，人们关注的是某个认知对象与另一认知对象的相似性，并推断第一个对象与第二个对象一样。例如，我们知道高质量的产品价钱也很贵；因此，如果某个东西价格很贵，我们便可能推断它的确很好。如果我们看到货架上摆着两瓶酒，而且其中一瓶价格很高，我们便可能断定这瓶酒更好。我们只是从可能关注到的许多其他特征中（例如，葡萄的品种、酒的经销商、制造年份或者葡萄酒产地）挑选了一种（价格），并在此基础上做出了我们的决策。一般而言，大多数时候这样做能使我们的决策高效、管用（即基本上是正确的，“一分钱一分货”是有道理的）。但是，正如大多数聪明的消费者所知道的，高价格并不总是意味着高质量。由代表性启发法造成的认知偏差一般表现在以下几个方面：

1. 对基率或者先验概率敏感性低

社会心理学家姬娃·孔达（Ziva Kunda, 1999）假设了一种情况，请思考下面的问题：

威廉是一个矮个子、害羞的男人。他对诗歌充满热情，喜欢参观艺术博物馆。孩提时代，他常常受到同学的欺负。你认为威廉是一个：（a）农民；（b）古典文学学者。

根据上面的描述，大多数人都会猜测威廉是一个古典文学学者。毕竟，和农民相比较，对威廉的描述更符合古典文学学者的形象。但是在我们下结论之前，还要考虑一个关键信息——基础比率，即该职业在总人口中所占的比率。在美国，农民的数量远远大于古典文学学者的数量。实际上，即使只有很少比例的美国农民符合威廉的特征，这部分农民的数量也会比美国古典文学学者的数量多。因此，当我们猜测威廉从事的职业究竟是哪一种时，应该考虑到这种先验概率。但结果却是，我们常常忽略或无法充分利用这些先验概率或基础比率，而依赖于代表性启发法。

为了说明人类的判断通常基于代表性启发法，而非先验概率，卡尼曼和特沃斯基（1973）设计了一个实验。他们要求参与者根据如下材料进行判断：

约翰，男，45岁，已婚，有子女。他比较保守，谨慎并且富有进取心。他对社会和政治问题不感兴趣，闲暇时间多用于业余爱好，比如做木工和猜数字谜语。

假设他来自于一个工程师和律师组成的样本群。告诉一半参与者这个样本群中工程师为样本的30%，律师为70%；告诉另一半参与者这个样本群中工程师为样本的70%，律师为30%。然后问参与者约翰更有可能从事哪种职业？

结果是无论哪一组参与者，他们大多数都猜约翰是工程师。第二组参与者这样猜测无可厚非，但第一组参与者的情况是，猜约翰是律师的可能性（70%）要比猜约翰是工程师（30%）的可能性大多了，但他们对这个基础概率视若无物，表明第一段描述约翰形成的代表性启发法（约翰更像是工程师）深深地影响了参与者的判断。

2. 合取谬误

思考下面的问题（Tversky and Kahneman, 1983）：

琳达，31岁，单身，性格外向，哲学专业毕业。在学校期间关心歧视和社会公正问题，参加过反核武器抗议示威活动。那么，她可能是个什么样的人？

a. 她既是个银行职员又是个女权主义者。

b. 她是个银行职员。

绝大多数人都选择了第一个选项。在特沃斯基和卡尼曼的实验中，85%的参与者都做出这样的选择。但这一答案却违反了概率的基本原则。概率理论认为一个合取的概率，即两个独立事件同时发生的概率不可能高于单个事件发生的概率，即P(AB)< P(A)P(B)。因此，琳达既是个银行职员又是个女权主义者的概率不可能高于她仅仅只是个银行职员的概率。更简单地说，所有符合以上描述的女权主义的银行职员，必然包含在所有符合这些描述的银行职员之内。而人们却没有认识到这一定理，特韦尔斯基和卡尼曼将这种现象称为"合取谬误（conjunction fallacy）"。

人们对代表性启发法的使用，可能导致这种合取谬误。琳达与人们心中女权主义银行职员的形象更相似，而不只是一个银行职员。如果仅以这种相似性作为判断的依据，那么就会认为琳达更像一个女权主义的银行职员。我们陷入这种困境是因为：当对琳达的描述越详细，越符合女权主义者的特征时，琳达的代表性特征增加了，而合取概率却在下降。

（二）易得性启发

特沃斯基和卡尼曼（Tversky and Kahneman, 1974）做了一项实验，他们问参与者以下问题，你认为：

（1）每年死于交通事故的人多还是死于心脏病的人多？

（2）乘坐飞机与火车哪个更安全？

（3）命丧火海的人多还是溺水而死的人多？

（4）r排在第一位（如red）还是排在第三位（如perfect）的单词多？

结果多数参与者的回答是：死于交通事故的人多、乘坐火车更安全、命丧火海的人多以及r排在第一位的单词多。但正确答案恰恰相反。

特沃斯基和卡尼曼认为，人们在回答这些问题时，通常使用易得性启发法（availability heuristic）：人们会依据事例容易回忆的程度来判断事件出现的概率，即依据它们的易得性来进行判断。在上述四个问题中，死于交通事故的人与死于心脏病的人相比，交通事故会让人们马上想到那些血淋淋的场面，心脏病虽然也让人痛苦，但是两相比较人们还是会对交通事故的死法更加印象深刻。再加上媒体经常会有对交通事故的报道，而绝少有对因死于心脏病的人的报道，叠加起来就是交通事故要比心脏病更容易从我们的头脑中提取出来。同样，飞机一旦失事，其惨烈的程度肯定会胜过火车出轨，媒体对飞机失事报道的深度与广度也远超对火车出轨的报道。第三个问题也是同理。至于第四个问题，那是因为我们的阅读顺序是从左到右，排在第一位的字母要比排在第三位的同一个字母更为引人注意，人们对它的记忆就会更加深刻了。在此种情况下，人们的认知逻辑是："如果我能回想起许多例子，那它们肯定是经常发生的。"因此，参与者对上述问题的回答就容易出错了。

（三）锚定与调整性启发

在你面前有一个幸运轮，幸运轮上面有一些数字，当你转动这个幸运轮之后，数字停在了 65 上。下面你需要回答这样一个问题：非洲国家的数量在联合国国家的总数中所占的百分比是大于 65%还是小于 65%？你没有多加考虑，回答说是小于 65%。然后问你，非洲国家的数量在整个联合国中占的实际百分比是多少？经过一番思考以后，你给出的答案是 45%。一位研究人员记录下你的答案，并感谢你的参与。然后你就离开了。

现在假定你是另外一个人，你转动幸运轮之后得到的数字是 10，而不是 65。一位研究人员问你，非洲国家的数量在联合国国家的总数中所占的百分比是大于 10%还是小于 10%？你肯定回答说是大于 10%。然后问你，非洲国家的数量在整个联合国中占的实际百分比是多少？经过一番思考以后，你给出的答案是 25%。

很明显，幸运轮的数字与随后的问题完全无关，应该不会对判断产生影响。但事实并非如此，特沃斯基和卡尼曼（1974）认为，这种随机、不相关的初始值会对判断产生很大的影响。上述他们做的实验就说明了这一点：幸运轮上的数字大，参与者估计的百分比就高；而幸运轮上的数字小，参与者估计的百分比也会变小。最初的起始值，似乎成为了"锚"，即使它并非相关因素。当以这种锚为参照上下调整我们的判断时，通常都不会有太大的变动。特沃斯基和卡尼曼把这种现象称为锚定（anchoring）。我们有时在拿不准的情况下作判断，会通过使用一个参照点或锚定来降低模糊性，然后再通过一定的调整来最后得出结论的判断方法，叫锚定与调整性启发（anchoring and adjustment heuristic）。

这种锚定现象普遍存在于社会性判断中。比如，虚假一致性效应正是由于在锚定与调整的过程中，人们利用自身的观点作为"锚"并进行了不恰当的调整所导致的（Alicke and Largo,1995; Fenigstein and Abrams, 1993）。同样，在评估一个群体成员时，人们可能以群体的刻板印象为锚；或是在评估刻板印象时，以群体中一个成员的行为为锚。结果，人们可能会认为个体与他所在的社会群体更加相像（有可能超过实际情形），也可能出现将个体行为过度概括到整个群体的错误。

很多人会把人们的这种锚定与调整性启发方式运用到实际生活中去，比如美国总统特朗普就是此中的高手。早在 1987 年，特朗普就出版了有关谈判交易的一本书——《交易的艺术》，他在该书的开头便表示："我的交易风格相当单纯直接。我会定下非常高的目标，然后不断地施压，施压，再施压，好得到我想要的东西。有时我会接受比目标低的结果，但在大多数情况下，我最终还是会得到我想要的。"先期定下非常高的目标之后（即锚定），无论如何进行调整，最后都不会离这个目标太远。

（四）态度性启发

安东尼·普拉特肯尼斯（Anthony Pratkanis, 1988）做了一项研究，研究中大学生参与者被要求对下面两个陈述作出判断：

（1）罗纳德·里根在尤勒卡大学的平均成绩一直是A。
（2）罗纳德·里根在尤勒卡大学的平均成绩从未超过B。

普拉特肯尼斯发现了什么呢？实际上，很少有人知道里根在大学的学业成绩，他们的回答取决于他们对里根的态度。结果发现，那些喜欢里根的学生更有可能相信陈述（1），而不喜欢里根的学生则更有可能相信陈述（2）。而且，学生们对里根的态度越极端，他们对自己判断的信心越强。换句话说，该实验中的学生们将他们的态度作为启发式判断来确定什么是正确的，而且相信他所做出的决定是正确的。如果你好奇地想知道正确答案，事实上陈述（2）是正确的。在大学阶段里根的平均学业成绩从来没有超过 C。根据人们的态度而产生的判断方法叫态度性启发（attitude heuristic）。

晕轮效应实际上就是一种态度性启发。人们对一个人形成了无论是积极的还是消极的印象之后，会进一步据此推断此人其他方面的特性，表明最初的态度影响了随后人们对此人的判断。投射效应也是一种态度性启发，只不过变成了人们对自己的态度影响到了对他人的判断。

第四节　归　　因

一、归因概述

设想你在一次聚会上遇见了一位魅力十足的人，你想以后再和他（她）见面，于是你就问："下周我们一起看场电影好吗？"他（她）说："对不起，我不去。"结果你的浪漫梦想破碎了。你不禁思考他（她）为什么要拒绝你的邀请：是他（她）不喜欢自己吗？还是他（她）目前并非单身？或许是他（她）太忙了，没有时间约会，你就会认为他（她）是想再次见你的，只是忙到没时间而已。无论是以上哪种推断，可能对你的自尊多少会有些打击，并且会影响你接下来的行为。他（她）不喜欢你，或他（她）目前并非单身的推断，比认为他（她）忙的推断，会对你产生截然不同的影响。前两种推断很可能使你知难而退，而后一种推断则会鼓励你跃跃欲试。

这个简单的例子说明了社会认知的一个重要事实：人们经常想要知道一个人为什么要说这个话、做这件事，或是更进一步讲，他究竟是一个什么样的人？他的特质、动机、目的是什么？社会心理学家认为，人们这样发问，很大程度上是想要知道社会性世界里的因果关系。人们并不是简单地想要知道他人做了什么、如何做的，还想知道他人为什么要这样做。因为只有这样，才能更好地了解他人，并帮助人们进一步预测他人接下来的行为。社会心理学相应的研究即是归因。

归因（attribution）是指人们对自己或他人的行为做出因果解释的过程。最早对归因进行研究的社会心理学家是海德（Fritz Heider, 1944, 1958），他认为人们有两种基本需要：（1）对世界形成一致性观点的需要；（2）对周围的环境能进行有效控制的需要。海德相信这种一致性和稳定性的愿望，预测与控制环境的能力，使得普通人也像心理学家一样，对他人的行为进行理性、逻辑性的推测，这样才能减少不确定性，管理好自己的社会生活。因此，海德的研究也被称为常识心理学（common sense psychology），或朴素心理学（naive psychology）。海德对归因的研究在社会心理学中可谓是石破天惊，因为他使社会心理学家抛弃了行为主义心理学的传统，认为心理学只需研究可观察的、客观的行为，不要去涉及人们的思想或其他的内部过程。归因开启了在社会心理学中研究思维和其他认知过程的先河。

二、归因理论

归因理论是关于人们如何对自己或他人行为的因果关系（原因）作出解释和推断的理论。归因理论是描述归因过程的理论，由于归因的过程相当复杂，学者们提出了许多归因的理论，在此我们介绍其中经典且重要的归因理论。

（一）海德的朴素心理学（theory of naive psychology）

海德的归因理论是所有归因理论的基础。海德提出行为的原因可以分为两类，即内因（personal factors）和外因（environmental factors）。内因出自个人自身的特征，如人格、品质、动机、情绪、心境、态度、能力、努力等，作出以上归因，称为内归因（internal attribution）或素质归因（dispositional attribution）；外因来自于外界力量，如他人、奖惩、运气、工作难易等，若作这些归因，则称为外归因（external attribution）或情境归因（situational attribution）。例如，研究显示当学生在课堂上表现糟糕、成绩很差时，老师会倾向于内归因（如学生考砸了是由于学生不够努力），而学生则倾向于外归因（如考得不好是由于试题太难）。

海德归因理论的核心在于，只有弄清了行为的原因是内在的还是外在的，才能有效地控制个体的行为。具体而言，人们只有作出内归因才有助于自己的预测感和控制感，如果作出的是外归因，则无助于自己的预测感和控制感。这是因为大多数的内因是稳定的，而大多数的外因是容易变化的。设想一下你刚进大学，参加了同学们的第一次聚会。在聚会上你发现一位同学很活泼，他与每一位同学互动，说话很多，笑容满面。那么，他为什么会这样呢？一种可能性是，根据你对他的观察思考，你认为他就是一个性格外向的人，你这是内归因。还有一种可能性是，你知道他是今天这场聚会的组织者，因此他必须那样做，否则这场聚会就会变得沉闷。后来，你又在另一个场合遇见了他，此时的你很想与熟人交谈，又没有其他熟悉的人。那么，你应该上前与他交谈吗？这取决于你之前对他行为的归因。如果上次推断他是一位性格外向的人，你这次就会认为与之交谈应该不错；如果上次推断他是因担当组织者才那么活泼的话，你这次就会觉得心里没底，踌躇不前。

（二）琼斯和戴维斯的相应推断理论（theory of correspondent inference）

琼斯和戴维斯（Edward Jones and Keith Davis, 1965）则提出了相应推断理论，他们观察到人们总是相信他人的行为是与其特质相一致的。因为特质的原因是稳定的，人们就可以对他人的行为进行预测，这就增强了人们对世界的控制感。所以，“相应推断”是指外显的行为是因行为者内在的人格特征直接引起的。例如，我们认为他人友好行为的原因是此人友善。但是，上述海德的归因理论告诉我们，他人行为的原因除了内因之外还有外因，那么，人们要怎么样才能可靠地推断出他人行为的原因是出自其内在特质，而不是出自于外在情境呢？琼斯和戴维斯的研究目的就是要建立一种能够系统解释人们根据具体行为来推断行为者意图的推理过程的理论。

首先，他们认为相应推断的前提是：（1）假定行为者本人能够预见自己的行为后果。意思是行为者的行为是有意的，是行为者的动机驱使的。否则，如果行为者的行为是他无意中做出的，本身就意味着与其内在特质无关，这时还要作相应推断无疑是徒劳的。（2）认知主体必须对行为者的能力、经验等人格特征有所了解。因为如果要做相应推断，一个人对他人到底有哪些具体的内在特质一无所知的话，那把行为者行为的原因归结到他何种特质上去呢？这样进行相应推断肯定就不合适了。

其次，他们总结了影响相应推断正确性的三个主要条件：第一，社会赞许性水平（socially desirable）。认为一个人的某种行为越被社会所赞许，对其行为原因的相应推断就越困难。此时人们的行为很容易受社会规范的影响。如果你是老师，在路上遇见了一位学生微笑着向你问好，你的相应推断是“这个学生真有礼貌”，可以吗？当然可以，但是你不要太自信。因为学生主动问候老师，这是社会规范提倡的行为，而这位学生不一定真的尊重你。但是，在路上遇到的学生明明看见了你，就是对你不理不睬，脸色还很难看，这个时候你的相应推断是“这个学生真没礼貌”，这次你的相应推断就会准确多了。因为学生的这个行为是违反社会规范的，学生在有压力的情况下依然不理睬你，可见他对你的意见可大了。

第二，非共同性效应（non-common effects）。琼斯和戴维斯认为应根据行为的非共同性效应进行。一个行为可以产生很多效应，其中有些效应是共同性的，而有些效应则是非共同性的。那么，我们就应该要根据这些非共同性效应来进行相应推断。例如，设想一下你的一位朋友最近要结婚了，他的未婚妻长得漂亮迷人，性格温顺。你能推断朋友为什么要与她结婚吗？恐怕不好说。如果他未婚妻的情况是这样的：她漂亮迷人，但债务缠身，而且鄙视你的朋友，现在你能推断朋友为什么要与她结婚吗？你会相当肯定你的朋友是冲着她的外貌去结婚的了。前一种情况结婚行为产生的效应是共同性的，大家都喜欢漂亮迷人、性格温顺的女子；而后一种情况结婚行为产生的效应就是非共同性的了。在这种情况下，人们能够更好地作出相应推断。

第三，选择的自由性（freely chosen）。只有从那些经过自由选择而采取的行动中，才能推断行动者的意图。行为者的行为如果不是自己自由选择的，那就意味着有外界的力量在驱使行为。在这种情况下还要作相应推断，明显是过于勉强了。

（三）凯利的共变理论（Covariation Theory）

试想一下你的一位熟人李杰，看了电影《流浪地球》后对你说："这部电影太好看了，是空前的国产科幻杰作，你一定要去看！"你有点心动。你知道这是一部 3D 电影，票价不菲，需要 90 元钱，你不禁想："这部电影真的像李杰说的那样好看吗？如果不是很好看，浪费 90 元钱和时间就有点不划算了。"那么，你会怎样去推断李杰所说的话呢？

凯利（Harold Kelley, 1967）指出，人们要想精确地知道他人行为的原因，需要收集三方面的信息资料：跨越情境的区别性资料（distinctiveness information），即分析他人行为是否因人因事而异；跨越个体的一致性资料（consensus information），即分析他人行为是否与其他人一致；跨越时间的一贯性资料（consistency information），即分析他人行为是一贯的还是偶然的。尽管导致行为产生的原因是多种多样的，但最终可以将其归为三类，即行为者本身、客观刺激物、行为产生的环境。最后，综合考虑以上三个因素的共同变化，才推导出行为的原因来。结合原因的三个方面，信息资料有意义的三种组合见表 5-2。

表 5-2　协变信息资料有意义的三种组合

区别性	一致性	一贯性	归因于
高	高	高	刺激物
低	低	高	行为者
高	低	低	情境

以上述看电影为例，人们具体的归因见表 5-3。

表 5-3　协变信息资料组合的例子

区别性高：李杰一年来几乎没有推荐过其他电影	**一致性高：**你周围有很多人向你推荐《流浪地球》	**一贯性高：**李杰说他已经看了三次《流浪地球》了	**最有可能的归因：**刺激物——《流浪地球》好看
区别性低：李杰一年来向你推荐过十几部电影	**一致性低：**你周围极少有人向你推荐《流浪地球》	**一贯性高：**李杰说他已经看了三次《流浪地球》了	**最有可能的归因：**行为者——李杰是个喜欢看电影的人
区别性高：李杰一年来几乎没有推荐过其他电影	**一致性低：**你周围极少有人向你推荐《流浪地球》	**一贯性低：**李杰只看过一次《流浪地球》，而且之后很少提及它	**最有可能的归因：**环境——李杰看电影时无意中被某个美女吸引住了，自己不好意思说或自己都不知情，而误对电影产生了好感

用凯利的理论进行归因可以得到很精确的结果，但人们很难找齐三种信息资料，其实用性不强。另外，人们往往低估一致性信息，而重用区别性信息。

（四）成败归因理论

人们在生活中尤其喜欢对成败行为进行归因。例如，一件事做成功了，人们就要“总结经验”，意思是要知道为什么会成功。如果一件事情搞砸了，也要“总结教训”，要知道这事为什么会失败。韦纳（Weiner, 1979）等提出的成就归因（achievement attributions）理论认为，人们用于解释成败的原因可用下列三个维度加以分类与描述：

1. 归因点（Locus）——是行为者（内部原因）还是情境（外部原因）的原因影响了成绩？

2. 稳定性（Stability）——原因是稳定的还是不稳定的？

3. 可控制性（Controllability）——行为者能在多大程度上控制住行为的原因？

这三个维度对任务绩效的原因有了 8 个不同的解释（见表 5-4）。例如，一位学生对自己考砸了的归因。如果这位学生认为自己很聪明（所以考砸了是外因导致的），他就有可能把考砸了的原因归结为“他人偶然性的妨碍”：邻座的同学因感冒而在考试时总打喷嚏（这个原因是可控、不稳定的，下次考试时没准这位感冒的同学吃药治好了感冒，或者可以在下次考试时选一个远离这位同学的座位坐）。

表 5-4　成败归因时八个不同的解释

	内部		外部	
	稳定	不稳定	稳定	不稳定
可控	特质性努力	状态性努力	他人经常性的帮助或妨碍	他人偶然性的帮助或妨碍
不可控	能力	情绪	任务难度	运气

维纳指出，人们首先看任务完成得成功还是失败，因此而体验到积极或消极的情绪，接着对成败行为进行归因，在此基础上产生特定的情绪体验（如成功的原因是自己的能力，自豪之情油然而生）以及会影响对未来绩效的期望。

三、归因理论的应用

人们在社会生活中需要找寻他人与自己行为的原因，才能决定自己下一步的行动，这对社会心理学来说具有重要的实践意义。我们以归因风格与人际关系为例加以说明。

（一）个体差异与归因风格

研究认为人们进行归因的类型是各不一样的，即人们具有不同的归因风格（attributional styles），这是人们受到强化与处罚时感受到的控制程度不同的缘故。罗特（Rotter, 1966）提出了控制点（locus of control）的概念，内部控制点（internals）使人们觉得可以掌控自己的命运，因为事情的发生及其结果就是自己导致的；外部控制点（externals）则使人们感觉命运多舛，因为人们对事情的发生及其结果无能为力，它们是偶然发生的，或是运气以及外部力量导致的。

个体差异在归因风格上的表现就是，不同的个体会倾向于其中的某一种归因，而且不随时间与情境的变化而变化，即归因风格是人格特质。有研究表明，归因风格与习得性无助、抑郁症之间有关联。合计有 15 000 个样本、超过 100 项的研究证实了归因风格与抑郁症之间有 0.30 的相关（Sweeney et al., 1986）。需要注意的是，这只是表明了这两者之间存在着相关，并没有证明它们之间是因果关系。

（二）人际关系

归因在人际关系中扮演着十分重要的角色，尤其是在亲密的人际关系中。人际关系一般分为三个阶段：形成、维持与分解。在形成阶段，归因可以减少关系的模糊性，促进双方的沟通，增进对关系的了解。在维持阶段，归因减退了不少，因为双方已经形成了稳定的人格特征与关系。而到了分解阶段，归因又大增，因为双方想要恢复关系，要对关系作进一步了解。

对关系不同的归因会影响到关系质量，一项关系研究表明（e.g. Fincham and O'Leary, 1983; Holtzworth-Munroe and Jacobson, 1985），如果婚姻快乐、美满，夫妻双方对伴侣所作出的归因与那些婚姻关系紧张的夫妻有很大的差别。婚姻美满的夫妻倾向于对伴侣的正性行为做内部、稳定、经常性、可控的归因（比如，“她之所以帮助我，是因为她是一个非常慷慨的人”），而对伴侣的负性行为做外部、不稳定、偶然性、不可控归因（比如，“他之所以说些刻薄的话，是因为他这周的工作实在太紧张了”）。相反，婚姻不幸的夫妻倾向于相反的归因：认为其伴侣的正性行为是由外部、不稳定、偶然性、不可控的原因所致（比如，“她之所以帮助我，是因为她想给我的朋友留下好的印象”），而其负性行为则是由内部、稳定、经常性、可控的原因引起的（比如，“他之所以说些刻薄的话，是因为他根本就是个以自我为中心的混蛋”）。当亲密关系出现了麻烦，对伴侣的第二种归因模式只能使情况变得更糟，并且对这种关系的健康程度和未来造成可怕的影响。

四、归因偏差

凯利的共变理论是人们归因时的一种理想化形态，人们能够，但并不经常会去寻找那三种信息资料并对其进行逻辑严密的推导。人们进行归因时很少是完全理性的，如前所述，我们经常是“认知吝啬者”，此时会在社会认知时利用直觉走捷径；我们是“目标明确的策略家”，此时会因自己的希望和恐惧而歪曲我们的判断。我们有时是从错假的前提中进行推断的，有时也会被可疑的信息误导。换言之，我们的归因有时会发生错误或出现偏差。现在介绍几种重要的归因偏差。

（一）基本归因错误

人的心理与行为深受社会情境的影响。但是，人们对社会情境的力量经常视而不见。例如，有些父母听说自己那淘气十足的孩子在学校课堂上是完美的“小天使”时会感到很迷惑；大学生们也对自己喜爱的、课堂上口若悬河的教授在非正式聚会时口舌笨拙而感到十分不解。这是因为人们在解释他人行为的原因时，会高估个人因素的作用，认为人的表现是始终如一的，容易忽视情境的影响，并且这种偏向十分普遍。李·罗斯（Lee Ross, 1977）把这种现象称为基本归因错误（fundamental attribution error），指的是人们会无意识地倾向于把他人行为的原因归结到其内部特质而不是情境力量的普遍现象。

这方面的第一个实验是爱德华·琼斯和维克多·哈里斯（Edward Jones and Victor Harris, 1967）做的，实验中，他们让杜克大学的学生参与者阅读了据说是政治学专业的学生撰写的赞成或者反对古巴菲德尔·卡斯特罗政权的短文。实验者告诉其中一半参与者，这些短文的作者可以在短文中自由选择所要表达的立场；而告诉另外一半的参与者，作者们被迫采取这种立场。接着，要求这些参与者推测短文作者对卡斯特罗的真实态度。当短文作者可以自由选择立场的时候，被试们假定他们所撰写的短文内容反映了他们的态度：那些撰写亲卡斯特罗短文的人，被认为是亲卡斯特罗者；那些撰写反卡斯特罗短文的人，被认为是反卡斯特罗者。这一点并不奇怪。令人奇怪的是，即使参与者很清楚短文作者被迫采取某种被指定的立场时，也出现了同样的结果，学生们依然认为文章反映了作者的观点。换句话说，那些被迫为卡斯特罗辩解的人被视为亲卡斯特罗者，而那些被迫反对卡斯特罗的人被视为反卡斯特罗者。

罗斯和他的同事们（1977）设计了一个模拟电视答问比赛，他们将大学生参与者随机地分配为“测验主持者”和“参赛者”。研究者要求测验主持者想出 10 道富有挑战性的但又是普通的问题，而参赛者需要尽可能多地回答问题。在这种情况下，测验主持者可以想出一些特别难的问题，而平均起来，参赛者只能正确回答 10 道题当中的 4 道题。尽管在这个实验中，明显是担任测验主持者的参与者占有优势，但是参赛者在对测验结果的归因时却忽略了或没有将这个外因考虑在内。参赛者认为测验主持者比他们知识更渊博。观看了实验的观察者，虽然没有直接参加实验，但是也认为测验主持者要比参赛者更有知识。

基本归因错误在生活中也比比皆是，甚至在非常清楚地表明了行为的原因是外因的情况下，人们还是要作出内部归因。例如，某女性在街上逛街时财物被抢了，这完全是外因导致的。但她的亲朋好友得知后，还是会指责她“为什么不小心一点呢？”“为什么那天要上街呢？”“为什么上街要走那条道呢？”

为什么人们会犯基本归因错误呢？其中一个原因与人们在收集信息时的特点有关，被称为“注意焦点（focus of attention）”。在社会生活中，什么刺激是显著的，这些刺激的信息就容易被人们收集得到，并进而才有可能对它们进行加工。相比之下，在人们尝试解释他人行为时，人们的注意焦点容易放在行为者身上，而非其周遭的情境上（Baron and Misovich, 1993; Heider, 1944, 1958; Jones and Nisbett, 1972）。事实上，他人行为的情境因素，通常是我们观察不到的（Gilbert and Malone, 1995）。因为我们观察不到情境，所以我们就忽视了它的重要性。而行为者在我们眼中相当醒目，是注意的焦点，我们注意到了他们，于是倾向于认为他们是引起行为的唯一原因。

不少研究证实了注意焦点在归因过程中的重要性，其中一个经典的实验是雪莉·泰勒与苏珊·菲斯克（Shelley Taylor and Susan Fiske, 1975）做的。在这项研究中，两位男生进行“相互熟悉”的会话（实际上他们是实验者的同谋，按照事先准备的脚本来进行对话），每次对话过程中都有 6 名真实参与者参加，他们坐在两位对话者周围的椅子上，具体的位置分布如图 5-3 所示。

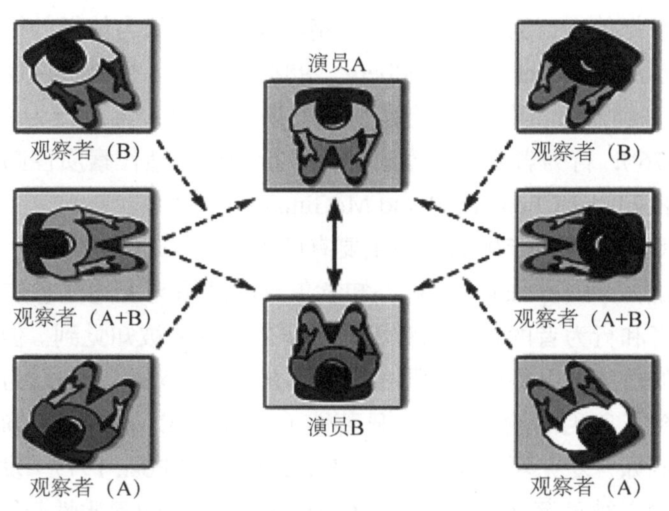

图 5-3　雪莉·泰勒与苏珊·菲斯克的注意焦点对归因影响的实验

从图 5-3 中可见，中间的两名观察者可以清楚地看见两位对话者的面部，而两位对话者的后面分别布置有两位观察者，他们只能看到其中一位对话者的后背和另一位对话者的面部。通过这样的操作，巧妙地使得坐在对话者后面的观察者只能够对其中一名对话者产生注意焦点。

对话结束后，参与者被问到关于两位对话者的情况。例如，是谁引领了这场对话？是谁选择了对话讨论中的话题？结果是能被清楚地看见的那位对话者被认为对这场对话产生了影响。尽管参与者听到的对话内容是完全一样的，面对着对话者 A 的参与者认为是对话者 A 引领对话并选择了对话中的话题；而面对着对话者 B 的参与者则认为是对话者 B 引领对话并选择了对话中的话题。相比之下，坐在中间能够清晰看见两位对话者的参与者认为两名对话者在对话过程中的作用是相等的。这就证实了注意焦点对基本归因错误的影响。

（二）行为者—观察者效应（actor-observer effect）

设想一下有一天你去上课时的情景。你住的宿舍离上课的教室有三四公里远，你很早就坐上了去教室的公交车，平时这个时候出发是可以提前约 15 分钟到教室的。但今天的道路特别堵，中途还遇上了交通管制，结果你迟到了 5 分钟，你不禁埋怨起来："该死的交通拥堵！"但你的上课老师看见你迟到了，心里却是："散漫差劲的学生！"也就是说，你把迟到的原因是归结到外部情境上，而老师却是把迟到的原因归结到你的内在素质上。琼斯和尼斯比特（Jones and Nisbett, 1972）首先研究了这个现象，认为人们有把他人行为的原因作内在素质性归因，而把自己行为的原因作外部情境性归因的倾向，这就是所谓的行为者—观察者效应。

随着研究的深入，学者们发现行为者—观察者效应表现的范围越来越广。例如，人们不仅会更容易把他人行为归因到内在人格特质上，还认为他们的行为要比自己的行为更加稳定和可预测（Baxter and Goldberg, 1988）；相较于社会赞许性水平低的行为，人们要对社会赞许性水平高的行为更容易作素质性归因，无论行为者是谁（Taylor and Koivumaki, 1976）；行为者要比观察者对积极行为更多地作素质性归因，而对消极行为更多地作情境性归因（Chen, Yates and McGinnies, 1988）。

行为者—观察者效应产生的原因主要有两个：

1. 知觉焦点（perceptual focus）。知觉焦点的逻辑与上述注意焦点相似。对于观察者来讲，行为者和行为者的行为相对于情境而言更容易被知觉到。但是，行为者却不能"看见"自己的行为，而是对情境形成了更多的知觉。观察者与行为者有着知觉视角的差异，进而导致了归因的偏差。知觉显著性（perceptual salience）确实会在归因中起到重要的作用。例如，麦克阿瑟与波斯特（McArthur and Post, 1977）发现，相较于被轻微地描述，当行为者被显著地描述时，其行为被做了更多的素质性归因。

2. 信息性差异（informational differences）。行为者有着大量的关于在其他情境中自己如何行动的信息，他们非常清楚自己会在不同的情境中做出不同的行为，因此，行为者就会认为自己的行为是受环境控制的。观察者绝少有行为者这种自传体式的信息，他们只看见了行为者在一种情境中以某种特定方式做出了他们的行为，于是很自然地对行为者作出了素质性归因。

（三）自利偏差（self-serving biases）

人们的社会认知不会是完全理性的，还会受情绪、动机与期望的影响。这一点在人们的成败行为上表现得最为明显。我们一般对成败行为如何进行归因呢？相信大家无须多加思考就会知道：如果是对积极、成功的行为进行归因，我们会偏向自我增强（the self-enhancing bias），原因是这样的归因能够提升自己的自尊。例如学生取得了一个优秀的考试成绩，他就很可能将之归因为是自己聪明（一个不可控，但又是稳定、内部的因素），或努力学习的美德（一个可控、稳定、内部的因素）。如果是对消极、失败的行为进行归因，我们就会偏向自我保护（the self-protecting bias），因为这样的归因能够保护自己的自尊。例如，学生考试考砸了，他就会倾向于认为是教授要求太高了（一个稳定但不可控的外部因素），或是认为自己运气不好（不稳定、不可控的外部因素）。这种将自己行为的积极结果归结为内因，而将消极结果归结为外因的倾向，叫做自利偏差。

自利偏差很明显是与人们的自尊动机相关的。但米勒和罗斯（Miller and Ross, 1975）认为自利偏差也有认知的成分，尤其是在自我增强方面。通常来说人们都希望获得成功，因此一旦获得成功时就更加愿意认为这是自己的功劳。如果他们努力获得成功了，便认为成功是自己努力的结果，人们通常会夸大成功中努力的作用。根据凯利的共变理论，一旦人们确实获得成功的话，如果这种成功是低独特性而高一贯性的话，那么人们就会作内部归因。然而，一旦人们遇到失败，就会认为这是个例外（高独特性且低一贯性），因此他们很可能就作外部归因。如果别人也在这种任务上失败，那么这种高一致性就更能够加强外部归因了。总之，自利偏差是动机因素与认知因素共同作用的结果。

第五节　内隐社会认知

一、内隐社会认知概述

内隐社会认知的历史可以追溯到弗洛伊德精神分析的无意识理论，或者是奥古斯丁和阿奎那（Augustine and Aquinas）大量的关于自我认识时内省有限性的观点，甚至可以追溯到柏拉图与亚里士多德对有关意识与目的性行为的评论。就现代心理学而言，内隐社会认知主要源于学者们对选择性注意与内隐记忆的研究。

首先，理论家们（Broadbent, 1971; Treisman, 1969; Posner and Snyder,1975;Shiffrin and Schneider, 1977）等在对选择性注意与短时记忆的研究中提出了人们的信息加工可以分为控制性与自动性的两种模式：控制性加工是一种有意识的、容量有限的、自愿发起的以及可以改变的加工模式；自动性加工是一种无须注意、容量无限、难以压抑的加工模式。巴奇（Bargh, 1994）总结出了自动性加工具备的四个特性：无意识、高效率、无目的以及无须控制。

其次，沃林顿与威斯克兰茨（Warrington and Weiskrantz, 1968）对失忆症病人的研究发现，要这些病人进行填字母游戏时，他们对那些学习过的单词要比未学习的单词完成得更加精确。1985 年，Cofer 也在遗忘症患者身上发现了“启动效应”，心理学家们发现，启动效应实际上反映了一种自动的、不需要有意识回忆的记忆现象，格拉夫和夏克特将此称作内隐记忆，而把传统的、需要经有意识回忆的记忆现象称为外显记忆。

上述这些概念启发了安东尼·G.格林沃德（Anthony G. Greenwald）和玛扎琳·R.巴娜吉（Mahzarin R. Banaji），他们于 1995 年提出了内隐社会认知（implicit social cognition）的概念，内隐社会认知是指社会认知的过程中，“虽然个体不能回忆某一过去的经验（如用自我报告法或内省法），但这一经验潜在地对个体的行为和判断产生影响。”此概念关注的焦点在于：个体的无意识成分参与了其有意识的社会认知加工过程。例如，早在 1977 年，希金斯、霍勒斯和琼斯曾经做过这样的一个实验：实验情境中，被试正在阅读一本小说，这本小说的主人公非常自信、独立且具有冒险精神，这时被试的一个朋友敲门，并介绍一位素昧平生的某人给被试。事后要求被试评价对该人的印象。研究表明，被试倾向于将此人看作是自信、独立且具有冒险精神的。这表明事先的阅读经验在后来关于另一个人的印象形成上产生了启动效应。

传统的关于社会认知课题的研究往往重视人的意识的成分，而忽略了人的无意识的一面，因此，其研究结论往往具有很大的局限性。内隐社会认知研究将人的认知过程的两个方面结合起来进行探索，有了更为全面的理论基础。很多社会心理与行为现象如果从内隐社会认知的视角去看，将丰富与深化我们的认识。

二、内隐社会认知的研究方法

（一）内隐联系测验

现在最著名，也是最优秀的测量内隐社会认知的方法，是由格林沃尔德、麦吉和施瓦茨于 1998 年创建的“内隐联系测验”（Implicit Association Test, IAT。“Implicit Association Test”是蔡华俭首次在国内介绍并翻译的，最初翻译成“内隐联想测验”。2015 年，她认为翻译为“内隐联系测验”更为准确）。内隐联系测验以计算机化的分类任务为基础，通过对概念之间自动化联系强度的测量，继而实现对各种内隐心理结构（如态度、偏见、自我、人格等）的测量。IAT 以相容和不相容分类的反应时间之差作为概念之间联系强度的指标，其基础是：相对于两个联系紧密的刺激，人们对两个联系不紧密或相斥的刺激更难产生反应，从而反应更慢，这种难易程度或时间上的差异就反映了概念之间的联系或其对应心理结构的强度的差异。可见，IAT 是通过测量被试的反应，继而测量其内隐心理。与自我报告的外显测验相比，IAT 的间接性特点使其具有两大优点：第一，较少受社会赞许、期望等主观因素的影响，能够更有效地测量人们能意识到但是却不想报告的心理，比如对残疾人的偏见等。第二，能够更有效地测量人们无法报告、处于意识之外的内隐心理，比如无意识中的自杀意念等。此外，IAT 还具有易操作、敏感（能捕捉细小的差异）、精确（良好的一致性和稳定性）、有效（良好的预测效度）、灵活（可以测量多种内隐结构）等优点。正是这些优点，使得 IAT 一经问世，便在众多内隐测量方法中脱颖而出，迅速成为最受欢迎、应用最广、影响最大的内隐测量工具。

内隐联系测验以反应时间为指标，基本过程是呈现一属性词，让被试尽快地进行辨别归类（即归于某一概念词）并按键，反应时被自动地记录下来。概念词（concept words）（如白人、黑人）和属性词（attributive words）（如聪明、愚蠢）之间有两种可能的关系：相容的（compatible）（如白人—聪明，黑人—愚蠢）和不相容的（incompatible）（或相反的）（如白人—愚蠢，黑人—聪明）。所谓相容，是指二者的联系与被试内隐的态度一致，或者说对被试而言二者有着紧密且合理的联系，否则为不相容或相反。

在快速条件下，当概念词和属性词相容，即其关系与被试的内隐态度一致或二者联系较紧密时，辨别归类多为自动化加工，相对容易，因此反应速度快，反应时间短；当概念词和属性词不相容，即其关系与被试的内隐态度不一致或二者缺乏紧密联系时，往往会导致被试的认知冲突，此时的辨别归类需进行复杂的意识加工，相对较难，因此反应速度慢，反应时间长。不相容条件下的与相容条件下的反应时之差即为内隐态度的指标。

这样，概念词和属性词关系与内隐的态度一致程度越高，联系越紧密，辨别归类加工的自动化程度就越高，因而反应时间越短。而不相容条件下，认知冲突越严重，反应时间自然会越长。其间的差值就会越大，表明内隐态度越坚定。

IAT 施测程序分为五个阶段：第一步，呈现目标词，比如白人的姓和黑人的姓，让被试归类并做出一定的反应（看到白人的姓按 F 键，看到黑人的姓按 J 键）；第二步，呈现属性词，比如愉快和不愉快，并让被试做出反应（愉快 F，不愉快 J）；第三步，联合呈现目标词和属性词，让被试做出反应（白人—愉快 F，黑人—不愉快 J）；第四步，让被试对目标词做相反的判断（白人的姓 J，黑人的姓 F）；第五步，再次联合呈现目标词和属性词，让被试做出反应（黑人—愉快 F，白人—不愉快 J）。这五个阶段分别做 20 次，各阶段之间可以有短暂的休息。

格林沃尔德等在 2002 年改进了 IAT 测验。改进的 IAT 测验分七个阶段：第四步重复阶段“3”，第七阶段重复阶段“6”（原阶段“5”）。其中第四步和第七步各做 40 次，得到的结果为计算 IAT 分数的根据，其余各阶段分别做 20 次，是对第四阶段和第七阶段的练习。

数据处理：格林沃尔德等在第一篇介绍 IAT 的文章中提到，因为反应时太长意味着被试明显受到干扰，反应时太短意味着被试明显抢答，所以在计算结果时应去掉反应时大于 3 000 毫秒或小于 300 毫秒的被试。因为错误率太高意味着被试任意回答，所以把错误率超过 20%的被试也去掉。并且在计算结果时，只运用正确的反应数据，不考虑错误的反应数据。

目前，IAT 在各个领域的应用研究开始迅速增长，取得了引人注目的成果。这些领域涉及临床心理、法律心理、政治心理、消费心理等。例如，研究发现，患有自恋人格障碍（Narcissistic personality disorder, NPD）的个体外显自尊低、内隐自尊高（Vater et al., 2013），并且容易表现自杀倾向和抑郁症状（Creemers et al., 2012）；而患有社交焦虑障碍（Social Anxiety Disorder, SAD）的个体外显和内隐自尊均低于正常人（Ritter et al.,

2013）。再如，在消费与决策领域，研究发现：内隐品牌态度可以预测人们对商品的选择。具体来说，对某特定品牌的内隐态度越积极，越倾向于选择该品牌的产品（Dempsey and Mitchell, 2010）；对某品牌商品的内隐态度也会影响消费者对同一品牌其他商品的偏好，而忽略商品质量等其他属性（Ratliff et al., 2012）；对食品的内隐态度可以预测消费者对健康食物的购买选择（De Bruijn et al., 2011; Prestwich et al., 2011）；赌博过程中，对赌博的内隐态度可以预测赌博者的赌博行为，对赌博的内隐态度越积极，赌博行为越多（Brevers et al., 2013; Yi and Kanetkar, 2010）。此外，IAT 还可以预测更为广义的社会决策行为，如信任和社交行为。这方面的研究发现有：在信任决策游戏中，对合作对象的内隐种族偏见可以预测其对合作对象的信任和最终的经济决策行为（Stanley et al., 2011）；内隐种族态度 IAT 本身甚至会影响人们与外种族团体的交互行为（Vorauer, 2012），从而影响人们对外种族团体的信任和决策。这些研究表明，IAT 测量的内隐认知可以预测人们的消费偏好与决策行为。

（二）GO/NO-GO 联想任务

GO/NO-GO 联想任务（GNAT）是一种诺斯克和巴纳吉在 2001 年提出的基于 IAT（内隐联系测验）的新的测试内隐性社会认知的方式。也有人称该任务为命中联系作业。

1. GNAT 的原理

GO/ NO-GO 联想任务主要是基于两个原理：联结原理和信号检测论。

第一，联结原理。GO/ NO-GO 联想任务（GNAT）是诺斯克和巴纳吉在 IAT 方法的基础上发展出的测量方法。GNAT 本身并不是对 IAT 的否定，而是对 IAT 的有机补充。

GNAT 的测验原理与 IAT 的测验原理基本相同。以概念网络模型为基础，认为在人的知识网络中存在着一个社会认知的网络结构，用不同的节点表示各种事物、概念或评价。如果特定的对象和一定的评价相联系，那么激活该对象就会导致活动水平在概念网络上进行扩散，使得有关的评价信息容易被激活，因此就比较容易产生相应的评价倾向。这种现象称作态度的自动激活。

利用人们对不同概念的样例作同一反应的难易程度便可获得个体内隐认知层面这两者的联系强度。在 GNAT 测验中，被试对目标类别和属性类别做出反应，如目标类别（fruit）与属性类别（good）。通过比较单一目标类别与属性概念之间的联结程度，从而获得个体对这两者联系强度的内隐认知。

第二，信号检测论。该技术吸收了信号检测论（Singal delect theory, SDT）的思想，在实验中包括目标刺激（信号）和分心刺激（噪声）。其中，将类别和积极评价作为信号，而将目标类别和消极评价作为噪声。考察的是目标类别和属性维度概念之间的联结强度，弥补了 IAT 实验设计中需要提供类别维度，不能对某一对象做出评价的限制。被试对代表目标种类和属性种类的刺激反应（Good，称为 Go），而对呈现的其他刺激不反应（称为 No-Go）。

在 GNAT 中，对噪声刺激不做出反应，因此需要对刺激呈现间隔加以控制，称为积累反应（response deadline）。研究发现，刺激呈现间隔影响了个体的敏感性，随着刺激呈现时间的延长，造成 d 值的增大，以及被试的反应错误率降低。如果刺激间隔过短则个体的反应水平可能处于机遇水平，因此刺激呈现间隔以 500 ~ 800 毫秒较为适宜。

2. GNAT 的实验程序

GO/NO-GO 的实验程序主要分为两个阶段。

第一个阶段为预试阶段。在这个阶段，被试对出现的目标类别（fruit、bugs），或者属性类别（good、bad），这样的单一类别做出反应，使被试熟悉实验的操作过程。

第二个阶段为正式实验阶段。这个阶段主要分为四个部分。在第一部分中，被试对目标类别（fruit）与属性类别（good）做出反应，对 bugs 和 bad 则不做出反应；第二部分中，被试对目标类别（fruit）和属性类别（bad）做出反应，对 bugs 和 good 不做出反应；第三部分中，目标类别（bugs）和属性类别（good）做出反应，对 fruit 和 bad 则不做出反应；第四部分中，被试对目标类别（bugs）和属性类别（bad）做出反应，对 fruit 和 good 则不作出反应。四个部分通过实验程序设置随机呈现。把（fruit+good）和（fruit+bad）这两个阶段的 d 分数作为考察指标。

3. GNAT 的数据处理

实验中采用 d 指标，将正确的 Go 反应称为命中率，将不正确的 No-Go 反应视为虚报率，将命中率和虚报率转化为 z 分数后，其差值即为 d 分数，表明从噪声中区分信号的能力，如果 d 分数低于 0，表明被试不能从噪声中区分出信号。实验中以两个阶段 d 分数作为考察指标，其原理在于，如果信号中的目标类别和属性类别概念联系紧密，相较于联系不太紧密或者没有联系的联结，被试的反应更为敏感，从而更容易从噪声中分辨出信号。

4. GNAT 实验的优点

GNAT 范式包含了许多内隐社会认知测量的特征，但也有一些独特之处，相对于 IAT 方法，GNAT 具有两个优势：

第一，GNAT 可以对单一类别的内隐社会认知进行考察。

第二，GNAT 可以同时从反应时和错误率上更全面地考虑任务成绩的有意义的信息。

三、内隐社会认知的视角解读

许多传统的社会心理与行为效应研究，如果从内隐社会认知的新视角去解读，我们会对这些研究有更深入的认识，现略举如下几例：

1. 晕轮效应。晕轮效应主要是一种内隐态度，是个体对一个人新特征 A 的判断受客观上不相关的特征 B 影响的倾向，对 A 的直接测量内隐地表达了对 B 的态度。

2. 曝光效应（exposure effect）。扎琼克（Zajonc, 1968）发现，在一定情境下接触的次数和喜欢之间存在正相关，并称之为曝光效应（详见第七章人际关系的相关内容）。现在曝光效应被认为是一种内隐态度，个体把反复呈现的刺激产生的知觉流畅性的增加

（由于多次的接触而使得对它的确认变得更为容易）错误地归结为喜欢，从而对刺激产生积极的评价。

3. 瞬息态度（instant attitude）。指在首次遇到某个新刺激时就立即产生的喜欢或不喜欢（Fiske, 1982）。比如“一见钟情”，在还没有与对方具体接触与了解的情况下就能够喜欢对方，从内隐社会认知的视角来看，就是对方身上的某种特征启动了自己过去曾经在另外一个人身上体验过的美好。

4. 调查研究中的情景效应。外周信息对评价判断会产生内隐的影响，如 1983 年施瓦茨和克罗尔研究发现，通过电话调查生活质量问题时，在晴天被调查的被试比阴天被调查的被试认为自己的生活质量更高。人们在晴天要比在阴天的时候心情更好，却不自知地迁移到生活质量评价上去了。

第六节　具身社会认知

一、具身认知与具身社会认知

目前的主流认知心理学是 20 世纪五六十年代一场认知革命后的产物，在计算机科学的启示下，它视认知为信息的表征和操控，类似于计算机的符号加工。根据这种研究范式，在这个过程中，认知心理学认为它与大脑的其他模块：知觉（如视觉、听觉），动作（如运动、本体感觉），内省（如心理状态、情感）是相互独立的。也就是说，传统认知心理学认为认知是离身的（disembodied），认知作为一种精神智能同作为物理实体的身体没有本质的联系。

具身认知则被称之为是“第二代认知科学”。具身认知（embodied cognition），也被译为涉身认知（孟伟，2007），其中心含义是指身体在认知过程中发挥着关键作用，认知是通过身体的体验及其活动方式而形成的，“从发生和起源的观点看，心智和认知必然以一个在环境中的具体的身体结构和身体活动为基础，因此，最初的心智和认知是基于身体和涉及身体的，心智始终是具（体）身（体）的心智，而最初的认知则始终与具（体）身（体）结构和活动图式内在关联”（李恒威、盛晓明，2006）。

换言之，认知是包括大脑在内的身体的认知，身体的解剖学结构、身体的活动方式、身体的感觉和运动体验决定了人们怎样认识和看待世界，认知是被身体及其活动方式塑造出来的，它不是一个运行在“身体硬件”之上并可以指挥身体的“心理程序软件”。“具身认知的研究纲领强调的是身体在有机体认知过程中所扮演的角色……”（Shapiro, 2007）它同传统认知主义视身体仅为刺激的感受器和行为的效应器的观点截然不同，它赋予身体在认知的塑造中以一种枢轴的作用和决定性的意义，在认知的解释中提高身体及其活动的重要性（叶浩生，2009）。

早在 1980 年，社会心理学家威尔斯和佩蒂（1980）就报告了这样一个实验：作为课程学习的一个部分，威尔斯和佩蒂要求学生参加一个测试耳机舒适度的测验。实验者告诉学生，这种耳机已经在各种条件下，如走路、跳舞、听课等条件下进行了测试，现在要测试的是在平行移动头部（即摇头）和垂直移动头部（即点头）的条件下耳机声音的质量。接下来，73 名学生被随机分成 3 组，分别为头部平行移动组、垂直移动组和对照组。对照组不需要移动头部，只要简单地听和打分就可以。在随后的测试中，被试首先听到一段音乐，然后是广告商对这款耳机的推荐。最后被试需要完成一份简单的问卷。问卷的第一项内容是给这款耳机打分，第二项内容是回答是否同意广告商的观点。统计结果证明，头部垂直移动即点头组无论是给这款耳机的打分，还是赞同广告商的观点方面，分值都大大高于另外两组，而头部平行移动即摇头组在两个项目的分值上，远远低于其他两组。点头的身体运动增强了积极的态度，而摇头的身体运动强化了消极的态度，实验结果同具身认知的基本假设是一致的。

赛明与史密斯（Semin, G.R. and Smith, E.R., 2002）指出，社会心理学的研究发现与当前具身认知的研究有许多共同的地方。一方面，具身认知中的“位置”实际上是“社会地位”；另一方面，一些社会心理学中的有趣现象可以从具身的视角来进行解读。叶浩生认为，具身社会认知是具身认知与社会认知对话的产物，它运用具身认知的视角诠释社会认知现象（叶浩生，2011）。巴塞罗（Barsalou, L.W., 2003）认为具身社会认知是“在社会互动时出现的身体状态，比如姿势、手臂的运动以及面部表情等，在社会信息加工中起到了主要作用。”这样的话，社会心理学家就可以解释人们的社会思维与判断是如何受到身体状态、情绪、行为与动机的影响的了。比如，上述的实验其实就是关于具身社会认知的。

二、四种普遍的社会具身效应

社会心理学家描述了社会具身效应（social embodiment effects）的四种形式。这里所说的社会具身效应，是指人们在社会认知时产生的具身效果以及它们之间的关系。

第一，感知到社会刺激时，不仅产生认知状态，还会产生身体状态。例如，威斯菲尔德与贝雷斯福德（Weisfeld, G.E. and Beresford, J.M., 1982）的研究发现，那些考试成绩好的高中生要比那些考试成绩欠佳的高中生更多地采用挺立的身体姿势。巴奇等（Bargh et al., 1996）也发现，对被试启动与“年老”有关的概念（比如“灰白”“皱纹”等）后，他们离开实验室时速度就会缓慢许多。此外有证据表明，感知社会刺激会产生面部反应，人们观看到愉悦的场景时，面部表情会是积极的；而观看到消极的场景时，面部表情也是消极的。总之，人们面对不同的社会刺激时会有不同的身体反应。

第二，感知到他人的身体状态会对其进行模仿。比如，你看见别人笑，你也会跟着笑。巴塞罗区分了三种类型的模仿，即身体状态的模仿、面部表情的模仿与沟通方式的模仿。例如，查特朗与巴奇（Chartrand, T.L. and Bargh, J.A., 1999）发现，被试会模仿实验者的一些动作，如摸鼻子或抖脚等，这是身体姿势的模仿。面部表情的模仿在许多文献中可见，例如，奥图尔与迪宾（O’Toole, R. and Dubin, R., 1968）发现，母亲在给婴儿喂食时，婴儿张开嘴巴，母亲也会张开嘴巴。沟通的过程中也有具身的模仿，表现在语速、音长及声调的匹配上面。例如，巴维拉斯等（Bavelas, J.B. et al., 1988）发现听众经常模仿演讲者的姿势，会话时各种各样的同步性通过建立相互理解、合作与同感而有助于同伴之间的互动。

第三，一个人的身体状态会触发其情绪状态。也就是说，具身不仅是对社会刺激进行的反应，其本身又构成了后续反应的刺激。巴塞罗把具身的诱出分为身体诱出和面部诱出两类。例如，斯代帕与斯特拉克（Stepper, S. and Strack, F., 1993）对身体的诱出进行了研究，以揭示身体的位置或姿势是如何影响被试的情绪状态的。被试是本科生，实验中，被试被告知是一个工效学的实验，研究各种身体姿态对完成某种任务的影响。每次实验有 6 个被试参加，实验情境分为两种：在一种情境下，被试被要求呈现一种所谓的“工效学姿势”，低头、耸肩、弯腰，给人一种垂头丧气的样子；在另一种情境下，被试呈现的姿态是腰背笔直、昂头挺胸，给人一种趾高气扬的印象。为了防止被试间情绪的相互影响，被试之间是隔离起来的，相互看不到。接下来，被试根据实验者的要求完成一项复杂的任务。任务完成之后，被试被告知他们出色地完成了任务，可以获得酬劳。在实验的最后阶段，被试要完成一个问卷，询问他们此时此刻的心境，是否为他们出色完成任务感到骄傲等。结果发现，在前一种情境下，体验到骄傲情感的被试的平均数是 3.25，而后一种情境下，体验到骄傲情感的被试的平均数是 5.58。实验结果说明，情绪是具身的，认知并不是情绪形成的唯一因素，身体及其活动方式对情绪与情感的形成有着重要作用。而面部表情影响情绪的情况我们都非常熟悉了，比如当你微笑的时候，你就能够体验到“快乐”的情绪。

最后，身体状态与认知状态的兼容性会对工作绩效产生影响。这个最后的社会具身效应涉及认知工作更为复杂的关系。巴塞罗等注意到当具身与认知状态相容时，认知工作就会变得更容易。相反，当它们不相容时，认知工作的效率就会大为下降。例如，陈与巴奇（Chen, M. and Bargh, J.A., 1999）做了如下一个实验：在电脑屏幕上呈现能够引起积极或消极情绪反应的图片，图片呈现时，要求被试快速移动胸前的杠杆。移动杠杆的方式有两种：一种是把杠杆从胸前推开，一种是把杠杆移向自己。实验的结果表明：把杠杆从胸前推开的被试对消极图片的反应时小于对积极图片的反应时，把杠杆移向自己的被试则对积极图片的反应时小于消极图片的反应时。这意味着，当与动作过程相容时，认知过程表现实际上更优。可以看出，人类的认知与具身的相互作用是非常普遍的。

三、具身框架下的社会认知研究

具身理论框架下的社会认知不仅承认身体作为社会线索而存在，而且认为社会情境中的认知功能受限于身体。因此，对具身社会认知的探讨更有利于我们理解社会情境中的身心交互。近年来，社会认知领域已累积了大量的基于具身理论的研究证据。鉴于态度、社会知觉、情绪一直以来都是社会认知领域中最核心的三大主题，下面将简述这三大主题内的具体研究。

1. 态度的具身（embodiment of attitudes）。巧合的是，汉语的“态度”本身就含有一个“态”字，从某种意义上说，“态度”就是“姿态的程度”。达尔文也说过从具身的角度来看态度，认为姿势表达了有机体对所注意到对象的情绪反应。比如，人们知道点头表示赞同，而摇头则表示反对的意思。汤姆等（Tom, G. et al., 1991）做了一个实验，告诉被试说要测试耳机的舒适性，要求一组被试佩戴耳机时头部做横向运动（即摇头），另一组被试做竖向运动（即点头），测试时在被试的桌子上放有一支笔。测试结束后，一位实验者在被试面前的桌子上摆放一支他们见过的那只“旧笔”，又摆上一支他们从未见过的“新笔”，问他们喜欢哪支笔。结果是取决于被试在测试时的头部运动的情况，即点头的被试选择的是“旧笔”，而摇头的被试则选择了“新笔”。

2. 社会知觉的具身（embodiment of social perception）。社会知觉是指在社会情境中的印象形成。在社会知觉中，具身化这一概念的出现也使研究者对社会关系或者人际关系有了新的认识。菲斯克（Fiske, 2004）对一些具有具身性特征的基本社会关系进行了划分，其中共享社会关系（人际关系由其成员间所共有的和共享所需的资源决定）的具身性体现在群体间共有的物质、接触和同步肢体动作等上；权威评定社会关系（人际关系由其成员的权利和地位的不同决定）的具身性体现在群体规模的大小和空间呈现的水平位置上（Fiske, 2004）。根究菲斯克的假设，社会心理学家对共享社会关系和权威评定社会关系与具身化之间的关联进行了研究。

舒伯特（Schubert, 2005）给不同的小组贴上互为对应的标签，如“老板”与“员工”，要求被试判别哪个组权势更大。通过计算机记录反应时发现，当更有权势的那组通过更大规模或更高水平位置呈现于屏幕上的时候，被试的反应时会更快（Schubert, 2005）。这就表示，当人们对一项社会权力的概念进行表征时，它的一些物理属性也是其中的一部分，会使被试产生自动化加工。

在菲斯克对共享社会关系有具身性的假设中，他假定的肢体接触包括随意的、无心的人与人之间的肢体接触。在后续的研究中发现，即使是这样的触碰也会增加被接触者对接触者善意的举动和正性行为。更需要注意的是，这种好感完全是自发的，当个体没有意识到类似触碰的作用时，所产生的好感恰恰是最强烈的（Gueguen, 2002）。不过塔米尔总结新近研究后指出，这些具身效应只有当个体原来所持信念与刺激所包含信息指向性一致时才产生（Tamir et al., 2004）。照此推理，对于个体不喜欢的对象，肢体的接触很可能会增加厌恶感。如果上述假设成立，在解释和消除群际偏见时，具身理论的研究提供了实证意义。

3. 情绪的具身（Embodiment of Emotions）。情绪的具身可以追溯到詹姆斯（William James）关于情绪的理论。詹姆斯认为，情绪是在对情绪刺激做出反应的身体活动的基础上产生的。比如，在看到猛兽时，人类是先做出逃跑的动作才产生出恐惧这一情绪的，而非传统观点所提出的，先体验到恐惧，随后才逃跑。身体反馈会促进个体对情绪刺激的加工。其实，詹姆斯所申明的正是具身化的情绪。根据具身理论的观点，身体反应可以促进情绪刺激的认知加工。例如，尼登塔尔等（Niedenthal, P.M. et al., 2009）结合了神经电生理技术（EMG）要求被试对不同的、与情绪相关的情绪词汇做出相应判断。作为对照，另有一组词汇只要判断其大小写。从 EMG 的记录结果来看，在完成词义判断的任务中，被试有明显的肌电反应：愉快的词语对应着面颊肌和眼眶肌，恶心和生气的词语对应着眉毛肌和提肌。这种明显的肌电反应不仅体现在具体词语上，当使用抽象词语时，同样有类似的肌电反应。为了证明情绪类的词语与生理反应之间不只是相关关系，而是存在着因果关系，研究人员要求被试控制住一部分的面部肌肉（咬住一支钢笔，达到控制面颊肌和提肌的作用），再对之前的词语材料进行判断。结果发现愉快类的和恶心类的词语的判断正确率与不控制肌肉时有显著差异，尤其是抽象词语的判断正确率大大下降。这个实验说明人们的身体参与了情绪体验，证明了肢体动作会直接影响情绪体验。

第六章

态度与态度改变

【开篇案例】

该不该吃狗肉？

玉林，这座位于广西东南部的并不起眼的小城，每到夏至前后，就会受到海内外的高度关注，以至于外交部都要出面回应。

夏至这天被民间称为是玉林的传统民俗“狗肉节”，当地居民推崇在这天将狗肉和荔枝一起吃，当地俗语有云“夏至狗，荔枝酒”。面对劝阻者，他们觉得这些人伪善，一个网友认为：“个人觉得，这种节日无可厚非，倘若你真是为了保护动物，请各位爱狗人士自动成为素食主义者，要不然就是伪善。”极端者甚至指责爱狗人士为“邪教”（见图 6-1）。

图 6-1　玉林一辆贴有“爱狗人士邪教”的汽车（图片来源：环球时报）

但在动物保护者们眼里，流水线式的宰杀、食用“通人性”的狗是一种“罪过”。近年来，全国各地的大批爱狗者们，会在夏至这一天赶到玉林，劝导当地狗肉产业链上的从业者和食用者。对此，一位网友说：“来，给你们科普下狗和牛羊的区别。下班回家狗会迎接你，牛羊会吗？遇到危险狗会冲上去保护你，牛羊会吗？你见过导盲犬，见过导盲牛羊吗？这两者有可比性吗？你们懂得知恩图报吗？你们知道恩义为何物吗？狗还是那只狗，而有的人已经不是人了！”还有一些爱狗人士付诸行动，去当地把一些狗买了救走（见图 6-2）。

图 6-2 不少爱狗人士从狗屠宰市场将狗买走（图片来源：环球时报）

还有一些人对此持中立的态度，一个网友的态度是："其实爱狗没错，反对狗肉节也没错，不过各个地域饮食文化不是一两句能说清楚的，在没人养狗之前，也没有这种过激行为，就好比新疆人吃羊肉一样，难道养宠物羊的就要去反对他们吃羊吗？中国是56个民族组成的国家，每个民族有自己的信仰及习惯，不应该对他们这样诋毁，可以劝，但不应该去强行终止！"

这种"现代博爱"和传统民俗往往分不出对错或高下，爱狗者与屠（卖）狗者之间的对峙、冲突，就成了近年来玉林狗肉节上的一种常见现象。（来源：澎湃新闻）

我们从最简单平常到最复杂罕见的行动——比如，吃进一个水果或吐出一只朝天椒，专注地凝视婴儿的面孔或小心翼翼地提防邻居，仅凭一面之缘就想去帮助某人——都表明我们是有偏向的生物。其实每一个有机体都有着许多的偏向，否则，就不会有向日葵要围着太阳转，而蟑螂则要躲着太阳这样的现象了。到了 20 世纪，人们给了这些偏向一个科学的名字——态度，上述关于狗的事例只是我们每个人每天都会经历的各种态度的一个缩影。社会心理学一直对态度的研究情有独钟，从这门学科成立以来一直把态度当作研究的重点，也是研究的热点。早在 1935 年时，奥尔波特（Gordon W. Allport）就断言："在当代美国的社会心理学中，态度可能是最具特色、最不可或缺的概念了。"这话放在当下同样有效，态度研究现在依然是社会心理学研究与理论中的前沿课题。麦圭尔（McGuire, 1985）也认为："（社会心理学）从一开始就像是由不同东西组成的马赛克，但是态度总是其中的主要成分。"当代著名的社会心理学家戴维·迈尔斯（David G. Myers）则说："态度的研究非常接近社会心理学的核心并且是其最早的关注点之一。"对人而言，态度极其重要，因为它能决定我们的行为。具体而言，我们的态度与我们决定吃什么、赞扬谁或鄙视谁以及买不买某个特定国家的产品等都有关系。

第一节　态 度 概 述

一、态度的定义及其特征

（一）早期经典的态度定义分析

奥尔波特（Gordon Allport，1935）给态度下了一个非常经典的定义，直到现在仍被许多学者引用。他认为："态度是一种由过去经验形成的心理和神经系统的准备状态，它引导着或动态地影响着个体对与这些经验有关的事件、情境的反应。"

根据奥尔波特的这个定义，态度的中心特征是"反应的准备状态"。也就是说，态度它不是行为，不是一个人做了什么事情，而是行为前的预备状态，是要对态度对象以特定的方式做出反应的预备状态。

另一个被奥尔波特强调的是态度具有的激励或驱动力量。态度不仅仅只是在过去经验的基础上形成的被动的结果，而是具有两种主动的功能，奥尔波特把它们描述为"发挥着引导的和动态的影响"。

"动态的"影响是指态度能够推动或激发行为——也就是行为主义心理学家和精神分析学家所说的"驱力"。而"引导"的影响则是指态度把行为的方式引导进特定的渠道，鼓励一些行为以及阻止一些行为。

首先，既然态度是人们心理和神经系统的准备状态，那么，态度必然是私自的，研究态度的科学家不能像医务工作者量血压那样直接去测量人们的态度，只有态度的当事人才能直接去接近它，社会心理学家对态度的测量只能是间接的。

其次，如果态度是由过去经验组织的，那么，可以推断出态度是人们从种种经历和情境的影响中进行学习而形成的。比如，人们对性别角色的态度，就是通过人们身处的文化，特别是通过我们的父母、朋友和其他社会化的代理人如学校和电视等的传承和教化而形成的。

但是，态度仅仅是通过人们的经验而形成的观念有很大的局限性。有越来越多的证据表明，人们的一些态度是遗传下来的（Tesser, 1993），例如对双胞胎态度的研究发现，同卵双胞胎要比异卵双胞胎有更多相同的态度，即使是这些同卵双胞胎生活在不同的家庭而从未谋面的情况下也是如此。例如，研究发现，同卵双胞胎要比异卵双胞胎在对死刑、爵士乐等对象上有更多相同的态度（Martin et al., 1986）。亚伯拉罕·特瑟（Abraham Tesser, 1993）的研究表明，这些受基因影响的态度在社会生活中会特别强大且有影响力。在这些问题上，人们会更快地告诉你他们的想法，你也更不容易改变他们的态度。如果你在这些问题上与他们意见相左，他们会不喜欢你。

最后，因为人的态度可以对态度对象的反应发挥出引导性或动态性的影响，态度与人们的行为有着直接的关系。

奥尔波特给态度下了这个经典的定义之后，很多学者只是引用它，而不再自己去定义了。例如当代著名的社会心理学家麦圭尔（McGuire），他在其有关态度的著述中，只是逐条地去分析奥尔波特定义中的术语，不去提出新的定义。这种情况一直沿袭到了20世纪90年代。

（二）现代学者对态度定义的看法

近年来，学者们越来越强调态度中评价的一面，把态度看作是对既定对象以喜欢或不喜欢的方式进行反应的倾向。如津巴多认为："本质上，态度就是对某特定目标的评价倾向。它是一个人对某种事物或者人从喜欢到不喜欢或赞成到不赞成的一个评价。态度就是我们喜欢什么，不喜欢什么，我们推崇什么，讨厌什么，以及我们评价自己与环境关系的方式。"①

在这方面，伊格利和柴肯（Eagly and Chaiken, 2005）给态度下了一个最有代表性的现代的定义，他们认为，"一个人的态度可以界定为个体对人或事物的积极或消极的评价性反应，它通常根植于个体的信念，表现于个体的感受或者行为倾向中"。对此，很多学者赞同评价的概念在态度定义中是最主要的，"有很多方式给态度下定义，但评价是其中的核心"（Petty et al., 1997）。

卡辛等进一步认为："态度是对态度对象进行某种程度的积极、消极或混合的评价。"②我们经常用喜欢、热爱、嫌恶、憎恨、钦佩、讨厌等字眼来描述我们的态度。

之所以把评价看得如此重要，是因为社会心理学家假定，几乎人们所有的认知和知觉都是带有评价性的，当人们看待人、物、事时很少只是单纯地描述而不带评价的。而一旦做出评价，人们就会紧接着在情感上产生相应的体验，结合下面将要讲的态度的成分，我们就会明白，评价就是态度的发动机和方向盘，决定了态度的产生和走向。

但是，从评价的角度去定义态度，也招致了严厉的批评，其中以施瓦茨和博纳（Schwarz and Bohner, 2001）为甚。他们认为，传统上态度理论家（如奥尔波特）把态度的概念视为是在人们的记忆系统中相对固定的东西，在适当的时候态度就会被拉出来使用，然后再放回原处。如果评价是态度的核心成分的话，意味着态度是个情境性、临时性的东西，需要的时候对当前的对象见风使舵般地应付一下，就消失不见了，不像是个持久的个人特质。

我们认为，这样的批评不无道理，但把评价与人的持久个人特质完全对立，是不对的。评价只是态度的表层结构，它在一定程度上能够反映态度深层结构的内容（虽然不是100%的，对对象的评价确实会受到情境因素的影响）。也就是说，人们的评价与人们的内在立场是高度相关的，把它当作是态度的核心指标，是可行的。

（三）我们对态度的定义

根据以上的分析，我们采用权威的美国心理学会在2015年出版的《心理学词典》中对态度所下的定义：态度是对一个物体、一个人、一个群体、一个问题或一个概念所

① 菲利普·津巴多等. 态度改变与社会影响［M］. 邓羽,等译. 北京：人民邮电出版社，2007:27.

② Saul Kassin, Steven Fein,and Hazel Rose Markus. Social Psychology[M]. Eighth Edition. Belmont: Wadsworth, Cengage Learning, 2011：203.

持有的从消极到积极相对持久和普遍的评价。态度是对态度对象的总体评价，它从与这个对象相联系的特定信念、情绪和行为中来。[③]注意一下这个定义，它既把评价当作是态度的核心概念，又在评价前面加上了“相对持久”和“普遍”的定语，把态度经典和现代的定义较好地结合起来了。

（四）态度的特征

1. 态度总是有一定的对象。态度对象包括的范围很广，态度对象可以是事情、人群、地方、观念、行为或者情境。比如，态度对象可以是一群人（如青少年），一个无生命的物体（如城市公园），一种行为（如喝啤酒），一个抽象概念（如公民权利），或者是把几个概念联结起来的一种观念（如青少年在城市公园喝啤酒的权利）。

2. 态度常常发生矛盾。态度矛盾是指人们对同一客体持有正面和负面的评价，这样，人们对该客体的态度就是矛盾的。比如，你对某个同学的态度。首先，他热情大方，成绩优秀，这让你喜欢他；其次，他不拘小节，不讲究个人卫生，而你又与他住同一宿舍，这让你有些讨厌他。认识到这一点是很重要的，即人的态度并不是简单地从积极到消极的单一的一个连续体。我们可以把态度看成是立体声音响的平衡旋钮，在左声道和右声道之间不断地来回摆动，混合了左右声道的声音；或者把态度看成是混水器的控制杆，在热水和冷水之间进行调节，最后调节出一定温度的水出来。况且人的态度在积极与消极的维度上还有强度的变化，其矛盾性就更为复杂了。

人们对态度对象的态度总体来说有积极的态度、消极的态度、矛盾的态度及冷漠的态度。如图 6-3 所示。

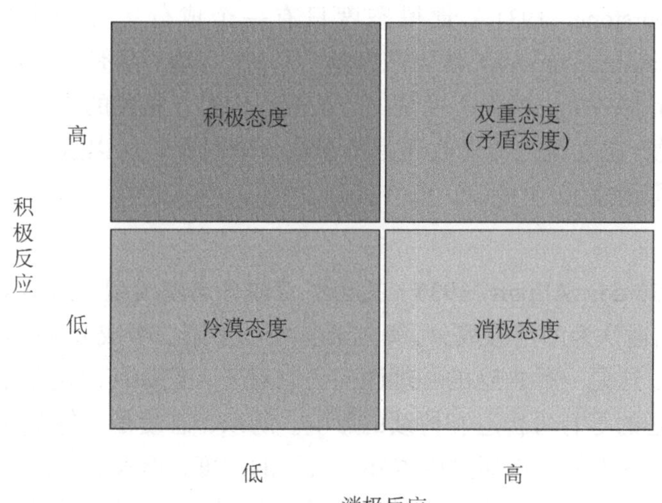

图 6-3 对态度对象四种可能的反应

有些人可能对这种矛盾态度感到迷惑不解，而实际上人们有时对同一个对象既有积

③ Gary R. Vanden Bos. APA dictionary of psychology[M]. Second Edition. Washington: American Psychological Association, 2015:88.

极的反应又有消极的反应却并不会产生冲突，因为人们对态度对象的矛盾反应很可能在显著度上是不同的，即有时只有积极反应是显著的、意识得到的，此时消极反应并没有出现、没有被意识到。例如，有些人表面上公开赞美女性，对女性有积极的态度，暗地里却对女性持有偏见和歧视。

3. 态度是一种内部心理的准备状态。西方态度的概念源自拉丁语“aptus”，意思是“作好行动的准备”，在古代的具体含义是一件事情已经清楚地看出苗头了，就好像是我们已经看见拳击手上了拳击场，虽然现在还没有开始比赛，但是我们已经可以预料他接下来要干什么。当然，现代态度的意义已经有些改变，比如我们对态度不能直接观察得到了，而是认为态度先于行为，引导我们在行动前做出选择和决策。

4. 态度具有一定的稳定性与持续性。人们的态度要么不轻易形成，一旦形成了某种态度，就会非常稳定，不容易改变，继而会持续很长的时间。同时，态度的这一特征也告诉我们，态度是一个跨越时间和情境的概念，一个临时性的感受不是态度，那只是情绪而已。

二、态度的结构与功能

（一）态度的结构

态度到底是由单一的成分构成的呢，还是由不同的成分构成的？这是关于态度的一个基本问题。

1. 单成分说

瑟斯通（Thurstone, 1931）觉得态度只有一个成分，提出了单成分态度模型（one-component attitude model），认为态度是“对一个心理对象赞成或反对的情感反应。”埃德华（Edwards, 1957）也认为态度是“与某个心理对象相关的积极或消极情感反应的程度”。简单地说，态度就是你喜欢还是不喜欢某个对象，所以这一派学者认为态度的成分只有一个，即情感。

2. 双成分说

奥尔波特（Gordon Allport, 1935）提出了双成分态度模型（two-component attitude model），除了瑟斯通认为的情感成分，奥尔波特增加了第二个成分——心理的准备状态，也就是行为倾向。这是一种内隐的心理倾向，它对于人们如何决定某个对象是好是坏，是合适的或不合适的等有着普遍和持续的影响。所以，态度是个体个人化的事情，不能被外人观察到。尽管人们可以通过内省知道自己的态度，但人们只能通过推断得知他人的态度。而且，人们自己的态度也经常需要通过自己的行为举止来推断才得以知晓。

3. 三成分说

到了20世纪60年代，态度的三成分说（three-component attitude model）开始流行起来，许多学者都认同此种观点（e.g., Krech et al., 1962; Rosenberg and Hovland, 1960），认为态度是由认知、情感和行为倾向组成的。辛默尔法布和依格里（Himmelfarb and Eagly,

1974）在其著作中把态度描述为“是对有社会性意义的对象、群体、事件或符号的包括信念、情感和行为倾向的相对持久的组织”。值得注意的是，这个定义不仅包含了三种成分，还强调了如下几点：

第一，态度具有相当的持久性，也就是说，态度跨越了一定的时空，那种临时性的感受并不是态度。

第二，态度只限于在有社会性意义的对象或事件上。

第三，态度具有概括性以及一定程度的抽象性。比如，一本书掉在了你的脚趾头上面，砸得你很疼，这时你恨这本书，此时你对书并没有形成什么态度，因为这只是在一个地方、一段时间里发生的单一的事件。但是，如果这个经历使你讨厌书或者图书馆，或者使你变笨拙了，这时你对书的讨厌就是态度了。

当代学者普遍赞同态度的三成分说，认为态度是由情感的（affective）、认知的（cognitive）和行为倾向的（behavioral）成分构成的，这也被称作是态度的 ABC 模型（the ABCs of attitudes）。

首先，态度的情感成分是指对态度对象的感受和情绪，比如，“骑摩托车有很大的乐趣”或“骑摩托车使人激动”。

其次，态度的行为倾向成分是指对态度对象的行动倾向，注意此时并没有实际行动，只是想要去做些什么，准备去做些什么，比如，“只要有机会我就去骑摩托车”或“等我有足够的钱了，我就去买一辆摩托车”。

最后，态度的认知成分是指对态度对象持有的一种理念和信念，比如“骑摩托车很快”或“骑摩托车要比开汽车省油”。

需要注意的是，态度的三成分说并不意味着态度必须全部包含这三个成分。比如，你对一个人有好感，喜欢他，不一定非要对他持有某种信念，或者要打算对他怎么样，而此时你已经对他有了积极的态度。

（二）态度的功能

我们对态度对象持有某种态度之后，会保留很长的时间，几个月、几年甚至终身，这是为什么呢？态度之所以存在，是因为态度是有用的，它是为某个特定目的服务的，也就是说，态度是有它的功能的。卡茨（Daniel Katz, 1960）认为有各种不同的态度，每种态度发挥着不同的功能。

1. 认识的功能（knowledge）

身处社会性世界的人们，要对自己身处的这个世界进行认识，以寻求一定程度的可预见性、一致性和稳定性。社会性世界是极其复杂的，人们不可能对此进行完全的认识，并且在大多数情况下，人们的时间、精力是有限的，并不会以全部精力去认识世界，而是采取一种走捷径的方式来认识，这与社会认知一章里所说的人们经常是认知吝啬者（cognitive miser）或动机性的策略家（motivated tactician）模型是一致的。也就是说，态度可以为人们提供一种快速简便的认识世界的方式。比如，如果组织来一个单位考察一个人，找到了甲、乙两人来了解情况。我们假设甲和此人的关系（即态度）很好，那么，甲对此人的评价就会比较高；乙和此人的关系（即态度）不是很好，那么，乙对此人的评价则会比较低。一般不会出现相反的情况，即甲与此人的关系好，然后给予此人较低的评价；而乙与此人关系不好，却给予此人以较高的评价。

另外，把人、对象或事件分成不同的类别或图式，进而把这些人、对象或事件只当作是其中一个种类的成员，人们对这个种类的态度就提供给了我们基本的意义和以此为基础去推断成员的意义。对群体中的成员都以同样的方式来认识，而不是把每一个人都当成个体来认识，虽然不是那么精确和令人满意，但是效率就高多了。态度此时起到的是类似图式或刻板印象的作用，帮助人们认识世界。

2. 工具的功能（instrumentality）

工具的功能是指个体通过表达其态度，从社会情境中获取对自己有利的反应——获得奖励或避免惩罚。如果是那些与奖励有关的事物，人们会对它发展出积极的态度，而对那些与惩罚相关的事物，人们会对它发展出消极的态度，即个体的态度是一种利己的工具，是适应性的表现。例如，许多儿童对父母抱有积极的态度，是因为他们从父母那里获得的好处远远多于惩罚。相反，儿童对喜欢欺负人的孩子怀有反感，是因为相反的强化作用。这两个例子里，儿童发展态度的功能是为了满足其工具性的需要，把他们拉向那些过去对他们好的个体（父母），并疏远那些惩罚过他们的个体（欺负人的孩子）。

3. 自我防御的功能（ego defence）

态度的自我防御功能使个体拒绝承认个人的缺点，保护自尊。自我防御功能假定态度有防御机制，保护自我免于内部冲突和令人不愉快的真相。而且态度的自我防御机制是一种本能性的回避的方式，不是对态度对象的现实感知，拥有这种态度的人很大程度上不会意识到这种自我防御功能。例如，高校里有的老师看见同事发表了很多论文，就说："那样的内容都是国外的专家早就做过了的，没有什么原创性和价值。"这时，他并不清楚事实真相，是他扭曲了现实来保护自尊。

4. 价值表达的功能（value expressiveness）

通过态度的价值表达功能，个体实现自己拥有的价值的自我表达。公开的表达和信奉的知识是价值表达的主要方式。在这种情况下，对个体的奖赏可能不是得到社会的支持，而是巩固个体自我概念中比较积极的方面。比如，笔者居住的小区有一位 90 多岁的抗战老兵，每年都有一些义工来看望他，这些义工的活动表达出了他们的社会责任感，这是他们重要的自我概念。表达这个重要的态度能让这些义工感到满意，强化他们自我实现和自我表达的感觉。

三、态度的强度

奥尔波特认为，态度能够推动或激发行为。但是很明显，微弱的态度很难做到这一点，只有强烈的态度才能表现出来，强烈的态度才不容易改变。这有两层含义：第一，比较强烈的态度会更稳定，更不容易随时间变化；第二，比较强烈的态度更不容易受到影响，能够更好地经受住说服性的攻击和直接针对他们的请求。

那么，态度的强度主要受哪些因素影响呢？研究认为，第一个因素是态度的极限性（attitude extremity），即个体的情绪反应有多强；第二个因素是态度的确定性（Attitude Certainty），即个体在多大程度上得知自己的态度是什么以及态度的正确性；第三个因素是个人的经验（personal experience），指的是个体对态度对象的态度是不是自己亲身经历而来的。这三个因素共同影响到态度的可得性（attitude accessibility），即在各种情境下态度可以被意识到的容易程度，态度的可得性则最终决定了态度推动行为的程度。如图 6-4 所示，所有这些态度强度的成分都是相互关联的，每种成分都在态度可得的可能性以及影响行为的程度上起到了一定的作用。

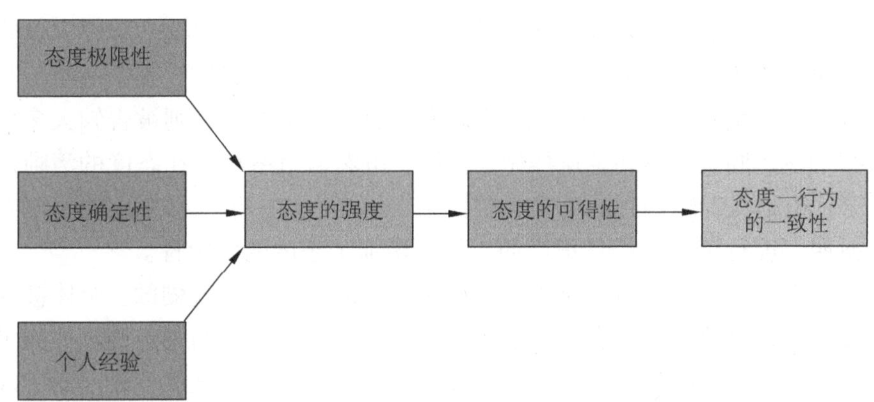

图 6-4　态度强度的影响因素及其与行为的关系

（一）态度极限性：利益攸关的作用

态度极限性是个体对某一问题感受到的强烈程度，其中的关键因素就是社会心理学家所说的利益攸关性——与个人的相关程度。具体而言，就是态度对象影响到个体利益的程度，或者是说，态度对象能够给个体带来的重要结果有多少。许多研究结果都表明，越与个体的利益有关，态度对行为的影响就越大。

例如，在一项研究中，研究者打电话给大学生，问他们是否愿意参加一项反对将合法饮酒年龄从 18 岁提高到 21 岁的法令的运动，大学生的反应取决于他们会不会被这项政策影响到（Sivacek and Crano, 1982），那些被这项新法令影响到的大学生（即小于 21 岁的大学生）要比那些没有被这项新法令影响到的大学生（他们已经达到 21 岁或者等到这项新法令实施时就达到 21 岁了）与此有着更强烈的利害关系。结果正像预料的那样，第一组大学生（即与这项新法令利益攸关的大学生）要比第二组大学生更有可能去参加反对这项提议政策的集会，47%的与这项新法令有高度利益相关的大学生答应去参加这场反对运动，而只有 12%的低度利益相关者答应去参加反对运动。

不仅利益攸关的人们会以行动去支持他们的态度，他们还会精心组织论据去支持其立场。为此，当这样的态度对象出现时，与其态度一致的想法就会涌现出来。例如，研究发现，当参与者被问到要在他们所在的州（高个人相关）建核电站时，要比可能在另一个离他们遥远的州（低个人相关）建核电站时提出了更多的反对此计划的反驳论据。所以，利益攸关的态度更有可能被仔细考虑，更难以改变，更容易影响到行为（Haugtvedt and Wegener, 1994）。

（二）态度确定性：清晰和正确的重要性

研究表明，态度的确定性有两个成分：一是态度的清晰性，即个体清楚地知道自己的态度是什么；二是态度的正确性，即觉得自己所持的态度是可信的或正确的。彼得罗切利、多尔马拉和拉克（2007）的研究为态度确定性的这两个成分所起到的不同作用提供了证据。

彼得罗切利和他的同事首先使参与者对一件事情形成消极的态度：要求这些大学生随时携带身份证。然后，为了操纵关于他们态度立场的共识感知，其中一半参与者被告知大多数其他大学生（89%）是同意这样做的，而另一半参与者则被告知大多数其他大学生（只有 11%的同意）不同意这样做。这样，虽然两组参与者在态度的清晰性上是一样的，但第一组参与者感知到的正确性要比第二组高。当一个人得知别人也享有自己的态度时，按照态度行事就觉得是正当的，从而增加了态度的确定性。

态度确定性的另一个成分清晰性，是指对态度问题不会是模糊的。个体被要求报告自己的态度越多，就越能促进态度的清晰性，进而加强了态度的确定性。你如果反复地陈述自己的态度，就能够增加你对这个态度对象的清晰性。当彼得罗切利等（2007）要参与者若干次或只是一次表达他们对枪支控制的态度时，态度的确定性就有了差异，表达次数多的参与者要比只有一次表达的参与者有更大的态度确定性。

当清晰性和正确性同时变化会出现什么样的结果呢？回到那个身份证的例子，彼得罗切利等（2007）让大学生对时时刻刻携带身份证形成消极态度的操纵既影响了正确性（通过告知他人的共识），又影响了清晰性（通过对态度的表达）。接下来提供给大学生支持这项政策的强力证据，来说明这项政策为什么可以提高学生的安全性，这是与他们的初始态度相反的。结果是低清晰组的参与者（即只表达一次态度）比高清晰组的参与者（表达多次态度）产生了更多的态度改变；低正确组的参与者（即与他人一致性低）比高正确组的参与者（与他人一致性高）产生了更多的态度改变。态度确定性的这两个成分都高时，能增加对劝导信息的抗拒，而且每一个成分都能独立地抗拒劝导信息。

（三）个人经验的作用

在一个人的态度最初形成的时候，如果是基于个人的直接经验而来的，要比基于道听途说形成的态度更为坚固，对行为有更强的预测作用。这是因为基于个人的直接经验形成的态度可能更强，当面对态度对象时，态度更容易浮现在个体的意识当中（Tormala et al., 2002）。类似的，基于个人的直接经验形成的态度会对支持性的论据更有可能进行精细的认知加工，而这就使态度更不容易改变（Wegener et al., 2004）。设想一下下面两种情况：一种是一位朋友告诉你品牌 X 的电热水器质量差劲，另一种你自己就买了这个品牌的电热水器，结果商家送货迟缓、安装马虎，不久就生锈、漏水、耗电量大。当你到商场看到这个品牌的新款电热水器上市了，你会想到朋友的评价吗？可能不会。那么，你自己对它的经历会涌上心头吗？很有可能。所以，这种基于个人的直接经验形成的态度与个人的利益更加相关，也更强，对行为更具预测性。

个人经验能够使人们对一个问题有更深的涉入，这就使得一个人的价值观更有可能和这个问题联系起来，并对相关的态度产生作用。例如，当要求大学生考虑是否允许一个虚构的国家塔斯肯迪斯坦（Tashkentistan）加入欧盟时，对一部分大学生强调这个国家的重要价值观（如自由），对另一部分大学生强调这个国家不那么重要的价值观（如团结），前一部分大学生花了更多的时间对此问题进行思考并对相关信息进行了更加精细的认知加工，他们形成了更强的态度，即使他们的态度遭到攻击时也能很好地引导他们的行为。

其他研究认为，强烈的态度能够抵制改变有两个主要原因：承诺性和嵌入性。

首先，人们对一个强烈的态度会有更高的承诺，也就是说，他们会更确定这是对的。对一个特定态度的承诺意味着人们在看待相关信息的时候会存在偏差，并且会进一步坚定自己的观点，这种加工方式会使他们丢弃一些与他们原本的态度相悖的证据。比如，在一个实验中，被试原本就对死刑持有某种强烈的态度，实验者给他们看了一篇文章和一个研究，里面关于这个问题的态度与他们的都相反，他们就会拒绝承认这些信息的准确性，认为文章的观点是站不住脚的，且研究使用的方法存在缺陷（Pomeranz et al., 1995）。

其次，一个强烈的态度会更深入地嵌入一个人的附加特征中，如这个人的自我概念、价值观和社会身份。不过，态度的嵌入性不会使人们拒绝对立信息，而会从另一个方面拒绝态度的改变——简单地把态度和个人的许多其他特征（信念、价值观、附加态度）联系在一起，使态度无法动摇。也就是说，一个人要改变一个嵌入其他个人特征的态度，就意味着要挑战其自我的所有其他方面，人们是不会轻易踏出这一步的（O'Brien and Jacks, 2000）。例如，美国国家步枪协会的官员反对枪支控制，他们对这样的立场有较高的承诺，并且也会把这种立场作为他们社会身份的一个核心部分，因此他们在这个问题上就不容易改变态度。

四、外显态度与内隐态度

（一）什么是外显态度与内隐态度

态度一旦形成，可以表现为两个水平。外显态度（explicit attitudes）是指人们意识到的并易于报告的。当有人问我们类似这样的问题："你喜欢吃冰激凌吗？"我们想到的答案就是一种外显态度。人们也有内隐态度（implicit attitudes），它是一种自然而然的、不受控制的，而且往往是无意识的评价。

例如，某著名影星在其微博上发布离婚声明，称因其妻子与其经纪人存在婚外不正当两性关系，故决定解除与妻子的婚姻关系，并解除经纪人的职务。从这名经纪人的角度来看，他是要依靠这名影星来赚钱的，表面上要尽可能对这名影星保持尊敬，对影星之妻要保持距离，这是他的外显态度；但是当他靠近影星的漂亮妻子时，产生了对她内隐的浪漫想法，最终导致了此事件的发生。

社会心理学家安东尼·格林沃德和马扎林·巴纳吉把内隐态度定义为：“个体无法内省识别，或者无法精确识别的过去经验的痕迹，这种痕迹调节着个体对社会对象的喜欢或不喜欢的感受、思考和行为。”这个定义的最后一部分中“对社会对象喜欢或不喜欢的感受”和态度的定义联系起来了——在某个概念与评价之间有了联结，而“无法内省识别”是指内隐态度存在于个体的意识之外，人们不能够在意识层面搜寻到内隐态度，如果刻意去搜寻，恐怕也只会是“无法精确识别”。所以，这个定义表明了人们有两种态度：通过他们直接感受到的、在意识层面的外显态度，以及在意识层面上体验不到的内隐态度。这意味着人们的内隐态度与其外显态度有很大的不同。

在安东尼·格林沃德和马扎林·巴纳吉关于内隐态度的定义中，“过去经验的痕迹”指明了内隐态度是来源于生活经验的累积。例如，如果一个人从小生活在一种不断对老年人有负面态度的环境中，可能在表面上他没有表现出对老年人有什么歧视的态度，甚至是对老年人有积极的态度。然而，在他的内心深处是内隐地把年老和负面的信息联系在一起的。在这个例子中，内隐态度并不比外显态度显得更真实。外显态度反映了人们清晰的价值观、信念和渴望的反应，而内隐态度则反映了人们过去的经历——不管人们是否赞同这些经历。这两种态度都对人们的思想、判断和行为有重要的影响。

（二）外显态度和内隐态度对行为的预测

当前一个研究的热点问题就是怎么去辨别外显态度与内隐态度对行为的预测作用。那么，外显态度与内隐态度具体是如何影响人们行为的呢？现有的证据认为，外显态度对于人们那些易于控制的行为有较好的预测作用。例如，一个人现在对冰激凌的外显态度可能是认为冰激凌糖分与脂肪含量太高，对健康不利，我们就可以预测他在吃快餐时，如果他有足够的时间来仔细考虑的话，他不太会选择冰激凌。而一个人的内隐态度则可以预测其在难以控制、自发时的情形。假如这个人在儿童时代非常喜欢吃冰激凌，此阶段的他对冰激凌很有好感，现在他也来吃快餐，而且他没有时间，匆匆忙忙地扫了一眼菜单后，那吸引人的冰激凌赫然在目，他很有可能会买冰激凌。

（三）外显态度与内隐态度的关系

另一个研究的重点就是要弄清人们的外显态度与内隐态度之间的关系及原因。从目前的研究来看，研究者主要是通过考察间接测量所获得的内隐态度与直接测量所获得的外显态度之间的相关程度，来推断二者之间的关系。有研究表明，内隐态度和外显态度之间具有很强的相关性。据此，有研究者提出，二者本身就属于同一心理结构，即提出了内隐—外显态度同一论。也有研究结果表明，二者之间的相关性很弱。据此，有研究者提出，内隐态度和外显态度是相互独立的两个不同心理结构，即提出了内隐—外显态度分离论。

1. 内隐—外显态度同一论

有研究表明，通过间接测量方法所得到的内隐态度和通过直接测量所获得的外显态度之间存在着高度相关。如鲁德曼、阿什莫尔和盖瑞认为内隐态度与外显态度之间的相关度在 0.36～0.42 之间；班西等研究了对同性恋的内隐态度和外显态度之间的关系，研究表明二者之间的相关度高达 0.62；康宁汉姆等考察了对种族内隐态度和外显态度之间的关系，研究表明二者之间的相关度为 0.35。

内隐态度与外显态度之间的较强相关性从某种意义上启示我们，二者可能是属于同一心理结构。很多研究者对此深信不疑，他们认为，外显态度和内隐态度所测量的是同一心理结构。其中，内隐态度所测量的是“真实的”态度，而外显态度则是内隐态度受到社会动机等因素干扰之后的歪曲性的表达。

法齐奥是内隐—外显态度同一论的代表人物。他认为，内隐态度才是个体的真实态度（true attitudes），而内隐测量技术是了解被试真实态度的“直通车”（Bona Fide Pipeline）。在同一论看来，个体的外显态度受到很多因素的影响，在很大程度上并未反映其真实的态度。可以影响个体外显态度的因素包括：个体的自我服务动机、个体的目标或个体对社会规范的服从等。以种族偏见为例，由于种族偏见违背社会公平的准则，因此公开表达自己的种族偏见，尤其是表达自己对有色人种的歧视，往往会给个体带来各种消极的影响。因此，在进行外显的态度测量时，个体往往会有意识地掩盖自己的真实想法，而按照社会期许的方式作答。而在对内隐态度进行测量时，由于其间接性的特点，个体无法有意识地改变自己的反应，因此其真实态度得以显现。

2. 内隐—外显态度分离论

另外一种内隐—外显关系的理论认为，内隐态度和外显态度是两种不同的内在心理结构，具有不同的心理加工机制。很多研究也发现，内隐态度和外显态度之间的相关性并不是很高，这为内隐—外显态度的分离论提供了佐证。如巴纳吉和哈丁的研究发现，对性别的内隐态度和外显态度之间的相关度仅为 –0.05。达斯古普塔等分别采用内隐联系测验（IAT）和语义区分量表等工具考察二者之间的相关程度，研究的结果表明二者的相关度处于 0.12～0.19 之间；多维迪奥等报告的结果为，二者相关度 $r = -0.09$； 川上等研究的结果报告二者之间的相关度介于–0.14～0.29 之间。当然，也有的研究者虽然发现二者之间关系紧密，但仍将内隐态度和外显态度归为不同的心理结构。如康宁汉姆等虽然发现种族内隐—外显态度之间相关度达到 0.35，但却认为，二者之间虽然关系紧密，但仍属于不同的心理结构。

对内隐和外显态度的区分更多是涉及二者背后的加工机制差异。巴纳吉对此进行了深入探讨。她认为，外显态度反映了个体的意识性思维，它以一种复杂的方式反映着个体的自我认同、欲望以及个人的愿景和社会准则。而内隐态度则可以规避意识的作用，虽然很多时候人们无法觉察，但却是存在的，可以通过间接的方式予以测查。

威尔逊、林赛和斯库勒（2000）提出的双重态度模型理论（Dual Attitudes Model,

DAM）则进一步明确了二者之间的分离关系。所谓双重态度，指的是对同一个态度对象的不同评价，具体而言，就是同时拥有矛盾的外显态度与内隐态度，这样的态度就被叫作双重态度。威尔逊等认为当一个人发展出了新的态度之后，新态度并不会把旧态度完全抹去并取而代之。相反，新旧态度是可以共存的，只是新态度是外显态度，而旧态度依然留存在人的记忆系统中，变成了内隐态度，一旦情境合适，内隐态度可以推翻一个人的外显态度。比如，一个人原来有种族歧视的态度，现在没有了这种态度。但是，尽管这个人新近形成了对少数族群的积极态度，他还是会对少数族群的成员有着自动化的消极反应。具体来说，该理论的基本假设包括五个方面：（1）对同一客体的外显态度和内隐态度可以共存于记忆之中；（2）内隐态度可以被自动激活，而外显态度则需要较多的心理能量和动机从记忆中去检索。当人们检索到外显态度，并且它的强度能够超越和压制内隐态度时，人们会报告外显态度；当人们没有能力和动机去检索外显态度时，他们将只报告内隐态度；（3）即便外显态度已经从记忆中提取出来，内隐态度还是会影响人们那些无意识的行为反应和那些人们不主动且努力加以控制的行为反应；（4）外显态度相对容易改变，而内隐态度的改变则比较困难。态度改变技术通常改变的只是人的外显态度，而非内隐态度；（5）双重态度并不引起主观的冲突状态，在面临一种冲突的情境时，持双重态度的人通常报告的是一种更易获取的态度。

而劳里·拉德曼、朱莉·费伦和杰西卡·赫彭（Laurie Rudman et al., 2007）发现，内隐态度根源于人们的童年经历，外显态度则来源于他们的近期经历。在一个研究中，研究者测量了学生对肥胖人群的外显和内隐态度。同时他们被要求报告现在的体重和小时候的体重。被试对肥胖人群的内隐态度可以通过他们童年时期的体重来预测，而外显态度则可以通过现在的体重来预测。例如，考虑一个小时候很胖现在体重正常的被试，这个人对肥胖人群的内隐态度很有可能是积极的，因为它来源于这个人小时候肥胖的经历，而他对肥胖人群的外显态度很可能是消极的，因为他现在已经不再有肥胖问题了。此研究的另一个发现是那些母亲有肥胖问题，并且与母亲关系很好的被试，对肥胖人群也是持有积极的内隐态度，尽管他的外显态度仍是消极的。总之，人们对同一事物会有不同态度，一个更多来源于童年经历，另一个则更多建立在他们成人经验的基础上。

另外需要注意的是，在此提及人们有内隐态度，并不是说人们的内隐态度就一定比外显态度重要，事实上，格林沃德和其他研究者（2009）在对包含了 15 000 名参与者的共 122 个基于内隐联系测验（IAT）的研究进行元分析后发现，人们的内隐态度对于行为的预测作用是小于其外显态度的。研究还表明，对于社会敏感的话题，例如对色情、种族群体或好朋友的恋人的态度，人们会扭曲其外显的自我报告，就最容易发展出双重态度（Wilson et al., 2000）。

五、态度与行为

态度研究一直以来都是社会心理学研究的重点，之所以如此，其中非常重要的一个原因是很多社会心理学家们认为可以把态度与对行为的预测直接联系起来，从而能使我们对行为预测能有一个大体的把握。奥尔波特在定义态度时也提到了态度“动态地影响着个体对与这些经验有关的事件、情境的反应”，使人认为人的态度（信念）与人的行为是高度相关的。比如一个对环保持积极态度的人，购物时会自己准备购物袋，循环使用纸张和瓶子等。但是拉皮尔（Richard LaPiere, 1934）的一项研究，让持有上述想法的人开始产生怀疑。

20 世纪 30 年代初，年轻的社会学家拉皮尔带着一对华裔夫妇在全美旅行，其间旅行的路程共计有 10 000 英里，在 251 个不同的饭店和旅馆食宿过。20 世纪 30 年代的美国对许多群体都公然持有偏见，其中就包括华人。拉皮尔想知道自己和华裔夫妇同伴会受到怎样的拒绝，遭遇到什么？

有意思的是，在整个旅途中，他们只在一个地方遭到了拒绝。这段旅程结束 6 个月后，拉皮尔向他们食宿过的每个地方的负责人都写了一封信，问老板是否愿意接待一对华裔夫妇。大约一半的负责人给他寄了回信，92%说不接待华人，只有 9 家表示愿意接待，但附有一定的限制条件。

尽管拉皮尔也承认这项研究有不少问题（例如回信者和实际接待者不是同一个人等），但还是给了当时口头报告的态度可以引导行为的观念重重一击。几十年过去了，社会心理学家艾伦·威克（Allan Wicker, 1969）通过对各种人群、态度和行为的综述研究，对态度可能具有预测行为的作用继续提出了挑战。通过研究，他得出了一个令人吃惊的结论：人们表现出的态度很难预测他们的各种行为。例如：

学生对于作弊的态度与他们的实际作弊行为几乎没有关系。

对教堂的态度与星期天做礼拜的行为只存在中等程度的相关。

自我描述的种族观与真实情境中的行为几乎不存在相关性。很多人说，在听到种族主义言论时会表达自己的不满，但事实上当他们真遇到这种情况[比如有人用 nigger（黑鬼，对黑人的一种蔑称）这一带有种族主义色彩的词汇]时却表现得漠不关心（Kawakami et al., 2009）。

因此，威克等认为“态度与行为的直接相关程度很低，以至于心理学家遇到了前所未有的挑战”。威克的结论引起了轩然大波，甚至使社会心理学产生了信任危机，许多研究者质疑态度这个概念的用处，认为既然态度不能很好地预测行为，那态度就没有什么价值。

（一）为什么态度经常不能预测行为

态度对行为的预测作用经常很低的一个原因是，人们有时并不知道自己的态度究竟是什么，或不能确切地知道自己为什么要以那样的方式去对一个客体感受。注意，态度是一种内在的倾向，它隐藏在人们记忆的深处，想要通过内省的方法将其提取出来有很大的难度。在自我一章中我们知道，人们口中说出来的对一个对象行为的理由，其实经常不能反映一个人真实的态度（Nisbett and Wilson, 1977）。如此的话，虚假的态度自然不能很好地预测行为了。

第二个原因是，有时人们清楚地知道自己对某种行为持有的态度，但是此时这种态度并不被欣赏，另外一种与这个行为有关的态度更占上风，就把行为拉向了其他的方向。比如，很多男士对上街逛商店购物持消极的态度，而且自己也是心知肚明的。但是如果自己心爱的人说要去逛商店，这位先生对逛商店的兴趣就提高了。在这个例子中，这位男士对自己这段关系的积极态度胜过了对逛商店的消极态度，这也给了我们态度何时可以预测行为的一个重要启示。

（二）影响态度预测行为的因素

1. 态度与行为的对称性

在拉皮尔的研究中，当他写信问旅馆饭店的老板是否愿意接待华人时，他并没有提到 6 个月前他和那对华裔夫妇旅行的细节，比如，这对华裔夫妇衣冠楚楚，而且是由美国的大学教授陪同的。因此，这些老板们在当时普遍歧视华人等群体的特定情境下，对是否愿意接待中国人的问题就只是根据他们的一般态度来进行回答。而当时具体接待他们的旅馆和饭店员工却知道这些细节，尽管他们也普遍对华人有歧视的态度，但在当时这个具体的情况下，他们的态度发生了改变，形成了新的态度，从而几乎都对这对华裔夫妇给予了接待。这就给了我们一个重要的启示：人们的一般态度不能很好地预测具体行为，具体的态度才能预测具体的行为；相应的是，一般的态度对一般的行为有较好的预测作用。也就是说，想要态度较好地预测行为，态度与行为的对称性要好。

对此种观点进行阐述的一个经典研究是，戴维逊和雅卡尔（Davidson and Jaccard, 1979）询问一些已婚女性对避孕的一般态度。两年后，他们再次对这些女性进行访问，问她们在过去两年里对避孕药使用的情况。在第一种情况下，研究者问女性："你对避孕的态度是什么？"结果发现其态度与服用避孕药行为的相关系数是 0.08，这意味着她们的态度与行为之间实际上没有关系。

为什么这两者之间的相关系数这么小？很明显研究者问的问题太一般化，掩盖住了许多能够想到避孕药的方式。比如，人们对避孕一般会持有积极的态度，但感觉服用避孕药不是最好的方法。还有就是另一些人想怀孕，她们对别人的避孕持积极的态度，她们自己却不会避孕。

在第二种情况中，研究者问了一个更加具体的问题："你对避孕药的态度是什么？"这回他们发现女性的态度与其行为之间的相关系数上升到了 0.32，这就意味着这些女性对避孕药有积极的态度的话，实际上她们也更有可能服用避孕药。但这个相关系数还不是很高，在第三种情况下，研究者这样去问她们："你对使用避孕药的态度是什么？"而在第四种情况下，研究者问道："接下来的两年里，你对使用避孕药的态度是什么？"在这些情况下，相关系数分别提升到了 0.53 和 0.57。这些研究发现告诉我们，与行为相关的态度越具体，对行为的预测作用也就越大。

然而，如果要预测人们的一般行为时，依据人们的一般态度可能会更好。比如，你想要预测人们会不会以环境友好的方式去行动，你最好了解和依据人们对环境保护的一般态度。举个例子，我们不能够仅仅问人家你是否会餐后打包就推断他对环境保护的整体态度，而是要测量人们一系列的实际行为（如是否支持混合动力汽车和保护珍稀动物等），然后把它们结合起来去推断对环境保护的整体态度。

2. 自我呈现的关注

在拉皮尔的研究中，态度不能很好预测行为的另一个原因是，当旅馆和饭店的员工在对拉皮尔和那对华裔夫妇反应的那一刻，他们可能会有自我呈现的压力，这种压力在进行回信时是没有的。例如，这些员工在酒店的大厅，他们最关心的是要表现出他们的专业素养，避免不愉快的事情发生，这种因公开场合里的自我呈现关注对其行为的影响，超过了他们私下里对华人态度对其行为的影响。而在回信的时候就不必考虑公众的眼光，可以自由地表达自己的态度了。

3. 内隐态度

另一种想要人们不受社会赞许影响的途径就是去测量他们的内隐态度。如前所述，内隐态度是人们持有却不能够被自己清晰意识到的态度，内隐态度相比外显态度，能够更好地预测人们的行为，原因是人们不用担心因自我呈现的关注而影响了行为。很多研究也表明，人们的内隐态度和外显态度没有太大的关系。因此，一个声称要尊重农民工，但内心深处却歧视农民工的人就会被以下的身体语言和行为出卖：和农民工少有眼光接触，离农民工远远的，粗暴地打断农民工的话。

4. 态度的强度

回到前面那个逛商店的例子，某位先生对逛商店有消极的态度，同时，却对想要逛商店的恋人持有积极的态度，最终哪一种态度会胜出，进而影响他的行为呢？很明显，哪一种态度更强，则该种态度就能发挥有效的影响。更强的态度不仅对行为影响更多，其持续的时间会更长，也更不容易改变。

5. 态度的可及性

每个人都有成千上万的态度，但是大多数时候，某一特定的态度并没有在人们清晰的意识范围之内。因为人们每天忙忙碌碌地与周遭的世界打交道，把大部分的时间和精力都放在了外面所发生的事情之上，很少去想内心的态度。人们的许多行为都是无心之举，是自发产生的。行动了，却没去想它——也就是说，没有考虑我们的态度。所以，态度想要去影响人们的行为，它首先必须被激活——它必须从隐藏很深的记忆中进入到人们的意识层面上来（Zanna and Fazio, 1982）。态度能被人们清晰意识到的程度，就是态度的可及性（attitude accessibility）。态度的可及性越强，就越能对行为进行预测。

人们对不同对象态度的可及性是不一样的。例如，如果说到“蛇”，大多数人立刻会想到“害怕，危险”。如果说到“雷诺阿的绘画”，很多人会说：“太美了。”我们总会立即想到自己所认识的某个人，“哦，不，该不会又是那个古怪的人吧”，或者相反，“哇，一个很棒的人”。这些都是可及性很强的态度。

并非所有的态度和信念都是可及性很强的。例如，我们可能会对波多黎各的国家地位或者广告的价值有某种看法，但对我们大多数人来讲，这些看法不太容易被想起来。有时我们没有真正的态度，也就是说，我们的记忆中没有对特定认知对象的评价。

有大量证据对高可及性的态度指导行为的观点提供了支持。测量态度可及性的一种方法是，考察一个人对某个认知对象或者问题进行评价的速度。这种方法的基本思想是，当问及到某一态度时，人们越快进行反应，此种态度的可及性就越强；反之，人们的反应越慢，就表明此种态度越不可及。采用这种简单的测量方法，拉塞尔·法齐奥和卡罗尔·威廉姆斯（Carol Willianms）对 1984 年总统选举中谁将投票给罗纳德·里根或沃尔特·蒙代尔（Walter Mondale）进行了特别准确的预测。

在距那次大选约五个月前，法齐奥和威廉姆斯带着微型计算机来到一家购物中心，请过往行人对一些问题发表意见，包括对两位候选人分别做出评价。他们用计算机记录下人们对候选人评价的速度，这样就完成了对态度可及性的测量。稍后，法齐奥和威廉姆斯与这些被试联系，询问他们对两次总统大选辩论的看法。大选过后，研究者对他们的投票情况进行了调查。结果表明，那些在距大选五个月前态度可及性高（能够迅速做出回答）的人，更可能投他们所欣赏的候选人的票，而且他们对大选辩论的看法与他们的态度相一致。

采用一种略微不同的方式，法齐奥和他的同事们对态度的可及性进行了实际的操作。这种操作包括：让被试重复表达他们的意见，或者让他们有机会直接体验态度对象。他们发现，与没有获得可及性的态度相比，通过这种方式获得了可及性的态度，对后继行为的预测程度大大提高了。

（三）态度怎样影响行为

人们的态度是怎样实际影响行为的呢？是不是人们对某一对象形成了积极或消极的态度之后，就按照这个态度行事了？还是会有一个中介的步骤？一个很有影响力的理论提出，人们的态度并不直接地影响行为，而是通过行为意向来影响行为。这就是阿杰恩（Icek Azjen, 1985）提出的计划行为理论（Theory of Planned Behavior, TPB）。

这个理论假设对行为能起最好预测作用的是人们行为意向的强度，而影响行为意向强度的因素有三个：行为的态度、主观规范和感知到的行为控制。通过测量这些因素，人们就能知道行为意向的强度，而行为意向则可以预测行为的可能性了。

第一个影响行为意向的因素是对行为的态度（attitude toward the behavior）。需要特别注意的是，这里说的是对行为的态度，而不是对态度对象的态度，指的是一个人认为行为给自己带来的后果是好是坏。例如，你知道一位同学对运动锻炼持有积极的态度，对他来讲，运动锻炼可以强身健体，还可以放松心情。某一天，你想打篮球但缺少同伴，看见他有空，就热情地邀请他一起去打篮球，结果他拒绝了你，你百思不得其解，为什么你对他行为的预测错了？实际的原因是这样的，虽然这位同学对运动锻炼是有积极的态度，但是他不喜欢出汗，事实上他很讨厌出汗，而打篮球会使他出很多汗，这位同学平常运动锻炼的项目只限于游泳之类。因此，尽管他对运动锻炼的态度是积极的，但对打篮球这个行为的态度是消极的。对行为的态度更能影响一个人行为的意向。

第二个因素是主观规范（subjective norms），指的是周围的朋友、家人或其他人对你行为的评价。还是拿运动锻炼举例，如果你本来对锻炼身体不是很热衷，但是你的同学、朋友和家人大多在锻炼，而且还不时地说运动锻炼是如何的好，是多么的时尚，还批评你锻炼不够。那么，你以后参加运动锻炼的行为可能会增加。

第三个因素是感知到的行为控制（Perceived behavioral control），是指一个人对行为难易程度的感知。仍然拿运动锻炼举例，你是大学生，你知道你的同学对锻炼身体持有积极的态度，但是如果你对他说："走，我们去打高尔夫球去！"基本上会遭到拒绝。因为打一场高尔夫球对大多数人来讲，不仅费用昂贵，球场还很远。相反，如果你说："走，我们打篮球去！"他同意的可能性就大多了。

总而言之，计划行为理论强调人们跟随态度的行为会以一种理性的方式去实行。如果一个人认为某一与态度联系的特定行为会有一个好的结果，周围的人对它褒奖有加，实施起来还比较容易，那这个人就会做出这一行为来（如图 6-5 所示）。

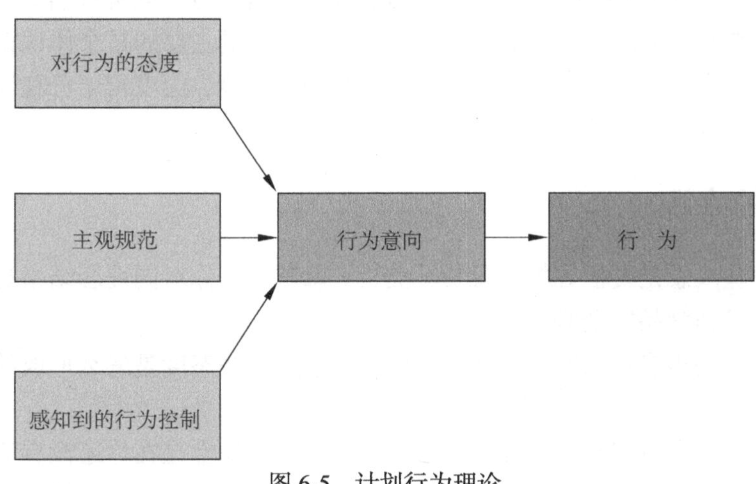

图 6-5　计划行为理论

第二节　态度的形成与改变

一、态度形成与改变的定义与过程

（一）态度形成与改变的定义

态度形成（attitude formation）是指一个人对某一态度对象从无到有的过程，我们可以通过自己的直接经验或经由别人、媒体的劝说来形成某种态度。而态度改变（attitude change）是指原有的态度发生变化的过程，这种变化可以是从积极到消极（反之亦然），也可以是从比较积极到非常积极。广义上看，一个人的态度从无到有也是态度的改变。其实，态度的形成与改变就是一个硬币的两面，是同时发生的。新态度的形成意味着旧态度发生了改变，而人的态度发生了改变也意味着新态度的形成，很多时候这两者指的是一回事。但我们还是把它们分开进行描述，其用词不同，概念是有区别的。

（二）态度形成与改变的过程

在此我们把态度形成与改变的过程视为是一样的，总体而言，它们都有一个从弱到强的过程，凯尔曼（Kelman, 1961）认为，这个过程分三个阶段：

1. 服从。服从主要发生在行为层面，一个人如果行为发生了变化，那么他的态度也有了些许的改变。但他在情感上可能还不是喜欢这种改变的，尤其是在认知上更没有觉得如此改变有何意义与价值。服从可能仅是一种趋利避害的社会便利手段。

2. 认同。认同是在个人因想要同另一个人或群体建立或维系一种令人满意的关系而接受影响时发生的。它主要体现在情感的层面。也就是说，如果一个人的态度到了认同的阶段，他不仅在行为上发生了改变，还在情感上喜欢这种改变，但在认知上依然没有什么变化。

3. 内化。到了内化的阶段则主要体现在认知的变化上了。具体而言，一个人内化了的态度，不仅是有行为的改变，不仅是喜欢这种变化，更主要的是个体认识到了这种改变是有意义、符合自己的价值观的。到了内化阶段的态度，会变得十分稳固，能持续很长的时间，也不会再轻易改变了。

二、态度的来源

为什么一些人总是要倡导抵制日货（美货、韩货）？你对同性恋结婚是赞成还是反对？你觉得转基因食品安全吗？

我们对身边的很多对象都抱有各种不同的态度，这些态度是怎么形成的呢？这些态度来源于何处？

很多人可能没有意识到，其实态度很快就能形成，经常是在你还没有清楚地意识到时就形成了。在一个实验中，研究者要参与者描述一个特定的人，包括描述此人的兴趣爱好、人格特征和性格等（Kawakami et al., 2003）。一些参与者被告知要对一个年长的女性进行描述，而另一些参与者则被告知要对一名年轻的女性进行描述。描述结束后，参与者要对自己在一些话题上的态度进行评估，这些话题包括在保健上多花钱的感受，以及对色情、裸体是否应该出现在电视上的看法等。正如研究者预料的那样，对年长女性进行描述的那部分参与者要比描述年轻女性的参与者在这些话题的态度上与年长女性更趋一致。这个例子是经典条件反射对态度形成的影响，那么，态度形成的方式主要有哪些呢？

（一）通过接受信息来形成态度

态度形成最常见的一种方式是人们从社会环境中接收到的各种信息。特别是儿童，他们经常是根据其父母以及其他角色榜样表达出来的态度来形成他们的初始态度。从积极的一面来看，这意味着父母如果喜欢书，喜欢园艺，孩子也会如此；从消极的一面来看，这也意味着父母骂骂咧咧，奸巧圆滑，孩子也会如此。消极信息对态度形成的影响尤其大。

聚焦神经科学研究——消极信息的威力

虽然积极信息与消极信息都能够影响人们对态度对象的评价，但消极信息似乎影响更大，这就是所谓的负向效果偏向（negativity bias）。从进化的角度来看，人们把消极信息看得比积极信息更重要，这有利于人们的生存。比如，人们应该对令人不快的刺激比令人愉悦的刺激反应更快。为了测验负向效果偏向是否会发生在神经水平上，在一项研究中，分别呈现给参与者积极的和消极的图片。比如，一组呈现的是一碗巧克力冰激凌的图片，而另一组呈现的是死猫的图片，研究者再评估其脑电波活动的情况。正如预料的那样，参与者面对消极图片比积极图片时，其脑电波波动更大，这意味着大脑活动更为活跃。这个研究说明了负向效果偏向可以在神经水平上体现出来，可以有力地解释负向效果偏向。

（二）个人的直接经验塑造态度

态度形成的第二种方式就是通过个人的直接经验。比如，你深夜看电影回家，结果在路上遭遇了行凶抢劫，你是不是对罪犯、警察、个人安全以及相关事情的态度发生了改变？或者是你坐公交车时手里只有大额钞票，想换零钱，却没有一个人帮你，你是不是对外出帮助别人的观念发生了改变？又如你父亲的生意陷入了危机，是因为大公司的一些见不得人的手段导致的，你会不会对类似这样的组织产生怨恨？个人的直接经验会对态度的形成与改变产生强有力的影响。

通过直接经验获得的态度，其强度更强，更能预测人的行为，而且人们更有可能去搜寻信息来支持其态度。例如，有研究发现，人们如果得了流感，就会进一步去搜集关于流感的信息，而且在流感流行的季节更有可能去注射疫苗（Davison et al., 1985）。人们还不容易接受那些劝其放弃其态度的人的劝导。例如，你的关于环境保护的态度源自于你就生活在河边，亲眼见到了河流遭受污染，那么，再强有力的论据也不容易动摇你的环保态度（Wood, 1982）。

（三）经典条件反射的作用可以造成态度

态度对象与一个快乐的事件或不快乐的事件之间产生联系就能够形成态度。这就是经典条件反射的原理，即某种能引起情绪反应的刺激不断与一种不会引起情绪反应的中性刺激相联结，直到中性刺激本身也能引起该情绪反应。例如，如果你在恋爱时总是买某个特定品牌的水给他（她）喝，久而久之，你以后看到这个品牌的水，就会有恋爱的感觉。

态度通过经典条件反射形成的一个方式就是扎琼克（Zajonc, 1968）最早发现的纯暴露效应（mere exposure effect）。即一个对象在人们面前暴露得越多，人们就越喜欢这个对象，不需要任何行动，也不需要任何信念。例如，我们刚开始听到某首歌时并不觉得它好听，但是听多了就觉得比开始时好听了。同样，刚开始见到一个人时并不觉得他（她）好看，但是看多了看久了，就会发现这个人也还长得不错。这个效应在实验中得到了证实。

在早期的一个实验中，研究者把含有无意义单词如 NANSOMA 之类的广告放进校报里面去（Zajonc and Rajecki, 1969），接着，研究者让学生评价一个含有 NANSOMA 的单词表。结果，哪怕是像 NANSOMA 这样的无意义单词，仅仅是因为有过暴露，就足以得到了积极的评价。在另一个实验中，研究者把一些无意义音节和一些汉字暴露给参与者，参与者也对这些无意义音节和汉字给予了积极的评价。

西奥多・米塔（Theodore Mita, 1977）和他的同事对纯暴露效应做了一个更有意思的研究。因为人们更多看到的是自己在镜子中的形象，而非真实形象，因此可以推测人们较后者而言更喜欢前者。为了验证这个假设，他们在校园里拍摄了一些女生的脸部照片，制作成两个版本，一个保持原版，一个加上了镜子做背景。当呈现给那些女生自己看时，问她们更喜欢哪一张照片，2/3 的女生更喜欢带镜子的，而 61%的这些女生的好友更喜欢原版的照片，两者差异显著。有趣的是，两个版本中人的形象没有改变。

其道理是，一般来讲，熟悉的事物不会让人讨厌。熟悉的面孔，常见的观点和标语会变得像我们的老朋友一样。试想一下发生在很多人身上的情况，那些编曲简单的商业歌曲，你听多了之后也违背最初的意志，跟着哼唱起来。纯暴露效应的意义在于它揭示了人能够与一无所知的事物建立起感情，这些建立在感情基础上面的态度，超越了理性思考，是一种原始而强大的评价形式。

研究发现，纯暴露效应的作用是也有限的。总结相关的研究我们发现，如果是随机的暴露其效应是最好的，而暴露过度则会降低效果（Bornstein, 1989），那种疲劳轰炸的效果并不好。

研究还发现，当刺激是中性或者积极的时候，不断地暴露会引起人们的好感。如果刺激是负性的又会怎么样呢？研究发现，如果人们一开始就不喜欢某一刺激，此后这一刺激如果不断出现的话，会增加人们对它的消极情绪（Bornstein, 1989; Perlman and Oskamp, 1971）。比如说，一个人从小受父母的影响，讨厌别的一个族群的人，以后总是遇见这个族群的人，其消极情绪会不断增加。而且随着时间的推移，这些不断增加的消极情绪会变成对这个族群的敌意（Drosnick et al., 1992）。

上述纯暴露效应是指刺激清楚地暴露在人们的眼前，而阈下劝导（subliminal persuasion）是指刺激暴露在人们的意识水平之下的影响（Bornstein and D'Abnostino, 1992; Murphy and Zajonc, 1993; Zajonc, 1968）。在一项研究中，研究者让参与者观看一位女性一系列活动的照片（例如上车、拖地、坐在餐馆里、做研究等，Krosnick et al., 1992），在参与者观看两张照片之前，一张照片会以阈下水平的速度闪过（即参与者没有意识到他们见过这张照片），对其中一部分参与者闪过的照片是积极的（拿着米老鼠玩具的小孩，一对恋爱中的恋人，两只小猫），而对另外一部分参与者闪过的照片是消极的（一桶蛇，床上的一具尸体，一条血腥的鲨鱼）。然后要求所有参与者对那位女性的态度进行评价，并且发表对其人格的看法。正如预料的那样，看过积极照片的参与者要比看过消极照片的参与者对那位女性的态度更加积极，而这些参与者并没有意识到他们见过这些照片。

这种阈下加工的过程还能够强化人们已有的态度，在一项研究中，研究者启动了与参与者在政治上内群体或外群体有关的单词（Ledgerwood and Chaiken, 2007），例如，与民主党有关的阈下刺激包括“民主党”“比尔·克林顿”和“约翰·克里”；与共和党有关的阈下刺激包括“共和党”“乔治·布什”以及“迪克·切尼”；而对控制组的参与者启动的阈下刺激则是中性的，包括“大灯”“软木塞”以及“居民”。启动后，参与者对一些反映其民主党立场或共和党立场的项目的符合程度进行评估。正如预料的那样，那些启动了与其在政治上内群体有关的单词的参与者在项目上表现出了与其内群体的政治立场更高水平的符合程度，而在项目上表现出了与其外群体的政治立场更高水平的不符合程度，也比那些启动了中性阈下刺激的参与者在项目上做出符合程度更高的评估。

（四）通过操作性条件反射来塑造态度

根据操作性条件反射原理，当指向某事物的行为得到奖励或强化，那么该行为在以后重复出现的可能性就增大。相反，如果行为没有得到奖励或受到了惩罚，则该行为今后出现的可能性就会降低。研究态度的学习理论家认为，伴随着这种增加或减少的行为，会引发与该行为相一致的态度。例如，如果一位学生在社会心理学的课堂上举手回答老师的问题，回答完后得到了老师的表扬，那么，这位学生以后一般会更加积极地举手发言，并且对社会心理学这门课程有着积极的态度。但是，如果学生在社会心理学的课堂上举手回答老师的问题后，没有得到老师的表扬，甚至老师对他的回答还颇有微词，那么，这位学生以后一般就不会举手发言了，并且对社会心理学这门课程也会产生反感。

通过操作性条件反射的原理，父母对儿童最初的态度形成有着强大的影响，这就是为什么许多儿童的态度与其父母的态度相似的一个原因。然而到了青少年时期，同辈类似的奖励和惩罚对青少年态度形成的影响就起主导作用了，所以青少年时期有着更高程度的从众行为（比如穿一样的服装，听相同的歌曲，表现出类似的行为）。

操作性条件反射影响人们的态度和行为，这甚至可以帮助人们更好地谈恋爱。在一项研究中，研究者调查了恋爱中的人们接受到的奖赏的水平，比如彼此喜欢对方，在一个项目中帮助对方等（Berg and McQuinn, 1986）。如预料那样，相互间有高度奖赏的恋人们平均比那些相互间有着较低奖赏的恋人们多约会四个月。类似地，在另一个实验中，参与者完成了一个任务后，研究者用一个愉悦的声音，或者是微笑来表示感谢。对另一部分参与者用直接的目光接触来感谢他们。在另一个情形中，研究者只给予了参与者中性的回应（Deutsch and Lamberti, 1986）。结果，当他们看到一个人（其实是研究者的同谋）把手中的一堆书籍及报纸不慎撒在地上的时候，那些在研究者受到了积极强化的参与者要比那些没有受到强化的参与者给予此人更多的帮助。

（五）通过观察学习来形成态度

上述操作性条件反射对人态度的形成是以一种清楚的方式达成的，态度还可以用观察学习这样一种更加微妙的方式来形成（Bandura, 1986）。这种学习是通过观察别人是如何对一个态度对象行动的，然后观察者就以同样的方式去做。当我们看到别人受到惩罚，我们就会回避他们做过的行为，也会回避他们表现出来的态度；当我们看到别人受到奖励，我们就会参与这些行为，也会采纳他们所表现出来的态度。比如，怕狗的孩子在看到其他孩子与小狗愉快玩耍的录像后就会开始喜欢小狗了（Bandura and Menlove, 1968）。

观察学习不依赖奖赏，但是奖赏能够强化观察学习。上述怕狗的孩子如果抚摩了小狗之后，妈妈给予赞赏的话，小孩会更加喜欢小狗。同样的，如果攻击行为看上去得到了奖赏——孩子们看到那些通过暴力行为的人得到了他们想要的东西的话——这些孩子就有可能模仿攻击行为。

如果人们的所说和所做之间有差异的话，孩子会模仿其中的行为。例如，父母教育小孩，当与其他孩子有冲突的话，不要使用暴力的方式。可是，孩子却观察到了父亲恶狠狠地威胁快递员要把物件送上门来的话，孩子就知道了事情的真相。即父母是告知了孩子对攻击行为的态度，但事实上却传达出了相反的态度。

（六）以行为为基础的态度

以行为为基础的态度是根据人们对某一对象所表现出来的行为的观察而形成的。这可能有点奇怪，如果还不知道自己的感觉，我们要如何去表现行为呢？根据达里尔·贝姆（Daryl Bem, 1972）的自我知觉理论（self-perception theory），在某些情境下，人们要等到看见自己的行为之后才知道自己的感觉如何。举个例子，假如你问一个朋友是否喜欢运动。如果他回答："嗯，我想我是喜欢的，因为我经常去户外跑步或者去健身房锻炼身体。"我们会说他有一种"以行为为基础的态度"。他的态度更多是基于对行为的观察，而不是他的认知或情感。

谢利·蔡肯（Shelly Chaiken）和马克·鲍德温（Mark Baldwin, 1981）做了一个实验，来说明行为如何影响态度。首先，他们把被试分为两组：一组具有强烈且持久的环保态度，而另一组对环保的态度淡薄、摇摆。然后他们请被试回答一份问卷，通过在题目里面插入"经常"或"偶尔"，诱导他们做出环保或反环保的行为描述。比如当被试被问到"你会不会偶尔与人共用汽车"，他们更可能回答"是"，然后就认为自己是一个环保者。相反，那些被问到"你会不会经常与人共用汽车"，那么他们更可能回答"不是"，然后可能觉得自己某种程度上是个反环保者。下图表明那些被诱导出报告环保行为的被试，比起那些被诱导出报告反环保行为的被试，后面会对自己的态度评价为更环保——但是这只是对于那些环保态度淡薄、摇摆的被试而言的。对于那些环保态度坚定且持久的被试，这种自我报告的操控对他们的态度没有显著影响。

（七）具身的态度

与自我知觉理论相关的还有另外一个观点，认为人们的情绪——以及由此带来的态度——可以通过改变面部表情、身体姿势或者其他运动反应来得以操控，通过这种方式形成的态度，被称为具身态度（embodied attitude），意思是指身体在态度形成过程中发挥着关键作用，态度是通过身体的体验及其活动方式而形成的。

德国心理学家斯特拉克与其团队针对面部表情控制对情绪和态度的影响设计了精巧的实验。研究者邀请大学生来看一系列有趣的漫画。嘴唇组的参与者被要求要用上嘴唇与鼻子紧紧夹住笔，使其始终无法笑，而牙齿组的参与者被要求用牙叼住笔，使其始终在笑（如图 6-6 所示），控制组的参与者则只需要用手握住笔。看完漫画后，所有参与者用十点量表评价这些漫画有多有趣。结果表明，认为漫画有趣的人中，用牙齿叼住笔的参与者最多，其次是用手握笔的参与者，也就是说，评分与表情之间存在着高度一致，表情控制影响了被试的评价体系(Strack et al., 1988) 。

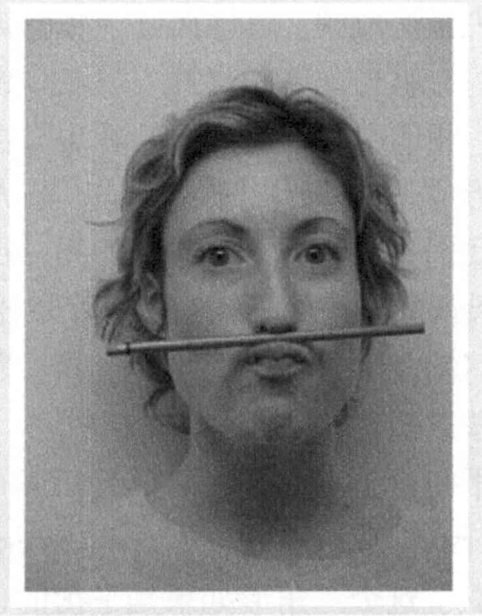

图 6-6　面部表情对态度的影响

除了面部表情，其他带有表达含义的行为也可以影响情绪及其相应的态度。上一章中在具身社会认知一节里所介绍斯代帕与斯特拉克的实验就很好地说明了这一点。

具身态度和上述自我知觉理论的原理是不一样的，自我知觉理论是说人们通过意识到的行为去推知、形成自己的态度，而具身态度指的是人们有行为、有运动反应，自己却没有清晰地意识到，但结果却是这些行为和运动反应对自己的情绪和态度造成了影响。因此，具身态度的研究表明，做出与快乐相关的动作，不仅让人感到更快乐，还会让人对环境中的其他事物也感到更满意。

三、态度形成与改变的理论

关于态度形成与改变的理论有很多，如行为主义学派的强化理论等。在此我们只介绍兴起于 20 世纪 50 年代末，统治了当时及以后很长时间的社会心理学的认知一致性理论（cognitive consistency theories），它们强调认知因素在态度形成与改变过程中的作用，对过去大行其道却过于简单的强化解释给予致命一击。这个派系的理论认为，既然人的信念是态度结构的基本成分，它们就关注当人们的信念不一致时的现象。虽然它们在定义一致与不一致上面有差异，它们都假设人们有不一致的信念时是令人反感的，即如果人们两种想法中的一个与另一个是矛盾的话，会使人产生不舒服的状态，这就是所谓的不协调。一致性理论继而认为人们就会激发起去改变其中一个或多个矛盾的信念，以使人们整个的信念系统是和谐的，结果就是一致性的恢复。认知一致性的主要理论有两种，即平衡论和认知失调理论。

（一）平衡论

认知一致性最早的一个理论是海德（Fritz Heider, 1946）提出的平衡论（Balance Theory），后由卡特莱特和哈拉里（Cartwright and Harary, 1956）进一步补充完善。海德平衡论的思想源于格式塔心理学，格式塔心理学的一个主要观点认为心理现象是由各种相互影响的力量构成的。具体而言，海德认为，人们希望自己对世界的认识能够保持和谐一致。人们希望与自己喜欢的人观点一致，而与自己不喜欢的人意见相左；希望对于同一件事物，我们在某种情况下的看法与在其他情况下是类似的。海德认为，这种和谐在人们身上形成了一种认知平衡状态。当人们处于平衡状态时，比如我们对某个政治问题的看法与我们真心喜欢的一些人相同，我们就会感到满意，这时我们就不需要做出改变。但是如果认知系统的平衡被打破了，比如我们发现在某个问题上我们与喜欢的人意见相左，我们就会体验到不适的紧张感。为了消除这种紧张感，我们就不得不改变这个系统中的某些东西。

海德的平衡论是用著名的 P-O-X 三角形模型来直观说明的。这个模型有三个成分：一个人（a person, P），另一个人（other person, O）以及发生在这两个人之间的态度、对象或话题（X）。这个三角形如果是平衡的，那它就是一致的。而三角形是否平衡，则需要通过计算两个成分之间关系的性质和数量来进行评估。例如，P 喜欢 X 是积极（+）的关系，O 不喜欢 X 是消极（–）的关系，而 P 讨厌 O 也是消极（–）的关系。这样的话，每两者之间都有积极和消极关系的性质，这三者之间的关系就有 8 种可能的组合，其中 4 种是平衡的，另外 4 种是不平衡的（如图 6-7 所示）。

如图 6-7 中第一排第一个三角形所示，如果 P 喜欢 O，P 喜欢 X，而 O 也喜欢 X，则这个三角形是平衡的。从 P 的角度来看，平衡理论可以预测人际关系：如果 P 喜欢一个对象 X，那么其余两者也会是相容的。即若 P 也喜欢 O 的话，O 与 P 应该有同样的感觉，O 会喜欢 X 的。但若 P 不喜欢 O，此时的 O 则应该讨厌 X。同样的道理，第一排其余的三角形也是平衡的。

相反，如图 6-7 中第二排第一个三角形所示，如果 P 喜欢 O，O 喜欢 X，而 P 却讨厌 X，那这三者之间的关系就是不平衡的。按照平衡理论的一致性原理，在不平衡的三角形中，人们就会感到紧张不安，继而会激发起人们的动机去恢复平衡，而且人们一般会以付出最小努力的方式去恢复平衡。具体而言，在上述例子中，对 P 来讲就看 O 与 X 哪一个更重要。如果 O 更重要，那么 P 就会改变原先讨厌 X 的态度，变得也喜欢 X 了；如果 X 对 P 更重要，P 就有可能改变原先喜欢 O 的态度，变得讨厌 O 了。或者是劝 O 也去讨厌 X，这样从 P 的角度来看也就平衡了。

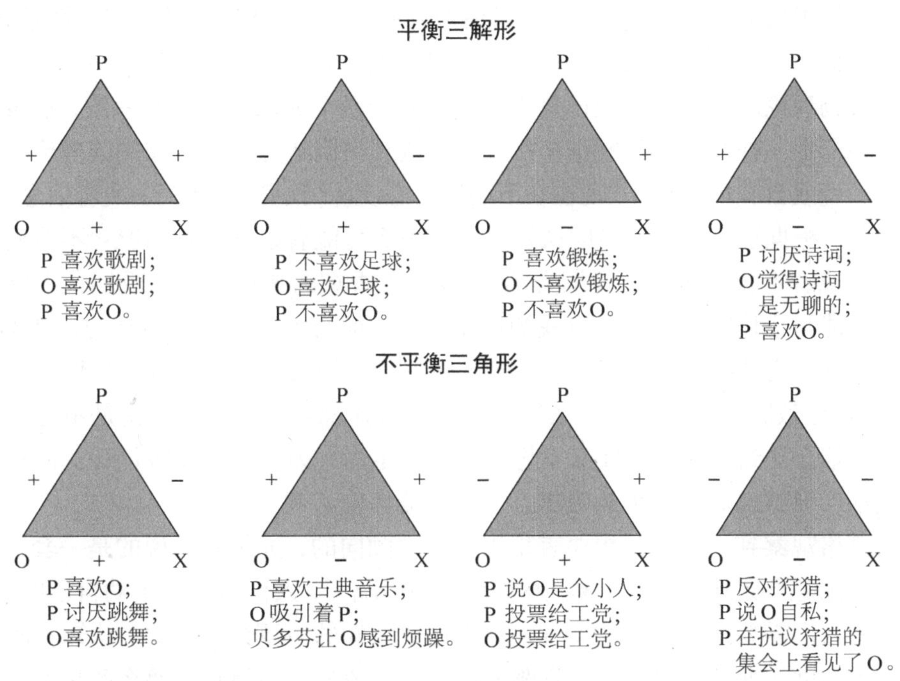

图 6-7　海德态度改变理论中平衡三角形与不平衡三角形的例子

（改编自 Michael A, Hogg, Graham M. Vaughan. Social Psychology[M]. 6th ed. Edinburgh: Pearson Education Limited, 2011：152）

不平衡的结构通常要比平衡的结构更不稳定，更让人不快。然而，在缺乏抗辩的信息时，人们会以己度人，假设别人也会喜欢自己喜欢的东西。进而人们会偏向去赞同别人——用平衡理论的语言就是，P 和 O 先去寻找彼此可以达成共识的地方，而不是先去关注他们如何在评价 X 有差异上（Zajonc, 1968）。简而言之，就是先人后物。此外，人们也不总是去寻求解决不平衡的问题，有时他们会设法使这些信息保持相互隔离，这样就不用去改变什么。比如，在图 6-7 的例子中，P 喜欢听歌剧而 O 却不喜欢听，P 与 O 又相互喜欢的话，P 可以在三角形中隔离掉 X，即可以选择 O 不在身边时自己一个人去听歌剧。

总体而言，平衡理论得到了广泛的研究，而大部分研究的结论也是支持平衡理论的。

（二）认知失调理论

在有关态度与行为改变的理论中，最著名、最重要的是利昂·费斯汀格（Leon Festinger, 1957）的认知失调理论（Cognitive Dissonance Theory, CDT），在整个20世纪60年代里，这个理论是被研究得最多的主题，直到20世纪70年代它几乎被研究透了之后，其研究热潮才慢慢退去，费斯汀格也因此而被誉为是社会心理学的教皇（the Pope of Social Psychology）。当代许多社会心理学家都是这一理论的拥趸，其中大名鼎鼎的阿伦森（费斯汀格的学生）是费斯汀格的头号支持者，他毫不掩饰地说，认知失调理论是“社会心理学中最重要也是最发人深省的理论”。“我曾暗自幻想过这样一幕：95岁高龄的我站在一个座无虚席的大礼堂里，正充满激情地讲授认知失调理论。学生们满怀景仰之情，倾听每一句话。突然，我心脏病发作，倒在讲台上，就此离开人世”。

认知失调理论的一个主要假设是当一个人有着两个或两个以上不一致、不匹配的认知时，就会产生一种让人心里紧张、不舒服的认知失调状态。在认知失调理论中，认知就是关于环境或自我的知识（“现在在下雨”）、态度（“我喜欢下雨”）或者信念（“雨让花儿生长”）。根据这一理论，不同认知之间的关系可能有以下三种情况：不协调的、协调一致的，或者不相关的。以吸烟为例，“我喜欢香烟的味道”与“吸烟让人放松”这样的认知可能与个体吸烟这样的自我知识相一致，而与大多数关于降雨的认知不相关。但如果吸烟的人有“我是吸烟者”的认知，而关于吸烟的消极结果的信息形成了第二种认知（“吸烟导致肺癌”），那这一认知与第一种认知就是不一致或者说是不协调的。毕竟，如果吸烟会导致肺癌，而你又不想过早结束生命，为什么还要吸烟呢？同样，如果既知道吸烟会导致肺癌，又仍然吸烟，人怎么能够安心呢？

费斯汀格观察到了人们是想要表现出一致性倾向的，如果我们说的是一套，做的是另一套，我们就需要为此进行辩解。通常在这种情况下，人们需要一个劝自己的好理由，甚至意味着人们需要改变先前的态度，从而达成认知的协调性。因此，认知不协调就成为了一个人态度改变的主要动机。它驱使着人们去改变一些事情，要么改变态度，要么改变行为，以减少或消除因认知失调而导致的让人不舒服的唤起状态。紧张消除之后，人们又达成了协调的心理平静状态。

认知失调理论颇似生理学中的自我平衡理论（homeostatic theory）。试想一下你饿了的时候是怎样的？大脑侦测到了你的血糖水平出现了不平衡，就会引起饥饿的心理状态，促使你去寻找并吃掉食物来减轻这种让人不舒服的唤起状态，吃下食物之后，你就舒服了。同样的道理，当认知协调被破坏掉，你也会感到紧张、不舒服，并促使你设法去减轻或消除它。

现在我们把认知失调理论的五个关键假设总结如下：

第一，人的态度与行为相互之间可以是协调（一致）或是不协调（不一致）的关系。

第二，态度与行为之间若出现了不协调的关系，会使人产生一种叫作认知失调的负性情绪状态。

第三，因为认知失调是一种让人不舒服的状态，所以，人们就会产生出要减少或消除失调的动机。

第四，失调的数量越多或程度越大，激发起的动机强度也就越大。

第五，失调的状态可以通过人们改变态度、改变行为或是对其进行合理化这三种方法来减少或消除掉。

我们还以上述吸烟的例子来说。如果一个人有一个“我吸烟”的认知，还有一个“吸烟导致肺癌”的认知，这两个认知是失调的。为了减少或消除它，首先他可以改变行为，即把烟戒了。这样就获得了一个新的认知，也就是“我不吸烟”。而“我不吸烟”与“吸烟导致肺癌”这两个认知之间的关系就是协调的了。

但是，对某些人来说，他可能抽了几十年的烟，烟瘾极大，戒烟如同要命。在这种情况下，他就有很大的可能去选择改变态度，即针对“吸烟导致肺癌”这个认知下手。具体而言，就是去歪曲这个认知。比如，他可能会去想，很多不吸烟的人也得了肺癌，而很多吸烟的人却没有得肺癌，他最后得出的结论是，吸烟不一定会得肺癌。这么一想，原先令他不舒服的认知失调状态就减轻了不少，从而可以继续安心地吸烟了。如果有关于吸烟有益的传言，烟瘾大的人就会特别热衷于去传播它，因为每传播一次，他的认知失调状态就能减轻一点。例如在 2003 年非典流行的时候，有一条传言是这样的：“得了非典的都是平常那些不吸烟、不喝酒的人。”当时的吸烟者就特别喜欢去传播它。

还有一种情况，就是造成认知失调的原来两个认知都不能去改变它们。比如，上述吸烟的例子，有的吸烟者不仅不能改变吸烟的行为（烟瘾太大），也不能改变对“吸烟导致肺癌”的态度，即不想去否认这条医学常识，此时对这个吸烟者来讲就需要合理化这个手段了。具体而言，他需要增加一个新的认知，来弥补因前两个认知造成的失调。比如说，假如吸烟者是一位大学老师，他可能会这样想：“我是大学老师，我的工作决定了我要看很多的书，还要写不少的文章。如果不吸烟，我一个字也读不进去，一个字也写不出来。我吸烟之后，精神百倍，思如泉涌。算了，健康诚可贵，事业价更高。为了事业，我只有牺牲健康了。”这样，通过增加新的认知来对原来两个认知之间失调的关系进行合理化，就达到了减消失调的目的。

认知失调到底是怎样使人发生态度变化的呢？为了查证这一点，费斯汀格和卡尔史密斯（Festinger and Carlsmith, 1959）做了一个彪炳史册的实验。大学生参与者们首先从事了整整 1 个小时单调无趣的任务。实验者假装在监视学生们的表现，学生们先是坐在一只装有物件的托盘前，实验者要求学生们清空托盘里的物件，然后又把这些物件填回到托盘中去，如此反复多次。这实在是太无聊了，以至于半个小时之后，实验者改变了花样：把那该死的托盘拿走，换上了一块共有 48 个可旋转螺丝的木板，要求学生先按一个方向逐个把螺丝转动到底，完了后再从反方向拧到底，如此反复也是半个小时。毫无疑问，这项任务是非常枯燥无味的。完成之后，实验者会给其中一些参与者 1 美元，要求他们（为了实验目的）对下一个参与者说，这一实验任务是非常有趣并令人愉悦的。实验者对另外一些同样完成之后的参与者提供了 20 美元。几个星期过后，这些大学生参与者又被召集起来了，研究者问他们是否喜欢之前做的实验。

现在请你预测一下哪一组参与者会回答他们是喜欢那个实验的，是拿到 1 美元的参与者，还是拿到 20 美元的参与者？你是不是认为拿到 20 美元的大学生参与者更倾向于回答喜欢那个实验？事实上恰恰相反，是那些实验之后只拿到了 1 美元的参与者说，自己还蛮喜欢那个实验。而那些拿了 20 美元的参与者回答说，那个实验令人厌恶。其实还有第三组参与者，是作为控制组，他们做完实验之后没有任何报酬，也没有告诉他们前两组的参与者做完实验之后收到了报酬。这一组的参与者与收到 20 美元的那一组一样，他们回答说，实验是令人厌恶的。

你是不是对这个实验结果大惑不解？因为按照行为主义的强化理论，获得更高奖赏的对象有更积极的态度才对啊，以上这个实验结果怎么倒过来呢？其实，正是这样一个结果，恰恰说明了认知失调理论的正确性，也说明了认知失调理论比行为主义关于态度的理论更加高明的地方。

先看看低报酬组参与者的经历。假设你是其中的一位参与者，你先是做了 1 个小时单调枯燥的事情，已经不开心了。接着得到了 1 美元的报酬，这几乎是有点侮辱人了，之后还被要求说个谎，你就更加不开心了。常言道："人生不如意事十之八九。"随着时间的流逝，好多不如意事也就淡化了，甚至消失了。但是，几个星期之后你又被召集过来了，旧事重提。此时的你将往何处走？按照认知失调理论，人们是要往消减不舒服的方向走的。现在摆在你面前的有两个选择：你选择实话实说，这无疑是在伤口上撒盐，使你变得更加不爽；而如果你认为那个实验其实还是有意义和趣味的话，你心里的不爽就可以减消。这就促使你选择了第二种做法，与实验的结果一样。

我们再来看看高报酬组参与者的经历。你还是先做了 1 个小时单调枯燥的事情，之后也要说个谎，你现在也应该不开心了。但是紧接着你获得了 20 美元的报酬。在 1959 年的美国，这对大多数人来讲是很高的。至此，你的不开心已经得到了消减。所以，当几个星期之后实验者再问你对那个实验的感受如何，你没有动机去撒谎，就说了实话，认为那个实验是枯燥乏味的。我们还可以设想一下，如果撒谎的话，你就会在自己身上产生了新的认知失调，会让自己感到不开心，你会那样去做吗？

最后我们分析一下第三组参与者的情况。你依然先做了 1 个小时单调枯燥的事情，完了之后还是要说个谎，你现在也应该很不开心了。和第一组获得 1 美元的参与者一样，随着时间的流逝，好多不如意事淡化了，甚至消失了。与第一组不同的是，你没有获得那有些侮辱人的 1 美金，所以你在实验过程中产生使人不舒服的认知失调状态要轻微很多，乃至于几个星期后实验者的问话，不足以让你产生说谎的动机，如果此时你说谎，反而会让你更加不舒服。所以，你的结果就与高报酬组的参与者相似了，也说了实话，认为那个实验是枯燥无聊的。

我们再拿和费斯汀格一起做了那个经典实验的卡尔·史密斯教授的一件真实事情来进一步说明认知失调理论与态度改变之间的关系。

想象一下这个情境：一所大学希望在文科必修课中开一门创新的"核心课程"，并就这一想法在全体教员中征集意见。在心理系，人们的普遍感觉是，由一个特别委员会提出的课程尽管不完美，但它是有可能实施的课程中最好的。且因为控制资金的大学管理者们认可它，所以心理系若反对这一课程将会是不明智的。当时年轻的史密斯教授，对被提议的课程却持保留意见，并且倾向于对它投反对票。但是，有一天系主任暗示史密斯应该在教员会议上，就这一提议发表“任何他所能说的赞美之辞”。系主任解释说：“尽管我知道你反对这一提议，但如果一些有思想的教员能够说明一下该计划的可取之处，那么我认为这会很有帮助。”

你或许能够猜到史密斯教授做了什么。他表达了对所提议的核心课程的赞同。由于对系主任所负有的某种责任感，以及提议课程如果被否定，可能带来麻烦，史密斯选择了公开赞成他曾经有意识地进行反对的东西。但是，一旦这样的行为发生了，史密斯就会对与态度相矛盾的行为感到内疚了。

于是，在相当短的一段时间里，他改变了自己关于这一新核心课程的意见。新的核心课程以较小的优势获得了通过。实际上，史密斯自愿教授新的“跨学科”核心课程。

根据认知失调理论，史密斯让自己陷入了认知失调的状态。两种相抵触的认知是“我不喜欢这个提议”和“关于这个提议，我对我的同事们说了许多赞美之辞”。但是，如果史密斯或多或少感到是被迫说出那些赞美之辞，那么这两种认知可能就不会不协调。这是因为，如果史密斯确实感到是被迫地或是被说服了而去说那些赞美之辞，那么他就能够证明这一不一致性的合理性。“我不得不这样做，我没有选择。”这里的关键点是，系主任没有扭住史密斯的手臂，系主任的暗示是温和的；史密斯没有感到被强迫，他能够自由地追随自己的感觉而行动。若史密斯已经感受到他是被迫以一种与自己态度不一致的方式行动，那么稍后他可能就不会改变自己的态度。这个不一致性可能不需要被合理化。“我这样做是为了保住我的工作，但是我并不相信我所说的那些话。”

史密斯教授在所提议课程上的态度改变，说明了认知失调理论的主要原则及其实际意义。认知失调理论的主要原则是：与态度相矛盾的行为如果要产生出一种认知失调的不舒适状态，且这种不舒适状态稍后可以通过态度或行为的改变得以消除，那么人们就必须知觉到他们所从事的行为是自由选择的。这一原则的意义在于对个人态度或信念上发生的真实改变与外显行为上的依从进行至关重要的区分。如果想让人们按照你希望的那样去行动，那么你给予的强迫或奖赏越多，你就越有可能成功。“支持我的政策，否则你会被开除。”“认可我的产品，我会支付你 1 000 美元。”诱因越多，依从越多。另一方面，如果你的最终目标是让他人喜欢或者认同你强迫他们所作出的行为，那么你用于获得依从行为的诱因越少，效果越好。诱因越少，越多的个人态度将朝向诱因发出的依从行为方向改变。

为什么会出现这样的情况呢？强烈的诱因（恐吓、贿赂、乞求、金钱等）是明显的理由，它们能消除任何自由选择的感觉。至此，我们就明确了认知失调理论的逻辑：仅仅使用恰如其分的、能使个体从事行为所需的“力量”。诱因应该刚刚可以使个体获得依从，却不足以作为能够证明态度—行为不一致性的合理性的一个额外认知元素。用于解释为何从事与态度相矛盾的行为的理由越少，认知不协调的程度就越高。简而言之，当询问一个人为什么会做出这一矛盾行为时，高认知不协调的个体应该不能利用情境变量来证明它的合理性。因此，如果没有任何可被确认的外因，那么肯定是自身的原因了。

四、通过劝导改变他人态度

劝导就是蓄意努力地去改变他人的态度，以达到最终改变他人行为的目的。劝导与我们每天的生活都有关系，可以说，我们每天都会要去劝导别人，也会被别人劝导。例如，电视上、电影中、网络里都有广告主劝导人们去偏爱他们推荐的产品或服务。据统计，20 世纪 70 年代的美国，每个人平均会暴露在 500 条广告之下，而现在这个数量上升到了 5 000 条。

劝导不止发生在商业领域，实际上从浪漫关系到国际政治，社会生活中的每个角落都会有劝导存在。教师和家长劝导孩子要认真学习、做好作业，孩子则劝导父母给他们买个玩具；朋友劝我们到一家新餐厅去吃饭；心理治疗师劝我们要用不同的视角去看我们自己和这个世界；体检之后医生们劝我们要采用健康的生活方式；检察官向法官劝导为嫌疑人定罪，而辩护律师向法官劝导说嫌疑人无罪或少罪；第一次约会时，每个人都会劝导对方说自己是有吸引力的、值得托付终身的；等等。

通过劝导，有时可以达成积极的效果。例如，2008 年 5 月 12 日四川汶川发生了大地震，数万人死亡，几十万人受伤，财产损失不计其数。震后，许多组织向公众劝导捐款捐物给灾区人民，许多人听从劝导把自己辛苦挣来的钱物捐献了出去。劝导也会导致消极可怕的后果。比如媒体经常报道老年人参加无良企业的会议之后，被劝导花大价钱买了许多普通的保健品；或是被传销组织洗脑之后执迷不悟，沉溺在骗人的发财梦中。而人民圣殿教事件，更是骇人听闻。人民圣殿教是一个美国的邪教组织，由吉姆·琼斯创立于 1965 年，全名为“人民圣殿基督徒（信徒）教会”。琼斯自喻为“天启”“神示”的“弥赛亚”（基督教中对救世主的称呼）。1978 年 11 月 18 日，900 多信徒在南美洲圭亚那琼斯镇发生的集体自杀及谋杀事件中死去。而且在 900 多名教徒中，只有两名（都是年轻姑娘）反抗，其余全部如痴如醉、心甘情愿地受死。死之时，一家人抱在一起，一对对恋人抱在一起，他们认为这样子在另一个世界又能相逢。

因为劝导在人们的日常生活中十分普遍，对人们的福祉也非常重要，在很长的时间里，社会心理学家就对为什么一些劝导技巧更为有效，以及影响劝导的因素有哪些产生了强烈的兴趣。但是，尽管劝导对影响人们的行为很重要，社会科学家也只在最近 60 年左右的时间里才对这一主题进行了卓有成效的研究。

对劝导进行系统性的研究始于第二次世界大战的末期，当时盟军在欧洲战场的胜利已成定局，美国总统罗斯福担心这会影响到美军在太平洋战场上对日军作战的士气。士兵们会想，对日作战也是胜利在望了，此时不值得牺牲在战场上。为了解决这个问题，霍夫兰德（Carl Hovland）与美国陆军部签订了一份合约，研究在德国战败之后如何对军队进行宣传，以使军队继续保持高昂的士气。“二战”结束后，霍夫兰德和他的同事继续在耶鲁大学研究劝导的问题，美国政府也依旧提供研究基金，但却是基于冷战的考虑——对手已经变成苏联了，目的也变成了“替上层社会辩护以及赢取民众的心”（McGuire, 1986）。霍夫兰德研究的成果汇聚在1953年出版的《沟通与劝导》（Hovland et al., 1953）一书中，因为霍夫兰德及其同事是在耶鲁大学工作，人们把他们的研究称为“耶鲁传播模式（Yale communication model）”。这个模式主张劝导过程的关键是要了解人们为什么注意、理解、记住以及接受劝导信息，这就需要去研究提供信息的人、信息的内容以及信息接受者的特征（如图6-8所示）。

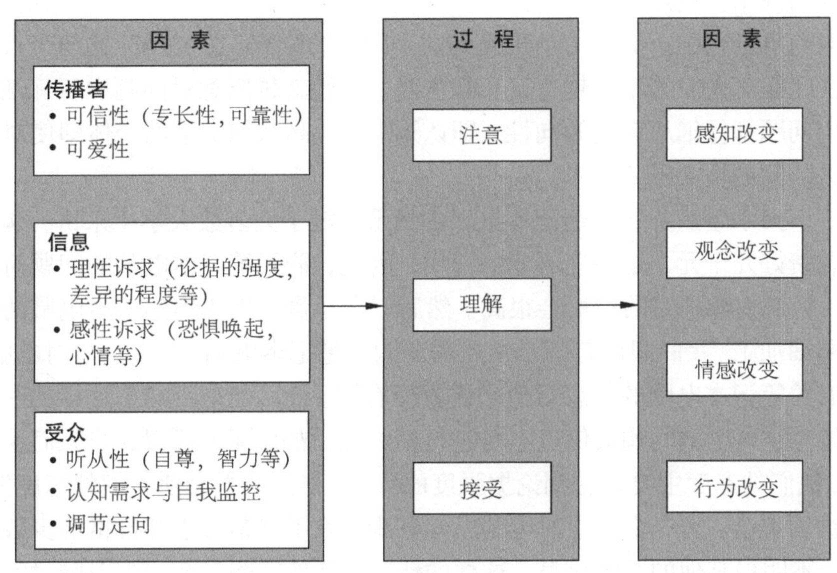

图6-8　耶鲁传播模式

霍夫兰德和他的同事提出了劝导过程的四个步骤：注意、理解、接受、保持。在30多年的时间里，人们按照劝导的这个程序对每一个步骤进行研究，产生了大量的研究成果。耶鲁传播模式为劝导研究奠定了一个极为重要的基础，直到现在仍然在市场营销和广告活动中发挥着重要的作用。劝导的研究方兴未艾，现在我们把其中重要的研究结果与霍夫兰德的经典研究结合在一起，总结如下。

（一）精细加工可能性模型：劝导的中央和边缘途径

在前面社会认知一章有关“双重加工模型”的部分，我们知道了人们的思维分为两种：一种是无意识的、无须多大努力的、自动化的思维；另一种则相反，是有着清晰意识、需要很多努力的、控制性的、谨慎的思维。理查德·佩蒂和约翰·卡西奥波（Richard Petty and John Cacioppo, 1986）提出的“精细加工可能性模型（elaboration likelihood model, ELM）”就是建立在这种区分基础上的一个劝导的理论。这个理论主张，对他人进行劝导有两种不同的方式或者途径，采用哪条途径取决于对方对你的劝导信息进行精细加工的动机和能力。

1. 中央途径（central route）

中央途径是指信息接受者在进行信息加工时的动机和能力都很高，对信息本身很在意并且进行精细的加工，其态度的改变或形成是其有意识地、认真考虑和整合信息的结果。

采用中央途径进行劝导的前提，是信息接受者对劝导信息进行加工的动机与能力都要高。也就是说，如果信息接受者动机高而能力低，或能力高却动机低，采用中央途径进行劝导的效果都不好。反之，只要有一个方面低了，那么采用另一种途径，即边缘途径进行劝导的效果会更好。

人们对信息进行中心加工的动机受到两个因素的影响。第一是问题与个人的相关性与重要性。问题对人们的影响越直接、越重要，他们就越愿意对问题进行仔细思考。第二是对任何问题都仔细思考的倾向性，即认知需求。高认知需求的个体即使对一些与自身个人无关的问题也会深入思考。

设想一下大学生购买一台笔记本电脑的情形。对于大多数大学生来讲，购买笔记本电脑需要花费好几千元，是一笔不菲的费用，因此，购买笔记本电脑的问题对大学生而言很重要，他们在购买时的动机会很高。然后就会尽量多地收集笔记本电脑的具体信息并且进行精细加工。我们假设有两个学生需要购买笔记本电脑，一个学生对电脑很熟悉，那么上述有关笔记本电脑的信息对他来讲就很有用。最后他是否购买这样的一台笔记本电脑，是他对这台电脑的购买信息本身进行精细加工的结果。所以，当人们采用中央途径的时候，他们的态度主要是受到论据强度的影响。强的论据会使人们的态度发生改变，而弱的论据则不会。另一个学生对电脑所知甚少，除了屏幕大小和价格等少数信息可以理解之外，不明白其他的关键信息。这样的话，尽管他在购买笔记本电脑时的动机也很强，但他却不能对上述笔记本电脑本身的信息进行精细的加工，也就是说，这些信息对劝导他没什么用。那么，对广告主来讲，这样的顾客不适合采用中央途径去劝导。

2. 边缘途径（peripheral route）

边缘途径是指信息接受者缺乏信息加工的能力或动机，他们对劝说信息不做精细的认知加工，他们在形成或改变态度时依赖于与劝说信息相配合的“边缘途径”。

继续以购买笔记本电脑为例。设想一下，广告主给这款电脑制作了电视广告，不仅呈现了电脑参数信息，还请了一位明星做广告代言人，配有简短的广告歌曲。因为这些并不是笔记本电脑本身就有的，这就属于所谓的“边缘途径”。那么，对第一个学生来讲，他依然采用的是中央途径，这些“边缘途径”即广告明星和广告歌曲的作用不大。但对于第二个学生而言，既然他不能精细地加工那些笔记本电脑的参数信息，即“中央信息（线索）”，那么，他对笔记本电脑的态度就会主要依赖于这些“边缘途径”。具体来讲，如果其中的明星具有吸引力，或者是觉得广告歌曲动听，他对笔记本电脑的态度也就会变得积极。但如果他觉得这位明星不讨喜，或广告歌曲难听，则会对这款笔记本电脑产生消极的态度。

另外需注意的是，人们是采用中央途径还是边缘途径，并不必然会导致积极或消极的态度改变。也就是说，并不是采用中央途径就会产生积极的态度变化，也不是采用边缘途径会导致消极的态度改变。在上述的例子中，第一个学生如果觉得这款笔记本电脑性价比高，他的态度就会是积极的，最终购买它的可能性也会很高。而如果他觉得性价比低，则会形成消极的态度。第二个学生的情况在前面已经说得很具体了，不再赘述。这个道理在生活中的其他方面也是一样的。比如演员，就有所谓实力派演员和偶像派演员的区别。人们把实力派演员称为老戏骨，其表演实力公认强大，他们得到观众的喜爱靠的是中央途径。偶像派演员的表演实力客观地说与老戏骨们差距甚大，但他们胜在年轻漂亮，他们一样也能受到观众的认可，有着巨大的市场，偶像派演员受欢迎靠的是边缘途径。现在把 ELM 进行总结，如图 6-9 所示。

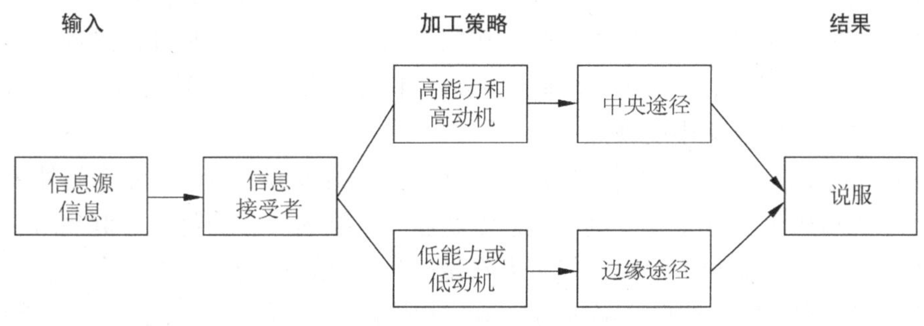

图 6-9　精细加工可能性模型

研究发现（Petty et al., 1995, 2009），说服的中心路径引起的态度与行为变化比外周路径更持久。当人们对问题仔细思考时，他们决策的依据不仅有信息自身，而且有自己对此的思考。不如此引人思考就没有强大的说服力。按照前述凯尔曼关于态度改变过程的观点，那些在认知上经过人们深思熟虑而非草率决断之后的态度会更加持久，更能抵抗诱惑，更能影响行为。外周路径的说服则通常只能导致肤浅而短暂的态度改变，因为这种改变还处在态度改变的第二阶段，即只是在情感层面上发生了变化，而没有在认知上觉得这样的改变有什么意义和价值。

回想一下早期霍夫兰德的 “耶鲁传播模式”，劝导的过程就是要使信息接受者首先注意到劝导的信息，接着要对信息的内容加以理解，最后要接受劝导者传递给自己的观点并保存在记忆中，在特定的情境下人们就会按此观点行动。这个过程很明显就是人们对信息进行控制加工的过程，也是 ELM 中的中央途径。因此，霍夫兰德的模式有一定的局限性。而 ELM 则告诉我们，除此之外，态度改变也可以是在人们没有什么防备的情况下，无须付出多大认知努力，然后依据一些边缘线索不知不觉地就发生了。故 ELM 是对早期“耶鲁传播模式”的一个有力补充。

（二）传播者（The Communicator）的特征

耶鲁传播模式认为，在面对相同的受众时，同样的话从不同人的口中说出来，其劝导效果是不一样的。也就是说，具有不同特征的信息源，其改变他人态度的能力是不同的。

1. 传播者的可信性（Communicator Credibility）

从受众的角度来看，传播者试图用劝导性的信息去说服他们改变态度，受众首先想的是传播者这个人及其所说的话是不是值得信赖，只有得到了肯定的回答，劝导过程才能往下走，否则，劝导过程就到此结束了。因此，具备高可信性的传播者有着强大的劝导能力。而影响传播者可信性的因素是专长性和可靠性。

1）专长性（Expertise）。传播者在传播信息时，如果传播者本人是这个信息领域的专家，那传播者就容易让人信服。如果传播者本人不是此方面的专家，但是转引自权威部门或权威人士的话，也具有一定的可信度。如果以上两者都不具备，自然在受众看来是信口雌黄，很难使受众相信的。

蓬皮太潘（Pornpitakpan, 2004）做过一个实验。他让参与者阅读名为《医生发现艾滋病可以治疗》的文章，同样的文章分别印制在超市小报（非专长性信息源）和《新英格兰医学期刊》（专长性信息源）上面，让两组不同的参与者阅读。第二组参与者要比第一组参与者更加同意文中的观点。

真正的专家以其强有力的论据通过中央途径去劝导受众，而仅有专家的外表通过边缘途径也可以有效地劝导受众。例如，很多商业广告推销一些药物或保健品时，是一个身穿白大褂，脖子上挂着听诊器的代言人在做广告，观众以为他是医学专家，而对广告产生了很高的信任，使得这些产品大行其道。实际上，这位代言人只是一个普通的演员。确实，传播者要想使受众觉得可信，进而增加其劝导效果，仅仅是通过信心十足的演讲、引用统计数据，甚至是快速地说话，就能够达到目的——以上这些手段中没有一项是需要专业知识的！

2）可靠性（Trustworthiness）。可靠性是指传播者以公正客观的方式去传播信息，来获取受众的信任。因为一些人想要人们改变态度和行为，是想要从人们身上谋取利益，所以人们就会经常怀疑劝导者是否说谎了没有。那么，在受众普遍具有防备心态的情况下，又如何增加传播者的可信性呢？

其中一种方法就是设法使受众不觉得自己是被劝导的对象。假设一个股票经纪人打电话向你提供某只股票的最新消息，你会去购买吗？很难确定。从一个方面看，或许这个经纪人是位行家，这样便有可能影响你去购买。从另一方面看，或许这个经纪人提供给你这条消息是为了从中获利（受人雇佣），这样便会降低他的效力。但假如你是无意中听到他在告诉他的一位好友某只股票价格将会上涨，由于他并未试图对你施加影响，你便可能会更容易接受他的影响。沃尔斯特和费斯汀格（Walster and Festinger, 1962）做了一项实验，在实验中，他们设计了两个研究生之间的一场谈话，其中一位研究生谈了自己关于某个问题的很内行的意见。他们让大学生参与者听到了他们的谈话（实际上参与者听到的是录音）。在一种实验条件下，告诉大学生参与者这两个研究生知道他在隔壁房间，因而参与者清楚他们所说的每一句话都确定无疑是指向他的，旨在影响他对问题的意见。在另一种条件下，实验情境设计成参与者相信他是偷听到两个研究生的谈话的。在第二种条件下，参与者认为对话中的意见更可靠。

广告主一直在运用偷听的威力。你想象一下这两种情景：一种是广告主直白地诉说“××牌空调制冷效果好。”另一种是你在路上无意中听到了如下对话——“你家的空调制冷效果真好，一会儿温度就降下来了，是什么牌子的啊？”“是××牌。”在哪一种情况下你更容易对这个牌子的空调产生好感？显然是第二种。因此，现在许多厂家会雇人在网络上以第三者的口吻推荐某些产品，使消费者误以为这些产品信息是自己无意中得来的，从而增加了对这些产品信息的信任。耶鲁传播模式中关于劝导过程的一个步骤是接受，同样的论据，如果广告主强行推荐，消费者出于自尊的动机不容易去接受。而无意中得来的同样信息，没有了广告主那居高临下般的硬塞，会使自己感觉平等，加上意外收获这一刺激，消费者会对信息更加珍惜，也就更容易接受了。

另一种增加传播者可信性的方法，就是使人觉得其传播的信息内容违背了传播者自身的利益。当你听到一个罪犯陈说在给犯人量刑时应该宽大一些，即使他的论据很充分，你可能也不会被他打动，原因是他的陈述明显能够使其从中获益。但如果这个人说应该在给犯人量刑时要更加严厉，你恐怕就愿意支持他的观点了，原因是他不能从他的观点中获益，甚至还会受到损失。沃尔斯特（Walster）和他的同事 1966 年做了一个相关的实验，在实验中，研究者先向参与者出示了一份新闻记者对“肩膀”乔・纳波利塔诺（Joe ‘The Shoulder’ Napolitano）访谈的剪报，用来说明“肩膀”乔是一名惯犯、贩毒者。然后在一种实验条件下，“肩膀”乔主张法庭应当更严厉且判决应该更重。在另一种实验条件下，他主张法庭应当更加宽大且判决应当稍轻。同时研究者还设计了一套平行的条件，在这类条件下由一位受尊敬的公职人员讲出同样的看法。当“肩膀”乔主张法庭应当更为宽大时，他几乎没有任何效力；实际上，他只能使被试的意见向相反的方向做少许改变。但当他提出法庭应当更加严厉时，他变得非常有效力——就像那位受尊敬的公职人员发表同样的观点一样有效。这个研究表明了即使传播者不是什么专家，或者社会地位不高，但是凭着公正客观的陈述，就可以增加他的可靠性，进而增加了他的可信性。

传播者的可信性，无论在最初是高还是低，随着时间的推移，传播者的可信性都会发生变化。霍夫兰德发现，传播者可信性的影响在其信息刚刚传递后的效果最大，时间一久，原来高可信性传播者的传播效果就逐渐变小，而原来低可信性的传达者的效果却随时间的推移而上升。这被称之为“睡眠者效应”（sleeper effect）。霍夫兰德和魏斯（Hovland and Weiss）早在 1951 年的一个实验中就发现了这个现象，他们向参与者提出当时引起很大争议的四个问题。这四个问题是：没有医生的处方是否可以出售抗组胺药物，美国建造核潜艇的可行性，当代钢铁的紧缺是否应由钢铁公司承担责任，家庭电视对电影工业的影响。有关这四个问题的传播来源分为高可信性和低可信性两种。这两种传播的内容都是一样的，只是传播来源的可信性不同。例如，把购买抗组胺药物可以不用处方的信息放在“新英格兰生物学和医学杂志”的权威杂志上来传播（高可信性），或者通过一位专栏作家进行传播（低可信性）。就即时效果来说，高可信性与低可信性的沟通者相比，前者对态度的改变明显有更好的效果。如果考虑实验前一星期所测得被试的态度，并与即时的态度进行比较的话，高可信性的沟通者对态度改变的影响是十分明显的。

随着时间的推移，传播者的可信性所导致的态度即时效应并没有长期维持下去。四个星期后，重新询问被试关于这几个问题的态度时，情况有了变化。变化发生在两方面：经由高度可信的沟通者说服而产生的态度改变随着时间的推移而减少，而低可信性的沟通者所传递的信息所产生的态度改变，其程度实际上增加了，如图 6-10 所示。

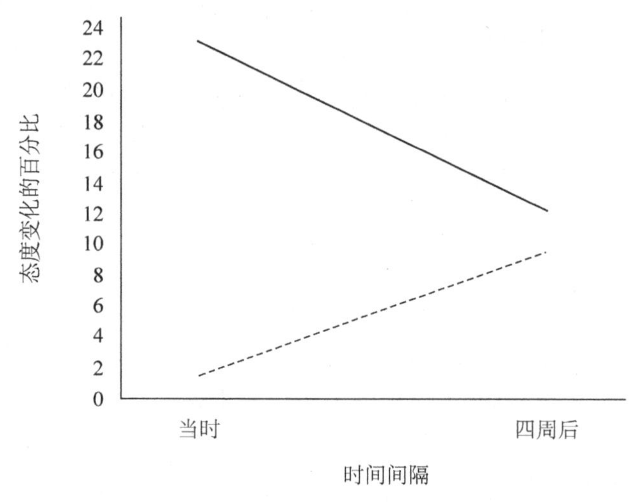

图 6-10　睡眠者效应

睡眠者效应发生的原因是什么呢？霍夫兰德提出了“折扣线索分离假说”（dissociation discounting cue hypothesis）来解释。意思是当传播者对受众进行劝说时，传播者这个人和他所传播的内容是混在一起的，其即时效果无论是高还是低，都由于这两者之间没有分离而有些虚高或虚低。比如，当传播者是个专家或者地位很高时，受众就会因其身份的缘故而对传播者有仰慕之情，抬高了传播者所传播信息本身的价值。同样，由于传播者不是专家或者其地位不高的话，受众就会对其产生鄙视之情而低估了传播者所传播信息本身的价值。换言之，传播的即时效果无论高低，都因为传播者本身的缘故其实是要打折扣的，传播者就是一个要打折扣的线索。过了一段时间之后，受众就会把传播者与其传播的信息进行分离，这个时候的受众只记得信息而不记得传播者了，那么信息本身的价值就得以回归，不再被人为扭曲了，睡眠者效应就这样出现了。从某种程度上说，睡眠者效应是一个剥离传播者情感效应的过程。

2. 传播者的可爱性（Communicator Likeability）

做广告请代言人是十分普遍的事情，代言人一般可以分为专家、明星和普通消费者三种。如果要问现在哪一种代言人在广告中出现最多，相信大家都会回答是各种各样的明星最多。比如，手机市场竞争极为激烈，几乎没有任何特点的金立手机，在刘德华为其代言之后，其市场表现竟然也很不错。而为耐克运动鞋代言的体育明星有乔丹、罗纳尔多、罗纳尔迪尼奥、费戈、费迪南德、朴智星、纳达尔、莎拉波娃、阿加西、刘翔、李娜、易建联等，总共有近200位！

很显然，他们在试图影响我们。而且，他们这样做是出于个人利益。当我们对事情进行仔细考察的时候，便会清楚地发现，金立公司和耐克公司为这些明星和运动员支付了巨额费用。我们知道这些运动员来推荐这些产品的目的，我们也清楚这些运动员希望我们收看他们的广告。这些因素使得他们的可信性降低，但是这些能否导致他们的影响力降低呢？

未必。尽管大多数人可能不相信做广告者的真诚，但这并不意味着人们不去购买他们发布广告的产品。那么，明星有什么呢？当然是有魅力。他们受到了许多人的喜爱。因此，另外一个决定宣传者效力的重要因素是他们的吸引力大小或者说他们招人喜爱的程度——这与他们的专业知识和可信性无关。如果说传播者的可信性是在认知层面通过中央途径来劝导人们，那传播者的喜爱性就是在情感层面通过边缘途径来影响人们。我们被自己所喜爱的人所影响。只要我们喜爱某个宣传者（而不是看重他或她的专业知识），我们做出某种行为就好像为了取悦我们所喜欢的人。

有两个因素影响了传播者受人们喜爱的程度：吸引力与相似性。首先是吸引力。社会认知一章中的“晕轮效应”告诉我们，我们对长得好看的人有着良好的第一印象，但我们还会继续以此来推断有吸引力的人的其他方面，认为此人各方面都不错。因此，漂亮的人也会比不漂亮的人更具有说服性。柴肯（Shelly Chaiken, 1979）在一项研究中让男女大学生接近大学校园中的一些人，他们称自己是某个组织的人，想要求大学在早餐和中餐的时候停止供应肉类食品。这些学生助手向他们接触到的每一个人都为此观点陈述理由，然后请这些人在请愿书上签名。结果是：外表吸引力高的学生助手能使41%的劝导对象签名，而外表吸引力低的学生助手使劝导对象签名的比例是32%。

明星具备的是吸引力。如果传播者不是明星，但他与受众非常相似，也能够得到受众的喜爱。麦凯（Diane Mackie, 1990）等做了一个实验，检验了传播者相似性的传播效果。研究者让加州大学圣芭芭拉分校的大学生阅读一份有关在大学录取新生时建议采用“学术能力评估考试（Scholastic Assessment Test, SAT）”分数的文章，文章的论据分为强与弱两种情况。当学生得知强论据文章的作者就是加州大学圣芭芭拉分校的大学生时，其劝导效果要比得知作者是新汉普郡大学的好（弱论据的文章无论谁写，其劝导效果都不好）。所以，与受众相似性高的传播者要比相似性低的传播者劝导效果好。

（三）信息的特征

态度不仅可以被信息源影响，也可以被传播者诉说信息内容的方式来影响。态度的主要成分包括了认知和情感，从诉求方式来看，主要可以分成两种：理性诉求和感性诉求。前者作用于受众的认知，通过改变受众对问题的认知来改变态度；后者则作用于受众的感受，通过受众在劝导过程中情感的变化来改变态度。

1. 理性诉求：改变我们的思想

理性诉求也是在劝导时采用中央途径，此时的受众所看重的就好比是科学家的假说能否被数据支持，或者是公司到底有没有生产出好产品来。劝导者诉说的信息质量如何，以及有没有因受众的差异而在诉说时有所不同，对劝导效果影响很大。

1）论据的强度

如果受众看重问题本身的话，那传播者能否提供强有力的论据就很关键。什么因素影响了论据的强与弱呢？

首先，强的论据应该是很好理解的。伊格利（Eagly, 1974）的研究表明，同样的论据，如果逻辑性强、井井有条地呈现出来，要比乱七八糟地呈现更令参与者信服。

其次，得看论据的数量。你想要有效地劝导人们，是准备长长的论据好，还是短一点的论据好呢？这得视情况而定。如果受众采用的是中央途径，信息的长度既能增加也能减少劝导的效果。一方面，如果论据中有许多对你的观点起支持作用的信息，要比只有少许这样的信息的劝导效果好（Calder et al., 1974）。另一方面，如果你只是堆砌了许多弱的论据，或者是把同样的论据翻来覆去地进行重复，一个认真的受众就会被这样的论据激怒，进而拒绝它（Cacioppo and Petty, 1979）。而且，按照认知省力的原则，在一定的时间内，人们能加工和记住的信息只有那么多，你呈现的信息越多，对每条信息进行认真思考和记住的可能性也就越少。结果是，更长的、质量各异的论据要比短一点却质量高的论据具有更少的劝服性。有的时候，少即是好。

如果受众采用的是边缘途径，更长的论据要比短的论据有更好的劝导效果。这是由于此时的受众根本没有对论据中的信息进行有效的加工，他们仅仅是因你的夸夸其谈而觉得你很牛了，然后发生态度的改变；或者你虽然说到了点子上，但是因为你少言寡语，所以他们就认为你不过如此，态度也不会有什么变化。

2）对信息进行思考

在采用中央途径的时候，受众并不只是消极被动地接受劝导信息，而是积极主动地对信息进行精细的加工，仔细地思考劝导者提出的主张，与他们之前在这个问题上的知识经验比对。按照安东尼·格林沃德（Anthony Greenwald, 1968）提出的认知反应模型（cognitive response model），他认为信息沟通效果的最佳指标并不在于信息传递者对说服目标说了些什么，而在于说服目标接收信息后对自己说了些什么。具体来讲，人们通过把说服性信息与自己对有关问题的已有态度、知识和情感相联系从而对说服性信息作出反应。在这个过程中，人们形成了对说服性信息的思想或者“认知反应”，这种思想或“认知反应”既可能与该信息所倡导的观点相一致，也可能不一致。重要的是该认知反应中所包含的评价的性质（“嘿，那太好了！”“啊，那太愚蠢了”）。当信息所引发的认知反应与信息所倡导的观点相一致时，我们就会改变态度以符合信息的立场。但是如果认知反应支持“另一方”——信息所引发的认知反应与信息所倡导的观点相悖——那么我们的态度将保持不变，甚至“反弹”，即背离信息所倡导的观点。

人们会不时地返回去思考自己的想法——元认知的过程。在这个过程中，人们会考虑对自己想法正确性的信心有多大，对自己思考问题正确性的信心越大，这个思考就越能够引导自己的态度。影响此种思考信心有一些奇妙的因素，其中很简单的一个就是在思考问题时，人们的身体是如何摆动的。试想一下人们是如何摆动头部的，如果你在讲演的时候，受众在点头，这意味着他们是赞同你的，而这又会促进你演讲的信心。因此，我们在日常生活中经常发现一些人或组织发表演说时，要求受众身体动起来、呼喊口号等，就是想用这种方式增加受众对劝导信息的正向反应，而且实际效果还不错。

3）普遍数据与个人案例

假设你要到市场购买一辆新车，你最为看重的两个方面是可靠性与使用寿命。你并不在意车的外观、款式，或运行费用，你真正关心的是维修率。作为一个理性的明智的消费者，你查阅了美国的《消费者报告》或者是美国的君迪（J.D. Power），它们每年都会发布汽车可靠性的排行榜。尤其是你还知道美国的君迪是保险公司运营的，不接受汽车厂商充值，其公正性、准确性较高。假设你查了君迪发布的 2017 年汽车可靠性排行榜后了解到雷克萨斯斩获六连冠，是可靠性最佳的汽车。你打算购买一辆雷克萨斯汽车。就在要去购买的前一天晚上，你去参加一个晚宴，在宴会上把你的计划告诉了一位朋友。结果他说："你不会是认真的吧？"他继续对你说："我的一个表弟去年买了一辆雷克萨斯，从那以后就麻烦不断。先是燃油喷射系统坏了；接着，变速器不听使唤；后来，发动机开始发出找不到原因的怪叫，而且很难把车刹住；到最后，不知从什么地方滴油。因为担心会再发生些什么，所以我那可怜的表弟已经不敢开车了。"

君迪调查了 35 186 位美国车主，给出了车辆质量报告。车辆质量情况由每 100 辆车出现的问题数量决定，也就是说问题越少，车辆越可靠，行业水准为每 100 辆车中有 156 个问题，而雷克萨斯每 100 辆车只有 110 个问题，远低于行业水准，也就是说，此份可靠性报告有数据支持。而你朋友的情况只是一个个案，从逻辑上讲，这并不影响你的决定。但理查德·奈斯比特（Richard Nisbett）和他的同事们所进行的系列研究表明，因为事例更加生动形象，所以相比逻辑统计资料所隐含的信息，事例更具劝导效果。因此，你会将朋友表弟的遭遇牢记在心，也就很难匆忙决定去购买一辆雷克萨斯汽车了。生动的案例会使受众把这些信息与自己的体验和情绪联系起来（Strange and Leung, 1999），在上述的例子中，你朋友表弟的遭遇犹如发生在自己身上一般，按照前述的认知反应模型的观点来讲，你对此信息的认知反应实在是很糟糕。

另外，事例越是生动形象，它们所产生的说服力越大。比如自 1978 年以来，美国的公用事业公司为美国用户提供免费的家庭审计以帮助他们提高能源的使用效率。尽管这些审计确实给用户提供了有价值的信息，但是仅仅有 15%的用户在实际生活中采纳了审计人员给他们的建议。为什么提供这些证据信息没有说服人们行动呢？为了回答这个问题，马蒂·冈萨雷斯（Marti Gonzales）和她的同事们（1988）访问了一些房主，结果发现绝大部分人难以相信诸如房门下面的狭小裂缝会降低能源的使用效率这样的一些信息。在这些调查的基础上，研究人员与房屋审计员们一起进行这项工作，并教他们在向人们提出房屋改造建议时采用生动的事例。例如让他们告诉房主如果将所有门周围的裂缝加在一起，就等于在他们的住宅里开了一个篮球大小的洞。"如果在你家的墙上有一个这样大的洞，你不想将它补上吗？挡风雨条就是用来补洞的。"结果颇令人震惊。接受这种形象的语言培训的审计员，其效力增加了 4 倍——此前接受建议的房主只有15%，但是在审计员们开始采用更为形象的宣传时，这个数字增加到了 61%。因此，与大量的统计数据相比，大多数人更容易受到清晰、形象的个别事例的影响。

4）差异的程度

既然是要对受众进行劝导，这意味着在某个问题上双方的观点是不一致的。你作为一个劝导者，会想到这个问题：主动权是在自己手上的，那我在规劝对方时诉说出去的信息要与对方现有观点存在多大程度的差异才比较合适？才能使对方有较大程度的态度改变呢？

在一般情况下，差异越大，按照认知失调理论的观点，接受者就越不舒服，引起的压力也就越大，态度的改变也会越多。随着差异变大，会有更多的压力，但它不总是产生更多的态度变化，过大的差异带来的态度改变反而要少些。这是因为差异太大，按照耶鲁传播模型的观点，这种极端的差异陈述会离受众已有的知识经验太远，使受众难以理解和接受，而且会使受众怀疑它们来源的可靠性，最终使传播者的可信性降低，以致容易使受众产生抵制。同时，差异太大，个体会发现即使改变自己的态度也难以消除这种差异，还不如不去改变它。而且差异太大所造成的不安并不一定意味着受众非要改变他们的看法，受众至少可以采取四种方式来减少心中的不安：（1）他们可以改变自己的看法；（2）他们可以劝说宣传者改变看法；（3）他们可以寻找那些与自己观点相同的人，以支持自己最初的看法，对宣传者的说法置之不理；（4）他们可以贬低宣传者，让自己相信宣传者是愚蠢的、不道德的，从而使宣传者的看法无效。

另外，当宣传者信誉很高时，他所赞成的观点与接受者的观点差异越大，接受者越容易被说服；当宣传者的信誉较低时，中度程度的差异会使接受者的观点发生最大的改变。

对此，谢里夫与霍夫兰德等（Sherif and Hovland, 1961; Sherif and Nebergall, 1965）提出了社会判断理论（social judgment theory）来进行解释。社会判断理论认为，受众要在某个问题上对传播者的观点与自己现有态度之间的差异进行社会判断，而个人对此问题的介入程度决定了受众如何去评价劝导。谢里夫认为，个体对劝导的信息感知后，会形成三种判断范围：一是接受的范围，在这个区间个体会加以接受；二是拒绝的范围，在这个区间个体会加以拒绝；三是不承诺的范围，在这个区间个体会保持中立，既不接受也不拒绝，但是会加以考虑。这三个范围会依个体对所涉问题介入的程度而发生变动。介入程度增加，接受与中立的范围缩小，拒绝的范围则扩大。换言之，个体面对的问题越重要，就越不可能接受劝导信息，除非它与个体的现有观点相似。因此，只有当劝导信息落入接受者的接受范围，或至少要落入接受者的不作承诺的范围，才有可能使接受者的态度发生改变。而当涉及的问题对接受者很重要的时候，他接受劝导论据的可能性会变低（如图 6-11 所示）。

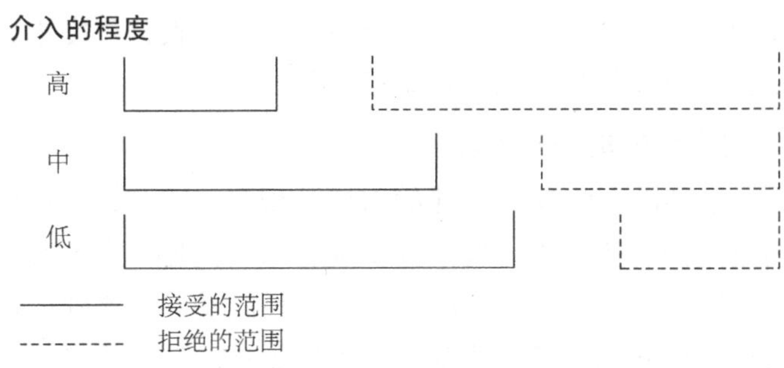

图 6-11　社会判断理论

5）单面信息与双面信息

影响劝导效果的一个重要因素是如何诉说信息：是只诉说对自己观点有利的单面信息,还是同时诉说对自己观点有利和不利的双面信息？这个问题霍夫兰德和他的同事们早在“二战”末期的时候就进行了研究。霍夫兰德的目标是要使在太平洋作战的美军士兵相信战争还远没有结束，与日本的战争至少还会持续两年。一部分美军士兵听到的是单面信息，即日军有利、美军不利的信息，比如日军有着凶悍的武士道精神，太平洋的岛屿离日本近等。另一部分美军士兵听到的则是双面信息，其中有一些美军有利的信息，如美国工业实力远比日本强大，美军是正义的等，同时对日军的优势进行了反驳。结果表明，劝导的有效性取决于接受者。单面信息的劝导效果在那些一开始就认为战争还会持续很长时间的士兵中最好，而双面信息的劝导效果在那些一开始就认为战争很快就要结束的士兵中更好。

结合其他的研究，可以发现原因是，如果一个宣传者提及反对者的观点，可以表明他（她）是一个客观的、公正的人，这有可能增加劝导者的可信性，从而提高劝导的效力。但如果一个宣传者过多地提及有关问题的相反观点，就有可能暗示接受者该问题存在争议，这样便可能令接受者们感到困惑，会使他们犹豫不决，并最终降低劝导的说服力。了解了这些可能性之后，我们便不会对此感到惊讶。单面信息还是双面信息与劝导效果之间并不存在简单的关系。二者之间的关系一定程度上取决于受众的见识——接受者受教育的程度越高，越见多识广，他们也越不容易被单方面的观点所说服，而被那种先提出重要的相反观点然后予以驳斥的论证方式说服的可能性越大。由此便可以理解，一个见多识广的人更希望了解一些相反的观点。宣传者如果不提这些观点，那些见多识广的人就可能会认为宣传者不公正，或者认为他不能反驳这些观点，而且见多识广的人还喜欢自己去得出结论，很讨厌别人替自己下结论。反之，一个见识不多的人不太容易了解相反的观点。如果不谈相反的观点，那些见识不多的接受者能够被说服；如果提出了相反的观点，反而会引起他们的困惑。面对见识不多的人，劝导者最好直接告诉他们结论。

总之，在劝导时到底是采用单面信息还是双面信息来诉说，要同时结合受众的受教育程度和他们的初始态度。如果受众受过良好的教育，他们一般见多识广，无论其初始态度是什么，双面信息的劝导效果会更好；如果受众的受教育程度不高，而且他们已准备同意你的观点了，那单面信息的劝导效果就更好。

2. 情感诉求：引发我们的情感反应

在一般情况下，情感的力量要比理性的力量大很多。因此，在劝导的过程中，传播者要充分利用好情感这个影响因素：设法使受众在某个问题上与积极的感受联系起来，并避免受众产生消极的感受。这也是采用了边缘途径的劝导，此种方式的劝导不必使受众对所涉问题进行审慎认真的思考，甚至还要干扰受众的这种思考。具体的方法有以下几种。

1）重复与熟悉

“今年过节不收礼，收礼只收脑白金。”相信绝大部分读者十分熟悉这条广告语。这个广告已经存在了 20 多年。你可能觉得那有点老不正经的动画舞蹈毫无美感可言，广告语也是俗不可耐，以至于其常年占据专业广告杂志评选出来的“十大恶俗广告”榜单首位。然而，你有没有想过，你现在是不是还能见到这个广告，这意味着什么？这意味着脑白金这个产品还活着，而且还活得很好。许多产品曾经辉煌一时，但没几年就销声匿迹了。据市场营销的专家调查，每年 95%以上的新产品在很多消费者在根本都不知道的情况下就死掉了。再想想看，20 年前诺基亚在全世界手机市场还是销量第一的霸主，苹果手机毫无踪影，现在再看看身边还有谁在用诺基亚手机呢？做广告是需要花很多钱的，脑白金这个产品不赚钱的话怎么支撑它那高昂的广告费用呢？

脑白金的成功有社会心理学方面的原因，其中一个重要原因就是广告主敢于花大价钱以很高的频率播放广告作品，也就是脑白金的曝光率相对来讲很高。以至于后来有不少的广告也学它，如哈药六厂，硬生生地从一个不知名的小厂家通过高频率播放广告的方式成为了全国性的一个大制药公司。那么，高频率的重复能起到什么样的作用呢？

第一，重复劝导信息有助于受众对一些比较复杂的信息内容进行理解；第二，即使信息不难理解，信息一遍又一遍地重复可以使某个产品或观点让受众记住，增加了态度的可及性；第三，一个惊人的研究结果是阿克斯等（Arkes et al., 1991）发现的，对一个陈述进行简单的重复，会使人们觉得它更加真实。“谎言重复一千遍，就会变成真理”是有一定道理。第四，信息的重复可以增加受众对产品或观点的熟悉感，而熟悉感就增加人们对这个对象的喜爱，这就是“曝光效应”（详见第七章）。这就意味着像脑白金那样的广告，一开始人们可能讨厌它，但是随着它不断地重复，人们就没有最初的时候那么讨厌它了，甚至这种讨厌感消失了。其他的刺激也是一样，随着不断地重复，人们对它的好感是会增加的。也就是说，重复能够导致人们情感的改变，而且是朝积极的方面变化。有许多研究支持了这一点，比如雅可比等的研究（Jacoby et al., 1989）发现对一个名字进行重复，这个名字就会变得著名了。那这种重复—熟悉—好感的原因是什么？切尼尔和温克尔曼（Chenier and Winkielman, 2007）解释说，首先，一个新的刺激变得熟悉后，人们会觉得它没有那么陌生了，从而增加了人们的安全感；其次，熟悉的刺激更易于被人们注意和感知到，也就是说，增加了感知的流畅性，从内隐社会认知的角度来看，流畅性的增加会导致人们对这个刺激形成积极的内隐态度。

因此，现在一些明星要想方设法去制造一些噱头，使自己可以在媒体上曝光，这样不仅可以引起人们的注意，更重要的是，还会增加人们对他（她）的好感。

2）恐惧唤起

唤起受众的恐惧感是劝导过程中常用且有效的一招。例如，宣传环保的著名广告语“如果不节约用水，地球上的最后一滴水，将是人类的眼泪”；家长劝导小孩要努力读书，否则“少壮不努力，老大徒伤悲”等。但是，要唤起受众多大程度的恐惧感才是有效的呢？有很多劝导者通过使人极度害怕的方式来进行劝导，比如，我们见过国外香烟的包装，不仅有劝导语“吸烟导致肺癌”等，还配有极为恐怖的得了肺癌的图片；交警则会组织违规人员观看发生严重车祸的视频或图片（如图 6-12 所示）等。这样做的效果如何？答案是复杂的。

图 6-12　恐惧诉求图片

在早期的一个实验中，詹尼斯和费希巴赫（Janis and Feshbach, 1953）劝导参与者要关心自己的牙齿健康，一共分为三个实验条件。第一个是低害怕组，参与者被告知有病的牙齿和牙龈会使人痛苦，并给他们提供如何保持良好口腔健康的建议；第二组是中等害怕组，告知参与者更加明显的口腔疾病；第三组为高害怕组，参与者被告知口腔疾病会蔓延到身体的其他部位，并配以让人不舒服的龋齿和患病牙龈的图片。研究者要参与者报告他们现在的口腔卫生习惯，一周之后再报告一次。詹尼斯和费希巴赫发现，恐惧的唤起程度与口腔卫生行为改变成反比的关系：低害怕组的参与者一周之后口腔卫生习惯改变最多，中等害怕组其次，而高害怕组的口腔卫生习惯改变最少。

利文撒尔等（Leventhal et al., 1967）做的一个劝参与者戒烟的实验却得出了相反的结论。参与者自愿戒烟，在实验中把这些参与者分为两组。对中等恐惧唤起组的参与者配以因肺癌死亡与吸烟率之间联系的图片来进行劝导，对高恐惧唤起组的参与者则用肺癌患者动手术的影片来进行劝导。高恐惧唤起组的参与者表达出了更强的戒烟意愿。

如何解释不同研究结果之间的差异呢？詹尼斯和麦圭尔都提出了一个在恐惧唤起与态度改变之间呈倒 U 型关系的曲线图（如图 6-13 所示），用于解释冲突的结果。麦圭尔的分析区分了人们面对劝导信息时可以进行控制的两个方面，一个是对问题的认识，一个是屈服于改变的程度。我们对问题认识越清楚，又能设想到可以为之努力，那我们就越有可能作出态度甚至行为的改变。也就是说，劝导信息能否奏效在很大程度上取决于人们对危险的知觉（恐惧唤起）与相信自己能否采取正确行动（应对唤起）之间的权衡。故劝导者不仅要唤起受众的恐惧感，还要指出解决之道，劝导才会有效果。

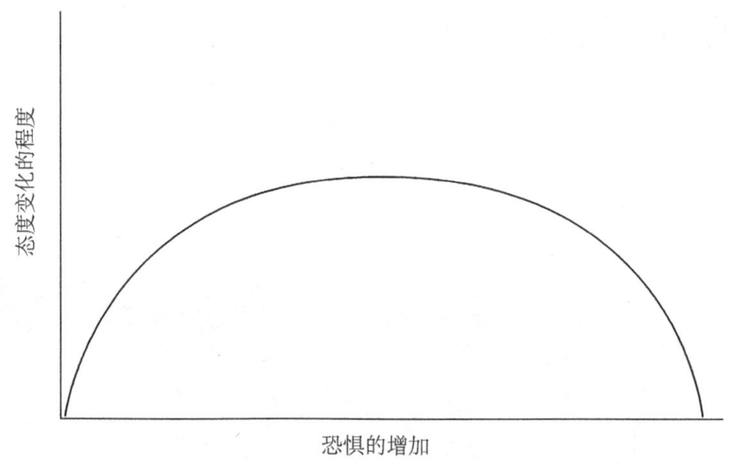

图 6-13　恐惧与态度改变的倒 U 型关系

总而言之，在多数情况下，恐惧唤起提高了信息的影响力。但唤起太大的恐惧会适得其反，这使得一个人很害怕或者为之一惊，以至于他不能对劝导信息进行有效的加工而不得其意，不能设想出有效的行动；或者使他很害怕，而拒绝相信这种危险，抵制这种信息。研究还表明，如果需要人们立即采取行动转变态度的话，唤起较强烈的恐惧的效果较好。在一般的情况下，可采用中等强度的恐惧唤起。

3）心情

使劝导效果好的一种普遍做法，就是在受众在心情好的情况下去呈现劝导信息。詹尼斯和他的同事 1965 年做了一个经典的实验，让参与者阅读一系列诸如有关军队和 3D 电影之类话题的劝导信息，一半的参与者在阅读时让他们享用花生、苏打水这样的零食，另一半参与者在阅读时则不提供零食，结果前者更容易被信息劝服。自此之后，不少实验证明了当人们体验到了成功、听了悦耳的音乐或观看了美丽的风景之后，会更容易赞同信息中的观点。好心情对劝导的影响效果在人们的社会生活中更是司空见惯：商人欲与客户做生意时，先在餐馆里推杯换盏；演讲者在向公众演讲之前先插科打诨调动起气氛。你在接收信息时有个好心情，你会更有可能赞同其中的观点，即使是让你心情好的原因与信息内容毫不相干时也是如此。

好心情有好的劝导效果的机制是，当受众采用的是中央途径的时候，好心情会使受众对问题有积极的思考，这种积极的认知使他们的态度发生改变；而当受众采用的是边缘途径的时候，他们会略过思考，好心情直接就影响了态度的改变（如图 6-14 所示）。

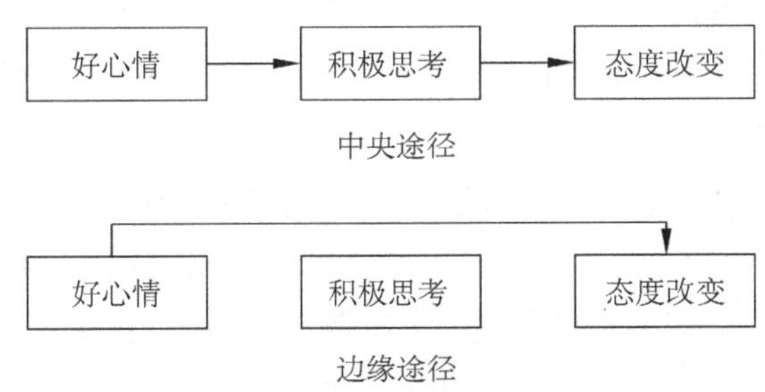

图 6-14 好心情对劝导效果的影响机制

（四）受众的特征

受众在年龄、性别、人格、社会经济地位、教育水平、生活习惯与经验等方面各不相同，因此面对不同的受众，即使同样的话从同一个人的口中说出来，其劝导效果也是不一样的。例如，前述有关单面信息与双面信息的劝导效果，取决于受众的知识水平和他们的初始态度；对受众适合采用中央途径还是边缘途径进行劝导，也取决于其动机和能力。因此，劝导者应该考虑受众在他们利益、价值观、先前知识等方面的差异，以决定用什么样的信息和方式来进行劝导。以下是在劝导过程中需注意的受众特征的差异。

1. 听从性

人们在总体的听从性（persuasibility），或对劝导的敏感性方面是有差异的。高听从性的人们更易于服从劝导信息，而低听从性的人们则很难受劝导信息的影响。影响受众的听从性有三个主要因素。

1）年龄

年龄在 18～25 岁的人，正处于各种态度形成的时期，容易受到劝导信息的影响。过了这一阶段，人们的态度就基本上固化了。我们知道，态度一旦形成，就具有很强的稳定性。所以，到了二十七八岁以后，人们的态度就难以改变了（Koenig et al., 2008; Krosnick and Alwin, 1989）。

2）自尊

许多研究表明，低自尊的人比高自尊的人更易于接受劝导而改变态度（Wood and Stagner, 1994; Zellner, 1970）。这是因为低自尊的人信心不足，自认为缺乏能力，所以他们对自己形成的态度没有什么把握，结果就是当自己的想法遇到挑战时，他们便可能自愿放弃这些想法，而听从了劝导信息的影响。毕竟，人们总是希望自己是正确的。而高自尊的人则是普遍看重自己，对自己形成的态度更有信心，因而不容易受到外来信息的影响。

3）教育程度与智力

总体而言，受教育程度高和智力高的人要比普通人和低教育程度、低智力的人更不容易受到劝导信息的影响（McGuire, 1968）。理由与上述高自尊的人一样，他们对自己严谨思考的能力和所形成的态度颇有信心。此外，智力较高的人很少受到不一致和无逻辑的论点的影响，智力较低的人则很少受到复杂而困难的论点的影响。

2. 认知需求与自我监控

有些人比其他人更喜欢透彻地思考问题，进而去解决问题，这种人拥有高度的认知需求（need for cognition）（Cacioppo et al., 1996；Petty et al., 2009）。这一人格变量反映的是一个人从事和喜欢认知活动的程度。认知需求高的人，更可能通过关注相关论据（即通过中央路径）而形成他们的态度；认知需求低的人则更可能依赖边缘途径，如演讲者的吸引力或可信度。

就像一些人喜欢深入地思考问题一样，有些人则喜欢给他人留下一个好印象，呈现出一个他们想要的社会形象，这些人就是高自我监控（self-monitoring）的人。他们就是社会的变色龙，非常喜欢也擅长在正确的时间、正确的地点呈现出正确的自己来。情境需要他们活泼外向，他们就善于交际；情境需要安静，他们就像学者般钻研思索。斯奈德和德波诺（Mark Snyder and Kenneth DeBono, 1985）推断说，因为高自我监控者关注的是正确的形象，他们可能特别容易受到那些含有特定可爱形象的广告的影响。换句话说，他们应该对边缘途径更加敏感。

为了验证这个自我监控的假设，他们设计了形象导向和信息导向的两种广告，将它们呈现给高自我监控的参与者与低自我监控的参考者。例如，在一则爱尔兰薄荷穆哈咖啡的广告里，一对男女端着热气腾腾的咖啡在烛光房间里轻松交谈。形象导向版本的广告词是"让凄冷的夜晚变成温馨的黎明"，信息导向版本的广告词则是"三种极棒味道混合而成的美味——咖啡、巧克力、薄荷"。结果是，高自我监控的参与者愿意为形象广告的产品付更高的价钱，而低自我监控的参与者更容易受到信息导向广告的影响。

3. 调节定向

个体为达到特定目标会努力改变或控制自己的思想、反应，这一过程被称为自我调节。个体在实现目标的自我调节过程中会表现出特定的方式或倾向，即调节定向（regulatory focus）。调节定向理论根据所服务的需要类型区分了两种不同的调节定向——与提高需要（growth，即成长、发展和培养等）相关的促进定向（promotion focus）、与安全需要（security，即保护、免受伤害等）相关的预防定向（prevention focus）。两种调节定向在目标实现过程中的表征和体验模式完全不同：促进定向将期望的目标状态（desired end-states）表征为抱负和完成，在目标追求过程中更关注有没有积极结果，更多地体验到与喜悦—沮丧相关的情绪；而预防定向将期望的目标状态表征为责任和安全，在目标追求过程中更关注有没有消极结果，更多地体验到与放松—愤怒相关的情绪。例如，对于改善人际关系这一目标，促进定向的个体会将其表征为加强社交联系和避免失去社交机会，而预防定向的个体会将其表征为消除不利于社交联系的隐患和避免社会排斥。

这与劝导有什么关系呢？因为不同的信息对这两种不同个体的影响力是不一样的。约瑟夫·西萨里奥（Joseph Cesario, 2004）等做了一个实验，他们向参与者呈现了两个版本的倡议一个新的儿童课外项目的文章。他们发现，促进定向的参与者更容易被含有促进词语论据的文章所劝服（“因为它将提升孩子的教育，支持更多的孩子成功”），而预防定向的参与者则相反，更容易被含有防御性词条的文章劝服（“因为它将保护孩子的教育，避免孩子的失败”）。

（五）抗拒劝导

社会心理学的大量研究表明，人们在接触信息时，是有动机的策略家，而不是客观的信息消费者。我们的先前概念和偏见会过滤这些信息，有选择性地去加工信息。因此，当人们的态度或价值观受到攻击，人们可能屈服于这个挑战，然后态度发生了改变；也有可能对这个挑战进行抗拒，维持原来的态度。也就是说，劝导不总是有效果的，有时甚至会适得其反，人们有很多抗拒劝导的不同的手段。杰克斯和卡梅隆（Julia Jacks and Kimberly Cameron, 2003）向人们询问他们在有关堕胎或死刑态度上是如何抗拒劝导的，结果他们发现了 7 种策略，如对自己原有态度极力支持的策略（我对自己所作所为的所有理由都考虑到了），对劝导者极力贬低策略（我找出了挑战我信念那个人的好多错误）等（如表 6-1 所示）。

表 6-1　抗拒劝导的策略

策　略	例　子
态度支持	“许多事实证明我的信念是对的，我可以放心了。”
抗辩	“我会自言自语地唱反调。”
社会确认	“我也依靠那些和我有同样观点的人。”
负性情感	“有人试图改变我的信念，我会很生气。”
自信断言	“没有谁可以改变我的观点。”
选择性暴露	“大多数时候我都无视它。”
毁损信息源	“我发现挑战我信念的那个人的许多错误。”

是什么原因使得人们产生抗拒劝导的机制？如果存在预先警告，即告诉人们有人要来对他们进行劝导，将会怎么样？恐怕最难劝导的就是这些知道有人要来劝导他们的受众了。当人们知道有人要来改变他们态度的时候，人们多半会抗拒，他们所要做的就是准备好思路进行防御。弗里德曼和西尔斯（Jonathan Freedman and David Sears, 1965）最先发现了这一点，他们在一项实验中为高中毕业生准备了一个关于青少年不准驾驶的演讲，一些学生在演讲前 10 分钟或 2 分钟就被告知有这项演讲，一些学生则没有被预先告知有此项演讲。结果是未被预告的学生最容易被劝导，而 10 分钟前就被预先告知的学生最难被劝导。

至少有两个方面的原因。为了搞清楚它们，我们再仔细地看看预先警告都做了些什么。在上述弗里德曼和西尔斯的实验中，第一，参与者被告知了演讲者的立场；第二，参与者被告知演讲者要打算改变他们的立场。预先警告的这两个方面在心理学上有着不同的效果。第一个效果是纯认知的，事先就知道演讲者的立场会促使我们想出反驳的论据，结果就是我们的态度更难改变了。为了解释这一点，威廉·麦圭尔（William McGuire, 1964）在建构对说服的心理防御与预防病原体所携带的疾病时涉及的生理过程之间进行了类推。人们通过两种方法使自己免受疾病的感染。第一种方法，通过摄入营养和进行锻炼来维持健康，它可以加强和支持人们的免疫系统；然而第二种方法是，当面临一次病菌的强烈攻击时，例如在一次严重的流行性感冒蔓延时，人们进行疫苗接种。打预防针时，药水里包含了少量导致疾病的细菌，这些细菌刺激人们的身体产生抗体从而避免未来细菌的强有力攻击。按照这个接种假说（inoculation hypothesis），人们的态度也可以同样的方式获得免疫，如果事先我们就受到微弱攻击的挑战，我们就会对这个问题产生认知抗体，获得免疫能力。当演讲者正式呈现他们的大规模观点及其论据的时候，我们的防御力量就会大大地增强，我们的态度就很难改变了。

另外，当人们认为有人试图去改变他们的态度或想要去操纵他们的时候，一盏红灯就会亮起，这盏红灯叫作心理抗拒（psychological reactance），第二个效果就出现了，这个效果是动机性的。按照杰克·布雷姆（Jack Brehm, 1966）的心理抗拒理论（也可以简称为抗拒理论，psychological reactance theory，or reactance theory），人们不喜欢他们行动和思想自由选择的权利受到威胁。当他们感到自由受到了威胁，一种不愉快的抗拒心态被激发，然后就会努力地试图去恢复它。事实上，人们想要恢复自由的动机是如此强烈，以至于经常会对威胁他们自由感的人产生攻击性的行为（如图 6-15 所示）。

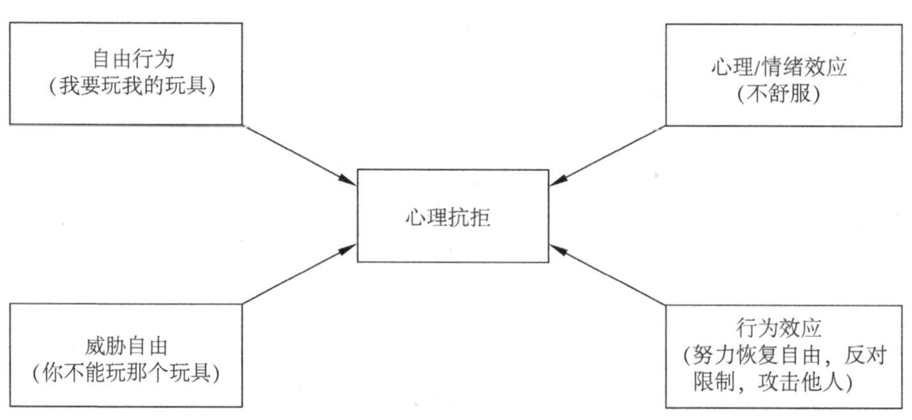

图 6-15 心理抗拒

心理抗拒理论被认为是基本的社会心理学理论之一，许多社会心理学家都注意到了人们对失去所有物有强烈的厌恶感，无论是对物品还是权利都是如此。人们对自由感极为重视，在西方更是有“不自由，毋宁死”一说。人们为了维护自己的自由经常不顾一切，哪怕争取过来的物品价值远低于自己的付出也在所不惜。一个关于抗拒理论最初的精妙研究可以说明这一点。布雷姆和他的同事（1966）要求参与者对许多录音磁带进行评价，然后列出三盒他们最想要的磁带，研究者许诺参与者可以带走其中一盒磁带。在参与者评选出最想要的三盒磁带之后，研究者却说排名第三的磁带不能够被带走。当要求参与者对所有的这些磁带再进行一次评估之后，研究者发现不能被带走的那盒磁带（即排名第三的磁带）会比原来的评价更高。仅仅是因为它不可得，人们就对它更重视了。

心理抗拒和人们常说的“逆反心理”非常相似：你让我干什么，我就不干什么；你让我不要干什么，我偏要干什么。例如，一部文学或电影作品被禁，结果有更多人想方设法去寻找来看；男女青年在谈恋爱时，如果受到了家长的反对，这对男女反而会更加相爱了，这就是我们熟知的“罗密欧与朱丽叶效应”。同样，如果说服宣传过于明显或者带有强迫性，也可能被认为侵犯了一个人选择的自由，会激起他对信息的抵制，他的态度会变得更加难以改变了。

第三节　态度的测量

态度的测量非常普遍。首先，社会心理学家在研究态度的起因、态度的改变、态度对人们认知与行为的影响时会测量态度；此外，政治学家、经济学家、社会学家和其他学者也经常做态度测量的工作；商业营销的研究者更是不断地去测量消费者对产品或品牌的态度。比如，现在网络发达，我们经常会看见媒体请受众从对某一社会事件的若干评价中进行选择，或者是在对某几个产品或品牌的购买意向中作出选择，这其实就是态度的测量。

态度不是行为，态度是一个人内隐的反应倾向，它是私下的，不能直接被观察得到，我们只能通过人们对态度对象的反应来推断他们的态度。这些反应可以是明显的行为（例如趋近或避免某个对象）。明确的言语陈述（如对一个态度问题的回答），以及一些隐蔽的反应都有，这些隐蔽的反应是个人自己意识不到的（例如微表情或者一些具有特殊意义语句在语速语调上的改变）。因此，社会心理学家使用多种技术来发现和测量人们的态度，其中的一些技术依赖于人们直接的反应，而另外一些技术靠的是更加间接的手段，其中一些测量人们内隐态度的方法已在本章的前面进行了介绍，这也是态度测量最新的方法，下面介绍的是相对比较传统的态度测量的方法。

一、态度调查法

态度测量最常用的方法是态度调查法（attitude survey）。在一项态度调查中，研究者把态度问卷邮寄或电邮给调查对象，或进行面对面访问，以及通过电话向调查对象问一系列问题。在这个过程中，调查对象汇报他们自己的态度，态度调查属于自我报告的测量，调查对象通过回答一系列问题来表明自己的态度。

调查问卷中的问题可以是多种类型的。开放式的问卷调查允许回答者自由地回答问题。例如，问被调查对象“你认为成为执业的心理咨询师需要具备什么条件？”这样的问题，他们可以畅所欲言。虽然这种问题类型可以产生丰富而有深度的信息，但是答案却很难进行分析。因此，大多数的态度问卷的问题都是封闭式的，或者是有限制的。例如，问被调查对象："本身有严重心理问题的人可以是心理咨询师吗？"回答者需要在"可以""不可以""我不知道"三个选项中进行选择。这种问题类型就要强迫回答者在有限的选项中选择其中一项。

另外一种调查问卷是评定量表，回答者需要回答对态度问题的陈述句的赞同或反对的评定程度，这是最为广泛运用的态度调查问卷了，依其形式又有以下几种类型。

（一）瑟斯顿等距量表

1928 年，瑟斯顿（Louis Thurstone）发表了他那关于"态度可以被测量"的里程碑式的论文，标志着态度测量时代的到来。瑟斯顿把态度看成是心理上的连续量，对同一个问题的不同态度可以通过同等的距离加以划分，制作成等距量表（Thurstone's Equal-Appearing intervals Method）。此种量表的编制过程极为复杂，以测量人的自我概念（自我概念可以被看作是对自己持有的态度）为例，编制过程如下：

第一，从与别人的交往中，或者是从书籍、媒体上收集大量有关自我评价的评语，至少 500 句，以供后续的评定与挑选。如"在我的内心，我时时觉得能力比别人高""我感觉我的能力绝不比一般人差""一旦我全力以赴，一定可以达成预定目标""我觉得许多事物我都可以胜任"等。以上的语句都是属于积极自我概念的，还必须收集消极自我概念的语句，如"我认为我是一无所能，一无所取的人""我时时感到不自在""我对自己每个方面都不满意""我觉得我不是一个好人"。

第二，对以上评语进行初步筛选，看评语是否简单明了，语无二意。如有意义相似的评语，则删除重复者。留下 100～150 句评语。留下的评语中，从最积极的到最消极的自我评价的一系列评语都应该有。

第三，邀请 200～300 位评判员，最好是社会心理学的专家教授，至少受过大学教育，对自我概念有所了解的人士。他们评判每一评语（也称项目）所表现自我评价的强度。强度共分 11 个等级，第 11 级为最消极的自我评价（打 10 分），第 1 级为最积极的自我评价（打 0 分）。对同一评语不同的评判者所给的等级很有可能是不同的，计算出每一项目的平均数和标准差。

第四，分析每一项目的一致性，用 Q 值表示。计算方法是：打最高分的 1/4 的评判员有一个平均分 Q1，打最低分的四分之一的评判员有一个平均分 Q2，Q=Q1–Q2。Q 值越大，一致性越低。超过 2 分的项目，其一致性就被认为低。

第五，根据项目的一致性，同时根据项目在等级上的平均分配，最后选择 20 项左右最佳项目，按项目的分值从大到小排列，就组成了"自我概念测量表"（注：前面数字为自我评价值，后面为 Q 值）。

1. 我认为自己是愚蠢丑恶的，我恨我自己。（9.76　0.5）
2. 我对自己感到痛恶，真想打自己。（9.43　0.6）

3. 我认为我的所作所为都是错的。(9.16　0.7)
4. 我感到内心混乱、无生气，似乎别人都弃我而去。(8.96　0.9)
5. 我常感到自卑、内疚、心情不愉快且过分敏感。(8.61　1)
6. 我对自己感到愤怒且失望。(8.39　0.9)
7. 我觉得我欺骗了自己及关心我的人,原因是我的所作所为不够理想。(8.21　0.49)
8. 我感到孤单、不满且对于事情毫无头绪。(7.82　0.66)
9. 我对自己感到不满。(7.40　0.59)
10. 我认为自己是一个虚伪做作的人。(6.72　0.64)
11. 我有时感到紧张不安，不愉快及愤怒。(6.14　0.66)
12. 我有时对别人的称许感到不安，受之有愧。(5.89　0.91)
13. 我感到宁静安详。(3.99　1.02)
14. 我认为我值得活下去。(3.57　1.08)
15. 我愉快且自足。(3.26　0.64)
16. 我对自己感到安心且自认头脑清晰。(3.02　0.61)
17. 我认为自己是有价值的人且有能力完成一些事情。(2.69　0.59)
18. 我为我的工作成就感到兴奋，自认略有所成。(2.32　0.67)
19. 我感到骄傲且快乐，好像我真的有一些重要性。(2.07　0.66)
20. 我认为我的一生都很有成就。(1.68　0.98)
21. 我对自己感到满足且骄傲。(1.36　1)
22. 我很有自信从事一切工作。(1.04　0.94)
23. 我认为自己是一个善良且有能力的人。(0.76　0.74)
24. 我对自己有极高的称许。(0.38　0.54)

以上的"自我概念测量表"沿着由最不赞同到最赞同的连续统分布开来。要求参加态度测量的人在这些陈述中标注他所同意的陈述，在理想的情况下，每个受测者只会赞同其中 2～3 个陈述，所标注的陈述的平均量表值就是他在这一问题上的态度分数。瑟斯顿量表法提出了在赞同或不赞同的频次上测量态度的方法，这个做法至今仍是多数量表的基本特点。但是由于这个方法复杂、费时和不方便，今天已很少使用了。

（二）利克特累加量表

1932 年利克特(Rensis Likert)提出了一个简化的测量方法，称之为累加法(Likert's Method of Summated Ratings)。利克特式量表也由有关态度对象的若干陈述句(20 句左右)组成，起初，这些陈述句的选择也类似于瑟斯顿式量表的筛选过程，但利克特式量表需要的是等值的陈述句，而非瑟斯顿式的在 11 个等级上连续分布的陈述句。现在，许多研究人员实际上已经使制作过程更加简化。他们完全不用评判者，而只是对有效陈述作推测。被试在每个陈述句的 5 个或 7 个等级中表明他们的态度，然后把每个项目的评定相加而得出一个总分数。5 点量表是从强烈赞同、赞同、中立、不赞同到强烈不赞同；7 点量表则分为强烈赞同、中等赞同、轻微赞同、中立、轻微不赞同、中等不赞同、强烈不赞同。这两种量表是使用得最广的。利克特量表的一种改进形式是强迫选择法，为了使被试一定作出选择而排除了中立点，如把 7 点量表改为 6 点量表。利克特累加量表法大大简化了量表的编制过程，而且它与瑟斯顿量表法的相关系数很高，约为 0.80。所以，现在已经基本上用利克特累加量表取代了瑟斯顿等距量表。如消费者品牌态度的一些题目。

1. A 品牌是个好品牌。
2. 我喜欢 A 品牌。
3. A 品牌很吸引我。
4. 我信赖 A 品牌。
5. A 品牌的产品是安全的。
6. A 品牌是诚实的。
7. 我愿意试用 A 品牌。
8. 我有可能购买 A 品牌。

……

消费者可以从（A）强烈赞同、（B）中等赞同、（C）中立、（D）中等反对、（E）强烈反对中选出对 A 品牌的看法和感受。若是五个等级，则强烈赞成的为 5 分，中等赞成为 4 分，中立为 3 分，中等反对为 2 分，强烈反对为 1 分。最后，将消费者在 20 个陈述句上所得分数累加在一起，即是消费者对 A 品牌的态度，分数越高表示态度越肯定。

（三）语义差异量表

奥斯古德等（Osgood, Suci and Tannenbaum, 1957）创建的语义差异量表（semantic differential scale）是最简单、最容易实施的态度测量技术，此种量表不用编制陈述句，而是用一些成对的形容词来表示对对象的态度，这些成对的形容词包括好—坏、有价值—无价值、聪明—愚蠢、愉快—讨厌等，在这些形容词之间设有 7 级的评定，被试就在这些成对形容词之间的等级中作出选择，所得总分即为对此对象的态度。比如，对影视演员中“小鲜肉”的态度。

对“小鲜肉”的态度

好	1	2	3	4	5	6	7	坏
有吸引力	1	2	3	4	5	6	7	无吸引力
有价值	1	2	3	4	5	6	7	无价值
美	1	2	3	4	5	6	7	丑
公平	1	2	3	4	5	6	7	不公平
聪明	1	2	3	4	5	6	7	愚蠢
愉快	1	2	3	4	5	6	7	讨厌
有演技	1	2	3	4	5	6	7	无演技

尽管态度调查法的问卷中包含有许多问题，也非常流行，但是它固有的一些问题使它的信度和效度面临着一些挑战。影响人们对问卷中问题的反应有很多因素，其中包括问题的用词，问题的形式以及问题的背景等。

例如，美国的“民意研究中心（National Opinion Research Center）”在一项调查中问了数百名美国人美国政府是不是在“援助穷人”上花钱太少，65%的被调查者说“是”。然而将“援助穷人”换成“福利”来问时，却只有20%的被调查者认为美国政府在这方面花钱太少（Schneiderman, 2008）。

调查问卷中问题的用词很重要，如何去问问题就更重要了。例如，1993年3月，美国的总统候选人佩罗特（Ross Perot）委托的一项调查中包含以下问题：“是否应该通过一项法律，以消除给总统候选人巨额捐助者获取特殊利益的可能性？”99%的被调查者的回答都是“是”。而由一家独立的投票公司把同样的问题用不同的方式提出来：“团体有向他们支持的总统候选人进行捐助的权利吗？”结果只有40%的被调查者赞成要对捐助进行限制。

最后需要注意的是，人们有时是会撒谎的，或者换个说法就使人们不记得他们实际上做了什么、想过什么。威廉姆斯（Williams, 1994）和他的学生问选民是否在最近的选举中投过票，几乎所有的被调查者都回答投过。威廉姆斯经过检查后却发现，只有65%的被调查者实际上投过票。这其中的原因可能是，一部分人忘记了自己是否投过票，但更多的人则是他们不愿意承认自己没有去做投票这样社会赞许性的事情。

二、生理测量法

人的态度，尤其是对态度对象有着很强的评价或情感成分的话，也可以通过对人的皮肤电、心率和瞳孔扩张等生理指标来进行测量。比如，当某一个特定的人每次靠近你的时候，你是不是心跳加速了？如果是的话，就可以推测你对他（她）有着强烈的态度。

相对于自我报告法，生理测量法有一个很大的优势：人们没有意识到他们的态度正在被测量，即使他们知道了这一点，也不能改变他们的生理反应，这也是测谎仪有时被用在犯罪调查上的原因。然而，生理测量法也有它的缺点，即大多数人对测量本身要比对态度更敏感，也就是说，当测量这些生理指标的电极等传感器加在你的身上时，你的皮肤电、心率等都会改变，而与态度无关。每当体检测量血压的时候，平常血压是不高的，穿着白大褂的医生一用仪器测量血压就高了。另外，生理测量法能够提供的信息也很少：它能告诉我们情感的强度，却不能告诉我们情感的方向，两个态度完全相反的人有着同样强度的生理指标，我们是没法进行区分的。

能够对积极态度和消极态度进行区分的一种测量方法是面部表情，建立在达尔文关于不同的面部表情传达了不同情绪假说的基础之上，卡西奥波和他的同事（Cacioppo and Petty, 1979; Cacioppo and Tassinary, 1990）把人的面部肌肉运动和基本态度联系在一起，他们推测人们对听到的话赞同时和不赞同时的面部肌肉运动是不一样的。在一个实验中，盖瑞·威尔斯和理查德·佩蒂（Gary Wells and Richard Petty, 1980）将大学生听一段演讲时的面部表情秘密地进行了录像，发现大学生赞同演讲者的观点的时候（学费应该降低），大多数大学生是点头的；而大学生反对演讲者的观点的时候（学费应该提高），大多数大学生则会摇头。在没有意识到的情况下，学生们通过点头或摇头表明了他们的态度。

如果作为内部状态的态度可以用心率和面部表情等外部的生理指标进行推测，那何不更进一步去测量大脑中的电活动呢？没错，现在的社会神经科学（social neuroscience）已经这样去做了，发生在大脑中电活动的形式及其强度可以被当作是某种态度的指标。例如，列文（Levin, 2000）通过测量人们的事件相关电位（ERPs）来调查他们的种族态度。ERP 的波形有若干成分，每种成分都提供了不同加工类型的证据。在列文的实验中，当白人参与者观看一系列白人和黑人的面孔时，一种 ERP 的成分表明白人面孔引起了他们更多的注意——这意味着这些参与者对他们的种族内群体成员有着更深的加工，而对他们的种族外群体成员的加工程度更加肤浅。这与其他的证据是相一致的，比如人们会对内群体成员的感知有更多的细微区别，而对外群体成员的感知则有更多的趋同性，也就是有更多的模糊性，这叫作相对同类效应（relative homogeneity effect）。在现实生活中，我们会觉得外国人长得都差不多，而对中国人则能够区分得很清楚；同样，外国人在面对我们中国人时就会患了脸盲症，认为中国人长得基本上是一个样子，对他们本国人则能够进行很好的区分。

现在，社会心理学家已经开始使用脑成像的新技术来测量态度了。在一项研究中，研究者读著名人物和不著名人物的名字给参与者听，比如阿道夫・希特勒和比尔・科斯比之类的，然后使用 fMRI 来记录参与者的脑活动情况。当读到著名人物的名字时，不管是否要参与者对此人进行评价，参与者大脑中与情绪联系的杏仁核部位都有着更强的活动（Cunningham et al., 2003）。这方面的研究认为人们会对积极的或消极的态度对象自动地进行反应，虽然还有更多的工作要做，但显示出可以通过大脑的电活动来测量人们的态度。

三、行为测量法

我们还可以通过人们做了什么来测量和推断他们的态度，有时，人们实际上做了什么和他们说自己要做什么是不一致的，例如，人们口头上说要戒烟、要减肥、要健身，可是实际上并没有这么做。因此，如果我们不仅看人们表面上说了什么，还去考虑从他们行为上进行的推论，就能更好地测量人们的态度。

其中一种做法是进行无干扰测量（unobtrusive measure），这是一种间接的手段，可以在个体不知情的情况下对他们的态度进行测量。比如，想要知道邻居对饮酒的态度，我们可以去翻看他们垃圾箱空酒瓶的数量；药房里的处方记录可以告诉我们哪个医生喜欢开新药；图书馆的借书量可以让我们知道学生对学习是什么样的态度。

另一个无干扰测量人们态度的技术是米尔格拉姆等人（Milgram et al., 1965）创建的“丢信（lost-letter technique）”技术。如果研究者想要知道某个社区的人们对外国居留者的态度，基于社会赞许性的原因，他很难从利克特式的调查问卷中获得诚实的答案。但是，如果他弄一些信封和邮票，就可以试试这个“丢信”技术。研究者是这样做的：准备一封信，信封上有当地收件人的地址，这个收件人的名字看上去好像是一个外国人，贴上邮票，然后把它丢在邮局附近热闹的大街上，以使这封信可以轻易地被发现和邮寄。为了进行比较，还准备了另一种信，其差别是收件人的名字看上去不像是外国人的。研究者重复这个行为以获得大样本的数据。接下来就是等着收信了，然后计算哪一种信收到的多一些，这就可以测量出这个社区对外国人的态度了。

第七章

人际关系

【开篇案例】

情　已　逝

2016 年 8 月 14 日 0 点 20 分左右，明星王宝强突然在微博发文，宣布离婚。文中写道："现因马蓉与我经纪人宋喆的婚外不正当两性关系，严重伤害了婚姻、破坏了家庭，郑重决定解除我与马蓉的婚姻关系，同时解除宋喆的经纪人职务。"

随后，王宝强工作室也在微博贴出了立案声明。声明中强调了以下三点：1. 法院已正式立案，王宝强已借款交费；2. 王宝强与马蓉离婚决心已定，等待法院公正的判决；3. 向法院和关心、理解王宝强的朋友们表示感谢。

与此同时，马蓉发表声明，状告王宝强侵犯本人名誉权，正式向检察机关起诉。

马蓉父母加入此次混战。马蓉的母亲在 2016 年 8 月 16 日的微博中写道："不是我看不起乡下人、农村人，就说我亲家那一家子，人又土又没文化，还不爱卫生。见过他那一家子一次，衣服都很脏，脸也脏兮兮的，好像几天没洗澡。说话也满是农村口音，完全不想跟他们说话。难怪我女儿不想往他们家去。好歹我女儿还是重大大学本科生(原文如此)。我绝对不会允许外孙外孙女去和他们爷爷奶奶住!"

2018 年 2 月 11 日，北京朝阳法院做出判决，解除王宝强与马蓉婚姻关系，婚生子由王宝强抚养，婚生女由马蓉抚养，并认定王宝强离婚声明不构成名誉侵权。

王宝强离婚这一事件在当时的网络上引起了轩然大波，绝大多数人在谈到这一事件时，都是从伦理、道德和法制的角度去进行讨论的，很少从社会心理学的专业来看问题。那么，为什么当初的时候王宝强和马蓉会在一起？后来马蓉怎么又出轨经纪人了？如何才能建立起一段关系？如何才能使这段关系长久维持下去呢？

第一节　人际关系概述

众所周知，我们属于叫"人类"的物种，与其他动物相比，人类更聪明，有着强大的认知能力。但对人类这样的描述，只对了一半，我们还是社会性的存在物，2 000 多年前亚里士多德就曾精辟地说道，人类是"社会性动物"。我们离不开他人，我们的许多心理与行为都与他人息息相关，我们爱，我们恨，我们互助，我们战斗。从根本上说，人类就是在与他人的密切交往过程中发展形成的。人们会花很多时间与他人交往，在较早的一个经典研究中，里德·拉尔森和他的同事（Larson et al., 1982）要 179 名青少年和成人参与者在一周之内无论在哪里都要佩戴给他们的传呼机，以便在他们醒着的时候每隔 2 小时传呼他们时，他们可以及时地回话。在通话中，拉尔森就问他们现在在干什么，现在与谁在一起。结果是 70%的时候，参与者都说自己是与他人在一起。这样的话，我们可以推断出来，从 18 岁到 65 岁，我们总共要花 203 585 个小时的时间和他人在一起。很明显，他人以及与他人形成的关系是人们生活中显著又重要的方面。

在地球上，恐怕没有哪个话题能够比人际交往、人际吸引和亲密关系更使人神魂颠倒。对归属的需要，使得人们沉迷于友谊、浪漫关系、约会、爱、性、繁衍、婚姻之中。文学、影视和音乐中有大量此类主题的作品。现在由于现代通信和互联网的发展，人们越来越多地在线上通过微信、QQ 等软件交流。无论是对我们的思想还是情感，我们所寻求和欣赏的与他人的关系要比任何事情更为重要，可以说人类的终极幸福和绝望都取决于人际关系。人际关系对人的心理与行为的诸多方面都有重要影响，不同的心理学分支学科从不同的角度论证了这一点，以下是其中最为重要的部分：

（1）弗洛伊德理论：人格发展中亲子关系的作用。

（2）发展心理学：人格是如何被一个人的依恋经历形塑的。

（3）社会心理学：人是如何影响他人，又是如何被他人影响的。例如社会促进、社会惰化、从众、服从等。

（4）人格理论中的“大五”理论，其中有两个维度“外倾性”和“宜人性”明显与人际关系有关。

（5）认知心理学：婴儿先天的认知能力促进了关系的形成，也就是说，婴儿从一出生就能够盯着人脸，以建立起与养育者的人际关系并学会语言。

（6）健康心理学：无论是要对生理还是心理健康进行干预，都要考虑人际关系。

人际关系既可以使人极度开心，也有它暗黑的一面。从积极的方面来看，人际关系是人们生活满意与幸福的源泉，良好的人际关系能够促进人们的身心健康，使人长寿；从消极的角度来看，糟糕的人际关系会使人们的压力陡增，缺乏必要的人际关系则使人们感到孤寂和隔绝。但是，哪怕人际关系再不尽如人意，人们仍然离不开人际关系。

那么，人们怎么知道他们是否处在良好的关系之中？为什么有些人不会处理人际关系？什么是爱的本质和来源？良好的交流会产生良好的关系吗？这些只是社会心理学家试图回答的一些耐人寻味的问题。事实上，人际关系已成为社会心理学最重要的研究课题。

一、人际关系的定义及其分析

（一）人际关系的定义及特点

人与人之间会形成许多关系（relationship）。人们在日常生活中与他人有许多不同的关系——我们与爱人、与家庭、与队友、与同事、与领导、与邻居、与店主、与医生等都存在着关系。什么是关系？欣德（Hinde, 1979）指出，关系包含了两个熟知的人一系列的互动，有行为的、认知的和情感的层面。凯利等（Kelley et al., 1983）则认为，两个人如果能够相互影响、相互依赖，也就是说，一个人的变化会导致另一个人的变化，反过来也是一样，那这两个人就形成了关系。无论关系的定义是怎样的，大多数关系都可以从三个方面进行分析：相互依赖、需要的满足以及情感的依恋。相互依赖是指双方在某些方面都有求于对方，比如在医患关系中，患者需要医生的治疗，医生需要通过治疗患者来赚钱和获得成就感。如果把病治好了，双方的需要就都得到了满足。同时，在此基础上彼此间会颇有好感，就产生了一定程度的情感依恋。

那什么是人际关系（interpersonal relationships）？我们认为，人际关系必须满足以下三个条件。

第一，两个人之间必须要有相互作用，也即互动（interaction），这是形成人际关系的基本要素。通过互动，两人才有机会相互影响，或者才能相互依赖（interdependence）。所谓“关系”，是指通过互动产生的相互依赖的状态。两个人之间“有关系”，具体指的就是他（她）们彼此间相互作用和相互影响的程度，即一个人如何表现（思想、感受和行为）是怎样影响到了另一个人的表现（思想、感受和行为）的，反之亦然。可以说，没有互动，就没有关系。

1981 年，美国一个青年欣克利（John Hinckley）为了引起当时的当红女演员朱迪·福斯特（Jodie Foster）的注意，试图刺杀美国总统罗纳德·里根。欣克利坚信他和福斯特之间存在着恋爱关系：“我和福斯特在精神上日夜交流……我们是历史性的一对……我是拿破仑，她是约瑟芬；我是罗密欧，她是朱丽叶。”尽管欣克利试图在多个场合与福斯特接触，但福斯特从未遇见过他，福斯特坚称她与欣克利间毫无关系。我们认为福斯特是对的。

但互动对人际关系的形成来说只是一个必要条件，而不是充分条件，只有互动并不足以构成人际关系，还需要另外两个条件。

第二，两个人之间的互动必须是独一无二的。也就是说，他们之间的互动模式必须是与他们各自和其他人的互动模式不一样的，而且也不同于与其他合作伙伴的互动模式。具体来说，就是他们的互动不能是基于角色（role-based）的互动。在基于角色的互动中，每个人的行为不仅受到合作伙伴行为的影响，还受到了承担特定角色的社会规范行为的影响。我们的很多互动都是基于角色的互动。例如，病人与医生、顾客与收银员、市民与公务员、学生与老师之间的互动就主要受到各自角色行为的影响，而且他们的行为基本上是一样的，无论互动的人具体是谁，无论互动发生在什么时候和什么地方，无论他们之间具体是什么事情（也就是说无论是什么疾病需要诊断与治疗、购买了什么东西、学习或教授了什么内容）。无论病人是你、是我还是别人，无论医生是王医生、李医生还是张医生，无论是看流感、过敏还是手指破了，也无论是在三甲医院还是普通医院，医患之间的互动都大同小异，也不太会因人而异，主要就是依照医患各自的角色行为来驱使的。像医患这样基于角色的关系可以叫做正式关系（formal relationships），正式关系是有别于人际关系的，正式关系中人们的行为是由他们的社会位置决定的，不依赖于他们彼此间熟知的程度。

第三，关系的双方要对他们的关系形成了心理表征（mental representation），或者是叫做形成了关系图式（relationship schema）。他们必须对他们以前的互动在认知上表征和组织起来，并保持在记忆中。正是这个从先前互动中发展而来的心理表征，使得双方对彼此产生了独特的、非角色的反应方式。你和你最好的朋友在一起时的反应，是有别于你与其他人在一起的反应的，因为你们两人过去在一起时的经历会保留在你的脑海中，当你们又见面时，你会轻易地浮现出有关你朋友性格、行为、偏好以及价值观等方面的信息，还有你们先前互动过程的信息，这些信息就会影响到你与朋友现在的互动，也就使得你与朋友的互动和与别人的互动有所不同。

根据以上分析，我们把人际关系定义为是人们在人际互动过程中形成的心理联系，人际关系中的参与者在思想、情感和行为上存在着一定程度的相互影响和相互依赖。人际关系具有以下特点：

1. 个人性

人类社会在长期的发展过程中形成了错综复杂的关系，在宏观层面上的关系有国际关系、阶级关系、阶层关系、角色关系等，它们更多的是政治学或社会学的研究对象。社会心理学研究的人际关系则是所有人类关系中最为微观和具体的人与人之间的关系，它具有个人性的特点，这个特点在前面人际关系形成的条件中已经作了分析。比如某个学生与某个教师之间的关系是不是人际关系呢？这得视情况而定。如果学生与教师的交往只是在课堂上，交谈的内容只与学习有关，那他们之间的关系只是角色关系，还不属于人际关系。如果学生与教师在课堂之外还有接触与交往，交谈的内容有学习之外的情况，就可以说他们之间产生的关系是人际关系。因此，人际关系所具有的个人性特点，是指人与人之间剥离了所有其他宏观关系之后所剩下的最小的关系，就是纯粹的“我”和“你”之间的关系。

2. 直接可感性

由于人际关系的微观具体性，双方在关系形成的过程中是直接参与者，对关系的过程和结果能够进行直接的体验。而一些宏观的关系，比如阶层关系，某个阶层更多的是一个抽象的概念，具体有什么人我们并不很清楚，也不可能与之一一交往。

3. 情感性

情感性是指人际关系产生的过程中，双方的情感反应是最重要的。如果双方在交往时喜欢对方，人际关系就得以维持与发展；如果双方之间产生了厌恶，哪怕对方有再多的优点，人际关系也难以延续下去了。

（二）人际关系的成分

你和另一个人的关系怎样？有多亲密？体现在哪里？这就牵涉到人际关系的成分问题，米勒（Rowland S. Miller）认为，我们与一个人交往之后，无论是形成了非常亲密的关系，还是仅仅为泛泛之交，至少在七个方面存在差异：了解程度（knowledge）、相互依赖性（interdependence）、关心程度（care）、信任度（trust）、响应能力（responsiveness）、相互一致性（mutuality）以及忠诚度（commitment）。

亲密的伴侣彼此间有着广泛、私人的（而且常常是秘密的）了解。他们熟知彼此的经历、爱好、情感和心愿，而且一般不会把这些信息透露给其他人。

亲密伴侣的生活也是交织在一起的：一方的行为会影响另一方的行为目标和行动能力。亲密伴侣的相互依赖性是指他们彼此需要的程度和影响对方的程度，这种相互依赖是频繁的（经常影响彼此）、强烈的（彼此都有显著的影响）、多样的（以多种不同的方式影响彼此）和持久的（彼此影响的时间很长）。当人际关系发展到相互依赖的程度时，一方的行为在影响自己的同时也影响到对方（Berscheid, Snyder and Omoto, 2004）。

促使这些亲密联系的品质是关心、信任和响应能力。亲密的伴侣关心对方，彼此能从对方身上感受到比从他人那里有更多的关爱。他们也信任对方，期望对方会善待和尊重自己（Simpson, 2007）。人们相信亲密关系不会带来伤害，并期望伴侣能满足自己的要求，关注自己的幸福（Reis et al., 2004）。如果丧失了这种信任，亲密伴侣也常常会变得猜忌与疑虑，从而损害亲密关系特有的开朗、坦诚和相互依赖（Jones et al., 1997）。如果人们认为自己的伴侣了解、理解并欣赏自己，周到且有效地响应自己的需要，关心自己的福祉，其亲密程度就会增加（Reis, 2014）。响应能力是强有力的奖赏，感知到我们的伴侣知道、理解、支持我们的需要和愿望，是使我们能够体验到关系的核心成分（Reis, 2013）。

由于这种紧密的联系，亲密伴侣常认为他们是天造地设的一对，而不是两个完全分离的个体。他们表现出很高的相互一致性，这意味着他们认同双方在生活上的融合，自称为“我们”，而不是“我”和“他/她”（Fitzsimons and Kay, 2004; Levinger and Snoek, 1972）。事实上，这种称谓上的变化（从“我”到“我们”）常常标志着人际关系发展到了微妙而又意义重大的阶段，此时新伙伴刚刚认识到彼此间产生了依恋（Agnew et al., 1998）。的确，研究者有时只让伴侣来评定他们“重合”的程度，以此评价伴侣紧密关系的亲密程度（Aron et al., 2004）。自我接纳他人的程度（如图 7-1 所示）是测量相互一致性最生动、最直接的方法，它能有效地区分亲密关系和泛泛之交（Agnew et al., 2004）。

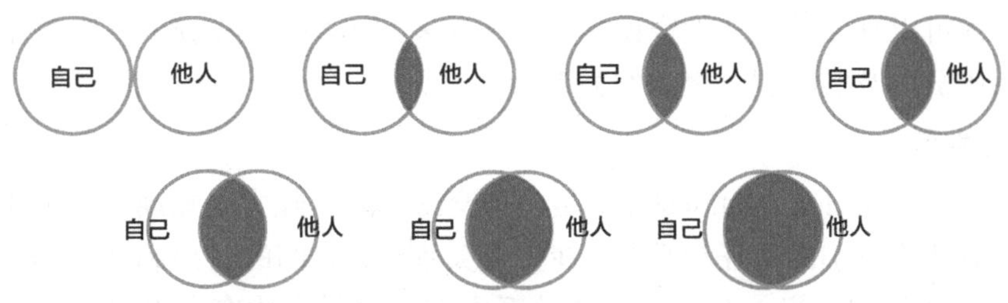

怎样考察你与他人的亲密程度？请你从上述图片中挑出最符合你的人际关系现状的图片，这可以有效地评价你们之间的亲密程度。

图 7-1　自我接纳他人的程度

亲密伴侣通常会忠诚于他们的亲密关系，希望他们的亲密能持续到地老天荒，并为此不惜投入大量的时间、人力和物力。这种忠诚一旦丧失，曾经的恩爱情侣、知心朋友也会日渐疏远、貌合神离。

这六个方面未必全部出现在亲密关系中，任何一个要素都可以单独出现于亲密关系之中。例如，一对单调乏味、缺少情趣的夫妻可能相互依赖的程度很高，在日常生活的琐事上紧密合作，但却生活在缺少关爱、坦诚或信任的心理荒漠中。他们当然比一般的熟人要亲密，但毫无疑问，他们会觉得彼此不如过去那般亲密了（比如他们热恋时），那时他们的关系中存在更多的亲密成分。一般而言，最令人满意和最有意义的亲密关系应当包括亲密关系的所有六个特征（Fletcher et al., 2000）。如果亲密关系中不存在某些特征，亲密程度就会减弱。

因此，并不存在单一的亲密关系模式（Haslam and Fiske, 1999）。人际关系最简单、最基本的特点是：种类多样，规格不一。这种多样性使人际关系非常复杂，也使人际关系魅力无穷。

（三）人际关系的种类

我国改革开放已经四十多年了，在此过程中，我国的经济高速发展，人们的社会与心理生活也发生了重大的变化。比如，数以千万计的农民离开了他们过去长期生活的农村土地，来到了城市。过去那种主要由家庭和朋友构成的恬静生活，被很多与自己没有多少个人联系的陌生人、老板等的互动组成的生活所取代。我们如何从社会心理学的专业角度去看待这样的变化呢？玛格丽特·克拉克和贾德森·米尔斯（Margaret Clark and Judson Mills, 1979, 1992, 1993）提出的两种不同的人际关系类型有助于我们对此进行理解。

1. 共享关系

在共享关系（communal relationship）中，个体感觉对另一个人有着特别的责任和义务，对对方的付出和回报是按照需要的原则来进行的。换句话说，就是在任何时候谁有最迫切的需要，共享关系中的人们就要尽最大的能力与努力去满足这个人的需要。共享关系一般也是一种长期的关系。处于共享关系中的人们有一种“自己人”的意识，他们在一起的时候可以毫无顾忌地大声说笑，放肆地表达出特定的情感。共享关系的典型例子是与家庭成员以及亲密朋友之间的关系。

2. 交换关系

交换关系（exchange relationship）是一种交易关系，经常是短期的，个体对另一个人不会感觉有什么特别的责任和义务，在交换关系中，人们的付出和回报是由公平（在关系中有付出才能有回报）和互惠（在关系中有多少付出才有多少回报）的原则主导的。交换关系的典型例子是投资商和政府的互动，或者是在商业组织中工人与管理者的互动。

共享关系与交换关系的不同体现了重大的文化差异。不同地方的人们因其喜好不同而有很大的差别。从世界范围来看，东亚和拉美地区的人们倾向于形成共享关系，而欧洲和北美地区的人们更喜欢形成交换关系。东亚人一般认为公司和组织有义务把员工当做家人看待，不到万不得已不能解雇员工。而西方的人们更有可能觉得雇主和雇员之间的关系只是一纸合约，是建立在交换的基础之上的，雇员根据合同视情况随时可以离开。总体而言，我们中国人倾向于共享关系。

（四）人际关系的根源

人作为一个生物个体，需要食物、空气、温暖和安全，这是不言而喻的。没有食物、空气和水，人就会死去。罗伊·鲍迈斯特和马克·利里（Roy Baumeister and Mark Leary, 1995）断言，对人来说，人际关系也是如此：我们有一种融入健康关系的需要，即归属的需要（need to belong）。具体而言，归属的需要又体现在以下两个方面。

1. 亲和需要

尽管每个人都可以忍耐甚至享受一小段时间的独处，但孤独的时间一长，人们就会嫌弃它了。这时，人们开始渴望着有人来陪伴自己，产生了一种亲和的需要（need for affiliation），这是一种想要与他人建立与维持关系的需要。对很多人来说，其中一种最具毁灭性的惩罚就是让他与世隔绝，不许与任何人有接触。纵观人类大多数时候的社会情境，人们都显示出了合群的倾向，这表明亲和的需要至少部分上是本能的。我们是在群体而不是在孤岛中生活与工作的，我们的生存离不开群体与他人。亲和需要不可或缺：与朋友或熟人的接触能够给我们情感上的支持；能够获取他们对自己的关注；通过与他们进行社会比较，我们才会对自己的观点与行为是否得当有了评价的机会。因此，亲和的需要是人们建立人际关系的基础。

与他人在一起的动机既有内部的，也有外部的，这取决于个人与环境的因素。当我们面对一些特定的环境，尤其是当我们处在新的环境、令人恐惧或模糊不明的环境的时候，一般会特别希望能与他人待在一起。当然，人格因素也有影响。

1）亲和中的情境因素

分别试想你最想与他人待在一起和你渴望独处的情景。福克斯（Fox, 1980）的一项调查表明，人们特别希望在快乐和恐惧的情况下与他人在一起。如果我们想要取悦自己，比如，去泡酒吧、观看足球赛、看电影，我们大多数人是想要和他人一起去，而不是自己一个人去。我们有胜利的喜讯时也想要与别人分享，这会让我们更加快乐。（“我迫不及待地想要告诉你，我考过驾照啦！”）我们焦虑或害怕的时候，也希望有人陪伴自己。（“我不想一个人住那间房，据说那间房很吓人。”）

福克斯的调查还显示了在某些令人不安的情境下人们更愿意一个人待着，比如，在一场重要的面试之前我们紧张不安的时候，又或在一场难度颇大的考试之前，我们需要聚精会神地复习准备的时候。

而实验表明并非如此。对亲和的研究主要是集中在一些人为的情境中，通常是紧张的情境，在其中要与他人在一起的愿望可以很容易地被测量到。一个经典的实验就是沙赫特（Schachter，1959）做的，他告诉实验组的参与者，接下来要对他们实施严重的、令人痛苦的电击，这就引发了实验组参与者高度的焦虑。告诉控制组参与者的是，接下来只对他们实施轻微的、只有一点刺痛感的电击，这样控制组的参与者只有低度的焦虑。接着，所有的参与者都被问及在电击之前是愿意与他人在一起等着还是自己一个人待着等。结果是，高焦虑组的参与者有63%的人选择了与他人在一起，而低焦虑组只有33%的人选择与他人在一起。这个实验表明焦虑增加了亲和的需要。

需要引起注意的是，沙赫特的实验存在研究伦理上的问题，原因是说要对实验组的参与者实施严重的电击确实会引发他们的害怕与紧张。而且在许多人造情境中的研究也缺乏生态效度。

一个在更加真实情境中的研究表明，人们在压力情况下并不总是选择与自己有相同命运的人待在一起。库里克和马勒（Kulik and Mahler, 1989）发现，要动手术的癌症患者更倾向于与那些从这项手术中成功康复过来的人待在一起，而不是想要同与自己同样情况的人待在一起。这表明当我们面对未知威胁的时候，我们愿意与有着这方面丰富经验的人在一起，希望他们可以减轻我们的恐惧，至少他们可以提供给我们相关的信息。

2）亲和中的人格因素

尽管情境因素会驱使人们寻求他人的陪伴，但不同人的亲和需要强弱不同。也就是说，前者要比后者有着更强的亲和需要。总体来讲，高亲和需要的人注重与他人建立和维持积极的关系，在社会互动中密切地关注他人，对他人十分友好，也在人群中很受欢迎。也许是因为他们非常看重自己能否被他人接受，很担心被他人拒绝，所以就十分小心地避免冒犯别人，在社会情境中经常有比较高的焦虑。因此，尽管从根本上说亲和是人的基本需要，但也有个体差异，一些人有着更强的亲和需要。

2. 亲密需要

仅仅与他人在一起是不够的，还不能够完全满足人们的需要，人们还会进一步有亲密的需要（need for intimacy），这是一种与他人亲近、与他人有深情的需要。与朋友或爱人之间的亲密行为包括分享和暴露个人的信息。具有很强亲密需要的个体是让人感觉温暖和充满爱意的，会经常关注他人。许多理论家认为亲密是各种不同人际关系的一种主要成分。在亲密需要基础上形成的人际关系有友谊和爱情。

凯伦·普拉格（Karen Prager）和琳达·罗伯茨（Linda Roberts）区分了亲密互动与其他互动的三个必要与充分条件：自我透露行为（self-revealing behavior）、与他人的积极卷入（positive involvement with the other）以及分享理解（shared understandings）。

1）自我透露行为

自我透露行为是指一个人向他人透露自我中个人、私下的一面。自我透露行为，又称为自我暴露（self-disclosure），与更多的情感卷入、需要的实现和关系满意感有关。自我暴露可以促进新亲密关系的发展，以及维持已有的亲密关系。自我透露行为以及伴随而来的情感支持是人们亲密互动的必要条件。

言语和非言语的行为均可用来进行自我透露。深层的自我透露行为通常包含“脆弱情绪”的表达，比如受到伤害或悲痛之类的，这揭露了一个人的“内心自我”。当互动的参与者通过自我暴露透露出他们更加私人化的、脆弱的一面时，以及当他们表达出对所透露内容的感受时，他们感知到了更加亲密的互动。

自我透露行为能给人带来更高水平的幸福感，是亲密行为的一个重要方面，但其机制还不是很明朗。一项研究检验了有关激素水平变化，特别是唾液的睾酮水平会导致自我暴露产生积极效果的假说。研究发现，与独坐 15 分钟相比，那些与女性互动、有更高自我暴露的男性的睾丸酮水平短期降低了。

2）积极卷入

积极卷入是指一个人在互动期间对伙伴的全神贯注。也指通过言语或非言语的线索进行沟通时对他人的积极关注。一些积极卷入的行为是直截了当，意思是要进行直接和较强的互动。具体而言，互动时要拉近彼此的距离，增加对对方的凝视，呈现更为丰富的面部表情等都可以增强互动的直接性。在言语方面，则要跟进与呼应伙伴的沟通，使用现在时的词语，这样会产生积极的效果。

伙伴响应（partner responsiveness）是指另一个伙伴对互动关注、感兴趣、理解以及共鸣的行为。在哈里·里斯（Harry Reis）和菲利普·谢弗（Philip Shaver）的亲密互动的人际过程模型中，亲密行为就是一个发端于一个人的自我透露行为以及另一个人对透露者给予理解、确信和关注的过程。

研究支持了有关在浪漫伴侣关系中，响应性的行为对日常亲密体验的效果要超过自我暴露的效果。在对大学生情侣和已婚夫妇的研究中，如果一方对另一方的自我暴露不敏感或没有响应，互动就不那么亲密。响应性在助人关系中也很重要，卡尔·罗杰斯（Carl Rogers）在其早期研究中认为，治疗者对来访者的接纳、温情和关注是产生疗效的关键条件。一项新近的研究发现，当咨询师的响应消极时，强奸受害者的自我暴露就会变少。

3）相互理解

亲密互动的第三个条件是伙伴间要能够分享理解，通过亲密互动，伙伴们了解了对方自我的深处，这种亲密认识超越了互动本身，是关系亲密的显著特征。

那些相信自己被精准理解的伙伴们会对他们的关系更加满意，就如同伙伴们在互动中可以很好地达成默契一样。一项研究用猜测对方在想什么的方式来比较伙伴的互动能力，比较的对象有陌生人、偶然认识者、朋友以及约会伴侣，评估了每组亲密行为和性别的影响。结果是越亲密的伙伴就越能猜对对方的想法；不管其亲密行为的水平如何，女性都比男性更能猜测。

二、人际关系的建立与发展

人际关系的形成需要一个逐步推进的过程，那么，这个过程是怎样的呢？有哪几个阶段？学者们提出了有关人际关系的发展模型，以下是其中主要的两种模型。

（一）人际关系发展阶段模型

人际关系发展的阶段模型（the stage model of relationship development）是莱温格与斯诺克（Levinger and Snoek, 1972）提出来的，他们认为人际关系的发展可以分为以下几个阶段：

1. 阶段零，无关系阶段（no relationship）。在这个世界上的人们天各一方，互不知道对方的存在，双方之间没有关系。

2. 阶段一，注意阶段（awareness）。人们注意到了另一个人的存在，而且开始对此人感兴趣了。

3. 阶段二，表面接触阶段（surface contact）。在这个阶段，双方的互动开始了，但是交谈的内容只限于像天气、政治形势这样流于表面的东西，以及各自喜欢和不喜欢的是什么之类的内容。虽然此阶段的互动是表面化的，但是双方亦能对对方形成印象。

4. 阶段三，亲密阶段（mutuality）。这是人际关系发展的最高阶段了，此阶段又可以分为两个子阶段，演化出双方相互依赖从少到多的过程。第一个子阶段是卷入阶段（involvement），意即双方越来越多地卷入到对方的生活当中，或者是说双方有越来越多的共享活动。第二个子阶段是承诺阶段（commitment），随着双方活动与了解的增多，双方都觉得对对方有了一定的责任感和义务感。

（二）社会渗透理论

社会渗透理论（social penetration theory）是欧文·奥特曼与达尔马斯·泰勒（Irwin Altman and Dalmas Taylor, 1973）提出的，这个理论根据自我暴露（self-disclosure）的概念，认为人际关系的发展会随着时间同时在人际关系的广度和深度上发生变化。人际关系的广度，是指双方在交往的过程中自我暴露的话题以及所从事活动的范围；人际关系的深度指的是他们分享对方内在思想和情感的程度，也是双方自我暴露的深入程度。根据这两个指标，人际关系就能够以可预测的方式从浅到深向前推进。

首先，人际关系的发展体现在自我暴露广度的增加上。当两个人第一次相遇，彼此对对方了解不多时，他们谈论的话题范围是有限的，而且不牵涉到个人的内容。当他们逐渐熟悉起来后，相互之间有了一定的信任，他们开始暴露越来越多的个人化信息，所谈论的话题范围也越来越广。

其次，如果人际关系进一步向前发展，那么就会体现在自我暴露深度的增加上，与此同时自我暴露的广度却会减低。而根据鲁宾的研究，自我暴露的深度可以分为四个层次。第一个层次是暴露人们的情感兴趣爱好方面，比如饮食、偏好、日常爱好、娱乐活动的选择等，这属于自我暴露的最表面层次。第二个层次是暴露人们的态度，包括各种各样的态度。大到向对方暴露自己对国际国内大事的态度，小到对娱乐八卦的看法均可以。第三个层次是暴露自我的人际关系与自我概念状况。需要注意的是，这两个方面所暴露出的内容均为负面的才算自我暴露，正面的是不能算的。也就是说，在人际交往中向对方说到自己与谁的关系好，或自己在哪些方面成功、辉煌、得意过，这不是自我暴露，而是印象管理。反之，如果向对方提及自己与谁的关系不好，或自己在哪些方面失败、失意过，这才是自我暴露，而且是属于很深的自我暴露，对方如不是自己很好的朋友，人们一般不会把这些内容暴露出去。第四个层次也是自我暴露最深层次的是人们的隐私。这里所谓的隐私，是指一个人做过违法的、不道德、不伦理或难以启齿的事情。比如，一个人过去曾经偷窃过东西，就不会轻易地对他人提及；一个人的性体验，也不会随意地向他人暴露。反之，如果双方在人际交往中暴露了这些内容，就意味着双方的关系已经极为亲密了。

我们在生活中会发现，如果两人是普通朋友关系，那他们之间谈论的话题简直是天南海北，可以从体育赛事到劲爆新闻，到最近流行的段子，到工作生活中的八卦等，但就是不谈自己的情感和希望是什么。而亲密朋友之间却可以让对方深入到自己的生活之中去，这就是所谓的社会渗透，可以把自己隐藏得很深的一些秘密分享给对方，而亲密朋友之间谈论的话题并不太多，因为在亲密朋友看来，那些都是废话，用不着在他们之间虚与委蛇。

奥特曼也认为关系中的伙伴会纠结于到底要向对方暴露多少信息、要向对方隐瞒哪些信息的问题。根据这个观念，最近的一些理论和研究认为，人们会利用自我暴露来管理和定义自己人际关系的边界。因此，自我暴露就被策略性地当作是与某人亲近或与他人保持人际距离的工具。也就是说，假如我们想要与某人发展出更加亲近的关系，我们就会尽可能地向对方进行自我暴露，尤其是在自我暴露的深度上；如果我们只想与他人维持泛泛之交的关系，那我们在向对方进行自我暴露的广度与深度都会十分有限。

三、人际关系与健康

人类本质上是社会性的存在物，不计其数的小说、电影、歌曲、戏剧和诗歌都向人们说明，人类的终极幸福和绝望都是建立在关系的基础之上的。我们在工作和家庭生活中的满意度大部分都取决于我们友谊和爱的质量。当克林格（Klinger, 1977）向人们提出一个问题：“是什么使你的生活有意义？”89%的回答者都提到了人际关系对他们生活意义所做的贡献。友谊对我们大多数人是最重要的：在一项调查中对友谊的评价超过了对权力、名望、兴奋的事情以及舒适生活的评价（Bibby, 2001）。可见，人际关系对我们的生活关系重大，它能够影响到我们生活的方方面面。下面介绍一下人际关系与人们健康之间的关系。

1897 年，法国著名的社会学家迪尔凯姆（Emile Durkheim）在其《自杀论》中指出有一种自杀类型是“失范型自杀（anomic suicide）”。他观察到那些与家庭或社区几乎没有社会联系的人更有可能自杀，于是，他创造了“anomic”这个词，意思是“社会的反常状态”，指的是一种与他人失联的心理感受，并指出这种悲哀虐心的心理状态会导致自杀。当代的托马斯·乔伊纳（Thomas Joiner）提出的自杀人际理论（Interpersonal Theory of Suicide）也认为，一个人实施自杀需要具备以下三要素：归属受挫（thwarted belongingness）、累赘感知（perceived burdensomeness）和自杀能力习得（acquired ability of suicide）。归属受挫是指个体感到自己没有可以归属的团体、内心孤独的心理状态，累赘感知是指自己感觉是他人尤其是重要他人的拖累，从而产生的自责和自罪感。这两个因素都是与一个人的人际关系状况出现了问题有关。

有关疾病与亲密关系之间关系的研究证实并拓展了迪尔凯姆的敏锐观察。例如，有研究发现，离异的成年人要比待在一起的已婚夫妇更有可能自杀、有更多的身心疾病、更容易酗酒，甚至更有可能遭遇车祸（Bloom et al., 1978）。根据查尔斯顿心脏研究（Charleston Heart Study）的数据，这些数据是在 1960—2000 年之间从 1 300 人身上获取的，表明在这项研究开始时那些分居或离异的人更有可能早死，甚至在控制了初始的健康状况和几个其他的人口统计学变量之后，结果也是如此（Sbarra and Nietert, 2009）。此外，那些分居或离异很长时间的人更有可能死亡，心脏方面的问题可能是早死的主要原因（Stroebe and Stroebe, 1987）。社会隔离与心脏病之间的相关度，与其他已经证实了的导致心脏病的因素如吸烟、缺乏锻炼或暴饮暴食一样高，甚至更高（Atkins et al., 1991）。

这些研究激发了一系列欲揭示社会隔离与亲密关系效应的研究，以解决人们的健康问题。这些研究聚焦在社会支持的作用、压力，以及例证一些目前所提出的观点，如发生在大脑的病变以及身体是与心理过程交织在一起的等。

社会支持以两种方式影响健康（Cohen and Wills, 1985）。首先，直接从他人那里获取支持可以提升人们的幸福感。例如，那些得到更多支持的人们会更好地照顾自己，吃得更好，更有规律地锻炼，控制好体重。其次，当压力袭来的时候，更多的社会支持可以维持人们的幸福感。下面我们讨论一下社会支持对压力所起到的缓冲作用。

当人们遇到压力性事件，他们通常会作出战斗或逃离的反应。这些反应会引发心血管系统的变化（心率和血压增加），以及内分泌系统的变化（如肾上腺素和皮质醇等激素的释放）。按照应激的标准模型，个体差异（如人格、知识、经验和技能等）与对紧张性刺激的解释（如解释为威胁、挑战或无伤大雅等）共同决定人们的应对反应。例如你在认知上把一个压力源评价为是没有威胁性的，你就不会进行充分的战斗或逃离的心理反应。

一些存在了很长时间的慢性压力源会损害我们的健康，它们会促使皮质醇分泌过多，从而损害我们身体中的细胞（Miller and Chen, 2007）。由于我们在心理反应上再三产生的变化，以及需要这些系统增强活力来对长时间的需求做出反应，慢性压力源就会在我们的身体里产生大量的拉力（非稳态负荷），高非稳态负荷会通过血压的急剧变化、高胆固醇水平和高皮质醇水平显示出来（Ryff et al., 2001）。高非稳态负荷的人们的免疫系统会减弱（Herbert and Cohen, 1993），更容易得心脏病，记忆力减低，并有早死的风险（Seeman, 2001）。

源自我们亲密伴侣或亲密关系的压力将会怎样呢？有意思的是，第一个把关系和压力进行联系的研究是对老鼠和猴子进行的。在实验室里对老鼠施加压力，那些与别的老鼠共处的老鼠要比独处的老鼠有更少的恐惧（Latane and Glass, 1968）。让猴子在 6 个月大时与母亲分离，尽管所有与母亲分离的猴子的免疫功能都受到了损害，但那些与别的猴子一起生活的猴子要比独自生活的猴子有更强的免疫功能（Coe and Lubach, 2001）。这些研究表明，在生命早期维持与母亲的依恋联结能促进免疫功能，而早期关系的损坏对包括人类在内的动物会造成终生的健康问题。这些发现也与最近对人类健康纵向研究的证据是一致的（Miller et al., 2011）。

社会支持也能减低人的压力，无论是在社会互动（Gerin et al., 1992）还是在长期的压力环境中（Seeman, 1996）。例如，人们与家庭或朋友长期冲突后更有可能形成冷战（Cohen et al., 1998），无论是年轻时与家人还是现在与浪漫伴侣关系不佳，由于要处理这些困难的社会互动，人们就容易引发出高的非稳态负荷（Ryff et al., 2001），而且男性要比女性严重，这意味着男性更容易遭受由于社会互动不良所带来健康问题的侵害，大量研究也表明男性比女性更能从社会支持中使自己在健康上获益（Stroebe and Stroebe, 1987）。

对免疫系统的功能而言，与家庭成员的关系是社会支持（有时候也是伤害）特别重要的一个来源（Uchino et al., 1996）。研究结果不断地显示，已婚者的死亡率和疾病率要比未婚者低（Rendall et al., 2011），而且这种关联在丈夫身上要比在妻子身上强。例如，在美国一个 25 岁未婚男性在次年死亡的概率是已婚同龄男性的 2.4 倍，而 25 岁未婚女性在次年死亡的概率是已婚同龄女性的 1.72 倍（Rendall et al., 2011）。

另外，婚姻是否幸福也影响显著。不幸福婚姻的人们得抑郁症的概率是幸福婚姻人们的 2.5 倍（Weissman, 1987），而抑郁症能降低免疫系统的功能（Herbert and Cohen, 1993）。在一项著名的对爱荷华农场家庭进行的纵向研究中，随着时间的推移，不幸福已婚夫妇明显要比幸福的已婚夫妇更容易生病，在控制了工作压力、教育程度、收入和其他变量后结果还是如此（Wickrama et al., 1997）。

其中最有意思和影响力的一项有关关系和健康的实验工作是贾妮思 · 基科尔特-格拉泽（Janice Kiecolt-Glaser, 1994）和她的同事做的，他们让健康的已婚夫妇晚上待在医院里，要每对夫妇讨论他们主要的关系冲突达 30 分钟，并在讨论前、讨论中和讨论后通过他们的手臂采集血样。在讨论期间所呈现出来的消极面，特别是敌意行为似乎抑制了他们免疫系统，尤其是妻子的。然而，积极行为却和免疫系统或其他的健康指标不相关，对丈夫和妻子而言都是如此。这是一个关系健康效应在女性身上要比在男性身上更有害的一种情况，许多女性觉得她们在管控关系时有着更大的责任，她们经常想要在关系上有更大的改变，结果是她们在主要的关系冲突讨论时想要更大的改变，还是想要管理关系，故女性比男性承受了更多的压力刺激。

类似的结果也出现在对患有慢性病伴侣进行长期照料的配偶上，基科尔特-格拉泽和她的同事（1994）研究了那些长期照料其伴侣的配偶在抑郁和免疫功能的变化状况，这些患者都患有阿尔茨海默症。与控制组相比，这些长期照料者在 13 个月的研究期间里免疫功能下降了，抑郁状况增加了。

最后，丧偶是人们经历的最严重的生活事件（Holmes and Rahe, 1967），对其健康状况有很大影响。迪尔凯姆最早发现当配偶死亡仅仅一个星期之后鳏居者的自杀率就会增加，他的数据可谓是触目惊心：在此期间丧偶的男性的自杀率是有配偶男性的 66 倍，丧偶的女性的自杀率则是有配偶女性的 9 倍。研究表明，迪尔凯姆的这个结论在当代西方国家依然是适用的。男性比女性更有可能自杀，两性关系的终结仍然是一个重要的风险因素。

第二节　人 际 吸 引

人际吸引是指一个人对另一个人感兴趣，喜欢上了这个人，或是指两个人或更多的人之间相互感兴趣、相互喜欢。通过人际交往，出现人际吸引的结果是非常正常和普遍的。我们那么频繁地与人交往，建立与发展起人际关系，就是想要别人对我们产生好感，使别人能够喜欢我们，这样总体来说是对我们有益的，俗话说："多个朋友多条路。"但是，也要看到，并不是每次与人交往，都能够使对方喜欢上我们，有时对方不仅没有喜欢我们，还和我们关系变差了。那么，如何才能在人际交往中达到人际吸引的目的？社会心理学在这方面有颇多研究。

一、人际吸引的理论

（一）社会交换理论

社会交换理论（social exchange theory）是一个具有宽广社会心理学视角的用来解释人们的社会关系是如何形成、维持与终结的理论。这个理论借用了经济学的模型，其基本前提是人们对给定的互动或关系是如何感觉的，取决于这个互动或这段关系给自己所感知到的结果。具体而言，就是一个人在互动过程中感知到的代价（costs）和奖赏（rewards）决定了此人对互动的评价：如果一个人感知到自己从互动中获得的奖赏高，而自己在其中所付出的代价低，这个人就会对这段关系感觉良好，并愿意留在这段关系中；如果一个人感知到成本高而奖赏低，就会对这段关系不满意，这个人就有可能终结这段关系。

因为社会交换理论本质上是很普遍的，它让我们理解各种不同的社会关系和社会情境。例如，社会交换的原理可以让我们洞悉商业关系、友谊、浪漫关系以及其他的社会关系。此外，社会交换的原理不仅可以使我们理解人际关系，在使我们认识社会群际关系上也颇有助益。

1. 理论背景与原理

社会交换理论的关键概念有以下三个方面。

1）奖赏和代价

社会交换理论是建立在人们在任何给定的社会关系中寻求奖赏最大化和代价最小化的思想之上的。霍曼斯（Homans, 1961）提出，在开始一段关系之前，我们要权衡其中过去、现在乃至将来的奖赏与代价，如果我们判断在这段关系中是有利可图（profitable）的，关系就可以继续下去；否则，如果我们判定在这段关系中会招致损失（loss），那就可能对此关系说再见了。因为这个道理适用于关系的双方，所以必须要使双方都觉得这段关系是有利可图的，这段关系才会形成和维持下去。

霍曼斯把奖赏定义得非常宽泛，任何人们认为有价值的有形和无形的事物都是奖赏，奖赏可以是恭维、有意思的公司、物质礼物等。U.G.福阿与 E.B.福阿（Foa. U.G. and Foa. E.B., 1974）确定了六种基本类型的奖赏：爱、金钱、地位、信息、商品和服务。例如，一段商业关系中可以给人们提供若干具体的利益，包括收入或物质商品等。此外还有一些更为抽象的利益，如声誉和安全感等。

代价则包含了任何人们认为具有惩罚性的、令人不快的，或者是需要付出的大量时间与努力去获得的事物。例如，一段浪漫关系中的代价是需要分摊家务劳动，或者是需要与姻亲成员一起度假（这对一些人来说是相当的无趣）。代价还可能来自关系的外部：如果别人不看好这段关系，这无疑是个消极的影响。当然，对奖赏和代价的评价是很主观的，对一个人来说是奖赏的东西，另一个人则不一定认为是对自己的奖赏。同样地，在一段关系中被看作是奖赏的东西，在另外的社会情境中也不一定被认为是奖赏。

塞迪基德斯等（Sedikides et al., 1994）研究了大学生浪漫关系中的奖赏与代价。研究发现，其中的奖赏包括有人陪伴、性满足、感到被爱、幸福、亲密、加深自我认识及从伴侣的朋友和亲属那里获得社会支持等，而代价包括争吵、更多社交活动的自由被限制了、金钱的损失、对关系的担忧和压力以及需要投入时间和努力在这段关系中。而且发现对损失的感知有性别差异：男生要比女生更多地提及失去自由、频繁约会以及钱财的损失；而女生要比男生更多提及的是身份的丢失（即纯洁度减少了）以及增加了对伴侣的依赖。

某一特定的人际交往所带来的奖赏和代价之和就是结果（outcome），即交往中的一方综合得到的净收益或净损失。把所有的奖赏和所有的代价相减就得到：

$$结果=奖赏-代价$$

显然，如果某种人际交往的奖赏大于代价，就会得到正值的结果。但社会交换理论宣称人们总在追求可能的最好结果。你的人际交往结果即便为正值，并不表示这种交往就能好到足以使你继续待在伴侣身边。相互依赖理论认为，人际交往的结果是正还是负并不重要，重要的是我们评价结果的两个标准。第一个标准是我们的期望，第二个标准是假如没有现在的伴侣，我们认为自己会过得怎样。

2）人际关系的期望收益

蒂伯特和凯利（John Thibaut and Harold Kelley, 1959）在他们提出的相互依赖理论（interdependence theory，社会交换理论的一个主要变式）中认为，在人们考察一段关系是否有利和是否满意时，不仅要看当前实际的奖赏和代价，还要与别的奖赏和代价进行比较。相互依赖理论假定每个人都有一个与众不同的比较水平（comparison level, CL），即人们认为自己在与他人的交往中应当得到的结果值。比较水平取决于我们过去关系的经历以及基于我们对所能见到的其他关系的期望，包括那些我们在书中和电影中见到的关系。首先，CL 是建立在过去经验的基础上的。如果人们曾有过奖赏价值很高的伴侣关系，就可能有较高的 CL，表明他们现在还期望并觉得自己理应得到非常好的交往结果。相反，如果过去经历过困难重重的亲密关系，那么他们的期望和 CL 都会很低。其次，CL 还与人们接触到的关系有关，比如你与最好朋友的关系，或某部电影中你非常羡慕的关系。你会把自己现有的关系与之比较，产生出你的期望和 CL。

在人际交往结果从悲恸到狂喜这个连续变化的系列中，个体的比较水平只代表了他的参照点。CL 是测量人们对关系满意程度的标准。如果交往结果超过了你的 CL，你会感到幸福；从与他人的交往中你得到了超过你所期望的最低结果。幸福的程度取决于你获得的结果超过期望的程度，如果交往结果远远高于你的 CL，你会感到非常满足。相反，如果交往结果低于你的 CL，即使这一结果仍然相当不错，你的表现比大多数人要好，你还是会不满意。这个观点非常重要:即使你在与他人的交往中有所收益，但是如果这一收益没有大到足够满足你的期望，你仍不会感到幸福。例如你是个富有而又被人热捧的名人，你的 CL 就可能异常高，即使有一个能迷倒众人的极品伴侣，你仍会相当不满意。

因此，亲密关系中的满意度并不仅仅取决于交往结果绝对意义上的好坏，相反满意度来自交往结果和比较水平之差，即：

$$满意度=结果-CL$$

例如，王女士的丈夫每天下班后都要去酒吧，不到晚上十点钟不会回家而王女士依然满足于和她丈夫的关系。当我们得知如下的情况，我们就会明白了：王女士的前夫有严重的暴力倾向，而且不想要小孩。而现在的丈夫对成为一名父亲很有热情，还能够给王女士提供富足的物质生活。

此外，奖赏与代价的比率及比较标准都是主观的，会随着时间的流逝而发生改变。人们会不断地估量他们关系中的得与失。这就意味着人们在某个时间点觉得满意的一段关系，在另一个时间点可能会觉得不满意，原因是人们觉得其中的一些特定因素的奖赏越来越少，而代价却越来越高。性生活对刚结婚的新人来说会是极大的奖赏，但若干年过后，人们对性生活的激情就会越来越少，性生活的频率也会同步下降。

3）人际关系的替代收益

不过，相互依赖理论的另一个重要假设是，满意度并不是唯一的，甚至也不是决定亲密关系持续与否的最主要的影响因素。无论我们是否乐意，我们都会用到第二个标准，即替代的比较水平（comparison level for alternative），来确定我们在其他的亲密关系中是否会更好。替代的比较水平，是指如果我们抛弃目前的亲密关系，而转投可以选择的更好的伴侣或情境，所能得到的交往结果。替代的比较水平就是我们可以容忍目前伴侣的最差结果。其原因在于：一方面，如果其他的亲密关系有希望得到比目前的关系更好的收益，即使我们对现状还满意，也有可能离开现在的伴侣去追求更大的收益（我们总在追求可能的最好结果）。另一方面，即使对自己目前的亲密关系不很满意，在没有更好的替代选择出现之前，我们也不可能脱离现在的关系。这可以解释为什么人们仍会待在使他们痛苦悲惨的亲密关系之中而不离去。尽管现实的处境非常痛苦，但置身其中的人们认为离开后情况会更糟。如果他们认为别处有更好的境况，他们就会选择离开。对亲密关系的满意程度并不是决定我们要保持或离开关系的主要因素，这一观点是相互依赖理论的最有趣最深刻的发现之一。

因此，替代的比较水平决定了我们对亲密关系的依赖程度。不管我们满意与否，如果我们认为现有的亲密关系是我们目前能得到的最好的关系，我们就会依赖现在的伴侣，而不会轻易离开。而且，我们当前亲密关系的结果和更糟的替代选择差距越大，依赖程度就越深。如果当前的结果比替代选择好，我们就不会离开伴侣；如果替代选择不断改善，我们就会离开自己的伴侣。

4）投资

人际关系专家卡丽尔·鲁丝布尔特（Caryl Rusbult, 1980, 1983）和她的同事提出了一个人际关系承诺的投资模型（investment model of commitment），她们认为，为承诺一段关系，不仅依赖于关系的结果、比较水平以及人际关系的替代收益，还取决于对这段关系进行投资的数量。例如对于一段浪漫关系，我们并不只是在它变得乏味时简单地对它进行封存就可以了事的。我们在其中投入了时间、精力和金钱，还分享了彼此的财物，认识了对方的朋友，可能还会因此而放弃了某些职业工作的机会和另一段浪漫关系，我们也会感觉到把自己生命中最美好的年华给了这位伴侣，等等。按照鲁丝布尔特的学说，我们对关系的投资越多，就越有可能对这段关系进行承诺，也越有可能留在这段关系中。因此，投资不仅可以增加对关系的承诺，也有助于关系的稳定。

鲁丝布尔特所说的投资，是指个体在亲密关系中，所投入或形成的资源。投资与报酬或成本最大的不同有两点：第一是投资通常不能独立地从关系中抽取出来，而报酬与成本可以；第二是当关系结束时，投资无法回收，而会随着关系的结束一并消失。因此投资会增加结束关系的成本，使个体较不愿也不易放弃此关系，从另一个角度看，其增强了个体对此关系的承诺。

个体投资在亲密关系中的资源可分为两类：一类是直接投入的资源，如时间的投入、情绪能量的释放、个人隐私的想法与幻想的暴露，以及为伴侣所做的牺牲等；另一类是间接投入的资源，如双方彼此的朋友、两人共同的回忆，以及此关系中所特有的活动或拥有物等。此外，在长期亲密关系中所形成两人一体的认同感，长期相处下来所建立的默契与思想上的相似，以及彼此互补的一些记忆与信息等，也是会随着关系结束而失去的投资。个体所投入的资源层面愈广、重要性愈高、数量愈多，则表示其投资量愈大；当个体在此关系的投资量愈大时，对此关系的承诺也愈强。

2. 例子

一位刚毕业的研究生进入一家大型公司工作，他看中了这家公司优良的声誉，薪酬也不错。刚开始的时候，他很喜欢这份新的工作。后来发现，他的顶头上司并不尊重他，他的工作十分劳累，根本没有时间去花他可观的薪酬。于是，他想要离职，自己去开公司，这是不错的主意：自己当老板，可以不那么受气了，还可以比较自由地支配自己的时间。当他把这个想法与这家公司老板说了之后，公司就给他升了职，这样他就可以不用没日没夜地工作了，也不用再受那位顶头上司的气了。于是他继续留在这家公司工作了。

3. 局限

社会交换理论也有不少局限。这个理论并没有强调利他主义在决定关系结果中的作用。也就是说，人们不总是以自利的方式来行事的。例如在一段亲密关系中，人们会同舟共济，为其伴侣或这段关系的利益而努力奋斗，有时甚至付出了极大的成本也在所不惜。虽然有证据表明这样的现象只在浪漫关系中存在，在其他关系中则少见，如在商业关系中就难得一见，但是也表明，社会交换理论的原理在一些关系中要比在另一些关系中会有更好的体现。

（二）公平理论

公平理论是沃尔斯特等（Walster et al., 1978）从霍曼斯最初的社会交换理论发端而来，用于解释社会交换在人际关系中如何操作的一个特别版本的理论。公平理论认为，人们会把自己在一段关系中的投入与获得同他人的投入与获得进行比较，只有当人们认为是公平的时候，他们才会满意。公平并非平等的代名词。如果在一段关系中一方投入得多，他的获得也应该多一些。一旦投入多的一方获得反而少一些，就会感觉到自己被剥削了。而且，公平理论认为，我们既不喜欢感觉被他人剥削，通常也不喜欢占他人便宜。人们使用各种各样的规则来评定一种关系是否公平。

公平理论有四个命题：

命题一：处于关系中的人们设法最大化他们的快乐，最小化他们的痛苦。

命题二：然而，社会会致力于劝导人们要公平公正，群体会奖励那些对别人公平的人，惩罚那些对别人不公平的人。

命题三：在社会压力下，一个人从生活和关系中获得了与其付出相当的回报，他就会感到满意。如果一个人获得了过多的回报，他就会感到遗憾、内疚与羞耻；如果他回报过少，则会感到愤怒、悲哀与怨恨。

命题四：在一项关系中感知到不公平的人们会采取各种手段来减少他们的痛苦。他们要设法恢复心理平衡、行动平衡或离开当前他们感到不公平的这段关系。

研究支持了公平理论的几个具体假设（Hatfield et al., 1985）。例如，已经证实，当关系不平等时，两个人都会感到不开心。容易理解的是被剥削的人会感到不开心。但研究表明，过度获益的人也会感到烦恼，可能是因为他对于利益的不平衡有罪恶感或觉得不舒服。

面对不公平时，男性与女性的反应是不一样的。哈特菲尔德等（Hatfield et al., 1985）发现，女性在获益过多时会感到更加痛苦，而男性则是在获益更少时感到更加痛苦。其他研究也有类似的证据：一般来讲男人更关心奖赏，而女人则更关心他人的福祉，尤其关心她们在乎的人。普林斯等（Prins et al., 1992）发现，女性感觉不公平后，为了恢复她们认为的公平，会更容易出轨。

大量证据表明了在爱情关系中公平的重要性。研究发现，如果爱情关系中的一方社会赞许性越高（更漂亮、更有人格魅力、更有名、更富裕或更体贴），也会对伴侣在社会赞许性方面期望越高。而且，约会的双方觉得门当户对时也更容易坠入爱河。此外，当双方感知到公平时，更有可能发生性行为。

公平的关系也更加稳定。当双方感知到被公平对待时，他们会极有信心地肯定他们的关系还会持续很长时间。在公平的关系中，人们通常会变得更加忠诚；当人们感到他们在婚姻中被欺骗，他们更有可能冒险寻求短暂的婚外情。所以，人们对关系中的公平是很关注的。

（三）进化理论

现在我们把在关系中谁会选谁的解释从经济学理论转向进化理论。与前述理论不同的是，进化理论并不试图解释在所有关系中人们是如何决策的，而只是想去解释在异性恋中人们是如何进行选择的。

社会生物学（sociobiology）是有关动物社会行为与复杂社会组成这两者的生物学基础的系统研究，它用进化的原理来解释社会行为。这个理论主张所有动物行为进化的目的，是为了成功地把基因遗传到下一代身上去。对人类而言，这就意味着无论男女都会无意识地从事能够促使与怀孕、生产与后代生存有关的行为。因此，人们之所以选择具有外表吸引力的对象，是因为这样的人身体健康，繁殖力强。进化理论家认为美貌的标准是生物性的，而非文化性的。尽管对美丽的看法可能会有一些文化与个体差异，但并没有什么证据支持“情人眼里出西施”这样的观点，倒是有很多研究（Cunningham et al., 1995; Langlois et al., 2000）发现不同的文化对于“什么样的面孔是漂亮的”有高度一致性的认同，并且要比那些不漂亮的面孔有更多的偏爱，这种偏好在漂亮文化标准建立之前的生命早期就已经形成（Rubenstein et al., 1999）。罗兹（Rhodes, 2006）的研究认为，所谓漂亮面孔的特征就是平均性（即把所有人的面孔平均整合在一起的特性）、对称性和两性异型性（即女人就要有女人的样子，男人则要有男人的样子），她指出这样的面孔是好伴侣的指标，也就是意味着有着健康的身体。有魅力的伴侣（即健康伴侣）会有很多直接的好处，比如得传染病的风险会比较小，照看后代的能力强以及有着良好抵抗疾病的基因。因此，偏好漂亮面孔增加了后代存活的机会。

进化理论一个更重要的观点是，尽管男女两性都偏好有魅力的伴侣，但在最佳的求偶行为上却有着显著的性别差异。在亲代投资理论（parental investment theory）中，特里弗斯（Robert Trivers, 1972）指出，男人和女人在对后代抚养所做出的贡献上存在着差异，所以男人和女人在选择配偶的标准上也就有所不同。具体而言，特里弗斯认为，如果某种性别的个体（通常是雌性，但也有例外）在后代身上投入了更多的资源，那么这种性别的个体在挑选配偶时会表现得更加谨慎和敏锐。相反，投资较少的那种性别将不会如此挑剔，但其会表现出很强的同性竞争倾向，主要是为了争夺更有价值、投资更多的异性。换句话说，有机体在繁殖上的投资越高，那它选择一个糟糕的配偶所付出的代价也就更高。人类男性在亲代投资中所做的努力主要就是交配，而女性在亲代投资中所做的努力主要有交配、妊娠和分娩。因此，女性的亲代投资要远高于男性。另外，理论上一名人类男性可以让任何可育女性怀孕，生出大量孩子。可是，人类女性可生的孩子数量是有限的。这样一来，男性之间的竞争性就更强，而女性会更用心于选择适应度最高、基因良好的男性上。因此，如果要能顺利的求偶，两性的差异就是“男性要成功，女性要性感”。

一些研究确实支持了以上所述两性在求偶时的差异，即男性在求偶时偏好年轻漂亮的女性（潜在生育能力强的指示器），而女性求偶则喜欢找受过良好教育与高社会地位且比自己年龄大的男性（能对孩子和自己进行抚养支援的指示器）。例如，辛格（Devendra Singh, 1993）提出了这样一种特征——腰围与臀围的比率，也叫作腰臀比（the ratio of the waist to the hips, WHR）。低腰臀比常常与高生育力有密切关联。原因有二：第一，临床表明低 WHR 的女性比高 WHR 女性更容易怀孕；第二，高 WHR 的女性往往更有可能存在心脏病和内分泌问题，而这两种因素又和低生育力关系密切。所以，辛格认为男性应该会更喜欢低 WHR 的女性，而且男性应该已经进化了对与生育力有关的女性身体线索表现出高度的敏感和喜爱的偏好。在一系列跨文化研究中，辛格向男性呈现不同 WHR 的女性素描。实验者要求被试在他们认为最有吸引力的图片上画圈。在选取的所有样本（来自非洲、巴西和美国）中，不同年龄的男性都认为 WHR 是 0.70 的女性最有魅力。新西兰维多利亚大学的迪克逊教授（Barnaby J. Dixson）和他的同事用眼动仪来记录男性对女人的反应，发现男性看女性的时候，乳房和体重都不要紧，要紧的是腰臀比。跨越种族和历史，男性最钟爱的是那些腰臀比是 0.7 的女性。

巴斯（Buss, 1989）对 33 个国家中的 37 种文化进行了广泛的研究，分析的问卷超过了 10 000 份，在问卷中询问受测者在寻求性伴侣时的重要因素，这些因素包括年龄、智力和社交能力等。与社会生物学理论所指出的一样，研究发现，男性要比女性更加重视外表的吸引力；而女性则比男性更看重挣钱的能力和职业地位；在所有的文化中，女性均偏爱年龄更大的男性。

社会生物学理论还进一步研究了嫉妒的性质，认为嫉妒在持久的伴侣关系中起到了保护个体和后代的作用（Fortunato and Archetti, 2010）。嫉妒之所以可以保护关系稳定，是因为这种情绪会驱使一个人让自己的伴侣远离竞争者。社会生物学预测，嫉妒情绪在驱离性竞争者时也有性别差异：女性会嫉妒漂亮的竞争者，而男性则会嫉妒高地位的竞争者。

进化理论也为强烈的爱情进行了解释。肯里克和特罗斯特（Kenrick and Trost, 1989）认为爱情已经进化成一种先天的行为，使得夫妇紧密地联结在一起，组成安全的家庭，以保证后代的成长。父母间的情感依恋极大地提高了子女的存活率。因此，爱情就是夫妇为养育后代而长期在一起的一种进化设备。在解释浪漫的爱情与强烈的感情方面，这要比前面介绍的人是会在亲密关系中冷静地计算财产的社会交换理论更为合理。

当然，进化理论也不乏批评者。进化理论认为美丽的标准是放之四海而皆准的，但一些研究却显示美丽在异性恋的求偶中有显著的历史与文化差异的。例如，格伦（Glenn, 1989）认为对年轻女性的偏好，在过去要比现在多，在传统社会比现代社会多。马洛和威茨曼（Marlowe and Wetsman, 1999, 2001）也质疑了辛格那个 0.7 的腰臀比是全世界美的标准的观点，他们批评说，辛格的研究只使用了大学生来进行评测,而在觅食社会中则不存在肥胖的风险，反倒是偏好高腰臀比的女性。另外，还有证据表明，在吸引力的评判中，腰臀比的重要性没有体质指数（Body Mass Index, BMI）大。斯瓦米和托维（Swami and Tovée, 2012）发现高压下的男性更偏好体重大的女性，这意味着对吸引力的评判会取决于当地的生态以及会随着对环境的适应而发生变化。

一些研究者也质疑外表吸引力是健康的忠实指标,进而是繁殖能力指标的进化理论假设。史密斯等（Smith et al., 2007b）发现，心血管的健康与否，就与外表没有什么关系。

此外，一些研究者主张，求偶的偏好在很大程度上与所追求的关系类型有关。例如，无论男女，在短期的性关系中要比长期的性关系中更强调外表的吸引力（Li and Kenrick 2006; Maner et al., 2008）。古斯塔夫松等（Gustavsson et al., 2008）考察了瑞典报纸上的个人广告，发现在求偶时只有有限的证据支持有性别差异，正如预料的那样，女性要比男性更注重对资源的寻求，但在寻求外表吸引力方面则没有性别差异了。这些研究者还发现有证据表明，在短期的求偶过程中，女性在更为平等的情境下，对外表的重视要多过对资源的重视，这就意味着社会因素对求偶选择产生了影响。

总体而言，社会生物学理论解释的主要局限是他们观察了现今的行为模式，然后反向解释为什么行为是这样进化而来的。好理论的重要特征是可以预测未来，而社会生物学却难以预测未来会怎样。行为的进化原因多种多样，以至于对行为进行预测显得困难重重。

因为很难将文化的因素从进化中剥离出来，所以进化理论始终存有争议。然而，尽管求偶偏好的进化解释多是推测性，而且颇有争议，但依然能够提醒我们两性关系所承担的生物功能以及满足像安全这样的基本需要，进化也无疑会影响到我们现今的行为，弄清这些影响的确切程度和具体情况仍需大量进一步的研究。

二、人际吸引的因素

（一）接近性

两个人能否形成亲密的关系，物理距离在发展成友谊的早期阶段扮演着一个非常重要的角色。也就是说，接近性（proximity）在此时是一个强有力的预测源，那些与我们形成友谊、关系良好的人，经常是“同桌的你”，或者是“睡在我上铺的兄弟”。想一下你上学的教室：新学期开始时你认得的是谁？谁又是你的新朋友？你最喜欢的人在上课时很可能就坐在你的身边。如果在教室里给大学生分派座位，大学生更可能与坐在身边的人成为好友，而不是那些坐在教室另一边的人，即便教室非常小（Back et al., 2008）。尽管接近也可能诱发敌意，我们在生活中可以体会得到，有时伤害我们最深的人也是离我们最近的人，而且大多数攻击和谋杀都发生在生活在一起的人们之间，但总体而言，接近性更容易产生喜欢而不是滋生仇恨。

在一个最早验证接近性因素导致人际吸引的研究中，费斯汀格、沙赫特和巴克（Leon Festinger, Stanley Schachter and Kurt Back, 1950）考察了麻省理工学院住校的已婚研究生友谊形成的模式。在第二次世界大战后，学校将 17 栋不同的公寓随机分配给了这些学生家庭，在搬进去前这些住户们彼此基本上不认识。这些公寓的结构如图 7-2 所示，每栋公寓有两层楼，每层有 5 套房，共 10 套房。当住了一段时间之后，要求他们说出 3 个住校的最好朋友的名字。结果发现，65%的朋友和他们住在同一栋楼房里，尽管楼房之间离得也不是很远。更令人惊讶的是同栋楼房中的友谊。大多数房门的距离只有 19 英尺，而距离最远的门之间也不过 89 英尺。研究结果发现，41%的人和隔壁邻居成了亲密朋友，22%的人和隔壁两三家的人成为朋友，只有 10%的人是和宿舍另一端的住户成为好朋友。

图 7-2 费斯汀格研究中的公寓实景和结构图

让我们仔细地看看图中的公寓楼，住在一楼 1 号房和 5 号房的人经常与楼上的人互动，因为这两间房在楼梯边上，楼上的人下楼时，会经常遇见住在这两间房的人。结果是 1 号房与 6 号房的人要比 2 号房和 7 号房的人更容易形成友谊，类似的，5 号房与 10 号房的人要比 4 号房与 9 号房的人也更容易形成友谊。虽然这几对房的物理距离是一样近的，但是他们互动的频率是不一样的。

那么，为什么空间上的接近能够促使人际吸引呢？

首先，按照社会交换理论的观点，人们彼此的接近使得交往的成本变低。比如，如果你需要一杯糖或者一个鸡蛋，向你隔壁邻居借一个比走过一个街区向你熟悉的好友借一个花费的成本要少得多。如果你想找人打一场球或者你想向别人分享你煮的饺子，道理是一样的。另外需要注意的是，如上述研究展示的那样，地理距离并不是关键，功能性距离——人们的生活轨迹相交的频率——才是关键。我们常常与那些共享居住区的、停车场和娱乐场所的人成为朋友。随机分配到同一宿舍的大学生，因为他们不可避免地频繁交往，所以更可能成为好朋友而不是敌人。这样的交往能使人们寻求彼此的相似性，感受对方的喜爱并把自己和他们视为一个社会的单元。

其次，我们见到某人的机会越多，就能更好地了解他，也就能够更好地预言他在不同的情况中将有什么样的行为。我们每个人在新结交一个人时，主观愿望都是想要尽量地与这个人交好而不是交恶，因为这样才符合自己的利益，“多个朋友多条路”。因此，当我们非常清楚地知道一个人会如何行为，以及如何对我们所做的事作出反应时，就不太容易做出烦恼别人的事。每个人学着如何避免不愉快的相互作用，并有意识地避免不愉快。这样就能够形成良性互动，友谊就更容易产生了。

再次，也是接近性导致人际吸引最关键的因素，美国社会心理学家扎琼克（Robert Zajonc, 1968）通过研究发现了一个可能会让你难以置信的现象：如果某一刺激物不断地暴露给我们，就能够增加我们对该刺激物的喜欢，即曝光效应（mere exposure effect）。这些刺激物可以是墙上的一幅画，或者是收音机中传来的音乐，又或是电视上常播的一个广告，只要这些刺激物反复作用于你，你就可能对它们产生良好的态度。如果这个刺激物是一个人，就会仅仅因为这个人经常出现在你的面前，你就可能会喜欢他，从而导致了人际吸引。

扎琼克最早对曝光效应进行了系统性的研究，他以“纯粹暴露的态度效应（Attitudinal Effects of Mere Exposure）”为题发表在了 1968 年的《人格与社会心理学》上。在研究中他呈现了两方面的证据以支持曝光效应。第一种是相关的证据，证据显示刺激出现的频率与其评价意义之间存在着相关关系。例如，扎琼克发现具有积极意义的词汇要比具有消极意义的词汇在文献、杂志和其他出版物中有着更高的使用频率。在扎琼克收集的材料中，“美丽（pretty）”比“丑陋（ugly）”的使用率高（1 195 vs. 178）；“on”要比“off”的使用率高（30 224 vs. 3 644）；“首先（first）”要比“最后（last）”的频率高（5 154 vs. 3 517）。在数字、字母以及中性的刺激物上也有类似的发现。但这只是一种相关性的证据，存在着两种可能性：一种是刺激物的高频率导致了刺激物积极意义的产生。也可能是刺激物的积极意义导致了高频率的使用。扎琼克又提供了实验的证据。例如，扎琼克创造了一套对参与者来讲不熟悉的土耳其文字式样的无意义单词，比如像kadirga、afworbu、lokanta之类的，不同的单词在参与者面前分别呈现0、1、2、5、10或25次，或者把一些年鉴上的人像照片给参与者做类似的呈现，结果是参与者对呈现次数多的刺激物要比那些没有呈现或呈现次数少的同等刺激物评价更好。此后，研究者使用各种刺激物对曝光效应进行了验证，结果表明曝光效应是普遍存在的。有意思的是，这些实验的参与者是各种各样的，有大学生、失忆症患者、小白鼠，甚至有刚出生的小鸡。

扎琼克实验里的刺激物是一些字词和照片，我们再看一个以人为刺激物的实验。莫兰和比奇（Moreland and Beach, 1992）在大学的课堂上安排第一个女助手在一个学期里听了15次课，第二个女助手听10次课，第三个女助手听5次课，第四个女助手没有听课，而且听课的女助手不与任何其他课堂上的同学有任何互动。学期结束时，把这四位女助手在幻灯片上呈现出来，要学生评价一下他们对每位女助手喜欢的程度。结果表明，听课次数越多的女助手越讨人喜欢。

曝光效应的进一步证据还来自于我们对人面孔喜欢上的差异。我们经常照镜子，所以我们习惯并喜欢上了镜子中的自己，但是镜子中的自己是左右反转的，而我们的朋友看到我们时是我们真实的模样，他们就会更习惯于我们这样的形象。米塔等人给威斯康星大学密尔沃基分校的女生拍了照片，随后给她们呈现一张真实的照片和将其做了镜像变换（左右反转）后的照片。研究者询问她们更喜欢哪个形象，结果发现，她们更喜欢那张镜像版的——这是她们习惯的形象。但当给这些女生呈现她们最要好的朋友的照片（同样是两种形式）时，她们更喜欢那张真实的照片——她们习惯的形象。

很多现在深受人们喜爱的地标性建筑，其实一开始时备受质疑甚至鄙视。图7-3中（a）图是为了纪念法国大革命100周年，于1889年建成的法国巴黎埃菲尔铁塔。在埃菲尔铁塔刚刚建成的时候，一大批艺术家和知识分子，其中包括大仲马、莫泊桑和左拉等，都在推倒埃菲尔铁塔的请愿书上签了字，他们声称埃菲尔铁塔“无用且丑陋”，是“一堆角钢螺丝可耻的组合”。（b）图是2008年建成的中国国家体育场，俗名“鸟巢”，在最初公布的三个设计方案中是评价最低的，民众和很多建筑专家当时认为“从未见过如此丑陋的国家体育馆”。

这些研究说明曝光效应反映了心理机能的基本面，而且曝光效应的作用非常微妙——人们对此是无意识的，也就是说，曝光效应在不知不觉间就发挥出它的作用来了，而且曝光效应的作用既强大又普遍。

曝光效应的启示是，它可以告诉我们哪些人和物受到人们的喜爱：那些频繁跑动和联系的人会产生人际吸引；只要广告经常在媒体播出，广告中的产品就能够热销，即使这广告的表现差强人意也没关系；娱乐明星最怕媒体没有曝光率而导致人气下降，从而失去了明星的光环，因此这些人就会挖空心思去故意制造新闻。

（a）

（b）

图 7-3　曝光效应对喜爱的影响

（a）法国埃菲尔铁塔；（b）中国国家体育场“鸟巢”

粗看上去，曝光效应似乎是没有道理可言的。因为从逻辑上讲，我们之所以对一个刺激物有良好的态度，应该是因为这个刺激物在我们的眼中是有着某种优点的，我们对这个优点产生积极的评价，才会对这个刺激物形成良好的态度。但曝光效应指的却是刺激物的反复出现，就会使人们对它形成了积极的态度，完全没有提及这个刺激物有什么优点。这是怎么回事呢？首先，从生物进化的角度看，有机体对新异刺激物的出现会产生不确定的紧张感，也就是不知道这个刺激物是危险还是安全的，而刺激物的重复暴露能减少这种不确定感，进而导致更多积极情绪的产生。其次，现在的一种解释是，曝光效应是一种内隐态度，个体把反复呈现的刺激产生的知觉流畅性的增加（由于多次的接触而使得对它的确认变得更为容易）错误地归结为喜欢，从而对刺激产生了积极的评价。

（二）相互性

通过对人们的人际关系状况进行观察和总结，我们不难发现一个现象：谁喜欢我们，我们就会喜欢谁；谁讨厌我们，我们就会讨厌谁。这就是人际吸引的相互性原则（reciprocity principle）。迪特斯和凯利（Dittes and Kelley, 1956）请参与者来进行小组讨论，在此之前，研究者告诉参与者其他的小组成员对他进行了匿名的评价（其实是研究者的随意评价），使参与者相信有些小组成员喜欢他，另一些成员不喜欢他。结果显示，那些相信自己被别人喜欢的参与者要比那些相信自己不被别人喜欢的参与者更具吸引力。这是因为参与者如果相信自己被别人喜欢的话，他们在小组讨论中就会去实际地喜欢别人，那这些参与者自然会受到别人的喜欢。而那些相信自己不被别人喜欢的参与者，他们在小组讨论中也会讨厌别人，自然也就不会被别人喜欢了。

我们喜欢那些我们认为是喜欢我们的人。同样，如果我们想要受人喜欢，我们就要先去喜欢别人。从古代哲学家希卡托（“如果你希望被别人爱，那你就去爱别人吧”）到美国的思想家爱默生（“拥有朋友的唯一方法就是成为别人的朋友”），再到美国当代著名的人际关系畅销书作家戴尔·卡内基（“慷慨地去赞美别人吧”），都预见了这一发现。他们所不能预见的是这一规律起作用的精确条件。

有时批评可能比赞扬更加有效。

例如，假定你是一位大学里的新教员，正在向某个班级的研究生演讲，介绍你自己创立的一套理论。在教室的最后一排坐着两个学生。其中一个学生不停地点头、微笑，看起来听得入了迷。演讲结束后，他走过来对你说，你是一个天才，这是他所听过的最精彩的见解。听到这些，当然会令人感到惬意。

相反，另一个学生在你讲演的时候，不时地皱眉摇头，讲演结束后，他走过来告诉你，你的理论中有些方面讲不通。而且，他还详细地指出了问题，口气中带有几分不屑。

当天晚上，当你反复思考演讲的内容时，你意识到第二个学生所讲的话尽管有些极端而且也不完全正确，但的确有几分道理，这促使你反思自己的一些假设。这些反思最终促使你对自己的理论进行了重要的修正。对于这两个学生，你会更喜欢哪一个呢？

不好说。尽管赞扬明显是一种奖赏，但是不同意见促使你理论的完善，同样也是一种奖赏。在这个问题上，不能预言哪种行为带来的奖赏更多，因而无法确定你会更喜欢其中哪一位。

被赞扬有时的确会使人们感觉良好，但也并非总是如此。如果赞扬明显地违背了我们所知道的事实——如果有人说：“你的头发看起来真是太美了！”可事实是我已经好几天没有洗它了——或许我们也不会尊重这个赞扬者，并会怀疑这种赞扬是否出于一种不可告人的动机。因此，人们常常认为批评比赞扬更真诚。

我们的反应依赖于我们的归因。我们是不是把赞扬归因为一种讨好——自我服务的一种策略呢？这人是不是想让我们为他买什么东西？或是谋求性顺从？还是希望给予回报呢？如果是这样的话，赞扬者和他们的赞扬都会失去魅力。但是，如果没有明显的别有用心的动机，我们就会接受赞扬者和他们的赞扬。

另外，根据社会交换理论，一个人越感到不安全就越珍惜别人对自己的喜爱，因而也越喜欢那些喜欢自己的人。因为此人此时人际关系的期望值和比较水平处于一个很低的程度。

人际吸引相互性的主要心理机制是互惠的规范（norm of reciprocity）。这种社会规范要求人们在社会互动的过程中，面对对方给我们的东西，我们也要回报以同样的东西，所谓“来而不往非礼也”，把互惠的规范用于人际吸引，自然就是当别人喜欢我们时，我们就该喜欢对方，反之亦然。另外就是自尊，别人对我们的喜爱能够提高我们的自尊。还有一个解释是，期望喜欢我们的人会对我们好，而这种预支的奖赏增加了我们对此人的喜欢（Montoya and Insko, 2008）。

阿伦森和林德（Aronson and Linder, 1965）研究发现的“增—减效应”（gain-loss effect），为人们相互之间的喜欢与讨厌效应增加了有趣的复杂性。他们注意到，在某些情况下，来自一个陌生人的赞扬，或一个你认识但从未称赞过你的人赞扬了你，要比你的朋友或配偶的赞扬更加让你受用。他们认为，这是因为我们经常被我们的朋友或配偶赞扬，所以，他们再多一次的赞扬也是我们预期得到的，就不会对我们有太大的影响：我们已经知道此人是喜欢我们的。但陌生人或从未赞扬过我们的人就不一样了，他们的赞扬是我们料想不到的，显得尤为新奇，这对我们的自尊和我们对此人的喜欢影响就大得多。同理，如果朋友或配偶批评了我们，我们就会极为难受，因为他们以前从未这样做过，他们以前只是赞扬我们。

因此，阿伦森和林德的“增—减效应”揭示了这样一种现象，我们喜欢或讨厌别人的程度，不仅与对方喜欢或讨厌我们的绝对量有关，还与对方喜欢或讨厌我们的相对量有关。具体而言，我们最喜欢那些对我们的喜欢显得不断增加的人，最不喜欢那些显得不断减少的人；我们尤其喜欢那些对我们由不喜欢逐渐转变为喜欢的人，即使这种喜欢的总量没有一贯喜欢我们的人的总量大时也是如此。同样，当一个人对我们的喜欢逐渐减少到排斥我们时，我们对此人的厌恶要更甚于那些一贯就不喜欢我们的人，尽管这种不喜欢也许没有一贯就反对我们的人所表现出的不喜欢的总量大。按照这一理论，我们并不对那些对我们很稳定地持肯定或否定态度的人作出什么极端的反应。

阿伦森和林德做了一个实验来验证他们的假说。让参与者偷听到他们的讨论伙伴对他们的评价，这些人其实是实验者的同伙。评价一共分为四种：一直是积极的，一直是消极的，开始消极后来积极的（即有增量），开始积极后来消极的（即有减量）。结果发现，参与者最喜欢的是对他们评价有增量的那组伙伴，第二喜欢的是评价一直是积极的那组，排在第三的是一直消极的那组，最后是有减量的那组。这个结果支持了他们的假说。

阿伦森和林德的发现让处于长期婚恋关系的人们感到为难了：你花尽心思的恭维并没有什么大用，你不经大脑的一点批评却使对方伤害很深。阿伦森认为，频繁的赞扬可能会失去价值。当一个丈夫第 500 次说“呀，亲爱的，你看起来真美啊”，这话给妻子的触动远不如他说“哦，亲爱的，你穿那件衣服不是很好看”。要让所爱的人满意很难，但伤害所爱的人却很容易。这说明，与压抑不快情绪和戴尔·卡内基所说的“过度赞扬”相比，保持坦率而真诚的关系——互相尊重、彼此接纳、保持忠诚——更能够持续地让对方感到满意。

阿伦森这样解释道：“当关系向更加亲密的方向发展时，真诚变得更为重要——我们不再一味努力给对方留下好印象，而是开始把自己最真实的一面展示给对方，哪怕有些方面令人生厌……如果两人真心喜欢对方，如果他们能在对方面前坦然表露自己的积极和消极情绪，而不总是‘友善’地对待对方，那么他们将持久地拥有更满意、更富有激情的关系。”

在大多数社会交往中，我们会对自己的消极情绪进行自我检查。因此，斯旺及其同事提出，某些人根本没有获得矫正性的反馈。他们生活在充满愉悦的幻境中，他们的行为方式使他们逐渐疏远了潜在的朋友。真正的朋友是那些能把坏消息也告诉我们的人。正如马克·吐温所说：“伤害你的不仅有你的敌人，还有你的朋友；敌人诽谤你，朋友则告诉你这个消息。”

（三）相似性

“老乡见老乡，两眼泪汪汪。”“物以类聚，人以群分。”“惺惺相惜”……诸多的谚语、俗语、成语等都在说明一个现象，很多时候，我们交往和喜欢的对象是那些与我们自己存在着某种相似的人。亚里士多德也曾经说道：“朋友就是这样的一些人，他们与我们关于善恶的观点一致，他们与我们关于敌友的观点也一致……我们喜欢那些与我们相似的人，以及那些与我们有着共同追求的人。”因此，在人际交往的过程中，双方在态度、信仰、爱好、兴趣、家庭背景、经济收入、年龄、文化程度、社会地位、资历、民族、地域、职业等方面具有相似性（similarity）的话，能够促进人们的相互喜欢。其中，人们在态度和价值观上的相似性对人际吸引尤为重要。

在一个早期的研究中，纽科姆（Teodore Newcomb, 1956）研究了密歇根大学两组转学的男生，每组 17 人，他们彼此不认识。纽科姆让他们来校之前填写有关态度和价值观的调查问卷，他们在共同度过了 13 周的寄宿公寓生活后，尽管刚开始的几周他们会喜欢居住得比较近的人，但随着时间的推移，那些一开始就表现出高度相似性的男生更容易成为亲密的朋友。研究发现，其中一组朋友包括 5 个文科生，他们的政治观点都很自由，他们都很聪明；另一组朋友由 3 个保守而老练的人组成，他们都是工学院的学生。

相似性重要性的证据也体现在浪漫关系上，如果双方在外表、社会背景、人格、兴趣爱好、休闲活动等方面是匹配的话，就容易互相吸引。而且，随着时间的推移，两人会变得越来越相似。格鲁伯-巴尔迪尼等（Gruber-Baldini et al., 1995）在一项对已婚夫妇超过 21 年的纵向研究中发现，虽然这些夫妇一开始在几个方面是相似的，但是到了后来这些夫妇却在心理能力和态度上越来越匹配了。这意味着在相似性与吸引力之间存在着相互影响的关系：相似性会产生吸引，但吸引会进一步导致双方的相似性。

那么，为什么相似性会导致人际吸引呢？

第一，相似性使我们产生了“我们是正确的”这种感觉，这是一种酬赏，因此我们喜欢与我们意见一致的人。因此，从某种程度上说，“爱你等于爱自己”。表面上我们喜欢别人，实际上我们是更喜欢自己，故我们喜欢与自己相关的事物。

虽然受到一个观点、价值观与我们相同的人的喜爱是件好事，但是受到一个与我们观点不一致的人的喜爱则更令人激动。此时人们往往猜想“那个人喜欢我本人——不是喜欢我的观点”。因为这种认识是一种特殊的感激，我们就会倾向于更喜欢这个人。

第二，我们之所以喜欢与我们相似的人，是因为我们认为可以更好地“以己度人”。也就是说，如果我们对某个问题是某种看法，那么，与我们相似的人的看法也是相似的。这样一来，我们的预见感和控制感就增强了，这就减少了我们在人际关系中的风险。

第三，按照海德的平衡理论，人们希望维持平衡感，或希望在他们的思想、感情以及社会关系上维持认知一致性。两个人对某个对象的看法相同，他们之间的关系就是平衡的。例如，两人都喜欢电影《芳华》，那两人的关系就是平衡的，也与他们相互喜欢的关系是匹配的。如果一个人非常喜欢电影《芳华》，而另一个人却觉得《芳华》有太多缺陷，两人之间的关系就会不平衡了，人们就会因为这种观点上面的差异而对对方产生不满。

第四，我们喜欢与我们相似的人还有进化的因素。人们会无意识地被那些与自己相似的人吸引，是因为认为那些与自己相似的人，有着与自己共享的基因。通过寻找这些朋友，就增加了把共享的基因传递到下一代去的机会。

（四）互补性

尽管我们会偏爱与我们相似的人，但也有证据表明我们会在某些情况下被那些与我们互补的人吸引，而不是与我们几乎一模一样的人，就像是镜子中的自己。换句话讲，我们会被那些我们看重，别人具备而自己却不具备某些特征的人吸引。需要注意的是，这与所谓的“对立相吸（opposites attract）”是有重大区别的。“对立相吸”是指我们会被与我们相反的人吸引，而互补性（complementarity）是指我们喜欢那些别人有、自己无的特征的人，互补性的实质是取长补短，相互配合。互补性比较多见于在婚姻和恋爱领域，在婚恋关系中互补性更确切的形式涉及伴侣双方的不同行为：支配与顺从。如果人们非常自信，会希望伴侣听从自己的忠告；其他场合下，如果人们需要帮助和建议，会希望伴侣能够给予。如此的话，互补就会具有吸引力。

根据前述的亲代投资理论，在选择配偶时存在着性别差异，这种差异体现出了男女互补性的特征。例如，汤森和莱维（Townsend and Levy, 1990）要大学生先对具有不同外表和社会地位分值的一群陌生人进行评估，然后再调查参与者对这些人的喜欢程度。结果表明，男性偏爱的是那些漂亮、社会地位低的女性；而女性认为高社会地位和相貌平平的男性和那些长相英俊、社会地位中等的男性的吸引力是一样的。这种现象反映了社会心理学家所说的在择偶过程中的相貌换地位（looks-for-status exchange）假说，也即女性可以拿自己的相貌来换取男性的地位，而男性则可以拿自己的地位来换取女性的相貌，反过来就不能成立了。一个外貌缺乏吸引力的男性如果具有比较高的社会地位，他仍然可以吸引漂亮女性。同样，一个社会地位不高的女性如果她的外貌漂亮的话，她也能够吸引较高社会地位的男性。而且，男性容易被年轻女性吸引，因为年轻就意味着漂亮；而女性则容易被老男人吸引，因为老男人一般也意味着较高的社会地位。

有两种看似矛盾的理论视角可以用来解释这种性别差异。从进化的视角来看，人际吸引是与可以最大化繁衍后代的可能性紧密联系在一起的，以把自己身上的基因传承下去。普遍来讲，男人偏爱年轻漂亮的女性。年轻之所以重要是因为女性绝经后就不能再生育了，漂亮之所以重要在于它与健康的身体有大致的关联，故年轻漂亮的女性正处于生殖的高峰而得到男性的青睐。而女性与男性不同，她们一般关心伴侣是否年轻，因为男性的生殖期较女性长得多，她们应该找一位能够在漫长的孕期及哺乳期为她们遮风避雨、保护安全的伴侣；她们应该偏爱能保障母子幸福、拥有丰富资源的强势、社会地位高的男人。然而，这种观点受到了批评，因为它给社会上的性别不平等提供了辩护理由。另一种解释是从社会文化的视角来进行的，在人类社会的历史上，男性比女性拥有更多更高的权力，男性就把女性当做商品一样来进行交换。而女性在历史上被剥夺了独立获得政治和经济权力的机会，缺乏工作的技能，她们就被迫依附于处于优势社会地位的男性来生存下去。

这两种解释并不是相互排斥的。尽管在人际吸引中由于进化的缘故造成了性别差异，但随着女性在现代社会中经济上越来越独立，工作生活中越来越成功，她们的偏好也在发生着改变。吉尔-伯曼等（Gil-Burmann et al., 2002）对西班牙报纸上面的个人广告进行了内容分析，发现尽管用相貌换地位的现象还是普遍存在，但在小于 40 岁的女性中，对男性外貌的看重要高于对他们社会经济地位的看重。斯特拉斯伯格和霍尔蒂（Strassberg and Holty, 2003）发现在男性中有类似的变化，他们在互联网上发布了几个版本的“女求男”个人广告，发现其中一个把女性描述成有事业心和成功人士的广告，要比另一个把女性描述为传统的漂亮、苗条的广告，收到了多出 50%的反应。

但是，在婚恋关系以外的人际关系中，因为互补性而导致人际吸引的现象则极为少见，也未能得到研究者的证实（Duck, 1988），我们不应过分强调这种互补性。人们会更加喜欢性格相似的人，而非性格不同的人，即使支配欲很强的人也更喜欢有主见的家伙，而非长期屈从顺服的懦夫（Markey and Markey, 2007）。例如，大多数人会被富于表现力且外向的人所吸引。但当一个人正处于沮丧的情绪中时，情况还会是这样吗？沮丧的人会去寻找那些快乐的人来使自己快乐起来吗？事实正好相反，那些心情好的人最乐意跟愉悦的人为伴。当你感到忧郁的时候，一个生龙活虎的人可能会使你感觉更糟糕。这种对比效果会使一个相貌平平的人在与漂亮的人相处时感到自己的长相更为一般，也使伤心的人在与开心的人相处时倍觉凄凉。

某些方面的互补性的确可以促进关系的改进（即使是两个同卵双生子之间的关系）。然而，人们似乎更倾向于喜欢并和那些在需求和人格方面相似的人结为夫妻。也许某一天，我们发现一些方法（除了异性相恋之外）能使差异产生喜欢。支配性和被支配性也可能会是其中的一种。我们通常不会认为，那些表现出与我们自己相同的不好特征的人是有吸引力的。研究者戴维·巴斯对互补性提出了质疑："除了性别因素以外，因彼此拥有对立的特征而结婚或同居的趋势……从来就没有得到过有效的证实。"

另外，乍看起来，相似性与互补性是矛盾的，然而两者有时是一致的。支配型的男性和易受支配的女子在某种意义上是相似的——他们对婚姻中男性和女性的作用有着相似的态度和价值观。他们都同意男性应该起支配作用，女性则处于服从地位。因此，表面上看起来是互补性的事情，实质上却还是相似性在起作用。

（五）外貌

当首次遇见一个人时，人们注意到此人的主要方面之一就是他的外貌。外貌对人际吸引的影响如何？是"人不可貌相"，还是"一见钟情"呢？大量的研究和生活实际告诉我们：俊男美女在人际交往中占有优势，我们倾向于认为外貌俊美的人更讨人喜欢，更好相处，至少在人际关系发展的初始阶段是这样的。例如，在一项经典的研究中，伊莱恩·哈特菲尔德（Elaine Hatfield, 1966）和她的同事们邀请了明尼苏达大学 376 对初次约会的大学新生参加一个"电脑舞会"，参加舞会的大学生们都预期会遇到一位由电脑配选的各方面都般配的伴侣。此前，先对这些学生进行了一套人格测验，但研究者却把他们随机搭配在一起，看看在诸多特征中有哪一种会决定他们之间相互喜欢呢？结果表明，智力、男人气质、女人气质、支配性、谦恭、依赖、独立、敏感、真诚之类的特征都不是决定性因素。决定大学生们是否相互喜欢并继续约会下去的唯一因素是外表吸引。假如一位英俊的男士同一位漂亮的女士搭配，他们最有可能期待再次相见。这样的结果并不奇怪，因为在一次仅仅是简单的约会之后，人们并没有太多其他方面的信息供他们去支撑接下来继续的约会理由。

人们喜欢长相好看的人，但是，我们严重地低估了这种优势的能量和影响范围。例如，对 1974 年加拿大联邦政府选举的一项研究表明，相貌出众的候选人得到的票数是那些相貌平平的候选人的 2.5 倍。斯图尔特（Stewart, 1980, 1985）在一项研究中调查了刑事法庭里 74 名被告的情况，发现长相好看的被告受到的处罚显著低于那些长相平平的被告。在另一项研究中，唐斯和利昂（Downs and Lyons, 1991）调查了得克萨斯州被指控有各种轻重不等罪名的 2 000 人所处罚金和保释金的情况，被告的长相（由外部的观察者评定）又影响了判决：长相不好看的被告所处的罚金平均是 1 384.18 美元，而长相好看的被告被处以的平均罚金是 503.74 美元。

再看看其他领域的情况。罗瑟尔等人在加拿大全国范围内进行取样，让面试考官对样本的吸引力进行了五点量表的等级评定（1 表示相貌平平，5 表示非常有吸引力）。结果发现，在吸引力上的得分每增加一个单位，每年平均能多赚 1 988 美金。弗里兹等人进行了类似的研究，他们根据照片，对 737 个 MBA 毕业生的外表吸引力进行了五点评价，结果表明，吸引力得分每增加一个单位，男性可多挣 2 600 美元，女性可多挣 2 150 美元。

外表吸引力不仅会影响对对方的态度，还会影响到与对方互动的过程。一项对最近约会成功的人们的表现研究表明，不考虑性别的因素，当其中一人具有外表吸引力时，另外一人就会努力去强化互动过程（Garcia et al., 1991）。男性会热切地去发起与维持两人之间的会话，而不管自己是否会从中获得奖赏；女性则会努力地通过找寻彼此间的共同之处去快速地建立起亲密与排他性的关系，并且尽力避免谈及他人。

外表对人际吸引的影响有性别差异。一般而言，男性要比女性在人际互动中更看重对方的外表（Buss, 1988a），女性要比男性更有可能将对方的吸引因素归因于外表之外的其他方面，比如对方的幽默感等。

之所以如此，一是因为与漂亮的人在一起可以给自己带来光彩，这是一种奖赏。试想一下，当别人夸奖与你关系亲近的人漂亮时，你的心里会是美滋滋的。二是因为外貌漂亮可以产生一种晕轮效应，认为外貌美的人也具有其他优良品质，许多文化均存在与此相应的刻板印象。例如，汉语中的“美好（美的就是好的）”与“丑恶（丑的就是恶的）”就明显地表现出了这一点。同样，在英美文化中也存在类似的说法（“What is beautiful is good”）。在一个最初对外表吸引力刻板印象的研究中，凯伦·迪恩（Karen Dion）、艾伦·伯斯切德（Ellen Berscheid）和伊莱恩·沃尔斯特（Elane Walster, 1972）让大学生看一些男性和女性的照片，这些照片分为难看的、普通的和好看的三种，然后让他们评价照片上这些人的人格。结果显示，那些好看的人被认为要比那些难看的人更具有令人满意的人格特质，比如成功的、占优势的、聪明的、有良好社会技能的等（如图 7-4 所示）。好看的人也被认为有着更好的前景：更少离婚的可能性、更有可能是好父母、在社会和职业生涯中更有可能取得个人的成就。这个发现后来被不断地重复研究并一再被证实，而且是跨文化的，在个人主义文化的国家（如美国、英国等）和集体主义文化的国家（如韩国等）中均有同样的表现。

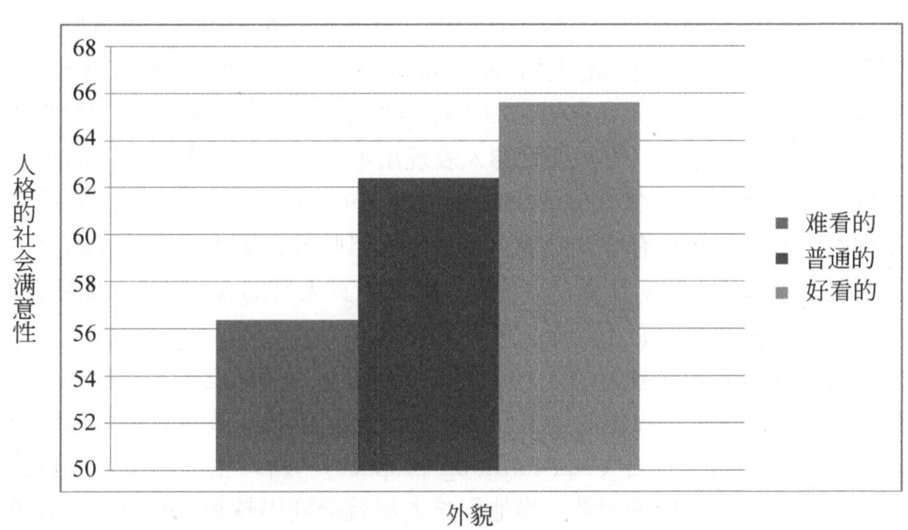

图 7-4　外貌的刻板印象

这种外貌偏见可能是后天习得的，但也有一些证据表明外貌偏见可能是生物因素导致的。在一项实验中，在 2～3 个月大的婴儿面前呈现成对的成人面孔，然后记录下这些婴儿的偏好（Langlois et al., 1987）。偏好是从对婴儿固着时间（fixation time）的测量中推测而来。这里的固着时间，指的是婴儿看面孔时停留在面孔上时间的数量。如果婴儿对其中的一张面孔比另一张要偏爱一些，婴儿应该看这张面孔的时间就会更久一些。结果如图 7-5 所示，表明婴儿显示出了对有吸引力面孔的偏好，而婴儿的这种偏好不大可能是后天习得的。

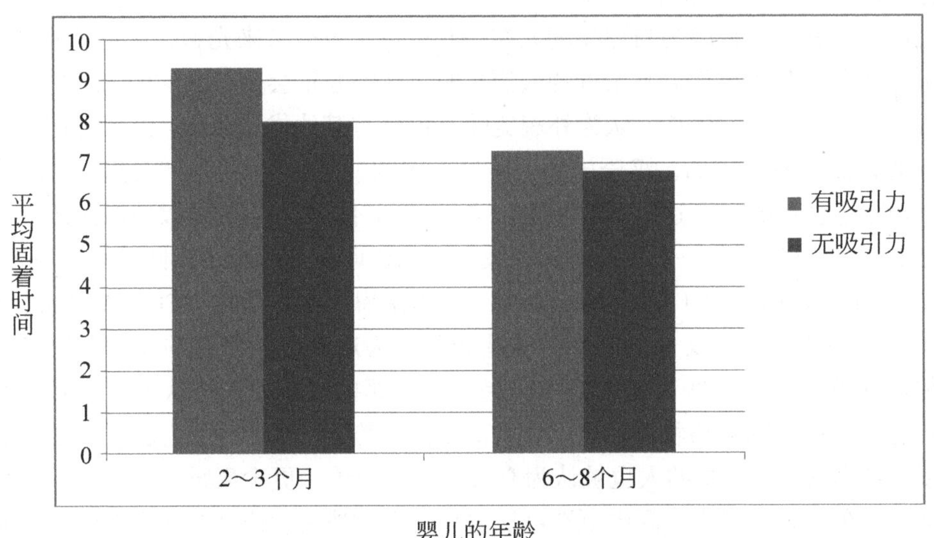

图 7-5　婴儿对吸引力不同面孔的固着时间

泽布洛维茨和她的同事研究了他人是如何对待具有外貌吸引力和娃娃脸（圆脸、大眼睛、小鼻子和小下巴、高眉毛）的人的（Zebrowitz and Lee, 1999; Zebrowitz et al., 1998）。鉴于外貌吸引力高的人被认为具有强大的生理和心理能力，娃娃脸的人被视为柔弱、顺从、热情和天真的人，那么，当娃娃脸的人表现出不符合于他们那无害化的刻板印象时将会怎样呢？泽布洛维茨和李（Zebrowitz and Lee, 1999）对那些有行为过失的青少年男孩进行了研究，发现那些具有娃娃脸的男生，要比那些具有更为成熟的脸的男生受到了更为严厉的惩罚。这是一种对比效应：看起来那么天真无害的人，居然有反社会的行为，大大出乎于人们的期望之外，不严惩之不足以平民愤。

尽管当长相英俊者和娃娃脸的人与人们的期望发生冲突时会给自己带来负面作用，但是他们的优点是，这种积极性的期望和他人的反应会给长相英俊者终生地形塑他们的人格。这就是自我实现的预言（self-fulfilling prophecy）所产生的作用：长相英俊者因为其漂亮的外表而受到积极的对待，当他们长大后就会变得越来越具有社会合意性。同理，泽布洛维茨发现如果一个人年少时长着一张“诚实”的脸，长大后也会变得更加的诚实。

但对于娃娃脸的人来说，情况就不一样了。他们会随着时间的变化而变得越来越独断，攻击性也会越来越强，这可能是娃娃脸的人对他们具有顺从和柔弱刻板印象的一种补偿。

泽布洛维茨和她的同事并没有在女性身上发现这样的自我实现的预言。也就是说，年轻时漂亮的女性，长大后并没有更具吸引力，也没有更具社会合意性。泽布洛维茨进一步断言不很漂亮的女性会通过增强社会性能力来冲抵自己不很漂亮带来的负面形象，这可以解释当漂亮女性和不很漂亮的女性都到了五十岁时，她们在社会所看重的人格特质上并没有显著性的差异。有意思的是，女性在年轻时如果具有良好的人格特质的话，她们到了五十岁以后就会更重视自己的外表。按照泽布洛维茨的看法，她们要比男性更喜欢提升自己的外貌和形象（如使用化妆品等），因为她们没有什么其他方法来提高社会性的目标，所以只好把动机和精力用在外形上了。

（六）人格特征

当我们与他人互动，尤其是与那些不认识的人互动，我们可以观察到某些他们的人格特征。第一印象是在很短的时间里形成的，尽管这些印象从非常精确到很不精确都有。一个主要的人格理论，就是“大五”人格理论，认为人格具有五个方面：开放性（openness），具有想象、审美、情感丰富、求异、创造、智能等特质；责任心（conscientiousness），显示胜任、公正、条理、尽职、成就、自律、谨慎、克制等特点；宜人性（agreeableness），具有信任、利他、直率、依从、谦虚、移情等特质；外倾性（extraversion），表现出热情、社交、果断、活跃、冒险、乐观等特质；情绪稳定性（emotional stability），随着时间人的情绪会不会大起大落、摇摆不定的程度。有意思的是，对于人际吸引而言，其中的一些人格特质几乎是立竿见影，几分钟就可以见效。比如宜人性和外倾性就是这样，具有高宜人性和外倾性的人是讨人喜爱的，他们能够得到他人在人际吸引方面很高的评价（Zhao and Seibert, 2006）。目前人格特质对人际吸引的影响比较多的研究主要体现在以下几个方面。

1. 能力

一般来说，我们喜欢那些在社会技能、智力和能力比我们强的那些人。因为晕轮效应的作用，如果一个人很聪明、能力很强的话，他也会被认为更具吸引力。我们有着“美的就是好的”刻板印象，我们同样也有着反过来的情况，即“好的就是美的”。

但是，决定人际吸引的因素是复杂的，不能仅用三言两语就表达清楚。至于能力，大量互相矛盾的研究文献证实，在问题解决小组中，那些被认为最有能力最有思想的被试，往往并不是最受欢迎的人。例如，哈根和卡恩（Hagen and Kahn, 1975）发现，在一项研究中，当呈现给男性参与者有关一名女性假设性的描述时，尽管相对于无能力的女性而言，男性表现出了对有能力女性的偏爱，但当面对现实中的女性时，男性便不再偏爱有能力的女性。这个研究除了揭示了很多研究面临的生态效度的问题之外，也说明了人际吸引复杂性的问题。

如何来解释这种矛盾的现象呢？一种可能性是，尽管我们喜欢与有能力的人待在一起，但是能力超群的人可能会令我们不安。这样的人可能看起来不好接近、有距离感、超凡脱俗。与他们比起来，我们显得很糟。假如事实的确如此，我们可能更喜欢那些多少会犯些错误的人。阿伦森等（Aronson, E. et al., 1966）就进行了一项这样的实验。被试是来自明尼苏达大学的男性大学生。每个学生都收听了一段体现四个人（刺激源）中一个人特征的简单讲话录音，这四个人分别是一个近乎完美的人、一个犯了错误的近乎完美的人、一个平庸人、一个犯了错误的平庸人。在准备阶段，实验者告诉被试，他们将会听到某个“学院杯”智力竞赛节目（这个节目在当时颇为流行）选手的讲话录音，随后要求被试根据对这位选手的印象以及他看起来的可爱程度等对选手进行评价。每段录音都包括一位学生（刺激源）和访谈者之间的谈话，其中访谈者提出了一些难度相当大的问题，就像“学院杯”中经常提问的那样。在一段录音中，刺激源个体表现得很有能力，看上去近乎十全十美，正确地回答了92%的问题。在访谈过程中，当问及他在中学的表现时，他谦虚地承认自己曾经是一个优等生，做过年鉴的编辑，还是田径队的队员。在另一段录音中，刺激源个体（实际上是同一个扮演者，采用的也是同样的语调）像一个能力平庸的人那样表现，他仅仅对30%的问题作出了正确的回答。在访谈过程中，他坦陈自己在中学成绩一般，做过年鉴的校对员，曾经为加入田径队而付出大量努力但未能如愿。在另外的两段录音中（其中一个人能力“超群”，另一个人能力“平庸”），刺激源个体出现了一次令人尴尬的失误。在访谈快要结束的时候，他笨拙地将一杯咖啡洒到了自己的身上。这次“出丑”通过录音表现出来，包括忙乱声和杯子的哗啦作响声、椅子的挪动声，以及来自刺激源个体的抱怨声：“噢，天哪，我的新衣服洒满了咖啡。”为了实现最大程度的控制，实验者对这段录音进行了翻录，一份放在能力超群者的录音带后，另一份则放在平庸者的录音带后。

结果是令人吃惊的：那位出现过失的能力超群者，被评价为最有吸引力；而那位出现过失的平庸者，则被评价为吸引力最低。那位完美者（没有出现失误）吸引力位居第二，那位平庸者（没有出现失误）位居第三。很显然，洒掉一杯咖啡这件事情本身并不具有吸引力。尽管它的确有助于令完美者更加讨人喜欢，从而增加他的吸引力，但同样的行为也会令平庸者更加平庸，进而降低他的吸引力。这可能是因为这个小失误使完美者更接近普通人。所以，能力非凡可以使人富有吸引力，偶尔的失误使其吸引力又增加了一层，这被称为失误效应（pratfall effect）。

“失误效应”在现实生活中也常有体现。约翰·肯尼迪担任总统期间，1961年他决策时出了一个举世闻名的大昏招儿：卡斯特罗在古巴实行了社会主义制度，等于美国的后院起了火。美国面临一个非常棘手的两难问题，一方面不可能对此不闻不问，另一方面又没有什么好的干涉措施——因为古巴得到了苏联的强力支持，如果美军直接出兵干涉，极有可能导致第三次世界大战的爆发，这个代价太大。肯尼迪最后的决策是训练几千名那些因不满古巴革命而逃亡到美国去的人，在古巴著名的风景地猪湾登陆，试图武装推翻卡斯特罗政权。但卡斯特罗事前已得到情报，严阵以待。二十多万古巴正规军一天的时间就将这群乌合之众收拾得干干净净，美国因此颜面大跌。“猪湾事件”之后不久，盖洛普民意测验却显示，肯尼迪总统的个人声望竟然升高了。这令人大跌眼镜，因为试图入侵古巴显然是大错特错的，以至于当时便被美国人称之为（而且至今人们仍普遍这样认为）“猪湾惨败”。对此，应做何解释呢？一位总统犯下了美国历史上最为严重的错误之一，而令人不可思议的是，人民却因此而更加喜欢他。为什么会这样呢？可能性之一便是，肯尼迪以往可能“过于完美”了。

1961 年，肯尼迪的个人声望非常高。他几乎是所有故事书中都要出现的人物。的确，他的政府被称之为卡米洛特（传说中亚瑟王的宫殿所在地）。肯尼迪年轻、英俊、聪明、机智、富有魅力、体格健壮。他是一位求知欲极强的读者、一位畅销书的作者、一位精通政治的战略家、一位战争英雄，同时也是一位富有忍耐力的人。他与一位极具天赋的漂亮女士杰奎琳（能够讲几种外语）成婚（如图 7-6 所示），有两个聪明伶俐的孩子（一男一女），还拥有一个成功而又团结的家族。在他的身上发现一些过失（例如对某项重大失误负有责任），有助于公众将他视为普通人，从而对他更加喜欢。

图 7-6　肯尼迪与杰奎琳

2. 性格

有着良好性格的人会受到欢迎，纵观许多相应的研究，人们都说他们喜欢自己的伙伴和朋友具有某些特定的性格，包括亲切、诚实、热情、仁慈、智慧、幽默感、情绪稳定、可靠、有抱负、心胸开阔及外向（e.g., Sprecher and Regan, 2002），我们的文化也对这些性格特质大加褒奖。不难想象我们接触到的人如果具备某些上述的性格时，我们就会很容易地激发出积极愉快的情绪。也可以想象如果我们接触到的人表现出与上述相反的性格时，会激起我们消极痛苦的情绪。此外，他人表现出何种性格我们才会满意，取决于我们与之发展关系的性质。例如，人们报告说亲和性和情绪稳定性在朋友关系中就要比在学习小组中更加重要，而智慧在学习小组中就要比在亲密朋友中更受青睐（Cottrell et al., 2007）。

尽管在有关人际吸引中我们喜欢何种理想伙伴的性格特质的研究是有价值的，我们还需注意大多数此类研究评估的是受试者喜欢他们报告的或认为的特质，而不是他们实际喜欢的特质（Eastwick et al., 2013），这两者之间是有差异的。我们的文化世界观从小就教育我们仁慈、智慧、诚实等是好的品质，因此我们的自我报告很可能就效仿了这样的教育。事实上，当调查不同文化的人们喜欢什么样的特质时，他们重视的特质确实反映了他们文化的某些方面，这可以从一项对来自 53 个国家和地区参与者的互联网调查中看出来。当要参与者评定浪漫伴侣的重要特质时，那些来自现代化、个人主义文化国家的参与者要比那些来自传统的、集体主义文化国家的参与者对幽默和仁慈评价更高，而对互依和智慧评价较低（Lippa, 2007）。这也许是不同文化的个体确实认为不同的特质对他们是有吸引力的，但也可以解释为是文化影响了人们认为应该喜欢他人的何种品质。

为了解决人们喜欢报告的特质与他们实际喜欢的特质不符的这一问题，现在有一种创设类似于速配伴侣的情境的研究方法。在其中的一系列研究中，伊斯特维克和他的同事（Eastwick, Eagly et al., 2011; Eastwick, Finkel et al., 2011）让男性和女性参与者隔着一张桌子面对面地花 4 分钟的时间进行交谈“速配”，交谈结束后轮换下一位参与者（如图 7-7 所示）。然后，问参与者想要和谁再次见面。研究者发现，参与者所报告的有关将来伴侣的特质并不能很好地预测他们实际感兴趣的人，或他们面对面进行实际交往的人并没有他们报告的那些特质。

图 7-7 伴侣速配研究

当然，速配研究也有其局限性。其中一个就是参与者并没有告诉我们他们喜欢的认识很久了的人的特质是什么。事实上，在一项对中年参与者进行速配的研究中表明，他们报告的浪漫伴侣理想特质与他们目前伴侣的特质是匹配的，对他们伴侣的挑选和关系能够进行很好的预测（Eastwick, Finkel et al., 2011）。

当我们得知这些警告时，伊斯特维克和他同事的研究发现就有助于我们解释为什么网上的约会不靠谱了（Finkel et al., 2012）。这个研究认为，拥有我们喜欢特质的网约对象，并不一定会让我们在会面时感到合适，彼此之间还需要进行更多的了解。

3. 自恋

总体而言，具有自恋（narcissism）人格特质的人是不讨人喜欢的（e.g., Morf and Rhodewalt, 2011）。高自恋的人经常是自视甚高，具有极度的、莫名其妙的高自尊。高度自恋的人其关注点只是他们自己，严重忽视他人的需要和感受。他们像极了希腊神话中的人物纳西索斯——纳西索斯只对池塘中自己的水中倒影爱慕不已，最终在顾影自怜中抑郁死去。总之，自恋者秉持的信念就是他们高人一等，理当受到他人的羡慕。他们的行为会令人生厌。

令人惊奇的是，一开始的时候，自恋者实际上会显得很可爱。为什么呢？基于先前的研究，巴克等（Back et al., 2011）验证了这样的可能性，即自恋者之所以一开始讨人喜欢，是因为他们似乎表现出了比别人更有魅力的、外向的、更开放的及更有能力的特质。在一项研究中，研究者要一组学生依次站出来介绍自己，然后评价他人自恋的程度，再表明他们有多愿意去认识其他的学生。研究者测量了他们的可爱度和他们潜在的受欢迎程度。结果显示，那些自恋分数越高的学生，他们的可爱度和受欢迎程度也越高。

进一步的证据来自于对每个学生进行自我介绍录像带的分析。这些分析指出，其他学生对自恋者有较高评价的因素是自恋者的迷人外表、幽默及自信，都是些可爱的特质。总而言之，自恋者一开始似乎是可爱的，只是当人们慢慢地认清了他们后，就开始讨厌他们了。

第三节　爱　　情

从某种意义上说，人际吸引仅仅是许多关系的开端。如果可以选择，我们会愿意花时间与喜欢的人待在一起，进一步发展出友谊、爱情或其他的长期关系。当然，在另一些情况中，关系是不能选择的。例如，我们从出生开始就与家庭成员（父母、兄弟姐妹、祖父母以及其他亲戚）有着天然长期的关系，这些关系贯穿着我们的生活，无论我们是否喜欢这些关系。其他的关系与我们的工作、职业或教育联系着。大多数人有同事、上司，其中有些是令人喜欢的，而有些是令人想回避的。无论是何种关系，都在社会生活中对人们影响巨大。

社会心理学家知道我们生活中关系的重要作用，并对此进行了深入的研究。这些关系是怎样形成的？如何发展？会产生什么样的作用？为什么一些关系会以令人遗憾的方式结束？比如离婚、冲突和暴力行为等。亲密关系有许多种，限于篇幅，我们只对其中最具代表性的爱情关系进行介绍，来看看社会心理学目前对爱情有怎样的研究。社会心理学最早出版的关于人际关系的著作是著名社会心理学家哈罗德·凯利（Harold H. Kelley）的《人际关系：结构与过程》（1979）一书，凯利在此书中把男人和女人之间的异性恋亲密关系当做分析人际关系的焦点，认为此种关系最能代表人际关系的特征，“选择把异性恋关系当作分析的主题，部分原因是它是大多数当前有关人际关系知识的基础。此外，因其复繁多变的约会、结婚、同居以及浪漫之事，异性恋关系可能是个体生活和社会历史中人际关系最重要的关系类型。它引发了生活中最大的满意感，也造就了生活中最大的失望感”。[①]

爱情是诗人、小说家和剧作家长久以来喜欢的话题。尽管社会心理学对人际吸引的研究早就进行了，但对爱情进行系统化的研究却迟迟未能展开。1958 年，著名的心理学家哈里·哈洛（Harry Harlow）在主持美国心理学会大会时就指责说，心理学家缺乏对爱情研究的兴趣，“没有意识到爱情的广泛存在”。社会心理学家探索“爱的科学”，仅是最近 50 年的事（Zick Rubin, 1970；Elane Hatfield, 1971；E.Walsters, 1978）。究其原因，主要有两点：一是社会心理学家早期开始对爱情进行研究时，遭到了不少人的质疑。怀疑者们觉得，将爱情这样一种微妙而神秘的人类体验置于科学调查的聚光灯下，是错误的。在 20 世纪 70 年代末，美国参议员威廉姆·普洛克斯迈尔（William Proxmire）谈到他对爱情研究领域的保留态度时说：“我相信两亿美国人中有人愿意让生活中某些事物保持神秘，在这些事物中我们最不想知道的一项，就是一个男人为什么会爱上一个女人，反之（女人为什么会爱上男人）亦然。”二是如前所述，人际吸引的研究几乎都集中在第一印象上。而对爱情这样亲密的、长期的关系进行科学研究，相比第一印象的研究来说要困难得多。科学的社会心理学研究经常要做实验，而将实验被试随机分配到不同的实验条件中，是实验研究重要的特征。在研究第一印象时研究者可以随机分配实验被试和他人（与被试相似或不相似的人）相识。但是，研究者不能将被试随机分配给与他相似或不相似的“情人”，让他们产生一段关系。除此之外，爱情中的感觉和亲密度是很难测量的。当他们试图测量类似“爱情”或“激情”这类复杂感觉时，社会心理学家面临的是一项艰巨的任务。当然，经过几十年的研究之后，目前社会心理学家已经对爱情有了更多更深的了解。

一、什么是爱情

“我爱你”这三个字，恐怕是一个人对另一个人能说出来的最激动人心、最充满感情的语句了。很明显，爱远超普通的人际吸引，爱要比吸引更为强烈，经常也更为持久。但是，到底什么是爱情呢？又很难三言两语就说清楚，因为“我爱你”这句话对不同的人来说有不同的含义。爱情（love）的研究被长期忽视的一个主要原因是由于心理学家

① Kelley, Harold H. Personal Relationships: Their Structures and Processes[M]. Hillsdale: Lawrence Erlbaum Associates, Inc., 1979：1-2.

认为爱情难以界定，无法对其进行研究。这个困难体现在两个方面。第一，前述的人际吸引属于人际关系中的喜欢（liking），爱情也同属于人际关系，而且其强度比喜欢更甚，如何体现爱情与喜欢的差异？第二，还有中英文字方面的差异。英文中的“love”，可以翻译成中文的爱、爱情。很明显，“爱”的含义要宽泛得多，爱的对象可以是人，也可以是物（例如，“我爱冰激凌”）。如果用在人身上，它可以是父母与孩子之间的情感，可以是亲密朋友之间的情感，也可以是恋人之间的情感。而“爱情”的含义则要狭窄得多。首先，爱情的对象不可能是物，只能是人。其次，提到爱情，我们中国人都知道指的就是恋人之间的情感。可英文的“love”对此是不加区分的。

对第一个问题，开爱情研究之先河的鲁宾（Zick Rubin, 1973）已经较好地解决了。鲁宾在他早期的有关研究中，试图指出当人们说他们“爱”某人时究竟意思是什么。他的发现证实了“爱”和“喜欢”的差别。通过对多对夫妇的问卷调查，他得出结论：爱与喜欢激发明显不同的反应及行为类型，虽然它们可能有交叉，但并不经常如此。根据鲁宾教授的研究，喜欢的特征主要是两点：第一，与自己的相似性；第二，对另一个人的尊重。而爱则包含了依恋、关心和亲密这三种要素。“依恋”指恋爱中人希望和对方尽可能多地待在一起，并从对方那里获得感情支持；“关心”是指就像在意自己一样在意对方的状态好坏——甚至比关心自己还要在意；“亲密”意味着一种亲近的联系，和对方分享自己的思想情感，以一种你与别人不可能的方式。

鲁宾开发出的爱与喜欢量表被用于许多研究之中，得出的有趣发现主要有：（1）喜欢与爱只有微弱的相关；（2）那些在爱情量表中得高分的人会花更多的时间凝视其爱人；（3）在爱情量表中得高分的人们待在一起的时间也会更长。

此外，兰姆和威茨曼（Lamm and Wiesmann, 1997）也把喜欢与爱作了区分，他们认为“喜欢”是人们想要与他人交往的欲望，而“爱”还包含了对另一个人的信任及激奋之情。

而对第二个问题，由于文化的差异，则很难解决。在英文中对“love”所下的定义，总是让我们觉得与中文的“爱情”差那么一点意思。比如，在美国一本很权威的《社会心理学百科全书》上对“love”所下的定义是：“爱经常被认为是人们与许多亲密他人之间体验的强烈、积极的情感，这些亲密他人包括浪漫伴侣或配偶、亲密朋友、孩子、父母以及其他的亲属。”[①] 这个定义中的“love”偏向“爱”的成分多一些。而最新出版的《美国心理学会心理学词典》第二版对“love”下的定义是：“是对所爱对象形成的一种喜爱和亲切的强烈感受的复杂情感，由于他（她）的存在而其乐无比，致力于他（她）的幸福，非常在乎他（她）对自己的反应。”[②] 而这个定义中的“love”又似乎偏向“爱情”的内容多一些。既然我们此节的标题是“爱情”而不是“爱”，或者不是西方教材

① Roy F. Baumeister, Kathleen D. Vohs.Encyclopedia of Social Psychology[M]. Los Angeles: SAGE Publications, Inc., 2007:537.

② Gary R. VandenBos. APA dictionary of psychology[M]. Second Edition. Washington: American Psychological Association, 2015:612.

中更为笼统的“亲密关系”（intimate relationships, close relationships），那我们聚焦的主要内容就是狭义的、恋人之间的那种感情。但即使是这样，依然难以简单地告诉你什么是爱情，因为爱情有不同的种类。当著名的爱情研究专家菲尔和罗素（Beverley Fehr and James Russell, 1991）要求大学生尽可能多地列出不同的爱情类型时，他们竟然列出了216种！而且半数以上的这些爱情还不止一人提及。

关于这一点，艾伦·贝尔莎伊德（Ellen Berscheid, 2010）指出，如果还是要把爱情当作是一个单一的实体的话，关于爱情的定义就仍会是支离破碎的。她认为，学者的任务是构建并理解爱情的基本类型，就好像人格心理学中的“大五”理论一样，充分挖掘其理论与实证活力，这要比试图达成一个统一的人格概念有意义得多。

二、爱情的种类

（一）激情之爱与友伴之爱

最早对爱情进行分类的是哈特菲尔德（E. Hatfield）等人，他们区分了“激情之爱”（passionate love）与“友伴之爱”（companionate love）。激情之爱，也可以叫做“性爱”（erotic love）、“浪漫之爱”（romantic love）或者是爱上某人的一种状态，是在浪漫关系早期对某一特定之人的一种热情的、令人激动的爱，哈特菲尔德把激情之爱界定为“强烈渴望和对方在一起的一种状态”。激情之爱的产生一般非常迅速（人们能够“一见钟情”），我们常听人说“坠入爱河”，没有听说过“坠入友谊”的，说明激情之爱经常让人难以控制。产生了激情之爱的人们经常会理想化自己的恋人，会不停地思恋爱人，愿意尽可能多地花时间与爱人待在一起，甚至会排斥其他的朋友，想要完全沉溺于两人世界之中。对满怀激情之爱的一方而言，如果对方对自己的热情做出了回应，那么他就会感到满足而快乐；如果对方对自己的热情没有做出回应，他就会觉得空虚而绝望。就像其他激动的情绪一样，激情之爱也包含着情绪的急转突变，忽而兴高采烈，忽而愁容满面；忽而心花怒放，忽而伤心绝望。

肯定有很多人问，性吸引是激情之爱的基本元素吗？答案是：是的！但是性吸引对激情之爱来说只是一个必要条件，而不是一个充分条件。人可以在没有爱的情况下对一个人产生性吸引，但不太可能在没有性吸引的情况下产生激情之爱。对很多人来说，爱使性更能被接受了，然后性关系也就更加浪漫了。因此，人们说是要“做爱”，而不是像动物那样进行交配。简而言之，激情之爱是带有性欲的喜欢，而友伴之爱是没有性欲的喜欢，色欲则是没有喜欢的性欲。

除了性的吸引之外，产生激情之爱的人通常还伴有很强的生理唤起，比如心跳加速、呼吸急促、胃里上下翻腾等，故激情之爱有时会因为对唤起的错误归因而引发或增强。哈特菲尔德指出，任何一种既定的生理唤醒状态最终都可以被归结为某种情绪，究竟被归结为哪一种情绪则取决于我们对这种唤醒状态如何进行归因。比如，一个人喝了咖啡或进行了剧烈的体育运动而产生了强烈的生理唤起，此人就有可能把这唤起错误地归因于对交往对象产生了激情之爱，尤其是交往对象很漂亮的时候。所以，激情之爱在人们结婚数年之后会迅速消退，但夫妇两人如果不时地一起进行剧烈的体育运动或从事一些新鲜的活动，引发出生理唤起，两人的激情之爱就会重燃。

神经心理学家已经发现激情之爱的主观体验是紧密地与大脑的化学过程联系在一起的，特别是强效的兴奋剂多巴胺会增加了，多巴胺会使人产生生理唤起。还有证据表明，对坠入爱河的恋人进行大脑扫描，当呈现他们爱人的图片时，他（她）们大脑中部附近的尾状核活动增强了，但当呈现他们朋友的图片时却没有这样的情况（Fisher，2004）。这个原始的大脑区域是指导身体运动的，还与奖赏和快乐联系在一起。阿伦等（Aron et al., 1995）发现恋爱中的人们报告了一系列积极的体验，包括自我效能与自尊的增加。所以，激情之爱是与一些特别的神经心理活动以及一些心理状态联系在一起的。

相反，友伴之爱，有时也可以称之为"深情之爱（affectionate love）""友谊之爱（friendship-based love）""依恋（attachment）"或"婚姻之爱（conjugal love）"，就没有那么强烈了，它要平静得多，它是与和自己的生活相互交织的人之间形成的一种温情，并不包含激情和生理唤醒，处于友伴之爱中的人们会把对方视为自己的灵魂伴侣或特别的伴侣，这意味着彼此之间有着高度的相互理解、相互关心和相互信任。因此，我们经常听到高度友伴之爱的人们会说出"我的伴侣是我最好的朋友""我很喜欢我伴侣这个人"这样的话。

研究认为在大多数约会和新近结婚的关系中，这两种爱都会存在。首先，存在的是激情的吸引之火。如果关系在激情之爱这个初始阶段能存活的话，随着时间的推移，激情之火逐渐转变为友伴之爱的安静与满足。友伴之爱可能需要花费更长的时间来形成，但一旦发展出来之后，友伴之爱会更稳定，更不容易随着时间而消逝。在他们最初的模式中，这个理论是爱情的"二选一理论"，即要么是激情之爱，要么是伴侣之爱，但不会二者兼而有之。哈特菲尔德现在已经缓和了这种说法，指出人们能够同时具有两种爱情风格。而且想要使爱情能够长久维持下去的话，必须要从激情之爱转向友伴之爱。要知道，激情之爱是很难长久运转的，它来得快，去得也快。我们可以从激情之爱的一个行为指标——性交的频率来证明。许多研究发现，随着时间的推移，已婚夫妇的性交行为会越来越少。新婚夫妇通常会有如下的刻板印象，即年轻时会有相对很高的性交频率，但这是不持久的。研究发现，在结婚一年之后性交的频率就会下降一半，大约是头一年平均每个月有 18 次性交，第二年每个月平均就只有 9 次性交了，之后还会继续减少性交的频率。性交频率的下降不完全是因为年龄的原因，如果一对夫妇结婚已久了，他（她）们的性交频率会下降。但如果他（她）们离婚了，然后又再婚，他（她）们与新配偶的性交频率就会急剧上升。在世界范围内，结婚四年之后的离婚率是最高的（Fisher，1994），其中一个主要原因就是很多夫妇在这四年（远不到所谓的"七年之痒"）的时间里激情之爱消耗殆尽，而友伴之爱没能建立起来。幸运的是，许多人避免了这样的命运，他们把幸福的婚姻维持了很长的时间，甚至终生。

进化心理学家对这种从激情之爱转向友伴之爱的路径进行了解释。在浪漫关系的早期，人类的性交配系统（sexual mating system）占据主导地位，它的目的就是性繁殖，以便将基因传递给下一代。然而到了浪漫关系的后期，依恋系统（attachment system）则更为重要，其目的是要在两代人之间建立与维持强大的情感联结。因为对男女两性来说，抚养幼儿长大是他们共同面临的适应问题。在人类漫长的进化历史中，从直立行走到大脑发育，都使得人类幼儿的生长越来越离不开父母的精心照顾，父母的照料水平便逐渐受到了自然选择压力的制约。因此，浪漫爱情逐渐演变成一种带有承诺的人类游戏，其意义就在于将男女双方维系在一起，利于后代同时获得来自父母双方的投资。这种稳定的夫妻关系和投资关系提高了后代的成活概率，从而得到了自然选择的支持。故对后代的依恋增加了后代生存的机会，而父母之间的依恋以友伴之爱的形式出现，也具备同样的功能，因为彼此相爱的父母更有可能在一起共同抚养儿童，结果是儿童存活下来的机会增加了。事实上，男女两性在交往时，很多的行为特征及状态也是出于相同的依恋动机，比如伴侣相处时会出现安全感，两人分离时会伴有孤独感等。

（二）李的六种爱情类型（或风格）理论

韩裔加拿大社会学家李（John Alan Lee）在 1973 年出版了《爱情的颜色》（*The Colours of Love*）一书，用色轮来类比他建立的爱情类型学的概念框架，三原色映射出爱情的三种主要类型（primary types）：激情型、游戏型和友谊型。三原色的合理混合产生爱情的三种次要类型（second types）：依附型、现实型和利他型。次要类型是由两种主要类型所组成的，但是合成后又和本来的主要类型不一样。其他的混合也是可能的，但是，李和后继的研究者主要强调这六种爱情类型。他们用一个段落对每种爱情类型的内容做了充分的描述：

1. 厄洛斯（Eros，源自希腊神话爱神之名）：激情之爱（intense, passionate love）。爱是种强烈的情绪经验，主要由对方的身体外貌因素所引发——一位厄洛斯型的情人知道什么样的外貌吸引他们，并毫不犹豫地追寻这样的目标。他们想了解情人的一切，希望与情人保持热烈的性关系。在他们的生活中，找到“适合”的恋人至关重要。虽然他们希望与恋人是一对一的关系，但他们并不是特别容易嫉妒或占有欲特别强。

2. 鲁达斯（Ludus，源自拉丁语中“游戏”或“玩”之意）：游戏之爱（game-playing love）。这一类爱情的追随者认为爱情主要是一种乐趣，它并非严肃的事务。他们不寻求承诺，可能被广泛类型的不同对象所吸引——有时就在同一段时间内。这样的人不容易堕入爱河，他们倾向于躲开那些在恋爱中陷得太深或嫉妒心与占有欲强的对象。

3. 斯多吉（Storge，源自古希腊语的“友爱”）：友谊之爱（friendship love）。是一种日久生情慢慢生长的爱。它建立在一起做事、共同的兴趣和深刻的友谊之上，是一种细水长流型的、稳定的爱，这种爱引导人们轻看强烈的感情而寻求真正的友情，进而逐渐发展为承诺。激情爆发和戏剧性不属于这种爱的特点，它不要求频繁的口头表白，不需要被考问和检查。

4. 玛尼亚（Mania）：依附之爱（obsessive, dependent love）。[①]是由情欲之爱和游戏之爱所组成的，依附之爱者对爱人有一份狂爱，容易嫉妒，完全被她（他）所迷住。由于对爱人有很大的依赖，因此常害怕受到拒绝，也因为凡事以她（他）为第一要务，所以很容易由快乐的高峰一下跌入沮丧的谷底。

5. 普拉格玛（Pragma）：现实之爱（practical, "shopping list" love）。顾名思义，指以实用主义（pragmatism）为基础的爱，是由游戏之爱和友谊之爱所组成。实用主义的情人追寻与他们在兴趣、生活方式和追求等方面一致的情侣。他们的爱从来不会建立在不可控制的激情或"化学反应"的基础之上。此类情侣倾向于慢步前进，在把自己托付给对方之前定要确认未来的伴侣符合他们（她们）设计的样板。他们（她们）最喜欢在有相似背景的团体中寻找理想的爱人，比如通过兴趣俱乐部，或者利用现在的电脑约会及其他相似的途径——这些途径都可以预先了解未来情侣的情况。

6. 爱吉彼（Agapa）：利他之爱（all-given, selfless love）。利他之爱是由情欲之爱和友谊之爱所组成。据李的分析，爱吉彼（希腊语"兄弟之爱"）在人际关系中是最稀有的一类爱。它是无私的，播撒慈爱，并不取决于深刻的感情或性的欲望，它无私地将爱施与需要的人。这种爱曾在《圣经》中由仁慈的撒玛利亚人表现出来。此类恋人的情侣会发现，许多人与自己分享着自己恋人的时间和关怀。

李的爱情类型可以被看作是对某个特定对象的态度，也可以被看作是对关系的稳定取向。例如，一些人可以说是激情之爱者，不管伴侣是谁，他都是这种风格。然而，人们的爱情风格也有可能随着伴侣爱的风格不同而发生变化。激情之爱和友谊之爱是人们体验最多的爱，尤其是在年轻的成年人身上。事实上，大多数的浪漫关系都是这两种爱情的结合。人们一般只会去低度地体验游戏之爱，这样才是合适的，因为游戏之爱不会带来健康与持久的关系。爱情类型也存在着性别差异，游戏之爱多见于男性，而友谊之爱和现实之爱则多见于女性。

（三）爱情三角形理论

罗伯特·斯腾伯格（Robert Sternberg, 1986）提出的爱情三角形理论（Triangular Theory of Love）认为爱情可以用三个元素来理解，这三个元素可以看做是三角形的三个顶点，"三角形"只是一个比喻，而不是一个绝对意义上的几何模型。这三个因素是亲密（intimacy）、激情（passion）和决定/承诺（decision/commitment）。斯腾伯格认为这三块基石能够组合成不同类型的爱情。

1. 爱情的三个成分

爱情的第一个成分是亲密。亲密是指在爱情关系中亲近、连属、结合等体验的感觉，因此，这个因素包括那些在爱情关系当中能促进温暖关系的感觉。即相互之间可以无所不谈、亲密无间，能够得到所爱的人的理解，包括热情、理解、交流、支持及分享等特

---

① 许多文献将 obsessive love 译为占有之爱，本意是对方占据了我的心，但不容易让人理解。因为所有这些爱我们都是用第一人称代入的，所以译为依附之爱更为准确。

点。亲密的伴侣就像好朋友一样，在需要的时候互相支持。当两人有高度的亲密感时，他们会有基本的相互关爱之情，他们想要彼此保持健康与快乐，他们经常会去做使彼此受益的事情。亲密的伴侣会强调对他们的生活、感情和问题进行有效的沟通。

斯滕伯格通过研究，把亲密因素分成了十个要素：（1）渴望促进爱人的福祉；（2）与爱人共享喜悦；（3）对爱人高度关注；（4）在需要得到帮助时能指望爱人；（5）与爱人互相理解；（6）与爱人分享自我与所有；（7）从爱人那里得到情感的支持；（8）为爱人提供情感支持；（9）与爱人亲密交流；（10）肯定爱人的价值。

第二个成分是激情。激情是指引发浪漫之爱、身体吸引、性完美以及爱情关系中相关现象的驱动力。激情因素包括那些在爱情关系中能引起激情体验的动机性以及其他形式的唤醒源。它包括沃尔斯特（Walster and Walster, 1981）所说的“一种非常想跟别人结合的状态”，在很多情况下，激情驱使人们想要接吻、牵手，或许还会发生性关系。然而，其他需要——比如自尊（self-esteem）、援助（succor）、关怀（nurturance）、亲和（affiliation）、支配（dominance）、顺从（submission）和自我实现（self-actualization）可能也有助于激情体验的获得。激情的伴侣渴望彼此间的存在，就像其他对某种东西上瘾的人一样。

爱情的最后一个成分是决定和承诺。斯滕伯格观察到当很多人谈及到爱情时，他们更多提及的是一个清晰的决定，而不是一种情感状态。所以，决定和承诺是确立不管有多艰难也必须要与对方在一起的立场，确信自己的这段关系是正确的，形成忠诚感，包括将自己投身于一份感情的决定及维持感情的努力。例如，当你问一个人她是否爱她的丈夫和孩子时，她会毫不犹豫地说：“当然！”如果爱情仅仅是指激情的话，她会在此时停下来检视一下她对那个人是否还有激情；但如果爱情是指承诺，她也作过承诺，她就无须去检视她当前的内在感受，然后马上回答。

决定和承诺包含两个决策过程，从短期来讲，决定和承诺指的是一个人决定爱另一个人；从长期来讲，它是指一个人维持爱情的承诺。决定和承诺因素的这两个方面不一定同时存在，一个人可以在不承诺长久之爱的前提下决定爱一个人，一个人也可以处于一段关系中，却不承认爱着另一个人。忠诚的伴侣会把他们的关系视为是天长地久的。

承诺主要是认知性的，亲密是感情性的，而激情是动机性的。爱情关系的“热度”来自激情，温暖来自亲密；相形之下，承诺所反应的则完全不是出于感情或性情的决定。爱情的三个因素相互影响，例如，更高程度的亲密会导致更高程度的激情或承诺，就像更高程度的承诺会导致更高程度的亲密或者激情（可能性相对较小）。总之，三个因素既相互独立，又互相影响。

三个爱情因素的每一个因素都有一套相关的行为。例如，亲密可能在行为上表现为分享一个人所拥有的东西和时间、表达对爱人的理解、与爱人诚恳地交流等。激情在行为上表现为凝视、触摸、做爱等。承诺可能体现在性的忠贞、订婚、结婚等行为上。当然，爱情每一种因素的行为表现由于人、关系和情境的不同而有所差异。不管怎样，考虑通过行为表现出的爱情三角形是重要的，因为行为对关系有如此大的影响。

对爱情生物学基础的研究表明，人们对激情和亲密的体验是大不一样的。调控我们对他人性欲望的脑区与支配对我们爱人的依恋情感和承诺的脑区截然不同（Diamond and Dickenson, 2012）。在一些对爱情最前沿的研究中，研究者采用 fMRI 技术来考察人们观看其爱人（其他人作为对比）时的大脑活动，结果发现激情所激活的脑区与亲密、承诺所激活的脑区并不相同，无论在美国（Acevedo and Aron, 2014）还是中国（Xu et al., 2011）均是如此。所以，事实上，我们并不爱恋的人也完全有可能勾起我们强烈的性欲望，而从我们快乐依恋的人身上却可能感觉不到多少激情（Diamond, 2013）。

心理学家海伦·费希尔（Helen Fisher, 2006）认为存在三种既相互联系又截然不同的生物系统控制着爱情的组成成分，这具有进化上的意义。首先是性欲或性驱力，由性激素（sex hormone）调控。性欲使得人们有了与人交媾的动机，从而促使人们成功地进行繁殖。其次是吸引力，促使人们追求他们所偏爱的特定的恋人。吸引力通过激起浪漫的爱情促使人们形成稳定的配偶联系，它由特定脑区里控制奖赏情感的神经递质多巴胺（dopamine）来调控（Acevedo and Aron, 2014）。当我们坠入爱河，多巴胺水平就会上升，从而引起兴奋和欣喜，能够解释“爱人们感到欣快、精神抖擞、乐观豁达和精力充沛，并能快乐地秉烛夜谈，通宵达旦；或者连续数小时不停地做爱的原因”。（Ackerman, 1994, p. 165）确实，当人们坠入爱河时，哪怕看一眼爱人就能抚平许多伤痛（Younger et al., 2010）。最后是依恋，这里的依恋是指长期的伴侣关系所带来的舒适、安全的情感。这种情感使得夫妻们厮守在一起的时间足够长，从而能保护和养育他们年幼的子女。依恋驱动的是相伴之爱，由神经肽催产素（neuropeptide oxytocin）调节。

人们天生就具有进化而来的三个不同的生理系统，它们各自促进了人类的成功繁殖过程——它们也支持了这样一种可能的结果：激情、亲密和承诺的体验彼此相当独立，在任何时间都能各自独立地发生强弱变化。另一方面，在很多爱情关系中，亲密、激情和承诺的情感体验又相互有着明显的关联（Whitley, 1993）。例如，如果男性阅读色情书刊有了性唤醒，则比他们没有“性兴奋”时更加爱恋他们的伴侣（Dermer and Pyszczynski, 1978）。同时，正如斯腾伯格所指出的，如果你和爱侣非常亲密，那么你对他（她）的激情也许更容易持续久远。

2. 八种不同类型的爱情

尽管这三个因素都是恋爱关系中的重要成分，但在不同的关系或者一段关系的不同时间内，它们的重要程度是不一样的。不同类型的爱情可以通过因素间有限的组合来实现。爱可能来自于这三种要素之一，也可能由三种要素任意组合而成。这三种成分以不同的比例相结合，可以得到八种不同类型的爱情（如表 7-1 所示）。

1）无爱。如果亲密、激情和承诺都缺失，爱就不存在。两个人也许仅仅是熟人而不是朋友，彼此的关系是随便的、肤浅的、没有承诺的。

2）喜爱。当亲密程度高但激情和承诺非常低的时候，会产生喜爱。喜爱发生在有着真正的亲近和温暖的友情中，但不会激发起激情和你会与之共度余生的预期：如果一个朋友确实激起了你的激情，或他（她）离开的时候会被强烈地思念，关系就已经超越了喜爱，变成了其他的类型。

表 7-1 爱情的八种类型

爱的种类	爱的成分		
	亲密	激情	承诺
无爱（Non-love）	–	–	–
喜爱（Liking）	+	–	–
痴迷的爱（Infatuated love）	–	+	–
空洞的爱（Empty love）	–	–	+
浪漫的爱（Romantic love）	+	+	–
友伴的爱（Companionate love）	+	–	+
愚昧的爱（Fatuous love）	–	+	+
完美的爱（Consummate love）	+	+	+

3）痴迷的爱。痴迷的爱中有着强烈的激情，但缺乏亲密和承诺，当人们被不太熟悉的人激起欲望时会有这种体验。斯腾伯格（1987）承认他曾经痛苦地专心一意地想着十年级生物课堂上的一个女生。他因她而消瘦但从来没有勇气去认识她。他现在承认这仅仅是激情，他是在迷恋着她。

4）空爱。没有亲密或激情的承诺就是空爱。在西方文化中，这种爱见于激情燃尽的关系中，既没有温暖也没有激情，仅仅存在着留下来的决定。在其他包办婚姻的文化中，空爱是配偶们共同生活的第一个阶段，而不是最末一个阶段。

5）浪漫的爱。当程度高的亲密和激情一起发生的时候，人们体验的就是浪漫的爱。对浪漫的爱的一种看法是它是喜爱和迷恋的结合。人们常常会对自己的浪漫关系做出承诺，但斯腾伯格认为承诺并不是浪漫的爱的典型特征。比如，夏天的一场风流韵事可以非常浪漫，即使双方知道等夏季结束的时候这场爱也会消失。

6）友伴的爱。亲密和承诺结合形成对亲密伴侣的爱，可以称为友伴的爱。亲近、交流和分享伴随着对关系的充足的投资，双方努力维持深度而长期的友谊。这种类型的爱会集中体现在长久而幸福的婚姻中，虽然年轻时的激情已渐渐消失。

7）愚昧的爱。缺失亲密的激情和承诺会产生一种愚蠢的体验，叫做愚昧的爱。这种爱会发生在旋风般的求爱中，在势不可当的激情中两个人闪电结婚，但对彼此并不很了解或喜爱。在某种意义上，这样的爱人为一场迷恋的投资是很有风险性的。

8）完美的爱。最后，当亲密、激情和承诺都以相当的程度同时存在时，人们体验的是“完全的”，称作完美的爱。这是许多人寻求的爱，但斯腾伯格（1987）认为，这就像减肥一样，短时期是容易的，但很难长久坚持。

3. 爱情的三角形

“爱情的三角形”的几何学取决于两个要素：爱情的数量和爱情的平衡。爱情的数量由爱情三角形的面积表示：爱情的数量越多，所占三角形的面积越大。三种爱情因素平衡程度的不同由三角形的形状表示。例如，平衡的爱情（爱情的三个因素的比重大致相同）以等边三角形表示（如图 7-8 所示）。

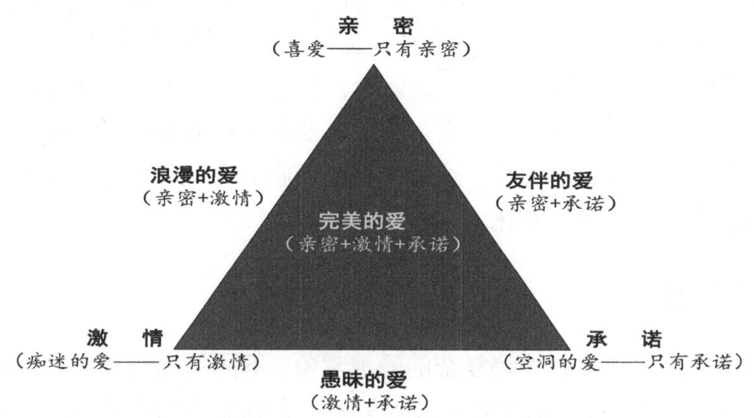

图 7-8　爱情的三角形模型

（四）四种爱情模型

近年来，艾伦·贝尔莎伊德（Ellen Berscheid, 2006, 2010）提出了“四种爱情模型（a quadrumvirate model）”，在原来激情之爱—友伴之爱的基础上增加了两种爱，即依恋之爱（attachment love）和慈悲之爱（compassionate love）。在这个模型中，浪漫之爱（romantic love）是与激情之爱（passionate love）、性爱（eros）和相爱（being in love）等同的，友伴之爱（companionate love）则与友谊之爱（friendship love, storge）和强烈喜爱（strong liking）是同义词，慈悲之爱（compassionate love）概括了利他之爱（altruistic love）、无私之爱（selfless love,agape）和公共同情心（communal responsiveness），依恋之爱（attachment love）指的是对一个依恋之人强烈的情感联系（把依恋当作是一种爱的类型，与依恋风格不一样）。

贝尔莎伊德认为这四种爱是爱的基本类型，包括了爱的所有其他变式，如同人格理论中的“大五”人格特质是最基本的理论一样。她认为这些爱的种类在浪漫爱情中很有可能是共同发生的，但彼此还是有区别的。实际上，这些不同爱情之间的差异点被仔细地描述了，尤其是贝尔莎伊德根据它们的前因与后果，结合行为与时间进程的情况对这些不同的爱进行了描述。从前因上看，贝尔莎伊德指出浪漫—激情之爱是由他人合意的品质（如外表吸引力）、性欲望以及感知到被他人喜爱所激发的，友伴之爱则是由接近性、熟悉性以及相似性产生的，慈悲之爱得以产生的关键因素是感知到他人处于悲苦或需要帮助的情况之下，而依恋之爱则发生于受威胁的情境之中。

从行为上看，贝尔莎伊德确信浪漫之爱就是鼓励人们与另一个人发生性关系；友伴之爱则是驱使人们愉快地与人交往，具体包括要花时间在一起相处以便建立熟悉感，追求共同的兴趣，以及表达对彼此的喜爱；慈悲之爱导致的行为会多一些，得根据人们感知到的悲苦性质来定；依恋之爱是驱使人们接近他人。

从时间进程上看，贝尔莎伊德把浪漫—激情之爱的时间进程描述如下：“不确定性和易得的惊喜衰退，可预测性增加，性满足变得容易获取。所以，罗曼蒂克的情绪体验衰减了。”很多学者认为浪漫之爱最终会被更加牢固、稳定的友伴之爱所取代。近年来，贝尔莎伊德（2010）挑战了这个假设，她认为，友伴之爱在关系的开端也很重要，也会随着伴侣们生活环境的变化而发生改变。慈悲之爱在关系的早期也会发展，但是当持续了一段时间之后需要支持和牺牲时，这种爱就会面临着考验。依恋之爱的情境性很强，会随着威胁的程度而随时发生变化。

三、爱情的理论

有很多理论可以用来解释神秘复杂的爱情现象，不同的理论从不同的角度来帮助我们理解爱情。需要注意的是，前述有关人际关系和人际吸引的理论当然也可以用来解释爱情，只是这些理论更为宽泛一些。下面这些理论根据爱情的特殊性能够进一步加深我们对爱情的认识。

（一）爱情的进化理论

纵观人类的历史，人类面临许多严酷的挑战，其中就包含了找一个配偶、留住这个配偶、照料家族成员、结盟以及获取一定的社会地位。要解决每一个先祖的这些挑战，就牵涉到了要形成各种社会关系的问题。从进化的视角看，每一个不同的进化挑战可以通过形成不同类型的关系来解决，这些关系的类型有情侣关系、婚姻关系、家庭成员关系、朋友关系、同事关系。每一种不同的关系是与每一种不同的进化机会和成本联系的，意思是人们从亲密他人那里获取自己所需的东西，也需要向亲密他人提供他们需要的东西，这些需要和供给会依不同的关系而系统性地发生变化。

进化心理学家巴斯认为，我们称之为爱情的感情，在某种程度上是承诺问题的一种进化的解决办法。如果一个伴侣出于某些理性的原因选择了你，那么他（她）也会因为同样理性的原因离开你。依据这些“理性”标准，他（她）会发现更有魅力的人。这就产生了一个承诺问题：你怎么才能确定这个人会永远和你在一起？如果你的配偶被无法控制的爱情蒙住了眼睛，他对你的爱是唯一的，那么即使当你生病或贫穷的时候，这种承诺也不会动摇。爱情超越了理性。正是由于这种感情，当出现更中意的人时，你也不会离开原来的配偶。简而言之，爱情使配偶感觉到强烈而长久的意图和决心，这可能是承诺问题的一个解决方案。

这种因果方向当然也很有可能颠倒过来，爱情也可能是当承诺问题成功解决时我们体验到的一种心理奖赏。这是一种精神或身体的麻醉，说明择偶、性交、献身、忠诚等适应性问题得以成功解决。对此的科学解释是进化在人类大脑中建立了一个奖赏机制，使人们能够保持执行能成功生殖的行为。但是，有时这种麻醉作用会逐渐减弱以至消失。

没有什么东西能得到一生的保证，在麻醉作用渐渐消退以后，人们可能断绝曾经海誓山盟的恋爱关系，而又重新爱上别人。承诺并不意味着要承诺一生。

（二）爱情的依恋理论

依恋（attachment）原本指的是婴儿与其抚养者之间存在着的一种强大的情绪联结，依恋理论用来解释这种联结的进化、发展、人类体验到的涵义以及在其生命历程中的关系。依恋理论起初是一个关于儿童发展的理论，但从 20 世纪 80 年代以来，依恋理论已经对社会心理学里的亲密关系、情绪管理以及人格产生了巨大的影响。

依恋理论最早是由英国心理学家鲍尔比（John Bowlby）提出的，他想要弄清楚当婴儿与其父母分离时为什么会痛苦无比。鲍尔比注意到婴儿会通过一个标准化的反应模式来阻止与父母的分离，或重建与其父母中的一个的接触：首先，婴儿会大声地、长时间地哭叫以示抗议；其次，如果抗议无效，就会使婴儿绝望——具体表现就是消极、沉默；最后，婴儿变化为与其父母的情绪分离，表面上却是显得自主如常。当时精神分析的观点是婴儿的此类行为是其不成熟防御机制的体现，用以抑制其情绪痛苦，但鲍尔比观察到婴儿的此种表现具有进化的功能。

根据达尔文的进化理论，鲍尔比认为诸如哭泣与寻找父母等这样的行为是婴儿对其初始依恋对象的一种适应性反应，因为这样的对象可以为婴儿提供支持、保护和关照。不像许多其他哺乳类动物，人类刚出生的婴儿毫无生存的技能，极为弱小，不能获取食物和保护自己，数年的时间之内都得依赖于年龄更大、更强壮成人的照顾与保护，才能获得有限的独立性。在人类的进化过程中，那些可以尽量与依恋对象保持接近的婴儿更有可能存活到繁殖的年龄。按照鲍尔比的说法，人类的一种动机控制系统，他称其为“依恋行为系统”就通过自然选择逐渐地形成，这种系统是用来帮助儿童调控其与依恋对象保持亲近的。比如进化施与了婴儿暖人心房的微笑、叫声与笑声，以及容易激起大人们怜爱与奉献的粉嘟嘟的面容等（Berry and McArthur, 1986; McArthur and Baron, 1983）。同样地，进化也给予了父母们许多促进依恋的特质，尤为显著的是强烈的父母之爱以及对后代的保护本能（Fehr, 1994; Fehr and Russell, 1991; Hazan and Shaver, 1987, 1994; Hrdy, 1999）。

在依恋理论中，依恋行为系统是个重要的概念，它能够在人类发展的进化模型与情绪管理和人格的现代理论中提供概念上的联系。按照鲍尔比的理论，依恋系统本质上会“问”以下问题：依恋对象在附近、可接近、留意自己吗？如果儿童感觉到对这个问题的答案是“是”的话，他或她就会感到自己是被爱的、安全的以及自信的，在行为上儿童就有可能去探索自己周围的环境，与他人游玩，使自己具备良好的社会性。如果儿童感觉到对这个问题的答案是“否”的话，儿童就会体验到焦虑，在行为上儿童则可能表现出从简单的目光搜寻父母到主动跟随父母以及大声哭喊父母等方面的依恋行为。这样的行为会一直持续到儿童能够重新达到其想要的对依恋对象的物理或心理距离为止，或是直到过于疲劳为止，这样的事情会发生在旷日持久的分离上。鲍尔比相信这样的话，儿童就容易得抑郁症。

虽然鲍尔比相信他的理论解释了大多数儿童依恋操作的方式，他也承认儿童的依恋方式有个别差异。例如，有些儿童更有可能视自己的父母是不可接近或距离遥远的，这也许是他们的父母在过去就一直没有接近过他们。直到鲍尔比的同事安斯沃思（Mary Ainsworth）开始研究婴儿与父母的分离，依恋的个别差异才正式地进入到依恋理论里来。安斯沃思和她的学生一起开发出一种叫“陌生情境（strange situation）”的技术来对婴儿与父母的分离进行实验研究。这实验是母亲和12～18个月大的孩子进入到一间陌生的、有许多有趣的玩具的游戏室里，孩子对房间探索一番后就开始玩玩具。一个陌生人进来，尝试和他一同玩玩具。然后，母亲悄悄地离开，只剩陌生人和小孩。最后，只剩下小孩一人。三分钟后母亲再度回到游戏室。实验主要是观察母亲再度出现后小孩的行为。结果发现儿童的依恋情况有差异，表现出三种风格：

第一，安全型（secure attachment）：这是多数儿童的行为，约占60%左右。当母亲回来时，孩子会很开心，会和母亲亲近，如要求抱抱等。这一类孩子比较有信心及有探索新事物的能力。

第二，焦虑抗拒型（anxiety resistant attachment）：这是属于矛盾型的，当母亲离开，他们会显得难过，但是当母亲回来时，他表现得若即若离。要母亲抱，却又挣脱她，不再回去玩玩具，一直注视着母亲的行动。这种风格的儿童大约是20%左右。

第三，回避型（anxious-avoidant attachment）：母亲离去时，不紧张痛苦，会和陌生人玩。母亲回来时，他不表示高兴，不理她、避开她。回避型的儿童也是20%左右。

鲍尔比还进一步相信对安慰对象的需要和对安全提供者的情绪依恋会贯穿在人的一生中，但直到20世纪80年代，心理学家才认真地考虑依恋在成人中的作用。哈赞和薛佛（Cindy Hazan and Phillip Shaver, 1987）是最早把鲍尔比的思想纳入浪漫关系情境中去的两位学者。哈赞和薛佛将成人的爱情关系视为一种依恋的过程，即伴侣间建立爱情联结的过程，就如婴幼儿在幼年时期与双亲建立依附性情感联结的过程一般。哈赞和薛佛注意到了婴儿与抚养者之间以及成人与其伴侣之间有以下相同的特征：

（1）当对方在附近以及给予回应时，他们都感觉是安全的；

（2）他们都致力于近距离的、亲密的身体接触；

（3）当对方不可接近时，他们都会感觉到不安；

（4）他们都乐于与对方分享他们的发现；

（5）他们都喜欢玩弄对方的脸，并沉迷于其中；

（6）他们都喜欢用儿语或妈妈语（也就是只有他们双方才能理解的一种声调高、特殊的用自创词汇组成的语言）。

弗蕾莉和薛佛（Fraley and Shaver, 1998）认为，人们对最早抚养者的反应确实会持续终生，并且这种反应还会影响到人们长大到成人时的浪漫关系。为了说明这一点，研究者让观察者去机场调查那些即将与恋人分别的人的行为。与恋人分别之后，观察者上前请恋人中的遗留者完成一份问卷调查，以确定他（她）们的依恋风格。

结果表明，焦虑风格的人在即将到来的分别中表现出了最严重的悲痛，并且试图做出一些延迟或阻止分别的行为，虽然这是不现实的。焦虑者还不断地跟随、搜寻其恋人，这与儿童与其父母在同样环境中的行为没什么两样。所以，当关系受到威胁（在此案例中是分别）时，依恋的风格表现得特别明显，这种效应在女性身上要比在男性身上更为强大（Fraley and Shaver, 1998）。

于是，哈赞和薛佛根据鲍尔比的依恋理论和安斯沃思等人的三种婴幼儿依恋风格，通过研究提出爱情关系也有三种“依恋风格”：

（1）安全依恋（secure style）：与伴侣的关系良好、稳定，能彼此信任、互相支持。（我发现自己比较容易与他人接近，并且与他们相互依赖时感到舒适。我不担心被遗弃或者与人过于亲近。）

（2）逃避依恋（avoidant style）：会害怕且逃避与伴侣的亲密。（当接近他人时，我感到有些不舒服；我发现完全信任、依赖他人是困难的。与任何人过于接近时，我都感到紧张，他人经常希望我在自感舒适的基础上与其更加亲密。）

（3）焦虑 / 矛盾依恋（anxious / ambivalent style）。时常具有情绪不稳、极端反应的现象，善于忌妒且希望跟伴侣的关系是互惠的（我发现他人难以像我希望的那样接近我。我经常担心伴侣不是真的爱我或者不愿意与我在一起。我很想亲近我的伴侣，但这有时会把人吓跑。）

在哈赞和薛佛的研究中发现，三种不同爱情依恋风格在成人中所占比例（安全依恋约占 56%，逃避依恋约占 25%，而焦虑 / 矛盾依恋约占 19%），与婴儿依附类型的调查比例相当接近，而且成人受试者的爱情依附风格，可以从他们对其与父母关系的主观知觉来加以预测。因此他们认为成人的爱情依附风格，可能是从婴幼儿时期就开始发展的一种人际关系取向。研究表明，人们感觉到和他母亲之间的安全程度，与他们感觉到和他的恋人之间的安全程度有相当大的重叠。例如，在那些与其母亲是安全依恋的人当中，超过 65%的人也感到与其恋人之间的依恋关系是安全的。还有证据表明，人们在儿童时期是安全的，长大成人后也更有可能是安全的。总之，人们从婴儿开始发展出来的依恋风格一直到成人时期都会基本上维持稳定不变的。

依恋类型与人们处理不愉快情绪的方式也是联系在一起的（Fuendeling, 1998）。在苦恼的时候，安全型的人会转向别人寻求安慰和支持，他们也会保持相对平静。相比之下，逃避型的人会躲开伴侣，变得有敌意；焦虑型的人则变得过分焦虑与不安（Kobak and Sceery, 1988; Simpson et al., 1992）。

至于爱情，研究人员发现安全型的依恋类型与爱情的三个成分有着正面的联系：安全型的人能体验到高度的亲密、激情和承诺。安全型的依恋也与较高程度的性爱和自发之爱，及较低程度的游戏爱情相联系（Levy and Davis, 1988）。总而言之，安全型依恋与更为丰富的浪漫和友伴爱情的经验相关联。

相比之下，不安全型的人体验更低的亲密、激情和承诺。回避型与游戏爱情是正关联的，反映出较低的承诺和逃避型人之间的相互依赖。焦虑矛盾与狂热的极端情感是正相关的（Levy and Davis, 1988; Shaver and Hazan, 1988）。

依恋风格值得加以研究：如果浪漫关系的伴侣一方是不安全型的，双方都会对关系不满意（Jones and Cunningham, 1996）。安全型的人比不安全型的人有着更多的自信和适应性（Diehl et al., 1998），他们爱起来会更为容易。一般来说，对亲近的自在性似乎是与人们对伴侣的自我暴露及对伴侣的支持的程度，以及对关系的依赖和承诺程度相联系的。相比较之下，对遭到抛弃的忧虑与嫉妒、高水平的冲突、低水平的妥协及缺乏信任相关联的（Feeney, 1999）。较高程度的对遭到抛弃的忧虑似乎使已婚男性更容易发生婚外恋情（Lokey and Schmidt, 2000）。总体而言，安全型的人比不安全型的人会体验到更浓烈的浪漫及友伴的爱恋（Levy and Davis, 1988）。

（三）自我拓展理论

上述的一些理论只是描述了把爱情当作是安全的基础，毫无疑问，这对于我们为什么要追求爱情的原因的解释是不完全的，这仅仅是爱情的过去时。人本主义心理学等理论告诉我们，人们会本能地开发其内在潜能，探寻最优的挑战，掌获新的体验。爱情还会影响人们的现在进行时和将来时。

阿瑟·阿伦和伊莱恩·阿伦（Arthur Aron and Elaine N. Aron, 1986）提出的自我拓展理论（self-expansion theory）认为，人们想要满足这种动机的一个途径就是通过浪漫关系来实现。他们认为爱情使人们的自我概念得以拓展并且发生改变，浪漫伴侣为我们带来了新的体验和新的角色，我们逐渐了解了以前所不了解的自己。从这个角度看，浪漫伴侣融入了我们的自我，变成了自我的一部分，因而帮助我们拓展了自我，使自我更为丰富了。比如，当你坠入爱河，你开始关心起你浪漫伴侣所关心的东西，你可能会开展一些不同的活动，开始吃一些不同的食物，听不同的音乐，看不同的书，等等。这样的话，爱情就促进了人的成长。

自我拓展理论主要包含两个部分：自我拓展动机（self-expansion motivation）和将他人纳入自我（inclusion of close others in the self）。

1. 自我拓展动机

自我拓展理论中关于动机的部分主要集中于两个观点：一是人们具有拓展自己的资源、观念和认同的动机，二是人们具有体验自我拓展过程带来的积极情绪的动机。

按照这个理论，一种主要的人类动机就是拓展自我的愿望——获取技能或资源以增加能力去达成人们不断进取的目标。自我的快速拓展，就像经常发生在形成一段新的浪漫关系（或学习新的运动项目，到新的、有趣的地方探险等）那样，会让人产生高水平的、积极兴奋的情绪。而自我的快速萎缩，例如配偶的突然去世（或有了身心障碍，被监禁等）那样，会导致强烈的消极情绪。

为了更具体地了解在亲密关系中自我拓展的涵义，看一个由加里·莱万多斯基和阿瑟·阿伦（Gary Lewandowski and Arthur Aron）所开发问卷里的三个项目——“你的伙伴提供了多少令人兴奋体验的资源？”“在你的伙伴使你成为一个更好的人时，你认识到了多少？”“你认为有多少是通过你的伙伴来拓展你的能力的？”

从表面上看，自我拓展似乎是从他人那里拿取资源以实现自己的目标，大有自私自利之心，其实不然。因为第一，动机是人们意识不到的；第二，当一个人在将他人纳入自我以实现自我拓展时，他人也会做同样的事情，因此他们的认同就有重叠的地方；第三，人们不是从他人那里拿取资源，甚至也不是彼此间分享资源，而是就把他人当作是自己一样，不再分彼此，“我的是我的，你的也是我的；你的是你的，我的也是你的”。这两个人相互包含以共同拓展，他们形成了共同的认同以及相同的需要。在一些情况下，他们是独自的人，独自行事。但在另一些情况下，他们也会以好像是融合了认同的方式来行事。

自我拓展动机以颇有意思的方式来影响初始的人际吸引。一方面，浪漫与友谊关系在相似性的基础上能很好地导致吸引。自我拓展理论解释说，人际间之所以会产生吸引，一部分原因是因为任何人际关系都能拓展自我，而人们懂得与相似的人发展关系是最容易的。然而，自我拓展理论也通过实验指出，如果一个人认为能够与某个特别的人建立关系的话，那么这个人与自己迥然相异（如不同的兴趣爱好，不同的职业，甚至不同的种族等）就会有最大的吸引力，这是由于与自己相异的人能够提供更大自我拓展的机会。

有证据表明发展一段新关系确实能够拓展人的自我吗？阿伦等（A. Aron, Paris and E. N. Aron, 1995）对 325 名大学生进行了 5 次测试（为期 10 周，每隔 2 周半测一次），每次测试中参与者都要在 3 分钟内列举出尽可能多的词语来回答“今天我是谁？”这个问题，还要回答一些其他的问题以表明他们是否在上一次测试到这一次测试期间陷入了爱河。结果显示，比在测试之前已经恋爱的参与者和在此之前与之中都未恋爱的参与者，在测试期间陷入爱河的参与者会用更多样的词语来描述“我是谁”。他们还用了同样的方法对另外 529 名参与者进行了测试，其目的是考察自我效能和自尊的改变（Aron, A. et al., 1995）。结果显示，比在测试之前已经恋爱的参与者和在此之前与之中都未恋爱的参与者，在测试期间陷入爱河的参与者的自我效能和自尊有更大的提高。而且偏相关分析表明，这些结果并非情绪的改变引起的。

此外，加里·莱万多斯基及其同事（2006）从关系破裂（relationship breakup）的角度也验证了发展一段新关系能够拓展自我的假设。其研究表明，一段关系的自我拓展性越强（即个体体验到这段关系提供的知识、技能、能力等的增长越多），这段关系破裂时的自我概念就越少。而且在控制了关系的亲密度后，这一结论仍然成立。

自我拓展理论也解释了浪漫关系在蜜月期后满意度下降的典型情况，还为如何避免这种下降提出了建议。阿伦和他的同事认为，在关系的早期，即关系的“蜜月期”，人们相互在加深认识，有大量的自我拓展以及所带来的愉快。然而，随着时间的推移，关系日趋常规化，自我拓展变慢，此时人们就面临着要如何超越自我拓展变慢所带来的问题。因为当拓展减慢或不存在时，几乎不产生什么情绪，甚至有时出现无聊感；如果较慢的拓展出现在一段时间的快速拓展之后，快感的丧失可能会让人失望并引发关系的裂痕。当两个人刚开始发展关系时有一段时间的兴奋期，这时他们常常会在一起聊天、运动、外出游玩等，在此期间双方会快速地将对方纳入自我而使自我得到快速的拓展，但彼此熟知后自我拓展的机会就会减少，拓展的速度也会降低，那么积极情绪也就会相应地减少（A. Aron, et al., 2003; Reimann and Aron, 2009）。这就是为什么夫妻双方在蜜月之后关系满意感会急剧下降，并在随后的数年之中一直维持低水平的原因之一。如果一对夫妇能够一起做一些自我拓展（新奇的、挑战性的、令人激动的）的活动，将能够把关系（甚至是一段建立已久的关系）维持得更加紧密，关系也从而变得更有活力。

在一项系列性的实验室实验中，对夫妇们的幸福度在共同活动的前后均进行了测量。一部分夫妇被分配到可以自我拓展的、高度新奇和挑战性的任务中，而另一部分夫妇被分配的任务是平淡乏味的。前一部分夫妇们体验到了爱意和关系满意度增加了。

在另一项实验室之外的研究中，一组已婚夫妇被安排每周花一个半小时的时间参加高度刺激但只有中等愉悦度的活动；另一组夫妇则被安排参加只有中等刺激但有高度愉悦度的活动。10 周过后，参加高度刺激的那组夫妇的婚姻满意度增加了。

2. 将他人纳入自我

自我拓展理论指出，拓展自我的动机经常会驱使人们想要开展和维持一段特定亲密关系的愿望，因为亲密关系是特别令人满意的，也是进行自我拓展的手段。在自我拓展理论中，将他人纳入自我的内容主要体现在以下三个方面：

第一是资源（resources）。这里所说的他人的“资源”是指有助于我们达成目标的物资、知识和社会资产。在一些情况下，他人的资源基本上就等于自己的资源，如夫妻共住一套房子（无论房子是谁买的）；在另一些情况下，人们认为自己可以利用他人的资源，如知识资源；还有一些情况下，人们会认为他人的资源就是自己的资源，但实际上并不一定是这样，如一个人认为家里的汽车就是自己的车，而实际上其父母并不这样认为（Aron et al., 2005）。总之，在亲密关系中，人们似乎将亲密他人的资源纳入到自我中，亲密他人得到的资源如同自己得到的。在阿伦等（A. Aron et al., 1991）的研究中，他们让参与者把金钱分配给自己、亲密朋友和陌生人，结果显示，参与者分配给自己的金钱与分配给朋友的金钱大致相当，并且比分配给陌生人的金钱要多一些，而且即使是在参与者确定他人不知道分配数额的情况下这种结果仍然存在（因此排除了社会期许效应对实验结果的解释）。这说明在亲密关系中，人们似乎将亲密他人的资源纳入到自我中，亲密他人得到的资源就如同自己得到的。

第二是观念（perspectives）。将他人纳入自我也指从他人的观点来体验世界。例如，通常人们倾向于将自己的消极行为归因为情境因素（“我一般是很诚实的，但在这种情况下，我不得不撒一个谎”），将他人的消极行为归因为个人特质因素（“他就是个不诚实的人”），但是当人们将某个亲密他人纳入自我中之后，这种归因偏差就会减弱，人们更有可能像理解自己为什么会做这样的事一样来理解亲密他人为什么以同样的方式去做此事，即人们会用更多的情境因素去解释亲密他人的消极行为。比如，当你最好的朋友心理统计课考试不及格了，你更有可能会认为是情境的原因（如那天他感冒了）影响了他的考试成绩，就好像是为你自己考试不及格去找原因一样，而不是去找个人特质原因，就好像是为陌生人或一般的熟人考试不及格去归因一样（他不努力或不够聪明）。

第三是认同（identities）。认同是指使人们知道他们是谁的那些个人特质和记忆。自我拓展理论强调，人们很容易把自己的特质和记忆跟亲密他人相混淆，因为亲密他人实际上就是自我的一个组成部分。这一点在很多使用诸如反应时、记忆、图片再认以及大脑扫描等方法的研究中得到了证实。其中一个实验是向人们呈现一系列描述人格特质的形容词，一次呈现一个。对于每个特质，参与者如果觉得是描述了真实的自己时就按“我”的按钮；如果觉得此特质对自己的描述是虚假的，就按“非我”的按钮。实验发现，当呈现的特质符合参与者而不符合配偶，或者不符合参与者而符合配偶时，参与者做出“我—非我”判断的反应时就会延长。其原因是，如果什么东西对自己的描述是对的，对自己配偶的描述却是错的，而配偶又是自己的一部分，然后在某种意义上参与者就会觉得对自己的描述恐怕也不会是真实的，从而使参与者在这种情况下多花了大约 65 毫秒的时间来判断此特质的描述是属实的。

四、爱情的变化与维护

爱情的美好受到了无数文学艺术作品的褒赞，也使得普罗大众心往神驰。但俗话说“相恋容易相处难”，一项对美国新婚夫妇追踪十年的纵向研究表明，婚姻满意度无论是在丈夫还是妻子中都是逐步下降的（Lawrence Kurdek, 1999）。这种下降包括两个主要的加速阶段：一个是婚后一年，即“蜜月结束了”；另一个是在婚后的第八年，正好应验了“七年之痒”的魔咒。此外，当代无论是中外，离婚率都有增加的趋势。据统计，在中国 2017 年的上半年，全国各级民政部门和婚姻登记机构共依法办理结婚登记 558 万对，比 2016 年下降 7.5%；依法办理离婚登记 185.6 万对，比 2016 年同期上升 10.3%。在美国，结了婚的人又离婚的比例将近有 50%之多。当然，我们也能见到不少始终如一、幸福美满一辈子的爱情故事。无论怎样，爱情都是需要经营的。那么，伴侣在长期的爱情关系中应该怎么做？什么因素会使爱情持久？又有哪些因素致使爱情失败？最近这二三十年来，爱情过程吸引了很多社会心理学家进行研究。

分手或离婚的原因十分复杂，既有微观层面的心理因素，也有宏观的社会、经济、政治和法律等因素。在此，我们主要从社会心理学的角度来分析人们在爱情和婚姻中消极的一面。在爱情与婚姻关系中，如果相处不好，首先表现在双方发生冲突，伴侣之间发生了冲突，就会导致关系的满意度下降。如果对冲突处理不当，两人最终就会分手。

（一）冲突的缘由

关系中的冲突产生于一个人的行为妨碍了另一个人行为的时候（Peterson, 1983）。我们对此都很熟悉，因为人际关系中的冲突是不可避免的。当两个人变得越来越相互依赖的时候，冲突发生的可能性就会增加：关系越亲近，冲突就越有可能发生。冲突的表现各不相同，从细碎的事情，比如说看电视要看哪个台，到比较严重的事情都有，比如伴侣找了一份心仪的工作，需要搬家过去，但另一方却不愿意搬家。后者也许是不常见的冲突，但前者却比比皆是，人们的日常生活充满了这些因细碎事情而导致的冲突。

冲突的缘由多种多样，人们几乎对所有的事情都会有争执。劳伦斯·柯德克（Lawrence Kurdek, 1994）列举了亲密关系中六种冲突的主要缘由。

（1）权力的争夺。例如，谁应该在家里拿主意、做决定，谁应该承担主要的家务活，等等。

（2）意见不合。例如三观很不一样，对一些政治、经济、文化、时尚等问题常常意见不合。

（3）个人缺陷。例如驾车方式经常令人提心吊胆，吸烟酗酒，不讲个人卫生等。

（4）失信。比如经常撒谎，与前任藕断丝连等。

（5）亲密问题。例如性关系不满意，缺乏温情、关爱等。

（6）疏远对方。例如经常缺席对方的活动，长时间工作，异地恋等。

人们处理冲突的方式会因关系的不同而不同，一些人能够成功地对发生的冲突进行协商，伴侣之间仍可以保持和谐的状态。而另一些人则是针锋相对，以牙还牙，以一种令人不满的方式来处理，结果是关系恶化，甚至就此分手。

（二）致使婚姻不满意的因素

伴侣之间发生冲突，会导致爱情或婚姻关系不满，而婚姻不满会使当事人的身心健康受到影响。婚姻冲突会刺激人的肾上腺素与脑垂体分泌加剧来应对压力，而这又会导致心脏出现问题以及损害免疫系统（Kiecolt-Glaser et al., 1994）。此外，不幸的婚姻还有其他的麻烦事：父母离婚的儿童更容易出现个人身心的、学习的以及感情的困难，不仅是在儿童期，而且还会延续至长大成人之后（Amato and Keith, 1991; Wallerstein et al., 2000）。基于浪漫关系不满的影响是如此的深广，知道使婚姻不满意的因素就非常重要了。在此，我们对其中最重要的几个方面进行分析。

1. 人与情境的因素

人们想要理解不幸福的亲密关系的一种方法就是要看是不是与某种特定的人有关，或看看是不是某些特定的情境导致了关系不满，甚至导致了离婚。那么，婚姻的幸福与否跟某种特定的人有关吗？两人的社会阶层或年龄等会对婚姻有影响吗？情境中的其他因素呢？

1）人的特征

为了回答这些问题，研究者对人们的婚姻满意度、人格和背景进行了测量。结果发现，首先，与人格有很大的关系。神经过敏的人容易焦虑、紧张、情绪不稳定以及总是悲悲戚戚的，在亲密关系中有更少的满意度，更有可能离婚（Karney and Bradbury, 1997; Karney et al., 1994; Kurdek, 1993）。同样的道理，对拒绝很敏感的人在亲密关系中有很大的困难（Downey and Feldman, 1996; Downey et al., 1998; Murray et al., 1998）。更甚的是，当感觉被亲密他人拒绝时，对拒绝很敏感的浪漫伴侣和朋友会怀有更深的敌意（Ayduk et al., 1999; Downey et al., 2000; Downey et al., 1998）。

另外，一些人口统计学的因素也与关系满意度有关。低社会经济地位背景的人更有可能离婚（Williams and Collins, 1995），因为社会经济地位是一个人的教育背景、收入、职业声望和他（她）家庭的结合，低社会经济地位者面临的各种困难会更多更大，就意味着压力更大，离婚的可能性自然更大。

至于年龄的因素，结婚更早的伴侣更容易离婚。原因主要有二：首先是更年轻的人容易感知到自己有较强的替代性，从而对长期关系不那么忠诚；其次是太年轻的人各方面的经验还不足，不容易找到真正适合自己的人。

2）伴侣之外的诱惑

爱情关系能否很好地维持部分取决于人们是如何对待诱惑的，有时，“外面的世界很精彩”。人际吸引的有关理论也描述了人们如果感知到自己有较强的替代性，也就是说，如果一个人在自己身处的情境中发现除了自己的伴侣之外，还有人对自己示爱，那这个人离开自己目前这段关系的可能性就会大增。

社会心理学家（Miller, R. S., 1997）让处于约会关系中的人观看富有魅力的异性照片，并记录下参与者观看照片的时间。数月之后他又联系这些参与者，看他们是否还与原来的伴侣在一起。结果发现，当初参与者观看照片的时间越久，他们浪漫关系破裂的可能性就越大。很明显，一个人处于诱惑（甚至只是观看了魅力异性的照片）之中，是此人与伴侣关系走向破裂的一个先兆。

有证据表明，当关系受到威胁或受到诱惑时，男女的反应方式是不同的。在莱登等（Lydon, J. E. et al., 2008）的系列研究中，给订了婚的参与者介绍一位富有魅力的人（或在其他的研究中让参与者想象此种体验），女性参与者的反应是更加坚定了她们目前的浪漫关系，比如会更多地容忍伴侣的错，更多地去想伴侣的好，或增加对伴侣的忠诚度等。相反，当男性参与者遇见有魅力的女性时，却减少了对他们当前亲密关系的忠诚度，对伴侣更加挑剔。这意味着当面对诱惑时，男性容易见异思迁，而女性则试图保卫她们已有的亲密关系。

2. 行为互动的因素

“冰冻三尺，非一日之寒”，从最初两人的含情脉脉，到后来的唇枪舌剑，关系紧张，期间有一个过程。在这个过程中，两人互动时的行为表现至关重要，这会直接影响到婚姻的满意度。还有一些因素是人们谈恋爱时感觉是正性的，随着时间的流逝同样的事情人们的反应发生了变化，成为负性的了。或结婚之后出现了新的生活事件，人们对此准备不足，使婚姻的满意感下降。总结有以下几点：

1）松懈

当两个人开始约会的时候，至少在表面上会遇到很多麻烦：要彬彬有礼，要言之有物；要抑制住打嗝的欲望，要用上好的化妆品。但当最初的求爱期过去之后，或结婚证书上的字墨迹未干，人们便停止这些努力，不再谦恭有礼，或温婉迷人。有研究表明，在婚后两年的时间内，人们的良好行为与情感表达严重下降（Huston et al., 2001）。我们在人际关系中想要的是奖赏。结果婚誓不久，人们获得的奖赏就越来越少，那都是我们没有一如既往的努力、松懈所导致的。

2）小题大做

恋人之间的相互依赖就像是一个放大镜，会夸大交往中的冲突，这种夸大在其他普通关系中是不存在的。这是为什么呢？因为我们花太多的时间在伴侣身上，对其有高度的依赖，所以他们几乎成有价值奖赏的唯一来源，他们要比其他任何人都有权力使我们遭受痛苦和挫折。因此，即使他们不是有意的，恋人也会使彼此之间倍感压力。例如，与他们朋友或陌生人类似的苦困相比，人们更容易因自己伴侣的暴躁脾气（Caughlin et al., 2000）和工作压力（Lavee and Ben-Ari, 2007）产生负性情绪。两人在一起太久了所带来的另一个结果就是，一些细碎的可厌之事仅仅是通过重复，就能使人累积出巨大的挫折感。就好像连续滴水的水龙头会使你抓狂一样，频繁的互动也可以使你因伴侣的一个小怪癖而大为光火。

3）互揭其短

恋人之所以能够成为恋人，很大程度上是在谈恋爱的过程中相互之间有很多自我暴露，恋人会向对方分享或倾吐自己的很多事情。自我暴露当然是增进感情的一种有效途径，但同时也会使对方知晓了我们很多不那么好的信息，包括秘密、癖好和缺点。这就意味着一旦发生冲突，我们的伴侣会把这些信息当做武器，直击我们的痛点，来取笑、伤害及威胁我们，而这是别人做不到的。事实上，即使伴侣并非有意互相伤害，他们所获取的这些敏感信息迟早会偶然性地来揭我们的短（Petronio et al., 1989），来伤害我们的感情（Kowalski, 2003），以及使我们在公开场合出丑（Miller, 1996）。

4）不受欢迎的“惊奇”

虽然情侣们可能意识到了当他们选择结婚时彼此之间会有一些不相容的地方，但他们如果真的结婚之后，还是会有不少未曾预料、不请自来且不受欢迎的“惊奇”会降低他们关系的满意度。这些“惊奇”大致有两类。第一种是一些我们自己本以为已经知道的事情会惊到我们，其中一个清楚的例子就是所谓的“致命的诱惑（fatal attractions, Felmlee, 2001）”。意思是他人起初那些很吸引我们的品质到了后来逐渐地使我们恼火或失望了。尽管在关系的早期恋人们会理想化彼此，但这种理想化会随着时间的推移慢慢地褪去。例如，一开始你会喜欢伴侣那无时不在的风趣笑声，但是现在却觉得他似乎是有点不成熟可靠、古里古怪以及孩子气。或者是一开始你暗自庆幸恋人对自己专情忠诚，数年之后同样的行为却被你吐槽为过于黏人。而如果不是相处多年或结婚之后，你是不知道这些现象的，这种态度变化会降低关系的满意度。

第二种不受欢迎的惊奇则发生在已婚夫妇从未料想也从未遇到却不请自来的那些事情上。现实生活中的典型例子就是父母身份的突然降临，以及随之而来的经济问题，是婚姻冲突的最大来源（Stanley et al., 2002）。大多数的新婚夫妇，如果早早地计划好了要孩子，会假定孩子的到来能使他们兴高采烈，夫妻关系也会更加亲密。但他们很快就会发现，虽然孩子的到来能使他们高兴一阵子，但是不久就会在他们的婚姻关系上敲响警钟。父母们经常低估了照料孩子所需要的时间和精力，忙碌的他们根本顾不上卿卿我我了（Claxton and Perry-Jenkins, 2008）。孩子的到来使父母们压力陡增，睡眠减少，责任感加强，因此增加了冲突，结果就是降低了关系满意度和相爱的程度（Lawrence et al., 2008）。

5）对伴侣期望过高

良好的关系远比电影描绘的那样有更多的事情要做，也需要人们作出更多的牺牲。如果结婚后对婚姻期望过高，比如，斯莱特（Slater, 1968）早就提出过警告：社会文化强求婚姻成为个体生命中最亲密、最深厚、最重要和最持久的关系，自然就要求夫妻们做情人、朋友和相互之间的心理治疗师。然而矛盾的是，婚姻却可能日益缺乏必需的情感需求，以致解体。如此的话，即使按照客观标准他（她）们的关系是健康的，人们随后也会感觉是受了欺骗并感到失望的。社会交换理论也告诉我们，对关系是否感到满意的一个因素就是取决于我们的比较水平，期望过高，就是比较水平太高，当然难以使人感到满意。

6）激情之爱流逝

尽管爱情有多种，但是人们对激情之爱念念不忘。体验过了激情之爱，也为人们树立了一个很高的标准和期望，认为这才是爱情，乃至于很多人甚至不把友伴之爱当作是爱情。如果持有这样的观点，激情过后，又没有适当的认知和有效的措施，只是一味地抱怨"审美疲劳""好比左手握右手"之类的，关系的满意度就会大幅下降。

3. 思维方式的因素

人们的行为会对满意的关系产生影响。非常重要的是当遇到问题和冲突时情侣们是如何处理的。如果你与伴侣在一起生活了多年，你的伴侣给你带来一些不快或难题的可能性是很大的，至少偶尔会这样。当你们两人意见不合的时候，比如假期是去海滩旅游还是去看家里的老人，或是该怎样花钱，你们之间可能会出现冲突。

一些研究比较了幸福和不幸福情侣做事的差异，尤其是比较他们如何处理难题和冲突的，就能清楚地看出是什么使得一些情侣要比另一些情侣更加幸福。

幸福情侣和不幸福情侣之间一个重要差别就是他们的归因方式。在强有力、幸福的亲密关系中，情侣们似乎都愿意尽量地将自己的另一半往好处想。霍尔兹沃斯-梦露和雅各布森（Holtzworth-Munroe, A. and Jacobson, N. S., 1985）在她们的研究中问人们当他们的伴侣做了一些令人不快的事情时，他们会怎么反应。幸福的情侣们有可能把伴侣不好的行为归因于外部因素，比如工作压力太大。相反，当伴侣做了令人愉快的事情时，幸福情侣则把它当作是"我的伴侣是个多好的人啊！"的佐证。简而言之，幸福伴侣把自己伴侣做的好事作个人倾向归因，而把伴侣做了不太合意的事情作外部情境归因。研究者把这种模式（好行为作内归因，坏行为作外归因）称之为是关系提升的归因方式（relationship-enhancing style of attribution，如图 7-9 所示），即情侣用积极的眼光看待彼此来增强关系。

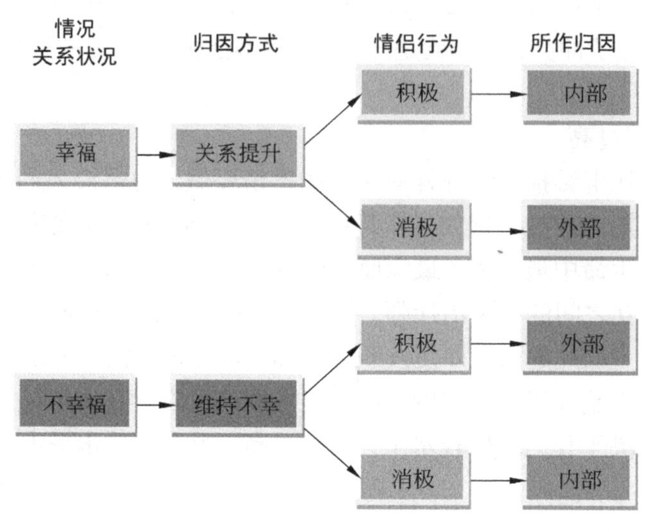

图 7-9　情侣的归因方式

而不幸福情侣对事情的解释则是相反的。如果自己的伴侣做了好事，他们倾向于作外部归因。例如，如果丈夫给妻子带回来一束花，妻子可能会想："这束花是廉价出售时买的吧？"甚至会想："他是不是做了什么不可告人的事情心虚了，想要进行掩盖。"如果伴侣做了什么不合意的事情，他们就会想："他（她）就是这号人！"所以，坏行为被归因于个人特质，而好行为则被归因于外部情境。研究者把这种模式称之为维持不幸的归因方式（distress-maintaining style of attribution，如图 7-9 所示）。

这些思维方式解释了想要挽救一段艰难的关系是一件非常困难的事情，哪怕有专业心理治疗师的帮助也很难成功。伴侣间尽量对彼此好固然是维护感情的首要一步，但一旦形成了维持不幸的归因方式，好事也会被大打折扣。为了增进感情，你可能试图去对你的伴侣好，但你的伴侣可能会曲解你的好意。同时，你一直在做好事，可偶尔你疏忽了某事，或做了一些错误的事时，你那维持不幸的归因方式的伴侣就会戏谑说，真实的你又回归了。因此，如果你的伴侣是维持不幸的归因方式的话，你永远也赢不了。

另一种重要的思维过程包括人们是如何看待这段关系本身的。幸福情侣们倾向于夸大他们的关系有多棒！当关系出现问题时，他们会把它看作是一个孤立的事件。这样的话，他们就能够持续地维持其关系好的观点，对关系的评估就会比情侣的父母以及室友的看法要更加积极和乐观（室友对一段关系能否持续的评估常常很精确）。当情侣关系即将破裂时，他们会重估这段关系，把他们的过往解释为并不浪漫。例如，许多幸福情侣会讲他们首次相遇是如何如何的浪漫，说他们相互情投意合、相互吸引，他们的相遇简直是奇迹，十分难得。同样是这对情侣，如果他们要分手或离婚了，那他们首次相遇的故事版本就不一样了，此时就会说他们只不过是偶遇，正巧是单身或性饥渴的时候，无论是谁出现在那里，都有可能与之发展出一段浪漫关系来，或者是说他们之间的吸引是建立在错误的印象形成基础之上的。

还有一个重要的思维方式就是贬低伴侣之外的选项。约翰逊与鲁斯布尔特（Johnson, D. J. and Rusbult, C. E., 1989）让已有情侣的参与者去评估几个有魅力的潜在约会对象，最忠诚的参与者给这些潜在约会对象以很低的评价，特别是当这些约会对象极富魅力并实际上有可能与之约会的时候。此种情形会被参与者认为对自己已有的关系威胁很大，贬低这些潜在选项的防御措施可以避免自己情迷心窍。在他们的另一项研究中发现，那些不去对潜在选项进行贬低的参与者要比那些对潜在选项贬低了的参与者更有可能使自己当前的关系破裂。换言之，形成了稳定持久关系的人们不会觉得别人能吸引自己，而那些后来会破裂的关系中的人们才会认为别人有吸引力，而且随着时间的推移会增加对这些人的喜爱。还记得前面的让参与者观看魅力异性照片的研究吗？看魅力异性照片时间最久的人，他们当前的浪漫关系就最有可能破裂。

在另一个研究中，辛普森等（Simpson, J. A. et al.,1990）发现已有恋情的年轻异性恋者要比那些没有恋情的人对年轻异性照片上的人评价更低，这两组参与者在评价年轻同性个体和年长异性个体上没有差异，这些人对他们现在已有的关系不会形成威胁。所以，只有那些潜在可能的选项才会被贬低。这启示我们：对那些潜在的诱惑关闭心扉，可以使人们当前的关系得以安全。

4. 自我呈现的因素——真实化还是理想化

有关印象形成的研究告诉我们，人们会对诚实的人形成良好印象。人际吸引理论同样说到，在诸多产生人际吸引的人格特质中，诚实也是名列前茅的。许多人也信奉这一点，甚至把它作为人生格言：做真实的自己！那么，无处不真实的话，对爱情关系的维持是不是最好的呢？

你的伴侣和你一起去商店里购物，你的伴侣问你："这件衣服会不会让我显胖了？"你诚实的回答是"是显胖了，但不比你大多数衣服显胖"。这样的诚实估计是不会讨人喜欢的。毕竟，热恋中的人们经常会高估与理想化他们的伴侣，这是一件坏事吗？为什么爱情会认为彼此要比我们实际上更好？互相之间把彼此看真看透会对关系更好吗？

实际上诚实在成功关系中的作用有两种观点。一种观点是，诚实是最好的对策，它能使两人完全、正确地认识彼此，能有效地沟通好感情，接受彼此的真实面貌，否则就看不懂对方是谁了。另一种观点是人们应该相互理想化，带有积极的偏向来看待彼此。

在激情之爱的期间，两个人通常都会积极地看待对方，甚至会不惜以扭曲现实、忽视对方缺点、放大对方优点的方式去认识自己的情侣，这种理想化的知觉叫做积极幻象（positive illusions）。所谓"当局者迷，旁观者清"，对此，朋友们会说"他是怎么看她的啊？"或是"我简直不能相信她会认为他那么好"。而且，情人们还鼓励并帮助彼此用理想化的方式来看待对方。在约会的时候，他们穿上自己最好的衣服，表现出最优秀的行为出来：有思想的、迷人的、体贴的以及正确的。女性结交了新男朋友时精心打扮并使用各种化妆品，平时可不是这样的。男性则精雕细琢自己的语言，尽量不露粗俗之态，以便给对方留下良好的印象。

因此，坠入爱河的人们会以一种理想化的版本来进行交往，只是这样的幻象可能难以持久。那是不是该回归诚实呢？也许是的。你可能想以自己真实的面貌来被对方认识，被对方所爱。如果你的伴侣从未见过真实的你，从来都是以你最好的一面来认识你的话，你可能会感到不安全。你会觉得一旦露出了自己真实但不够优秀的面貌的话，对方就会拒绝并抛弃你了。

这样的话，问题就变成了：应该尽可能地向你的伴侣展示你那理想化的版本吗？还是应该展示你那有缺陷甚至失败的真实的自我，并以这样的方式来被对方接纳？

社会心理学家提供了并不一致的答案。斯旺（William Swann, 1985, 1987）和他同事的研究表明，人们希望他人用他们看待自己的方式来看待自己（大多数人以积极偏向的方式来看待自己，所以这不全然是诚实的方式）。这些研究者发现，人们在对待约会和结婚时所使用的规则是有差异的。当人们约会的时候，他们喜欢伴侣尽量以积极偏向的方式看待自己。而当人们结婚了的时候，他们则喜欢伴侣正常看待自己了。不过，低自尊的人们喜欢伴侣相对低看一点自己，而不是高看一点自己。

相反，桑德拉·玛瑞和约翰·霍尔姆斯（Sandra Murray and John Holmes, 1993, 1994, 1996, 2004）等的研究支持的是理想化的观点。在他们的研究中，要情侣们评价他们彼此间理想化的程度，以及他们的关系满意度。数月之后，研究者跟踪这些情侣的情况，看他们是否还在约会，如果还在约会的话，他们是如何做的。他们发现那些以积极的方式来看待彼此的情侣有着最幸福的关系，也是最持久的。这与前述的关系增强的归因方式是一致的：人们忽视伴侣的缺点，强调伴侣的优点，可以拥有最好的浪漫关系。

从表面上看，他们彼此的研究所得出的结论是有差异的，我们可以从他们测量自我的不同方面来分析其差异。斯旺的研究主要侧重于测量自我的具体方面，而玛瑞和霍尔姆斯的研究则测量了总体、全面的自我。人们可能希望其伴侣在小处对自己有精确的了解，但在总体上对自己是积极的态度。对你的伴侣而言，他（她）最好是精确地知道你是否会修理汽车、量入为出、准时约会，或者是否会在他（她）父母面前举止得体、彬彬有礼。但假如你的伴侣过于注重细节，你将面临不少麻烦。同时，你可能又希望你的伴侣总体上认为你是很棒的人。如果你的伴侣能够适度夸张地认为你有多好、你有多聪明，或你有多迷人，那你们的关系将能够比较健康地发展下去。

另外，也许调和这些不同研究发现的方式是人们会选择性地去证实他们是如何认为自己的——既不是完全诚实的，也不是完全虚幻的。人们想要他们的伴侣把自己看成是他们眼中最棒的，是基于自己真实可信的表现之上的，而不是弄虚作假、子虚乌有的所谓完美。关系提升的思维方式是看重你伴侣的良好品质，而忽视那些不好的事情，但不是伪造一些不存在的优良特质。

怎样才能将一段关系发展到四十年的时间之久？答案也许是：把你自己最好的一面展示出来，同时也要理想化自己的伴侣。你与其表现出你那非常糟糕的地方，比如穿着脏兮兮的内衣裤坐在沙发上抓耳挠腮，或者是时不时地倾吐一些神经质般令人不安的言语，肯定不如尽量使你的伴侣能够理想化你。“金无足赤，人无完人”，你也要尽量忽视你伴侣的缺点，表扬甚至夸大伴侣的优点。如果相互都是这样的话，“自我实现的预言

（self-fulflling prophecies）”告诉我们，当人们对我们有所期待，我们会用证实这种期待的方式去行事的，情侣之间的浪漫关系就会变得越来越好。回想一下与情侣初次约会的情形吧，人们仔细地装扮自己，精雕细琢自己的言行，交往过后的那种感受妙不可言。如果情侣们在订婚甚至结婚多年以后还是如此表现的话，他们的关系将能更加健康持续地发展。

5. 相互依赖的调适

在浪漫关系刚开始的时候，情侣们的交往基本上只呈现各自美好的一面，掩盖了潜在的可能不相容的地方，加上此时情侣们戴着玫瑰色的眼镜去看待彼此，产生了积极幻象，关系急剧升温，激情四射。但是此后不久，大多数的约会关系，就会进入一个平缓的高原，甚至持续到结婚之后，关系的满意度会有所下降（如图 7-10 所示）。

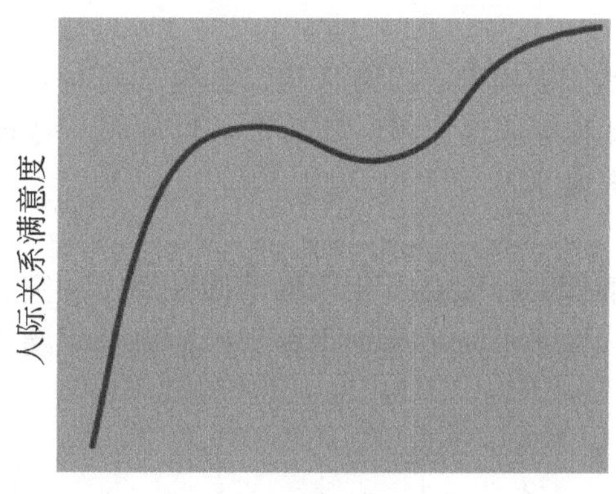

图 7-10　关系满意度随卷入水平的变化

为什么？按照所罗门与克诺布洛赫（Solomon, D. H. and Knobloch, L. K., 2004）提出的关系湍流模型（model of relational turbulence），人们在关系的早期阶段少有冲突，主要是因为伴侣是相对独立的，对相互的生活轨迹和目标基本上没有干预。但当伴侣从普通的约会进入到越来越深的关系之后，他们就要经过一个需要调适的阶段，当他们花越来越多的时间在一起，变得要彼此依赖的时候，他们就会感到伴侣对自己的自由与需要限制太多了。伴侣开始干涉彼此的日常生活，挤占了他们关系开始之前的一些快乐活动的时间。例如，李梅原计划在周末是要与朋友在一起的，但她男朋友约她出去玩，这使得李梅左右为难。如果情侣们能够学会调适他们日益增长的相互依赖，（“亲爱的，我们约好周五是我们的朋友日，好吗？”）协商如何促进各自的目标，关系的湍流就会减少，满意度会增加。这个倒 U 型的过程就如同原本平顺飞行的飞机遇到了空气的湍流，一开始被猛地抬升，过了一会儿又急剧下跌，需要飞行员仔细驾驶飞机以平安渡过这些湍流，尽量减少颠簸（如图 7-11 所示）。

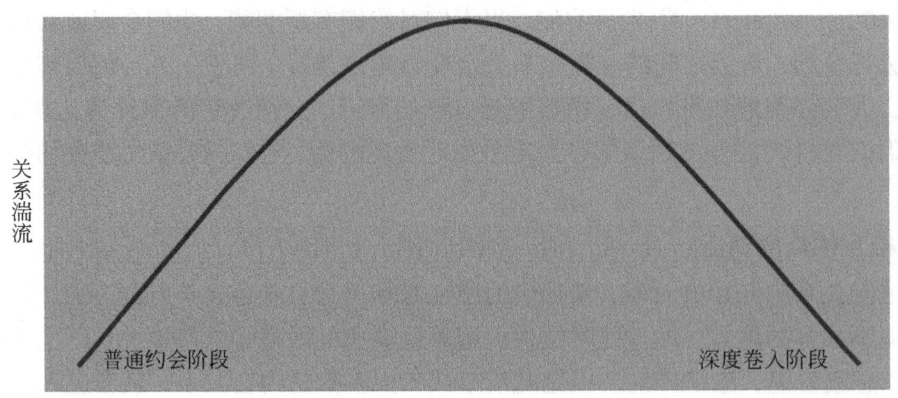

图 7-11　关系湍流模型

一段新关系开始时湍流会增加，因为情侣们会越来越相互依赖，花费更多的时间在一起，对彼此的生活与目标带来了干涉。如果情侣们待在一起后能够协商如何促进各自的目标，关系的湍流就会减少。

这个模型还有助于解释为什么在青年期的浪漫关系中冲突特别多(如图 7-12 所示)，冲突的频率从十八九岁到二十五六岁增加很多，此后则会平缓许多。

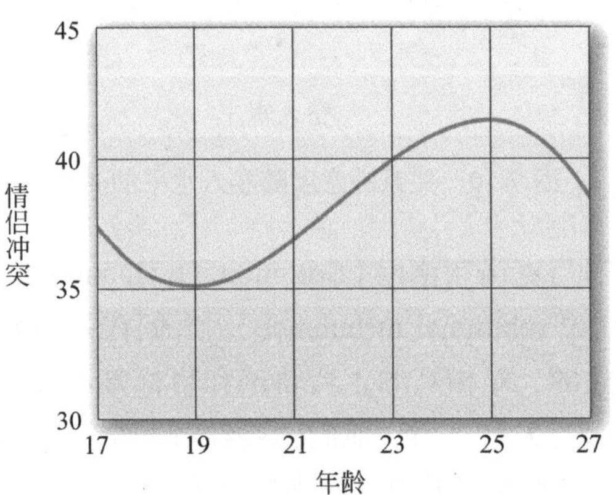

图 7-12　青年人浪漫关系中的冲突

其中最有可能性的原因是，在 25 岁左右，许多年轻人开始浪漫关系的同时，又面临着职业计划的问题。如果他们把时间精力更多地投入到浪漫关系之中，那他们的职业目标就会受到影响。同样地，如果年轻人只顾职业目标的实现，则不可避免地影响到他们的浪漫关系，爱情与事业两者之间很难兼顾。在大约 25 岁之后，大部分年轻人的事业已经有了一定的基础，因此在他们依恋和亲密的愿望与独立和成就的愿望之间少了很多冲突，可以允许他们与伴侣更好地在一起了。

（三）婚姻满意度的一个解释模型——VSA 模型

VSA 模型的全称是"脆弱性—压力—适应模型（the Vulnerability-Stress-Adaptation Model）"，是卡尼和布拉德伯里（Karney, B.R. and Bradbury, T.N., 1995）提出来的，用于解释亲密关系中的满意度为何会随着时间的流逝而发生改变或仍然保持稳定。基于认知—行为的视角，这个模型描述了伴侣对其关系的评价是对他们彼此互动的直接反应，并进一步认为决定他们互动结果的因素是：第一，个体自身的因素，包括能力、人格、个人历史等；第二，伴侣所面对的是严苛还是支持性的环境。由此非常详细地解释了这个模型的元素，描绘了这个模型是如何把这些元素结合起来解释关系满意度随时间而变化的过程的。

1. 模型的组成元素

一段亲密关系刚开始的时候，大多数情侣对彼此及其形成的关系都有超级好的评价，并希望他们的良好感情可以天长地久。但是除了这个良好的开端，许多情侣并没有把他们起初满意的感受维持太久，大量研究揭示了其中的原因，这些研究厘清了数百个特定的与关系满意度变化和稳定有关的变量，而 VSA 模型把这些变量总结为三个主题，其中的每一个主题内都可以使这些变量或多或少地以同样的方式发挥出作用来。

1）持久的脆弱（Enduring Vulnerabilities）

在与他人建立关系时，每个伴侣都会把自己独有的品质、特性、经历等带进来，包括依恋风格、人格特质、精神病理学水平以及家庭历史等。把这些不同的变量联系起来的是它们被假定在一段特定关系开始时是相对稳定的，每一个由来已久的特质都能使个体在形成关系时起到积极或消极的作用。在此基础上，那些有着持久脆弱性（比如父母离婚、滥用物品、问题人格以及有抑郁史或创伤史等）的个体要比那些少有脆弱源的个体更难维持满意与长期的亲密关系。

2）外部压力（External Stress）

每一段关系都是发生在物理的、社会的、文化的和历史的环境中的，环境里的元素对一对情侣维持他们关系质量的努力会起到支持或干扰的作用。例如，财务紧张、一些难相处的朋友或亲戚，以及健康有问题等，这些难题都需要一对伴侣去解决，而这些时间原本可以花在增加彼此的甜蜜关系的行动上的。反之，如果情侣们拥有支持性的朋友和家人，家底殷实，身体健康，将能更为有效地应付各种压力，进而有更多的时间去做增进彼此感情的事情。

3）适应过程（Adaptive Processes）

适应过程包含了伴侣们互动、理解、支持和相互呼应的所有方法。这些过程包括双方的外显行为，比如表达感情、解决冲突等，也包括每个伴侣内在的认知与情绪反应，如他们对自己行为的解释以及对互动的评价。适应良好的过程可以使关系的负面影响最小化和积极影响最大化，例如，满意的伴侣能够做到讨论彼此间不同的意见而不带有消极的情绪，能够坦承特定的困难却依然看好现有的关系。适应不良的过程则会加剧关系中的负面影响，例如那些关系欠佳的伴侣倾向于对彼此消极的行为睚眦必报，陷入使冲突升级的恶性循环之中。

2. 元素的整合

脆弱性—压力—适应模型把这三大类变量整合为一个框架，来解释最初满意关系的变化与稳定。模型中变化的引擎是适应过程与关系满意的相互联系，从认知—行为的视角出发，这个模型提出有效的适应过程（如积极的互动、对伴侣行为进行善意的解释等）维持与强化了关系中积极的感情，这反过来在将来又更有可能导致有效的适应过程。反之，每次不良的适应过程（例如敌对的互动、指责、消极情绪等）则损害了关系的积极评价，随着负面体验的聚集，关系的评价恶化了，并更有可能在将来进行负性的互动。

是的，认知—行为的视角并不检视在最初满意关系中适应过程的效果，既不说明最初的有效适应过程为何随时间恶化，也不阐述不良的适应过程会有所改进。脆弱性—压力—适应模型直接把这些问题通过适应过程置入一个更为广阔的框架之中去，即每个伴侣的持久性品质以及支持性或紧张性的环境均需要通过伴侣的适应表达出来。

在这个模型里，一对伴侣适应过程的质量是每个伴侣的个人特质与伴侣栖息的小环境直接作用的结果。每个伴侣的优势与缺点直接影响关系的结果，并通过其直接效果影响了适应过程的质量。具体来说，有许多优点而少有脆弱性的伴侣会互动良好，能管控负性事件，彼此提供支持，这样的过程能把满意关系维持很长时间。而有许多脆弱性和少有优点的伴侣在管控负性事件和不同意见时会有很多麻烦，这些麻烦会致使关系满意度随时间增加而不断降低。

外部压力和挑战也同样会通过适应过程的直接效果影响关系质量。有关系之外严重需求的伴侣有更多的问题需要解决，就没有能力以积极和适宜的方式来解决自己关系之内的问题了。在各方面有支持性的伴侣有很多时间致力于关系的维护，也更有效地利用时间。因此，这个模型并不把适应过程当做是关系变化的原因，而是视适应过程为机制，通过这个机制，个体层面的特性与其所处的环境相互作用，影响了亲密关系满意的发展。

3. 对关系满意度稳定性与变化的解释

通过阐述每个伴侣持久性的特质与不断变化的伴侣环境之间的相互作用，脆弱性—压力—适应模型揭示了最初满意的关系是如何随时间流逝而发生变化的，并对这些变化何时会产生做出了预测。总体而言，这个模型认为，当伴侣面对的挑战超出了他们适应的能力时，关系满意度就会下降。这个原理提出了关系会随着时间下降或依然保持稳定的若干不同方式。例如，脆弱的伴侣在得到支持或能够获得资源时仍然会保持稳定，但当挑战增加而不能有效地互动时，关系会下降。最具韧性的伴侣在面对大量困难时也能有效地维持关系的稳定，但他们在大灾难（如长期患病、亲人去世、破产等）降临时关系也会下降。最为脆弱的伴侣在面对普通的压力源（如失业、小型自然灾难等）时，他们的关系就有可能大幅度下降。在满意度已经下降的伴侣中，当命运改善（如获得了心仪的工作、分红或加薪、诞生了健康的孩子等）时，他们的关系最有可能得以改进。所以，通过伴侣之间的相互影响以及他们与环境的相互作用，脆弱性—压力—适应模型揭示了伴侣间关系满意度的差异，以及随时间他们的关系所发生的变化。

（四）分手的过程

为了解释关系的最后阶段，史蒂夫·杜克（Steve Duck, 1982）提出了“关系分解模型”（relationship dissolution model）。杜克断言，关系的分解并非一个孤立的事件，而是经过一段时间之后以系统化的方式发生的。

在他原初的模型里，杜克提出在关系破裂的过程中要经过四个阶段，当不满增长到某一特定阈限时，相应阶段就会出现。后来罗利（Rollie, S.S.）与杜克一起于 2006 年对这个模型进行了修正，增加了一个阶段，共有五个阶段。

（1）个人分析阶段（Intrapsychic Phase）：当达到了“我再也不能忍受下去了”的阈限时，这个阶段就开始了。此时，伴侣就会仔细思考问题的原因，并对终结关系作出一个成本—收益方面的分析，以及考虑有无可替代的对象。以上的分析在此阶段里一般只是自己独自进行，或者是与自己的亲密朋友交流讨论，不会告诉伴侣。如果想要把自己的思考告诉伴侣，就进入了下一个阶段。

（2）两人沟通阶段（Dyadic Phase）：当达到“我要撤”的阈限时，第二阶段就开始了。如果两人的关系不是很正式的话，关系就会悄无声息地结束了。当然，大多数情况是伴侣们表达他们的感受，提出对关系出现问题的解释，讨论他们之间的差异，选择两人是调和关系还是解除关系。如果他们的决定是终结关系，就进入下一阶段。

（3）社会公开阶段（Social Phase）：如果伴侣间的协商、沟通失败，达到“我要来真的”的阈限，这一阶段就开始了。在关系实际终结或即将终结的时刻，两人就会向自己的社会网络公开，力求自己对事件解释的版本能够获取支持、博得同情，并处理好随之而来的社会反响，比如社会评价，可能的不赞成，以及公开他们重新恢复单身状况等。

（4）关系整饰阶段（Grave Dressing Phase）：当达到“无可奈何花落去”的阈限时，这一阶段就开始了。这个阶段涉及了财产的分割以及孩子的抚养权等问题，接受关系终结的现实，并努力使自己从中恢复过来，以便使各自能够走向新的生活，并且分别对这段终结了的关系向别人提供一个从各自视角进行解释的版本，努力维护自己的声誉，使自己的“社会信用”尽量完整。

（5）重振阶段（Resurrection Phase）：这一阶段的重点是伴侣们为发展将来的关系做准备，他们努力汲取前一阶段关系的教训，以帮助发展新的关系。他们进一步对终结了的前段关系进行调适，获取新的自我认识以及对关系的认识，以便在将来对自己有所帮助。

（五）分手的策略

还有些学者并不是从揭示分手的过程入手，而是聚焦在具体的战术层面——分手策略（disengagement strategies）上，即人们想要结束这段关系时如何实际运作。莱斯利·巴克斯特（Leslie Baxter, 1985）通过研究，提出了分手策略的两个维度。第一个维度是直接／间接维度，是指人们想要向对方表达结束关系愿望的清晰程度。直接策略就是明确地表达出想要结束关系的愿望，而间接策略不是这样。第二个维度是他人导向／自我导向维度，是指分离者（即想要结束关系的那个人）试图避免伤害伴侣的程度。他人导向策略是指在提出分手时避免使伴侣难堪或操纵伴侣的愿望；而自我导向策略是指只顾自己、不顾伴侣感受的做法。这两个维度组合起来，就形成了四种分手的策略，如图 7-13 所示。

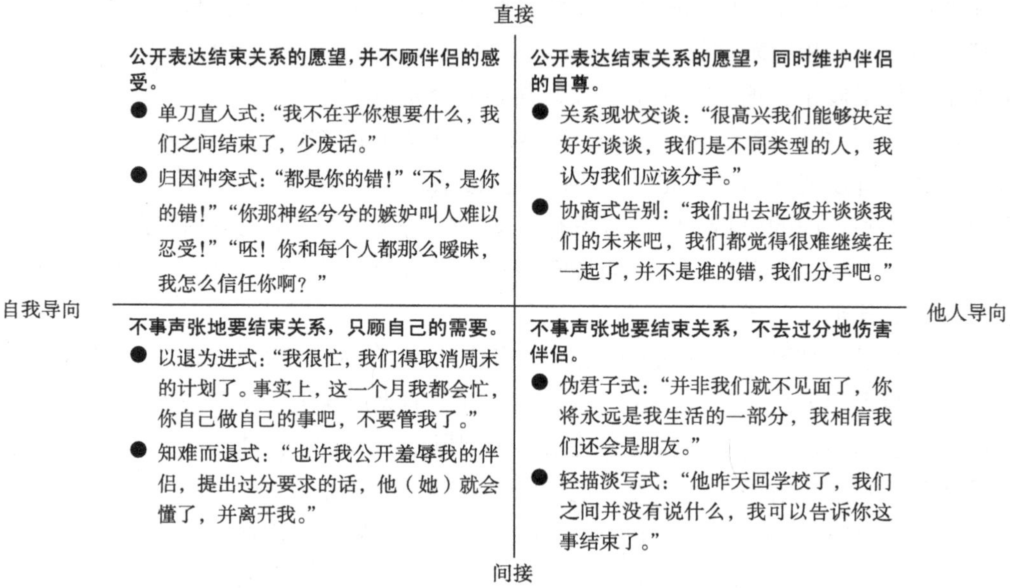

直接

自我导向	他人导向
公开表达结束关系的愿望，并不顾伴侣的感受。 ● 单刀直入式："我不在乎你想要什么，我们之间结束了，少废话。" ● 归因冲突式："都是你的错！""不，是你的错！""你那神经兮兮的嫉妒叫人难以忍受！""呸！你和每个人都那么暧昧，我怎么信任你啊？"	**公开表达结束关系的愿望，同时维护伴侣的自尊。** ● 关系现状交谈："很高兴我们能够决定好好谈谈，我们是不同类型的人，我认为我们应该分手。" ● 协商式告别："我们出去吃饭并谈谈我们的未来吧，我们都觉得很难继续在一起了，并不是谁的错，我们分手吧。"
不事声张地要结束关系，只顾自己的需要。 ● 以退为进式："我很忙，我们得取消周末的计划了。事实上，这一个月我都会忙，你自己做自己的事吧，不要管我了。" ● 知难而退式："也许我公开羞辱我的伴侣，提出过分要求的话，他（她）就会懂了，并离开我。"	**不事声张地要结束关系，不去过分地伤害伴侣。** ● 伪君子式："并非我们就不见面了，你将永远是我生活的一部分，我相信我们还会是朋友。" ● 轻描淡写式："他昨天回学校了，我们之间并没有说什么，我可以告诉你这事结束了。"

间接

图 7-13　巴克斯特的分手策略模型

第一种策略是直接和他人导向的。具体的一个做法是"关系现状交谈（state of the relationship talk）"，伴侣坦承他们对关系现状的不满，并表达出要结束关系的愿望，他们共同讨论并同意结束关系，这种方式可以让彼此留有面子。另一种类似的做法是"协商式告别（negotiated farewell）"，双方在一起进行沟通，正式地结束关系，并为关系破裂共同承担责任。这些策略直接、公开地表达出结束关系的目标，也使彼此留有面子。

第二种策略是直接和自我导向的。分离者公开表达结束关系的愿望，并不顾及会伤害伴侣、使伴侣难堪或操纵伴侣。"单刀直入（Fait accompli）"的做法是分离者宣称关系结束了，且不给讨论或和解的机会。"归因冲突（Attributional conflict）"则是双方都想结束关系，但不能就破裂的原因达成一致意见，于是就相互指责（经常是不留情面的）。使用这些策略的人们公开陈述要结束关系，并以牺牲伴侣的身心健康为代价来实现目标。

第三种策略是间接和自我导向的。一个人试图结束关系，又不明说，且只顾自己的感受和需要。"以退为进（Withdrawal）"的做法是减少与伴侣接触和亲热的频率，又不告诉伴侣这样做的真实理由。"知难而退（cost escalation）"的做法是想要退出关系的人增加伴侣维系这段关系的成本，以此来迫使他（她）离开。使用这些策略的人们避免公开讨论结束关系，同时又只顾自己的感受和需要。

第四种策略是间接和他人导向的。这种策略既不明确表达要结束关系的愿望，又不想过多地伤害伴侣。一个做法是“伪君子（pseudo de-escalation）”式的，伴侣虚伪地宣称尽力维护、改进关系，但效果不明显，还不如把关系了断算了。另一种做法是“轻描淡写（fading away）”式的，使对方或双方间接地认识到他们的关系结束了（但从不坦承自己的风流韵事）。

巴克斯特指出脱离关系的过程多种多样，十分复杂，一个人要结束一段特定的关系会使用许多策略。社会学家戴安·沃恩（Diane Vaughn, 1986）的研究揭示了关系破裂的发起者会使用大量的间接分解战术，包括等待伴侣出错，然后抓住这个“致命的错误”当作是关系破裂的证据，说必须要结束关系了；或是减少与伴侣的互动，同时增加与他人的接触；还有就是违背先前在建立关系时达成的如忠诚这样的重要原则，等等。

（六）对分手的反应

人们会以各种方式来对浪漫关系的终结进行反应。例如，无论男女在离婚后都会体验到抑郁、焦虑、自尊降低，还有其他的心理悲痛症状，以及会产生社会隔离感（Henley and Pasley, 2003）。然而，对离婚有积极反应也是相当普遍的。很多离了婚的人报告说离婚之后他们与其他人的关系有了积极的改进（包括与朋友、家人及其他社会网络成员有了更多更亲近的互动），他们自身也有改善（比如个人成长了，有更多的自主权了，更自信了，有自尊了）。类似地，尽管大多数父母离了婚的儿童经历了情绪的、行为的以及学业的困难，但这些问题在他（她）们父母离婚时就达到了顶峰，而且通常会很快就过去了（Demo and Supple, 2003）。甚至许多儿童也报告说有积极的效果，包括与监护人和非监护人的父母关系都改善了，与兄弟姐妹的关系更亲近了，更成熟、独立、自信了，社会能力和一般关系技能增加了（Tashiro et al., 2006）。

有意思的是，在浪漫关系结束后人们的情绪反应有性别差异，女性要比男性在离婚后更容易恢复情绪，更容易调适过来。这可以归因于三个方面：首先，女性要比男性更多地寻求社会支持，这可以缓解离婚后的压力。第二，女性要比男性更少地运用那些有害的、无效的应对离婚压力的方法（如酗酒等）。第三，提出离婚更多的一方是女性，提出离婚的配偶在作出离婚决定时面临的压力是最大的，但作出决定之后压力就减轻了。

当一段亲密关系结束的时候，比如离婚的时候，是令人十分不快的，并会经常给人带来心理创伤——它是如此让人紧张不安，以至于离婚的人随后会有约 23%的可能性因各种死因而早亡（Sbarra et al., 2011）。作为德国一项纵向研究的一部分，理查德·卢卡斯（Richard Lucas, 2005）调查了 817 名离婚的男女，在 18 年里的每一年中，研究者都会对这些参与者进行访谈，并在一个 0～10 评定维度的量表里对他们的生活满意度进行评测。平均而言，离婚者的满意度只有已婚者的一半左右。那么，时间会是最好的疗伤剂吗？研究发现：第一，参与者在离婚之前满意度不断下降；第二，离婚后满意度会立马回升；第三，满意度再也回升不到原来的基线水平了。简而言之，就是人们离婚后会适应，但不会从这段糟糕的经历中完全复原。

人们应对离婚的能力取决于损失的性质。一个重要的因素是关系的亲密度，那些与伴侣爱得亲如一人、不分彼此，当关系结束时，就会伤痕累累。“爱得有多深，伤得就有多深。”这就给人们带来了一个问题，就是如何去平衡为了爱情的天长地久而忘我的投入以及为了保护自己在爱情关系中的适可而止。

那么，分手之后会发生什么？需要多长时间才可以恢复？斯巴拉和埃默里（Sbarra and Emery, 2005）发现，在分手之后，愤懑的情绪很快就会消散，大约7～18天就可以了。而悲哀的情绪则需要更长的时间来消散掉，至少需要一个月的时间才行。

有三个因素可以预测人们分手后所受影响的糟糕程度。第一是依恋类型。斯巴拉和埃默里发现，安全型和逃避型的人悲伤感的消散是最快的，而矛盾型的人无论是悲伤还是愤懑都持续了最长的时间。第二，被分离的伴侣会遭受更多的痛苦。对方先提出分手后，被动一方的伴侣会感到更多的抑郁和焦虑，报告了更多的情绪痛苦以及更多对前任的难舍，要比主动提出分手的一方迟5年的时间才会调适过来（Kitson and Holmes, 1992; Wang and Amato, 2000）。主要的原因是被动的一方在此过程中缺乏控制感，分手是出乎意料的。被动者情绪和认知都不知所措，然后试图弄清楚哪里出了什么问题（Sbarra, 2006）。他们也会感到一种自己所付出的爱没有回报的痛苦（Baumeister et al., 1993）。第三是对拒绝的敏感性，这是指一个人对预料到被拒绝的焦虑程度，是对拒绝过度反应的程度。阿达克等（Ayduk et al., 2001）在一项对女大学生长达六个月的纵向研究中发现，那些对拒绝高度敏感者在分手后更有可能抑郁，虽然分手原因是她们的男友出轨。

没有清晰的证据表明人们对分手有应对的“最佳方法”，尤其是曾对过去的这段感情投入巨大的一方。分手后多与朋友和家人接触，寻求他们的支持是有帮助的。如果可以避免分手后的孤独，将能使自己遭受到的痛苦最小化。

（七）如何创建健康的爱情

了解了爱情与婚姻关系中那些最普遍的麻烦，下面来看看如何创建更为健康的爱情与婚姻关系。好的办法是等到较为成熟、有足够智慧的时候才去结婚，在选择伴侣时要尽量避开那些高度焦虑、对拒绝敏感以及神经兮兮的人，在与伴侣互动时要把批评、防御、轻蔑等最小化，尝试把伴侣的行为以一种积极的方式来进行解释。除此之外，社会心理学家还进一步建议做好下列的事情。

（1）多致力于相互间那些美好的事情。培养令人满意的感情有没有健康向上的交往模式呢？谢莉·嘉博尔（Shelly Gable）和她的同事在交往过程中多致力于美好的事情是特别重要的，即要与你的伴侣分享你生活当中那些美好的事情，反之亦然（Gable, Gonzaga and Strachman, 2006; Gable, Reis, Impett and Asher, 2004）。她们在调查中发现，人们如果从重要他人处接收到了积极的、有建设性的反应，就会有更高的关系满意度。毕竟，积极的反应会给人带来正性的情绪，而消极的反应只能让人体验负性的情绪，人们对伴侣的美好事情以很大的热情进行反应，按照人际关系相互性的原则，伴侣之间的关系就会形成良性循环。例如，听到伴侣要办艺术展的消息，积极的、有建设性的伴侣就会帮忙考虑该展出哪些作品、该邀请哪些朋友和嘉宾来展会等方面的事情。如此一来，双方都能有积极美好的体验。

（2）要设计一些好玩的活动。人们在谈恋爱时或是在浪漫关系的早期都会设计一些好玩有趣的事情：尽情跳舞唱歌直到深夜、参加烛光诗会、周末郊游、暑假旅行以及其他使人尽兴的活动，这些活动毫无疑问增进了两人的感情，让人难以忘怀并久久回味。然而，到了浪漫关系的后期，尤其是结婚并有了孩子以后，面对很多索然无味的日常杂事，如换尿布、买奶粉、搞卫生、付账单、开车送孩子去学钢琴或踢足球等。孩子虽然能够给伴侣带来很多乐趣，但会使伴侣之间的浪漫关系满意度下降。事实上，已婚夫妇的关系满意度很难恢复到原有的水平，直到孩子长大离家的时候。

自我拓展理论表明，好玩、刺激的活动有助于改善夫妇的婚姻关系满意度。因此，伴侣们在有空的时候，不妨一起做一些诸如观看恐怖电影、乘坐过山车，以及一些力所能及、比较剧烈的体育锻炼等的活动，你会发现，在你面红耳赤、心跳加速、血压升高、体温上升、肌肉紧张有力的同时，你们又会变得情意绵绵，关系的满意度得以提升了。

（3）美化伴侣。桑德拉·玛瑞（Sandra Murray）和她的同事提出把伴侣尽量理想化是使亲密关系满意的重要一招（Murray and Holmes, 1993, 1997; Murray et al., 2000; Neff and Karney, 2002）。在一项研究中，已婚夫妇和约会伴侣在 21 项有关优点（如体谅、耐心）、浪漫关系中令人满意的特质（如脾气随和、诙谐）以及缺点（如怨天尤人、冷漠）方面对自己和伴侣进行了评价（Murray et al., 1996），研究者把参与者对伴侣优点和缺点的评价与对他们关系满意度的评价之间作了比较，发现那些理想化伴侣的参与者——把伴侣的评价高于他们自己的人，对他们的关系满意度更高。参与者也报告了伴侣把他们自己理想化时，也对浪漫关系更为满意。

在另一个系列研究中，研究者揭示了人们是如何理想化他们的伴侣的。在其中的一个研究里，要参与者写下他们伴侣的最大缺点（Murray and Holmes, 1999），对关系满意的伴侣有两种方式来进行理想化：第一，他们会把伴侣的缺点看作是优点。例如，一个参与者会写下他伴侣是忧郁的，而这种忧郁的品质是伴侣有深度个性的体现，让参与者爱不释手。第二，满意的伴侣更可能用“虽然……但是……”的方式来反驳那些缺点。例如，一个满意的伴侣写下了她的丈夫虽然没有一份稳定的工作，但是让他有更多的时间在家里帮忙了。

第八章

侵犯行为

【开篇案例】

美国校园枪击案

2007 年 4 月 16 日 7 点 15 分（北京时间 19 点 15 分），美国弗吉尼亚理工大学发生恶性校园枪击案，枪击造成 33 人死亡，枪手赵承熙开枪自尽。截至事发日，该事件是美国历史上死亡人数最多的校园枪击案，也是死亡人数第二多的枪击事件。枪手是一个韩国公民，他在 1992 年（当年 8 岁）移民到美国，成为美国永久居民。他在作案当天寄给美国全国广播公司（NBC）一个包裹，里面包括录像带和照片，录像中充斥着仇视“富人”和扬言报复的话语，照片则是赵承熙持刀端枪的暴力形象。后来调查报告发现，枪手性格孤僻独来独往，曾创作暴力剧本。报告还指出，他入大学后，尽管校园警方知道他屡有不恰当行为，需接受心理治疗，但从没将这些信息告诉学校处理“问题少年”的工作人员。

有人的地方就可能有冲突。纵观人类历史，几乎无时无刻不在发生着冲突与战争，甚至每天都有人是由于他杀而死亡。校园应该是最阳光、最安全的地方。看起来单纯美好的环境里隐藏着不和谐现象，如校园暴力。近年来，我国校园暴力事件频发，且暴力行为逐渐呈现出低龄化趋势。学生暴力问题是世界性的难题，据统计，2016 年，联合国儿童基金会与联合国秘书长特别代表办公室合作，收集了全球十万多名青少年有关欺凌经历的看法，其中，90%认为欺凌是值得关注的问题，2/3 表示曾经遭受过欺凌，40%以上因为害怕或者羞耻而没有告诉他人自己曾经受到欺凌，1/4 不知道遭受欺凌之后应该告诉谁。2017 年，联合国教科文组织发布了全球校园欺凌最新报告，报告称全世界每年有将近 2.46 亿青少年和儿童因性别与性取向、体貌特征、文化与种族差异等遭受欺凌。

不仅如此，在家庭里，家庭暴力屡见不鲜；在球场，球员言语冲突和身体侵犯屡屡发生。这些都警示我们：研究侵犯行为是必要的。在本章中，将集中讨论什么是侵犯行为？有哪些侵犯行为的影响因素？如何抑制侵犯行为？这些问题都具有重要的现实意义。

第一节　侵犯行为概述

一、侵犯行为的定义及其分析

许多研究者认为人类的侵犯意图是本能的，这种本能促使人类自身的侵犯冲动必须得以发泄，于是产生了各种各样的侵犯行为。例如，美国心理学家威廉·詹姆斯（W. James）曾提出，人类都有好斗的劣根性，侵犯是我们从祖先那遗传而来的本能，所以人类无法摆脱侵犯，只能通过替代性的活动，比如各类体育竞赛等，消耗侵犯的动力和能量，才能使侵犯的倾向得到控制。弗洛伊德（S. Freud）在对第一次世界大战中人类的残忍暴行作出解释时，指出人类拥有与生俱来的侵犯性动机，所以其“好斗性”根深蒂固。侵犯行为似乎是人类与生俱来的一种特征，人类之间的斗争、争吵都放大了人类与其他物种之间的差别。那么到底什么是侵犯行为呢？

不同学者对于侵犯行为的定义都有自身的理解。例如，美国心理学家巴斯(A.H.Buss)认为侵犯行为是任何一种以伤害另一力图躲避这种伤害的生命体为目的的行为。巴隆和理查森（Baron and Richardson, 1994)认为侵犯行为是一种所有有机体力求避免的伤害行为，例如殴打他人、损害他人的社会关系、散布他人的谣言和破坏他人财产等。[①] 目前，人们将侵犯行为看作是一种消极的或反社会的行为。具体而言，即侵犯行为是一种有意违背社会规范的伤害行为，这类伤害行为可以表现为对他人进行身体、言语上的攻击，也可以是侵犯他人权利的行为。需要特别指出的是，自杀并不属于侵犯行为，因为它并不符合上述关于侵犯行为的定义，即“有机体力求避免的伤害行为”。

对侵犯行为进行界定时，需要考虑以下三个要素（Baron and Richardson, 1994):

第一，是否存在侵犯的意图和动机。社会心理学家在定义侵犯行为时，十分关注侵犯实施者的心理状态，即侵犯者在实施伤害行为时是否存在侵犯动机。这一要素意味着如果侵犯者采取的行为具有伤害的动机或意图，即使没有对他人造成伤害，也被视为具有侵犯性，属于侵犯行为。如上所述，当侵犯者对被侵犯者进行射击时，如果他的射击目的是击中被侵犯者，那么扣动扳机这一动作本身就是一种侵犯行为。

第二，是否预见自己的行为可能会对他人造成伤害。如果一个人的行为对他人造成了伤害，但是实施者并没有预料到该行为会对他人造成不利影响，那么该行为并不属于侵犯行为。需要指出的是，这类行为的实施者并没有蓄意伤害他人的意图，通常是由于草率或粗心大意而导致这类行为的发生。因此，界定某个行为是否属于侵犯行为时，判断实施者是否预见了自己的行为可能会对他人造成伤害是非常必要的。

第三，是否为他人力求避免的行为。假如某一行为的实施的确会对他人带来伤害，但如果这一行为事先得到了他人的允许，那么就不能将其定义为侵犯行为，例如医生对患者实施的医疗手术。

① Baron, R. A., & Richardson, D. R. Human aggression [M]. 2nd ed. N.Y: Plenum Press, 1994.

二、侵犯行为的分类

对侵犯行为进行分类是十分必要的，这是因为人们在日常生活中经常面临的并不是粗暴的身体攻击，相对于成为暴力伤人事件的受害者，他们更可能成为不实言论和恶毒谣言的针对者。在现代社会中，当一个人对他人产生侵犯意图时，他更有可能传播有关受侵害者的谣言，而不是当面掌掴或侮辱他人。侵犯行为有很多种类，可以按照不同的标准进行划分。

根据侵犯行为的方式不同，可以划为言语侵犯和动作侵犯。言语侵犯是使用语言、表情对别人进行侵犯，诸如讽刺、诽谤、谩骂等。言语侵犯是一种精神伤害，并正在困扰着学校中的孩子们。"中国少年儿童平安行动"组委会曾发布一项调查结果显示，"语言伤害""同伴暴力""运动伤害"是当前亟待解决的三大校园伤害问题。其中，81.45%的被访小学生认为，"语言伤害"是最急需解决的问题。动作侵犯是使用身体的特殊部位（如手、脚）以及利用武器对他人进行侵犯。动作侵犯在竞技运动中经常发生，往往引发斗殴事件，仅从事件本身分析，斗殴事件均是由身体侵犯而起。

根据侵犯行为的最终目的不同，将侵犯行为分为：手段性侵犯和目的性侵犯（Björkqvist, Lagerspetz and Österman, 1992）。手段性侵犯，也称为工具性侵犯，即为获得某种好处或利益而伤害他人。例如，以英美军队为主的联合部队在 2003 年 3 月 20 日对伊拉克发动的军事行动。虽然美国以伊拉克藏有大规模杀伤性武器并暗中支持恐怖分子为由，但免不了有为了伊拉克的石油资源而战的目的。如此，为了获取利益的战争就属于手段性侵犯。在生活中，一些不法分子为了谋财而伤人或害人之命，也属于手段性侵犯。目的性侵犯也称为报复性侵犯，是以报复他人为最终目的，常见的目的性侵犯是由于愤怒或敌意而对他人进行人身攻击。例如，"米脂杀人案"中的赵某就是因为痛恨他人而将其杀害。赵某仅仅因为愤怒或者仇视而攻击他人，他不能从中获得任何利益。

根据侵犯行为的表现形式不同，可以分为直接侵犯和间接侵犯。直接侵犯是指通过具有外显性的动作攻击或言语攻击来达到伤害他人身心健康的目的，以与他人进行面对面的公开对抗为特征。① 动作攻击包含有踢、推、抓、撞等身体碰撞行为及用硬物击打他人、向他人投掷重物等。言语攻击包含对他人大声叫喊、对他人使用威胁性和侮辱性的语言等。在直接侵犯中，受侵犯者所受到的伤害比较明显，同时侵犯者的侵犯意图也相对容易确定。间接侵犯主要指关系侵犯，侵犯者有意损害他人的同伴关系或企图组建小团体孤立他人从而达到伤害的目的。② 总的来说，通过社交排斥、破坏他人人际关系等较为隐蔽和间接的方式伤害他人，涵盖了所有非直接的攻击形式，包括给他人起侮辱性的绰号、散布谣言、背后说他人坏话、编造有关他人的虚假故事、拉拢他人的朋友以破坏其人际关系等形式。间接侵犯同直接侵犯一样，会对他人造成极大的伤害。但

① Björkqvist,K., Lagerspetz,K.M., Österman,K. Direct and Indirect Aggression Scales[M]. Finland: Abo Akademi University, 1992.

② Björkqvist,K., Lagerspetz,K.M., Österman,K. Direct and Indirect Aggression Scales[M]. Finland: Abo Akademi University, 1992.

在间接侵犯中，侵犯者倾向于否认自己的侵犯行为。例如，“我”可能出于好奇对朋友某天不同寻常的穿着进行了评价，“我”的好奇心本身并不会侵犯他人，但这种好奇心导致“我”的朋友开始过分在意自己的穿着，在这种情境下，间接侵犯就形成了。另外，在间接侵犯中，侵犯者可能会隐秘地实施其侵犯行为，以至于受侵犯者并不知道其真实身份。

根据侵犯行为导致的不同伤害类型，可以分为身体侵犯和心理侵犯。身体侵犯是指侵犯行为对被侵犯者造成的伤害主要集中于生理层面。相对于身体侵犯而言，心理侵犯通常指对他人造成情感上的伤害。尽管目前研究者们针对心理侵犯没有一个统一的定义，但毋庸置疑，侵犯者在实施心理侵犯时一般会通过羞辱或贬低他人而对其造成心理上的伤害（Forgas, Kruglanski and Williams, 2011）。目前，研究者更倾向于将心理侵犯界定为阻碍他人自我概念的健康发展，其中自我概念是指一个人对自身存在的积极体验。

根据侵犯实施者的主动性程度不同，可以分为积极侵犯和消极侵犯。积极侵犯是指侵犯者踊跃地实施伤害行为，以达到侵犯他人的目的。消极侵犯与积极侵犯相对，是指侵犯者并没有主动对他人做出明显的伤害行为，而是通过阻碍他人目标的实现来达到侵犯的目的。常见的消极侵犯行为有沉默对待、避免互动、拒回电话等。目前，较少有学者关注于消极侵犯的研究。美国社会心理学家伯科威茨（M.W.Berkowitz）等人将消极侵犯定义为“拒绝向他人提供其需要或可获得的资源”。[①] 消极侵犯中包含有一种亚类型，即“社交排斥”。大多数研究者将社交排斥定义为“社交冷处理”，社交排斥的实施者大多由于愤怒的情绪企图对被侵犯者实施惩罚和寻求报复。“社交排斥”是消极侵犯中的一种典型方式，这是因为社交排斥具备了以侵犯者的愤怒情绪为导火索，以故意伤害他人为行动意图，以非具体的攻击行为为侵犯方式等核心特征。当侵犯者想要避免被他人发现或报复时，他很有可能会采取消极侵犯的方式，因为在消极侵犯中，侵犯者可以轻易否认自己的侵犯行为，即“我什么都没有做”，仿佛这样可以降低自己的罪恶感或内疚感（Forgas, Kruglanski and Williams, 2011）。于是，消极侵犯者通常会否认自己的所作所为会给他人带来伤害。也正因为消极侵犯这一特殊性，那些不轻易直接表达自己愤怒情绪的人更倾向于采取消极的侵犯方式。虽然有研究指出，消极侵犯对受侵犯者造成的负面影响要显著低于直接侵犯或间接侵犯，但是需要注意的是，消极侵犯同样被认为是一种会诱发犯罪行为或给被侵犯者带来极大痛苦的行为。

三、侵犯行为的发展

个体的侵犯行为的起源于何时？心理学家对这些问题的兴趣由来已久。早在 20 世纪 30 年代，彪勒（C.Buhler）、格林（E.H.Green）、舍莉（M.M.Shirley）等一批心理学家对此进行研究，他们的研究发现，婴儿与同伴之间的社会性冲突至少在他们出生第二年就开始了。美国心理学家霍姆伯格（M.S.Holmberg, 1977）观察的 12 ~ 16 个月的幼儿，结果发现他们相互之间的行为大约有一半可被看作是破坏性的或冲突性的。古迪纳夫

① Berkowitz M W , Mueller C W, Schnell S V, et al. Moral Reasoning and Judgments of Aggression[J]. Journal of Personality and Social Psychology, 1986, 51(4):885-891.

（Goodenogh, 1931, 1975）请 45 名母亲观察记录幼儿的侵犯行为，发现 12 ~ 24 个月幼儿的侵犯行为不指向任何特殊的人。研究者在幼儿攻击的实验中发现个体在幼儿期就出现了身体攻击，在会说话后出现言语攻击。特瑞布雷（Tremblay）等要求幼儿母亲报告幼儿在 17 个月和 30 个月时是否做出过身体攻击，结果显示，超过 70%的幼儿在 17 个月时就表现出了身体攻击，其中 14%的幼儿在 17 ~ 30 个月之间表现出较高的攻击行为水平，且存在增长的趋势。同伴取向的攻击出现在 12 个月左右，此时的幼儿会对同伴的激惹做出反抗和攻击性报复。

关于学前期儿童侵犯行为发展，2 ~ 4 岁儿童侵犯形式发展的总倾向：身体侵犯逐渐减少，言语侵犯相对增多；到 3 岁止，儿童的踢、踩、打等身体侵犯逐渐增多；3 岁以后，身体侵犯的频率降低，同时言语侵犯却增多了。例如，古迪纳夫通过观察父母日记发现，肢体攻击行为在两岁前一直增多，然后骤然下降，被言语攻击所代替。这一时期的攻击多由同伴冲突和物品抢夺而引起，为占有物品而发生的争吵是最常见的攻击诱因。哈特普（Hartup, 1974）的研究表明，3 ~ 6 岁幼儿的侵犯行为随年龄增长，身体攻击 4 岁时达到顶点；对受到进攻或生气的报复倾向，3 岁时有明显增加；进攻的挑起者和侵犯形式也随年龄变化，身体攻击减少，言语攻击增多，从争夺玩具为主转向人身攻击，如取笑、奚落、叫绰号等。另外，5 岁以后侵犯行为开始减少。侵犯行为减少的原因是什么呢？一是父母与教师不容许侵犯行为，而鼓励合作与分享等（Emmerich, 1966）；二是儿童从自身经验中懂得，协商、谈判是达到同样目的的有效手段。此外，学前期儿童侵犯行为发展的一个重要特点是有了明显的性别差异，主要表现为男孩参与更多的冲突，这既包括身体的侵犯行为，也包括言语的侵犯行为。

进入到小学阶段，大多数儿童很少表现出侵犯行为，侵犯的总体发生频率下降。但是，侵犯越来越集中在少数几个儿童身上，他们经常侵犯他人，如打人、骂人或抢别人的东西等，构成了学校欺凌事件中的欺负他人者。有报道称，北京某小学四年级一个班 30 个小学生一年来受同学赵某欺负，心生恐惧，和父母商量后决定集体“逃学”。据学生家长反映，赵某“打人、砸人、咬人、展示黄色图片、和老师打架……”这样的学生采用各种侵犯手段与同学起冲突。与学前期侵犯的相对非社会性和工具性的特点相比，小学阶段儿童的侵犯越来越多地发生于特定的成对关系之中，越来越具有以人定向和敌意的性质，引起侵犯行为的主要因素开始包括感觉到的威胁和对自我及自尊的损害，对他人行为的归因开始起作用。最近，有一项研究发现，相比低自尊的孩子，高自尊的孩子在经历欺凌后，将来更可能出现欺凌他人的行为（Choi and Park, 2018）。

进入青春期以后，侵犯行为发生的频率有所下降，但是侵犯行为的严重程度则大幅上升，青少年犯罪量在青春期随着年龄增长而增长。资料显示，自我报告的严重暴力侵犯在 12 ~ 20 岁之间骤然上升。在这一时期侵犯越来越与反社会行为联系在一起，从而使得这一时期的侵犯比在这之前发展阶段中的侵犯的严重性或危险程度更大。青少年的侵犯行为还有一个表现，就是欺负弱小同伴和低年级儿童，如殴打、勒索他们。与一般意义上的侵犯行为类似，欺负行为指有意地造成接受者身体或心理的伤害。但是，欺负行为也有着与侵犯行为不同的三个特点：在未激怒的情况下而有意采取侵犯行为，欺负者与被欺负者的力量往往不均衡，这种欺负行为往往重复发生（俞国良，辛自强，2013）。

第二节　侵犯行为的理论

为何人们会产生侵犯行为？不同的学者对此有不同的解释。这些不同的解释最大的分歧在于“人类的侵犯行为究竟是先天遗传的，还是后天习得的”。

一、生物学理论

生物学理论认为侵犯行为时先天遗传的，早期理论受到达尔文生物进化论的影响。心理学家认为侵犯行为也是人类的本能之一。

（一）本能论

弗洛伊德是“本能论”的代表人物。在其研究早期，他根据“泛性论”的观点，提出人的一切行为都是由性本能决定的，人在“力比多”（Libido）的驱使下去追寻快感。侵犯是性本能的一部分。但是，第一次世界大战后，弗洛伊德对自己的理论产生了怀疑：如果人类行为的基本驱力是快乐的话，那么该怎样解释这场战争中的残忍杀戮呢？

后来，弗洛伊德在其1920年出版的《超越快乐原则》一书中提及，人有两种本能，生的本能与死的本能。生的本能代表对生命的追求和爱的力量。而死的本能，它代表着人类生命本质中的破坏与侵犯，甚至自我毁灭的力量。弗洛伊德认为死的本能使个体走向死亡，死亡是生命的最后稳定状态，只有在死亡后个体才可能完全解除紧张和挣扎，才不会有焦虑与抑郁，因而所有生命的最终目标就是死亡。侵犯行为则是死亡本能所导致的。当个体的死的本能过强时，会变得焦虑，抑郁，损害生理健康。侵犯行为能把这种对死亡原始的强烈欲求所蕴含的能量宣泄。如果宣泄的能量指向自己，个体就会表现出自怨自艾、自我惩罚，自杀等危险行为；若指向外部，就会表现为对他人的伤害，即我们所说的侵犯行为。大多数情况下，生的本能会将侵犯推离自我，推向他人，把对内的破坏力量转向外部，表现为对他人的攻击。如果得不到释放，这种能量就会越积越多，直到爆发为止。所以，让人们有机会通过非破坏性的方式释放出来自侵犯的冲动是十分重要的，例如参加自由搏击、体育竞技类活动等。弗洛伊德认为，人的侵犯行为的动机是本能的，无意识的，是死的本能的产物。实际上，鲜有证据支持弗洛伊德的观点。

（二）习性学理论

动物习性学的创始人洛伦茨（K.Lorenz）是该理论的代表人物。洛伦茨和弗洛伊德一样，也认为侵犯是一种本能。不同于弗洛伊德，他不认为侵犯指向毁灭，而是人们出自本能的生命保护系统的必不可少的组成部分，是生的本能的体现。洛伦茨的观点主要是建立在对动物观察的基础之上的，通过观察，他发现动物雄性的侵犯性主要用来争夺配偶权、捕猎以及抵抗其他动物的袭击。只有最强壮的个体才能抢夺到最好的食物，获得优先交配的权利。这有助于种族的繁衍，并且能够有效控制群体的过度增长。洛伦茨由此推论：人也具有基本的侵犯性本能，这种本能来自于人类的祖先只有通过搏斗才能保住领地、争夺食物源、维护等级秩序等。侵犯行为使人们能够保护自己和后代，侵犯的本能具有生存和发展的价值。侵犯属于动物适应性的表现之一，有利于物种的延续，且有效控制物种的过度增长。因此，侵犯也是人类生活不可或缺的组成部分。人们的侵犯本能需要发泄，这就很好地解释了每个时代都会发生大规模的战争。洛伦茨认为，需要多开展冒险性的体育活动，消耗侵犯本能，以此来避免战争。

弗洛姆也接受了洛伦茨的观点，他认为，人的侵犯行为可以分为两种：一种是防卫性侵犯，这种侵犯是当个体（包括人和动物）的生存利益受到威胁时所产生的侵犯行为。此时的侵犯行为有利于种族生存，属于适应性的侵犯行为，这与洛伦茨的观点一致。另一种侵犯行为是恶性侵犯，是极具破坏力的残忍侵犯行为。这种侵犯行为是人类特有的。洛伦茨在《论攻击》（*On Aggression*）一书中也有类似的观点，他认为正是攻击行为的存在造成了人类的种族分离。后来研究者们对不同动物种群的研究表明，许多动物也具有侵犯行为；但人类对自己的侵犯行为的控制力量较其他动物更强。在全部自然界，人类的侵犯行为是最为残忍、最无节制的，极端残忍的行为只有人类才有，且种内的相互残杀在自然界也是独树一帜的。洛伦茨面对这种现象也指出，人类在发展的每一阶段都处于自我毁灭的边缘。

尽管该理论获得了很多研究者的支持，但也面临着诸多批评。批评者认为洛伦茨的理论否定了人类行为的精神属性，赋予了动物行为以支配人类行为的意识，带有浓厚神秘主义基因目的论的色彩。并且该理论实验研究相当缺乏，类推法得到的结果似乎并不能完全让人信服。

二、挫折—攻击假设的理论

（一）早期观点

1939 年美国耶鲁大学心理学家 J.多拉德、N.E.米勒等五人撰写的《挫折与攻击性》一书中提出了挫折—攻击理论（trustration-aggression bypothesis）。所谓“挫折”是根据某种愿望进行有目的的行为时，由于内部或外部障碍，使欲求的满足受到阻碍，这种状态就是挫折。该理论认为，侵犯行为的发生个体必先受到挫折，侵犯只是受到挫折的一种后果。当个体与目标的接触程度越高，其受挫感越强。并且，当个体所遭受的挫折出乎意料时，个体的攻击性也会增强。

多拉德认为，攻击的发生强度与欲求不满的量成正比，个体所受挫折越大，攻击的强度也越大。具体说来，他认为，从经济情况看，穷困者所受挫折要比富裕者所受挫折大，因此，穷困者的犯罪率也高；从年龄看，青少年所受挫折要比成年人所受挫折大，因而，青少年违法的比例要高；此外，家庭地位低下的、身体有缺陷的人、有色种族的人等所受挫折较大，侵犯行为也多。

1941 年巴克与勒温进行了一次关于儿童挫折与侵犯行为的实验。这个研究很好地说明了挫折和侵犯之间存在着某种关联。实验者将儿童分成两组，第一组的儿童在一间装满诱人玩具的房间外，他们能够看到玩具，但是研究者禁止他们进去玩玩具。而第二组儿童从实验开始就进入游戏室玩玩具。这种不公平的待遇使第一组儿童产生强烈的不满情绪。实验结果发现：第一组的儿童在之后进入游戏中展现出更多的暴力行为，他们对待玩具更具有攻击性以表达他们的强烈不满。而第二组的儿童都只是平静地玩玩具。

这种理论还假设挫折感越大，产生的侵犯越强。1979 年，哈里斯（Harris）通过研究支持了这一假设。他安排实验助手去售票窗口、商场、银行的排队人群中插队，插到第二个人或第十二个人的前面。将被插队人的反应编码为非言语攻击（包括推搡和不友好的动作）和言语攻击。实验表明，第二个人比第十二个人对插队者的反应表现出更强的侵犯性（如图 8-1 所示）。这是因为第二个人可以更快地达到目标，所以体验到更多的挫折感。

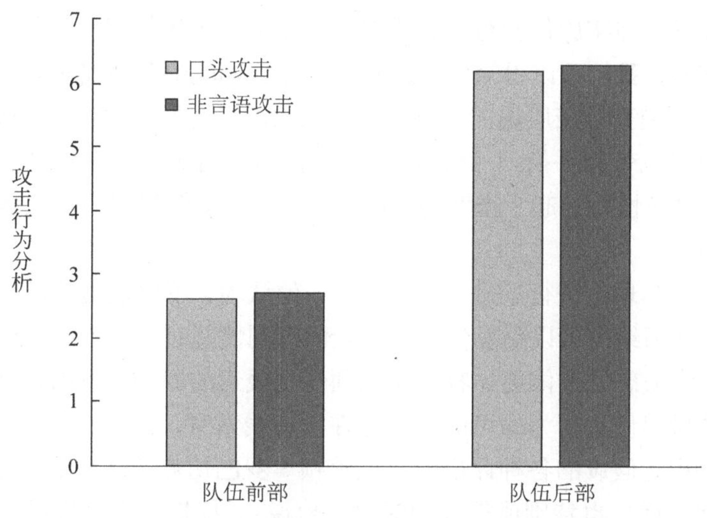

图 8-1　排队的位置对侵犯行为的影响

（二）米勒对该理论的修正

该理论一提出就受到批判，批评者认为该理论过于专断，主要是因为该理论认为个体受到挫折必定会导致侵犯行为，而侵犯行为一定是由某类挫折引起的。但是这一说法并不适用于某些情况。例如，当阻碍个体的对象十分强大，个体难以将其击败时，或者阻碍个体的对象是无意的，这些情况下个体可能不会对他人做出侵犯行为。

米勒在 1941 年对该理论做了一些修正，修正后的理论认为，挫折并不都引起攻击。有的人受到挫折后反而增强了战胜困难的决心，有人受到挫折后变得紧张、倒退、无动于衷或陷入空想等，还有的引起侵犯行为。他认为，一般挫折转为攻击，还需要环境中存在着引起攻击的线索。例如，挫折强度、个体对挫折情境的认知等。

（三）伯克维茨的进一步修正

伯克维茨于 1978 年进一步修正了“挫折—攻击理论”，他认为，个体受到挫折并不直接导致侵犯，正如考试失败，并不一定会导致个体攻击他人。挫折所引起的仅仅是个体内部的一种进行侵犯行为的准备状态，不直接导致侵犯行为。侵犯行为的发生，还要依赖情境侵犯线索的影响。与侵犯有关的刺激倾向于使侵犯行为得到增强。因此，他提出了“侵犯线索”这一概念。侵犯线索指那些经常伴随着引发挫折的对象和侵犯行为出现的刺激物。它可以是任何事物，且具有个体差异性。

伯克维茨著名的“武器效应”实验验证了该假说。伯克维茨先让实验助手故意制造挫折情境，激怒实验参加者，然后，实验安排一个机会，让他们可以对激怒自己的实验助手实施电击。电击时有两种情境：一种是可以看到桌子上放着一把左轮手枪，一种是只看到一支羽毛球拍。实验结果与研究者的假设相符，即被激怒的人们看到手枪时，比看到羽毛球拍实施了更多的电击。是手枪增强了人们侵犯的行为。在上述实验中，武器（手枪）的存在是个体实施侵犯行为的重要线索，促使个体侵犯行为得到增强。

通过这个实验，我们可以得知：社会暴力事件与环境中存在着刺激暴力事件的“武器”有关联。正如伯克维茨所说的：“枪支不仅仅使暴力成为可能，也刺激了暴力。手指扣动扳机，扳机也带动手指。”武器恰恰为正在愤怒情绪中的人提供了线索和更多的行为暗示，对其破坏性行为起了推波助澜的作用。这也就解释了为什么美国的枪击案要远远高于其他国家。

伯克维茨还对其理论进行了进一步的拓展。他认为，不仅仅是挫折或愤怒可以引发侵犯，任何的负面情绪都可以引发侵犯。当人们感到愤怒时，侵犯线索会增加侵犯的强度，这也许是因为愤怒的个体更加容易注意到侵犯线索的原因。总而言之，侵犯线索的出现会增加个体做出侵犯行为的可能性；但在没有线索时，侵犯行为也可能出现。

在对挫折—侵犯假设的各种评论中，克莱顿·罗巴切克（C.A.Robarchek, 1977）的观点非常具有代表性，也特别值得人们深思。他说：“挫折—侵犯假设在处理人类侵犯行为的起源这个问题上过于简单化，因为它试图从根本上把它局限于心理层面的刺激—反应这一线性框架之下。”[①] 为避免单个的心理层面解释的陷阱，故从生理的、心理的和社会文化三个层次来加以解释。

（四）挫折固执理论

梅尔则提出“挫折固执理论”。他认为，犯罪一般由两种心理动力所引起，一种是心理欲求所引起，这种犯罪有偷盗、欺诈、拐骗、偷税漏税等。这种犯罪一般在行为前要考虑得失，得大于失才去犯罪。另一种犯罪是基于挫折而起的，有性犯罪、杀人犯罪等。后者所引起的犯罪往往不考虑以后的惩罚，不计得失。这是因为，挫折使人情绪显

① Robarchek C A. Frustration, Aggression, and the Nonviolent Semai[J]. American Ethnologist, 1977, 4(4):762-779.

著激昂。这时的侵犯行为是刻板的、固定的，甚至是无目的的。研究发现，人们在受到轻度挫折后，往往导致原有行为固化，学习新问题的能力降低。人们处于惊慌失措的状态时，常表现出固执行为。还有强迫性神经症就是病态固执行为的典型。如果对这种固执行为进行惩罚，非但不会使其改变，反而会更加严重。

三、社会学习论

社会学习理论认为个体的社会行为，包括个人的侵犯行为都是后天习得的，是环境影响造成的。这种理论认为只要改变外界的环境条件，就能改变人的社会行为，改变个体的侵犯行为。社会学习论的支持者认为挫折不是引起个体侵犯行为的唯一原因。受挫者在受挫后的表现取决于以往的学习经历。

斯金纳强调学习的强化机制，认为对侵犯行为直接给予奖赏、鼓励，个体的侵犯行为就会得到巩固、强化。从斯金纳看来，“强化就是一切”。在一项研究中，当一些被试电击一个实验同伴时可得到口头鼓励，如“很好”“你做得对”等；另一些被试在电击同伴时并没有得到任何评价。实验发现，那些得到口头鼓励的被试给予同伴的电击要大于未给予鼓励的被试。侵犯行为在很大程度上是习得的反应，强化是侵犯行为的一个主要促进因素。我们还可以从很多例子中发现这一道理。“小时偷针，长大偷金”就是这个道理。故事讲的是小孩第一次偷盗行为非但没有得到惩罚，反而得到了母亲的表扬，这就使其侵犯行为获得强化，最终落得个上断头台的下场。更常见的是小孩想要买某件自己喜欢的东西，在被家长拒绝之后坐地不起、打滚。儿童之所以会表现出这样的行为，很有可能是因为之前儿童通过这种方式导致父母妥协，这就强化了儿童的不当行为。

科文和沃尔特斯（Cowan and Walters, 1963）还提出强化的模式对于个体将来的侵犯行为起着决定性的作用。沃尔特斯于 1963 年进行了一项十分经典的实验。这项研究的实验材料是一个玩具娃娃，在这个玩具娃娃的肚子上写着“打我”两个字。当击打娃娃的肚子时，它的眼睛和插在纽扣上的一朵花就会发出光芒。将参加实验的儿童分为四组，第一组的儿童只要用拳头击打娃娃的肚子，就可以得到奖励（一个有色的玻璃球）；第二组的儿童击打几次后获得一个同样的奖励；第三组儿童没有奖励，只有通过娃娃眼睛和花的发光得到积极反馈；第四组为没有任何强化支持的控制组。实验进行了两天之后，采用巧妙的方法引起被试的挫折感，然后安排被试与一个并未参加实验的儿童一起玩游戏，看被试如何解决游戏过程中出现的矛盾。结果表明，前三组（即各个奖励组）儿童表现出来的侵犯行为（推搡、踢踩、撞击等）明显多于第四组（控制组），其中以间隔地给予强化组表现的侵犯行为最多，显著高于其他各组。从这项研究结果可知，即使没有奖励，间断强化模式也能维持更长时间的侵犯行为。

班杜拉提出学习模仿机制，认为个体不一定要自身受到奖罚，而只需通过观察别人受到奖罚，同样可以形成或消除侵犯行为。从班杜拉来看“榜样就是一切”。他认为尽管人们的行为可以由直接经验习得，但如果只能依靠直接经验的话，学习就会耗费很多时间，而且很容易出错。因而，为了减轻学习负担，拓宽经验领域，人们通过观察他人的行为并将获得的信息用来指导自己的行为，通过这样的方式人们习得了新的行为。班杜拉称这一过程为“观察学习”或“榜样学习”。

榜样是获得侵犯的一种主要途径，它对个体表现出侵犯行为也起着重要的激发作用。倘若个体观察某人（即榜样）的侵犯行为而未受到惩罚，这种观察就会起到去抑制作用，使观察者作出外露的侵犯行为。若榜样因表现出侵犯而受到奖励，则会出现促进效应，即榜样的行为起了诱导从事相应行为的作用。看到其他人的侵犯行为，观察者常常会产生相应的情感唤起，这种唤起状态会促使个体作出侵犯的行为反应，这已经被大量的经验事实所证明。班杜拉曾指出，榜样通过其刺激—增强效应会极大地影响观察者表现出侵犯行为的可能性，榜样行为会引导观察者去注意一些特殊的器具并在侵犯中加以利用。①

班杜拉关于侵犯行为研究，有以下经典实验：

实验一。找一些儿童做实验，将儿童分为 A、B 两组（A 组为实验组，B 组为对照组），每一组儿童都与一位成人同处一间屋子里，屋子里有一个一人高的充气娃娃。A 组的成人对充气娃娃进行 9 分钟的暴力侵犯，拳打脚踢，用木棍抽打，同时还喊叫：“揍它的脸！打倒它！”与他在一起的孩子则静静地观看。B 组的成人不去注意充气娃娃。然后每个孩子都被单独留在游戏室 20 分钟，室内除了其他玩具，还有三个充气娃娃。结果发现，A 组的儿童模仿了成人的侵犯行为，对充气娃娃进行暴力侵犯，B 组孩子对充气娃娃所作出的侵犯大大少于 A 组儿童，而且也远不如 A 组儿童的侵犯行为那么激烈。可见儿童可以通过观察榜样的行为来学习侵犯行为。实验结果如表 8-1 所示。

表 8-1　儿童目睹侵犯行为后的行为表现

实验条件	侵犯行为总量	
	有形的（打）	无形的（骂）
暴力模式（实验组）	12.73	8.18
平静模式（控制组）	1.05	0.35

实验二。班杜拉 1965 年做过这样一个实验，先让被试儿童看一部 5 分钟的电视片，内容是一个孩子走近一个塑料娃娃，让它扫地，娃娃当然没有反应，然后这个孩子就用各种行为惩罚娃娃，拳打脚踢，骑在娃娃身上用木棍抽它，并边打边喊：“好！打你这个东西！”看完电影以后，将被试者分成三组。第一组是奖励组，让被试者继续看完影片，内容接着前面的，描述孩子侵犯塑料娃娃以后，进来一个成人，不但口头赞赏孩子的行为，还奖励给孩子糖果；第二组为惩罚组（实验组），也继续看影片，但内容换成成人进行以孩子对待塑料娃娃的方式惩罚侵犯塑料娃娃的孩子；第三组为控制组，只看前一段影片。最后让各组被试者分别单独与其他儿童游戏，并使他们遭到挫折，看被试

① Bandura A, Ross D, Ross S A. Transmission of aggression through imitation of aggressive models[J]. The Journal of Abnormal and Social Psychology, 1961, 63(3):575-582.

者如何解决自己与其他孩子的冲突。结果发现，奖励组实施的侵犯最多，控制组其次，实验组最少。研究者认为，事实上三组被试者在第一阶段的电视片中学习到了同样的侵犯行为，但奖励组和惩罚组又学到了新的经验。后一段电视中的奖励和惩罚虽然没有直接加在被试儿童身上，但仍起到了与把奖励加在他们自己身上时一样的效果，也就是所谓的“替代强化”。正是由于观看后面这段影片造成了孩子行为反应的不同，因此，孩子不仅可以通过观察和模仿学到一种行为，还可以通过观察来改变一种行为。

有研究者们发现，美国的电视公司直接将大量有关侵犯行为的内容进行播放，儿童在家中就能看得到。儿童置身于这种暴力环境无疑将助长其暴力模仿行为。在美国，儿童暴力行为比较严重，一种能降低美国暴力行为水平的方法就是严格控制儿童接近这些暴力行为，包括电视和电影中的暴力。不仅儿童观看暴力电视电影会模仿暴力行为，成人也会模仿电视电影中的暴力行为。例如：美国弗吉尼亚理工大学枪击案发生后，美国警方在调查了赵承熙的整个作案过程后，认为他的暴力行为完全模仿了韩国著名影片《老男孩》中的部分剧情，警方和媒体认为电影中讲述的杀人和自杀企图包含了“非理性惩治”的内容，他的犯罪并不是冲动事件,而是有计划地大量虐杀。这完全和赵承熙的作案动机和作案过程契合。在把电影和部分犯罪现场的录像与照片对比之后，警方发现赵承熙挥舞钉锤、枪指太阳的姿势和电影中的主人公极为相似，于是断定赵承熙作案前曾反复观看过《老男孩》(如图 8-2 所示)。

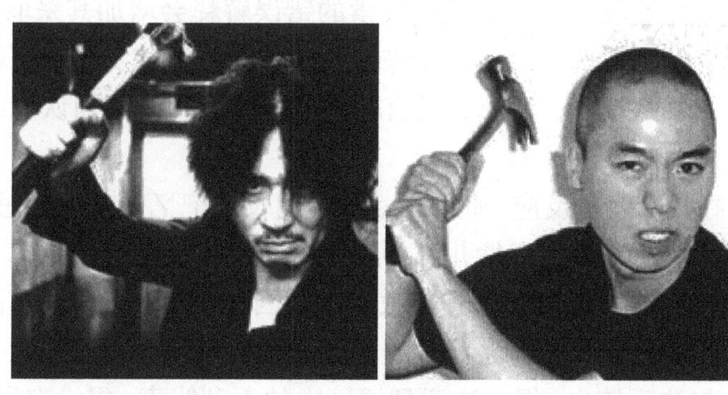

图 8-2 赵承熙（右图）模仿韩国影片《老男孩》里的镜头

根据社会学习理论，对侵犯行为的忽视或者不关注，可以减少侵犯行为。这种条件下既没有提供可以效仿的侵犯榜样，也没有提供额外关注的强化。布朗和艾莉特(Brown and Elliott, 1965) 的研究证实了这一点。他们让幼儿园老师对孩子们的合作行为和不打架行为进行奖励，同时忽视孩子们的侵犯行为。两周后，有效减少了孩子们的侵犯行为。三周以后，老师继续奖励时，孩子们的侵犯行为进一步减少了。

四、社会信息加工理论

深受认知心理学的影响，研究者开始试图从人的认识活动出发来探讨侵犯行为发生的原因及其本质。其中，以侵犯行为的社会信息加工理论最为突出，研究者以该理论为基础提出了侵犯行为的社会信息加工模式。这些模式中，道奇（Dodge, 1994）提出的模式最为完整。道奇等人在儿童侵犯行为的研究过程中提出的社会信息加工模型，最初主要是为了描述认知过程是如何导致儿童采取侵犯行为的。现在，它被广泛地应用于同伴欺负、童年期焦虑、青少年抑郁等社会行为和心理现象的研究（Burgess, Wojslawowicz, Rubin, et al., 2006）。道奇将单一行为产生的认知加工过程分为六个阶段：线索译码、线索解释和表征、澄清目标或选择目标、搜寻或构建新反应、评估与决定行为反应、启动行为。

第一阶段，线索译码。该过程主要是感知觉操作过程。个体选择性的注意特定情境中对自己有价值的线索，这些线索是个体有意或无意注意的，被个体注意到的线索会储存到短时记忆中。道奇等人的研究发现，侵犯性儿童输入很少的情境线索，较容易注意与回忆那些具有威胁和敌意的信息。斯拉比（Slaby, 1988）的研究表明侵犯性儿童很少主动对模糊不清的问题情境进行澄清，而倾向于注意情境中较有煽动性但不一定是侵犯性的信息。

第二阶段，线索解释和表征。该过程是认知解析过程，个体在注意到了特定情境中有价值的线索后，会将该线索译码后加以解释，经心理表征后储存在长时记忆中。研究者指出，具有侵犯性的儿童会将情境中较有煽动性但不一定是侵犯性信息的线索归为具有挑衅性的信息。在此阶段，儿童对这些线索的错误解释会增加其采取侵犯行为概率。

第三阶段，澄清目标或选择目标。在该阶段，个体澄清欲实现的可能目标，选出可能目标。侵犯性儿童认为报复、泄愤等具有较高的社会价值，反而认为维持亲密关系的社会价值较低。

第四阶段，搜寻或构建新反应。此阶段，个体到长时记忆中去搜寻过去曾经使用过、学习过或建构新的行为。因为侵犯性儿童的经验中充满了侵犯行为的信念及技巧，倾向于注意情境中的挑衅性线索以及对其进行敌意的归因，所以往往会在自己的记忆中搜索与敌意更匹配的行为方式，这就容易导致侵犯行为的发生。而因为亲社会儿童记忆中侵犯与暴力行为信念与技巧较少，很少注意到情境中的不利线索，更没有敌意归因的倾向，所以他更可能选择如原谅、理解等友好的目标及行为类型。因此，此阶段个体对于不同行为目标的选择可能会导致不同的行为反应与结果，侵犯性儿童大多选择“具有敌意内容”的行为方式。

第五阶段，评估与决定行为反应。个体在权衡各种可选择反应的利弊之后，会选定一种最适合当前情境的行为。决定行为反应阶段的研究比较一致地指出，侵犯性儿童和青少年在考虑侵犯行为可能导致的结果时，大多倾向于作出正向的评估。他们认为侵犯反应有带来物质酬赏，获得同伴认同，减少负面结果，提高自尊和正向情绪感受等积极结果。可见，由于之前社会信息加工的偏向，加上此阶段个体对问题解决策略的缺陷和对侵犯行为后果的乐观期待，促使了个体选择包括侵犯行为在内的消极社会行为。

第六阶段，启动行为，实施反应。本阶段是信息加工模型的最后阶段，个体会将作出的行为选择付诸实施。若个体具有侵犯与暴力的行为技巧及方式，那么其更可能采用侵犯行为。个体在执行了选择的行为方式之后，新的社会线索会再次出现，新一轮的社会信息加工模型将循环进行。

侵犯性个体的社会信息加工特点具体表现为在面对模糊的挑衅情境时，较少注意相关的人际线索，容易对他人的行为进行敌意归因，认为报复、泄愤等具有较高的社会价值，而维持亲密关系的社会价值较低；遇到人际冲突时，常常会使用攻击的方式解决问题，而不愿采取说理或者维持良好友谊关系的方式解决问题，并对侵犯行为的后果作出正向、积极的预期。

第三节 侵犯行为的影响因素

一、生物因素

（一）神经系统

大脑某些区域的活动影响着侵犯行为，如前额叶、杏仁核。个体在额叶受损后一般会导致自控力、预见性、创造力和主动性下降，表现易激惹或情感迟钝、自私、缺乏怜悯心和责任心、注意力下降、行动迟缓，但不一定存在可测定的智能或记忆减退。研究者将这种症状称为“额叶综合征”，前额叶受损的病人病情发展方向往往取决于病前人格，尤其以前是精力充沛、忙忙碌碌或积极进取的人，可能会变得冲动、自负、暴躁、愚蠢，以及出现不切实际的野心。杏仁核位于大脑中央区，经研究发现，它与人类以及动物的侵犯行为有关。刺激清醒动物的杏仁核，动物出现“停顿反应”，显得“高度注意”，表现迷惑、焦虑、恐惧、退缩反应或发怒、侵犯反应。刺激杏仁首端引起逃避和恐惧，刺激杏仁尾端引起防御和侵犯反应。2012 年 10 月，英国剑桥大学等机构的研究人员在英国《儿童心理学和精神病学》杂志上报告称，他们扫描了 22 名有严重品行问题的青春期女孩的大脑。这里所说的品行问题是指青少年长期反复严重违反与其年龄相对应的社会规范。研究人员将她们的大脑扫描结果与其他女孩进行对比，结果显示这些“问题女孩”大脑中某些部位结构异常，比如杏仁核偏小。此前，剑桥大学的研究者曾对一些有品行问题的男孩进行过大脑扫描，也发现类似的杏仁核偏小现象。尽管神经系统会影响个体的侵犯行为，但仍有一点应该引起注意，神经机制对个体的作用也具有灵活性，即使是动物，也会受到社会因素的影响。例如，一只雄性猴子的杏仁核被刺激后，遇到比它弱的猴子时，会有强烈的侵犯欲望，但遇到比他强大的猴子时，就会逃之夭夭。

（二）基因

侵犯行为和反社会行为并非单纯地受“不良”基因或“不良”环境的影响，基因的作用在于它会使某些儿童对虐待更敏感，反应更强烈。遗传因素也会影响侵犯行为。一个人在幼年表现出来的气质通常是稳定的，在 8 岁时没有表现出侵犯倾向的儿童，成年后也不会成为具有侵犯倾向的人（Huesmann, 2003）。在分开抚养的条件下，相对于异卵双胞胎来说，同卵双胞胎更可能在“脾气很大”或者“经常打架”的问题上给出一致的回答。雷纳（Raine）发现：如果同卵双胞胎中的一个被判有罪，那另一个双胞胎有一半的可能也有犯罪记录，而在异卵双胞胎中这一比例仅为五分之一。[①]一项对新西兰几百名儿童进行的追踪研究，结果显示侵犯行为是由一种能够改变神经递质平衡的基因和童年时期的受虐待经历共同决定的。后天和先天的因素是相互影响、共同作用的。

最近，来自瑞典卡罗林斯卡学院临床神经科学系的教授雅礼·狄赫南（Jari Tiihonen）及其同事，通过对芬兰 19 所最大的监狱里 794 名罪犯和 2 124 名普通人的全基因组关联进行分析，发现一种单胺氧化酶 A（MAOA，monoamine oxidase A）的低活性基因型及 CDH13 基因与极端暴力行为之间的关联。MAOA 会降低多巴胺的转化率，CDH13 基因则负责编码神经元细胞膜黏着蛋白。研究发现，至少 10 起杀人罪、杀人未遂和暴力殴打罪与这两种物质有关，而在非暴力罪犯中发现无 MAOA，有少量 CDH13。研究结果说明，单胺氧化酶的低水平代谢和神经元细胞膜的功能障碍都可能是极端暴力犯罪行为的病因。并且，芬兰至少有 5%～10%的严重暴力犯罪归因于之前提到的 MAOA 和 CDH13 基因型。不过，一些专家对“暴力基因”的研究结果提出了质疑。来自牛津大学的生理学名誉教授约翰·斯特恩（John Stein）认为：“这是一项很有趣的针对可能性的研究，但是请不要相信‘等位基因要对芬兰 5%～10%的暴力犯罪负责’。研究结果只表明在导致一个人变得极端暴力的各种可能性中，这两种基因的贡献可能占到 5%～10%，而且事实上他们的全基因组关联研究结果并不显著。如果单独一个遗传因素就能很清楚地解释暴力行为，那他们早就应该在全基因组关联研究的结果里看到。这些等位基因十分普遍，所以环境因素可能更加重要。比如仅改善犯人的伙食，就能降低 37%的暴力行径。”这样的研究显示了侵犯行为的产生与多种因素有关，其中基因的作用发挥还与其他因素相关联，例如以下要论述的生物化学因素等。

（三）生物化学因素

某些生物化学成分已经被证明的确会影响侵犯行为。例如 5-羟色胺对于控制冲动有一定效果。5-羟色胺是一种神经介质，它通过使大脑神经细胞中的化学物质重复使用，可以放松心情，缓解紧张。服用者的 5-羟色胺水平提高，并使他们的社交能力提高。在动物身上的研究，将 5-羟色胺抑制后，其侵犯行为显著提升。对人类而言，5-羟色胺生产能力低的个体更容易表现出侵犯行为。英国剑桥大学心理学家在研究中发现，人类大脑中的化学物质 5 -羟色胺能在调节人的侵犯性方面发挥重要作用。由于 5-羟色胺所需的关键性氨基酸只能通过饮食获得。研究人员据此来操控 20 名健康志愿者体内的 5-羟色胺水平。志愿者按照要求参与一项情景游戏，研究人员出于公平或不公平的理由给予他们一定的金钱并测试他们的反应。结果表明，5-羟色胺水平低的人更可能抢走别

① Raine A. The Psychopathology of Crime: Criminal Behaviors as a Clinical Disorder[M]. Academic Press, Inc., 1993: 204-205.

人的钱。

睾酮与5-羟色胺有着类似的作用。睾酮属于类固醇激素，是主要的雄性激素。男性的睾酮由睾丸分泌，女性的睾酮由卵巢分泌，此外，男女的肾上腺皮质也会分泌少量的睾酮。当给实验室中的动物注射睾酮后，这些动物表现出更强的侵犯性。在对人类被试的研究中也呈现出相同的结果。一系列研究证实了睾酮与侵犯行为的相关。例如，一项在监狱中的研究发现，睾酮含量较高的囚犯更可能有强奸、谋杀、持枪抢劫等高攻击性作案的前科，而睾酮含量较低的囚犯更可能有偷窃、吸毒等低攻击性作案的前科（Dabbs, Carr, Frady and Riad, 1995）。因为睾酮会影响侵犯行为，仅从生物学方面考虑，男性会比女性表现出更多的侵犯行为，然而，人是社会人，不可避免地受到教育、文化等方面的影响。因此，在“男性是否比女性有更高的侵犯行为？”的研究中，研究者们的看法也不尽相同。因为侵犯行为不可能仅仅受到性别的影响，研究者也无法将性别因素单独列出加以研究。这是问题之一。另外，睾酮含量是从血液中测定的，如果睾酮与攻击性行为相关，那么到底是睾酮升高引发更多的侵犯行为，还是侵犯行为诱使睾酮增加，抑或睾酮水平和攻击性行为的关系受到第三者的调节?这是问题之二。

酒精也会使侵犯行为更容易发生。长期以来，人们一直认为酒精能使人变得易于被激怒及好斗，许多相关研究支持这种假设。布什曼（Bushman, 1990）和古斯塔法森（Gustafson, 1992）就用实验研究证明，过量饮酒的人易于被激怒，从而表现出高的侵犯倾向。斯姆特和泰勒（Schmutte and Taylor, 1980）曾做过一项实验，即让喝醉的人和没喝酒的人完成一项相同的任务。在完成任务的过程中，他们可以电击对手。有两种条件：一种条件是，被试听不到来自对手疼痛的惨叫声；另一个条件是，他们能听到对手非常难受，并且发出惨叫声。结果显示，喝醉的被试比没有喝酒的被试具有更强的侵犯性，痛苦的惨叫声对于他们的侵犯行为没有任何影响。而且，没喝酒的被试在接收到对方疼痛的惨叫声作为反馈之后，他们会减少自己的侵犯行为。很多研究发现酒精依赖与暴力犯罪具有明显相关性，酒精滥用患者侵犯行为的发生率为56.8%，酒依赖患者侵犯行为的发生率为78.3%。这也就解释了为什么酒吧与KTV里打架斗殴事件变得频繁，有临床研究表明，酒精依赖经常伴随着家庭暴力。那么，为什么喝酒能使人们变得好斗呢？一些研究者认为是酒精给侵犯行为提供了直接的生化刺激，使得喝酒的人的激情增加，俗话说的“酒壮人胆”就是这个意思。一方面，酒精的作用使得人们的社会意志力降低，减少了社会约束，比平常放松警惕。霍尔（Hull, 1986）和斯蒂勒（Steele, 1988）等人称之为“去抑制”（Disinhibition），强调这种抑制对暴力行为的影响。最近澳大利亚新南威尔士大学发表的一项研究指出，对喝醉状态和清醒状态的受试者的核磁共振扫描结果显示，他们的前额叶皮质出现了与酒精有关的变化。该脑区本应负责调控社交行为和进攻行为。研究者认为，酒精对前额叶皮质的抑制效果会导致喝醉的受试者更容易注意身边的敌意因素，忽视社交礼仪，从而表现出更强的攻击性。他们还补充道，这些脑区的脑活动减少“也许反映了人们在醉酒时的自我意识有所降低”。另一方面，酒精破坏了常用的信息加工方式。同一件事在清醒状态与酒后状态的信息加工方式可能完全不同。例如，某个人撞了我们一下，在清醒状态时我们可能认为他并不是有意为之，然而在摄取酒精后，很可能将这种行为视为对我们的挑衅，从而引发侵犯行为。

药物对侵犯行为的影响十分显著，但药物的种类、剂量的大小及被试的状态决定了药物作用的方向。泰勒（Taylor, S.P.）及其同事在 1975 年将大麻与酒精对侵犯的影响进行了研究。研究结果显示，即使是超大剂量的酒精，也并不会引发侵犯行为。倘若在摄入大剂量酒精的同时个体处于被威胁或者被激怒的状态中，出现侵犯行为的可能性就会大大增加。而摄入大麻后的反应与酒精并不相同，吸食小剂量大麻和没有服药的个体反而比吸食大剂量大麻的个体表现出更少的侵犯性。

二、社会和环境因素

（一）厌恶事件

令人厌恶的事件会起到唤起侵犯的作用。虽然挫折并不像内驱力说所指出的只会产生侵犯行为，它还可能造成诸如倒退、退缩、依赖、心身障碍、滥用药物和酒精的自我麻木、非建设性的问题解决等后果，但是挫折确实是一种可能会触发侵犯的令人厌恶的事件。怀有敌意的减少强化是触发侵犯的又一种厌恶事件。例如，研究者发现暴力事件随着失业率的增长而增长，但这种增长仅仅是在一定范围内。当失业率太高的时候暴力事件又开始下降。随着失业率的上升，由于个人挫折引发的侵犯行为也会达到一定的水平，然而当人们认识到侵犯行为的表现可能会使他们的工作不保时，暴力就会受到限制。并且，当个体已经十分接近目标，或者个体对达成目的的期望值很高，或者受到无理的阻碍，这几种情况下，个体体验到的挫折感最为强烈。在另一项中，美国心理学家罗格・巴克尔观察到学龄前儿童是如何处理自己的失意情绪的，结果发现挫折也会引发儿童的侵犯行为。首先，这些孩子可以自由自在地玩半个小时，当时，他们的行为，尤其是其独创性和想象力被记录下来。接着，把他们领到一个房间里，这里除了他们熟悉的玩具外还有一些特别吸引人的玩具。孩子们刚高高兴兴地开始做游戏没多久，研究人员就打断了他们，把那些吸引人的玩具都放到金属丝网编成的篱笆后面，让这些玩具看得见，却摸不着。这时，对孩子们进行半小时的观察。其间，孩子们的表现与游戏之初有很大差别。他们现在变得躁动不安，注意力比原先更易被分散，几个孩子冲着研究人员大叫大嚷，其他孩子则踢着金属阻碍物。比这些并不太出乎意料的不满的表现更重要的是：这些受挫的孩子们做的游戏比起初的缺少独创性和想象力，更接近于典型的游戏行为。

个体产生剥夺感和不公正感导致侵犯行为。《论语》中说道："丘也闻有国有家者，不患寡而患不均，不患贫而患不安。"个体并不会因为物品分的多少而有挫折感，但是如果分配不均，分配少的个体会产生挫折感，诱发侵犯行为。亚当斯（J.S.Adams）认为，人能否受到激励，不但受到他们得到了什么而定，还要受到他们所得与别人所得是否公平而定。[①] 当个体感受到不公平的待遇时，会产生强烈的挫折情绪，可能会导致对他人的侵犯行为。以家庭为例，在非独生子女家庭中，如果父母资源分配不公，会导致分配资源较少的子女产生不满，甚至会仇视自己的父母。巴克（Barker, 1941）的实验表明，即使当全体儿童都没有玩具可玩时，没有一个儿童会有挫折感，不会表现侵犯行为。而当一部分儿童得到有趣的玩具并可以尽情玩耍，另一部分儿童却无端遭到禁止时，遭到禁止的儿童产生了挫折感，情绪十分不满，即使后来让这部分儿童也去玩有趣的玩具时，他们还是怒气冲冲地摔打玩具，原因就是待遇不平等。研究群体侵犯现象的专家指出，骚动、暴乱等类似事件的主要原因之一并不是严格意义上的被剥夺，或面临艰难困苦的情境本身，而恰恰是在与其他人比较时产生的剥夺感和不公正感。

语言侮辱、身体遭到突然侵犯，是另一种触发侵犯的厌恶事件。H.托克（1969）指出，包括危及个人声誉在内的侮辱极可能触发针对人身的侵犯，这时人身侵犯是作为一种回敬性质的行为出现的，且常常激烈和难以避免。2006 年德国世界杯决赛中，法国巨星齐达内用头顶撞意大利后卫马特拉齐的一幕堪称是世界杯历史上的另类永恒经典（如图 8-3 所示）。加时赛阶段马特拉齐喋喋不休的挑衅令齐达内失去了理智，法国中场齐达内一头将对手马特拉齐顶翻在地，被当值裁判直接红牌罚出场。少一人的法国队在点球大战中不敌意大利屈居亚军，齐达内也以一张红牌结束了自己的足球生涯。8 年之后，当事人之一马特拉齐讲述此事细节。马特拉齐起初用胳膊阻挡齐达内，用身体将齐达内控制住，防止他起跳；之后两人产生了言语冲突，其中马特拉齐侮辱齐达内姐姐的话彻底激怒了齐达内。

图 8-3 齐达内头顶马特拉齐成艺术雕塑

（二）激励性诱因

侵犯有敌意性侵犯与工具性侵犯之分，前者的目的是要伤害另一个人，后者旨在努力得到奖赏。侵犯的激励性诱因就与后者有关。在许多个体和群体的侵犯情况中，激励

① Adams, Stacy J. Towards an Understanding of Inequity[J]. The Journal of Abnormal and Social Psychology, 1963, 67(5):422-436.

性诱因是一个主要的因素。有的研究者指出，侵犯常常会得到某种回报，激励性诱因导致的侵犯常使侵犯者获得所追求的激励。例如，抗日战争中，日军在杀戮无辜平民中得到的是激励，而不是惩戒。其中臭名昭著的“百人斩”事件是这样的：1937 年 11 月 30 日至 12 月 11 日，日军第 16 师团步兵 19 旅团第 9 联队第 3 大队的两个少尉军官野田毅、向井敏明，在从上海向南京进攻的途中展开了杀人竞赛。《东京日日新闻》(即现在的《每日新闻》) 连续刊登该报四名随军记者浅海、光本、安田、铃木分别从中国江苏省常州、丹阳、句容、南京等地发回的现场报道，详细报道了这两个日军少尉在无锡横林镇、常州车站、丹阳奔牛镇、吕城镇、陵口镇、句容县城、南京紫金山等地刀劈百余人的经过。最后向井敏明以斩杀 106 人，胜过斩杀 105 人的野田毅。

还有一个案例可以很好地佐证这点。亚历山大·皮丘什金生于 1974 年，皮丘什金一心想要当俄罗斯最著名的连环杀手。酷爱国际象棋的他还想将每个受害人当作一个棋子，填满整个国际象棋的棋盘，因此也被俄罗斯媒体称作“棋盘杀手”。在被捕后，皮丘什金曾经对媒体说：“第一次杀人时，感觉就像初恋，我永远也忘不了这种感觉。”仅 2001 年，皮丘什金就杀死了 11 人，其中 6 人死于同一个月。犯罪心理学家米哈伊尔·维诺格拉多夫在分析皮丘什金的杀人动机时认为：皮丘什金自小缺乏关爱，曾经把祖父视为唯一可依赖的亲人。祖父的去世导致年幼的皮丘什金产生了一种“被抛弃”的感觉，于是产生了对祖父的仇恨，这可以解释，为什么绝大多数受害者都是中老年男子。维诺格拉多夫还指出，所有的连环杀手都有“从谋杀中获得性快感”的强烈欲望，皮丘什金也不例外。事实上，皮丘什金在对警方谈及谋杀过程的时候的确称，他从中获得了一种类似“持久性高潮”的快感。

（三）各种控制

侵犯的触发还受三种控制影响，即指令性控制、妄想性控制和环境控制。

1. 指令性控制

个体之所以侵犯他人完全有可能是他们接受了某种指令的缘故。纵观人类漫长的历史可以发现，许多骇人听闻的罪行是冠以服从的美名干出来的，军人的侵犯行为可以看成是指令性控制的一种。服从行为则是个体在童年期和青少年期接受家庭和学校的指令，在成年期（如参加工作或服兵役等）接受社会组织机构的指令而习得的。例如：阿道夫·艾希曼是纳粹德国高官，也是在犹太人大屠杀中执行“最终方案”的主要负责者，被称为“死刑执行者”。战争结束后，他在以色列接受审判。他被判决死刑后给以色列总统写赦免请求信，在信中说：“我认为有必要在上级领导和像我这样只是执行命令的人之间有所区隔。”“我不是（上级）领导，因此我也不觉得自己该背负如此罪责。”很明显，这种人在侵犯他人时，完成听令外在的指控，而缺乏内在的自我判断。

2. 妄想性控制

个体的内部语言、妄想性怀疑、神授讯息的感觉、感到伟大的错觉等都会起到触发侵犯行为的作用。自我防卫、以救世主自居以及类似的情况会把侵犯看作是英雄应负的责任，而把侵犯行为视为正当的、合理的。当然，对严重的侵犯行为不能仅仅以妄想性控制作简单的解释，更不能用精神错乱作辩护而去开脱个人应负的责任。例如，2002年2月3日晚，辽宁省朝阳市朝阳县“法轮功”痴迷者董某在李洪志歪理邪说的毒害下，为了使家人能“升天圆满”，残忍地用铁镐伤害熟睡中的妻子女儿，造成妻子死亡女儿重伤的人间惨剧。据董某自述，2月3日他接到李洪志的指令，说2月4日0时地球就要毁灭爆炸，只有升天的人才能变成佛神道，否则都得变成猪狗。于是，董某下决心当天杀死自己的妻子和女儿。据介绍，当时董某在派出所里一直念叨着“还有5分钟升天”等。依此，董某明显受到妄想性控制的影响，造成极为恶劣的后果。

3. 环境控制

近年来，心理学家对外部环境作用于行为的兴趣不断增长，环境心理学的出现即与此有关，对触发侵犯的外部环境加以探讨也随之不断深入。一般来说，拥挤、温度、噪声等都有可能触发侵犯。

我们都有这样的经验，在夏天高温环境下，我们感到胸闷易怒。那么高温天气是否会影响人们的侵犯行为呢？在W.格里菲特和R.维奇对学生的测验中，一些学生在一间温度正常的房间里进行，而另一部分学生则在一间温度高达华氏90度的房间中进行。结果，在高温房间里的学生展现出更强的侵犯性。尽管高温环境会对个体侵犯行为的影响已经被研究者证实，但事实上随着气温的升高，侵犯行为会增加，但在达到某个点时，侵犯行为不会再上升，而超过这个点后，随着温度的升高，个体的侵犯行为反而会减少。社会心理学的解释是，在社会层面人们在外面的时候更可能做出侵犯行为；换句话说，在温暖的天气里，人们更愿意到室外去，因此也就更有可能接近侵犯对象。为什么当温度变得非常高的时候侵犯行为反而下降呢？有研究指出，当温度很高的时候，人们可能会感觉到非常不舒服，进而从环境中退出来。

高密度的人群同样能够影响个体的侵犯行为。恩格等（Ng, Kumar, Ranclaud and Robinson, 2001）调查了一家精神病院住宿的空间占有度、语言及身体侵犯情况，结果发现，没有暴力事件发生时，空间占有度为69%，但有暴力事件发生时，空间占有度为77%。为何高密度影响个体的侵犯行为？一是高密度人群不但会导致空气浑浊，而且个体会将他人对自己肢体触碰视为对隐私的侵犯。因此人群拥挤容易引起个体生理唤醒，使得个体紧张、兴奋、烦躁等情绪增加，个体对侵犯行为的抑制力也会降低。二是高密度的人群容易导致去个性化和群体模仿，滋生侵犯行为。例如，2012年9月，我国各地突然爆发出民众自发性的抵制日货游行，但不幸的是，各地游行时出现了零星的打砸抢行为。1999年5月8日，美军悍然空袭我国驻南联盟大使馆。消息传来，愤怒的国人开始了规模巨大的抗议暴行活动。在游行示威中，也出现了一些打砸抢的行为。在高密度群体中，群体气氛和群体规模容易引发个体的去个体化状态，自我控制力变低，容易模仿他人行为，使人表现出通常状态下不表现的行为，甚至使个人的侵犯行为增加。

噪声同样也增强了个体生理唤醒，噪声对人心理健康的危害更直接和明显地表现在情绪状态上。在格拉斯与辛格的实验中，实验者要求被试做一项数学任务，一组被试在吵闹的环境下进行任务，另一组被试在安静的环境下进行。结果发现，在吵闹环境中的被试犯错更多，且感到更加烦躁，特别是对于具有侵犯性倾向的人。但噪声并不会直接增强侵犯性，只有当个体被激怒或情绪不佳时噪声才对侵犯性产生影响。例如，广场舞由于噪声较大，经常引发人际冲突，甚至是侵犯行为。居住在北京市昌平区的施某，不满邻居跳广场舞时播放的音乐音量太大，在与邻居发生争吵后，竟拿出家中藏匿的双筒猎枪朝天鸣枪发泄，还放出自己饲养的 3 只藏獒冲散跳舞的人群。因此，在生活中避免过大噪声，营造良好的居住环境或工作环境，有助于抑制侵犯行为。

当然，个体最终是否表现出侵犯行为及其表现的程度，不仅取决于这些环境特点的物理维度，而且受到个人对这些特点的感知、这些特点产生的情感唤起水平、它们之间的交互作用以及其他外部条件的制约。

（四）去个体化

去个体化是由心理学家津巴多（Zimbardo）和费斯汀格（Festinger）等人提出来的概念，是指群体中的个体有时会丧失对自身行为的责任感，使自我控制系统的作用减弱甚至丧失，从而做出平时不敢做的反社会行为。例如在反对日本抢占钓鱼岛的游行示威中，人们一起去日资百货商店抢夺商品，在路上看到日产的汽车就进行破坏。群体的规模越大，凝聚力越强，越易引发人们的去个性化状态。社会心理学家辛格的研究采用匿名的方式来引发被试的去个性化状态。当被试处在匿名条件中，与可被认出来的情况相比较，在有关色情问题的集体讨论中明显更多地使用猥亵语言。

三、学习和经验因素

在某个情境下个体是否会出现侵犯行为，其学习和经验也起着重要作用。社会学习理论就是其中的代表，该理论的支持者认为学习是侵犯行为的主要决定因素，侵犯是习得的，同样，个体也可通过社会学习消除侵犯行为。学习和经验的作用在个体儿童时期更为明显，即使个体在成年后也依然能够看到儿童时期形成的习惯和行为模式。儿童经常模仿成人或者与他们年龄相仿的人，特别是暴力能够让他们获益时，更倾向于用暴力去解决冲突。例如，在竞技体育中，尤其是包含高强度身体对抗的运动中，不难发现，那些表现突出的运动员有更多身体对抗。这些更具有侵犯性的球员通常收入更高，获得胜利的可能性更大。运动员作为偶像是成人与儿童模仿的对象，其中就包括侵犯行为的习得。

个体向谁学习？个体的侵犯行为经验来自哪里？具体来说，主要来自于家庭、社会媒体和同伴等。

首先，在个体侵犯行为的习得过程中，家庭的作用是不容忽视的。我们经常会听到“有其父必有其子”，同样地，暴力行为也是会“遗传”的。此处的“遗传”并非指亲代传递给子代的先天性因素，而是家庭环境对个体的成长产生影响。家庭是儿童人性的养育场所，儿童的行为特点和应对方式无不受到父母潜移默化的影响。这方面的证据来自两个方面：一方面，一系列研究证实父母不良的教养方式和不和谐的关系是儿童侵犯行为发生的重要原因。侵犯行为者的家庭特点表现为缺乏情感温暖、父母的教养方式多以粗暴惩罚为主（Stevens, Bourdeaudhuij and Oost, 2002）；父母之间的交往也充斥着敌意与暴力，父母之间的冲突可通过母子冲突对儿童欺凌、受欺凌行为产生间接影响（林园，王凌霄，徐洁等，2018），卡明斯（Cummings）等人发现2岁儿童在目睹了父母的争吵之后，会有痛苦的表现，侵犯性行为也增加。埃朗（Eron）等人的22年的追踪研究发现，被父母拒绝的孩子不易被同龄伙伴接受，极易发生侵犯性行为；费尔逊（Felson）和鲁索（Russso）的研究还发现，父母的体罚会增加小学生的口头侵犯和身体侵犯的数量。另一方面，从实践经验来看，父母作为儿童的榜样，是儿童模仿最多的，如果父母采用侵犯性强的方式去解决问题，或者通过对儿童施加严厉的惩罚，在此过程中，儿童会对父母的行为模式进行模仿与学习，这会导致生活在暴力环境中的儿童成长后也倾向于用暴力去解决问题。例如，2014年2月18日晚，湖南中部一个县城发生一起14岁少年在网吧手刃亲生父亲的悲剧。这令人震惊的事实背后，到底隐藏着怎样的父子关系？有调查发现，由于文化程度较低，不善言辞的父亲在面对孩子出现的问题时，处理方式比较粗暴，用粗暴的方法去对抗孩子的叛逆情绪。当情绪爆发到一定程度时，一些孩子会失去理智，产生侵犯行为，甚至是犯罪行为。

其次，媒体暴力已经成为引发侵犯行为的重要因素。媒体暴力（media violence）一般被认为是包括电影、电视、电子游戏、报刊等在内的媒体含有或刊登暴力内容，并对人们正常生活造成某种不良影响的暴力现象。另外一种则是“媒体本身的暴力”，指媒体及其从业者利用媒体本身作为大众传播媒介的话语权优势对新闻当事人或被波及的人群所实施的一种暴力行为。在此，我们主要讨论的是前者。心理学家弗兰佐（Franzoi）认为，媒体暴力会对人的行为产生影响有以下几点原因：（1）去抑制。班杜拉认为，当人们看到他人的暴力行为时会降低在类似情境中对于自己暴力行为的抑制。去抑制产生的部分原因是人们对于暴力行为的情绪变得不敏感或迟钝，不太关心别人的痛苦与感受。（2）形成侵犯剧本。休斯曼（Huesmann）借鉴了认知心理学的概念，他认为儿童在看暴力视频时，会在脑海中产生出一套侵犯性的剧本，该剧本展现出侵犯事件发生的顺序，便将其存储于记忆当中，对一个人的行为有一定的指导作用。（3）认知启动。人们将通过对侵犯行为有诱发作用的刺激而引发暴力行为的现象称之为认知启动。随着社会的信息化，媒体对个体的影响不容忽视。媒体中充斥的暴力与色情等消极内容，会对个体的行为模式产生潜移默化的影响。1999年，美国科罗拉多州哥伦比亚高中发生了一起震惊全美乃至整个世界的血腥事件。两名18岁的中学生在校园里枪杀了12名学生和1名教师，并造成23人受伤，最后他们举枪自杀。据报道，他们都是射击游戏《毁灭公爵》的狂热爱好者。在一盘摄于该事件前一年的录像带里，这两名中学生曾穿着军用雨衣，模仿着《毁灭公爵》的模式，这与后来发生的真实事件惊人的相似。众多研究表明，个体在儿童时期收看的暴力越多，那么他们表现出更多的暴力行为，甚至对青年时期也会产生影响。例如，R.李波特和R.百伦做了一项实验，实验者将儿童分为两组，一组儿童观看一段极具暴力行为的警匪片片段，另一组儿童则收看一段激动人心但没有暴力行为的体育比赛。两组的观看时间都相同。之后，他们让所有儿童都到另一个房间里一起玩。结果发现，收看了暴力警匪片段的儿童对他们的伙伴表现出的暴力行为要远远高于收看体育节目的儿童。在另一项实验中，M.H.托马斯的研究证实，观看电视暴力会导致人们在后来面对真实生活中的侵犯行为时变得麻木。研究者将被试分为两组，其中一组被试观看充满暴力镜头的警匪片，另一组被试观看无暴力行为的体育赛事。观看完毕后稍事休息，继续让被试观察发生在两个学前儿童之间的侵犯行为，结果显示，观看暴力片段的被试比收看体育赛事的被试显得更为麻木。

近些年来，电子游戏的迅猛发展令人惊愕，对未成年人的影响也令人吃惊。不同类型的电子游戏充斥着网络平台，并被未成年人轻松获得。不仅如此，许多未成年人沉迷其中，无法自拔，容易引发侵犯行为，甚至是犯罪行为。众多案例和调查表明，血腥暴力的网络游戏会给未成年人造成危害，网络暴力游戏成为导致青少年犯罪的一大诱因。电子游戏与其他媒体相比，对个体暴力行为的影响有新的特点。电子游戏使得个体侵犯行为在游戏中得以实现，其实现过程是直接的，且玩家的暴力行为得到了直接的、即时的强化（游戏币或游戏装备）；随着信息技术的发展，网络游戏无论是画面还是声音都越来越逼真，因而玩家游戏时代入感也更加强烈，玩家与所控制角色感同身受，会降低个体的同情心，对暴力行为产生认同感。有意思的是，目前另有一种声音，称暴力游戏并不会导致人们的暴力倾向。美国特勤局曾有一份公开报告指出，年轻人好勇斗狠的攻击性和压力来自青少年暴力的影响，而非玩暴力电子游戏引致。最近，有研究指出，类似《侠盗猎车》和《真人快打》等暴力的电子游戏，并不会对儿童成长造成损害，而且事实上还有治疗效果，有益健康。即使是患有注意力不集中症（ADHD）或者抑郁的孩子，也没有证据表明这类游戏会对他们的个性发展造成负面影响。而且，与人们想象的相反，研究结果发现，暴力电子游戏还可能有助于控制恃强凌弱、打架、犯罪、侵犯甚至谋杀行为（Ferguson, Olson, 2014）。毋庸置疑，并非所有玩暴力游戏者会采取侵犯行为，但是缺乏判断力和控制力的未成年人确实可以在暴力游戏中学会暴力行为，这些经验可能在未来现实性环境具有相应诱因的条件下转化实际行动。安德森（Anderson）等对 36 项相关研究进行分析之后，发现与非暴力电子游戏相比，暴力电子游戏更能对人们产生以下影响：（1）引起生理唤醒，例如血压升高和心跳加快；（2）引发侵犯性思维，例如安德森在一项研究中发现：在大学生进行一组暴力游戏之后，请其对于被追尾司机的行为进行预测时，他们更倾向于做出司机会出现侵犯性行为的预测，如推搡、辱骂、踢破玻璃、打架等；（3）唤醒侵犯性情绪，发泄不良情绪；（4）诱发侵犯行为，玩过暴力电子游戏的儿童与其他儿童相比，更容易表现出侵犯行为；（5）减少亲社会行为，出现助人行为的频率下降。通过进一步研究还发现，玩暴力电子游戏的时间越长，这种效应越发明显。

最后，同伴的侵犯经验和行为是个体侵犯行为的影响因素。同伴是个体发展的重要背景，个体的社会行为（包括侵犯行为）会受到个体在同伴群体中的互动经验的影响。其中，交往不良同伴对个体学习侵犯行为的影响更为明显。交往不良同伴是指交往具有违反法律与社会道德行为的同龄友伴。按照社会学习理论，同伴的行为对个体起到榜样和强化的作用，尤其对青少年的作用更加突出，青少年会模仿不良同伴的各种问题行为。因此，在已有研究中交往不良同伴被认为是导致青少年产生侵犯行为的重要因素，并受到了学者们的广泛关注。有研究者运用问卷调查法，对368名男性未成年犯人进行问卷调查，结果发现交往不良同伴会对男性未成年犯人的侵犯行为产生显著的促进作用（高玲，王兴超，杨继平，2015）。一方面，个体与侵犯行为较强的问题青少年结为同伴，其行为选择中会受到对方较大的影响，进而习得不良同伴的侵犯行为，即侵犯行为的社会化过程；另一方面，个体会选择与自己有类似认知与行为模式的同伴在一起，正如物以类聚，人以群分，即具有侵犯行为的青少年存在相互选择的过程。北京市海淀区人民法院2008年曾经审理过“黑衣帮和太子堂”案，这是比较典型的未成年人暴力案件。当时由七八十个“90后”中学生组成的“太子堂”团伙在“总堂主”的领导下，报复仇家、随意行抢，涉嫌寻衅滋事罪，“黑衣帮”则在1989年出生的“帮主”领导下用砍刀、木棒将他人打成轻伤，涉嫌故意伤害罪。据了解，“太子堂”“黑衣帮”两个团伙成员基本由孩子组成，其共同特点是多数成员是家长不关心、老师不重视，同学瞧不起、成绩较差的边缘化学生，不少人受到当时的电影《古惑仔》的影响。

四、文化因素

文化在对侵犯行为的塑造中起着重要作用，个体的侵犯行为不可避免地受到当地文化的影响，不同文化中个体的侵犯水平以及所表现出的侵犯行为都有所不同。

攻击行为（侵犯行为）与个体主义维度呈正相关关系，与中国文化大一统维度以及保守维度呈负相关关系。在崇尚控制的文化中，攻击行为（侵犯行为）的水平较高。在活动中强调以人为中心而不是任务中心的社会有较低的攻击水平（赵冬梅，周宗奎，2010）。西方国家倡导个人英雄主义，认为个人利益高于一切，在个体主义、控制维度上得分较高，强调个性与竞争，因此侵犯行为较高。中国人深受儒家文化影响，凡事都提倡“以和为贵”，甚至在遭受损失时，只要损失不够大，也会一笑置之，认为“吃亏是福”，强调集体主义，因而即使个人利益受损时，也会尽可能顾全大局。深受这些思想的影响，中国人的侵犯性要远低于一些西方国家，这一结论已被研究者证实。纪林芹与张文新等（2003）曾做了关于中国与英国儿童对待欺负的态度的比较研究，结果发现中国儿童对待欺负的态度比英国儿童积极。中英儿童对欺负态度的情感成分没有差异，但中国儿童对受欺负者进行帮助的行为倾向较多；中国儿童对待欺负的态度比英国男孩积极，中国儿童中的被欺负者对待欺负的态度比英国相应群体更为积极。也就是中国儿童更反对欺负行为。靳宇倡与李俊一（2014）对国内外现有的暴力游戏影响青少年侵犯性认知的实验研究进行元分析，分析结果发现：暴力游戏对青少年的影响西方文化的效应值显著大于东方文化的效应值。可见，文化在暴力视频游戏影响攻击性认知中起着一定程度的作用。这两项研究都说明了西方文化对侵犯行为的认同感要高于东方文化。西方的众多研究同样也认为相信强调集体主义价值观、高道德水平、平均主义以及儒家思想的东方文化比其他文化所表现出的侵犯性更低。不仅如此，跨文化研究表明，美国、加拿大的攻击性儿童主要表现出外部问题，而中国的攻击性儿童不仅有外部问题而且还有内部问题（如孤独和抑郁）。

第四节　侵犯行为的控制

一、增强社会公平感

公平一直是人们所追求的目标，是人类的社会理想，个体对社会是否公平的判断会影响其态度、情绪和行为。《2006 年世界银行发展报告》给出社会公平的两项基本原则：一为避免剥夺享受成果的权力，相当于一种福利公平；二为机会公平，即个体的成就主要取决于自身的努力和才能，而不受性别、种族、家庭背景等的影响。在现代社会中，完整的社会公平系统包括规则公平、社会保障公平、权利公平、分配公平等方面。其中，分配公平是社会公平体系中的重要部分，社会财富（物质财富和精神财富）分配的合理性往往是人们评价这个社会是否公平的核心依据。美国心理学家亚当（Adam, 1963）认为，人们总将自己的贡献和得到的报酬，与一个与自己条件差不多的个体的贡献和收获做对比，如果两者之间的比值相等，双方就获得公平感；反之，便产生相对剥夺感。特德·古尔（Tedd Gurr）认为，粗略地讲，“相对剥夺”和“挫折”含义相当。前文已从理论上阐释了剥夺感和不公正感会导致侵犯行为，事实上，在实际生活中，也存在这样的现象。例如，在足球或篮球比赛中，球员会因为裁判的不公平判断而攻击裁判，或者与对方球员发生冲突；在房屋征收和拆迁中，房主可能因为补贴不公，而与他人发生冲突。又以家庭为例，虽然父母收入少，仅可以使子女吃饱穿暖，一家人可以和平共处。但是当这个家庭发迹了，这时若父母对子女分配不公正，使有的子女产生挫折感，子女之间的矛盾也随之而起，发生冲突与争斗。诸如此类的事情，还有很多。

社会公平感为何能够减少侵犯行为的发生？一是在当今社会中，社会各阶层贫富差距的拉大都会导致相对剥夺的产生。这种在收入分配上适度扩大差异的手段，有利于提高经济增长的效率，从而促进社会财富的积累。但是，差别过大，少数人占有的社会资源过多，就会对经济增长产生负面影响。这种生活质量上的悬殊易使部分低收入群体产生较大的心理落差，产生仇恨、嫉妒和不满等消极情绪，绑架、偷窃、抢劫等不良的社会案件便会急剧增多。因此，建立社会公平可以有效协调阶层利益关系，有利于减少人们的心理落差，从而减少侵犯行为的产生；二是社会公平感可以有效地引导个体认为他们所处的社会环境是稳定且可控的，有效地减少了不确定性，有助于个体在遇到问题时能合理冷静地解决问题，从而降低做出侵犯行为的可能性；三是人们感受到不公平时，会产生一种挫折体验，并有可能表现出种种消极情绪，根据挫折攻击理论可知，不公平感可能使个体产生明显的攻击性，同时暴力态度也会随之增加。长期感受到不公平的个体更易产生抑郁情绪（叶艳，2014），而且当人们遇到不公平情境时，感到焦躁和愤怒，自我控制能力下降，这种消极情绪也可能增加个体的攻击性和暴力倾向（张书维，2009）。由此可知，当人们感到公平时，能有效减少侵犯行为。

如何增强社会公平感，以控制侵犯行为？首先，要引导个体树立正确的公正观。要认识到绝对公平是不存在的，社会公正从来都不是搞平均主义，付出与努力是成正比的，不要盲目攀比，应该肯定强者们靠自己正当手段获得的财富、名誉与地位，要明白自己只要足够努力，就可以改善自己的生活。其次，社会资源分配上应秉持按劳分配的原则。尽管收入分配适当扩大有一定的好处，但应该警惕富人与穷人、城市与农村的差距过大。要注意协调好各个阶层的利益分配，同时增强阶层的流动性。再次，要鼓励个体进行内归因。若个体对事件做出内归因，可以减弱体验到的不公平的感觉，从而对社会公平感起到维护的作用。最后，帮助个体培养良好的心理弹性。过程论观点的学者认为心理弹性是个体与环境交互作用的动态过程（Olesson, Bond, Burns and Vella, 2003）。提升心理弹性，有利于个体以更为积极的方式来应对由于事件产生的不公平感。最后，在社会合作交往中，加强个体间的沟通合作。如打破特权、等级的壁垒，为群众提供平等的机会和权利，满足来自群众的合理期望。

二、控制媒体暴力及其影响

媒体暴力对个体侵犯行为的影响，我们已经在前文详细阐述了。那么，媒体暴力是如何影响个体的？第一，个体会观察与模仿媒体中的暴力行为。社会学习论认为，人们的侵犯行为是通过观察与模仿他人暴力行为而形成的。在一项调查中发现，在因暴力入狱的男性犯人中，有1/4～1/3的人承认他们在犯罪时有意识地模仿电视中的暴力犯罪手段，这些由现实暴力主体提供的说法也许更令人信服。第二，媒体暴力会暗示、激发个体的侵犯行为。尤其是影视作品、电子游戏有着一些以暴制暴的作品，但是，其中的暴力行为并没有受到任何惩罚，也没有对此辨析。一些研究者认为，媒体暴力激起或暗示了人们的进攻性思想，进而促成了暴力行为的实施，个体想要出击的愿望被媒体画面证明是正当的，因为在画面中无论是英雄还是坏蛋都使用暴力复仇，并且常常没有对错。第三，虚拟参与。媒体暴力中尤其是电子游戏的暴力对个体的暴力行为影响颇深。尤其是电子游戏中攻击他人往往能够获利（游戏币、游戏得分），这就使个体的侵犯行为得到及时强化。电子游戏情境设计真实，人机互动强，代入感强。个体在玩某一项游戏时常把自己想象成操纵的人物，这样个体会增强对游戏中人物暴力的认同。

媒体对于暴力的过度渲染，影响和促进了现实社会的暴力现象，其对社会的危害性是多方面的。尤其是媒体暴力对儿童形成健全人格的危害更为严重。那么，从哪些方面入手可以抑制媒体暴力对个体的影响呢？

首先，从技术层面加强对媒体的管理。我国目前还没有实行对影视作品及游戏分级管理，相关部门应引入分级管理制度，将影视及游戏作品加上分级标志，帮助家长更好地阻止和控制未成年人接触到不健康内容。同样，要重视对知识版权的保护，即便引入了分级制度，但是如果没有知识产权保护，被禁止的相关人群也很容易在网络上获得盗版影视及游戏。此外，无论是视频网站还是游戏，都应该采用实名制，只有被允许的人才能观看相关影视，登录相关游戏。要注意即便是满足条件的个体，对于其每天游戏时间或者观看较为暴力影片的时间都要予以限制，防止过度沉迷。

其次，媒体应学会自律和“制裁暴力者”。媒体暴力控制的成败很大程度上取决于媒体本身的态度和努力。一方面，媒体在追求经济效益的时候，也需注重其社会效益。大众媒体有义务也有可能加强自律，加强节目审查，减少含有暴力内容的节目的制作和播出。如电视台将带有暴力信息的电视剧放在晚上 11 点以后播放的做法就应该提倡。另一方面，制作者在媒体中应“制裁暴力者”，而不是“崇拜暴力者”，尽量削弱侵犯行为对个体的影响。例如，在影视作品中，对于有暴力行为的角色应该施加惩罚，让观众看到“侵犯他人就会受到惩罚”；在游戏作品中，可以综合玩家各方面的表现施以奖励，当玩家操纵的角色侵犯他人时，要对该角色施以惩罚；对于新闻媒体来说，要本着实事求是的态度去报道，不能为了吸引受众注意力而对侵犯行为进行夸张的描写。

最后，要加强对未成年人的教育。学校教育要重视德育，促使学生形成正确的世界观、人生观、价值观；同时开展心理健康教育课程，教会学生缓解愤怒情绪的技巧。尽管学校教育十分重要，但家庭教育是根本。例如：家长为子女树立一个良好的学习榜样，避免在子女面前施暴；父母限制儿童观看时间和所观看的节目，以减少儿童接触暴力节目的机会；父母和儿童一起观看节目，引导性解释节目的内容和制作技巧，帮助孩子区分媒体中哪些侵犯行为事件是真实的，哪些是虚构的。

三、惩罚侵犯行为

古代中国对子女的教育一直秉持着“棍棒出孝子”“不打不成才”的观点，这些观点在今天仍被一些人所接受。这种观点认为采用惩罚（多为打骂）能够制止不良行为，促进子女的成长。惩罚能否遏制再犯（侵犯行为）？行为主义认为惩罚可以减少行为的发生概率（格里格，津巴多，2003）。效用理论认为惩罚具有阻止、改造和威慑功能（陈欣，赵国祥，叶浩生，2014）。对侵犯行为进行惩罚，能够在一定程度上减少侵犯行为的发生，甚至是对于惩罚威胁的预期也会使个体三思而后行。从社会心理学的角度来分析，任何人都是畏惧惩罚的，因此，利用惩罚来控制侵犯行为是必要的。美国 1963 年出台了一项法案，规定当年没有得到辩护律师辩护的囚犯可以被提前释放。于是研究者对两组所犯罪行几乎一样的囚犯进行比较：一组被提前释放，另一组要继续服刑，直到刑满为止。结果，服刑期满的人再次犯罪的比率是提前释放者的两倍。这项有说服力的证据证明，长期监禁不能阻止被释放者的重新犯罪，但也不足以排除这样的可能性：即严厉惩罚的效果可能仅仅是阻止从未犯过罪的人的犯罪倾向（刘东莉，2003）。

一般情况下，个体试图采用惩罚去减少另一个体某一不良行为的频率，这在短期内可能是有效的，但是惩罚本身是一件很复杂的事情，尤其是当没有把握好惩罚的尺度，可能结果会适得其反。例如惩罚能够抑制个体明显的侵犯行为，但同时可能导致更多隐蔽的侵犯行为，后者对个体及社会的危害性更大。例如，从小生活在暴力环境中的孩子，会把暴力行为习惯化，认为暴力行为是家庭生活的一部分，他们学不到良性沟通的模式，即使非常厌恶暴力，而将来也有可能成为施暴者或受虐者。有研究人员指出，家庭暴力会一代一代延续下去，这被称之为“家庭暴力的社会遗传”。

那么，怎样使惩罚发挥它的最大效应？第一，惩罚应及时。在发现个体的不良行为时应该尽快地施以惩罚，此时的惩罚效果是最好的。如果延迟惩罚，则在惩罚之前发生的理想行为会受到惩罚物的影响而减弱。一旦教师认识到有必须加以惩罚的不良行为出现，就应该立即给予惩罚。只有这样，才能保证惩罚对该不良行为的抑制效果。第二，惩罚应当是正当的。惩罚应是出于纠正某一错误行为，不能为了报复他人而施以惩罚。在施加惩罚行为时，应当让受惩罚者明白为什么会受罚。第三，惩罚应适度。对于个体的惩罚应是合适的，要根据其犯错的严重程度确定应施与何种惩罚。过于严厉的惩罚会引起个体的反抗心理，惩罚过轻则对于抑制个体不良行为，起不到应有的作用。要充分考虑到受惩罚者的个体差异，尊重其人格。第四，惩罚应与教育等方法相结合。尽管惩罚可能是最直接有效的方法去抑制个体的侵犯行为，但是它并不是首选方法。只有当其他方法无效或效果不显著时才能考虑采用惩罚，并且要与教育等方法共同使用，避免给受惩罚者带来身体与心理的伤害。

四、实施说服教育

说服教育有助于提高个体对侵犯行为后果危害性的认识，有利于改变人们的态度，从而降低或避免侵犯行为的发生。说服教育应该从小做起，个体在儿童时期就应该接受相关的教育活动，让他们了解侵犯行为对自己、对他人的危害，确立正确的观念；说服教育对成人的效果可能更好，因为成人的理解能力更高，在成人实施侵犯行为之前，就应当通过说服教育降低他们的侵犯动机，如果在侵犯行为之后进行说服教育，会激起他的内疚感，这种情感会抑制之后的侵犯行为。实施说服教育主要有以下几个方法。

第一，价值观辨析。学生的不良态度与品德大多是由于自身不正确的价值观导向，或由于价值观念模糊、混乱造成的。因此有必要引导学生利用自己的理性思维和情感体验来辨析和实现自己的价值观念，这就是心理学家提倡的价值观辨析（皮连生，2003）。青少年在应对问题时，可能形成“以眼还眼，以牙还牙”“以暴制暴”等观念。这些观念容易滋生侵犯行为。尤其是有侵犯倾向的儿童在将来更有可能走上暴力犯罪的道路，而那些被侵犯的儿童，或许会产生悲观绝望的情绪，形成消极厌世的性格，甚至会采取“以暴制暴”的对策，转而成为具有侵犯行为的人。一般来说，价值观辨析可以含这些环节：首先，诱发青少年的态度和价值陈述；其次，无批评地和无判断地接受青少年的思想、情感、信念和观念；最后，向青少年提出问题以帮助他们思考自己的价值观念。总之，要帮助青少年通过理性思维和情绪体验来检查自己的行为模式，鼓励青少年辨认自己的价值观念以及这些价值观念与其他价值观念的关系，揭示并解决自己的价值冲突，根据自己正确的价值选择来行事。

第二，提供合理论据。要说服别人控制自己的侵犯行为，采用平和的方式处理人际冲突，必须合理地提供单面论据与双面论据。单面论据意味着只提供采取侵犯行为的正面论据或负面论据，双面论据意味着两方面的论据都要提供。例如，要向青少年传递这样的理念——“在学校里，如果自己被他人欺负了，采取侵犯行为进行报复会对自己不利”。对于低年级的学生，可以提供正面证据，如对方有实力，学校规章不允许，报复行为也会伤害自己，等等。对于高年级学生，除了提供正面证据之外，还可以适当提供反面证据，如报复行为可能让对方中止欺负行为，可以缓解自己的不满。并引导学生在权衡正面证据和反面证据的基础上，重视正面证据的作用。

第三，角色扮演。说服教育不能只依靠语言，还可在活动中潜移默化地影响青少年，其中角色扮演不失为一种较好的活动。角色扮演中，让个体暂时充当别人的角色，体验别人在一定情境下的心理状况。例如，对于一个侵犯性很强的儿童，可以让他扮演一个被侵犯的孩子，表现出各种痛苦的表情和体验痛苦的情绪。角色扮演最大的益处是通过移情让侵犯者能够设身处地为被侵犯者着想。米勒（Miller）和艾森伯格（Eisenberg）的元分析发现，侵犯行为应该与移情存在负相关关系，移情反应可能是侵犯性的一个抑制因素（Miller, Eisenberg, 1988）。例如，移情得分越高的5岁儿童，其愤怒情绪、生理攻击和言语攻击越少，也较少参与物质争抢（Strayer, Roberts, 2004）；高移情情绪的个体，移情能抑制酒精对侵犯行为的激发作用，而低移情个体不但没有这种抑制的能力，其移情反而会推动酒精对侵犯行为的激发作用（Giancola, 2003）。

五、强化非攻击性榜样的作用

控制侵犯行为的重要方法之一就是让人们认识到哪些行为是不恰当的。那么，如何达成这一点呢？当然通过知识灌输可以在一定程度起到作用，但最为有效的形式是使人们在同样的条件下学会自我控制，不去侵犯别人。美国社会心理学家米尔格拉姆（S.Milgram）在服从实验中发现，当被试者看到在他之前有人拒绝服从实验者的要求，即不肯电击无辜的他人时，被试者也会效仿而不去电击他人。1972年，罗伯特·巴伦的实验发现，当自己的同伴因为电击行为受到他人抨击之后，他们会立即降低对他人电击的程度，而且抨击者的社会地位越高，效果越明显。这些说明，非攻击性榜样会降低人们侵犯他人的可能性。

转型时期的中国，社会矛盾纷繁复杂，大大小小的冲突不时见诸报纸网络。对于各行各业中那些“忍人所不能忍”的人，应该在某种程度给予肯定，不应纵容那些抱着“我决不吃亏”、斤斤计较、睚眦必报的态度的人。

六、重视个人干预

俄国大文豪屠格涅夫曾告诫我们：“当你愤怒的时候，在开口前把舌头在嘴里转上十圈，怒气也就减少了一半。”控制怒气，无疑有助于减少侵犯行为的发生。当然，从个体层面进行自我干预，可以在一定程度控制侵犯行为的发生或严重性。

第一，放松训练。这是E.雅各布森首创的已有数十年历史的技术，在当今心理治疗中它作为系统脱敏方法的组成部分广为运用，且已被一系列研究证明是一种有效的技术。由于紧张和唤起状态常被视为发生侵犯行为的前兆，运用放松训练技术能有效地减缓紧张和唤起状态，从而起到控制侵犯的作用。

第二，自我控制训练。它作为个体控制愤怒和侵犯的一种方法有若干不同的形式，一般接受训练的个体都要经过合理重构，认知的自我指导、压力预防接种诸过程，其关键是让个体学会某种言语的自我陈述，有效地引导本人对愤怒和唤起的情感作出较为理智的反应，从而减少侵犯行为。这种训练已被证明颇有功效，正在推广之中。

第三，交往技能训练。即运用教学技术认真传播建设性的交往行为。通常，先进行较一般的交往技能训练；然后集中进行协商训练，学会通过交谈来寻找解决矛盾冲突的途径；最后是对制定行为合约的书面协议进行指导，使解决矛盾冲突的协商能真正落实到行动中。这种训练对控制侵犯颇为有用，且被认为能减少个体在今后可能面临的人际冲突。

第四，处理偶发事件。指运用奖赏和非体罚的惩罚如消退、暂时隔离、反应代价等来处理偶然发生的事件，达到控制侵犯的目的。E.M.平克斯顿、E.休厄尔和 J.F.麦科伊等的研究表明，当这种处理与奖励那些积极的或亲社会的行为相结合时效果会更好。

第五，自我宣泄。宣泄理论认为个体通过攻击性行为表达愤怒，从事或观看侵犯性行为等方式都可有效地将愤怒与敌意排出体外，从而降低个体内心的紧张感体验和随后的攻击驱力。一些心理学者认为，通过给个体提供合适的情境，让个体把愤怒与不良情绪发泄出来，个体的侵犯动机就会降低。主要方法如下：一是用社会普遍接受的具有攻击性的身体活动这类形式来消耗攻击性能量，如球类比赛等体育活动。威廉·詹姆斯（W.James）曾说："人类都有好斗的劣根性，侵犯是我们从祖先那儿遗传而来的本能，因此，人类是无法摆脱侵犯的，只能通过替代性活动，比如体育竞赛等，消耗侵犯的动力和能量，才能使侵犯的倾向得到控制。"运动竞赛在给人类提供体育文化欣赏和情绪宣泄的同时，也为人类的侵犯行为找到了安全、快捷的发泄方式。二是进行一些没有破坏性的、幻想的侵犯行为，如想象打某人或写暴力小说。三是通过倾诉、哭泣等方式宣泄不快的情绪，从而减少侵犯行为的可能性。

第六，移情能力的培养。移情包括两个方面，一是识别和感受他人的情绪、情感状态，二是在更高级的意义上接受他人的情绪、情感。米尔格莱姆在权威—服从实验中发现，受害者对于痛苦状况的反馈越直接，执行者就越难服从于对受害者实行伤害性的电击的指令。从另一个角度来说，个体对于他人的痛苦状态体会得越深刻，就越倾向于与外界压力进行对抗，拒绝服从命令做出伤害他人的行为。移情对于侵犯行为的抑制作用，已经被犯罪学研究所证实。社会心理学家提出，移情能力的培养和评价，应成为改造罪犯的重要步骤之一。老师和家长可以通过日常生活中易于运用的角色扮演方法来培养儿童的移情能力，降低其侵犯性。注意引发儿童移情，培养其同情心，让儿童将自己当作受害者，设身处地地体会受害者的痛苦，想象受害者难过的心情和感受，从而产生对于"受害者"的一种情感共鸣。这是从根本上消除儿童侵犯性的一种好方法。

第九章

亲社会行为

【开篇案例】

最美逆行

假如你正在教室上课，突然课桌开始摇晃，整个教室也在摇，你的头开始发晕，有同学尖叫“地震了！”。你马上做的是什么？有些同学会说：“跑，赶快跑，跑得越快越好。”这时候，人的逃离和寻求安全的欲望实在太强了。但是，2008 年 5 月 12 日汶川地震发生后，出现了很多感动瞬间，这里只列举 2 个：一是崇州市怀远中学教学楼因地震发生垮塌，在突如其来的灾害面前，该校 700 多名师生中的绝大多数顺利脱险，但该校英语老师吴忠洪却永远离开了他爱着的学生们——他带领孩子们疏散时，听到有学生掉队，义无反顾地从三楼返回四楼，这时楼体突然垮塌，吴忠洪和几名孩子被吞噬。二是龙居小学教学楼坍塌，上百名师生被埋于废墟下。在清理废墟、抢救被埋师生过程中，见到向倩老师的身体被砸成了三段，而她双手环抱将三名学生紧紧搂于胸前，用自己的身体将三位学生保护于身体下，用自己的生命和血肉之躯抵抗灾害，保护学生。在场所参与救助的人员均被向倩老师这种奋不顾身、保护学生的英雄之举感动得泪流满面，自发地向倩老师鞠躬致敬。

2017 年 8 月 8 日晚，九寨沟地震发生后，驻地距九寨沟景区只有 3 公里的武警阿坝州支队十三中队第一时间出动，前往游客众多的“九寨千古情”演出场地搜救受困群众。随后，官兵们又赶往附近 10 多公里外的上寺寨，转移了 21 名伤员，其中有 6 名重伤员。官兵还来不及休息，又接到命令，紧急赶赴位于震中附近的九寨天堂洲际酒店，查明震中灾情，转移聚集于此地的游客。一路上，塌方不断，道路受损严重，车辆无法通行。战士张国全和战友们徒步赶往震中。一边是河流奔腾的深谷，一边是随时可能有碎石滚落的山崖，加上余震频发，他们行进得无比艰难。9 日 16 时许，官兵们行至神仙池路口附近，遇见大批从震中撤离出来的群众。突然，道路一侧的山体开始晃动，扬尘卷着大小碎石从高处滚落，砸向惊恐的人群。张国全和战友们立即冲上前去，一面高喊“注意安全”，一面搀扶行动不便的群众快速撤离危险区。慌乱中，一位女士踉踉跄跄眼看就要摔倒，张国全冲上前去，将其背起来快步跑回安全区。张国全逆行冲锋的背影，被网友用镜头定格，并上传到微信朋友圈，很快被疯传，即“最美逆行照”（图 9-1）。

2011 年 10 月 13 日下午 5 时 30 分，一出惨剧发生在佛山南海黄岐广佛五金城：年仅两岁的女童小悦悦走在巷子里，被一辆面包车两次碾压，几分钟后又被一小货车碾过。让人难以理解的是，事件发生的几分钟内在女童身边经过的 18 个路人，都选择离开。

最后，一位拾荒的阿姨陈贤妹把小悦悦抱到路边并找到她的妈妈。小悦悦送到广州军区陆军总医院重症监护室时脑干反射消失，已接近脑死亡。2011 年 10 月 21 日，小悦悦经医院全力抢救无效，在 0 时 32 分离世。这是影响广泛的“小悦悦”事件，当年被各大媒体疯狂报道，引发网友热议。

图 9-1　最美逆行者

灾难面前，为什么有人选择逃离，有人却做出自我牺牲与英雄主义行为？为什么小悦悦被车碾压后的 7 分多钟时间内，那些经过的路人没有进行任何施救？回答这些问题，需要回答亲社会行为发生的原因和条件。

第一节　亲社会行为概述

一、亲社会行为的定义及其特点

亲社会行为（prosocial behavior）泛指一切符合社会期望而对他人、群体或社会有益的行为。它包括分享行为、捐献行为、合作行为、助人行为、安慰行为和同情行为等。有些心理学家用积极社会行为来代替亲社会行为的概念，二者实际意义是一样的。有些社会心理学家则简单地将“亲社会”理解为对他人的积极后果，忽视了符合社会期望这一重要特征。事实上，对他人有积极后果未必是亲社会的，如包庇触犯法律的亲人，虽然都对他人产生了积极的作用，但这些行为却不是亲社会而是反社会的。亲社会行为不一定以特定的人或群体为直接对象，例如及时在丢失井盖的地方竖起警告牌，尽管行为对象是物体，但结果却是使个人、群体或社会受益，因而仍然是亲社会行为。

1972 年，美国学者威斯伯在《社会行为的积极形式考察》一文中，首先提出了“亲社会行为”一词，他认为亲社会行为主要包括同情、慈善、分享、协助和自我牺牲等，威斯伯用亲社会行为来代表所有与攻击、欺骗等否定性行为相对立的行为。

从亲社会行为的本质看，它是指个体自愿提供的、符合社会期望的、有益于他人和社会的行为，包括一切积极的、有社会责任感的行为。它起源于个体对他人的关注，是发生在人际交往过程中的行为，是人们为了维护彼此的友好和谐关系和共同利益的积极的社会行为（寇彧，2004）。

寇彧（2005）认为亲社会行为具有以下特点：一是高社会称许性。亲社会行为被特定社会或群体所认同并获得高评价。二是社会互动性。亲社会行为是社会互动过程中的交往行为。三是自利性。人们做亲社会行为的本意不是要伤害自己，而是获得自我或他人的肯定。四是利他性和互惠性。亲社会行为对他人有好处，常常也对行动者有好处。

二、亲社会行为的类型

（一）利他主义行为

利他主义行为简称利他行为，是一种不指望未来酬赏而且出于意志自由的行为。利他行为可能出现在一般情景下（或称非紧急情况中），也可能出现在紧急情况下。

在一般情况下出现的利他行为，如在公共汽车上让座、主动打扫公共卫生、为残疾人服务等，这些利他行为通常是利人不损己的。在非紧急情况下的一般社会交往中，社会规范对个人的行为具有重要的制约作用。这种遵循社会规范的行为在人与人之间是互相的，而且在程度上也是相应的。社会规范的制约作用还表现为在有人需要帮助时，会自觉地将提供帮助看作是自己的责任。

在紧急情况下的利他行为，往往会带来对自己不利的结果，使利人者自身蒙受某种损失或伤害，如舍身救人等，有时行为者甚至要作出自我牺牲。例如湘潭英雄母亲杨应君的利他行为。2007 年 9 月 12 日清晨，已有 4 个月身孕的杨应君，面对刹车失灵的货车，奋力推开 5 个小孩，而 6 岁的女儿黄丹则被无情的车轮夺走了生命，自己被撞成重伤住进了医院。又如 2017 年 10 月，国庆节 8 天长假，29 岁快递小哥肖福明抽时间陪伴家人，带着一家人在家附近的金坝水库边上散步，不远处还有几个小孩在小竹排上戏水。竹排发生侧翻，5 个 10 岁左右的小孩全部落水。肖福明先后将 4 名小孩托上了岸，然后又立即返身去救第 5 名小孩，但由于体力不支，加上水流湍急，肖福明被冲走沉入了水中。肖福明以其感人事迹入选“感动中国 2017 候选人物”。他们没有指望未来酬赏，有什么比自己和亲人的生命更值钱？因此，紧急情况下的利他行为可以说是亲社会行为的最高形式，这类行为在古今中外都是为人们所称赞的。

巴特森（Batson）认为，利他行为应该指那些不图日后回报的助人行为，分为自我利他主义取向与纯利他主义取向。当一个人看到有人需要帮助的时候，他既有可能产生专注于自我的内心焦虑，也有可能产生专注于他人的同情情绪，因此，可能产生两种相对应的利他行为取向：一种是为了减轻内心的紧张和不安，而采取助人行为，这种情况的动机是为自我服务的，助人者通过助人行为来减少自己的痛苦，使自己感到有力量，或者体会到一种自我价值，可以称之自我利他主义（ego-altruism）取向；另一种情况是受外部动机的驱使，因为看到有人处于困境而产生移情，从而做出助人行为以减轻他人的痛苦，是为了他人的幸福，这种情况才是纯利他主义（pure-altruism）取向。

（二）助人行为

在助人行为中由于助人者的动机不同，其表现形式也不尽相同：

一是回报性助人行为。这种行为是为回报以往曾经帮助过自己的人。央视“面对面”节目 2007 年 3 月 14 日播出了“梁希森：富豪的理想”，梁希森自己投资 4 200 万元，让全村 136 户村民腾出老宅，全部住上了联排别墅。接着，利用改造后村庄里“多”出的空地，大力发展产业经济，把容易赚取的部分利润给农民。当时，梁希森的“梦想”，已经扩展到了全镇 109 个村庄。他为什么这么做？对村民而言，是天上真的掉下馅饼？还是馅饼背后隐藏着陷阱？很多人都不解。梁希森说他早年家境贫寒，10 岁出来讨饭，是乡亲们帮助他度过了生存危机，那时就萌发了将来改造家乡的梦想。梁希森这么做，是为了回报乡亲们。

二是补偿性助人行为。这种行为是补偿自己曾使他人受损失做出的助人行为。一般来说，人们使别人受损失，会产生内疚感，并在很长时间内都会存在。内疚是一种行动与自身社会角色不相符合时自我否定性的消极情感体验。为了寻求个人自我价值的肯定，个人出现内疚体验后，会设法去消除内疚，其中想办法帮助受损者就是方法之一。

三是功利性助人行为。这种行为是抱有一定的功利主义动机而做出的助人行为。例如，现在有些大学生去福利院、敬老院、特殊学校等进行助人活动，就具有一定的功利主义动机：或为了班级评优所需，或是完成学院的任务等。虽然这些助人行为具有一定的功利性，但是因为它们利人又利己，所以值得鼓励。

第二节　亲社会行为的理论解释

人们一直在思考亲社会行为的基本来源：助人的意愿是否是一种源于基因的基本冲动？有没有纯粹的助人动机？下面，看看心理学是如何致力于回答这些困扰人们几个世纪之久的问题的。

一、进化心理学：本能与基因

进化心理学，这个在 20 世纪 80 年代末才出现在心理学界的名词，对多数人来说还有点陌生。它并非是对达尔文进化论的颠覆，而是部分心理学家试图运用达尔文的“自然选择”理论，来解释人类的心理要求和生理需要，它是进化论生物学和认知心理学的结合体。

达尔文的进化论认为，自然选择偏好那些促进个体生存的基因，任何能促进我们的生存和增加我们繁衍后代概率的基因将会代代相传，那些降低我们生存机会，例如导致致命疾病和减少繁衍后代概率的基因，将会较少地遗传下来。但是，达尔文很早就认识到进化论有个问题：它如何解释亲社会行为？如果我们首要的目的是确保自己的生存，为什么有些人在必须付出代价的情况下，会帮助他人？按照进化论，利他行为将会消失，因为以这种方式，会将自己置于危险中，可能比那些自私的人产生更少的后代。但事实呢？利他行为仍然存在。为什么？进化心理学假设助人行为是人的先天特性，它来自我们的基因，可以遗传。

由以色列希伯来大学心理学家爱伯斯坦领导的研究小组通过长期研究，从遗传学角度，首次发现了促使人类表现“利他主义”行为的基因，其基因变异发生在 11 号染色体上。这一研究成果发表在《分子神经学杂志》电子版上。研究人员指出，“利他主义”基因可能是通过促进受体对神经传递多巴胺的接受，给予大脑一种良好的感觉，促使人们表现利他行为的。这意味着多巴胺在忠实于社会道德准则的利他行为中发挥着十分重要的作用。研究人员认为，拥有“利他主义”基因的人可以承担好的工作，因为他们可以从工作中得到更多回报。这种“利他主义”基因是第一次被发现，但研究人员认为，一定还有其他的“利他主义”基因有待发现。而且，“利他主义”基因只是决定人类表现利他行为的一部分原因，另一部分因素则来自外界环境的影响，如教育等。

社会生物学家威尔逊（E.Wilson）曾通过对动物的长期研究，出版了颇具影响力的《社会生物学：新的综合》一书。他列举了大量的动物研究资料，从野兔、蚂蚁到狒狒等灵长类动物，来说明利他行为是动物的一种以个体的自我牺牲来换取种群和基因生存与繁衍的行为。比如为了抵御入侵者，保卫巢穴的安全，兵蚁不顾自己的安危走在其他蚂蚁的前面；只要蚁群一有风吹草动，它们便义无反顾，“舍生取义”，绝不做逃兵。南非狒狒在遇到威胁时，雄性狒狒总是站在公开暴露的位置，随时准备冲向敌人。总而言之，进化心理学认为利他行为是由基因决定的。进化心理学从以下角度，来解释利他行为。

一是亲属选择，即自然选择偏好那些帮助亲属的行为。进化心理学认为，人们不仅通过自己的孩子，还能通过拥有他们血亲的近亲来增加基因遗传的机会。因为近亲的血亲有部分他的基因，他越确保近亲的生存，那么他的基因在未来兴旺的可能性就越大，因此，自然选择会偏好“直接对血亲”的利他行为。有研究表明，在生死关头，先救亲属的可能性，比先救非亲属的可能性要大。也许可能是人们确保自己基因生存，而做出有利亲属的行为。例如，在 2008 年 5 月 14 日上午，北川县城，被压在垮塌的房屋下的三岁小女孩宋欣宜，在已经去世的父母身体翼护下与死神抗争了 40 多个小时后终于获救。现在有一个问题：人们在决定是否帮助别人之前，是否先有意识地衡量自己行为的生物学重要性呢？也就说是否先计算自己基因延续下去的可能性呢？进化心理学认为不会。几千年来，亲属选择已经根植于人类行为之中，人们都知道那些遵守“生物学重要性”原则者的基因，比那些不遵守者的基因延续下来的概率要大。

二是互惠选择。为了解释利他行为，进化心理学家还提出了一个概念——“互惠选择”，即期望帮助他人后，能够增加他人将来帮助自己的可能性。在人类进化的过程中，一群完全自私、各自住在自己洞穴中的个体，逐渐发现自己比那些学会合作的群体难以生存得多。当然，如果人们太易于合作，他们可能会被那些从不给予回报的对手剥削。那么，哪些人是互惠选择的最佳对象呢？结果发现：最有可能生存的人，是那些和他们的邻居发展出互惠默契的人，即邻居可能是最佳的互惠选择对象之一。在生活中，隐含的互惠规范是："我现在会帮助你，但是当我需要帮助时，你会回报我。"因为其生存价值，这一互惠规范可能成为了遗传的基础。

三是学习社会规范。诺贝尔奖获得者赫伯特·西蒙（H.Simon, 1990）给出另一个因素——"学习社会规范"。他认为对于个体来说，从社会其他成员那里学习社会规范，是高度适应的，那些社会规范和习俗的最好学习者，具有生存优势。[①]其结果是，通过自然选择，学习社会规范的能力已经成为我们基因组成的一部分。人们学习的社会规范之一就是帮助他人——实际上在所有社会中都被认为是一个有价值的规范。简而言之，人们在基因上设置了学习社会规范的程序，其中之一就是利他行为。

总的来说，进化心理学家相信，人们帮助他人，是基于三个植根于我们基因的因素——亲属选择、互惠选择和学习社会规范。这种解释亲社会行为的方式很富有挑战性与创造性。但是有些问题如何解释呢？第一，完全陌生的人相互帮助，他们有共同的基因吗？第二，在生死关头，我们先救家人，是基因设置了帮助亲属的程序，还是我们无法承受失去自己所爱的人？第三，基于亲属选择的利他主义，会不会成为文明的敌人？因为，"如果人类在很大程度上向着他们自己的近亲和部族，则只有有限的世界和谐是可能的"。进化心理学难以回答这些问题，更为重要的是，它从整体上混淆了人和动物的本质区别，显然，动物以牺牲自己来保证种群生存的"利他行为"完全是本能的作用，无论是野兔，还是兵蚁，或者狒狒，它们能意识到自己的动机和后果吗？而人类的利他行为完全是一种有意识的活动。马克思曾经指出："人和绵羊不同的地方只是在于，意识代替了它的本能。"因此，从本能和基因的角度，解释利他行为，还需要更多的证据。

二、社会交换论：助人的成本与报酬

对于亲社会行为，还有一种理论解释，那就是社会交换理论。社会交换理论认为，我们所做的许多事情是因为我们有一种期望——最大化报酬和最小化成本。但是，它认为这种期望不是进化的根源，也不源于基因。其基本假设是：只有当报酬超过成本时，人们才会帮助人。它强调，人与人之间的相互作用，本质上是个人试图尽可能获得最大利益，同时又尽可能少付出代价的社会交换过程。就像人们在经济市场上试图追求最大化的产出与成本比一样，人们在和他人的关系中试图追求最大化社交付出与收获比。他们认为真正的利他行为，即当人们做的事情对自身来说代价很高时仍然帮助人，是不存在的，当报酬大的时候，才会选择帮助别人。

心理学家福阿（U.G. Foa）以及社会心理学家格根（K.J.Gergen）等都持这种看法。

---

① Simon,H.A.Invariants of Human Behavior[J].Annual Review of Psychology,1990,41(1):1-19.

他们认为，人们在作出亲社会行为之前，往往要先对自己、对别人及对社会背景作出估价，考虑帮助别人是否能够给自己带来快乐或者减少自己的痛苦。

这并非意味着我们要随手带着记事本，每次朋友们对我们好，记下盈余；每次对我们坏，记下亏损。社会交换理论认为，我们在更含蓄的水平上记录社会关系中的成本与报酬，因为助人行为可以以多种方式来回报。

也许大家说：这种人性观点过于世俗。难道，真正的利他行为，仅仅出于帮助他人的愿望是虚构的？社会交换论认为，是的。例如，有些富豪捐了大量的钱，它认为富豪可借此获得满足感，正如他们驾驶豪华汽车、住别墅一样。钱多了，钱在他们眼里就无所谓了，用无所谓的东西获得满足感。

对这种所有助人行为源于利己的说法，你满意吗？那如何解释有些人为了他人而放弃自己的生命？他人的生命比自己的生命更宝贵吗？不一定。也许人们确实有一颗善良的心，有时候仅仅为了帮助人而帮助人。堪萨斯大学的心理学家丹尼尔·巴特森（C.D. Batson）是这种观点的极力拥护者。这就出现亲社会行为的第三种理论解释。

三、社会规范理论：助人的行为模式

社会规范理论认为，人们帮助别人的行为并非是为了收益，利他行为是在社会化过程中，作为一种行为规范内化为自己的行为模式而产生的。每个个体都生活在一定的社会环境之中，其行为既是自由的，又是不自由的。一方面，个体有选择的自由；另一方面，其选择又受制于一定的社会规范和价值观。社会规范是人们在社会生活中规行矩步的行为准则，而价值观确定了在具体的社会生活条件下为人们所推崇和赞扬的行为。一般来说，生活在同一文化背景中和同一时代的人通常抱有相同的价值观，并且遵守相同的价值规范。无论哪种社会的道德规范，在其社会功能上都是一致的，即对个体和群体具有约束性。个体如果违反了这些规范，既会受到他人的批评，也会受到自己良心的谴责。利他行为作为一种社会行为，自然也受制于具体的社会制度以及具体文化背景中的价值观和行为规范。个体一旦把这些价值观和行为规范内化，那么即使没有外来的赏罚，也会自觉地遵守这种规范，并从中得到满足。相反，个体如果违反这种规范，就会产生负罪感、内疚感。社会心理学家认为，影响人类利他行为的社会规范主要包括社会责任规范、互惠规范和社会公正规范三种。

第一，社会责任规范。社会责任规范是指个体在社会化过程中内化了“有责任去帮助那些需要自己帮助的他人并伴之以行动的规范”。例如，社会规范要求做父母的人应该照料好孩子，如果父母没能履行这一义务，那么社会机构就会介入干预。与此相似，教师有责任帮助他们的学生在学业上成长，教练有责任帮助他们所教的运动员提高运动成绩，一直一起工作的同事应该相互帮助以便共同获取最大效益……一方面，很多社会的宗教和道德规范都很强调个体应该内化各种帮助他人的责任；另一方面，有研究表明，把这类社会责任的规范内化的人，即使没有外来的奖赏，看见别人有困难也会主动地进行援助。这里由于责任的实现而产生的满足感和喜悦之情可以起到内在奖赏的作用。根据社会责任的规范，个体是否帮助他人，大多数情况下取决于个体对他人的命运在多大程度上依赖于自己的行动的认知。个体如果认为自己帮助受难者的责任重大，必须这样做，就说明社会责任规范的要求很强烈，就会主动、自觉、全力地去帮助对方。当然，这种认知要受认知者、被助者、周围环境等诸种因素的影响。

第二，互惠规范。前面论述的助人的进化心理学时提到的“互惠选择”是指期望帮助他人后，能够增加他人将来帮助自己的可能性。由于互惠规范对物种的生存有价值，因此进化心理学家认为这一规范可能成了遗传基因，使人们生来就有助人的倾向。作为个体后天通过社会化过程习得的社会规范之一，互惠规范还有一个内涵：我们有义务去帮助那些帮助过我们的人。人类道德准则中最普遍的规则之一是“交互性规则”。这一规则要求人们回馈别人的善意和帮助。

第三，社会公正规范。社会公正是指人类社会中关于公平公正地分配社会资源的社会规范。如果两个人在完成一项任务时所做的工作量相同，那么他们得到的报酬也应该相同。如果其中一个人比另一个人得到的酬劳多，那么这两个人都会感觉到有压力，双方都会觉得不开心，因此他们会通过重新分配来恢复公平。

社会责任规范、互惠规范和社会公正规范等三种主要社会规范为亲社会行为提供了文化基础。个体通过社会化过程学会了这些规则，并作出这些亲社会行为的规则一致的行为。

四、移情—利他主义假设：助人的纯粹动机

可能对亲社会行为最不自私的解释是那些具有移情能力的人帮助别人会“使自己感觉良好”。在这个基本假设的基础上，巴特森（Batson, 1991）和他的同事提出了移情—利他主义假设，即当我们对另一个人发生移情，会试图出于纯粹的利他主义理由来帮助这个人，无论我们会得到什么。①他认为，当看到别人遭遇痛苦或危险的时候，通常会产生两种情绪反应：一种是个人困扰，即我们自身的不愉快；另一种是移情，即对苦难者的同情与关心，这两种情绪反应会引发不同的助人动机。巴特森认为，消除个人困扰可以通过逃离情境来解决，而如果我们因无法逃离而产生助人行为，那么这种助人行为实质上是利己的。另一方面，当我们非常同情他人，我们就更可能会关注受难者的利益而不是关注自己的利益，所以他认为移情反应可以导致纯利他行为。

托伊和巴特森（Toi and Batson, 1982）曾经做了一个“卡罗尔实验”。让大学生了解一个叫卡罗尔的学生的故事，她在车祸中撞折了双腿，因此学校的功课落下了一大截。听完对卡罗尔的访谈录音后，学生被问及是否愿意帮助她赶上课程进度。首先通过指导语来控制移情的发生。高移情条件下，告诉学生：“试着从受访者的角度考虑一下吧，想想发生这些事情她有什么感受，以及这些事情对她今后生活会有什么影响。”低移情条件下，告诉被试：“请尽可能客观、仔细地注意所呈现给你的信息……尽量使你自己不要卷入受访者对车祸事件的情感中。”其次操纵不帮助卡罗尔的代价。高代价：学生

① Batson, C.D. The Altruism Question: Toward a Social-Psychological Answer[M]. Hillsdale,NJ:Erlbaum,1991.

知道她下周就回学校上课，而且和自己在同一个班（每天都要在同一间教室看到她坐着轮椅）；低代价：学生们知道她将在家学习而不会来学校上课（不会面对坐轮椅的她，不会产生内疚感）。

结果发现：当移情高时，人们帮助他人而不管付出与收获（即无论是否需要面对她，帮助的行为差不多）。当移情低时，人们的助人行为会更多考虑付出与收获的关系：只有当他们不得不面对不幸的人时，助人行为才较有可能发生（这时如果不帮助会带来较大的负罪感）。

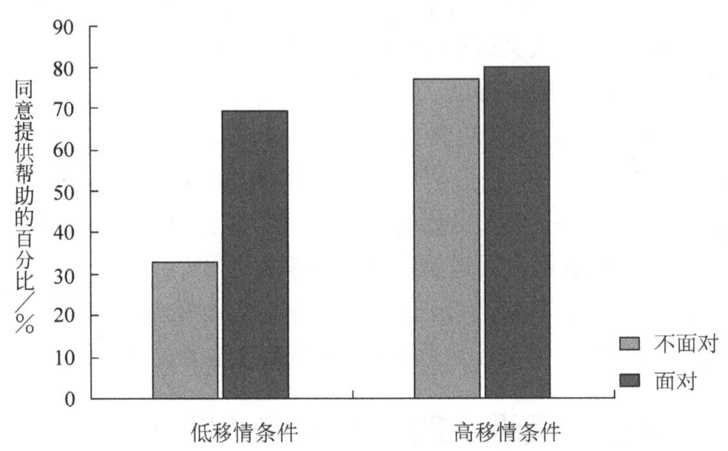

图 9-2　不同距离情境下高—低移情条件下被试提供帮助的比例[①]

生活中的见死不救之类的事情让人们对于纯利他行为是否存在感到怀疑。一些研究发现，其他人在场减少了在紧急情况下采取助人行动的可能性。即使在明显非常紧急的情况下，其他人在场也起抑制作用。对这种现象的一种解释是责任分散（diffusion of responsibility），就是说，当能够提供帮助的他人在场时，人们倾向于认为他们自己的责任小了。研究表明，他人的人数越多，越少有人提供帮助。虽然一些研究者仍然认为真正的利他主义还有待证实，但现代社会的主流价值观是倾向于认为无私利他行为确实存在的，而且应该是我们人性中的一部分。正因如此，人类社会似乎一直都在弘扬各种亲社会行为和品质，特别是纯利他行为，而且对这种品质的弘扬和要求逐渐成为一种主流价值观所确认的社会规范和道德信仰。用纯粹利他主义可以完美地解释类似的高尚助人行为，如一些人倾家荡产帮助与自己不相干的弱势群体，如白方礼老人。白方礼生于 1913 年，籍贯河北省沧州市沧县白贾村，祖辈贫寒，13 岁起就给人打短工。他从小没念过书，1944 年，因日子过不下去逃难到天津，流浪几年后当上了三轮车夫。中华人民共和国成立后的白方礼，靠自己的两条腿成了为人民服务的劳动模范。1974 年退休后，1982 年开始从事个体三轮客运。从 1987 年开始，白方礼连续十多年靠自己蹬三轮的收入帮助

① Toi,M., Batson,C.D.More Evidence that Empathy is a Source of Altruistic Motivation[J].Journal of Personality and Social Psychology, 1982, 43(2):281-292.

贫困的孩子实现上学的梦想，直到他将近 90 岁。2005 年 9 月 23 日，93 岁的白方礼老人安详地离开人世。他十多年间捐献了 35 万元善款，圆了 300 多个贫困孩子的上学梦。他为学生们送去的每一分钱，都是用自己的双腿踩出来的，是他每日不分早晚，栉风沐雨，用淌下的一滴滴汗水积攒出来的，来之不易，来之艰辛！照常理，像他这样的老人不仅无须再为别人做什么，倒是应该接受别人的关心和照顾。可他不仅没有，而且还把自己仅有的能为别人闪耀的一截残烛全部点燃，值得世人尊敬。

纯粹的利他主义行为什么时候发生呢？巴特森认为，当我们对需要帮助的人产生移情（把我们自己置身于他人的位置，并以那个人的方式体验事件和情绪，例如快乐和悲伤）的时候，就会发生纯粹的利他行为。巴特森和其同事的实验结果也证实：当人们对他人的痛苦体验移情时，真正的利他主义是存在的。只有你没感到移情，那么社会交换才开始起作用。也就是说当移情很低的时候，社会交换开始起作用，即人们基于他们的成本与付出来决定助人。

对此，有一个疑问是，产生移情的人，是纯粹出于对方的考虑，还是减轻自身因为对方痛苦而感到的压力？例如，你看到四川大地震，死伤无数，你很悲伤（移情产生了），于是你向四川灾区捐了 200 元，问题是，你是替灾民考虑而捐款，还是因为你周围的人都捐款而产生的压力呢？如果答案是后者，那不也是利己的表现吗？

如此看来，解开人们帮助他人的确切动机是一项艰巨的任务。总之，亲社会行为的四大理论解释，衍生出几个基本动机：一是助人是一种本能的反应，是基因决定进化的结果（进化心理学）；二是助人的报酬大于成本，助人在我们的利己之内（社会交换理论）；三是助人是由于社会规范的鼓励（社会规范理论）；四是在某些条件下，对受害者有力的移情感觉和怜悯（移情—利他主义假设）。

第三节　紧急情况下的助人行为

一、社会心理学家眼中的紧急情况

在美国，曾经发生过饱受争议的吉娣·吉诺维斯（K.Genovese）谋杀案。1964 年 3 月 13 日，28 岁的吉娣·吉诺维斯下班回家，快到公寓门口时，被一个男人攻击并捅死。公寓楼里的灯陆续亮了，艾琳·弗罗斯特听到了吉诺维斯的叫喊。二楼的法国姑娘安德烈也听到了 3 次求救声，透过窗户，她隐约看到一个女子躺在人行道上，一个男子俯下身子在打她。七楼的罗伯特·摩泽尔甚至还打开窗，对着下面的街道大喊：“哎，放开那姑娘。”名叫温斯顿·莫斯雷的袭击者听到喊叫后匆忙跑开了。六楼的克什金夫妇眼看着他跑回停在路边的白色雪佛兰轿车，并迅速将车沿着街区一直往后倒，消失在黑夜里。然而 5 分钟后，袭击者又出现了，他好像在四处寻找什么。这时克什金想报警，但妻子劝阻他说，警察局肯定早已接到了不下 30 个报警电话。吉诺维斯挣扎着站起来，继续往公寓楼走。走了不远，她就倒在了门厅前的地板上。这时，返回来的温斯顿·莫斯雷循着血迹找到了半昏迷的她。随后，他实施了强奸，还从她钱包里取走了一些美元，最后又捅了她几刀，任其死去。整个作案过程持续了 35 分钟，完事后的温斯顿·莫斯雷开车扬长而去。受害人多次呼救，但公寓附近听到她呼喊的数十人中没有一位报警。

1964 年 3 月 27 日出版的《纽约时报》在头版的报道写道："在半个多小时内，皇后区 38 位遵纪守法、人格高尚的居民，眼睁睁地看着一个杀手尾随并用刀子捅死一个女人。凶手在克纽公园内袭击了她 3 次……整个袭击过程中，没有一个人打电话报警，被袭击的女人死后，才有个目击者报案。"其中一位目击者在事后向记者解释其行为时说："我不想搅入这件事中。"

当时很多社会评论家把这种现象看成是严重道德败坏，但美国社会心理学家拉塔内（Latane）和达利（Darley）不认同这种说法。他们认为人们之所以不去帮助或者不敢去帮助，是因为这种危机情况太特殊。这种紧急情况具有明显的特点[①]：

一是紧急情况含有伤害生命与财产的威胁成分在内，由于危险性的存在，给助人行为带来很高的代价。

二是紧急情况下的事件通常是很独特的，因此需要有广博的知识与非凡能力的人参与干涉。

三是紧急情况下的事件是不寻常并且少见的，一般人在正常的日常生活中很少碰到，因此大部分人很少或没有应付这些情况的经验。

四是紧急情况通常不能预见，因此不可能有事先干预计划，一旦事情发生，常常令人措手不及。

五是紧急情况下需要立即干预，稍稍延误就有可能造成不幸的后果，致使前去实施救助的救助者产生紧张压力。

由于存在以上特点，使得紧急情况下的事件不如非紧急情况下的事件那样容易获得救助。

二、紧急情况中的旁观者效应

拉塔内和巴利在纽约大学选取了 72 名学生，分为二人组、三人组和六人组，他们被各自分配在隔开的工作间里，按安排好的顺序通过对讲机发言（事实上他们听到的所有声音都是事先的录音）。第一个说话者是男生，在谈话中出现癫痫发作的症状，然后开始言语呼救，在大喘一阵后，似乎已经昏厥过去。之后实验结果表明，在认为只有自己和癫痫病者对话的受试中，85%的人甚至在病人喘气前就冲出工作间报告；在认为还有其他人也听到病人发作的受试中，只有 31%的人采取行动。过后，研究者问参与者别人在场是否影响其反应时，他们都说没有，可见他们真的没有意识到其他人在场时所产生的巨大影响。对于旁观者的无动于衷，拉塔内和达利经过一番研究发现，目击一件紧急事件的旁观者越多，他们中的任何人帮助受害者的可能性越小。这种情况被称为"旁观者效应"（如图 9-3 所示）。

---

① 孙时进. 社会心理学［M］. 上海：复旦大学出版社，2003.

图 9-3 其他人会帮助他的?

为什么会出现这种效应呢?可从以下几个方面进行解释:

(一)责任分散

责任分散指的是在某些需要给予帮助的情境下,帮助他人的责任扩散到每个人身上,从而对助人行为产生干扰作用。当某人遇到紧急情境时,如果只有他一个人在场能提供帮助,他会明确意识到这是自己的责任,如果见死不救,就会产生强烈的内疚感,需要付出极大的心理代价。如果现场有两位旁观者,那么每人承担 50%的责任。如果现场有 100 位旁观者,那么每人仅承担 1%的责任。在场人数越多,每个人的责任就越少。即多个旁观者在场时,所有人都相信别人会采取积极的干预行动。这种心理依赖导致了他们的见危不助。

(二)多数的忽略

在有旁观者在场的情况下,个人对整个情境的知觉、解释和判断容易受到他人的影响,往往会参照他人的反应,特别是在情境不明确的情况下。当紧急情况发生后,没有前去帮助是因为对情境的解释不清楚。当有他人在场并且他人都镇定自若、平静专心干着各自的事情,就会造成没有什么紧急事件发生的知觉,也就是别人的反应影响了个体对事件的认知、判断和解释,个体也会跟随他人镇静下来而不予理睬。这种漠不关心的情形被称为“多数的忽略”,这种忽略对个人想要采取行动起到一种抑制的作用。

(三)角色期望

当有旁观者在场,个体往往会期待符合角色的帮助者。有的人有帮助他人的愿望,但觉得自己缺乏助人的能力而犹豫不前,因此期待有更合适的角色出来。皮亚利文(Piliavin, 1972)等的实验也证明了这一点。他们请一个人来扮作病人,在地铁上假装因突然发病而倒在地上。另外安排一个人打扮成医生模样,事先待在跌倒者附近。在这种情况下,其他乘客因为看到有旁观者在场,便很少提供帮助,因为大家觉得这位医生是最合适的帮助者。

（四）社会抑制作用

每个人对所发生的事情都有一定的看法，并采取符合自己的行动。但有其他人在场的时候，个人会因为他人对自己的评价和注视而觉得不安，害怕自己在他人眼里成为一个傻瓜。因此，他会更小心地表现自己，从而赢得他人友好的评价。他会把自己准备要做出的行为和他人的行为加以比较，以防做出不适当的、会让他人笑话的行为。因为这种评价恐惧，大家都不想成为一个示范者，而在等待着一个示范者出来，然后以此决定自己的行为。于是，在大家相互观望、相互等待下，就造成了行为的抑制和集体冷漠。

（五）社会影响的结果

在一定的社会情境下，每个人都有一种模仿他人行为而行事的倾向，这种倾向在紧急情况下更为突出。换句话说，当在场的其他人无行动时，个人往往会遵从大家一致的表现，采取一种"不介入"的态度，这是由于周围环境或者团体的压力所产生的一种符合团体压力而改变自己态度与行为的从众社会心理现象。

三、紧急情况下助人行为的理论解释

（一）拉塔内和达利的认知模型

拉塔内和达利提出了一个"旁观者干预决策树"理论，主要用于描述个体在决定是否介入助人过程时的心理加工过程。人们在紧急情况下帮助他人之前，要经过五个决策步骤（如图 9-4 所示）。如果旁观者没有达成这五个步骤中的任何一步，都不会有助人行为（Latane and Darley, 1970）。

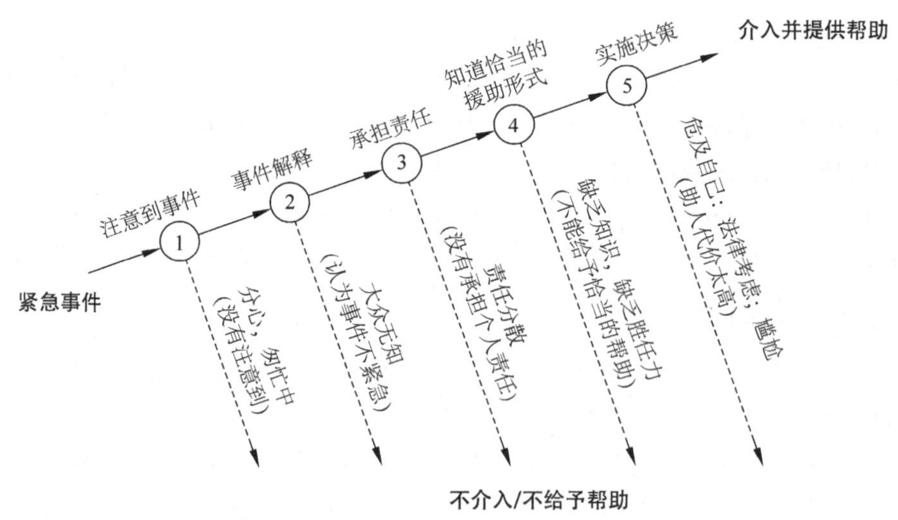

图 9-4 旁观者干预决策树：紧急情况下助人决策 5 个步骤

第一步，注意事件阶段：个体是否做出助人行为的第一步是该个体是否注意到他人需要得到帮助的事件，有很多因素会影响到个体是否会去关注某个需要他人帮助的事件。如果没有注意到，当然助人行为也无从谈起。

第二步，解释事件阶段。当个体注意到他人需要帮助的事件时，该个体接着要做的是判断该事件是否属于紧急情况，也就是如何解释这事件。比如说，当人们看到一个人跌倒在地上时，可能以为他是自己不小心跌倒的，也有可能以为这个人突然发病。如果将事件解释为无关紧要（自己不小心跌倒），就可能不放在心上。如果认为这是一个紧急情况（这人发病了），就可能考虑是否施以援手。

第三步，承担责任阶段。这一阶段是当个体意识到遇上有人需要救助的事件时，个体对个人责任的评估，即个人对于解决该紧急问题有多少责任。如果认为责任重大，就可能采取行动；如果觉得自己没有什么责任，就可能不采取行动。这个时候，旁观者的人数多少是一个巨大的影响因素。当只有一个旁观者在场时，他可能会意识到危险者的命运掌握在自己手中，如果不伸出援手，难免会感到内疚；但当旁观者多时，责任就分散了，没有人觉得自己有特别的责任，即使发生不幸，个人的内疚感也会比较小。这种因有他人在场，而减少个体必须承担救助他人的责任感觉，被称作责任分散。

第四步，作出决定阶段。如果个体对于遇到的紧急事件没有任何经验、相关知识和必需的能力，哪怕有救人的想法也可能会束手无策。当个体意识到自己有救人的责任并知道自己有救人的能力后，就有可能作出救人的决定。个体缺乏胜任力的话，就可能作出不救助的决定。

第五步，执行决定阶段。经历了上述所有步骤后，人们就进入了最后的阶段，采取助人行动。

（二）皮利亚文的旁观者计算模型

皮利亚文及其同事（Piliavin, Dovidio, Gaertner and Clark, 1981）提出了旁观者计算模型（bystander-calculus model），来解释人们在紧急情况中为什么不会总是提供帮助。旁观者看到紧急情况时会经历三个阶段。首先，他们会经历生理唤醒；其次，他们试图理解自己为何会感到生理唤醒，并会给这种情绪反应贴上标签；最后，他们会计算助人的成本和不助人的成本，并决定是否行动。

1. 生理唤醒

根据皮利亚文及其同事的说法，当人们最初看到紧急情况时，就有一种定向反应，表现为一种降低的，而不是升高的生理反应。这就容许人们对情境进行评估，并且不慌不忙地决定如何继续做下去。紧随其后的是防御反应，即生理反应迅速提升，它使我们准备好行动。盖特纳与道维迪奥（Gaertner and Odvidio, 1977）发现，当看到一位妇女被掉下来的椅子砸伤的紧急情境时，心率提高的旁观者会比生理反应不那么敏锐的旁观者更快地提供帮助。

2. 唤醒归类

紧急情况下人们会体验到生理唤醒，但这种唤醒到底意味着什么？我们将这种唤醒归因为看到其他人受罪时的个人性痛苦，因而助人的主要动机就是要减轻这种不愉快的唤醒感。换句话说，帮助他人是因为这样做有利于我们的个人利益，这可消减我们的消极情绪反应。巴特森与科克（Batson and Coke, 1981）还提出了另一种进程——移情性忧虑，认为只要我们认为自己与处于痛苦中的人具有相似性，而且能够认同他们，就会体验移情。这种情绪反应关注需要帮助的人。

3. 计算成本

皮利亚文论述说，旁观者将自己的唤醒体验确认为此情况下的个人性痛苦后，就会试图权衡不同合理选择的成本，来算出哪种行为方法最有可能减少他们的个人痛苦。为此，必须考虑两种成本，即助人的成本和不助人的成本。助人的成本主要表现在它需要助人者花费时间和精力去应对情况，可能遭遇人身伤害之类的消极后果；不助人也有成本，比如产生负罪感和受到谴责，以及移情成本。皮利亚文等提出了一个矩阵（如图 9-5 所示）来说明助人成本和不助人成本如何相互作用，来决定旁观者是否会在紧急事件中提供帮助，以及他们会提供何种帮助。助人成本和不助人成本或高或低，构成四种情况，每种情况都有不同的结果。

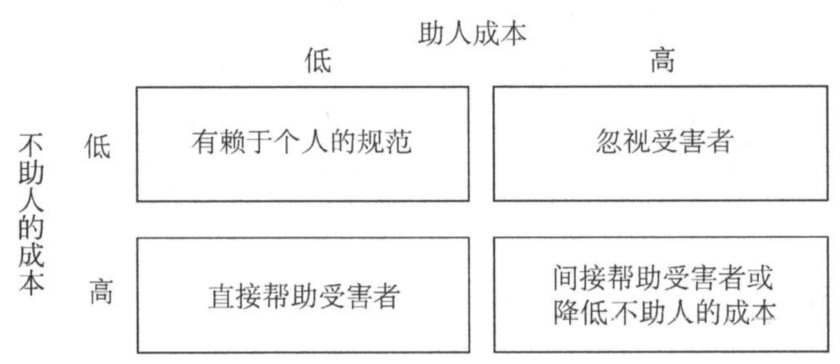

图 9-5　助人成本对亲社会行为的影响

情况 1：助人成本低，不助人成本也低，旁观者的反应就可能受个人性规范的指导。例如，前面有个十多岁的男孩子绊倒了，社会责任感较强的旁观者可能会上前询问对方是否有事。

情况 2：助人成本低，不助人成本高，旁观者倾向于直接干预紧急事件，给受害者帮助。例如，发现十多岁的男孩走路时晕倒了，此时你帮助他成本不高，但你不帮他，他可能有生命危险，此时旁观者可能给予直接帮助，打急救电话或直接送到医院。

情况 3：助人成本高，不助人成本低，旁观者极不可能上前干预，并倾向于忽视事件。例如，看到那个十多岁的男孩正和其他一些男孩争吵，你去解决他们的争吵成本比较高，但不去解决也不会有多大问题，此时旁观者会选择继续做自己的事情。

情况 4：助人成本高，不助人成本也高，旁观者可能选择间接帮助或降低不助人的成本。比如，那个十多岁的男孩正被一群男孩殴打，旁观者会做出很多可能性反应。他们叫警察，以提供间接帮助。如果警察很久以后才能赶到，他们就会想办法降低不助人的成本，比如认为它并不是那么紧急，或者认定受害人有罪，等等。

肖特兰和斯特劳(Shotland and Straw, 1976)进行了一项支持旁观者计算模型的研究。他们让实验参与者看一对男女打架的录像。在一种条件下，那名女性喊道："走开！我不认识你！"在另一种条件下，那名女性喊道："走开！我不知道我怎么会嫁给你！"参与者认为，那名女性在跟陌生人打架时很危险，并认为自己如果介入家庭争执会更危险。这些发现表明，当参与者看到一个妇女正同一个陌生人打架时，他们更可能上前干预，因为相比帮助家庭中争执的女性，帮助同陌生人打架的女性的成本较低，而不帮助她的成本更高。

第四节　亲社会行为的影响因素

一、助人者的特征

在 9·11 事件中，有个叫威廉·威克的人，当飞机撞击时，他从南塔的 92 层打电话给他的妻子，他的妻子要他赶快跑，但是他说："不，我不能这么做，这里还有人。"后来，他的尸体在瓦砾中被发现，他戴着工作手套，握着一个手电筒。为什么一些人比其他人更爱助人？这些与个体的性别、人格、心境、才能和所处的文化等是不是有关系？下面我们重点阐述这些问题。

（一）助人的性别差异

2018 年 2 月 11 日 13 时，有人为发泄个人不满，在北京西城区西单大悦城商场内持械行凶，造成无辜群众 1 死 12 伤。事态很快平息，但事件中两个勇敢的"逆行者"随后却在朋友圈中开始刷屏，一名是女警察，一名是普通的保安，他们保护着大家离开，扶起跌倒的人，在持刀歹徒是个人还是团伙都不明了的情况下，抄起凳子逆着人流冲了上去。

是不是在危险环境下，男性和女性一样都会提供帮助？亲社会行为是不是没有性别差异？无论是在研究层面上，还是在实际生活经验上，亲社会行为是存在差异的。女人在长期、照顾关系中比男性有更多助人行为，而男性在即时的、更有风险的情境下会提供更多的帮助。因此，男人更可能表现出英雄主义行为，女人则更可能承诺长期助人行为。

（二）人格特征与亲社会行为

尽管社会心理学家普遍认为情境因素比与个人相关的因素更重要，但也有证据表明，助人行为的个人差异具有历时的稳定性。比如，艾森伯格及其同事发现，学龄前儿童自发的亲社会行为，预示了他们童年后期和成年早期的乐于助人。总之，有一种和亲社会行为相关的人格，即利他人格。研究者认为有五个因素构成了利他人格，包括移情、世界公平信念、接受社会责任、内部控制和低利己主义。

一是移情与亲社会行为。移情包括能够感知他人的情感状态，感到同情，并尽力解决问题，从他人的角度考虑问题。那些愿意帮助的人有更强的移情能力。比尔霍夫和其同事（1991）发现，在一次交通事故中介入帮助受害者的人，比那些没有帮助的人具有更强的特质移情。最利他主义的被试认为自己是负责的、合群的、令人愉快、宽容、自我控制能力强，并力图给人留下好的印象。

二是世界公平信念与亲社会行为。公正世界信念是指人们相信自己所处的世界是公正的，在这个世界里生活的人一般会得到他所应得的，而他所得到的也都是他应得的（Lerner, 1980）。乐于帮助的人认为世界是公平的、可预测的。好的行为将会受到奖赏，不良行为将会受到处罚。这种信念导致他们相信，帮助那些需要帮助的人是一件好事，那些帮助他人的人事实上会从做好事中获益。

三是接受社会责任与亲社会行为。伯科维茨和丹尼尔斯发现，助人者比不助人者在社会责任量表上的得分更高。比尔霍夫等通过对比在一次交通事故中帮助了受害人的人和当时没有提供帮助的人（性别、年龄和社会经济地位相一致的控制组实验参与者，他们看到了事故但没有实施帮助），也发现助人者比未助人者更强调社会责任。有社会责任感的人在紧急情境下即使不愿出手帮助，也可能感受到更强的助人责任。

四是内部控制与亲社会行为。一个人的控制点是其将生活事件结果的责任置于何处的一种反应。研究显示，那些提供了帮助的人比没有帮助的人拥有更高水平的内部控制点。具有内部控制点的人感觉自己可以对事件亲自施加控制力，这与具有外部控制点的人正好相反，后者更倾向于认为自己是环境的受害者。因而，具有内部控制点的人更倾向于帮忙，因为他们有更强的自我效能感，并认为自己的帮助会对事件产生影响。

五是低利己主义与亲社会行为。那些愿意帮助的人较少倾向于利己主义、专注自我、竞争（巴伦，伯恩，2004）。

除了利他人格与亲社会行为密切相关以外，一系列研究发现，自恋这种人格特质与亲社会行为的关系密切。自恋是常态人群中普遍存在的一种人格倾向。自恋者具有高度自我关注、充满夸大的自我重要性和优越感、特权感等特点。莫夫等（Morf, Rhodewalt, 2001）提出自恋的动态自我调节过程模型，该模型认为自恋者将社会关系作为自我调节的手段。他们的认同感过度依赖于他人，会不断寻求持续的外在钦羡，从而构建或保持理想化的自我。自恋者往往会通过寻求并向他人表达优越感或者控制他人的手段维持或提升自尊。哈雷等（Haley, Fessler, 2005）通过电脑呈现博弈游戏，发现即使电脑屏幕上仅仅呈现眼睛的图案（非常微弱但与观看有关的线索），被试会比没有呈现眼睛图案组的被试表现得更加慷慨。可见即使是一些非常隐晦的线索也能够对亲社会决策产生影响。另一项研究发现，当有他人在场时，具有高马基雅维利主义特征的个体会隐藏起他们的自私，表现得非常利他。但是当他们知道自己的行为不受观察时，就会更自私，表现出高利己主义（Bereczkei, Birkas and Kerekes, 2010）。巴克等（Back, Küfner and Dufner, 2013）提出自恋的二维概念化与过程模型（NARC），他认为自恋者会通过自我提升来维持理想化自我。自恋者更愿意在公开的场合或有他人在场的情况下做出亲社会行为。此时他们的行为更容易获得他人的赞扬和尊重，为自己赢得好名声，提升自我价值。

（三）心境与亲社会行为

心境与亲社会行为关系的研究一致认为积极心境促进亲社会行为。20 世纪 70 年代，有研究者在商场安排了一个实验。首先，他们在商场公用电话机的退币口留下 10 美分硬币来提高购物者的心情，然后等某人发现这枚硬币。当这些幸运者带着他们发现的硬币离开，一名研究助手拿着文件夹，故意在他们的前面几米处掉落文件，看他们是否停下来，帮助他。结果发现：发现硬币者中有 84% 会停下来帮助他，而没有发现硬币者中有 4% 会停下来帮助他。为什么心情好，容易做好事？首先，好心情使人们看到生活的光明面。一个通常看起来笨拙或恼人的受害者，当人们心情好时，会觉得他更像一个值得帮助的正派人。其次，帮助他人是一个延续人们好心情的好方法。我们知道应该帮助他人而没有行动，会成为必然的“抑制剂”，削弱人们的好心情。最后，好心情增加自我注意。罗森汉恩等（Rosenhan, Salovey and Hargis, 1981）的注意焦点理论认为，只有当积极事件发生在行动者自己身上时，他才能产生积极心境。这时，行动者如果将注意力指向他人，就会产生与他人相比的优越感，基于公平原则，就会更愿意帮助他人。

消极心境有时促进亲社会行为，有时减少亲社会行为。一方面，处于糟糕情绪的人会努力减轻自己的不适感。消极状态减缓假设（negative-state relief hypothesis），一种认为人们助人是为了减轻自己的悲伤和苦恼的观点。如果个体将帮助他人作为提高自己情绪的一个好方法，他就有可能助人。当人们做了使自己感到负罪感的事情后，可能会以帮助他人来抵消这些事情造成的负罪感或负疚感。有人发现，经常上教堂做礼拜的人，在忏悔前比忏悔后更愿意向慈善机构捐钱（向牧师忏悔可能减少了他们的负罪感）(Harris, 1975)。另一方面，如果坏情绪使得人们更多地关注自身和自己的需要，那么就会降低助人的可能性。根据注意焦点理论，若个体对自己当前的状态感到悲伤，此时会将自己视为需要帮助的人，因此会较少的帮助他人。试想一下，一个身处抑郁心境的人是无暇顾及他人的。具体的消极情绪对个体亲社会行为的影响是不同的。研究中不乏消极心境抑制亲社会行为的结论，如夏尔马（Sharma, 2015）对大学生群体中不同效价情绪与亲社会行为之间的关系进行了探究。研究结果显示，积极情绪与亲社会行为存在显著正相关，消极情绪与亲社会行为呈显著负相关，这说明处于积极情绪个体更有可能作出亲社会行为，处于消极情绪的个体作出的亲社会行为可能性更小。拉米等（Lamy, Fischer-Lokou and Guéguen, 2012）在真实情境中采用实验法对积极和消极情绪启动对助人决策的影响进行了研究，发现在积极情绪条件（爱）下，被试会向住院儿童捐助更多的钱，而在消极情绪条件（压力）下，被试捐助的钱更少。

（四）才能与亲社会行为

如果旁观者认为自己足以应对紧急事件，他们就更可能提供帮助。这非常符合前面谈到的旁观者计算模型。如果旁观者认为自己有能力去帮助他人，此时他所预估的助人成本就会远低于他们感到自己没有能力去施助时的情况。在处理紧急情况就会需要较少的时间和精力，且更可能获得积极的结果。克拉默等对此进行了研究，他们请实验参与者［高才能（注册护士）、低才能（非医科学生）与一名实验助手］等在走廊里，声称是要他们参加一项研究。正等待时，邻近的走廊里发生了一个由实验者精心操纵的事故，一位工作人员假装从梯子上摔下来，假装很痛的样子并不断地呻吟着。实验助手按实验要求没去帮忙。研究发现，护士比学生更倾向于帮助工作人员。后来这些参与实验的护士报告说，他们之所以去帮忙，是因为感觉自己有相应的助人技能。潘宾和卡弗让被试观看一系列关于急救和应对紧急情况的电影，从而人为操纵了才能因素。他们发现，观看了电影的被试帮助装作窒息的工作人员的可能性远高于没有观看电影的被试。

这些实验貌似比较简单，受过应对紧急情况训练的人更倾向于对他人提供帮助。但有趣的是，有证据表明，即使是对能力的感知也足以产生助人行为。施瓦茨与戴维发现，告诉实验参与者其有抓老鼠的才能，就会大大增加这些人随后帮忙捕捉实验老鼠的可能性。个体认为自己在某一领域有能力，甚至会促使这个人在其他不相关的领域做出助人行为。卡兹丁和布莱恩告诉实验参与者他们在一项创造性任务中或者一次健康检查中做得很好，发现他们后来就更愿意献血。

将实验参与者分配到领导岗位以提升他们的才能感，也会增加助人的可能性。鲍迈斯等告诉实验参与者，他们要在一个四人小组中完成一项任务，在这个小组中他们被随机分配为组长或组员。实验中参与者单独完成任务，但却认为所有组员都可以通过一个内部通话设备进行交流。当听到内部通话设备中有位小组成员显得快要窒息且请求帮助时，80%的领导者会过去提供帮助，而组员中只有35%的人会去帮助将要窒息者。因为领导是随机分配的，所以领导者具有更强的能力似乎就不能作为这种情况的原因。鲍迈斯指出，担当领导者提高了旁观者的个人责任感，从而降低了将责任传递给其他成员的可能性，进而做出助人行为。

（五）认知特点与亲社会行为

很多情况下助人行为是一系列的思考过程，也就是说人的认知、人对事件的理解与对自我的了解将决定是否采取有效的措施。

一是对当前所处情境的认知。通常情况下，在助人活动中，面对被助者的困境，人们会对当前的各种情况进行必要的评判、分析，即认知。认知内容包含对事态的严重性的认识、事态的发展的判断、周围环境与活动的结果等内容。认知的结果往往会决定助人者采取何种行动。比如，尽管事态较为严重，本应采取助人行为，但由于助人者并未认识到事情的严重程度，或认为受难者自己有能力解决困境，或认为有别人去救助而无须去施助，这就会降低助人的动机，减少助人的可能性。如果认为当前困境较为严重，认为自己有责任去救助，那么在良心和道德的驱使下，更易于去助人。可以说，认知影响着人们在不同情境下的行为方式。

在对情境的认知中，也包括对救助对象的认知。一般来说，弱者（如老人、小孩、女性等）更容易引起人们同情从而获得更多的帮助。在人们的内心中，极易把他们划定为最需要帮助的人。而那些违背社会规范、道德规范或被认为是自作自受、咎由自取的人，很难获得人们的同情与救助，因为人们认为他们不值得帮助。某些具有高尚道德观念或较强责任心的人，即便伸出了援助之手，事后也极易引发其内心的矛盾、冲突，造成心理失衡。

二是人际责任归因风格。在进行决策的过程中，人际责任归因与助人意愿关系密切。行为原因的控制性与责任推断和情感反应有直接的联系，并进而对助人意愿有显著的贡献。当你认为对方没有做到他可以做到的事情，他忽略了自己的责任时，你更可能感到生气，而非同情，因此你帮助他人的意愿也就降低了。两个人向你来借笔记，一个是外出游玩而没去上课，一个是因为生病了无法去上课，你会对哪个人更抱有同情心，更愿意帮助哪个人呢？毫无疑问，你更愿意把笔记借给第二个人。这个结论具有跨情景的普遍性，归因理论对助人行为的解释见表 9-1。

表 9-1　归因理论对助人行为的解释

对他人需要帮助的原因推断	对需要帮助者的情感反应	助人意愿
不可控制（例子：同学需要借笔记是因为他病了）	移情、同情	高——该人值得去帮助
可控制（例子：同学需要借笔记是因为他逃课了）	生气、愤怒	低——该人不值得帮助

（六）亲社会行为的文化差异

来自不同文化背景下的个体在认知、态度、信念和价值观等方面存在很多差异。亲社会行为深受不同文化背景的影响。研究者多从个人主义文化与集体主义文化出发对此进行研究，个人主义与集体主义体现和代表的是东西方两种对立的价值观。在集体主义文化中，个体的需求、欲望、成就都必须服从于他所属的群体或组织的需求、欲望以及目标。深受个人主义文化影响的人们更看重个体的幸福和成就，而不是所属团体的需要和目标。对个人而言，同时是多个团体的成员是很常见的事情。米勒等（Miller and Bersoff, 1994）对印度人和美国人关于社会责任感的信念进行了比较。在印度的社会中，强调人与人之间的密切联系以及个体对社会的义务。在美国，深受个人主义文化影响，强调自我价值与自我依赖。因此美国人更倾向于将助人决策与行为视为一个个人的选择，而印度人则将助人决策与行为视为一种社会责任和道德义务。邦滕波等（Bontempo, Lobel and Triandis, 1990）也对个人主义和集体主义文化背景下的助人行为的差异进行了比较。他们选用了伊利诺伊州和里约热内卢的大学生作为被试，被试回答了关于助人情况的调查，研究所采用的助人情境包括借给别人钱、照顾病人等。研究发现，在两种文化下的学生都认为有社会责任去助人。然而，巴西的学生说他们将很高兴地去做这样的事，而美国学生只有更少热情去实施助人行为。中国人信奉因果报应，因果报应观念是中国传统文化的重要组成部分，佛、道、儒三大哲学思想中都存有因果报应的观点。周晓虹（2003）认为因果报应的观念是中国人独特的助人影响因素之一。迟毓凯（2005）利用认知心理学的研究范式，在实证层面上对因果报应观念与助人行为的关系进行了考察。其中一个实验所采用了阈上启动任务，叙述"因果报应"观念故事的被试在随后的让座可能性的判断中，比中性控制组的被试的助人意识更高。另一实验利用词汇决定研究技术，将因果报应相关的概念进行阈下启动，结果发现，即使被试没有明确意识到因果报应观念，仍然对其助人水平产生了积极的作用。两个实验表明，因果报应观念的激活会对被试的助人行为产生积极影响。

二、受助者的特征

不同助人者的个人特点给助人行为方式和类型带来了变化，同样，人们的助人行为也受求助者特点的影响。那么，谁更有可能得到他人的帮助呢？

首先，求助者的性别。许多研究表明，女性被助的机会多于男性。1973 年波梅扎尔等的一项十分有趣的实验证实了这点。一辆车坏了停在路边，驾驶者向路上飞驰过的车打招呼请求援助。驾驶者或为一名男性，或为一名女性。结果表明，当求助者为男性时，只有 2%的过路车停下来。而当求助者为女性时，却有 25%的过路车停下来相助。其可能的原因来自两个方面：一方面，社会规范要求我们帮助弱者，而女性在社会传统上属于弱者；另一方面，有学者认为，男性对女性的帮助有时带有不自觉的性意向。

其次，求助者的外部特征。在某种情景下，外表吸引力较高的人更有可能获得他人的帮助。美国一家周刊特别请 22 岁的女明星莎莉・穆莲丝以不同的社会形象在高速公路边举起"停车"提示牌，并在路边停着掀起前盖的抛锚汽车。结果表明，当她着装为一新潮浪漫少女时（贴身背心加迷你裙），最易于得到驾车人的注意，着装为行政人员、孕妇、老年妇女和嬉皮士引起注意的比例依次下降。还有研究者将一份研究生院的申请信放在机场的电话亭里，打造遗落的假象。申请书上有照片，有些人非常好看，而有些人则很普通。结果表明，如果申请书上的照片上的人很有魅力（无论男性还是女性），信件被寄出去的可能性较大（47%），而没有吸引力的人的申请被寄出去的比例较低（35%）。

最后，相似性。受助者与求助者越相似，越有可能得到帮助。属于同一群体、种族、国家，尤其是政治态度相似的人，更容易得到帮助。有人做过实验，如果捡到的信是要投递给和我们相似的人，我们更乐意帮助完成投递工作。例如，研究者让实验助手穿上保守的或者另类的服装，向穿着"整齐"或者"嬉皮"的大学生借硬币打电话。结果发现，2/3 的学生帮助了和自己相似的求助者，而向与自己不相似的人提供帮助的人数还不到总人数的一半（Emswiller, 1971）。德布鲁因（2002）的研究表明，被试对那些从照片看来具有某些自己特征的同伴更信任，也更慷慨。

三、情景与亲社会行为

（一）人口密度

2015 年 8 月 30 日下午，河南开封市内一场暴雨之后马路积水严重，水深没过脚踝，路上来往车辆涉水行驶。一名穿深色上衣的老人，驾驶电动车慢速驶过，到路中央时突然摔倒，车倒在并不算深的积水中，老人摔倒后挣扎不起。就在老人倒地时路边有多人目击，其中两女一男马上蹚水过去，但靠近老人看了一眼后，没有伸手去拉，而是马上又缩回路边。此后又有多辆汽车驶过老人身旁，均没有停车。3 分钟之后，老人被水浪冲离原位、仰面躺在积水里，没有动静，这时有几名路人走过去。路人将老人拖到路边，但已无呼吸与心跳。①

为何在较为人来人往的马路上，无人及时出手相助呢？其中的原因很复杂的，例如对方是老人，路人可能受“南京彭宇案”的影响，对帮助老人被讹的事件心有余悸。但也可能是当时的情境影响了亲社会行为的发生。

假如你骑着自行车，经过一个街角时，自行车的前轮掉进一个下水孔中，你被摔出好远，顿时晕眩了。然后，你发现自己摔断了腿和手，不能起身，也不能打电话。有研究上演刚才那一幕，如果发生在乡镇的主干道上，有 50%的人伸出援手，如果是在大城市的繁华街道上，则只有 15%的人会提供帮助。如何解释？这存在两种相反的观点：一种观点认为，关键原因在于小镇居民内化了的价值观，习惯于帮助附近的居民，容易养成利他人格，而非当时的周遭环境。另一种观点认为，可能人们的当时环境才是关键，而非内化的价值观。例如，斯坦利 · 米尔格拉姆认为，住在城市中的人经常被信息轰炸，使得他们独善其身以避免被信息淹没。根据城市过载假设，在一个挤满许多人的小地方比有相同数目的人分散存在的一个大地方，应该有更多的刺激。如果城市居民在一个平静、刺激较少的环境中，他们会伸手助人。人口密度越大，人们助人可能性越小。城市中的拥挤和喧闹可以如此强大，以至于有同情心、利他的人会变成内向、对他周围的人较少反应的人。

（二）人际关系的性质

当人们彼此很熟悉的时候，他们常常更关心助人的长期收益。在交换关系中，我们期望自己的善行能够得到非常快的回报，关系双方遵循的是交换准则，由于彼此并没有义务或责任去给予对方帮助，他们给予彼此帮助是建立在期望得到对方等价回报的基础之上。典型的交换关系更多地存在于熟人之间以及商业合作伙伴之间。克拉克和米尔斯（Clark and Mills, 1979）认为，共有关系中的人们较少考虑他们收到的好处，主要是为了满足其他人的需要。典型的共有关系更多存在于家庭成员、亲密朋友之间。另外处于这种关系中的双方都认为对方会关心自己的利益与幸福，因此双方都是按照需要的原则付出和索取。克拉克和米尔斯（Clark and Mills, 1984, 1986）用实验对共有关系与交换关

① 六旬老人骑车摔进马路积水，3 分钟无人搀扶最终溺亡［EB/OL］. 澎湃新闻，2015-09-07.

系进行了区分。实验中让个体 A 期望与个体 B 形成特定的共有关系或交换关系，通过观察双方在完成某项任务时是否能够关注对方的付出以及完成任务后对完成任务给予的奖励的分配情况来考察共有关系与交换关系的区别。研究结果显示：相比于交换关系而言，当 A 期望与 B 形成共有关系时，更少地关注 B 在完成任务时的付出量，且在分配奖励时也更多的根据 B 的需要而不是由 B 的付出量。若 A 期望与 B 建立共有关系，他会更多关注 B 的需要，并且这种关注并不因为是否会给予回报而改变。而当 A 期望与 B 建立交换关系时，仅在知晓会得到回报的情况下才会较多地关注 B 的需要。

（三）旁观者数目：旁观者效应

为社会各界所关注的"吉娣·吉诺维斯"事件就充分说明了这个现象。旁观者效应是目击一件紧急事件的旁观者越多，他们中的任何人帮助受害者的可能性越小。鲁迅的小说《药》中描写了革命者夏瑜就义的场面。夏瑜是为民众牺牲的，但当他被清兵杀头时，就有一群民众围成一个半圆看热闹，一个个"颈项都伸得很长，仿佛许多鸭，被无形的手捏住了的，向上提着"。

是什么阻碍了人们采取行动提供帮助呢?第一种解释就是责任分散。为了对处于困境中的人提供帮助，个体感到自己有责任采取行动。但是，当有许多人在场时，就造成了责任分散，即个体不清楚到底谁应该采取行动。帮助人的责任被分散到每个旁观者身上，这样每一个人都减少了帮助的责任，容易造成等待别人去帮助或互相推诿的情况。第二个解释是对举止失措的害怕。在任何紧急事态中，为了作出反应，就必须把自己正在做的事情停下来，去进行某种不寻常的、没有预料到的、超出常规的行为。独自一人时，他可以毫不犹豫地采取行动，但由于其他人的在场，他会比较冷静，观察一下其他人的反应，以免举止失措而受到嘲笑。

（四）时间压力

助人行为一般是发生在一个特定的情境下的，因此很多时候不能以一个泛化的情境因素来评价其对助人行为的影响大小，要考虑到一些特殊情境对助人行为的影响，匆忙情境下的助人就是一种特殊的形式。当然，匆忙助人与紧急助人是不同的，前者更相对于可能助人的一方来言，后者更相对于需要受助的一方。达利和巴特森（Darley and Batson, 1973）用实验证实了时间压力对助人行为的影响。要求男学生走到另一幢建筑物去听一个讲座。被试分成两部分，一部分人被告知时间随意，讲座不会立刻开始；另一部分人被通知要尽快，他们已经迟到了。当被试离开，前往另一幢建筑物的途中，他们会看到一个衣衫褴褛的人跌倒在门口，不停地呻吟。研究后进行了访谈，所有的学生都记得看到过受伤者。但是，时间匆忙的学生中仅仅有 10%给予了帮助，而没有时间压力的学生中有 63%给予了帮助。这说明，个人在有紧急事情和没有紧急事情的情况下，助人行为有着不同的模式。人们越匆忙，对身边不幸者提供帮助的可能性就越小。

人们在帮助别人时，需要考虑助人行为对自己的代价。匆忙的条件，增加了人们助人的代价，从而使人帮助别人的可能性减小。皮利亚文（1975）曾经专门考察了助人行为代价对助人行为的影响。她发现，虽然一起乘坐地铁的人们通常会及时帮助不幸的乘客（实验助手假扮的乘客），但如果假扮不幸者的乘客倒下时，咬开一个装有红色液体的小塑料瓶，使人看起来不幸者嘴里正流出鲜血，事件相当严重，则目击者对流血不幸者的帮助明显少于对不流血者的帮助。流血意味着不幸者问题更严重，卷入帮助行动会付出更大的代价，从而使人不敢轻易卷入帮助行动。

第五节 增强助人行为的方法

对于每个人来说，个体还没强大到能够以一己之力去面对和应付各种各样的情境，我们或多或少会遇到需要别人帮助的时刻，所以提高助人意识和助人行为就显得尤为重要。那么，有哪些方法能够增强助人行为呢？

一、强化助人责任

社会责任规范要求我们必须帮助那些依靠我们的人。父母要照看子女，社会机构要在父母失去承担这种责任的能力时给予帮助。教师要帮助学生，强者要帮助弱者，合作者要彼此互助。许多社会中的宗教和道德准则都强调帮助他人的责任，甚至有时还把这种责任写进法律中。只有人们意识到有助人的责任时，才有可能付诸行动。然而，现实生活中的事件会弱化人们的助人责任意识。例如，当你发现有人在马路边行乞，你出于同情心给予帮助，但事后发现他是以行乞为生，下次你极有可能不会帮助乞讨者（尽管其中有真正需要帮助的人）；当你帮助老人不幸被讹，或者通过媒体听闻诸多帮助老人被讹的事件后，会使你帮助老人的可能性大打折扣。那么，如何强化人们的助人责任？

一是全社会要着力推崇“助人为乐”这种美德。助人为乐是我国传统文化的闪光点，亦是做人的道德。助人为乐，是正直善良的人怀着道德义务感，主动给予他人无私的帮助，并从中感到快乐的一种道德行为和道德情感。一个人，在助人为乐的道德实践中，会自然地使思想道德境界得到升华，同时也是自我价值得以实现的重要方式之一。要做到助人为乐，首先应该树立正确的快乐观，把为他人谋福利当作自己的义务和快乐，深刻体会帮助他人后他人所感受的快乐以及自我价值实现的快乐；其次，要树立正确的处事观，遇事要设身处地地为他人着想，不能只看到自己的利益，我们应当明白事物是普遍联系的，损人利己的事情坚决不能去做；最后，要树立正确的知行观，助人为乐不应只是一个口号，而应该在千百次的实践中去铸造自己良好的道德品质。

二是旁观者的提醒促进助人责任的明确。贝克曼（Bickman）与其同事曾做了一系列实验研究，实验用目击别人在商店行窃后是否报告来衡量亲社会行为。实验分为两种情况。一种是让被试先看到一些指示牌，提醒他们注意商店中的偷窃行为，告知报案的程序。另一种是作为实验助手的旁观者假装急于寻找不见了的孩子，并解释所发生的事件：“唉，看她。她正在偷东西。她把那件东西放进了自己的包里。”离开时，旁观者还说："我们看见了事情的发生。我们应该报告。这是我们的责任。"结果发现，在第一种情况下，指示牌几乎不起作用，但是第二种情况中的面对面的评论显著增加了人们报告偷窃行为的比例。由此可见，旁观者的提醒会使事情的解释和责任都变得更为明确。

二、发挥榜样的示范作用

基于社会学习理论的理解，人们的助人行为可通过观察他人的助人行为而获得。在这里，"他人"其实就是所谓的助人榜样。榜样的示范可以在现场，也可通过媒体进行。

（一）现场的示范作用

冷漠的旁观者在场会使想提供帮助的人犹豫不决一样，利他行为的榜样人物会促进其他人的助人行为。班杜拉等在一项实验中，他们把学生分为四组，每组配一个实验员。等实验员与学生建立了融洽关系并得到学生的信任后，主试分别让四组被试为孤儿院募捐。第一组实验员向学生宣传捐款，救济孤儿的意义，同时自己慷慨解囊，捐出钱款；第二组的实验员对向本组学生宣传不去救济孤儿，把钱留给自己的好处，本人也表现得极端吝啬，不向募捐的主试捐钱；第三组实验员宣传慷慨仁慈，自己却不掏钱捐款；第四组实验员宣传贪婪，自己的钱越多越好，劝说学生不要捐款，但他自己却毫不吝啬地进行捐款。实验结果是：第一组学生全部捐了款；第二组学生没有一个为孤儿捐款；第三组尽管实验员把救济孤儿的意义讲得头头是道，并赢得了本组学生的好感，但是绝大多数学生并没有按实验员说的去做，而是仿效实验员的行为，不捐钱款；第四组的学生正好相反，大多数学生对宣传贪婪的实验员表示反感，却又学着他的样子捐出钱款。如此看来，榜样能对学生的行为产生巨大的影响，当榜样言行一致时，学生可通过观察学习获得助人行为。

在人的成长历程中，利他行为的榜样人物主要包括父母、同伴、老师等。其中，教师和父母应主动发挥作用，同时促进孩子与具有利他人格品质的同伴交往。

父母作出了亲社会行为的榜样，不仅可为儿童提供表现这些亲社会行为的机会，同时有利于激发亲社会行为。例如儿童父母应积极参与孩子亲社会行为的教育，与孩子一起参加如慈善活动、去养老院做义工等社会活动，给孩子提供可模仿的榜样。同时，对孩子进行言传身教，培养孩子帮助、分享等亲社会行为。父母应该适时给孩子提出一些利他行为要求，同时要及时表扬和奖励孩子的亲社会行为、采取适当的措施惩罚不良行为，对行为进行强化，增加亲社会行为出现的频率，形成良性循环。"二战"期间，日本驻立陶宛的代领事杉原千亩在明知帮助犹太人会毁掉自己外交官的生涯后，还是为他们开出了几千张出境签证。是什么原因让他做出如此的牺牲？通过回顾他的成长经历可以得出答案。首先，在他的童年时期，目睹了父母的善行。他的父母帮助陌生的旅行者，给他们提供关怀和避难所。这种早期的经历使杉原将更为广泛的群体纳入到了"我们"的概念中。其次，杉原与一名犹太少年保持着良好的关系，既而也获得了与少年家庭进行社会交往的机会。

教师对儿童亲社会行为的影响颇为重要。一方面，教师作为儿童学习与模仿的对象，可以为儿童树立亲社会行为的榜样。儿童就像是一张白纸，他们的行为很容易受他人行为的影响。教师要利用儿童的这一心理特性，用自己的行为正确引导和培养他们的利他行为。比如可以在平时对一些有困难的学生嘘寒问暖，及时给予帮助，联系家长。另一方面教师应该及时为学生树立同伴榜样。根据社会心理学理论，亲社会行为和其他行为一样，可以通过强化而得到有效的巩固。通过强化有助于儿童亲社会行为的培养，当儿童的亲社会行为受到表扬或奖励后，这种行为就更有可能再次发生。教师在对儿童亲社会行为的教育与培养过程中，要注重对于儿童亲社会行为的及时强化。比如，孩子做了助人的好事，教师要在班级内给予及时的表扬和鼓励，就会有助于该儿童与其他儿童亲社会行为的发展。对表现优秀者可给予一定的奖励，会激励其他学生向他们学习，从而会促进这种利他行为。

（二）媒体人物的示范作用

研究表明，电视节目中的亲社会榜样对人的影响作用比反社会榜样还要大。心理学家希罗德（Hearold, 1979）通过统计发现，如果一个人观看亲社会节目，而不是中性节目，那么他的亲社会行为的百分位数会从第 50 位提升到第 74 位。而且这些亲社会行为都是典型的利他行为。

对于儿童来说，在看电视时他们可能更容易产生观察学习。看电视对儿童行为的影响一直以来都是很多心理学实验的主题。而这些研究大多认为电视中的暴力会导致社会中的暴力，但很少有人研究电视是否也能引起亲社会行为。纽约州立大学做了一个研究，验证通常的娱乐电视节目有利于儿童的亲社会行为的可能性。让 30 名儿童（其中 15 名是女童）通过观看具有亲社会行为的节目（涉及帮助小狗的情节）和两个中性节目来比较不同分组实验后的亲社会行为。实验结果表明，观看亲社会节目的孩子事后更愿意帮助遇到困难的小狗。还有一项研究以学前儿童为被试，在幼儿园的教育节目中选用电视片《罗杰斯先生的邻居》（这是一个教育节目，目的在于促进儿童的社会性与情绪发展），每天放映一节，持续四周。结果表明，在放映期间，来自教育缺乏家的儿童变得更加合作与乐于助人，并且更愿意表达自己的情感（Friedrich and Stein, 1973）。

基于此，媒体应该承当相应的社会责任感，倾力打造高质量的亲社会行为节目，挖掘和宣传榜样人物。中央电视台在 2002 年推出了《感动中国》，将其打造为一个精神品牌栏目，每年评选感动中国年度人物，其中不乏一些乐于助人的道德模范，例如：2004 年度人物徐本禹，甘受清贫，在贵州深山小学任教的青年志愿者；2012 年度人物张丽莉，为救出学生失去双腿的"最美女教师"；2014 年度人物朱敏才、孙丽娜夫妇，放弃安逸生活坚持在贵州山区义务支教的退休外交官……

无论是哪种形式的示范，观察到他人的助人行为都会增加人们助人的可能性。他人的助人行为应该得到肯定，他人的见难不助应该受到批评。有研究结果证明了对待助人行为的不同反应导致了不同的助人行为。当孩子看到他人的助人行为受到表扬时，他给予他人玩具的数量多；看到他人的助人行为受到惩罚时，他给予他人玩具的数量少。如此，大量榜样的存在，并给予相应的肯定会强化观察者的助人行为。

三、提升助人动机

第一，强化亲社会自主动机。亲社会行为具有多样化的动机及功能（张庆鹏，寇彧，2012）。自我决定理论根据行为是否出于个体的主观意志，将亲社会动机分为自主动机和受控动机（Weinstein and Ryan, 2010）。亲社会自主动机是指行为由个体自主实施，行为的动力来自于个体的道德价值观和内在认同，即行动者真心地想要使接受者受惠；亲社会受控动机是指行为是由于个体迫于感知到的内外压力、认为自己不得不帮助他人时而实施的，例如个体为避免羞愧或惩罚而顺从他人的要求（Ryan and Connell, 1989）。亲社会自主动机为何能促进助人行为的产生？一是提高了能力感，例如亲社会行为激发了行动者更强的效能感。二是满足了关系性的需要，例如亲社会自主动机有利于基本心理需要满足，进而促进青少年的亲社会行为。相反，亲社会受控动机则不利于青少年基本心理需要的满足，进而不能有效地提升其亲社会行为（杨莹，寇彧，2017）。三是提高了个体行动的自主性，因为行为是个体自发的，是他们自愿选择做出的，所以行动者能体验到自控感。

第二，引导内部动机。过度的外在理由，会使人将行动归因于外在理由而不是内部动机。但是，如果我们用引导人们内在动机的方法，使人们以充分的内在理由来促进一种有益的行为，则可以帮助人们最大限度地通过实施这种行为而使自己获得满足和快乐。巴特森与其助手 1978 年的研究表明，如果用金钱奖励人们的助人行为，会导致过度理由效应，使人们认为自己的助人行为不是利他主义的。而如果不给予奖励，也没有社会压力，则人们对自己同意做的助人行为感到最具有利他主义。在另一个研究中，实验者引导一部分被试相信帮助别人是依从于压力，而使另一部分被试相信自己帮助别人是出于同情。随后，当被试被问到是否愿意为地方服务机构提供自愿帮助时，前一种被试只有 25%同意帮助，而后一种被试的这一比例高达 60%。

第三，通过增加人际相互作用来激发人们的助人动机。所罗门等（Soloman et al.）在 20 世纪 70 年代时所做的研究证明，甚至简单的相识也会使人们的助人倾向比不相识时有显著的增加。他发现，如果先让人们彼此相识，然后再让实验助手装作突然生病，那么人们要远比不相识时更愿意提供帮助。在另一个研究中，实验助手故意把陌生的被试当做好像认识的人来称呼。与没有错认而与被试打招呼的情况相比，由于错认而先打过招呼的人更容易得到帮助。很显然，通过某种形成建立起不幸者或者需要帮助的人与帮助者之间的某种联系，可以有效地推动帮助者更多地帮助别人。

“我为什么要帮别人？”从助人动机的角度上讲，助人者从内心深处让对方受惠。要实现这点，除了让助人者同情帮助对象，还可通过加强与他人的交往。人们越是相信自己帮助别人是处于高尚的利他动机，以后在遇到别人需要帮助时，做出助人行为的可能性就越大。而如果人们将助人行为归于利己动机，则再遇到有人需要帮助时，人们会倾向于首先从自己的角度考察是否值得伸出援手。

四、培养移情能力

移情是对他人情绪的理解而唤起自己的与此相一致的情绪状态的过程，属于人际交往中情感的相互作用。移情研究的代表人物是霍夫曼（Hoffman），他认为，非常年幼的儿童已经能够体验其他人的情绪状态，一旦儿童能够区分自我和他人，就可以通过帮助困境中的他人来对这种共鸣的情绪做出反应。

大量研究表明，移情增加了助人和其他的亲社会行为，是亲社会行为的重要促进因素。那么，要如何培养移情能力呢？移情对亲社会行为的影响是按“移情—同情—亲社会行为”这一模式产生的，有效的移情是对他人产生同情心的基础，而同情心又是对困境中他人实施亲社会行为的重要条件。因此，通过移情训练培养儿童的同情心就成为移情训练的直接目标。

第一，让孩子学会道歉，也学会接受道歉，通过道歉去构筑共情能力。道歉被认为是共情的第一步，通过你道歉的语句和方式，被冒犯的一方很容易就能感受到你是否真诚，是不是真的能够体会他的感受。伊利诺伊大学教授珍妮弗·罗宾诺特（Jennifer Robbennolt）做了一项研究，让被试假想一个骑自行车的人在路上撞伤了一个步行的人。然后给被试提供两种骑自行车的人的道歉方式，让他们判断作为受伤的一方会不会接受道歉。第一种道歉方式是说：“我真的很抱歉让你受伤了。这次事故完全是我的责任，是我骑得太快了，没有仔细看路。”第二种道歉方式是说：“很抱歉让你受伤了，我真心希望你能很快好起来。”结果是，73%的人都觉得第一种道歉是可以接受的，因为它充分表露出了悔恨和遗憾，并且勇于将责任归在自己身上；而只有35%的人认为第二种道歉会被接受，他们觉得这样的道歉由于缺乏真诚的共情，比不道歉还要糟糕。如果你想要成功地道歉，就要确保对方相信你真的知道自己错了。为了做到这一点，你必须从自我中心的角度中跳出来，将关注点放在对方身上去思考问题。此外，还应该让孩子学会接受他人真诚的道歉。无论是向别人道歉还是接受别人道歉都是基于对他人感同身受的基础之上的，这有利于儿童共情能力的培养。

第二，学会积极倾听，增进有效沟通。倾听是对人的尊重，是一种修养。每个人都有尊重的需要，而倾听可以满足别人被尊重的需要。倾听别人的人，必定是一个富于思想且谦虚柔和的人，这种人在人群中最初可能不大引人注意，但却可能是最受人们尊重的。卡耐基说：“一对敏感而善解人意的耳朵，比一双会说话的眼睛更讨人喜欢。”倾听与倾诉，虽然只有一字之差，但我们会发现身边倾诉的人远比认真倾听者要多。要让孩子懂得倾听是礼貌的一种表现，在听别人讲话时，要与说话人有眼神上的交流，不能随便插嘴，要安静地听他人把话说完，这是对说话人的尊重。

第三，合理约束儿童的行为。“看看你让她多么难受”，而不是“你真淘气”或“你很不听话”。陶行知认为“凡人生所需之重要习惯、倾向、态度多半可以在六岁以前培养成功”。[①]同理，儿童的利己主义倾向同样会在早期形成，因此父母应当重视约束儿童的行为，勿以恶小而为之，勿以善小而不为。比如当家长发现孩子抢别人的玩具来玩时，不要立即责骂或强行将玩具抢夺回来，以免伤害儿童的自尊心，这样反倒得不偿失，而要教导儿童站在别人的角度想想，若是别的小朋友抢他的玩具，或者有好玩的东西不舍得拿出来玩，他会是一种什么样的感受，让儿童了解自己的行为对他人造成的伤害。下次只要孩子在遇到想玩的玩具前能够征得其他小朋友的同意，父母就要予以正面强化，让孩子明白只要换一种做事方法不仅可以达到相同的目的，还能够让双方都感到高兴。

第四，模拟情景游戏，学会换位思考。1971 年，斯陶布以游戏扮演的方法对儿童进行训练实验。实验分 5 种情境:（1）一个孩子在隔壁房间里从椅子上摔下来；（2）一个孩子想搬太重的椅子；（3）一个孩子因为积木被另一个孩子拿走而不高兴；（4）一个孩子站在路中间，一辆自行车正飞驰而来；（5）一个孩子因跌倒而受伤。研究者将每两个儿童组成一组，一个扮演需要帮助的不幸者，另一个扮演给予帮助者。实验先向帮助者依次描述各种需要帮助的情境，然后让其用各种自己能想到的方法帮助“不幸者”。必要时研究者会给予提示。各种助人行动包括实际地进行帮助、口头上进行安慰，以及喊别人来给予帮助。最后，两个儿童交换扮演的角色，再行重复以上程序。他用三种亲社会行为来检测训练的效果，一是帮助一个隔壁房间里因摔倒而哭喊的女孩，二是帮助一个把曲别针散落一地的成人，三是给被试儿童糖果，然后要求他与别的没有糖果的儿童分享。研究的结果表明，角色扮演的游戏训练收到了良好的效果。与控制组相比，实验组表现出更多的亲社会行为，并且效果至少可以保持一个星期。

五、学习助人技能

心理学家斯陶布（Staub, 1978）认为，助人行为有两个最关键的因素，一是对不幸者的状态进行设身处地地设想和体验的能力，即移情能力，另一个是掌握如何帮助别人的知识或技能。因此，培养儿童的助人行为，除了训练儿童的移情能力以外，还需要实践如何助人的行为，如若不能掌握正确的助人技能则无异于让求助者火上浇油。例如针对溺水者的“倒挂奔跑”急救方法，已被众多医疗行业工作者否定，使用这种方法不仅没有效果，反而还会延误最佳救援时间。

刘长海（2007）设计了几种帮助他人的情境，对“助人需要哪些能力？”进行了分析。

情境一：一个小男孩到民生家讨饭，民生拿给他一个馒头，小男孩高兴地走了。为帮助解决一个小男孩（受助者）的一顿晚饭（需助困境），民生的施助行为是赠送他一个馒头，这一行为对施助者的能力要求是很低的，只要主人公具有起码的思想能力（能够记得馒头放在什么地方）和行动能力（能够取出馒头，走到小孩面前）就可以。

情境二：住在民生隔壁的孤儿生活无依无靠，民生决定解决他的温饱问题，可是田里的收成刚刚够自己糊口。于是，民生更加勤奋地种田，同时顺应气候变化调整了种植

---

① 陶行知. 陶行知教育名篇［M］. 北京：教育科学出版社, 2005.

结构，每天起早贪黑地干活，终于提高了农业收成，可以抚养这个孤儿了。为帮助解决孤儿（受助者）的长期温饱问题（需助困境），施助者民生发出的施助活动是提高自家收入，向孤儿提供长期抚养。这一活动不像情境一那样可以一次性完成，需要长期的努力，并且该情境下施助活动对施助者的能力要求大大提高，施助者必须具备健康的体魄以进行繁重的农业劳动，要具有丰富的与农业生产有关的知识来提高农业产值，要懂得操作现代化农业机械，要善于把控家庭的各方面开支。施助者只有具备这些能力，才有可能真正完成这一助人活动。

情境三：民生知道镇上有很多穷人，如果能够改善镇上荒地的土质，就可以解决他们的生活问题了。于是，民生潜心研究土质改良的技术，通过反复试验取得成功。镇上的穷人也因此受益。为解决镇上穷人们（受助者）的温饱问题（需助困境），民生采取的施助行为是研究改善土质的方法，提高全镇的农业产值。施助活动对施助者的能力要求除了需要情境二中的能力之外，还增加了“系统全面的农业相关知识”和“胜任农业实验研究的能力”。

情境四：民生希望将自己的研究成果推广到其他贫困地区，帮助更多的穷人解决温饱问题，但却遭到人们的怀疑和一些机构的阻挠。于是，民生一方面扩大对成果的宣传，另一方面求助于政府，终于得到政府的认可，新技术被广泛应用。为解决各地穷人（受助者）的温饱问题（需助困境），民生采取的施助行为是通过宣传与游说来推广先进技术，提高各地的农业产值。施助者不仅要懂得技术开发，而且要有一定的沟通技巧，通过社会交往争取他人对自己的支持。

可见，在不同情境下，面对不同的人，所需要的求助技能也是不同的，因此，在实施助人行为时，应当针对具体情况做出合适的施助方案。

六、价值取向的教育

在前边我们已经探讨了助人行为产生的具体因素，如当时的情境、助人者的特征、被助者的身份等，也从不同的角度对提高助人行为提出了一些建议。但是，我们应该看到，社会行为的产生，在受到多种因素影响的同时，必然会有一种或几种因素在其中占据主导地位，它决定着其他各种辅助因素，在一定程度上，会直接决定着个体是否做出某种行为。就助人行为的产生来说，助人者的价值取向是最直接的根源，这种内在的主导因素支配着其他各种外在因素。心理学家斯普林萨尔（Sprinthall, 1981）等人发现，在科尔伯格道德发展阶段上达到高水平的被试，更倾向于拒绝在实验条件下对别人实施伤害性侵犯，证实价值取向确实影响到个人对其他人行为的方向，并且道德水平越高，相应的亲社会倾向也越强。

价值取向是指在社会化的过程中，逐渐形成的较为稳定的评价事物的标准和态度，是个体的信仰、价值、行为标准和规范的总和。它是个体社会化活动产生的重要动力，价值取向会影响个体对相同社会活动的态度。助人行为作为社会活动的一部分，自然也会受到价值取向的影响和制约。我国学者研究表明，价值取向与个体的亲社会行为有一定的或接近显著的关系（董婉月，1989；刘磊，1990），当多种因素一起影响亲社会行为时，价值取向（利他取向）主观效应尤为显著（张志学，1991）。由此可以推论，改变个人现在拥有的价值观可以增加促进亲社会行为，研究也证实了这一点。比如，具有人道主义价值取向的人比具有常规价值取向的人，更有可能对他人的需要做出反应，且较少受适当的社会行为规范的限制。当然，他们也懂得在遵守社会规范的前提下帮助他人的重要性（Estaub, 1974）。另外，责任或义务取向的、维护社会秩序的取向也可能经常导致亲社会行为。然而，如果认为某个需要帮助的人有过错，特别是认为他是由于违反社会规范或习俗而导致需要帮助时，往往把他的不幸看作是理所当然的。以关心规则、责任或义务感为特征的个体更有可能做出这种评价，且认为当事人的不幸是罪有应得的，就会很少给予当事人帮助。

第十章

群体行为

【开篇案例】

女孩跳楼自杀“围观起哄”者该当何责

那些有“不良嗜好”的围观者是否刺激了李某奕的最终跳下，是否妨碍了公安、消防人员的救援，可能涉及严肃的法律问题。

这两天，甘肃庆阳西峰区19岁女孩李某奕跳楼自杀事件仍在发酵。起因是20日，李某奕在一栋25层公寓的8楼准备跳下期间，在楼下的围观者不仅不为其跳楼而揪心、犯难，而是为其不快点跳楼而焦急、不耐烦，甚至有人喊“跳啊，快跳啊”等。在她跳下后，有围观者吹口哨，表示“跳得好”。甚至还有的人揣度她是不是为了成为“网红”而在表演。

人，不可能死而复生，这些围观者想必不会不知道。面对一个花季少女的陨落，围观者显得那么冷漠、反常，他们是否良心不安？

作为一个常人，对于人类生命在瞬间的逝去会表现出巨大的伤痛，甚至失态。这也是为什么那些面对生命在“眼前”逝去却无动于衷的“围观者”会被贴上“冷漠”“无情”标签，会被舆论谴责的缘故。

当然，绝大多数未经训练的人在面对生命瞬间可能消殒的场合，很难成为一名合格的施救者，甚至可能惊慌失措而把好事变成坏事。比如面对突发性疾病，面对突发车祸等。但这不应成为“围观者”对生命逝去不尊重的理由。

更何况，李某奕的情况有所不同。她“跳楼”的行为开始于20日下午3点，最终跳下的时间是下午7点半，持续4个半小时之长。除了当地公安、消防在紧急施救外，很多“围观者”变成了冷漠的看客，说出了“她怎么还不跳啊？”“死不了的”等不可理喻的话语。有视频显示，李某奕跳下后还有围观女子脸上满是笑容。

两年前，李某奕还是一名高三学生，正准备着高考读大学，如果不出意外，凭借她出众的外貌和智慧，或可有一个前景可期的人生。但是，因为在一次生病期间遭遇班主任罗某厚的猥亵，她的人生因此“反转”。尽管如此，面对不堪遭遇，她先想到的是找学校心理老师救助。可心理老师不当的干预，让她感觉班主任“丑陋、罪恶”。此后，李某奕无心上学，在2016年即尝试过两次自杀。

这样的遭遇本就该让“围观者”对其产生怜悯之心。但即便不知李某奕的遭遇，作为“围观者”也应该基于如此决绝于去死的年轻生命保持起码的同情，敬畏生命的不易。

而不至于如此轻率地生出“她怎么还不跳啊？”的“困惑”，因其不快点跳下去而急不可耐。

也因此，当这起看似不大的事件被媒体曝光出来后，网友是一边倒地瞧不起那些围观李某奕跳楼的人，认为他们是无情的、冷漠的、麻木的。有网友甚至表示，“如果我的朋友圈有这种看客，马上绝交”。这或许是我们可欣慰的一面——至少还有很多人认为李某奕跳楼事件的“围观者”是丑陋的。

但纵观此案，也不能仅仅只是从道义上谴责如此冷漠的“围观者”。那些有“不良嗜好”的围观者是否刺激了李某奕的最终跳下，是否妨碍了公安、消防人员的救援，则可能涉及严肃的法律问题。对此，当地司法部门需进一步调查。看客的冷漠甚至丧失人性，令人不齿。如果有些人的行为触犯法律，自然也应受到法律的惩罚。

（资料来源：新京报，2018-06-25）

上述事件中“围观者”的行为不仅在道德上为人不齿，这些“围观者”可能还触犯了法律。那么，“围观者”为什么会有如此低下的行为，社会心理学是怎么解释此类现象的呢？

人们会受到其他个体行为、请求和命令的影响，在本章，我们将了解人们还会受到他们作为社会群体成员的身份而产生的影响。实际上，地球上的每个人都至少属于一个基本的文化群体，它可能是一个小小的部落，也可以是数亿人口的国家。此外，其他群体形成的基础可能是共同的基因（家庭）、地理位置（邻居、帮派）、意识形态（宗教、政党）、事业（红十字会、绿色和平组织）、目标（学会、明星后援会）、社会利益（工会、妇联）、共同经历（校友会）以及爱好（广场舞团、暴走团）等。人们在日常生活中都归属于各种群体——家庭群体、工作群体、游玩群体、政治群体等。这些群体以多种方式影响着人们，如使人们进行社会化，融进当地的文化，形成特定的世界观等。我们生活中的主要事件也基本上是以群体成员的身份出现的，出生、死亡、庆典、成就以及娱乐等都是发生在群体的情境中。群体对人们来说也许是好的，也许是坏的，但人们就是离不开它。

第一节 群体概述

一、什么是群体

（一）群体的定义

什么是群体？你的班级是群体吗？是的。一支足球队是不是群体？当然是。但有的时候就没那么容易确定了。世界上有太多群体，它们不总是具备共同的特征的。比如，中国是个群体吗？或者，在公交车站一起候车的人群是不是群体？

群体的情况是复杂的，一些群体要比其他群体看起来更像是一个群体。用正式术语来说，就是群体实体性（entitativity），即某个人群组合被人们感觉是一个紧密相连群体的程度。当研究志愿者被要求去评价各种各样的人群组合时，他们会将群体分为四个类别：亲密群体（intimacy groups，如家庭、浪漫伴侣、朋友）、任务群体（task groups，如委员会、乐队、竞赛团队）、社会类别（social categories，如妇女、美国人、犹太人）以及松散社团（loose associations，如街坊邻居、古典音乐爱好者）。其中，人们会觉得亲密群体要比任务群体更像是一个群体，更具有群体的本质。再如，同样是四十个人，公交车上的 40 人不太像是个群体，排队等着购买足球票的 40 人就有点像是群体了，他们有着共同的目标，也许他们是同一个球队的球迷，在装配线上一起工作的 40 人或一支足球队就更像是一个群体了。那么，究竟什么是群体呢？

如果一群人就是简单地聚集在一起候车，这不是群体，这只是聚集体（aggregate）。如果人们候车时附近发生了车祸，他们去救人，那同样的这些人就是一个群体了。我们认为，与简单的个体聚集或集合相区别的群体，有其特定的社会和心理特征，形成群体需要具备两个主要的特征：一是群体成员彼此之间要有互动；二是群体成员在互动的基础上存在着相互影响。

因此，在公交车站一起候车的人群不能称之为群体。虽然他们可能存在一些基本水平的相互影响，比如，一个人候车时百无聊赖地仰望天空，其他人也可能跟着仰望，但他们相互之间没有互动。真正的群体是通过相互作用来进行相互影响的，也就是说，影响出自于成员之间进行信息交换的结果。因此，如果人们候车时附近发生了车祸，为了去救人，他们相互之间就有了相互作用，并进而产生相互影响，这些人就形成了一个群体。

根据以上分析，学者们对群体给出了自己的一些定义。肖（Shaw, 1981）认为群体是“有着相互作用，彼此影响着的两个及其以上的人们”。卡辛、费恩和马库斯（Saul Kassin, Steven Fein and Hazel Rose Markus, 2014）提出：“群体可以被看作是这样的一群人，他们直接相互作用了一段时间，分享着共同的命运、身份和目标。”

综上所述，我们对群体的定义是：“群体是指人们彼此之间为了一定的共同目的，以一定方式结合在一起共同活动，彼此间存在相互作用和相互影响的人群组合。”

（二）组成群体所需成员的下限

群体成员人数的上限是没有的，但群体成员的下限是多少？这个问题现在一直存在争议。一个人组成不了群体，争议集中在究竟是两个人就可以组成群体，还是至少需要三个人才行。比如，同样是著名的社会心理学家，鲍迈斯特（Roy F. Baumeister）认为两个人就可以组成一个群体，而阿伦森（Elliot Aronson）则主张两个人仅仅是“一对一”的关系，组成群体至少需要三个人。我们认为，组成一个群体所需成员的下限是三个人，而不是两个人，理由如下：

（1）从社会心理学研究的层次来看，从微观到宏观分别为个体层面、人际层面、群体层面和社会层面，两个人容易被人际过程渗透，很难达到群体过程。

（2）至少要有三个人，你才能够从中推导出群体的规范是什么，因为群体的规范达成是依据多数人的意见而来的。在两个人中，只有一个他人，如果两人意见相左，那就不能形成群体规范。

（3）在两个人中，也看不到许多群体过程。比如，结盟、多数人形成的社会压力以及一些越轨的过程等。

（三）群体的特征

群体成员之间的互动和相互影响仅是描述一个群体的两个特征，群体还有其他的特征。

（1）任何群体的形成，都会有一个目的，也就是一个群体存在的理由。群体具备的功能有很多，但是一般而言，我们可以根据群体的主要目的而把群体分为工具性群体（instrumental groups）和亲和性群体（affiliative groups）这两种。

工具性群体存在的目的就是要完成某些任务，或要达成某些特定的目标。例如，论文答辩委员会就是一个工具性群体，它的唯一目的就是对答辩者的论文质量和答辩者对答辩委员所提问题进行回答的情况进行判断，最终作出论文答辩是否被通过的结论。一旦达成了这个目标，论文答辩委员会就可以解散了。

而亲和性群体存在的目的更多是社会性的。例如，你之所以加入同乡会、同学会，仅仅是因为你想成为那个群体中的一分子，你想与这个群体中喜欢你的成员交往，你很认同这些群体的价值观和理想，你的快乐、自尊甚至声望都紧密地与这些群体联系在一起。

（2）群体规范。每个人都有自己的个性，有着各自做人做事的原则。但人们组成群体之后，为了群体的目标，不能随便放任个体的个性去驱动行为，否则，群体的目标永远也达成不了。所以，为了使群体成员“心往一处想，劲往一处使”，把个体的力量真正地形成合力，任何群体都必须对个体的行为进行限制和规定，统合在完成群体的目标之下，这些限制和规定就是群体的规范。规范一般都会包括提倡和禁止的内容，并且能够极大地影响个体的行为。

（3）群体角色。不同的群体成员能力大小是不一样的，每个群体成员各自擅长的工作也不一样。人们要形成群体，一个重要的原因就是个体仅凭一己之力不能取得自己想要的目标，不得不联合他人一起来完成共同的愿望。在这个过程中，群体成员做自己能做的或擅长的事情，也就是群体成员的分工不同，还得有人把群体成员组织协调好，起组织协调进而监督作用的群体成员就起到了领导者的作用。于是，每个群体成员都在群体中承担特定的角色，共同完成群体的目标。有时，这些角色是正式明确的，比如委员会的主席就有其特定的职责。然而，角色也可能是非正式的，甚至没有一个被正式推选或指派的领导者，但群体成员还是可以承担起自己的角色，心照不宣地相互配合完成任务。

（4）在群体中，群体成员相互之间还有人际过程，发展出人际关系。因此，每个群体成员与群体中的他人就会产生一定的情感联结。影响成员相互之间情感状况的主要因素有两个：一个是不同的群体成员对群体规范遵守的程度，如果大家都能很好地遵守群体规范，那么群体成员的情感总体上就是积极的；另一个就是群体成员之间相互喜欢的程度，如果成员相互喜欢，群体成员的情感总体就是积极的。

（5）群体成员相互依赖。群体成员彼此需要、彼此依靠才能达成群体的目标，并在此基础上形成了群体规范。如果成员不遵守规范，那么，相互之间就会不满意，最终群体也会解体。

（四）群体凝聚力

现在我们看一下两个群体。第一个群体，成员互相喜欢，高度赞同他们所追求的目标，感觉不可能有别的群体比现有群体更好地满足他们的需要了。他们形成了群体认同，结果是他们在一起更有可能完成他们的任务。第二个群体则相反，成员相互之间不是很喜欢，没有共同的目标，积极寻找能够给他们提供更好条件的别的群体，对现有群体没有形成认同，在一起少有可能成功地完成他们的任务。这两个群体所体现出来的差异就是社会心理学家所说的群体凝聚力（group cohesiveness, or group cohesion），即让成员留在群体中的所有力量。

1. 群体凝聚力的定义及其特征

凝聚力这个术语的英文是“cohesiveness”，它来源于拉丁单词“cohaesus”，意思是“黏住，黏在一起”。最早科学性、操作性地对凝聚力下定义的是1950年费斯汀格（Leon Festinger）和他的同事，但是充满了争议。艾森贝格（Jacob Eisenberg, 2007）认为群体凝聚力“是群体成员相互作用的社会过程，使群体成员紧密联系在一起的力量”。卡伦、布劳利和魏德迈耶（Albert Carron, Lawrence Brawley and Neil Widmeyer, 1998）认为凝聚力“是一个动态过程，反映了一个群体联结在一起的倾向，以及在追求工具性的目标或成员情感需要满意时能够团结和睦的程度”。他们认为群体凝聚力具有四个主要特征：

1）凝聚力是多维的。尽管任务和社会因素是大多数群体建立的主要原因，但还有许多其他让群体成员留在群体里的理由。比如，与群体签订了合同所产生的约束力，以及离开群体会给个体带来污名的影响等。

2）任何群体（如运动队、家庭、工作组、野战排等）的凝聚力都是动态的，都会随着时间的流逝而变化。例如，一家企业刚刚成立时可能有很强的凝聚力，但过了三五年之后，可能就内耗加剧，凝聚力下降了，然后凝聚力又可能会上升，即群体的凝聚力是处于波动之中的。

3）群体凝聚力是工具性的。如前面群体的特征所述，群体成员加入一个群体是对群体有所求的，即觉得群体对他们而言是有用的。例如，对一个图书俱乐部来说，其存在的理由可能是能够提供成员们数量足够的图书进行阅读，或者是成员们可以在这里找到志同道合的朋友。

4）群体凝聚力是情感性的。在前面人际关系一章我们提到了1995年时，罗伊·鲍迈斯特（Roy Baumeister）和马克·利里（Mark Leary）提出人们具有亲和的基本需要，即人们需要经常与他人进行人际接触，并需要进一步与他人发展出亲密的人际关系。群体中的成员身份可以满足这种亲和的需要。群体凝聚力则肯定能够给群体提供一种“感觉良好”的特性。相反，如果群体缺乏凝聚力，那群体成员在其中就会有焦虑、抑郁和疏远的感觉。

卡伦和他的同事还提出了一个群体凝聚力的概念模型，这个模型的一个基础就是每个群体成员要对群体发展出一种“整体（比如成员的相似性、亲密性以及成员间的某种联结）”的信念，以及群体满足个人需要的能力。前面的信念就是群体整合度（group integration），后面则是群体对个体的吸引力（individual attractions to the group）。

因此，卡伦和他的同事进一步提出群体成员对群体凝聚力的感知有两个基本导向：一是任务导向，即对达成群体工具性目标进行关注的普遍动机；二是社会导向，是对发展和维持社会关系以及在群体中的活动进行关注的普遍动机。其结果是，凝聚力体现在以下四个方面：群体完成任务情况、群体社会性情况、群体任务对个体的吸引力以及群体社会性对个体的吸引力。

2. 群体凝聚力与群体绩效

一个长期以来颇有意思的问题是凝聚力是否与群体的成功有关系。人们对此普遍的回答是“是的”。例如，早在公元前 550 年时，伊索就总结道：“团结就是力量。”但 20 世纪的研究却表明，结论是与伊索的推论矛盾的。例如，伊凡・斯坦纳（Ivan Steiner, 1972）对有关研究进行总结后认为，群体的生产率与凝聚力之间并不呈现正相关。

1991 年，查尔斯・埃文斯和肯尼斯・迪奥（Charles Evans and Kenneth Dion）对之前有关凝聚力与绩效的研究进行元分析后认为，群体凝聚力与绩效之间的正相关是存在的，但也警示说不能扩大到所有的工作场所，因为绩效的标准是复杂的。之后类似的研究（Brian Mullen and Carolyn Copper, 1994; Albert Carron, 2002）也表明了这一点，即群体凝聚力与绩效之间是正相关的。

尽管群体具备高凝聚力是有好处的，但仍需注意其不足之处。一个经典的例子就是 1972 年欧文・詹尼斯（Irving Janis）关于群体思维的研究（具体见本章第三节的相关内容），群体思维导致了重大的决策失误。因此，群体凝聚力与绩效之间的关系是复杂的。

3. 群体凝聚力的影响因素

1）群体成员的相互吸引。如果群体成员发现群体中的其他人是具有吸引力或友好的，群体就会具有较高的凝聚力。任何能够使群体成员间相互喜欢的因素，均能增加群体凝聚力。

2）群体成员的接近性。在人际关系一章中我们得知，接近性能够增加人际吸引。因此，一个群体如果不时地将成员聚集在一起，就足以使人们感觉到自己属于这个群体。不同部门，如研发部、市场营销部、售后部等挨得很近，各部门人员可以频繁交流的企业，比各部门间缺乏交流的企业更有凝聚力。

3）群体规范的遵守程度。群体成员能够顺畅地遵守群体规范，要比有群体成员违反规范更具有凝聚力。

4）群体完成目标的情况。如前所述，个体是为了仅凭一己之力不能达成自己所要的目标才结成群体的。如果群体最终不能完成目标，群体也就失去了存在的意义。群体完成目标的状况越好，其凝聚力也就越高。

5）成员对群体的认同——群体忠诚度。群体的成功经常取决于成员对群体的忠诚度。群体的忠诚度是指成员即使离开当前所属的群体就能获取更优的结果也依然要留在群体中。它与群体营造的文化、愿景、价值观等有关系。

二、人们加入并认同群体的原因

因为人类在史前就以群体的形式存在了，所以群体具有生存价值。人类之所以要形成群体，是因为群体能够满足人类以个体形式存在时不能实现的需要。在许多情况下，这些需要的满足，无论是生理的、心理的还是社会的，都不能脱离他人，它们主要体现在以下几个方面。

（一）增加生存，实现目标

人类作为一个物种，其原始本能可谓是弱之又弱。比如，其他的动物是很成熟了才会出生，刚一出生不久就能走，接着就能奔跑。而人类却不能在娘胎里待到很成熟时才出生，故刚出生的婴儿十分弱小，必须依赖父母的养育和保护才能存活。即使长大之后，人类个体的力量依然弱小。在陆地上，老虎、狮子之类的猛兽可以轻易地撕裂人，人类奔跑的速度在猛兽面前也不值得一提。地球的生存空间还有水域和天空，但人类并没有进化出鳍和翅膀出来。但人类却是地球的主宰，靠的就是结成群体，形成社会，用众人的合力来对抗捕食者和其他威胁才生存与发展下来。因此，从进化的角度看，人类不形成群体，就无法存活。这就可以帮助我们理解人们为什么会对故乡、居住地以及祖国普遍持有积极的态度。

从生活实际的角度来看，人们形成、加入群体是为了达成一些仅凭自己是不可能完成的目标。大多数的人类工作，从拍摄影片到囚禁罪犯都需要群体中的人们进行合作才能完成。例如，现在能够阅读到这本书，需要大量不同群体的人们合作才行，其中包括伐木工人、卡车司机、造纸厂工人、墨水生产者、编写者、编辑、物流人员等。

（二）减少不确定性

生活充满了不确定性。例如，你将会与谁成为同班同学？毕业后将会在哪里工作？期末的专业课程考试难吗？而人们是普遍讨厌不确定事情的，人们不喜欢与自己有关的人选迟迟未定。按照豪格（Hogg, 2007）提出的“不确定性—认同理论（uncertainty-identity theory），人们加入并认同群体是为了减少由于自己和他人的不确定性所带来的负面情绪。

那为什么归属于一个群体就能减少不确定性呢？群体强化了人们对于自己文化世界观的信心以及自己很看重的生活在其中的地方。最核心的信念是不能通过个人的经验来证明的，甚至科学事实（比如地球围绕太阳转的事实）一般也不是人们直接观察到的东西。因此，对这些信念的信心就来自于社会共识：对某一信念共享的人数越多，这一信念就似乎更真实。而群体典礼（如通过仪式）和群体产品（如神话故事）则开启并强化了这些信念。

群体减少不确定性的第二个方法就是通过规范和角色实现的。规范是所有群体成员应该去思考和遵守的规则，这些规范既有不成文的，也有明文规定的。角色是一个人在群体中特定位置上的期望，承担着一定的责任和行为。规范和角色就是通过向人们提供思维和行动清晰的指导方针来减少不确定性的，它们使群体中的人们从一个情境进入到另一个情境时更容易适应。当人们明显感觉到不知道自己是谁、该如何去做的时候，"不确定性—认同理论"预测人们就会更加强烈地要去认同群体，群体在此时能够增强人们的自我认识感。

（三）增强自尊

按照社会认同理论，归属群体是自尊的重要来源。社会认同理论认为，个人认同，即一个人把自己当做个体的认识，会受到自己群体成员身份的影响，群体也是一个人认同和自尊的来源。

因此，人们就会更加认同那些能够提高自我形象的群体。同样是读了本硕博，但人们强调的学历会不一样。如果一个人第一学历（即本科）是985高校，而后在一所非985高校读了硕士和博士，这个人就会特别强调自己的第一学历。反之，如果一个人的第一学历是在普通高校取得的，后来在985高校获得了博士学位，这个人往往强调自己的博士学位，甚少提及自己的第一学历。

人们还会通过认同那些成功或高地位群体的方式来增强自尊。例如，当中国女排获得世界冠军时，人们会兴高采烈地说："我们的女排赢了！"通过认同女排就轻易地让自己感觉良好，而实际上，个人并没有为女排做些什么。中国男足由于成绩难堪，任何人都欲撇开自己和中国男足的关系，中国男足也常年在春节联欢晚会上被调侃。

（四）管理死亡恐惧

社会心理学的恐惧管理理论（Terror Management Theory, TMT）认为，这个世界上人类是唯一知道自己会必死的动物，进而对此产生了深深的焦虑和恐惧。因为死亡的必然性和不确定性给人类带来了生存的恐惧，所以引发了人类去战胜这种恐惧，对潜在的死亡焦虑进行反抗，反抗的方式主要有两种心理来源——对文化世界观的信心和自尊的感觉，它们均与归属群体有关系。尽管人们痛苦地得知自己总有一天会死，但人们安慰自己说，因为自己归属于一个家族、一个国家、一个宗教团体、一个科学或艺术领域，或某个更具持久性的群体，所以当生物的身躯停止了运转之后，自己创造或与自己有关的一些价值观、文学作品、艺术作品、科学发现与发明、象征性的事物等将会继续在群体中延伸、传播下去，得以永存。"不死"的象征以"自我在肉体死亡后继续存在"的形式展现着生命的不朽和永恒。

三、群体的分类

（一）初级群体与次级群体

初级群体（primary group）的概念是美国社会学家库利（Cooley, 1922）提出的，它又称为直接群体、基本群体或首属群体，是指那些规模较小、可以面对面交往、高度亲密、合作性与持久性强的群体。初级群体的个人性和情感性比较浓厚，典型的初级群体有家庭、邻里、朋友和亲属等。

初级群体的主要作用体现在儿童进入社会之前的教育上，包括学习语言、掌握基本的社会技能、形成一定的价值观和认同，它对儿童人格的形成也有重要影响。

次级群体（secondary group）,又称间接群体或次属群体,指的是其成员为了某种特定的目标集合在一起，通过明确的社会契约结成正规关系的社会群体。它通常比初级群体规模更大、更少个人性、更为正式的组织，但比初级群体在持久性和目标性上更为受限。典型的社会群体有学校、企业和政府部门等。

（二）正式群体与非正式群体

根据群体内各成员相互作用的目的和性质，可以把群体分为正式群体和非正式群体，这种划分最早由心理学家梅约（E. Mayo, 1931）在霍桑实验中提出。

正式群体（formal group）是指有正式文件规定，有定员编制，成员有明确地位与社会角色分化，并有规定的义务和权利的群体。正式群体结构明确，具有良好的群体规范，有清晰的信息沟通路径和权力控制机制，所要完成的任务也有详细的规定。政府、企业、工厂、学校班级等都是正式群体。

非正式群体（informal group）是指人们在交往的过程中，以共同的兴趣爱好、共同的观点和行为等和以感情联系为纽带，自愿结合在一起的人群组合。非正式群体一般没有正式的规定，靠自发形成，成员的地位和角色以及权利和义务都不明确，也无固定的编制，它主要用于满足人们某种生活需要，带有明显的情感色彩，以个人的喜好为基础。追星族、广场舞团、麻将爱好者、同学会、同乡会等都是非正式群体。由于非正式群体以情感为纽带，以兴趣爱好为基础，所以有着较强的内聚力和对成员的吸引力。

社会心理学研究与生活实践表明，正式群体与非正式群体的关系主要体现在两个方面：第一，在正式群体中总会存在着各种非正式群体。比如，在大学的一个班级里，会有不同的同乡会、不同的学习与研究小组、不同的社团等，而且非正式群体在一定程度上会影响正式群体，其影响可能是积极的，也可能是消极的。如果非正式群体本身具有很强的凝聚力，且与正式群体的目标一致时，就能促进群体的巩固；而当非正式群体的目标和规范与正式群体的目标不一致时，两个群体就会发生冲突，成为正式群体发挥作用的障碍。第二，非正式群体还能横跨若干个正式群体。比如大学里的同乡会，或某个研究小组，就可以横跨不同的班级、系所、学院甚至学校。

（三）内群体与外群体

所谓内群体，是指群体成员实际加入并在心理上认同的群体。一般而言，人们的日常生活大多是在内群体中进行。而外群体，泛指内群体成员以外的任何他人的人群组合。按照社会认同理论，一旦产生“我们（内群体）”和“他们（外群体）”的意识，就会出现对内群体偏好和对外群体歧视的现象，这样就容易引起群体间偏见、群体间冲突和敌意。

（四）隶属群体和参照群体

隶属群体是个人实际加入或隶属、个体为其正式成员的群体，如个人所在班级、社团、小组、学院、学校等。它规定着成员的身份及其日常活动。参照群体（reference group）是个人心仪的群体。隶属群体和参照群体的关系大致有：第一，如果隶属群体能够很好地满足个体的需要，那么，隶属群体就是个体的参照群体。比如，我们出生在中国，国籍是中国，生活、工作也在中国，我们还为中国感到自豪和骄傲，并热爱中国，那么，中国就既是我们的隶属群体，也是我们的参照群体。第二，如果隶属群体不能完全或很好地满足个体的需要，那么，个体的参照群体就会是自己隶属群体之外的群体。比如，最近出现了一些所谓的“精日”分子，这些人出生在中国，国籍是中国，生活、工作也在中国，但他们心仪的国家却是日本，即日本是他们的参照群体。

谢里夫（Muzafer Sherif, 1935）最早提出了参照群体的概念，并认为个体会将各种参照群体作为自己的参照系，从而使得“个体的参照群体成为他判断、感知和行为的参照标准”。经过西奥多·米德·纽卡姆（Theodore Mead Newcomb, 1943）在美国贝宁顿学院所做的经典研究表明，参照群体对个体的作用主要体现在两个方面：第一，规范的作用。即个体会将参照群体的规范当作是自己行为的规范。第二，比较评价的作用。即个体会将自己心理和行为进行比较评价的对象定位在参照群体的成员上，而不是隶属群体的成员。

（五）大型群体与小型群体

根据群体的规模和沟通方式，可把群体分为大型群体与小型群体。这样的划分界限比较模糊，因为群体的大小是相对的。但是，从社会心理学角度，群体大小规模的划分是有标准的，即群体成员是否处于面对面的联系和接触情境中。

大型群体（large group）指群体成员人数众多，以间接方式取得联系的群体，如通过群体的共同目标、通过各层组织机构等，使成员建立间接的联系。比如，13 亿人的中国就是一个大型群体。大型群体还可以进一步分为不同形式、不同层次的群体。如中国之下还可分为省、市、县、乡镇、街道、村等群体，也可分为社会职业群体或人口群体等，还可以分为政治群体、工作群体、娱乐群体等。这些大型群体的成员之间没有直接的社会交往和社会互动，大型群体更多的时候是作为社会学的研究对象。

小型群体（small group）指相对稳定、人数不多、为共同目标而结合起来的，各个成员能够直接接触和交往的人群组合。它有共同的目标，全体成员为此目标共同努力。小型群体成员间相互熟悉，往往面对面交往沟通，心理感受也较明显。其规模不能少于3人，但一般也不超过30人。夫妻、家庭、亲戚和小组、班级等都可以视为小型群体。小型群体历来是社会心理学家很感兴趣的研究对象。如奥尔波特、梅约、勒温、谢里夫、里帕等都曾对小群体进行过系统的研究，并取得了丰硕的研究成果。

（六）现实群体与虚拟群体

现实群体是指人们在现实生活中形成的群体，前面谈及的各种群体皆为现实群体。随着计算机和网络技术的发展，涌现出了大量的虚拟群体，即在网络中形成的群体。如人们现在经常使用的QQ群、微信群、论坛等都是虚拟群体。虚拟群体也有规范，成员需要遵守。但虚拟群体也有其特殊性，比如个体在现实群体中不敢或不便表达的一些个人性观点和情感，很可能在虚拟群体中就表达出来了。例如，2018年5月11日，成都本地知名博主“成都网友小张”爆料，成都金苹果爱弥儿幼儿园班上有位女孩打同学，老师将她单独安排座位的决定误发到了家长群里。截图显示，家长李某不满老师对她女儿的教育方式，搬出了一个“严书记”。李某质问老师：“你对严书记的女儿说这话是什么意思!”随后，李某在家长群里宣称老师已经被开除。2018年5月12日，网上出现一封“严书记”写给四川省委组织部的情况说明。由此得知，严书记就是四川广安市委副书记严春风。他在情况说明里表示，因李某出轨，自己已和李某离婚五年，孩子归李某，因此严春风本人对一切问题都不知情。该说明没有被媒体证实，也没有被严春风本人否认。2018年5月14日17时2分，四川省纪委监察委网站发布消息称，四川省纪委监委已关注到网友反映“严春风舆情”相关情况，已及时介入调查核实。2018年5月18日，据四川省纪委监委消息，广安市委副书记严春风涉嫌严重违纪违法，接受纪律审查和监察调查。在上述事件中，家长李某在现实生活中很可能不会发表那些言论和发泄那些情绪，但在虚拟群体中她就那么做了。关于虚拟群体，值得社会心理学家进一步研究。

第二节　群体对个体行为的影响

人们经常要在群体中做许多事情，与独自一人做事相比，在群体中工作的效应是各不相同的。有时在群体中工作让人效率大为增加，有时在群体中工作却变成了一场灾难。社会心理学家花了多年的时间来研究这些效应。

一、社会助长与社会抑制

（一）社会助长与社会抑制的概念

多数学者会把特里普利特（Norman Triplett, 1897）的工作当作是第一个社会心理学的实验（见第二章），他发现在自行车竞赛时，群体骑行比个体骑行时成绩要好。随后他做的实验也表明，儿童在卷钓鱼线时，也是几个人一起卷时，每个人的速度比一个人单独卷时的速度要快。本章开篇就介绍了主场效应的威力，F.奥尔波特（Floyd Allport, 1920）用“社会助长（social facilitation）”这个术语来称呼它，即在与他人一起工作，或有他人在场时，个体的工作绩效提高了的现象。社会助长是早期的社会心理学研究得最多的效应之一，研究的对象不仅有人，还有动物（从蟑螂到小鸡等），研究的行为也是五花八门（从跑得更快到吃得更多等）。研究热度直到 20 世纪中期才逐渐消退。

但在特里普利特提出发现后不久，大量的反例就涌现出来了。例如，F.奥尔波特（1920）要大学生在 5 分钟内尽可能好地去反驳一些哲学论据，结果发现大学生在单独工作时要比有其他大学生在场时提供了更高质量的反驳。接着，在让被试做算术题、完成记忆任务和迷宫学习时，也是有他人在场时成绩会更差（Dashiell, 1930; Pessin, 1933; Pessin and Husband, 1933），并且这种现象在同类动物身上也会出现（Allee and Masure, 1936; Shelley, 1965; Strobel, 1972）。我们就把这种在与他人一起工作，或有他人在场时，个体的工作绩效降低了的现象叫做社会抑制（social inhibition）。

（二）社会助长与社会抑制的心理机制

很明显，社会助长与社会抑制是冲突的。很长时期内，因无法解释这种矛盾的现象使社会心理学家苦恼不已。一直到 1965 年，美国的社会心理学家扎琼克（Robert Zajonc）发表了一篇有影响力的文章，提出了一个简洁的理论，叫做驱力理论（drive theory），才把这种不一致的发现理顺。随后，在扎琼克观点的基础上，陆续出现了其他有关社会助长与社会抑制心理机制的学说。

1. 唤起增强说（Increased Arousal Theory）

扎琼克提出，个体在有他人在场时唤起就会增强，而唤起增强则会使个体更倾向于作出优势反应，其结果就是以不同的方式影响工作绩效，而这取决于工作任务的性质。扎琼克的学说一共有三个步骤：

第一，在场的他人引起了个体的警醒，增强了个体的生理唤起（我们的身体变得更有活力了），这将使个体跃跃欲试。根据实验心理学的研究和进化论原理，扎琼克提出包括人类在内的所有动物，都会因其他的同种个体在场而产生唤起。

第二，增强了的唤起会使个体变得僵硬化，意思是个体会倾向于做出那些他已经习惯做的事情。用扎琼克的话说，就是唤起会使个体更有可能作出优势反应（dominant response），优势反应是指个体由既定刺激引出的最为快速、容易引发的反应。我们可以这样想一下：在任何情境中，我们都可以用很多方式来对刺激进行反应，这些反应方式是按照它们发生的可能性逐次排列的。在某个特定的情境中，你最倾向于做出的反应排在所有这些反应的顶端，这就是你的优势反应。扎琼克认为，当你处于唤起状态时，你将倾向于做出你的优势反应。

第三，优势反应的倾向增强之后，将会促进对容易的任务（简单或熟练的任务）的完成，但对于困难的任务（复杂或不熟悉的任务）的完成会产生妨碍。因为对于容易任务，一个人做出的优势反应很可能就是此时的正确反应，所以工作绩效就会得以提高。

而对于困难任务而言，一个人做出的优势反应不太可能是此时的正确反应。也就是说，此时的反应反而是添乱了，那工作绩效就会降低（如图 10-1 所示）。

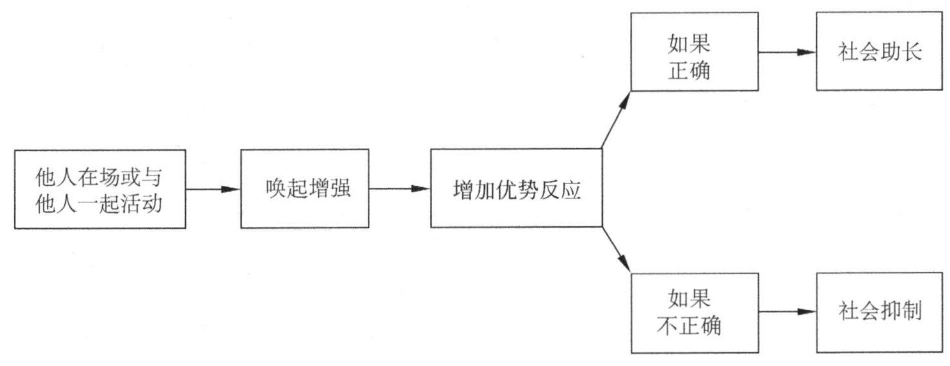

图 10-1　唤起增强说

扎琼克为了验证假说，开展了一项经典的社会心理学研究。他没去研究大二学生的工作绩效，而是使用了 72 只雌蟑螂去走简单或复杂的迷宫。除了迷宫难度这一影响因素之外，扎琼克还设置了“观众”变量，一种条件是有其他蟑螂当“观众”（把其他蟑螂放在邻近迷宫的透明盒子里），另一种条件是没有其他蟑螂当观众。最关键的变量是一只蟑螂独自走迷宫，或与另一只蟑螂结对走迷宫。扎琼克发现，当有其他蟑螂在场时，走迷宫的蟑螂走出简单迷宫的用时减少了，但走出复杂迷宫的用时增加了。这个结果支持了他的关于社会助长和社会抑制的唤起增强学说。

2. 评价焦虑说（Evaluation Apprehension Theory）

扎琼克关于社会助长与社会抑制心理机制的理论一经推出就备受瞩目，也被广泛接受，少有质疑。然而，对于扎琼克理论中的一点却引起了学者们的争议：是不是仅仅他人在场，就能增强个体的唤起呢？

卡特莱尔等（Cottrell, Wack, Sekerak and Rittle, 1968）提出了评价焦虑理论，认为工作绩效提高还是降低，取决于在场的他人是否处于可以对个体的工作绩效进行评判的位置。换言之，并非仅仅是他人在场就可以影响到个体的工作成绩，如果在场的他人不能评判个体的工作绩效，个体就不会受他们的影响。如果在场的他人赞赏或指责个体的工作，或是把个体的表现用手机传到网络上，个体就会产生被评价的焦虑，此时才会影响到个体的工作绩效（如图 10-2 所示）。

为了验证这个假说，必须要分清三种条件：一是参与者独自工作，二是参与者要在可以评价他的他人面前工作，三是参与者在不会评价他的他人面前工作。卡特莱尔等（Cottrell et al., 1968）就做了一个精妙的实验。他们给参与者一份含有十个无意义的单词表（nansoma、paritaf、zabulon 等），单词分为 5 组，每组 2 个。参与者需要将 5 组单词依次朗读 1 遍、2 遍、5 遍、10 遍和 25 遍。由此就造成了参与者对各组单词的熟悉度不同。接下来他们告诉参与者，一些单词会非常短暂地闪现在屏幕上（一些单词闪现的时间短暂到根本不可见)，参与者的任务是当单词闪现后去辨识它，如果参与者不能辨识单词，他们必须猜测它。参与者不知道的是，没有任何目标单词实际地闪现在屏幕上，每次参与者都是要靠猜的(这个任务称之为虚假再认测试)。

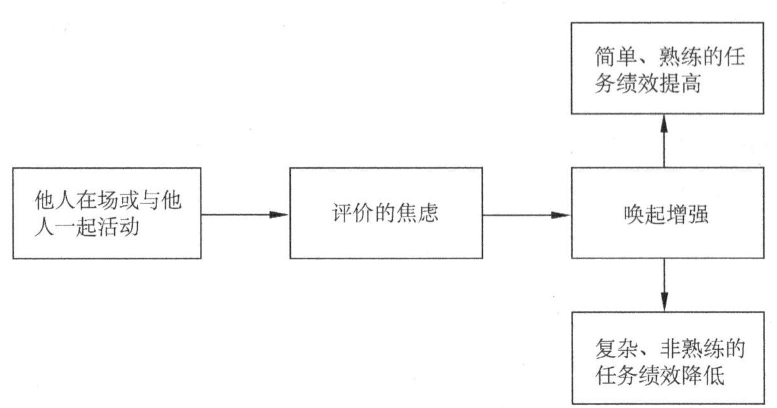

图 10-2　评价焦虑说

参与者分别在如下的条件中完成任务：(1)独自一人；(2)在两个大学生面前完成任务，这两个大学生会盯着他们的行动；(3)在蒙眼的“观察者”面前完成任务。研究者感兴趣于参与者对优势单词(那些朗读了 25 遍的单词)进行猜测的频率，以及这个频率在三种条件下的变化情况。结果证实了评价焦虑的重要性。参与者在评价性的观众面前要比独自完成任务时做出了更多的优势反应；而在蒙眼观众面前并没有比在独自完成任务时做出了更多的优势反应。所以，不能评价的观众不会对工作绩效产生影响。这个实验证明了他人可以对工作者进行评价，而不是仅仅在场，才能导致社会助长。

3. 分心冲突说(Distraction-Conflict Theory)

他人在场何以会对个体的绩效产生影响的原因还在继续争论。巴伦(R.S. Baron, 1986)提出的分心冲突说认为，他人在场会使个体在注意他人与注意手中的任务之间产生了冲突。这个学说也有三个步骤：

第一，他人在场使得个体对任务的注意力分散了。比如，网球运动员会不由自主地注意到场外那些可以给他带来奖惩的各种线索。他也许注意到了他的父母、前女友、网球教练、一个颇有姿色的陌生人以及人群中那令人讨厌的弟弟等。其结果是他发了一个极其普通的球。

第二，分心使个体的注意产生了冲突。网球运动员应该把注意力全部集中在如何打好球上，但他还是会把一部分注意力分散到了人群中那些他认识或不认识的人身上，这就增加了他的认知负担，引起了他的内心冲突。

第三，内心冲突增强了个体的唤起水平(如图 10-3 所示)。

赫瑟林顿等(Hetherington et al., 2006)把这个假说运用到了理解人们在进食时他人分心功能的效应上。他们测量男性参与者在不同分心条件下的卡路里摄入量时，发现参与者与朋友在一起或看电视时进食量会增加，因为朋友或电视相对而言不太能让参与者分心，其结果是参与者会把注意力更多地分配在食物上，导致吃得多。相反，参与者在陌生人面前进食时把注意力主要集中在陌生人身上了，对食物的注意力相对减少，进而吃得少。

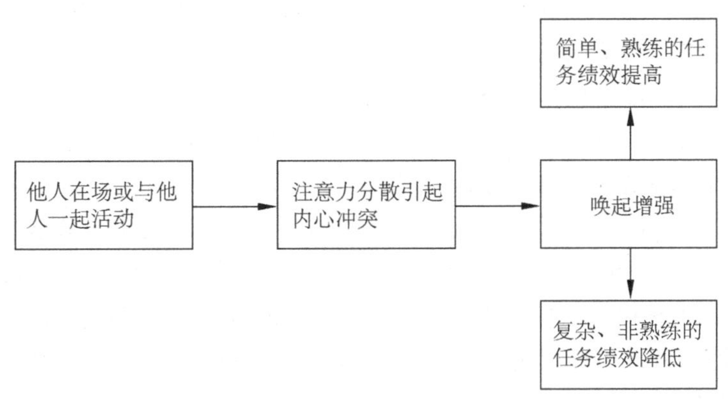

图 10-3 分心冲突说

4. 非驱力理论的解释

以上对社会助长和社会抑制的解释都是基于驱力理论的，其中的差异只是体现在一些细节上。此外，还有不是基于驱力概念的理论也可以进行解释。

自我意识理论（self-awareness theory）就是其中之一。人们的注意力可以主要集中在外在刺激或自己身上，当人们把注意力集中在自己身上，也就是把自己当作是一个客体时，个体就产生了自我意识。并且他们会在自己的现实自我（他们的实际表现）和理想自我（他们的理想表现）之间作出比较，这就是希金斯（Higgins, 1987, 1998）的自我差异理论（self-discrepancy theory）。现实自我与理想自我产生差异后，会激起人们的动机与努力去把自己的现实自我推向理想自我，于是容易、熟练的任务就会得到改善。但对于困难、生疏的任务而言，期间的差异过大，人们就会放弃努力，工作绩效也就降低了。自我意识可以由很多环境因素产生，比如个体在镜子前面就容易产生自我意识，有他人存在或与他人一起活动时也会使个体的自我意识增强。

按照自我呈现（self-presentation）的理论，当人们在他人面前表现时，都想向他人呈现出自己尽量完美的形象，以给他人留下一个好印象。因此，容易、熟练的工作得以改善，但要在人前去表现困难、生疏的工作，个体难免会尴尬，而尴尬使个体工作的绩效降低了。

二、社会懈怠

（一）什么是社会懈怠

社会助长与社会抑制的研究揭示了人们在他人面前工作时所受到的影响。如果人们是与他人一起去完成一项共同的任务时又将会是怎样呢？那些执教过一支球队或管理过一个组织的人知道，要想使群体的绩效等同于或超过个体的绩效之和是一项巨大的挑战。其中部分的问题牵涉到两个人或多人之间要如何进行合作，但更大的挑战来自于优化群体绩效时出现的一种现象。

一个叫林格曼（Max Ringelmann）的法国工程师于19世纪中叶时观察到人们在推（或拉）两轮车时，两个人或三个人推车并没有产出两倍或三倍于一个人推车的效果。他为了证实这一点，就做了一系列的实验。在其中的一项实验中，他让参与者独自一人，或两个人、七个人、十四个人一组在水平方向上拉绳，类似于生活中的拔河，只不过在实验中绳子的另一端是一个测力计，可以测量人们使出力气的大小。结果发现，每个人平均使出的拉力随着群体的增大而减少：群体越大，每个人的拉力就越少。比如，独自一人拉绳时的拉力是85kg，七个人一组拉绳时每个人的平均拉力是65kg，十四个人时是61kg。这被称为林格曼效应（Ringelmann effect）。随着越来越多类似的现象被发现，社会心理学家把这种效应称之为社会懈怠（social loafing），是指个体在群体中工作要比自己独自工作时所付出的努力更少的现象。

近年来的研究表明，社会懈怠并不只出现在简单任务中，比如让参与者鼓掌欢呼、游泳接力赛、泵气、包装糖果等，还会出现在更为复杂的任务之中。比如会出现在一些团队体育项目中，出现在一些让参与者走迷宫、评价社论或诗、列举物品用途等认知任务中。更为重要的是，会出现在现实的社会生活之中，比如我国过去农村的人民公社和工厂“吃大锅饭”的时候，效率极其低下。

社会懈怠类似于“搭便车效应（free rider effect）”，这是指当人们在群体中觉察到他们的贡献可有可无时便更少付出努力的现象。社会懈怠还类似于“冤大头效应（sucker effect）”，这是指人们为了避免成为社会懈怠和搭便车者的牺牲品而更少付出努力的现象。意思是一个人看到或觉得别人偷懒，自己如果努力工作的话就会觉得不公平，显得自己是个“冤大头”，所以这个人就也会偷懒。然而，搭便车效应与冤大头效应都是更狭隘的一个术语，是社会懈怠现象的一个具体的原因，社会懈怠是一个更为广阔的概念，涵盖了任何当人们的贡献被掩盖与没有被掩盖时相比，人们减少动机与努力的现象。

（二）社会懈怠的原因

社会心理学家对社会懈怠进行了大量研究，通过这些研究，揭示了众多影响人们是否努力或懈怠的因素。例如，当能为好绩效提供强力外部奖励时，当人们对工作有内在兴趣或个人卷入时，当人们相信偷懒会被惩罚时，人们就会努力工作。而当人们觉得与伙伴们相比，自己的努力或贡献无足轻重时就会懈怠，当人们觉得任务不重要时会懈怠。与任务困难时相比，任务容易时人们更有可能懈怠。最重要的是，当人们相信他们的贡献不能被辨识时，这样他们就可以混杂在人群当中，社会懈怠容易出现。

人们是否懈怠主要是看能否区别出他们的努力（个体所做的贡献）、绩效（所做贡献的产品）以及结果（与绩效相连的奖赏），社会懈怠形成的原因也可以分为三个方面，当其中任何一个原因出现时，人们就会发生社会懈怠。

第一，当人们觉得自己个人的努力对于群体取得好成绩是不相干或不重要时，人们就会懈怠。例如，如果一个学生在一个群体项目里工作时认为，无论自己努力或不努力，群体项目都会获得成功，那这个学生就会懈怠。同样，如果这个学生认为自己无论努力与否，群体项目都不会成功，那这个学生也会懈怠。

第二，当人们觉得结果是与绩效的质量无关时，他们就会懈怠。例如，如果群体成员认为，即使是群体绩效的质量很差，群体的绩效也能获得奖励，那他们就会懈怠。同样，如果群体成员认为，哪怕群体绩效的质量再高，群体绩效都不能获得奖励，那他们也会懈怠。

第三，当人们不看重结果时，他们就会懈怠。尤其是当人们认为获取结果的代价超过了获取结果的利益时，人们会懈怠。例如，学生知道参加一个群体项目会给自己加分，也明白这需要挤占学习其他课程的时间，学生不愿意牺牲学习课程的时间来完成群体项目时，学生就会懈怠。

（三）如何减少社会懈怠

社会懈怠经常被当作是一种社会病，而且还是一种需要被治疗的社会病。很多人都会依赖于群体，也都在群体中工作，如果出现了社会懈怠，对群体无疑是损失，人们需要尽力减少社会懈怠。

第一，减少社会懈怠最简单的一种方式就是要设法使个体的成绩或努力容易被分辨出来，要使人们相信他们努力与否是有很大差别的，他们的贡献对于群体取得好的绩效很重要。在这种情况下，个体就不会松懈，或让别人替自己干活，社会懈怠现象就会减少。对组织的研究发现，当把个体对团队的贡献进行公示时，个体在群体中的绩效甚至要比个体独自工作时的绩效更高（Lount and Wilk, 2014）。这是由于个体对团队的贡献要被公开识别，个体就有了要为群体尽力的愿望，绩效就会增加了。

第二，人们必须要认为绩效与结果是有强烈关联的。他们要相信取得好的绩效（不仅是个人绩效，还包括群体绩效）是会获得奖励的，而取得差的绩效则不能获得奖励。

第三，结果对贡献者是重要的。尤其是，获取好绩效的利益要超过获取它的代价。

例如，阿加沃尔等（Praveen Aggarwal and Connie O'Brien, 2008）研究了数百名大学生去评估减少社会懈怠发生率的因素，他们提出了以下三种策略：（1）限制项目的范围，要把那些太大、太复杂的项目分解为更小的内容；（2）保持较小的团队规模；（3）使用同行评价。

三、社会排斥

人类是社会性生物。纵观人类进化史，人们都是在由一些相互认识的成员组成的小规模、亲密群体中生活、互爱与劳作的。在这些群体中，人们躲避大自然的摧残，免受猛兽的侵害，才最终有机会生存、繁衍与繁荣。一个人如果被群体拒绝与排斥，将失去作为群体成员的所有利益，这与被判处死刑无异——独自一人获取不到食物，没有遮蔽之处，易受各种外在攻击，社会排斥的生活将是残忍致命的。因此，人们的生存就取决于对即将来临的拒绝与排斥进行探测的能力，以及从认知、情感、行为倾向上重获群体中成员身份的行动。

然而，随着技术的进步和文明的发展，人们的日常生活也发生了变化，人们与周围人的社会联系变得更加复杂与非人性化。尽管从面对面联系的社区转换到了庞大的都市，但社会拒绝与排斥却继续弥漫着人类的社会。可以说，人们日常生活的每个方面都存在着某种形式的社会排斥。例如，在职场上同事会故意或无心地拒回我们的邮件，或在下班后的聚会中把我们排斥在外；在家中，当我们回家时发现自己孤单独处，因为家人为了惩罚我们的过失而故意离家出走了，或是在餐桌上躲闪我们的目光；甚至在公共交通工具上，我们与同行的人坐得如此之近，彼此还是将对方视若无人，安静地各行其是，我们好像是在独自旅行一样。因此，无论是基于社会性惩罚的目的还是其他个人方面的原因，排斥与拒绝似乎已经成为人们社会生活的普遍性现象。

人一方面离不开他人，一方面却又时常拒绝与排斥他人，那么，人与人之间的关系到底是怎样的呢？影响我们拒绝与排斥他人的因素是什么？明白这些道理在当下有着重要意义。目前一些研究发现，被人排挤会产生十分难受的心理效应（如抑郁、疏远、自杀等），也会导致十分有害的行为后果（如美国偶有发生的一些群死群伤的枪击案），但社会心理学对社会排斥的研究还是近 20 年来的事情，值得我们进一步研究与关注。

（一）社会排斥的概念

有很多术语都能描述社会排斥的不同现象，如社会拒绝（social rejection）、社会放逐（social ostracism）、社会歧视（social discrimination）、非人性化（dehumanization）、社会隔离（social isolation）和污名化（stigmatization）等。尤其是社会排斥研究的先驱者和权威基普林·威廉姆斯（Kipling Williams, 2005）使用的英语术语是“social ostracism”，尽管此术语也含有“社会排斥”的意思，但在这里将其翻译为“社会放逐”，我们认为它只是社会排斥里的一种体验。我们用社会排斥（social exclusion）这一术语来指代威胁人们归属感的各种现象。在本书，我们将社会排斥定义为使人们（包括个体或群体）与社会情境分离的体验。大多数理论家都认为，社会拒绝与社会放逐是社会排斥中两种核心的体验。社会拒绝是人们被明确或含蓄地告知在社会关系中不被需要，也就是说，人们被社会拒绝的话，连接触他人与群体的机会可能都没有。而社会放逐是指人们被他人或群体忽视，意思是人们可以与他人或群体有接触，但他人或群体基本上没有搭理他。社会拒绝与社会放逐也涵盖了社会排斥中其他的更为具体的体验，如歧视、社会隔离、非人性化和污名化等。因此，我们提出了一个伞状的层级模型，社会排斥处于这把伞的顶端，第二层是社会拒绝与社会放逐这两种核心体验，第三层则是更具体的社会排斥体验，如歧视、社会隔离、非人性化和污名化等。

威廉姆斯指出，社会排斥威胁到了人们四种基本的需要：归属感、控制感、自尊以及生活意义。社会排斥对归属感有威胁是因为它割断了我们与社会情境中他人的联系，把我们与群体中的其他成员分开。社会排斥威胁到我们的控制感，是因为当我们被排斥时，无论我们如何努力地投入到社会情境中去，都没有任何的回响。被忽视后，觉得别人不喜欢、不重视我们了。这使我们的自尊受到了威胁，这也使我们感觉糟糕，生活意义感大失。

（二）社会排斥的分类

根据威廉姆斯和他同事（Williams and Sommer, 1997）的研究，我们可以把社会排斥分为以下几个类别。

1. 物理性排斥与社会性排斥

物理性排斥是指将人在物理空间上与他人隔绝，不让其与任何人接触。物理性排斥在社会生活中的具体形式有关禁闭、流放、放学后的留置等。

社会性排斥是指一个人虽然是与他人待在一起，但他人却没有与其有任何的沟通与交流。比如我们常说的“冷暴力”就是其中的典型，一个人与他人生活、学习、工作在一起，经常与他人接触，可别人就是不与其发生语言与非语言的联系。

2. 惩罚性排斥与防御性排斥

惩罚性排斥是指受害人感知到他人故意和伤害性的行为（如忽视、回避等）。而防御性排斥是指当一个人感到有人将要负面对待自己时，先发制人对其进行的打击。

排斥者的目的是清楚的，即控制受害者的行为。据研究，排斥者还报告了当自己的排斥行为有效时有奖赏感。当然，防御性排斥者在他人可以伤害或忽视自己之前先行去忽视别人，似乎是提高了自己的自尊（Sommer et al., 1999）。

（三）社会排斥的原因

从进化的角度来看，原始人类进化出了社会性及群体生活，因为单独的个体是不可能生存与繁衍的。原始人类缺少大多数其他大型哺乳动物的典型防御能力，比如凶猛性、尖爪利齿等，只有生活在合作性的群体里才能在严酷的自然环境中生存下来。类人猿群体不仅能够使他们防御捕食者以及外群体的攻击（单独个体是做不到的），而且合作性的狩猎与资源分享使得它们兴旺起来。还有就是与其他大多数哺乳动物不同，由于人类婴儿对成人超长的依赖期，群体生活也可以为照顾儿童提供更好的条件。

尽管人类本能地要寻求他人的接纳，但也有强大的进化理由使得人们不会随便地去与他们遇到的每一个人建立社会联结，或让所有的请求者进入他们的群体。因为群体生活对人来说不仅有巨大的优势，也有很大的挑战，主要的原因就是新进入者不可避免地增加了资源竞争的强度，还形成对配偶的竞争，同时也会增加寄生虫传播疾病的可能性。结果就是人们需要对关系伙伴与群体成员进行选择，以把群体生活的挑战最小化。

实际上其他动物也会对社交伙伴进行选择，了解一下其他动物为什么会对同种个体进行排斥是有启示的。古道尔（Goodal, 1986）在对尼日利亚贡贝地区的黑猩猩进行研究时发现，黑猩猩对其他个体进行排斥主要是基于三个理由。第一，与许多群居性动物一样，黑猩猩也对外群体的陌生者充满了敌意，会武力驱逐这些陌生者，以保护自己的食物、领地与配偶。第二，黑猩猩也会偶尔驱逐它们自己群体的成员，以维护自己的地位、配偶与帮派。第三，与许多物种一样，黑猩猩会驱离那些看上去举止怪异的成员，因为黑猩猩认为这些怪异的线索标志着这些个体是有病的、不稳定的或危险的。同样，人类也会基于上述三种理由来排斥其他个体，这是人类进化出来的本性。

所以，从进化的视角讲，动物会选择性地对其他个体进行躲避、忽视与排斥。每一段与其他个体的潜在关系都有适应性机会与适应性代价这两种可能性，群居性动物的成员，包括原始人类在内，都会面临一个永久性的在与其他个体联结时有利有弊的适应性问题。为了最大化个体的适应性，人类需要回避、排斥或拒绝的人主要有七类。

1. 回避外群体成员

首先，外群体成员不太可能是近亲，人们不太愿意与之结盟。尤其是在远古的环境里，外人是重要资源，特别是食物的直接竞争者。因为一定的地理区域只能承载数量有限的特定物种个体，与外来者形成关系就有可能为有限的资源增加了竞争性而降低了繁殖的适应性。此外，外群体成员如果不能被人发展为长期合作性的关系，他就不会被信任，也不能以内群体成员一样的方式来分享资源，内群体成员与外群体成员在合作性交换的规范上也“内外有别”，外群体成员的适应性成本增加了。

因此，一旦人们形成了群体（通常是亲缘性的结盟），他们就会拒绝其他群体成员的闯入，并利用各种线索来区分出“我们”与“他们”，这种要区分出内群体与外群体来的强烈倾向，使得人们在对待不同群体时的方式会大不一样。

2. 回避群体内的竞争对手

即使在最具合作性的群体里，成员相互之间也会为有限的资源、配偶、地位、联盟（包括友谊）和影响力展开竞争。很多时候，如果竞争者不再是这个群体的成员了，人们都会感到很高兴。在有些情况下，人们甚至会秘密地破坏他人在群体中的位置。“同行是冤家”。有的人尤其对与自己在各方面相似的人报以极大的警惕性，一旦有机会就会落井下石，如果对方落魄倒下了，欣喜之情便会溢于言表，恨不得还要踏上一只脚。

在有些情况下，这种群体内的竞争会导致身体上的暴力行为，这种潜在的危险也说明了要拒绝群体内竞争者的另外一个理由。

3. 回避剥削性的关系伙伴

很明显，人们与他人发展关系或与他人结盟，看中的是他人能与自己进行有效的合作、互惠与共赢，而要避免的是剥削与损害自己的他人。因此，人们会非常敏感并排斥那些不守社会规矩的人。例如，人们会拒绝与回避那些违背了互惠、公平、忠诚内群体、分享以及讲信誉等社会规范的人。他人的这些行为会极大地损害一个人的适应度，结果就是人们发展出相应的适应性来帮助人们对他人的不公、自私、欺诈和其他不利的行为进行控制与反应，并觉得这也是人性的部分体现。

4. 回避那些违背互动规范与群体价值观的人

社会规范中包含了一些不成文的公约，这些公约可以简化和促进人际互动。这些公约与上述的公平、合作性社会交换等规范不一样，即使违背了也不会对他人造成损害或不利。即使是这样，经常违背这些规定和习俗的人会被别人回避与排斥，尽管理由没有违背道德观念与社会交换规范那样清晰。部分原因是，违反了这些公约的人会让他人尴尬或让遇见者不舒服。此外，能否遵守这些公约也是人们评价他人是否志同道合的一种方式。

因此，严重违背公约者在群体中声誉低，会受到人们的排斥。例如，那些放荡或乱伦的人会普遍受到排斥（Fitness, 2005），即使这些行为和与他们互动的他人没有直接关联。人们之所以排斥那些违背群体或社会道德观念的人，是因为不相信他们能够遵守基本的群体标准。

5. 回避病菌携带者

沙勒（Schaller，2006）提出人们有一套这样的进化机制——行为免疫系统，可以使人们探测并回避当下环境中潜在的疾病源。这套系统的一个特征是可以让人们回避甚至排斥那些可能携带病菌源的个体。我们倾向于避开那些看上去有病的人，回避得了严重疾病的人，不管此人看上去是否病了。在现代的西方文化中，回避与排斥得病者已成为惯例。在许多工作场合都会要求员工体检，如果得了某些疾病，就会被要求待在家中，直至症状消除或痊愈后可以重新工作。

很多时候，躲避可能得了传染病的人是人们有意识、深思熟虑地想要保持健康的努力。虽然非人类物种缺乏了解疾病传染过程的认知能力，但是它们也能探测到其他成员的病情，并避免与它们联系和交配。同理，有证据显示人类也有同样回避与排斥病患者的自动化倾向。例如，人们会自然地离开或回避那些引发恶心反应的刺激，比如皮肤病、溃疡，以及眼鼻的分泌物等（Oaten, Stevenson and Case, 2009）。

6. 回避离群者

克尔和莱文（Kerr and Levine, 2008）提出“脱离（disengagement）”是使人们排斥他人的一条额外线索，因为离群者给人们两个方面的启示：第一，离群者不是一个好团员和关系伙伴，他们对群体事业不感兴趣，少有投入，他们没有对群体事业关注、投入的人们那么有效率。第二，离群者不认为他们与其他人的关系是重要、有价值的，因为有益的互依关系需要两个当事人来共同经营，一个人要脱离，就给了另一个人对关系忠诚的警示。人们也不相信对群体少关注、欲脱离的人会对群体目标和他人的福祉能有什么奉献。社会互动是相互和平等的，人们会重视那些重视自己的人，对人们不重视的人，人们也不会去重视他们。

把对群体与关系的投入当作是一种社交黏合剂，这在灵长类动物的整饰行为中经常可以看见。狒狒和猩猩在相互整饰时，所花的时间远超为了维护健康而从身上移除昆虫和刺激物所需的时间。因此，对群体和关系进行投资和投入的整饰性信号更多的是一种社交黏合剂，而它实际上并没有多大的具体用处。人际关系中的整饰性投入，不仅是社会联结强度的信号，也能加强社会联结。

7. 由于时间、能量和其他资源的限制而回避

最后，人们有时并没有什么特别的原因，只是由于时间、能量和其他资源所限而避开各种关系。与一个人发展出一段新关系，或即使是与之进行互动，都需要花费时间与能量，人不能分身，这就不可避免地影响到了人们对更重要关系的投入。

按照这个思路，图比和考斯麦茨（Tooby and Cosmides, 1996）提出人们只会拥有数量有限的朋友圈与社交的小生境，他们认为人们会因此面临着一个恒久的问题，就是如何在这个有限的范围内去完善这些长期的小生境，并从与之结交的个体中获取最好的结果。从经济投资的角度看，人们必须决定他们将要投资到哪些关系中，以及投资多少。图比和考斯麦茨认为进化已经提供了促进这些计算的机制，人们只需捡拾起这些计算的结果就行，这些结果会让人们排斥掉那些被认为是糟糕关系投资的个体。

（四）社会排斥的功能

每个人都对其他的个体或群体进行过排斥，这与社会排斥具有的功能分不开。社会排斥具有以下几个功能。

1. 执行社会规矩的功能。“没有规矩，不成方圆”，社会的顺利运行需要规矩。如果社会成员违背了规矩，就要被排除出相应的社会活动，以使这些社会活动可以顺利开展。个体触犯法律会受相应的惩罚，儿童若总是违反游戏规则的话，就很难找到玩伴了。

2. 给群体成员分配资源的功能。因为大多数资源是有限的，所以群体得决定哪些成员可以获得资源，哪些不能。如果成员被大多数人认为不胜任社会交换，这大多数人就会决定把这些成员从社会互动中驱逐出去，并不分配资源给他们。这经常在儿童中可见，例如，不够协调的儿童就会被赶出运动游戏。社会层面上，一些后进、边缘的群体得不到政府项目的支持。

3. 群体认同的功能。归属的需要是人类重要、基本的需要，群体认同就是实现这种需要的一种方式。按照社会认同理论，群体的类别成千上万，分类的基础有生物因素（如年龄、性别）、社会建构因素（如社会阶层）或个人信念因素（如宗教、政治）等。这些区分经常会导致人们产生“我们－他们”的心态，接着就会出现内群体偏好与外群体歧视的现象，并尽量把与自己不一样的群体边缘化，这一系列的心理过程使人们对群体的认同得以夯实。例如，儿童总是避免与异性在一起，一般只和同性儿童玩在一起。

4. 增强群体力量或凝聚力的功能。社会排斥经常用来减少群体中的脆弱因素。在群居动物中，那些病弱的、会把群体置于危险境地的成员将被驱逐出去，这样就加强了群体的力量。在人类社会中，也经常会有类似的做法，可以很快增强群体的力量、权力和凝聚力，比如，我们熟知的“减员增效”就是如此。

（五）社会排斥的研究

威廉姆斯开创了一系列独具匠心的方法以引起参与者在实验室里的被排斥感，他与同事（Williams et al., 1998; Williams and Sommer, 1997）安排三名大学生在一个房间里相互传球，一共五分钟。在第一分钟的时间里，三名学生还相互传球，在接下来的四分钟里，其中两名学生（实际上是研究者的助手）用不传球给第三名学生的方式来排斥这位真正的参与者，从录像中能看出来那名被排斥的学生极不舒服。然后进入到实验的第二部分。

传球结束后，威廉姆斯等要求参与者在限定的时间里尽可能多地说出某一物品的用途。参与者在同一房间里完成此项任务时有两种条件：一是集体性地完成任务，研究者说在这种情况下记录集体的成绩；二是强制性地要参与者与其他群体成员（即两名助手）的成绩进行比较。威廉姆斯等预测实验中的被排斥者为了重获群体的归属感，会在集体中更加努力地工作，为群体的成功做出更大的贡献。他们的假设获得了支持，但仅限于女性参与者。无论男性参与者是否在实验中被排斥，男性在集体性工作时都要比在强制性的比较工作时表现出了更多的社会懈怠，产量更少。而女性大不一样，其完成任务的情况取决于在实验中是被群体排斥还是被群体包容。当被包容时，她们在集体性工作时与强制性比较工作时努力的程度是一样的；但当她们被排斥时，她们在集体性工作时要比在强制性比较工作时产量更高。

女性参与者要比男性参与者更想重获群体的归属感，还可以从实验中参与者的行为中观察出来。女性参与者在受到排斥之后，她们的身体会更倾向排斥者，并有更多的微笑。而男性参与者在受到排斥之后，尽管也变得自我意识增强、局促不安起来，但他们更多的行为是寻找一些替代性的活动，比如玩自己的钥匙、向窗外凝视，或仔细检查自己的钱包等，这些“酷”的动作就是想要显示他们不受排斥的影响。我们可以总结出，社会排斥对男女的归属感皆有威胁，但受排斥的女性试图重获归属感，受排斥的男性则试图重获自尊。

四、去个性化

中国足球 5·19 事件

事情发生在 1985 年，当时刚刚获得 1984 年亚洲杯亚军的中国队在主帅曾雪麟的率领下第三次向世界杯发起冲击，当时队中主力有古广明、赵达裕、李华筠和贾秀全等特点鲜明的球员。在亚洲区预赛小组赛中，国足只需在最后一场主场对阵中国香港队的比赛中打平即可获得小组出线权，进入第二轮。

最关键的时刻中国队犯了轻敌的错误，1985 年 5 月 19 日，中国队以 1∶2 失利，只列小组第二名，未能进入第二阶段的比赛。

这一天对于中国足球来说是黑暗的，国足痛失进军 1986 年墨西哥世界杯的绝佳机会。在比赛结束以后，当时现场看球的约 8 万名球迷为此痛哭流涕，在沉痛的打击中爆发了，他们围堵双方球员、砸烂公共设施、袭击外国人，要求与足协领导对话，酿成了大祸。他们不仅掀翻了球队的大巴，连路边停靠的小汽车甚至交通亭都未能幸免于难。

曾雪麟和他的队员们，被迫躲在运动员楼中整整三天，因为有球迷手持啤酒瓶在楼下要与他们对话，警方不允许球员和主帅下楼。此后球迷还要求足协主席与他们对话（当时足协主席是李凤楼）。公安机关很快被调动起来，由于 5·19 事件中有外国人的物品被损坏，因此影响范围迅速扩大，包括美联社、法新社等国外媒体参与了报道，部分有打砸行为的球迷被拘留，事隔二十年，足球之夜曾采访过一位当时还是学生的当事人，这位当事人表示，被愤怒和群体感情包围，他做出了不理智的行为。5·19 事件中赛后球迷的反应被定性为“有组织的破坏活动”，不过法新社却并不认同，在法新社的报道中，他们是这样评价 5·19 事件的，“中国人终于开始与世界接轨了”，而在 5·19 之前，因足球而产生的暴力事件在欧洲层出不穷，5·19 事件只是球迷情绪的发泄，并没有造成人员的伤亡，而 5·19 事件发生后的十天，欧洲爆发了海塞尔惨案，利物浦队与尤文图斯队进行欧洲冠军杯决赛前，意大利与英格兰球迷发生冲突，造成多人死亡。

（资料来源：百度百科，https://baike.baidu.com/item/5%C2%B719%E4%BA%8B%E4%BB%B6/10634063?fr=aladdin）

当时，公安部门认为，参与骚乱的人平时在单位都是些表现糟糕的人，把他们抓起来后就去他们单位进行调查，结果大出调查者的意料之外，这些人平常都是规矩守法的人，不少甚至是单位的骨干和先进工作者。为什么表面上看上去很正常的一群人变成了不法暴民呢？为什么安分守己的公民，一旦进了群众之中，会做出独自一人时绝对不会做的极具破坏性的事情呢？

最早对此现象进行研究的是法国的社会学家古斯塔夫·勒庞（Gustave Le Bon），他于 1895 年出版了一本至今畅销的著作《乌合之众》，描述了群众是如何将其成员的心理进行转化的：匿名性、被暗示性和传染性使得聚集的人群变成了心理群众（psychological crowd），集体心态占据了个体的心理。其结果就是，理性的自我控制停滞了，个体不加思考、浮躁和易受影响，群体中的个体因此成为了愚蠢的、失去行动能力的木偶，凶残且膨胀。

到了 1952 年，著名的社会心理学家费斯汀格（Leon Festinger）、佩皮通（Albert Pepitone）和纽科姆（Theodore Newcomb）借用勒庞的核心理念创建了一个术语：去个性化（deindividuation）。他们起初的观点就是来源于勒庞关于群众非理性、抑制解除和反规范的描述，其心理过程是在群众中缺乏责任感，在群众中的人们意识不到他们自己，这个过程就是去个性化。1970 年，津巴多（Philip Zimbardo）提出了一个关于去个性化的理论模型，如图 10-4 所示。

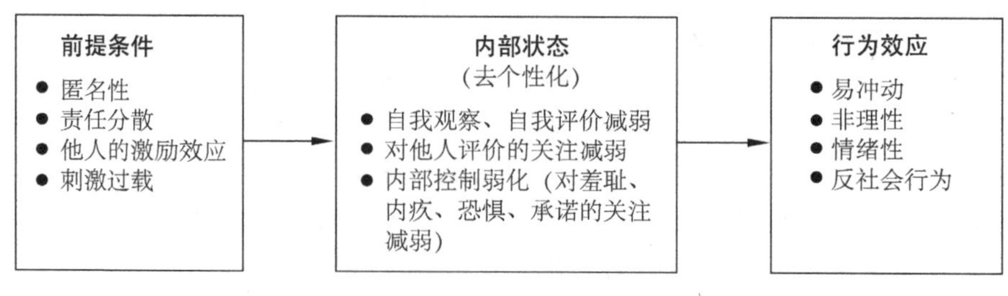

图 10-4　一个去个性化的理论模型

在这个模型中，津巴多说明了在特定的群众情况下是如何引发某种心理状态，继而升级为冲动性、破坏性行为的。

按照这个模型，最重要的前提条件就是当人们混杂在大型的群体中时，会感觉到自己很渺小，像无名的一颗尘埃，个体就感觉到了匿名性。由于在场的人数众多，个体也会出现责任分散。这些条件，与唤起、增强的活动及伴随着大型群体中的感知过载一起，使个体出现去个性化的内部状态。

去个性化的心理状态与增强了的自我意识相反，大多数时候人们都是有着比较强烈的自我意识的，此时的人们处于较强的个性化状态。所谓个性化，是指人们比较清楚地意识到自己能够被别人识别出来，自己也能清晰地意识到自己。此时的人们有着很明确的做人做事的原则，他们的行动会被他们个人的态度、个人的标准和目标来引导。而当人们处于去个性化的状态时，自我观察与自我评价减弱了，而且也对他人对自己评价的关注也减弱了，对行动的内部控制大为减少，此时的人们失去了个人认同。其注意力更多的是集中在他人与当前的环境中，对行为线索（无论是好的还是坏的）更容易进行反应。处于去个性化状态的人们实行行动的阈限降低了，而这通常是会被抑制的。结果，人们变得冲动起来，变得非理性与情绪化。此时身处在群众中，周围人在干什么，个体就会干什么，即使这些行动与个体原本内化了的态度与标准相抵触也会照做下去，甚至会做出反规范、无法无天的行为来，而且还很难停下来。这些在独自一人时是不可能做出来的。

隐含在这个模型中的一个原理就是人们经常需要寻找伴随着去个性化的冲动性来释放天性。津巴多提出，人们平常经受了太多循规蹈矩的生活，长期受限使人们感到沉闷无聊，所以有时渴望自由冲动一下。津巴多注意到所有的社会都试图有规则、有计划地安排一些场合鼓励人们“放松一下”。我们可以看到农耕文化里有丰收鼓舞，在宗教社会里有狂欢节，还有各种盛装舞会和节庆等，在现代的摇滚音乐节上醉迷其中也具有同样的功效。

同时，在社会生活中我们也可以发现一些群体或组织需要人们毫无顾忌地做出暴力行为时，也会利用上述原理。首先就是群体化，不让单独的个体去行事，以减低他们的责任感。其次就是匿名化，让个体不容易被识别出来。美国的三 K 党成员在执行任务时的穿戴就是一件从头披到脚，只露出两只眼睛来的长袍。军队、警察的制服亦是同理。

第三节　群体决策

当人们来到群体中，尽管群体要完成很多任务，但其中最重要的任务之一就是做决策。如果群体不能决定做什么、如何去做，就不能发挥好群体的功能。我们的生活中有很多事情都是通过群体来决策的，大到党和国家的方针政策，小到一个单位的年终奖金分配。此外，我们每个人都要花一部分时间和精力参与各种群体的决策。

社会心理学家对包括群体决策在内的社会过程的兴趣由来已久，也想知道群体决策是否要比个人决策更优。“三个臭皮匠，赛过诸葛亮”对吗？前面我们已经看到了在群体中固然有绩效提高的现象，但群体也以各种方式损害、扭曲了群体的任务。群体决策究竟会怎么样呢？

一、个人决策与群体决策

一般而言，群体决策要远胜于个人决策。首先，群体能比个体更快地找出事实的真相；其次，群体也比个体更能拒绝错误，拒绝那些不正确的或似是而非的答案；最后，群体要比个体拥有更好、更有效的记忆系统，这使得群体能够更加有效地加工信息。

例如，如果四名医生一起讨论一个医疗难题，他们就能够结合各自的知识与经验，从不同的专业角度来思考问题，分析每个方案的进程并从中总结、筛选出最优的方案来。看起来四名医生一起讨论决策明显要比任何其中一个医生独自来做要好。

然而在很多情况下，群体决策并不比个人决策更优。理解这种情境的关键就是要认识到，虽然对群体来说达成解决问题的最佳方案是最重要的目标，但对群体成员来说却未必是最重要的目的。个体在群体决策的过程中最关心的是自己会如何被别人评价，如何避免去伤害别人的感受，如果事情弄糟了怎样逃避责任，等等。根据社会心理学的研究，在群体决策的过程中，群体决策的优越性很有可能会被两种心理过程颠覆：群体极化与群体思维。

二、群体极化

想象一下你在做一个心理学实验，你在阅读不同人进行决策的一些材料，其中一份材料描述了一个人关于工作的决策问题：他可以选择一份新的工作，这份工作薪水很高但不稳定（冒险的选项）；或是继续干当前的这份工作（保守的选项）。阅读完这份材料后，你被问到你个人将会选择哪份工作？接下来，你将与一些参与者讨论这个人工作选择的问题，并做出一个共同的决策。

在何种情况下你会选择那个更加冒险的工作，是你独自决策时还是与参与者讨论后共同决策的时候？常识告诉我们，在集体讨论时，人们会磨平那些尖锐的建议，结果就是群体将会作出保守的决策。比如最早对抗美援朝的决策就是这样：

1950 年 10 月 2 日下午，毛泽东主持召开书记处会议讨论出兵援朝问题。会前，毛泽东致电高岗和邓华，指示他们进京开会，并令部队做好随时出动准备。同时，毛泽东起草了致斯大林的电报，准备政治局作出正式决议后发出。从这封电报稿看，毛泽东主张出兵援朝，并对战争的目的、力量使用、作战方针、战略战术以及连锁反应等重要问题有了深入思考。然而，书记处会议却作出了暂不出兵决定。会后，毛泽东通过苏联大使罗申转告斯大林：中共中央的许多同志认为，对此必须谨慎行事；目前最好还是克制一下，暂不出兵。同时又表示，这不是最后决定。

但是当斯托纳（Stoner，1961）对像上述那样的情境进行了研究之后，他发现了相反的结果：参与者在群体做决策时要比自己独自做决策更加冒险。这种倾向被称之为冒险转移（risky shift）。

随后的跟进研究就变得更加有意思了。研究者发现，在有些决策中，群体实际上要比个人更加保守，更加中庸。为什么群体相较于个体进行决策，有时会更冒险，有时会更保守呢？回忆一下前面社会助长与社会抑制的内容，起初的时候研究发现了社会助长，随后又发现了相反的情况，最终通过一些理论和研究把这看似矛盾的现象进行解释，让我们有了更宽广的认识。同样的情况也发生在群体决策中。

研究者发现，当人们与志同道合的人讨论问题时，讨论会强化他们最初的倾向，结果就是群体的决定会取比群体内任何成员最初的决定更为极端的方向。这种更为宽广的现象（能涵盖并取代冒险转移）被称之为群体极化（group polarization），意思是群体讨论会使群体成员朝更加极端的决策方向转变的现象（Moscovici and Zavalloni, 1969; Myers, 1982）。

这个发现揭示了群体讨论会放大群体中个体起初的倾向。如果在群体讨论前，群体中的每个成员是倾向于冒险的选项，那么，群体讨论后他们就会朝更加冒险的方向转变。相反，如果群体中的每个成员起初是倾向于保守选项的，群体讨论后他们则会朝更加保守的方向转变。

如果群体极化会放大群体成员起初的倾向，那么群体讨论应该会强化群体成员关于各种话题最初的态度，而不是仅限于决策的冒险性。大量的研究证实了这一点：当那些中度倾向的女权主义者相互讨论有关女权的话题时，她们变成更强硬的女权主义者了（Myers, 1975）；起初喜欢法国总统、不喜欢美国人的法国大学生在群体讨论之后在两个方向上更为极端了，即他们变得更加喜欢自己的总统，更加讨厌美国人了（Moscovici and Zavalloni, 1969）；讨论前少有种族偏见的高中生在与志趣相投者讨论种族问题后变得更少种族偏见了，而起初有一定程度种族偏见的学生在讨论相关问题时种族偏见更加严重了（Myers and Bishop, 1970）。

群体极化得以产生的原因主要有两个。

第一，暴露在新的劝说论据之中。劝说论据理论（persuasive arguments theory）解释说，群体极化是通过信息性社会影响的概念达成的，这种观点认为，你之所以要附和他人的态度或行为，是因为他们有你不知道的东西。这个理论提出，人们起初的观点或态度肯定是有一个好的论据支持的，但他们应该不会知道所有相关的论据。在群体讨论的过程当中，群体成员相互之间获悉了新的论据，就强化了他们原已形成的观点或态度。结果就是群体采取了更加极端的方向。

第二，想要做“更好”的群体成员。如果把社会比较理论应用进来，还可以从规范性社会影响的角度来解释群体极化现象。规范性社会影响的观点认为，人们之所以附和他人的行为或态度，是因为想要别人喜欢自己。

当个体聚集在一起讨论问题进行决策时，他们经常会环顾四周去摸清别人对此的态度是怎样的。一旦弄清了群体的大致倾向后，一波接一波的社会比较及其扩大效应就开始登场了：每个群体成员都想要朝着对自己有利的方向来与其他成员进行对比，因为每个成员都想成为一个"更好"的群体成员，所以就会提出比其他成员更加激进一点的观点以博取好感。（"你们赞成这个主意，我可爱死它了！"）看见这个态势，其他人也不甘落后，就会更加激进地表态。（"是吗？我将为此竭尽全力，死而后已！"）

如此循环下来，群体自然就会朝着更加极端的方位迈进，群体极化就这样产生了。

三、群体思维

（一）什么是群体思维

仔细观察一下，不难发现，大多数用来讨论群体决策的例子和研究涉及的都是日常性的群体情境和假设性的决定。在这些情况下，所做出的决策并非是什么惊天动地的，群体成员也不过度追求"正确"的决策。因此，出现群体极化这样的现象就可以理解了。但是令人惊奇的是，一群绝顶聪明的人在对重要问题作严肃讨论时，也会做出糟糕的决定，导致灾难性的后果。

来看一个真实的著名例子。"挑战者"号航天飞机于美国东部时间 1986 年 1 月 28 日上午 11 时 39 分（格林尼治标准时间 16 时 39 分）发射在美国佛罗里达州的上空。这次发射具有特别的政治意义，让人激动人心。因为其中一名宇航员克丽斯塔·麦考利夫（Christa McAuliffe）是太空教学计划的第一名成员，是一位英雄教师，她原本准备在太空中向学生授课，以激发学生对数学、科学、空间探索的兴趣，所以有许多学生也观看了挑战者号的发射直播。挑战者号航天飞机升空后，因其右侧固体火箭助推器的 O 型环密封圈失效，相邻的外部燃料舱在泄漏出的火焰的高温烧灼下结构失效，使高速飞行中的航天飞机在空气阻力的作用下于发射后的第 73 秒解体，机上 7 名宇航员全部罹难。"挑战者"的悲剧在于，在发射前 13 小时，一位重要工程师向公司上级召开了电话会议，指出了上次"挑战者"号的发射由于助推器 O 型环失效差点毁灭，但上级由于急于完成快捷而便宜的太空旅行，保持了自己的观点。

欧文·詹尼斯（Irving Janis, 1972）使用档案研究法，在对近现代众多著名的决策失误进行研究后，使用了群体思维（groupthink）这一术语来解释类似的现象。这些重大的决策失误包括"二战"初期英国对纳粹德国的绥靖主义；日军袭击珍珠港，使美国卷入了"二战"之中；杜鲁门总统决定升级对朝鲜的战争，结果使中国决定抗美援朝，美国最终不得不签下停战协定；肯尼迪总统策划了臭名昭著的古巴"猪湾事件"，试图让流亡到美国的乌合之众入侵古巴去推翻卡斯特罗政权，结果一天之内 68 名流亡者死亡，1 209 名流亡者被俘虏，成为笑柄；美国约翰逊总统决定让越南战事升级，结果美军死伤惨重，最后无条件撤军等。詹尼斯还通过与那些成功的群体决策进行对比，如"二战"结束后对欧洲进行援助的马歇尔计划，肯尼迪总统对古巴导弹危机的处理等，以对群体思维做深入研究。群体思维这一术语原本是著名小说家奥威尔在其描述极权主义的小说

《1984》中创造的，指的是群体成员思维一致的倾向。詹尼斯借用过来描述一种思维的类型。在学术界群体思维这个概念提出三年之后就大热，频繁出现在一些权威词典以及社会心理学和组织管理的教材之中。詹尼斯认为，群体思维是高凝聚力的群体进行决策时，群体坚持偏爱的行动方案，群体成员过于追求群体的和谐一致，就不能对问题进行全面的分析，最后做出有缺陷决策的现象。

（二）群体思维的前因后果

群体思维与群体极化相似，但更加极端。群体思维的主要根源可能是想要团结一致的愿望，群体成员不想把时间花在争论上面，也不愿别人不喜欢自己，当大家意见一致时，他们就很享受大家在一起工作的时光。按道理讲，如果人们带来不同的意见，能够公开辩论，群体就能面对更多的信息来进行决策，但进行这样的讨论是比较困难的，也是让人不愉快的。因此，人们就不愿意去批评群体以及攻击其基本信念，或是互相质疑，于是就产生了群体是团结一致的幻觉。因此当群体思维产生时，表面上看起来是群体决策，有多个脑袋，实际上好像只有一个脑袋，完全没有不同意见。群体成员从一开始就把注意力集中在那些支持他们观点的信息上面，忽视那些反对的信息。他们不去检验那些违背现实的设想，也不去开创解决问题的新思路。最终他们对自己偏爱的行动方案的绝对真理和道德极为自信，也从不去想如果推论错误将会发生什么。群体思维出现的前因、症状与后果如图 10-5 所示。

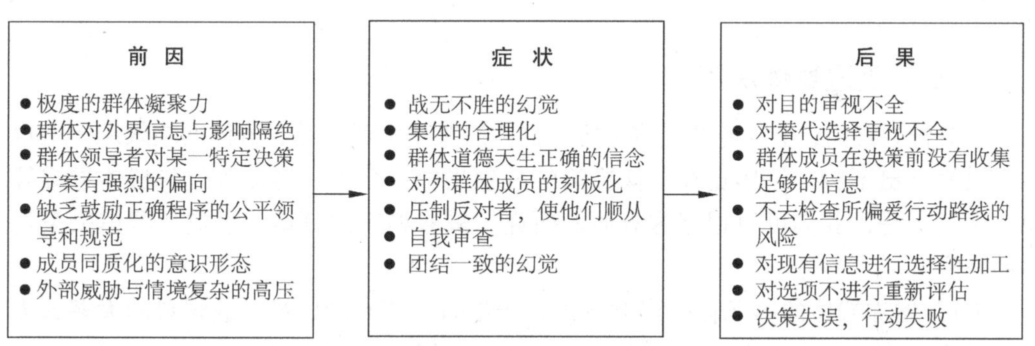

图 10-5　群体思维的前因、症状和后果

综上所述，导致群体思维可能出现的情境因素是：第一，群体成员具有高度同质化、高凝聚力的特点。也就是说，群体成员享有许多共同的观念与观点，而且极力想要团结一致。第二，群体的领导者如果是强有力、命令式的人，群体思维将更容易出现。第三，因为群体与外界隔绝，所以外部那些令人不安的事实和相反的观点不能传递到群体中来。第四，群体拥有高度的自尊，自认为是超级精英，当然就不需要外脑，不会考虑其他人的思想和愿望了。第五，面临着强大的外部威胁与复杂的应对情况，因此内部团结成为首要问题，时间的急促性也不容许有太多的考虑。

而群体思维出现的几个重要标志是：第一，团结一致的压力。群体思维就是起源于想要团结一致的愿望，为了实现这个愿望，群体成员就设法持有相同的观点和意见。

第二，意见一致。因为不同意见被压制，群体成员就形成了所有人是赞同群体计划或观点的印象。在群体会议上，成员们主要就是表达赞成和同意。这种一致性的幻觉有时还会升级到自我审查的程度，即群体成员决定不去表达他们的怀疑，或不把与群体计划和观点相左的信息带进会议中来。由此一来，本来很多群体成员是有质疑的，或知道很多对群体不利的情况，但大家寻思着既然别人不说，自己也就不去添乱了。这就引起了恶性循环。因为没人愿意表达任何的质疑，所以大家就觉得群体的计划简直是无懈可击，这样的群体将无往不胜。

第三，战无不胜的幻觉。当所有的专家都同意时，很容易让人产生决策伟大、光荣、正确的感觉。有关风险、成本、危险的信息皆被压制了，大家都表现出信心和乐观，于是就会觉得群体将战无不胜。而历史上许多灾难的出现，就是这种战无不胜的幻觉导致的。

第四，道德优越的感觉。这样的群体会认为他们是善良的、道德高尚的，他们拥有崇高的理想，并认为自己要比别人能够更好地实现这些理想。而这种信念会进一步强化他们自我审查的模式，迫使他们团结一致。

第五，低估对手的倾向。群体思维会使群体自认为是无敌的，这种想法的反面自然就是不会尊重对手，轻视、鄙视对手。处于群体思维中的群体是不会与他们的对手协商、谈判的，因为他们觉得对手是邪恶的；他们也不惧怕对手，因为他们觉得对手很弱。这将会使群体付出沉重的代价。因为一旦低估了对手，成功的机会将下降，计划也不会顺利实施。

（三）改进群体决策

历史告诉我们，个人专断贻害无穷，群体决策是大势所趋，群体的绩效总体上也比个人绩效高出不少。但毕竟在群体决策的过程当中，会出现群体极化与群体思维等现象，幸运的是，我们可以根据这方面的研究，采取相应的策略，来避免群体决策过程中的陷阱。

（1）增加群体的多元化。当群体极化产生时，所有的成员，或强势的大多数人在进行讨论之前就已持有某一态度了。为了避免出现群体决策陷阱，群体可以指定一名或一些成员承担“魔鬼代言人”的角色，他被许可积极搜集其他群体成员提出的关于群体计划的缺陷与质疑，这将有助于群体在决定行动方案之前更加仔细地考虑相关的信息。

群体多元化也是一个防止群体思维强有力的保护措施。虽然与志同道合者讨论决策时会更让人舒服，但是与不同观点和意见的人打交道能够产生更激烈的讨论、更新鲜的观点以及更富有创意的决策。比如在法庭上，种族多元化的陪审团要比单一白人组成的陪审团做出了更优的决策（Sommers, 2006）。种族多元化的陪审员在讨论案件时交换了更广的信息与事实，也更不容易记错证据。有意思的是，只要少数派成员把不同意见带进讨论之中，就能取得一定的良好效果。如果多数派的白人成员只是简单地预料他们将在种族多元化的群体当中做出决策，他们就会对手上的证据进行更加深入的审视

（Sommers et al., 2008）。

（2）重新解释群体凝聚力。过分强调群体凝聚力的重要性，将容易滋生群体极化与群体思维。但这并不意味着为了改进群体决策，就应该要消减群体凝聚力，而是要让群体成员明白，什么是具有凝聚力的群体。

一般人会把凝聚力解释为是维持群体团结和谐的规范，确保所有群体成员团结一致。凝聚力也可以帮助群体成员作出最佳决策。也就是说，群体凝聚力不仅可以作为群体团结一致的推手，也可以帮助群体取得最佳结果和防止群体作出一些蠢事、坏事。

一些研究显示，如果群体成员认为有一条群体规范可能会损害群体，对群体强烈认同的成员将会对这条规范提出异议，而对群体认同感很弱的成员则会缄默不言（Packer, 2009）。虽然高度认同群体的成员不会挑战群体大多数的观点，但是实际上他们对群体十分关心，他们会最先发声表达异议，以防止群体作出糟糕的决策。那些遵从了富有建设性批评意见的群体也比一味维持群体和谐的群体能够作出更好的决策（Postmes et al., 2001）。

（3）鼓励个性化。再回忆一下群体极化中的社会比较，群体之所以要将群体的态度推向更为极端的位置，是因为群体成员更为关心的是要让别人喜欢自己，从而夸大了对意见赞成的程度。如果群体成员能够把自己聚焦在个体上，少去关心他们是否会被别人评价，群体极化现象就会大为减少。有研究证实了这一点，如果在进行讨论之前，启动群体成员在他们独特的个体性上面时，群体就不容易出现极化的现象（Lee, 2007）。

同样的道理也适用于群体思维。群体思维多数时候发生于群体成员担心自己被认为是错误的、有害的，而不敢打破群体的规范，提出不同的意见。如果引导群体成员相信他们要为群体决策的后果承担个人责任，他们就不容易陷入群体思维的倾向之中（Kroon et al., 1991）。

第四节　社会困境：合作与冲突

当今世界许多最重要的问题牵涉到了群体之间的冲突，或个体与群体之间的冲突。比如中美之间不断升级的贸易战，一些人要消耗有价值资源的欲望与环境保护组织之间的冲突，一个国家要拥有核武器来保卫领土安全与邻国安全之间的冲突等。在本节，将介绍群体面临的一些困境，在处理这些困境时到底是以合作还是竞争的方式的影响因素，有哪些因素加剧或消减了群体冲突，以及解决群体冲突时的一个重要机制——协商。

一、社会困境概述

想象一下你必须在与群体其他成员进行合作（群体成功，自己少获益）和只顾追求自身利益（自己获益多，但会损害他人和群体）之间进行选择，你会怎么办？生活中这种让人产生混杂两难动机的情境随处可见。比如，演员在剧中抢镜，篮球运动员不传球，总经理要利润最大化而不顾一切，地球上的公民想要使用更多份额之外的有限宝贵资源等。

在以上的每一种情况中，个体在追求其自身利益时能够获得他想要的东西。但是，如果群体中的每个人都尽力追求自身利益，那所有的群体成员最终将得到与相互合作时相比更为糟糕的结果。罗宾·道斯（Robyn Dawes）在1980年的《心理学年鉴》上发了一篇文章，创造了“社会困境（social dilemma）”这一术语用来描述这种情形：第一，每个决策者的支配性策略是不合作（即不顾他人是何种选择，不合作会给自己带来最好的结果）；第二，如果每个人都选择这种支配性的策略，其结果是与大家都进行合作相比更为糟糕。因此，当人们面对这样的情形时，是合作还是不合作呢？因为每一种选项，都有可能使自己获益或受损，所以人们就在合作与竞争之间产生了纠结，这些混合的动机就使人们处于两难的困境。这种追求自身利益有时会导致自我毁灭，这也是所谓社会困境的基础。在一个社会两难困境中，对一个人有好处的选择对所有群体成员有损害。如果人人都将自身利益最大化，则人人会遭受最大的损失。

一个真实发生的社会两难困境案例发生在1979年的冬季，地点是一个叫辉金格（Huizinge）的荷兰北部小村庄。由于前所未有的暴雪，辉金格与外界失去了联系，没有电用来照明、取暖、看电视等。150名居民里有一个人有一台发电机，如果省着用的话，可以向全体居民提供必要的电力。例如，他们只使用一盏灯照明，不要用电来烧水，把室内温度限制在18℃以下，拉紧窗帘等。但大多数人用电烧水，把室内温度也调到了21℃，同时开几盏电灯等，导致发电机烧坏了。停电之后，居民们设法修好了发电机。这次，他们指定一名检查人员巡视查看居民是否按规定的原则用电。但即使是这样，发电机还是由于用电过度再一次烧坏了，而且无法修好。居民们只有忍受冷冻、黑暗的煎熬。

合作还是竞争，人们将如何选择？社会心理学对此有哪些研究？

二、社会困境的种类

在所有的社会困境中，如果对个人有利，就将会对群体不利。反之，如果对群体有利，则对个人不利。但社会困境特定的性质还是会有所不同，这其中包括社会困境是发生在群体还是个人之间，社会困境是减少了公共资源还是维持了公共资源等，具体的社会困境可以分为以下三种。

（一）囚徒困境

我们从一个犯罪故事开始。两个嫌疑犯作案后被警察抓住，分别关在不同的屋子里接受审讯。尽管警察知道两人有罪，但缺乏足够的证据。为了获取足够的证据，警察将利用其中一人的证言来作为对另一人不利的证明。在把他们分开审讯后，他们将要作出选择。警察告诉两人：如果两人都抵赖，各判刑一年；如果两人都坦白，各判五年；如果两人中一个坦白而另一个抵赖，坦白的人被释放，抵赖的人判十年。

这种情形就构成了“囚徒困境”研究范式的基础。在这两人囚徒困境的游戏中，参与者有合作和竞争的选项，但每一种选项都有代价。假如你是其中一个囚徒，不管同伙选择什么，你的最优选择似乎是坦白（竞争行为）：如果同伙抵赖（合作行为）、自己坦白的话自己就会被放出去，自己抵赖的话会被判一年，坦白比不坦白好；如果同伙坦白、自己坦白的话判五年，比起自己抵赖的判十年，自己坦白还是比抵赖的好。但是让人犯难的地方就是，你是这样想的，对方也会这样去想，如果两个嫌疑犯都选择坦白，则各判刑五年。而两人都抵赖，是各判一年，显然这个结果更好。但万一你抵赖，对方却坦白，你将被判十年，而对方被释放，很明显自己吃了亏，对方则捡了便宜（如图 10-6 所示）。你会怎么办呢？

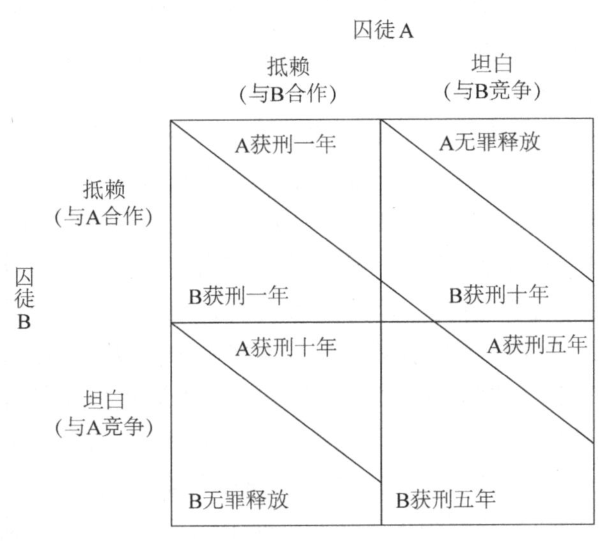

图 10-6　囚徒困境

“囚徒困境”中对参与者的困惑就在于最好的选项取决于对方的行为，而对方的行为你又是不知道的。这样的话，信任就成为人们行为的基础。如果你信任你的伙伴，你最好的选项就是合作。然而，如果不信任你的伙伴，那最好的选项就是竞争。因为人们经常怀疑自己对伙伴信任的程度，竞争就成为最安全的选项。不幸的是，当双方都选择竞争，双方就都输了。

这样的社会困境并不只是局限在两个个体身上。例如，想象一下一艘正在下沉的船，每个人都要尽可能快地跑向出口或救生艇，而把别人推向身后。但人人都这样干，将会死去更多的人。如果大家有序地撤离，会有更多的生命得以挽救。对每个士兵而言，冒险进攻或撤退时打掩护是很危险的，但所有士兵都这样的话，他们将会被敌人消灭。军备竞赛的两个国家最好是不要再把钱花在大规模杀伤性武器上面了，但是没有哪个国家敢冒险落后于对手。

（二）公共资源困境

公共资源困境（common resource dilemma）指的是像水、土地、石油等资源如果被过度使用的话，将会减少甚至消失的一种社会困境。在这种情况下，每个人可以适度地获取公共资源，但每个人如果获取过度的公共资源，资源会被耗尽。前述发生在荷兰辉金格的例子就是属于公共资源困境。

公共资源困境的研究源起于1968年生态学家哈定（Garrett Hardin）发表在《科学》杂志上一篇著名的文章《公地的悲剧》（*The Tragedy of the Commons*）。英国曾经有这样一种土地制度——封建主在自己的领地中划出一片尚未耕种的土地作为牧场(称为"公地")，无偿向牧民开放。对于公地附近的牧民而言，最理想的策略是所放牧的牲畜等于或小于公地的承载量，就能长久地享用这片公地，这需要大家克制并合作。不幸的是，由于是无偿放牧，每个牧民都抵制不住养尽可能多牛羊的诱惑，所放牧的牛羊就越来越多。随着牛羊数量无节制地增加，公地牧场最终因"超载"而成为不毛之地，牧民的牛羊全部饿死。

埃德尼（Edney, 1979）做了一个著名的有关公共资源困境的实验，很好地描述了人们在使用公共资源时的行为。在这个实验中，数名参与者围坐在一张桌子旁，桌子中间放着一只碗，碗里面一开始放有60粒坚果。实验者向参与者解释道，他会每隔10秒在碗中放进双倍于碗中所剩数量的坚果，而每个参与者的目标是尽可能多地拿走坚果，任何参与者可以在任何时间拿走碗里的坚果。参与者在理论上管理资源的最好策略是每次总共拿走30粒坚果，然后等着实验者双倍放入坚果来，以维持原来的数量。所以，参与者应该每隔10秒拿走总共30粒坚果，这样就可以永远有坚果拿，而且还能拿得最多。但实际上65%的组群撑不过10秒钟，因为实验一开始就有人马上去拿坚果，其他的参与者一看就急着纷纷跟进，10秒之内，碗中所剩的坚果数量就为零了。

公地的悲剧现在仍在全球范围内上演。滥砍滥伐、空气污染、碳排放、海洋垃圾倾倒、漫灌、过度捕捞、荒地商业开发、一些发展中国家过高的生育率、最富裕国家对地球资源的过度消费等，都是"不顾公地"的自利行为。

（三）公共品困境

公共品困境（public goods dilemmas）指的则是一种短期内受损，但会长期受益的情况。任何社会都需要建设公共品，这些公共品是大家需要的，而且一般来说仅凭个体独自的力量是不能建成的，这就需要个体向其中投入自己的一部分资源。公共品包括学校、图书馆、道路、公园等。如果没人贡献，公共设施就不能建成为大家服务，人人都会处于麻烦之中。但是，公共品一旦建成，有贡献者和没贡献者都是同样享用的。因此，对个体而言的优势动机是让别人出力去建设公共品，一旦建成之后自己坐享其成，无本而有万利，也就是"搭便车"。但如果人人持有这种动机，公共品不会建成。因此，自利又与公利产生了冲突。

三、对社会困境的反应

社会困境对人们的生活质量甚至对生活本身产生了严重威胁。人们试图怎样去解决它们？当面对社会困境时有哪些因素影响了人们的合作程度？

恐惧和贪婪是决定人们对社会困境进行反应至关重要的两个因素。恐惧是因为担心被他人剥削，而贪婪则是希望最大化自身的利益。因此，信任在促进人们合作方面就非常重要了，它能减少人们对被剥削的恐惧。类似地，对更大群体的归属和认同感也可以促进合作，因为在某种程度上其可以减少恐惧与贪婪（Klapwijk and Van Lange, 2009; McLeish and Oxoby,2011; Swann et al., 2012）。因此，现在中国提出的“人类命运共同体”观点是解决全球问题高明而有效的一招。另一个重要因素是惩罚的威胁，那些惩罚不合群成员的群体更有可能发展壮大。从进化心理学的观点来看，因为合作对人类的生存极其重要，人类已经形成了惩罚不与群体合作者的进化心理机制。

以上这些还仅是在社会困境中合作还是竞争的少部分影响因素，表 10-1 总结了影响促进解决社会困境的其他因素。[①]

表 10-1 解决社会困境的影响因素

解决社会两难困境
心理因素和体制机制是影响社会困境中人们行为的两个主要因素。以下所列是成功解决社会困境的具体特征。
心理因素 **1. 个体与文化差异** ● 要有亲社会、合作性的导向 ● 信任他人 ● 成为集体主义文化的成员 **2. 情境因素** ● 拥有好心情 ● 有管理资源与合作工作的成功经验 ● 有众多无私的榜样 ● 有理由期望别人合作 **3. 群体动力学** ● 独自行动，而不要在群体中行动 ● 在小群体中，不要在大群体中 ● 共享一个社会认同，实现更高目标
体制机制 ● 创建一种奖励合作行为、惩罚自私行为的体制 ● 消除资源公有化，转为资源私有化 ● 建立控制资源的权威机构

在混合动机的情境中，群体要比个体更倾向于去竞争。理由之一就是在群体间建立信任要比在个体间建立信任更为困难（Naquin and Kurtzberg, 2009）。另一个理由是群体

① Saul Kassin, Steven Fein, Hazel Rose Markus. Social Psychology[M]. 9th Edition. Belmont: Wadsworth, Cengage Learning, 2014:329.

成员感觉他们更难以被其他群体成员识别。群体的匿名化程度越高，群体成员就更容易以自利或攻击性的方式行事。这就是大型群体要比小型群体更可能去掠夺珍惜资源的原因之一（Pruitt, 1998; Seijts and Latham, 2000; Wildschut et al., 2003）。

尽管所有人都会与社会困境做斗争，但人们对合作和竞争的倾向是不同的，其中一个相关的维度就是人们的社会价值观导向。亲社会、合作性导向的个体寻求的是最大化共同收益，或获取平等的结果；而个人主义导向的人们则是要最大化自己的收益。竞争导向的人们相对于他人来说也是要最大化他们自己的收益，而合作导向的人们则不大可能像个人主义导向或竞争导向的人们那样以竞争性、资源消耗性的方式来行事（Balliet et al.,2009; Emonds et al., 2011; van Dijk et al., 2009）。

四、解决社会困境

社会困境是个人利益与社会利益之间的冲突，要解决社会困境是具有挑战性的，通过以下的方法可以解决很多社会困境。

（一）管理资源使用

非常重要的一个策略就是要树立对有限资源使用的正规方法，这就涉及要创建一套结构性的系统，比如组织或领导者，来公平地分配资源。例如，自然资源与环境保护部要负责制定排污的法规，因为我们不相信工厂可以治理好污染。当我们认为他人过度使用资源，并认为他们不会停下来时，会建立对有限资源使用的正规方法。很多国家都要强制性地对儿童接种疫苗，如果不这样的话，父母们对孩子进行接种疫苗的可能性就不会太高。这是为什么呢？原因是尽管这些疫苗在预防疾病方面是非常有效的，但对每个婴儿来说要冒少许的风险：每年都有一些婴儿因为接种了这些疫苗而导致癫痫病甚至死亡。

因此，作为一名父亲或母亲，最理想的选择就是让所有其他婴儿去接种疫苗，自己的小孩不去接种疫苗。如果所有其他婴儿都接种了疫苗，自己的小孩就不会有这些疾病，也避免了因为接种疫苗而冒的风险。但是我们再想一下，如果每个父母都这样去想，并且这样去做，就会在婴儿间蔓延这些疾病，并导致很多婴儿死亡。因此，婴儿疫苗接种的强制性措施是必要的。

建立使用资源的方法特别重要，还在于人们对自己分享的那一份资源有偏见，总觉得是不公正的，于是人们就过度使用资源（Herlocker et al., 1997）。研究人员把参与者分配到 3 人一组或 12 人一组的群体中，然后他们被告知这个群体需要对一些资源进行分配（比如积木或砂石），每个群体成员可以对给定的资源尽可能多地拿走自己想要的数量。参与者选择了自己想要资源的数量之后，研究人员要参与者估计一下他们从总数里拿走了多少。尽管参与者承认他们拿走了多于平均份额，但还是低估了他们拿走的数量。

（二）沟通

解决社会困境的另一个策略就是沟通，尤其是面对面的沟通。面对面的小组讨论有助于增加社会困境中的合作行为，部分是因为这样的讨论可以使群体成员能够看到他人是想要合作的，进而促使了人们对合作的承诺。沟通还能消除一些会妨碍合作的误解。

在解决社会困境时，沟通是一个提高人们合作性行为意愿的一个特别有效的策略。有研究发现，重复一个人在“囚徒困境”互动中合作的意愿，可以导致更多的合作、喜欢和信任（Lindskold et al., 1986）。此外，期望合作的人们是更有创造性和灵活性的问题解决者，那些在谈判中期望合作的人有58%的人解决了问题，相比之下，只有25%的期望冲突的人解决了问题（Carnevale and Probst, 1998）。

沟通能够增加合作的一个原因是群体讨论可以使群体成员发展出合作性行为的内部的个人规范。例如，如果群体成员讨论出了一个协议，一些人就会遵循基于他们自己内部规范的这个协议，即使没有明确的监督也是如此（Kerr et al., 1997）。

还有一些微妙的线索也能增加人们的合作。比如得知有人与你一样合作的时候（Parks, Sanna and Berel, 2001）。又如，在一项研究中，研究者让一些大学生玩可以赢钱的游戏（Liberman, Samuels and Ross, 2002）。在这个游戏中，每个人要与另一个伙伴一起玩，每一次可以选择与玩伴进行合作或竞争。如果两人都选择合作，每人可以赢 0.4 美元；如果两人都选择竞争，每个人都不能赢钱；如果一人选择合作，另一人选择竞争，选择合作者输 0.2 美元，而选择竞争者赢 0.8 美元。告诉其中一半的参与者这个游戏的名称叫“社区游戏”，告诉另一半的参与者此游戏的名称为“华尔街游戏”，结果是前一半的参与者在游戏中有更多的合作行为。

（三）激活利他或道德动机

还有一个解决社会困境的途径就是激发起人们利他和道德的动机，强调帮助他人的动机以及以道德方式行事的积极意义。在一项研究中发现，那些认同社区的人们使用水的数量较少，无论是在固定费率（在这种情况下，个人使用水的数量不与其付费的多少相关）的情况下，还是可变费率（在此种情况下，个人所消耗水的数量与他们的付费呈正相关）的情况下都是如此。相反，那些对社区不太认同的人们使用水的情况就不同了：如果是固定的费率，他们就会比前者使用更多的水；如果是可变的费率，他们则比前者使用更少量的水（Van Vugt, 2001）。在群体中让人们感觉到自己受尊敬，就可以增加人们的合作行为，尤其是那些想要融入群体中的人们（De Cremer, 2002）。

（四）创建小型、有联系的群体

创建小型、有联系的群体是在解决社会困境时减少竞争、增加合作的又一个途径。小型群体中的人们要比大型群体中的人们更少自私，可能是我们在小型群体中更容易直接看到自己好的或坏的行为（Brewer and Kramer, 1986）。在小型群体中的人们也更容易被别人识别出来，出于印象管理的需要，这会导致更多的亲社会行为。而在大型群体中，人们的匿名性增加了，人们容易出现去个性化的状态，攻击性、竞争性的行为就会更多。例如，与在自己所居住社区的街道上扔垃圾相比，人们更有可能在公共的高速公路上扔垃圾。

那么，如何在大型群体中解决社会困境呢？比如人们居住在一个城镇里，或在一所大学里？在这种情况下，人们很难直接看到合作给自己带来的益处，但还有其他的策略可以增加人们的合作行为。其中一条途径就是要凸显高一层级群体的认同。比如在一所高校里，可以强调我们都是这所高校的成员，而不仅是某一学院的成员。另一个有效的途径则是把一个大的社区分割为更小的社区，这就又回到了上面所述的情况了。例如，在一所高校里，报告每一间宿舍的垃圾分类情况，要比报告学校整体的垃圾分类情况，更能够提升资源回收的效果。

（五）创造竞争的后果

创造竞争后果的一种途径就是使用“以牙还牙”策略。这种策略就是一开始选择合作，然后根据对手的行为来调整，对手合作自己就合作，对手竞争自己也采取竞争行为。该策略既表达了合作的意愿，同时也传达了假如对方不合作也绝不会被动挨打的信息。“以牙还牙”策略常常能够成功地引导对方采取合作、信任的策略。

第十一章

社会影响

【开篇案例】

“中国式过马路”

2012 年 10 月 11 日，网友“这个绝对有意思”在微博发消息称：“中国式过马路，就是凑够一撮人就可以走了，和红绿灯无关。”微博同时还配了一张行人过马路的照片，虽然从照片上看不到交通信号灯，但有好几位行人并没有走在斑马线上，而是走在旁边的机动车变道路标上，其中有推着婴儿车的老人，也有电动车、卖水果的三轮车。

这条微博引起了不少网友的共鸣，一天内被近 10 万网友转发。网友纷纷跟帖“太形象了”“同感”“在济南就是这样”，还有网友惭愧地表示，自己也是“闯灯大军”中的一员。

央视 2012 年 10 月 14 日《新闻直播间》节目播出“中国式过马路：十字路口 1 小时 600 人闯红灯”，记者在“文明天下行”的媒体行动推出之后，专门进行了一小时文明观察。在石家庄的一个十字路头，观察采访一小时的时间，发现路口的红绿灯对行人而言基本上是形同虚设的。

河北石家庄地处商业圈的中山路与建设大街十字路头，每天穿行这里的行人数以万计，记者在这里架设摄像机进行了一个小时的拍摄，发现闯红灯，在行驶的车流中冒险穿行的路人不在少数。只要路面上的车流暂时中断，哪怕是面对红灯，行人也是勇往直前。为了快速通过路口，人不让车，车不让人，因而车辆剐蹭行人的事故时有发生。

天津市南开区南京路和三马路的交汇路口是天津市较为繁华的路段之一，有很多行人都有从众心理，比如只要有一个带头闯红灯的，就有很多人跟着闯红灯。

很多人肯定知道过马路时要看红绿灯，红灯亮起是不能过马路的，否则不仅容易引起交通混乱，对行人来说还有相当大的危险性，不闯红灯是需要遵守的基本交通规则。但是，“中国式过马路”却成了较为普遍的现象，这是为什么？很多人看到上述的“中国式过马路”时，心里面会有些鄙视这些人。但是，你有没有进行过“中国式”过马路？当身边的多数人，尤其是熟人都过了马路时，很多人恐怕熬不住也跟着过了马路。即使没有过去，内心也会比较复杂：一方面赞赏自己能坚守交通规则，另一方面多少有点懊悔没能早点过马路。当然也有不后悔的人。不管怎样，除了过马路之外，结合其他很多事例，我们会发现人的行为很多时候很难只受自己内心原则的引领，我们周围存在的他人也能，甚至更能左右我们的行为。这种我们的行为受他人影响的现象，就是社会影响要研究的内容。

第一节 社会影响概述

一、社会影响的定义

社会影响的概念有广义与狭义的区别，从最广的角度来看，G.W. Allport 认为，社会心理学是了解和解释个人的思想、情感、行为怎样受到他人存在的影响，包括实际存在、想象中的存在或隐含的存在的影响（G. Allport, 1954）。美国著名社会心理学家阿伦森（Elliot Aronson）直接、简单地认为社会心理学就是一门研究社会影响的科学。同样，美国的鲍迈斯特（Roy F. Baumeister）和布什曼（Brad J. Bushman）也认为社会心理学是“一门对人们如何影响他人以及怎样受他人影响进行科学研究的学科”。因为社会影响就是人与人之间的相互作用，从某种意义上来看，人的社会心理与行为就是社会影响的结果。比如，我们的自我呈现，有时我们会逢迎他人，有时却又在他人面前自我抬高，这无疑受到了当前的这个人对我们的影响；在群体心理现象里的社会促进与社会抑制，即我们的行为效率有时高、有时低，也是受到了他人、群体的影响；尤为明显的是态度里面的说服，更是要影响他人。但是，我们永远不会是社会影响的成品，我们会终身受制于社会影响。

社会影响的研究与整个社会心理学研究的区别是什么，并没有一个直接的答案。在这里我们把社会影响列为一章，指的是狭义上的定义，具体而言，社会影响（social influence）是指一个人或一个群体运用社会力量（social power）来改变他人的行为。将社会影响定义为是改变他人的行为，是为了将其与说服区别开来，说服指的是通过劝导改变他人的态度，并没有牵涉到他人行为的改变。社会力量是人（包括群体）影响他人行为和信仰的一种能力，这主要体现在有时一个人的行为要与其他人的态度、信念和行为保持一致，这是从众，从众主要牵涉到个体屈从于多数人观点。但是，有时候个体不仅不受多数人的影响，反而对多数人产生了影响，这就是众从。人们经常需要向别人提出一些请求，如何才能使别人更好地满足自己的请求，这就要靠依从的技术。我们是生活在群体、社会中的，而任何群体都有其层次结构，每个人在群体中的地位是不一样的，“官大一级压死人”，上级命令下级，下级通常会听从，这就有关服从。从众、众从、依从与服从是社会力量的产物，也是本章要介绍的社会影响的主要类型。在这个过程中，社会力量是社会影响的潜在因素，而社会影响则是达成了的实际效果，是人由于他人的存在或行动在信念、态度、行为、情绪等方面产生的变化。有影响源的个人或群体是影响者，试图影响或实际上成功影响了的对象则是目标靶。在这个过程中，影响者拥有社会力量去影响目标靶，社会力量就是影响者使用的各种手段。

二、“自动化”的社会影响

（一）社会影响是一个连续体

根据他人或群体对人们形成压力大小的程度，人们被真正劝导的情况是不一样的，即社会影响的大小会有所不同。例如，我们有时可能公开表示赞同他人的态度，答应别人的请求，与别人的行为保持一致，但私下里却不以为然。还有些时候，我们面对这些压力无动于衷，甚至尽力抗争。而在另外一些场合，他人的观念或行为却深深地影响了我们的内在想法，这时，我们紧紧地与他人保持一致。总体来看，社会影响是一个连续体。如图 11-1 所示。①

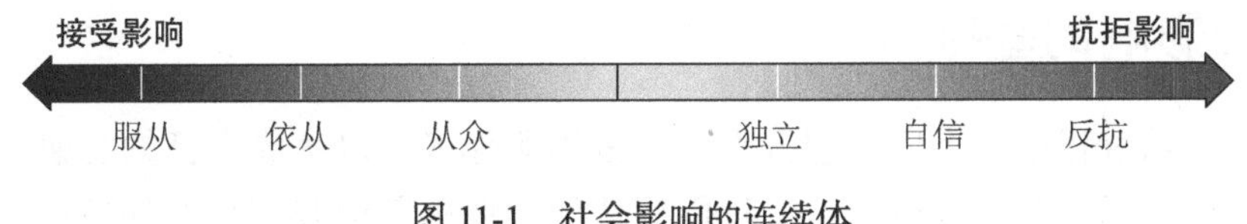

图 11-1　社会影响的连续体

（二）社会影响是无意识、自动进行的

早在两千多年前，亚里士多德就提出了“人是社会性动物”的论断。群体、社会对人是极其重要的，这一点是人的许多心理与行为的基础。人很容易受到来自他人微妙的、习惯性的影响。比如，看见别人打哈欠，我们就会无意识跟着打哈欠；听到别人笑，我们也跟着大笑；看见别人痛苦，我们的表情也很痛苦，等等。这样的模仿在许多动物种群，如鸽子、猴子、仓鼠和鱼里都有。

英国圣安德鲁斯大学的安德鲁·怀滕领导的研究小组报告说，他们在南非对野生绿猴进行试验，给每群猴子两盘分别染成粉红色和蓝色的玉米粒。其中一群猴子的粉红色玉米粒用苦味芦荟汁浸泡过，而另一群猴子的蓝色玉米粒被浸泡过。两群猴子都很快学会回避苦味的那一盘玉米粒。

等到有 27 只小猴出生并且长大到能吃固体食物时，研究人员做了改变：仍然是不同颜色的两盘玉米粒，但味道都正常。接下来 2 个月里，成年猴子和小猴都对本群体原来爱吃的那种颜色的玉米粒表现出强烈偏好，虽然现在两盘玉米吃起来都一样。实际上，有 26 只小猴只吃自己母亲所吃的那一种玉米。

该小组的研究发现座头鲸能够像人类一样学习交流捕猎经验。当座头鲸遭受食物危机之后，一种最新捕猎技巧快速传播至英国和美国海域 40%的座头鲸群体。当座头鲸最喜爱的食物青鱼大量减少时，它们不得不寻求新的猎物。之前座头鲸会在水下吹泡泡，惊扰青鱼并使它们聚集在一起，座头鲸利用“泡泡技巧”能够在一个位置很容易地捕食到大量鱼类。但在 20 世纪 80 年代，科学家发现一条座头鲸懂得一种全新的捕食策略，

① Saul Kassin, Steven Fein,and Hazel Rose Markus. Social Psychology[M]. Eighth Edition. Belmont: Wadsworth, Cengage Learning, 2011:252.

它多次用尾鳍拍打水面，之后潜入水中吹泡泡，结合之前的捕食方法。2007年，科学家发现这种“尾鳍打水面”捕食方法出现在美国缅因州海域，科学家认为它们开始捕食一种特殊的猎物——玉筋鱼。座头鲸主要在斯特勒威根海域使用这种捕食策略，鱼类在这里产卵，并且数量非常充足。英国圣安德鲁斯大学研究员卢克·伦德尔博士说：“我们的研究显示座头鲸群体中具有至关重要的‘文化传播’，它们不仅彼此间学习歌唱，还能有效地适应生态变化并学习新的捕食技巧。”在美国马萨诸塞州海湾保护区内，人们长期观察座头鲸的行为，获得7万多条观察记录。科研小组在分析这些数据后发现，在27年里，用尾鳍拍打水面的技巧扩散到了当地37%的鲸当中。采用新技巧的座头鲸，绝大多数看起来是从其他鲸那里学习到了技巧。

三、社会影响的基础

在社会互动过程中，人们会想方设法地去影响他人，以达成自己的意愿，因为他人那里有我们需要的东西，具体来说，我们要从他人那里获取我们想要的感情、金钱、机会、工作乃至公平正义。同样，我们这里也有别人想要的东西，别人也会试图来影响我们。无论是谁，影响能否成功取决于人们使用的社会力量，社会心理学家对此关注、研究已久，认为社会力量的主要类型有：

信息力（informational power）：基于信息内容本身的影响力。即目标靶在某个方面对问题认识不清，影响者只要对目标靶把相应的道理讲清楚，就能够产生有效的社会影响，对影响者来说，就是以理服人。

专家意见力（expert power）：基于专门知识和能力的影响力。在目标靶看来，影响者是专家，在某个专门领域有着比自己丰富得多的知识经验，而对影响者产生了信任。目标靶在受专家影响的过程中，可能并没有对专家的意见进行仔细的辨识，只是相信专家这个人，而使得专家形成了有效的社会影响。

参照影响力（referent power）：基于对他人或者群体的认同，希望与他人或群体相似的影响力。目标靶由于喜欢他人或对他人很尊敬，心甘情愿地愿意受他人影响。或者对某个群体非常认同，极力地想成为其中一员而对群体言听计从。

强迫力（coercive power）：基于施加惩罚或者以施加威胁之上的影响力。目标靶受到了影响者对自己惩罚的威胁，为了避免惩罚自己做出了某种改变。

奖赏力（reward power）：基于提供或许诺正性结果之上的影响力。影响者为了让目标靶有所改变，答应给予目标靶想要的奖赏，目标靶为了获得奖赏而发生了相应的变化。

正当性权力（legitimate power）：基于普遍的社会规范而对人们形成的期望的影响力。包括：第一，社会地位的规范。如果影响者是上级，目标靶是下级，则上级可以命令下级，下级要服从上级。第二，互惠的规范。即“来而不往非礼也”，如果他人这次帮助了你，你下次有机会就要帮助别人。影响者先为你做一件事，是试图让你为他（她）做某事。第三，公平的规范。即“付出就有回报”的信念，你努力工作了，就该得到相应的报酬。第四，社会责任感的规范。即别人无助时，人们有义务帮助那些依靠你的人。

在上述社会力量中，专家意见力和参照影响力的效用较好，而强迫力和正当性权力中的社会地位的效用较差。

第二节　从　众

一、从众概述

（一）从众的概念

从表面的意义上看，从众就是与大家一样。但是，不能简单地这样判断。例如，在长沙大家早餐都吃米粉，你也吃米粉，你的行为是从众吗？在奥运会上中国选手获得了冠军，你与很多人一起观看比赛，大家欢呼鼓掌，你也欢呼鼓掌，你是在从众吗？还有前面所说的，过马路时，很多人不是站在人行道上，而是非要站在斑马线上等绿灯，这不仅节约不了多少时间，而且还有一定的危险，你也一样站在斑马线上等绿灯，你的行为是从众吗？只能说，可能是。既然从众是一种社会影响，就要看你有没有受到这种影响。具体而言，可以从一个情况来判断，即平常你单独一人时是不是也是这样，如果是，你的行为就不是从众；如果不是，你的上述行为就是从众。如果你一个人时总站在人行道上等绿灯，那你和很多人一起站在斑马线上等绿灯的行为就是从众。你一个人时也总站在斑马线上等绿灯，那你前面的行为就不是从众。

我们对从众的定义是：从众（conformity），是由于受到来自他人或者群体的真实的或者想象的压力，一个人的行为或意见发生了改变。所谓真实的压力，就是假如你和别人不一样，别人就会威胁或惩罚你。所谓想象出来的压力，就是你觉得如果你和别人不一样，你会受到威胁或惩罚，但其实别人根本没有在乎你。

（二）从众的类型

1. 表面顺从（public compliance）

“表面顺从”是指个体在行为上与多数人一致，但在内心深处却不认为多数人这样做是对的，只是迫于压力而暂时在表面上与大家一样。一旦压力消失，个体还是会恢复自己认为正确的行为。这种从众行为属于“口服心不服”的情况。

2. 内心接受（private acceptance）

“内心接受”是指个体一开始迫于多数人的压力，在行为上与多数人一样，很快在内心深处对多数人的行为表示认同。自此之后，即使没有别人在场给自己施加压力，个体也会更正行为并保持新学习到的行为。

（三）从众的意义

从众到底好还是不好？这个问题也很难回答。

首先，从众有好的一面。从群体角度来看，人类需要结成群体，形成社会，个体从众使得群体容易形成。试想一下，如果个体在任何时候都不从众，群体如何形成？从个体角度来看，从众有可能避免了惩罚，还可以满足自己归属的需要。在实际的社会生活中，我们看到，在商店里一位顾客看见大家排队等候服务，他也会排队，这就避免了混乱冲突，带来了高效；电影散场时一个观众看见大家都把垃圾带走，他也会跟着把垃圾带走。

其次，从众也有不好的一面，从群体角度上看，从众的结果是有时候绩效下降，决策失误，在群体心理部分有很多这样的现象。从个体角度来看，一味从众会失去自己的独立性和创造性。很多平常遵纪守法的球迷，看见大家起哄、辱骂、打架，直至上街焚烧汽车，也跟着做了这些事情。

二、从众行为的实验研究

（一）谢里夫的实验研究

1. 研究的过程

在这个经典的从众实验里，谢里夫（Mustafer Sherif, 1935）要参与者坐在一间黑暗的房间里，盯着他们前面十五英尺处的一个光点看，这个光点是固定不动的，但每个参与者观看的时间稍长，就会发现光点在移动，参与者并不知道这是幻觉，这就是由天文学家首先注意到的游动效应（autokinetic effect）。游动效应的主要原因，一是在黑暗的环境里人的眼睛缺乏参照物；二是人盯着光点看，光点虽然不动，但人的眼睛不可能完全不动，眼睛一动，就产生了相对运动。参与者观看后，被要求估计光点移动的距离。

第一天，谢里夫要参与者单独地观看光点，并报告光点移动的距离，这时参与者的参考框架只是自己，估值范围很大（如图 11-2 所示）。

在接下来的几天里，谢里夫要求参与者组成一个两三人的小群体一起观看光点，并轮流大声报告他们对光点移动的估值。此时，参与者会把其他参与者的估值作为自己估值的一个参考。几次过后，他们很快就倾向于把他们早前估值的平均数作为自己的估值，所以最后他们的估值就非常相似了（如图 11-2 所示）。

这个基数似乎被参与者内化了。当参与者被要求先在群体中大声报告估值时，与上述过程是类似的，随后他们被要求自己一人观看光点，再独自报告估值，结果他们依然以群体的平均数作为自己估值的参考（如图 11-3 所示）。

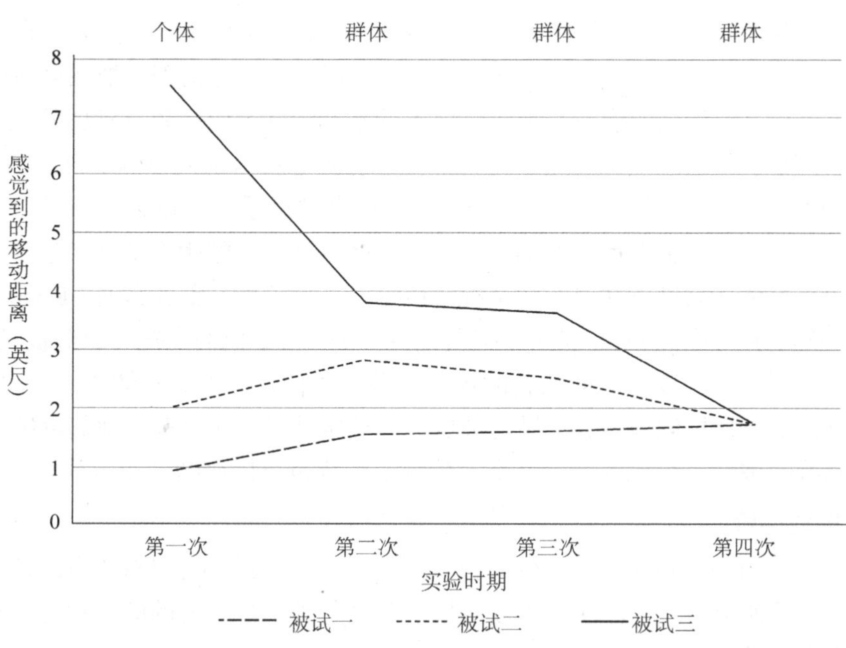

图 11-2　谢里夫的群体规范实验

（改编自 Michael A, Hogg, Graham M. Vaughan. Social Psychology[M]. 6th ed. Edinburgh: Pearson Education Limited, 2011: 246）

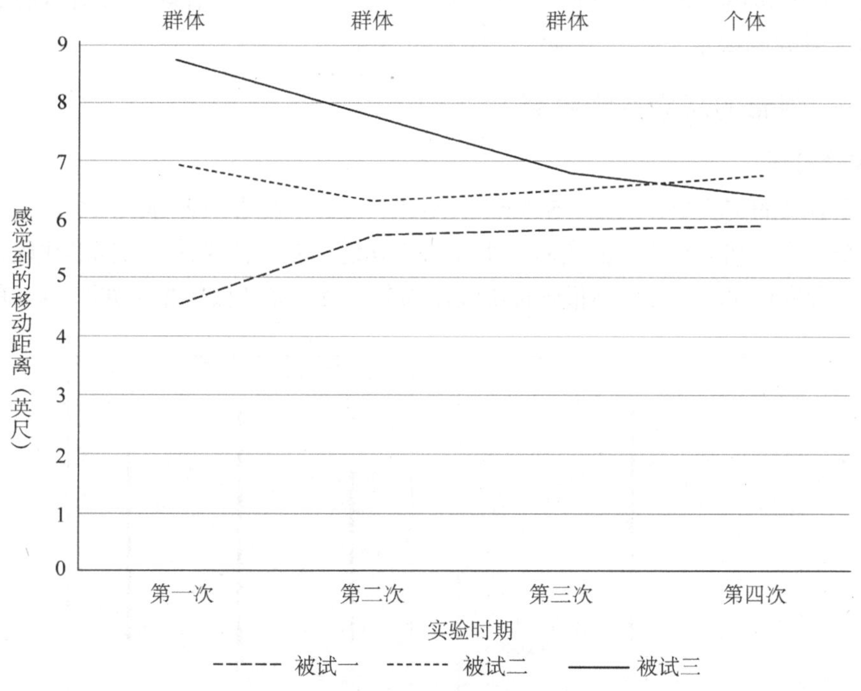

图 11-3　谢里夫的群体规范实验

（改编自 Michael A, Hogg, Graham M. Vaughan. Social Psychology[M], 6th ed. Edinburgh: Pearson Education Limited, 2011: 246）

谢里夫想要考察的是，人们在不确定的条件下，是需要他人的行为来为自己提供参考信息的。结果表明当任务困难时，参与者会使用群体的参考框架，把在群体中产生的相关结果再进行一定程度的调节，来应付任务的不确定性。而且颇有意思的是，证据表明出现了社会影响，但谢里夫研究中的大部分参与者都否认别人影响了自己的判断。

谢里夫还把一个假被试（confederate，即实验者的助手）放进去，并且对光点游动的距离故意做了夸张的更大尺度的估计，结果最终对真被试的距离估计产生了影响，即被试最后的距离估计大过以往研究的情况。1961 年，罗伯特 · 雅各布斯（Robert Jacobs）和唐纳德 · 坎贝尔（Donald Campbell）把研究更推进一步，他们先把一个假被试放进去，结果也是建立了一种与以往不同的新的规范（即距离估计的参数总体更大），然后再把一个新的真被试替换掉假被试，结果是被试们依然维持了这个规范。他们继续用新的真被试替换原有的被试，结果发现，这个“传统”的规范可以延续到第五代。

2. 研究的评价

谢里夫实验的一个问题是游动效应很难测量，也就是说，我们不知道游动效应的大小是多少，这就使得所发生的从众程度难以确定。另外，参与者的健康程度、年龄以及视力也会对游动效应有影响。

还有人批评说，谢里夫的实验只能说明从众的一种类型。1955 年，多伊奇（Deutsch）和杰拉德（Gerard）就指出从众的原因有两种：规范性影响（normative influence）和信息性影响（informational influence）。谢里夫的实验只是描述了信息性影响的情况。下面阿希的实验研究则揭示了另外一种社会影响的情况。

（二）阿希的从众实验研究

1. 实验过程

在这个著名的实验中，阿希（Solomon Asch，1955）将参与者分成六个或七个人的群体参加一个名为“知觉判断”的实验，实验的任务是，参与者观看一条标准线段，然后与另外三条线段进行比较，并大声报告标准线段与其中哪一条线段等长（如图 11-4 所示）。

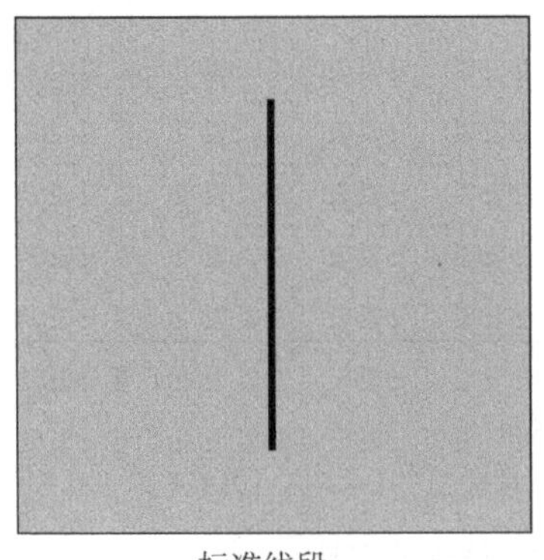

标准线段

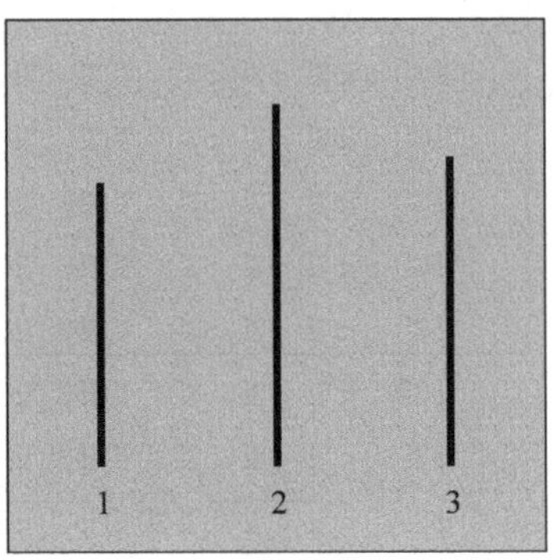

比较线段

图 11-4　阿希从众实验的刺激材料

线段的比较换用了 18 套不同的卡片，前两次的判断轻而易举，所有的参与者都能正确地说出标准线段与比较线段中的哪一条线段等长。

然而，从第三次开始，第一个参与者明显报告了一个错误的答案，你几乎忍不住要笑了，心里说："这是什么眼神啊！"因为报告出的这两条线段差异明显，而比较线段中到底哪一条线段与标准线段等长也是能一眼就可以看出来。但是，接下来的第二个参与者也大声地报告出了同样的（错误）答案，第三、第四、第五个参与者也是如此。此时，你会怎么想？更为重要的是，第六个就轮到你了，你会怎么做？而第七个参与者也与前面五人的回答是一样的。

在这个实验过程里，由七人组成的群体中其实有六人是实验者安排的假被试，只有一名参与者是真实的被试，而且被安排在第六轮进行回答。当然，这个真实的被试并不知道这些，以为其余六位参与者也和自己一样，都是这个实验的被试。阿希这样的实验安排，巧妙地对真实的被试形成了从众的压力（如图 11-5a 和图 11-5b 所示）。

图 11.5a 阿希从众实验的场景，真被试被安排在第六个作答（右一为阿希）

图 11.5b 从众压力下真被试（中）的神态

实验结束后，实验者把真实的实验目的和实验过程中进行的隐瞒内容全都向真实的被试说明清楚，并且询问他们在实验过程中回答错误的原因。

2. 实验结果

研究（1951，1956，1958）发现：

1）大约有 1/4 到 1/3 的被试保持了独立性，选择反应无一次发生从众行为。

2）约有 15%的被试平均做出了 3/4 的从众行为。

3）所有被试平均做出总数的 1/3 次从众反应。

实验中错误选择的原因：

1）知觉的歪曲（distortion of perception）

被试的确发生了错误的观察，把他人（假被试）的反应作为自己判断的参照点，认为多数人的判断是正确的，根据别人的判断而选择了“正确”的答案。

2）判断的歪曲（distortion of judgment）

被试虽然意识到自己觉知到的与他人觉知的不同，但是却认为多数人总比个人要正确些，对自己的判断缺乏信心，认为发生错误的肯定是自己，不能坚持自己知觉到的东西，保持自己的独立性。这种情况下的从众最为普遍。

3）行为的歪曲（distortion of action）

被试虽然确认自己是对的，错的是其他多数人，但是在行为上却仍然跟着多数人作同样的错误选择，即顺从。

3. 研究的评价

阿希的实验与谢里夫的实验性质上有所不同，如前所述，实验后阿希进一步询问了参与者，大多数参与者都表示在实验过程中有明显的焦虑，这种焦虑很大一部分源于他们想与实验中群体的其他成员（即假被试）保持一致的愿望，他们认为做一个持异议者是于己不利的，乃至于他们会否认自己眼睛看到的真实情况。阿希发现参与者中很多不从众者其实很渴望与多数人保持一致，其中一个不从众者说道：“跟他人保持一致会舒服多了。”另一个参与者这样描述他的感受：“我感到十分不安、困惑，孤单的像一个被遗弃的人。每次我表达了不同意见时我都希望别人不要觉得我很滑稽。”阿希的实验性质上是规范性影响，参与者体现出了社会认同的需要，即我们的自我有一部分是来自于我们作为社会群体的成员身份，这不同于参与者要从其他人身上寻找参考信息的情况。

三、从众的原因

从众在社会生活中随处可见。大多数人在大多数时间里，或至少在某些时候，都会遵从他们所在群体或社会的规范。那么，为什么人们会与他人一起遵循这些规范，而不是选择抗拒规范？社会心理学家认为，主要是有两种所有人都会有的强烈的动机在左右人们：一是想要正确的动机，即想要对我们身处的社会性世界有一个清晰认识的动机；

二是想要被他人喜欢或接纳的动机。

（一）正确的愿望：信息性社会影响

社会性世界不同于物理性世界，而且远比物理性世界复杂。在物理性世界里，我们想要精确地了解一件事，方法是很简单的。比如，若想要知道房间的大小，可以拿尺子去量它；想要知道自己的体重，可以用秤称一下。但是，在社会性世界里，情况就不同了。例如，你在看湖南卫视的《我是歌手》节目时，听到苏运莹唱了一首《野子》，觉得别具一格，但到底唱得好不好？你不敢确定。其实，这个节目每一期的结果都使歌迷争论得翻天覆地，比如第一名不应该是他（她），某某被淘汰了太可惜了，制作方一定有黑幕，等等。再如你要参加大学毕业十周年同学聚会，到底要怎么装扮才比较得体？并没有一个仪器设备或简单的方法能让我们确切地了解答案，但我们还是想要知道。

解决这个困惑的方法是，看看别人对这件事是怎么看的，人们经常拿别人的观点、态度和行为来当做我们判断好坏的一个参考。这种对他人的依赖，就成了人们从众的强有力的源泉，这种从众的基础就是信息性社会影响，即人们经常把身边的他人当做是信息加工的重要来源，很多时候如果没有他人，对社会性世界就一无所知，这时就会非常恐慌，而谁也不想让自己感到恐慌和害怕。尤其是人们面对不够清楚熟悉、模糊的社会性世界的时候，人们的信心不足，这时对他人的依赖更甚，人们就更容易从众，并且对人们来说，这时去从众不失为是一个简单有效的好选择。例如，如果你第一次去吃西餐，程序是怎样的？该点些什么菜？到底是左手拿刀、右手拿叉，还是右手拿刀、左手拿叉？要不要给小费，给多少小费？等等，你一点也不清楚，怎么办？很明显，多看看周围的他人就行了，别人怎么做，你就怎么做，绝不会差太多。

（二）被他人喜爱的愿望：规范性社会影响

人是社会性动物，人离不开他人。既然如此，我们希望别人是喜欢我们的，是爱我们的，我们不希望生活在一个人人不喜爱我们的社会里。那么，怎样才能让别人喜爱我们呢？在人际吸引那一章里，有一个有效并且是强有力的方法，就是我们要尽可能地呈现出与别人的相似性。即同意别人的观点，别人怎么做，我们就怎么做，别人就会喜欢我们，赞扬我们，接纳我们，而这些正是我们所渴望的。因此，有时我们甚至委屈一下自己，我们也会这么做。

否则的话，如果你表现出与众不同，别人就会讨厌你，远离你，指责你，“枪打出头鸟”，你也并不舒服，你会感觉到很受伤。首先，一个人特立独行不合群，其所在的群体会排斥他。沙赫特（Stanley Schachter, 1951）做了一个经典的实验，他让其同伙在一个群体中故意与大多数人的意见唱反调，结果这个人被奚落，受到了言语上的攻击，直到被排斥在外。其次，人在群体中孤立，自己也会感觉不愉快，很受伤。威廉姆斯(Williams et al., 2002)等做了一系列的研究，证明了这一点。在这些实验过程中，被试无论是在现实生活还是在聊天室里被忽略、被无视，被所在的群体排斥，结果都觉得受到了伤害、愤怒、孤独和缺乏自尊。从进化心理学的角度看，人类彼此需要、互相合作才能更好地生存与繁衍。这种需要是如此原始，以至于人们受到了拒绝或排斥感受到的社会性痛苦并不亚于生理性的痛苦，从人们描述这种情绪反应的词汇就可以看出这点，如“伤害”“心碎了”“压垮了”等。因此，为了我们尽可能地被别人接纳与喜爱，我们尽量从众。这种从众的来源基础就是规范性社会影响。

在群体情境中，信息性社会影响与规范性社会影响都是个体从众的原因。在阿希的实验里，阿希事后询问了被试为什么会从众，虽然大多数被试说是为了避免偏常，还是有少量被试说赞同那个错误判断，现代的脑成像技术有力地证明了这一点。格雷戈里·伯恩斯（Gregory Berns）等 2005 年让被试判断两个需要进行“心理旋转”的图形是一样的还是不同的（如图 11-6 所示）。与阿希最原初的实验一样，安排了四个假被试在某些时候故意说错。与阿希不一样的地方是，在实验中被试需要被功能性核磁共振仪（fMRI）检查脑像。这个实验有两个引人注意的结果：第一，真被试的从众率是 41%。第二，被试的从众判断是与大脑中控制空间意识部位的高度活跃紧密联系在一起的，而不是与负责清醒的决策判断的大脑部位联系在一起的。实验者认为，结果表明了这些群体在实验中改变了被试的认知，而不是被试的行为。

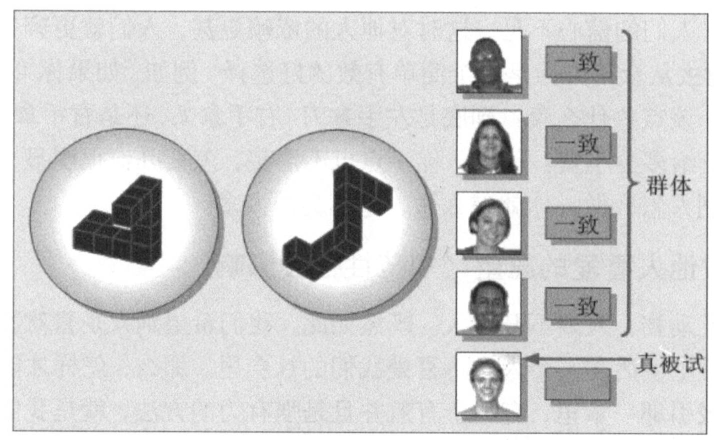

图 11-6 心理旋转实验材料的从众实验

虽然信息性社会影响与规范性社会影响都能支配人们的行为，使人们从众，但是它们的效果是有差异的。信息性社会影响要比规范性社会影响更强有力，效果更加持久。这是因为信息导致的影响是内在的，能让人们产生内心接受，让人们信服，所以这次这样做了，以后还会这样做。而规范性社会影响并不需要人们认为自己这样做是不是对的，而是别人希望怎么做，人们就怎么做。从某种程度上讲，人们是被迫去做的，并没有从内心去接受，没有让人产生信服。一旦这个外界的压力不在了，人们很有可能恢复原样。

四、影响从众行为的因素

（一）群体因素

1. 群体规模

群体规模的大小对个体从众行为的影响，不同的研究得出的结论并不一样。

首先是实验室的实验研究，阿希（1956）重复他的经典实验，但不断变换了假被试的数量，看真被试的从众率会有什么变化，发现安排三个假被试时，真被试的从众率明显大过安排两个假被试的时候；安排四个假被试时，真被试的从众率略微比安排三个时大；但安排五个假被试时，真被试的从众率却略小于四个假被试的时候；以后如果再增加假被试的人数，从众率不会再有增加了。总体上看，当有四个假被试时，引起了真被试最大的从众行为。具体情况如图 11-7 所示。

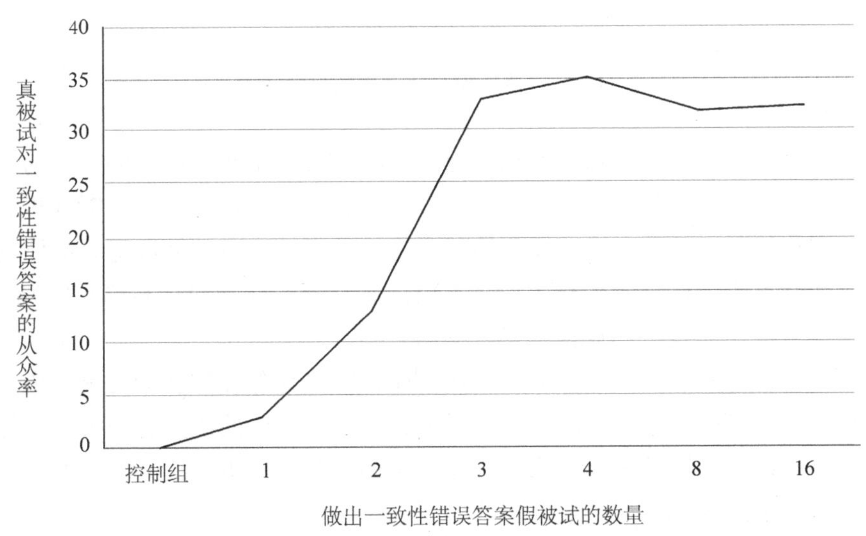

图 11-7 群体规模与从众率的实验室实验

（改编自 Jeff Greenberg, Toni Schmader, Jamie Arndt, Mark Landau. Social Psychology The Science of Everyday Life[M]. New York: Worth Publishers, 2015: 243）

但米尔格拉姆（Stanley Milgram）在 1969 年做的自然实验，却得出了不同的结论。他安排助手来到纽约曼哈顿的第四十二街上，让助手停下来抬头望着街对面一幢高楼第六层的窗户，看经过的行人是否也跟着抬头望，以及当助手的数量变化时，行人的从众率有何变化。一个重要的发现是助手越多，引起行人的从众率也就越大。当只有 1 个助手凝望窗户时，路过的行人停下来跟着望的比例是 42%；5 个助手一起抬头望时，路过的行人跟着望的比例增加到了 80%；15 个同谋助手一起抬头望时，从众率增加到了 85%（如图 11-8 所示）。另外，尽管随着群体规模以及相应的压力增加，但在超过某个点之后，从众率并没有呈线性的增加。

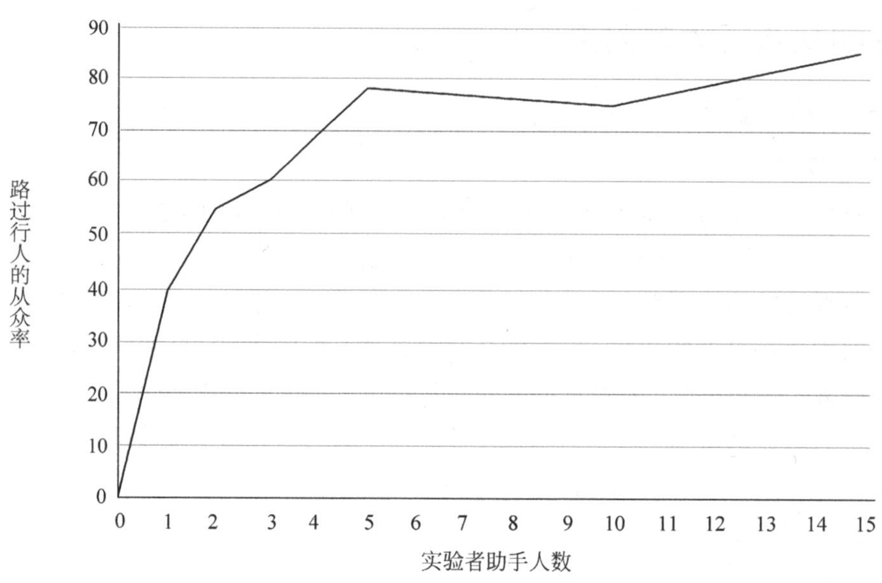

图 11-8　群体规模与从众率的自然实验

另外，坎贝尔和费尔雷（Jennifer Campbell and Patricia Fairey, 1989）认为，群体规模与从众率的关系还会受到判断任务的影响。比如，有些非常主观的判断任务，如对艺术、音乐的审美问题，以及在特定场合的某些行为是不是合适的问题等，群体规模与从众率就会呈线性关系：群体规模越大，人们就会越从众。而相对比较简单的判断任务，虽然人们也会从众，但是群体规模的影响有限。

综合来看，因为米尔格拉姆做的是自然实验，所以其外在效度会更高，离真实的社会情境更近。也就是说，随着群体规模的增大，对个体形成的压力也越大，个体的从众率也会更高。但群体规模及其压力大到一定程度时，从众率并不会再显著增加。

2. 群体意见的一致性

对从众率影响更大的是群体成员意见的一致性，在阿希的线段判断从众实验范式中，做了一个安排有九个假被试的实验，然后让其中一个假被试表达了与其他假被试不同的意见，就轻易破坏了其他更多假被试能够对真被试形成的压力，使真被试的从众率不到 5%。而且有趣的是，这个不一致的假被试并不需要在实验中说出正确的答案或表现出突出的自信与智力。这是因为只要有一个人打破了多数人的意见，参与者就会感觉到表达自己的观点的授权（Allen and Levine, 1969）。知道自己并不孤独，会让自己更加坦然并获得更大的勇气。因此，很多组织都会对第一个异见者十分严苛，以免让更多的其他成员漠视多数人的意见。

3. 参照群体

影响个体从众率的因素还有个体对这个多数人形成群体的认同程度。如果个体对这个群体非常认同，那么，这个群体就是个体的参照群体，按照社会认同理论的观点，参照群体会对个体的态度与行为产生深刻的影响，无论是信息性的社会影响还是规范性的社会影响，都是如此。我们对参照群体有更多的信任，我们也更希望从参照群体那里获得我们想要的赞许。西奥多·纽科姆（Theodore Newcomb, 1943）通过一个非常经典、独具价值的从众纵向研究证明了这一点。20 世纪 30 年代，纽科姆追踪了美国一所大学新生的政治与经济态度，这所大学叫本宁顿学院（Bennington College），是一所私立的女子学院，学生的家庭背景基本上是富裕而保守的，但这所学院的教职工以及高年级的大学生却十分自由激进。纽科姆通过研究发现，原本来自于富裕、保守家庭的大学新生，随着年级的增加，也变得越来越自由激进了。到了 20 世纪 60 年代，纽科姆还进行了一个追踪研究，发现本宁顿学院在 25 年前甚至更早以前形成的自由激进态度依然保留下来了。

一个有趣的发现是，有少部分在学校生活中不善交际的大学女生在整个大学期间仍然持有的是保守的政治与经济态度。纽科姆意识到其中的差别原因是，形成了自由激进态度的大学女生是把大学校园当做是自己的参照群体，而持有保守态度的大学女生，其参照群体还是自己的家庭及其亲朋好友。

4. 群体凝聚力

群体凝聚力是群体成员被吸引在一个群体中，想要归属在这个群体中的程度。群体凝聚力越大，群体成员就对群体规范越加遵从。这并不惊奇，因为我们对作为一个群体成员的身份越看重，我们就越想被其他群体成员所接纳，我们就越不想做那些可能会导致我们与其他群体成员分离的事情。现在中国一些顶级富豪形成了他们的协会，会员费高达数十万元，每年会有一些活动，富豪轮流做东，会员们一般都不会缺席，生怕不被这个协会认可，而且参加活动时一般都不会迟到，迟到者会自觉上交两万元的迟到费。

（二）情境因素

1. 任务的性质

从众率的大小与参与者从事的任务本身有关系，任务越复杂、越模糊难定，从众率就越大。阿希实验中要参与者做的是线段判断任务，这个任务相对而言比较简单，也比较清晰，从众率是 33%左右。而伯恩斯那个要参与者做的“心理旋转”任务，难度明显要大一些，其从众率到了 41%左右。

2. 从众行为的公开性

如果人们的观点需要公开表达，难免要考虑别人对自己的看法，他人对我们有更多的影响，这时人们就会更加从众。否则，我们的观点无须公开表示，我们会更加遵从内心的准则，这时的从众率应该会较低。阿希（1957）后来在一个变化了的实验里，让参与者可以选择大声报告，也可以选择把判断答案写在纸上。当然，假被试会选择大声报告，真被试在选择把答案写在纸上时，其从众行为下降了很多，12 次实验里平均只有 1.5 次出现了从众行为。

3. 权威人士的影响力

在模糊情境中，我们会更加依赖有关专家。假如你在一幢建筑物中遭遇火灾，你不太会听身边普通人的劝告，而是会听从这幢建筑物消防员的指导，哪怕他是业余的。

（三）规范的性质

群体规范，可以是正式的，也可以是非正式的。法律、组织的规章制度等是正式的群体规范。下飞机推行李车时，不要把行李车推到车道上去，这是非正式的规范。规范可分为命令性规范（injunctive norms）和描述性规范（descriptive norms）。命令性规范明确了在特定情境中什么事情该做和什么事情不该做，命令性规范对符合规范的行为承诺奖赏，对不符合的行为实施惩罚。例如，考试不能作弊，就是一条命令式规范。相反，描述性规范则无论其他人是否认同这一行为，它关注的是人们对某一特定情境中真实行为的知觉，是指在特定情境中多数人会怎么做的规范，这些规范通过告诉人们在这些情境中多数人是怎么做会更有效或更合适的来影响人们的行为。例如，我们都知道乱丢垃圾是不对的（命令性规范），我们也知道人们可能会这样做的时间和场景（描述性规范），比如在观看足球比赛时把花生壳丢在地上或者在看完电影后把垃圾留在座位上。这两种规范都能影响我们的行为，而且从逻辑上讲，命令性规范的作用应该大于描述性规范的作用。

但是很明显，在许多场合人们并没有遵守命令性规范。在学校里，还是有学生作弊；在道路上，个别司机在实线变道、超速行驶、闯红灯。一个重要的问题是，这两种规范到底是怎样影响人们的行为的？什么时候命令性规范才能真正地影响人们的行为？什么时候命令性规范才可能被遵守？查尔迪尼等（Cialdini et al., 1990）发现，无论是哪种规范，只要是明显被人们意识到的，都能影响人们的行为，进而提出了一个规范聚焦理论（normative focus theory）来解释这个问题，这个理论认为特定情境中显著的规范才能影响人们的行为。

换句话说，在特定情境中，人们只有想到了相应的规范，并且认为是与他们的行为相关的，规范才会起作用。这初看上去似乎是一目了然的，但实际上人们经常没有意识到规范的存在，尤其是有时人们过于害怕或过于尴尬，而不能公开地表达他们真实的思想、感情和行为。“人众无知”（pluralistic ignorance）就是一个典型情况，人多的时候，很多人忘了自己的责任感和正确的价值观，而没能做出正确的选择。

查尔迪尼（Cialdini et al., 1990）做了一个实验，研究者要助手去公园向游客分发传单，并且在公园的不同地方制造了数量不等的垃圾，意为向游客表明别人在此地先前是怎么做的（描述性规范）。结果是：垃圾越多的地方，游客越可能把手中的传单丢弃在地上。不能说游客不知道“不能乱扔垃圾”的命令性规范，但在此刻却难以让游客明显地意识到。相反，有人在此地乱扔垃圾的描述性规范倒是很醒目。所以，人们能不能意识到，以及意识到了什么，会决定人们接下来的行为，规范聚焦理论是有一定的道理的。

这就提醒我们，使用规范去改变人们的行为有一定的危险性，如何发布规范的通告是有讲究的，好规范还需要好的通知才能发挥出好的作用，否则会适得其反。例如，2000年，美国亚利桑那州的硅化木森林国家公园有一条向游客宣传的醒目招牌，招牌上写道："每天都有人一次一小块地偷走你们优秀的硅化木遗产，每年损失高达14吨。"尽管这块招牌传递了偷硅化木是错误的命令性规范，但也暗示了有很多人偷硅化木的描述性规范，这块招牌上的命令性规范和描述性规范都很醒目。查尔迪尼等（2006）就来此做了一个实验，在公园的不同地点放置了两块不同的招牌，一块招牌只强调命令式规范："请不要从公园里拿走硅化木。"另一块招牌则只有描述性规范："以前有很多游客从公园里拿走硅化木，破坏了硅化森林的生态。"然后，通过测量这不同地点经过巧妙标记而难以被人发现的硅化木被偷的数量来看其作用的大小。结果，原来那块招牌处有3%的硅化木被偷，命令性规范招牌处的硅化木同比被偷了1.67%，描述性规范招牌处的硅化木同比被偷了7.92%。因此，当要劝告人们不要做坏事时，一定要小心不要提醒人们有很多人做了这种坏事。

（四）个人因素

1. 人格特征

从阿希的实验中看出，在同样的情境中，有些参与者从众了，有些却始终没有从众。这可能与人格特征有关，即有些人要比另一些人更容易从众。研究表明，那些低自尊者、有很强的社会支持或社会赞许需要者、有社会控制的需要者、低智力者、在群体中有较强的自责感和不安全感的人、低社会地位感的人和权威主义者更容易从众（Costanzo, 1970; Crutchfield, 1955; Elms and Milgram, 1966; Raven and French, 1958; Stang, 1972）。

2. 性别差异

总体来说，女性要比男性更从众。原因如下：

从进化的角度来看，为了繁衍出高质量的后代，人们不能近亲结婚，一般结婚双方相距越远子女的质量就越高。在这个过程中，经常是女性离开原生家庭，所谓"远嫁他方"。可想而知，女性到了夫家，肯定是弱势的一方，只有尽可能地对夫家人察言观色，言听计从，才能安身立命。所以，女性先天得从众才行。

从社会文化的历史来看，世界上大多数国家与社会都形成了男尊女卑的传统文化。在日常生活里，男女的性别角色是不同的，男性处在一个更高的社会地位上，比女性拥有更大的权力，男性承担的是"影响者"的角色，而女性承担的则是"被影响者"的角色。对此，克雷奇（Krech, 1962）有描述，他说女性的角色是要"秉持传统的价值观……要依赖群体，服从男性，为了群体的和谐避免有与他人的异见"。而典型的男性角色行为是"要注重自我效能，要能自我决断，保持思想的独立性"。因此，在社会化的过程中，对女性的教育与期望也是要更从众一些。性别刻板印象的研究也表明了这一点。

从心理特征上看，在面对从众压力时，尤其是在大庭广众里被监督的情况下，女性要比男性对外在的情境线索更敏感。当女性被要求公开表达她们的观点时，她们就会比男性更加容易从众。

但是具体而言，情况就复杂了。依格里和卡利（Eagly and Carli, 1981）对一共有两万多名参与者的 145 个不同的相关研究进行了元分析，结果表明在从众方面的性别差异很小，女性只是稍微比男性更容易受到社会影响。

其他研究则进一步探究了导致在从众方面有性别差异的具体因素——如果有的话。首先是“何时”，研究发现无论男女，只要是当他（她）们处于模糊的情境中很难进行正确的判断时，都容易受到社会影响。另外还要看是哪方面的事情，如果问的是足球和战争游戏等男性熟悉的事情，女性就比男性就更从众；如果问的是家庭生活和时装设计等女性熟悉的事情，则男性要比女性更从众。西斯特伦克和麦克戴维（Frank Sistrunk and John McDavid, 1971）的研究发现，如果男性和女性对实验中的情境和材料同样熟悉的话，他们的在从众方面的差异就消失了。贾瓦尼斯基（Javornisky, 1979）也在做了一系列非常仔细的实验后发现，女性比男性有更多的从众行为主要发生在以下两种情况：第一，任务是男性熟悉的；第二，实验者是男性。

3. 文化差异

在不同的文化背景下，人们的从众率会有所不同吗？史密斯（Smith et al., 2006）等调查了使用阿希的从众实验范式在不同文化背景下参与者的从众情况，发现差异很大，例如比利时大学生参与者的从众率为 14%（Doms，1983），斐济的教师参与者的从众率为 58%，平均的从众率是 31.2%。研究发现，在个人主义文化盛行的北美以及西北欧的参与者从众率较低，是 25.3%；而在集体主义文化的非洲、亚洲、大洋洲以及南美的参与者从众率较高，是 37.1%。

在集体主义文化或互依文化里的参与者有较高的从众率并不令人惊奇，因为这样的社会认为从众是合适的，受到赞许的，从众是社会的黏合剂。让我们感到惊奇的是，个体主义文化中的参与者，其从众率也不低。在个体主义文化盛行的西方国家，尽管从众被普遍认为是个贬义词，但人们在群体规范面前却还是难以抗拒。

五、不从众及其原因

迄今为止，社会心理学的研究似乎给我们以这样的印象，从众的压力是非常巨大的，让人无法抗拒，但实际上并非如此。即使在阿希的实验里我们也看到了，不是所有的被试在所有的时间里都会从众，更何况还有些被试自始至终都没有一次从众行为。很多人不会对所有的社会规范都遵守，至少会在某些时候抗拒社会规范。在现实生活中，我们看到一些人的装扮与众不同，是“非主流”。回顾 2016 年美国的总统大选，很多人还记得这次竞选过程中不同寻常的一幕，美国共和党参选人唐纳德·特朗普（Donald Trump），是一个身兼地产大亨、真人秀主持、“美国小姐”选美主席等多重身份的美国亿万富豪，而且此前，特朗普没有担任过公共职务。他在竞选过程中经常口无遮拦，甚至出言不逊，各种观点匪夷所思，被叫做“大嘴”特朗普，他与传统的美国政客们圆滑精明的表现大不相同，居然支持者众多，尽管竞选之路颇为坎坷，但 2016 年 11 月 9 日，唐纳德·特朗普已获得了 276 张选票，超过 270 张选票的获胜标准，当选美国第 45 任总统。特朗普赢取这次美国总统竞选的事实表明，像特朗普这样的“另类”是有相当一部分人支持的。

因此，从众的压力并非是不可抗拒的，人们有时就是不从众。不从众指的是个体明显感受到了来自于周围他人的压力，却始终在行为上不与大家一样的现象。那么，为什么人们会不从众呢？

（一）权力的底气

在我们的社会里，有一些人是“巨头”，比如政治领袖、将军、商业大亨等，他们拥有巨大的权力，他们比普通人更欣赏与追求自由。因为他们是规则的制定者（或至少他们可以改变规则），他们制造情境，而不是被情境所模塑。所以他们免于——至少可以抗拒——社会影响。是这样吗？一些社会心理学家认为是的，例如，凯特纳、格伦菲尔德与安德森（Keltner, Gruenfeld and Andeson, 2003）就注意到了对大多数人的思想、情感和行为有影响的限制条件对强力人物就不太管用。因为第一，强力人物更少依赖他人来获取社会资源，其结果就是，他们不用太在乎他人的威胁，不用担心他人会限制他们的行动。第二，强力人物不太采用他人的观点，故不会受到他人的影响。相反，他们的思想与行为更多的是遵从他们内心的状态。总之，情境的信息很少能对他们的思想和行为产生影响。

噶林斯基等（Galinsky et al., 2008）做了一系列实验来证明这点。他们发现，人们如果拥有权力，或者仅仅是启发他们想象一下自己拥有权力，他们都会更少从众。例如，在一个实验中，参与者被要求想象在一个情境中比他人拥有更多的权力（高权力组），或参与者被要求想象在一个情境中他人比自己拥有更多的权力（低权力组），还有一组参与者不作权力有关的想象（控制组）。接下来每一组参与者都要求完成一项非常单调乏味的组词任务，然后对任务进行评估。在此之前，他们得知另外 10 位学生在两个维度上都对这项任务评价很高（控制组不给他们提供这个信息）。结果是，高权力组要比低权力组和控制组对任务的评价更低。也就是说，高权力组的参与者更不容易受到他人的影响。

（二）让异性青睐——至少对男性而言

人们对男性的性别刻板印象有独立的、决断的、自主的、冒险的等，对女性的刻板印象则基本相反。一般而言，典型的男性和典型的女性更容易受到异性的青睐。对男性来说，如何表现出典型的男性特征呢？一条途径就是，不从众！不从众的男性会得到女性很高的评价，更容易受到女性的青睐，从而更有机会与女性发展成为约会的关系，但是女性则相反。因此，如果有机会，男性就会选择不从众。

在一系列精巧的实验里，格里斯科维奇斯（Griskevicius, 2006）和他的同事们为上述理由提供了支持。在一个实验中，他们激发参与者的约会动机（让参与者想象与有魅力的异性相遇），然后设置一个情景可以让他（她）们表现出从众或独立，结果是男性表现出了更少的从众，而女性则表现出了更多的从众。也就是说，在约会情境中，男性和女性都表现出了与其性别刻板印象相符的行为。由此来看，人们既有强大的理由从众，也有强大的理由不从众。虽然从众的社会压力非常巨大，但是并非不可抗拒。

（三）独特的欲望

日常生活中，"人云亦云""没有个性"等是贬义词，虽然我们在大多数时候穿得和别人一样，说话的方式和内容和别人一样，行为也和别人一样，但是出于自尊的需要，我们总觉得自己是独特的。这种"别人和我是一样的，我和别人是不一样的"的自我感觉表明，人们普遍具有独特的欲望与动机。社会心理学家推断，一旦人的这种动机受到威胁，就会抗拒从众的压力来维持这种动机。

英霍夫和厄博（Imhoff and Erb, 2009）做了一个实验来证明这点，他们请参与者来填人格特质问卷，然后对一部分参与者进行反馈，说他们在这些人格特质上"表现平平"，对另一部分参与者不予反馈。这样做就对第一组参与者的独特感造成了威胁。接下来，安排他们讨论一个度假地点的问题，大多数人认为附近的一个湖是度假的好地方，看参与者如何评估这个地方。结果是第一组参与者要比第二组更不从众。

第三节　众　　从

从众是多数人对个体的影响，这个影响是很大的，甚至大到超出了我们的预料。所以，自 20 世纪 50 年代以来，从众现象引起了社会心理学家的极大兴趣，从众得到了广泛深入的研究。到了 20 世纪 60 年代中后期，首先是在美国，继而在世界很多地方出现了风起云涌的反战运动、反种族歧视运动和妇女解放运动等，当时的人们极力争取自由与民权，反抗威权，一时间竟成风尚。这些现象引起了学者的思考：少数人能够对多数人产生影响吗？能产生多大的影响？具体情况如何呢？对此进行研究的有一位领军人物，法国的瑟吉·莫斯科维奇（Serge Moscovici et al., 1969; Moscovici, 1980），他开拓性地研究了少数派影响（minority influence）。

一、众从概述

（一）众从的研究

1969 年，莫斯科维奇等（Moscovici et al., 1969）做了一个与阿希类似的实验，告诉参与者是做一个颜色判断的实验，实验者用幻灯片在幕布上向参与者显示一些颜色，要求参与者大声回答显示的是什么颜色。

真被试（共有 4 名，组成了多数派）不知道的是，参与者中有两个（构成了少数派）是实验者的助手（假被试），他们按照实验者的要求故意做错误的回答，比如，把蓝色说成是绿色。实验分为两种情况：一种是假被试回答前后不一致，具体是呈现三次蓝色时，把前两次故意说成是绿色，但第三次说是蓝色；另一种是假被试回答前后均一致，即三次呈现蓝色时都故意按照实验者的指示说成是绿色。结果显示，在假被试前后回答一致的情况下，有 32%的真被试都至少有一次跟着假被试说错了颜色；在假被试前后回答不一致的情况下，有 8.42%的真被试说错了颜色。另外，在没有少数派干涉的控制组里，颜色判断错误的比例是 0.025%。由实验可见，少数派能够对多数派产生令人惊奇的强大影响。

尽管少数人对多数人的影响小于多数人对少数人影响，少数人与多数人抗衡，经常是多数人获胜，但实验证明了少数派确实能对多数派产生影响。多数人对个体或少数人的影响称之为从众，那么，少数人对多数人产生的影响，就称之为众从（minority influence）。众从指的是在一个群体中，个体或少数派成员持有与多数派成员不一样的意见，尽管冒着被多数人排斥与骚扰的巨大风险，却最终改变了多数人的态度与行为的影响过程。

在人类历史的进程中，众从的情况不胜枚举，甚至美国的思想家爱默生（Ralph Waldo Emerson）曾经这样说过："人类历史是由少数强人写就的。"这是很有道理的，纵观哲学、科学、艺术、宗教、政治等领域，个人以及少数的运动深刻地改变了历史的进程：荷马、柏拉图、孔子、摩西、耶稣、穆罕默德、哥白尼、伽利略、马克思、达尔文、爱迪生、甘地、巴斯德、弗洛伊德、爱因斯坦、孙中山、毛泽东等，这个名单还可以很长，他们刚提出其观点与主张时，并不被人看好，甚至遭到了异口同声的反对。然而，随着时间的推移，这些巨人抵御住了各种非难，使得他们的观点与主张被大众接受，深深地影响了历史。

1957 年，美国米高梅公司拍摄了一部非常经典的电影：《十二怒汉》（*12 Angry Men*）。生动地描述了众从的影响，剧情如下：

法庭上，对一个被指控杀害父亲的十八岁男孩的宣判正在进行，而最后的审判还需要考虑此次由十二个人组成的陪审团的意见。

这十二个人各有自己的职业与生活，他们当中有巧舌如簧的广告商、仗义执言的工程师、毫无见地的富家子、歧视平民的新贵族、性情暴躁的老警察、精明冷静的银行家、赶时间的推销员。每个人都有自己思考和说话的方式，但是除了亨利·方达扮演的工程师戴维之外，其余的人都对这个案子不屑一顾，在还未进行讨论之前就早早认定男孩就是杀人凶手。

一切的证据都显示男孩是有罪的，大家觉得似乎毫无讨论的必要。但第一次的表决结果是 11 对 1 认为男孩有罪，按照法律程序，必须是一致的意见、也就是 12 对 0 的表决结果才会被法庭所采纳。

首先站出来赞成无罪的是戴维，由于戴维的坚持，也随着对三个关键证据的科学推测，赞成无罪的氛围开始在其他十一个陪审员之间扩散。对男孩是否有罪的表决也开始出现戏剧性的改变：11 对 1、9 对 3、8 对 4、6 对 6、3 对 9、1 对 11。

最后，通过了各种不同人生观的冲突，各种思维方式的较量，所有的陪审团员都负责任地投出了自己神圣的一票。终于，12 个陪审员都达成了一致意见：无罪！

（二）众从的原因

为什么少数派能够对多数派产生影响？

带着自己的实验结果，同时考察了一些历史人物像伽利略、弗洛伊德等在现实情境中是怎样逆转了当时的一些共识之后，莫斯科维奇（Moscovici, 1980）提出了皈依理论（conversion theory）来解释人们是怎样以及为什么会从受多数人影响变成受到少数人影响这一现象的。按照莫斯科维奇的说法，人们普遍地想要遵从多数人的群体，他们跟随多数人的观点时并没有对多数人形成的观点本身进行仔细考虑。但是，少数派的情况就大不一样了，莫斯科维奇认为，人们虽然普遍上并不想跟随少数派，但是少数派那特立独行的观点却能更好地抓住人们的注意力。其结果就是，人们会对这种观点进行深入思考，思考得越深入，人们的态度就会改变越多。

莫斯科维奇的皈依理论与社会认知里的自动加工和控制加工的双重加工理论很相似，多数派影响是以一种相对来说自动化的形式起作用的，特别是在面对一件对我们来说无关紧要的事情的时候，大家怎么做，我们就怎么做，并不会对此进行深入的思考。但是少数派的影响就不一样了，他那奇怪的观点不能不引起我们的深入思考，这时我们进行的是控制加工。皈依理论还与前述的规范性影响和信息性影响相似，多数派影响主要是规范性影响，而少数派影响更多的是信息性影响。皈依理论也与佩蒂和卡乔波（Petty and Cacioppo, 1986）的精细加工可能性模型（ELM）相似，多数派影响主要是边缘途径作用的结果，而少数派影响更多的是中央途径作用的结果。皈依理论亦与社会认知里说的启发式加工和系统性加工相似，多数派影响主要是启发式判断的结果，而少数派影响更多是系统性加工的结果。

马丁（Martin, 2007）和他的同事们的研究表明，对信息进行深入的控制加工，会导致人更多私下态度的变化，而这又能更好地引领人的行为。如果对信息只是自动化地加工，所引起的态度变化只是表面、肤浅的，而且这种变化的持续时间很短，其对行为的影响也更少。由此，马丁和他的同事们推断到，少数派影响引起的信息加工更加精细，它会形成更强与更持久化的态度，并对行为有更好的引领。相反，多数派影响引起的信息加工是表面化的、肤浅的，相应形成的态度更弱，对一个人行为的影响不大。

为了验证上述想法，马丁他们做了一个实验，在实验中向大学生参与者呈现证据，说大学生加入学生会需要交纳会员费，这些证据一部分是由少数派向参与者呈现的，另一部分是由多数派向参与者呈现的。研究者还测量了参与者觉得这事与自己相关的程度，因为先前的研究认为事情与自己高度相关时，人们会对此进行精细的加工（Petty and Cacioppo, 1984）。研究也证明了这一点，无论是少数派影响还是多数派影响，只要参与者觉得事情是与自己高度相关的，就会对此事进行精细的加工。只有当参与者觉得事情与自己是低相关时，信息是源于少数派影响还是多数派影响才有差异。此时，受少数派影响说要付费加入学生会的那部分参与者要比受多数派影响的那部分参与者形成了更强的态度，实际上他们更可能在劝说大学生要付费加入学生会的请愿书上签字。马丁和他的同事们解释说，当由少数派呈现证据时，参与者进行了更多的信息加工，并进而形成了更强、更持久的态度，对行为有更大的影响。

然而，按照社会认同理论的观点，在群体中少数派成员如果持有异见，会让其他多数派成员产生少数派是异类的感觉，招致多数派成员的敌意与歧视，进而对少数派的观点充耳不闻，简单粗暴地拒绝接受少数派的意见，那么，少数派的影响就不会有效果。考虑到此，埃德温·霍兰德（Edwin Hollander, 1958）推荐了与莫斯科维奇不同的途径，他认为少数派影响要有效果，首先少数派成员要做到让多数派成员接受自己，具体做法就是先要顺从多数派，以建立起他们对自己的信任，让多数派成员感觉自己是与他们属于一个群体的，然后再提出自己的异见，这样的话，少数派影响的效果会更好。

并且，人们如果采纳了少数派的意见，会招来他人的讨厌（Nemeth, 1979），他们自己也知道这一点。这也可以解释所谓的“少数派缓慢效应（minority slowness effect）”，也即当人们被问及有关对体育运动、政治、名人以及社会问题等的态度时，那些要采用“非主流”观点的人会更慢地呈现他们的意见（Bassili, 2003）。

然而，少数派所呈现的是人们对一些问题苦寻不得、与众不同、意义非凡的观点，人们会从中获益良多。当人们深思少数派提出的证据以及为什么他们要提出这样的证据的时候，人们也会从少数派的视角来思考问题，就能产生新思维和创造性。穆基·法伊纳和他的同事做了一个实验，要意大利佩鲁贾的大学生们设法为他们的城市提高一下国际声誉发表看法，实验者首先向大学生们出示了两张佩鲁贾有历史意义的照片，一张是执政官大厦的照片，一张是伊特鲁里亚拱门的照片，告诉他们经过对市民的调查，多数市民（或少数市民）认为采用其中一张照片进行市场营销更能提高佩鲁贾的国际声誉。当提供由少数市民提出的提高城市国际声誉的论据时，大学生们表达了更有创意、更加独特的观点。

（三）影响众从的因素

那么，少数派在什么情况下才能有效地影响多数派呢？

研究表明，少数派要真正对多数派产生影响是有一定的限制条件的。第一，少数派要坚定他们的观点或行为，如果摇摆不定，或少数派成员之间有分歧，其对多数派的影响就会大打折扣。因为少数派对其不一样的观点坚定不移，所以他们给人的感觉是信心满满的（Moscovici et al., 1969），是不会妥协的（Wolf, 1979），而且是能力超强的（Nemeth, 1986）。这时多数派成员就会对自己不够自信，从而对自己原有的判断产生动摇，就有可能认为少数派的看法是对的，进而与少数派观点一致。这是少数派能对多数派产生影响的决定性因素。第二，少数派成员要有开放、公平公正的心态，以显示自己那种“吾爱吾师，吾更爱真理”的做派，而不是一个简单疯狂的顽固分子。要避免死板地、教条式地呈现自己的观点。机械地呈现观点，其影响力是不如灵活多样地呈现观点的。第三，少数派顺势而为也很重要，在条件不成熟时提出的观点，其影响力是有限的。

二、从众与众从的心理机制

（一）双过程模型

双过程模型认为，从众与众从的影响机制是不同的，从众影响的是在公开层面（public level），而众从影响的是在私下层面（private level）。

具体来说，人们从众主要是基于公开的压力，私下里却经常不会接受多数人的观点。从阿希的实验可以看出，如果不从众会让人产生焦虑甚至害怕的情绪，从而给人形成了巨大的心理压力。然而，一旦这个外在的压力移除，人们就会回归到原有的信念。在双过程模型里，从众更多的类似于前面所说的规范性影响，其持续的时间不长。

按照双过程模型的说法，众从能使人们深入地考虑、全面地评估少数派的观点，多数人最终与少数人形成一致是由于他们改变了自己的观点，众从更类似于前面所说的信息性影响，其影响的结果会更加持久。

（二）单过程模型

双过程模型认为从众与众从影响的心理机制是不同的，单过程模型却认为它们的心理机制其实是一样的。拉塔涅（Latané, 1981; Latané and Wolf, 1981）首先提出了社会影响力理论（social impact theory）来同时解释从众与众从，认为社会影响过程是强度、接近性和影响源的数量共同作用的结果。这个模型可以用一下公式来描述：

$$\text{Influence} = f(\text{SIN})$$

这里的 S 是指影响源的强度，I 是指影响源的接近性，N 是指影响源的数量。

拉塔涅把社会影响过程的机制用灯泡的照明效果来打了一个比方。例如，如果把一个 50 瓦的灯泡放在离墙面 5 米远的地方，得出墙面照度。现在把这个 50 瓦的灯泡放在离墙面 2 米远的地方，距离更加接近，墙面的照度就会增加。同样是在 5 米远的地方，把灯泡换成 100 瓦的，强度增加了，那么墙面的照度也会增加。还在 5 米远的地方，如果把灯泡的数量增加到 3 个，墙面的照度也会增加。

按照这个道理，要想增加社会影响力，一是要增加强度。如高社会地位者的影响力会更大，所谓“人贵言重，人微言轻”；增加影响者的专业性、权威性也有类似的效果，等等。二是要把影响的距离尽可能拉近。在现实生活中我们能够体会到，在坐公交车时，如果上来了属于老弱病残的乘客，坐在车厢前面的乘客更有可能起来让座，而不是坐在最后一排座位的乘客。现在科技发达，很多人只通过电子手段如 QQ、微信、短信来提一些要求，不能说没有效果，但是一些对你来说非常重要的要求，最好是当面向对方提出来，你的影响力会更大，效果应该会更好。这里的接近性在社会影响过程中不仅指的是物理的距离，还有心理距离，比如在影响对方的过程中，亲切真诚的面容与适中的语气要比僵硬苦愁的面容及强硬的语气效果要好。三是要增加影响的数量，一次劝说的效果没有两次好，两次劝说的效果没有三次好。关于影响源数量的效果，拉塔涅认为不是呈线性关系的，同样是增加一次，在第一次的基础上增加到第二次，要比在第 100 次的基础上增加到第 101 次的效果要好。另外，影响数量与效果的关系总体上会是呈一个倒 U 型的关系，即到了一定的数量后，再增加影响的数量其效果反而会下降，这是需要注意的。

可以用单过程模型即社会影响力理论来同时解释从众与众从。拉塔涅认为众从之所以有效果，主要是依赖在影响的强度和接近性上，如前所述，少数派的坚持不懈、坚定不移、决不妥协的做法能够提高影响强度，其观点让人深思则在接近性上提高影响。而从众的效果主要是体现在影响源的数量上，依靠人多势众让人屈服。

第四节 依 从

无论是从众还是众从的情境，都牵涉到了群体的因素，而在从众的过程中，多数人对个体经常形成的是暗含的压力，人们遵从了这些隐蔽的群体规范。然而，在现实生活中，更多的一种社会影响的情况是，一个人向另一个人提出明确的请求，希望这个人能够满足自己的请求。比如，商家想要你买他的产品，父母要孩子听话，等等。这些请求的提出方式可能是直截了当的，如我们有急事，要穿过人群，我们会急切地说："请让让！"有的时候可能是拐弯抹角，挖空心思，然后才提出请求。例如人们需要借钱时，一般先嘘寒问暖，东扯西拉，最后才语气谦卑地说："请帮我一个忙好吗？"上述的社会影响情况，就与依从有关。

一、依从概述

（一）依从的定义

依从（compliance），是指因被直接提出请求而发生行为改变的现象。依从与从众不同，首先，从众是群体对个体或少数派而言的，而依从一般是个体对个体而言的；其次，从众对个体形成的压力是个体主观感知到的，有时候并不明确，客观上这个压力也许不存在。但依从中请求的提出是明确无误的。依从与众从的差异也有类似。依从与下一节的服从也不一样，主要区别是在社会地位上，依从既可以是下级对上级，也可以是上级对下级，更多的情况中双方的社会地位是相同的。但服从就明确指的是上级对下级的影响。

（二）依从研究的意义

依从在社会生活中的发生十分普遍，每个人都会在一些时候和一些情境下要设法让别人依从。当然，每个人也有依从别人的时候。依从研究的意义主要是为了得出到底要采取什么手段和方法才能使别人接受请求。是威胁、允诺、欺诈还是提供一个理由更有效？或是暗示、哄骗、生气、谈判、摆架子的手段更管用？很多时候，依从的策略要依我们欲影响的对象、与对方关系的现状、我们的人格，甚至文化以及请求的性质来定。

社会心理学经过对社会生活的考察及实验研究，目前已总结出一些精妙有效、普遍适用的关于依从的方法，一旦落入了依据这些方法所设的圈套，很容易依从对方。

二、特殊的依从策略

（一）利用心不在焉的依从策略

我们想要使别人依从，总觉得要绞尽脑汁地使尽手段、注重方法才会奏效。但是，有时候只需讲出请求的话，而无论这话有没有道理，就能使别人依从。

艾伦·兰格（Ellen Langer, 1978）和他的同事做了一个实验，实验者来到一个图书馆的复印处，人们在排队等待复印资料，实验者要求插队，插队的请求分为三种情况。第一种请求是："对不起，我有五页纸需要复印，可以使用一下复印机吗？"第二种情况加了一句"因为我很忙"，变成了"对不起，我有五页纸需要复印。因为我很忙，所以可以使用一下复印机吗？"当参与者觉得实验者有理由后，更多人（94%）闪身到一旁，让实验者先复印。相比参与者觉得实验者没有理由时，只有60%的参与者让实验者复印了。而第三种情况是这样的，实验者提出了一个理由，但这个理由事实上却站不住脚，参与者听到的请求具体是这样的："对不起，我有五页纸需要复印，我可以使用一下复印机吗？因为我得复印。"如果你仔细看这个请求，就会发现这个请求根本没有提供任何理由。可是，却有93%的参与者依从了！这就好像人们只要听到"因为"这两个字，就等于是扣动了扳机，把依从的行为给激发出来了。兰格解释说，人们的心态经常是处于一种"自动导航"的状况，总是粗略地听一些话，并没有仔细考察话里的意思，听到一些关键词就做出了相应的行为，这就是利用了人的心不在焉（mindlessness）。也就是说，至少是在一些不太紧要的事情上，人们只要听到了一些理由就会依从。

利用人们的这种心不在焉的状态有时易使他们依从，但有时我们想要别人依从却需要打破这种状态。例如，在城市里很多人们对乞讨者的请求也是心不在焉的，根本没有放在心上。所以，乞讨者想要乞讨成功，就得设法让行人注意到自己的请求。为了验证这一假说，桑托斯等（Santos et al., 1994）让助手上街扮演乞讨者的角色，向街上的行人乞讨，乞讨的请求分为三种情况。一种是一般化的乞讨请求，比如说："请给我些零钱吧。"结果是44%的路人答应了。第二种是乞讨者典型的乞讨请求，如"请给我25美分吧。"结果有66%的路人给了钱。而第三种则是非典型的乞讨请求，如"能给我37美分吗？"尽管这个请求的金额更大，按理说难度更大一些，能够讨要到的概率应该会小一些，但第三种乞讨者所讨要的钱的奇怪数量，引起了路过行人的疑问、好奇与注意，打破了他们那惯常的心不在焉的状况，结果是有75%的行人给了钱。在另一个实验中，戴维斯和诺尔斯（Davis and Knowles, 1999）让助手挨家挨户地去上门推销节日卡，在打破了销售对象心不在焉的状态，重组推销语言之后，销售量更大。具体来说，当他们这样说商品价格时："300便士，就是3美元，很便宜的！"要比简单地说商品价格为3美元时卖得更多。

（二）利用互惠规范的依从策略

千百年来，人类形成了许多规范来保障社会的顺利运转，人们也会自觉或不自觉地在这些规范下引导自己的行为，其中一个规范就是互惠的规范（norm of reciprocity）。所谓互惠的规范，从积极的一面来看，就是你对我好，我就对你好。春节的时候，你给我发了一条祝福的信息，我也给你回复一条相应的信息；我在群里收到了红包，然后自己也在群里发个红包让大家高兴。“来而不往非礼也。”从消极的一面来看，就是“以眼还眼，以牙还牙”。你对我不好，我也不会对你客气。当然，我们反对这样做，但也反映了现实生活中人们这种行为的原理。

互惠规范甚至在动物中也有体现，威尔金森（Wilkinson, 1990）发现吸血蝙蝠经过一晚成功地吸到血后，会把血分享给其他蝙蝠，但是是有选择性的，它会回报给那些过去曾经给过自己血的蝙蝠。

为什么我们会互惠？是在长期进化过程中形成的本能？还是别人给了我们好处后，我们就喜欢上了别人？或简单地就是我们得到好处后心情大好？丹尼斯·里根（Dennis Regan, 1971）的实验能够给我们一些解释。

实验者请参与者来参加一个所谓“美学”的实验，其中安排了实验者的同伴，并且训练这些同伴在实验中的每一种情况下让一部分参与者觉得他可爱，而让其余部分的参与者觉得他讨厌。在第一种情况下，这些同伴主动给参与者提供好处，即在休息时离开到外面去，回来时带了两瓶可口可乐，一瓶自己喝，另一瓶给了参与者。在第二种情况下，同伴从外面回来时两手空空的。在第三种情况下，参与者得到了一瓶可口可乐喝，不过不是那个同伴给的，而是实验者给的。然后，所谓的“美学”实验结束后，在每一种情况下，这个同伴都会问参与者是否愿意购买他手中的福利彩票。

里根假设，如果人们帮助他人是因为喜欢他们的话，那么，在这个实验中，参与者就不会帮助那些讨厌的同伴，即使他给自己喝了可口可乐。另外，如果人们帮助他人是因为自己有好心情的话，那么，在这个实验中，参与者应该在自己喝到了可口可乐的时候会给予更多的帮助，而不管这瓶可口可乐是同伴给的还是实验者给的。但实验的结果没有支持以上任何假设；相反，当同伴给了参与者可口可乐喝的时候，有75%的参与者买了同伴的彩票，比其他两种情况下都要多，而且不论这个同伴是令人喜爱还是令人讨厌。这个结果表明了喜爱和好心情并不是互惠的本质因素，进一步证明了互惠本身的强大威力。

人类社会形成的互惠规范根深蒂固，人们如果违反了这一规范，会产生强烈的负疚感，觉得自己欠了一笔很大的人情债，这种感觉肯定让人觉得不舒服，只有把这笔债还清了，心里才会如释重负。因此，有些不良商家就利用人们的这种心理来推销产品。媒体多次报道的一个典型情况就是，一些销售保健品的商家首先给老年人免费体检、免费治病，经常对老人嘘寒问暖，送一些小礼物上门，就打动了老人。一位女士说，她母亲吃保健品都两年了，和那个拉她购买保健品的推销人员都建立了友谊，那个推销保健品的人经常利用一些节日给母亲送鸡蛋、送日历、送雨伞等，意思就是希望母亲再继续购买下去。现在，互惠已经成为销售中的一种策略，杂货店提供一些免费的样品，保险推销者给顾客免费的钢笔、日历，目的就是希望人们能够继续购买他们的产品。

（三）设置圈套：利用连续请求的依从策略

在市场上，无论是商家还是顾客，都不会只提一次要求，而是会连续提出多次的要求来达到他们的目的。社会心理学家根据这样的情况，经过实验研究，总结出了有效的基于多次请求的依从技术。这些技术的第一次请求都是虚晃一枪，第二个请求才是实质性的请求。这些技术的具体情况及其原理归纳如下。

1. 登门槛技术

先看伯格和考德威尔（Burger and Caldwell, 2003）做的一个实验。在第一种情况下，参与者应实验者的要求填写问卷，填写完毕后，实验者问他们是否愿意在接下来的周末花几个小时的时间去为当地的无家可归者进行募捐食物的活动，有32%的参与者答应了。在第二种情况下，实验者问参与者是否愿意在一张关于如何解决无家可归者困难的请愿书上签字，这是一个很小的请求，几乎所有的参与者都签了字。接下来实验者问参与者是否愿意在本周六下午的时候去为当地的无家可归者进行募捐食物的活动，这次有 51%的参与者答应了，依从率显著增加了。

这就是登门槛技术（foot-in-the-door technique, FITD）：在一个实质性的要求提出之前，先提出一个很小的、人们肯定会顺从的要求，就会增加别人对实质性要求的顺从。取名“登门槛技术”，意思是只要通过第一个小的请求先让你的一只脚跨过门槛，你就能让整个身子进到门里来。

有关登门槛技术的实验最早在 1966 年的时候就由弗里德曼与弗雷泽（Jonathan Freedman and Scott Fraser）做过了，以后被多次重复，每次这个技术都得到了验证，表明它是非常有效的技术。那么，这个技术的社会心理学原理是什么？

第一个依据的是自我知觉理论（self-perception theory），其要点就是人们了解自己的心理状况，与了解别人的心理状况是一样的，即都是先观察人的外显行为，再根据观察到的行为去推断人的内部心理。在登门槛技术的实验中，参与者先答应了一个小的请求，做了一件事情（如在请愿书上签字），通过这件事情（即行为）参与者就会内隐地认为自己是一个在这方面有合作、热心态度的人。第二个依据的是认知失调理论，其主要内容是人们在态度与行为之间有保持一致的强烈倾向。在登门槛技术的实验中，即使实验者接下来提出了一个更大的请求，但由于参与者通过实验者第一个让自己答应了的小的请求建立起来的态度，如果自己不答应这个更大的请求，参与者将体会到认知失调带来的不适感。而没有向参与者提出小请求的那组参与者，则没有这种心理历程。登门槛技术就是这样成功的。

2. 虚报低价技术

试想一下下面的情形：你要买车了。因为买车对大多数人来说当然是一件大事，所以你根据自己的经济情况，在不同的 4S 店对中意的某品牌汽车进行了反复比较，对这款车的价格有了基本了解。一天，你来到了某 4S 店，向销售人员问起了这款车，经过一番讨价还价，销售人员答应了你的报价，你心中不禁一喜，因为你知道他给的价格比你了解到的最低价格还少了 8 000 元，你说："就这样吧，我们签合同。"那个销售人员进去了。你乐不可支，因为你马上就可以买到属于自己的梦想之车了，看着样车，你是越看越喜欢。当你还在沉浸于喜悦之中时，那个销售人员脸色难看地出来了，对你说："非常抱歉，我记错价格了，我的经理不同意以那个价格卖给你，他说那个价格太低了，我为你说了很久，经理就是不同意，至少要在那个价格上加 9 000 元才行，这是我能争取到的最大优惠了。"这就是一个在销售中典型的虚报低价技术（lowballing）。现在你面临一个困难的选择。一方面，你已经对那辆车有感情了，你甚至想象过自己拥有这辆车的种种场景。另一方面，你不想多出这 9 000 元，而且，你有一种上当受骗了的不好感觉。你会怎么办？

销售人员那样做，当然是希望顾客额外加钱购买他的车。这样做会奏效吗？可能性很大。查尔迪尼等（Cialdini et al., 1978）做的一个实验证明了这一点：实验者打电话问心理学系的大学生是否愿意在一个研究中当被试以获取学分，对一部分大学生是这样说的，问他们是否愿意在一个早上 7 点开始的实验中当被试，这个时候的 7 点天才蒙蒙亮，对大学生来说太早了一点，结果只有 24%的大学生答应了。对另一部分大学生是这样问的，先问他们是否愿意来一个实验里当被试，他们都同意了，再告诉他们说，这个实验是早上 7 点开始的，还愿意吗？结果是有 56%的大学生答应了，答应的学生中 95%的大学生实际参加了实验。

在这个过程中，尽管人们感觉自己被误导了，但最终他们多数人还是依从了。虚报低价技术为什么能够奏效？我们可以从心理学中承诺的角度来分析。一旦人们作出了一个决定，进行了承诺，即使这件事以后有各种不如人意的变化，甚至这件事最初的理由都已经不存在了，人们也会尽量从积极的角度来为自己辩解，况且人们还有努力维持前后一致性的强烈倾向。另外，社会规范里也强调承诺、守信，所谓"一诺千金"，这种力量也对依从有影响。

虚报低价技术与登门槛技术是有差别的，因为它只需要一个人向另一个人进行承诺，不需要先通过一种行为来获知自己的一种态度。而且在登门槛技术中，提出第一个请求和第二个请求的人即使不同，其效果也不会有变化。但是，在虚报低价技术的过程中，如果你先向一个人进行了承诺，接着另一个人告诉你事情有变化，你可能马上转身就走！

3. 留面子技术

前两种技术有一个共同点，都是先提出一个小的请求，在提出更大的，也是实质性的请求，结果是使人的依从度增加了。那么，反其道而行之，可不可以呢？

还是先看一个相关的实验。在第一种情况下，查尔迪尼等（1975）在大学校园里拦住大学生，问他们是否愿意义务地在一个咨询中心为少年犯做咨询，时间的期限让人生畏：是在接下来的两年里每周都要做两个小时的咨询！毫不意外，几乎每个被问到的大学生都拒绝了。接着实验者问他们是否愿意带一组少年犯去动物园游玩两个小时。在第二种情况下，实验者只向大学生问了第二个问题，回答愿意的大学生是 17%。而在第一种情况下，对第二个问题回答愿意的大学生有 50%。这就是留面子技术（the door-in-the-face technique, DITF），使小的、实质性请求紧跟在一个很大的、人们肯定不会顺从的要求后面，会增加别人对这个小的、实质性请求的依从。

为什么留面子技术能够奏效？第一个社会心理学的原理，还是前述的互惠规范。在这里具体而言是这样的：请求者在提出第一个请求被拒绝后，马上就提出了第二个请求，这个做法在对方看来是请求者做了一个让步。根据“我怎么样，你就应该怎么样”的互惠规范，被请求者就有了压力，感觉到也需要做一个让步才行。

第二个原理是知觉对比假说（perceptual contrast hypothesis），根据这个假说，两步走的第二个请求在与第一个那巨大的请求相比，会让人主观觉得小多了。而一步走的时候因为没有对比，对同样的请求主观感觉上就会觉得更大一些。

第三个原理与自我呈现（self-presentation）有关，人们在与他人互动时，一般会尽量把自己美好的一面呈现给大家，一旦在社会互动的过程中觉得自己的形象受损了，就会极力地去弥补。被请求者拒绝了请求者的第一个请求，就使自己在他人面前呈现出了一个不爱帮助别人的、冷漠的不良形象，如果再拒绝第二个请求，就会使这个不良形象更深入人心，一般人是不会这样做的，而答应对方的第二个请求则有助于修复刚才的不良形象，重新在他人面前树立起良好的形象来，更何况第二个请求不论是客观上还是主观上都更容易完成，何乐而不为？

第四个原理是面子效应。我们是离不开他人的，所以一般而言，他人对我们是非常重要的，我们在社会互动的过程中会尽量去不得罪人，要给他人留有情面。一旦不给对方面子，我们就觉得亏欠了对方一个人情，而亏欠的人情债我们总是要设法把它还掉。被请求者在拒绝了第一个请求之后，就会觉得自己没有给对方面子，欠了请求者一个人情，就有了还对方人情债的压力与愿望。只不过让他还债的机会马上就来了，即请求者提出的第二个小的请求，被请求者满足了这个请求之后，等于就还掉了对方的一个人情债。这也是取名为留面子技术的由来。

4. 并非全部技术

有以下一个情境：一位推销员向一位潜在顾客介绍了一种新型的微波炉及其价格。在顾客刚想要说点什么的时候，推销员接着说：“但并不只是这些。正好今天这种微波炉在进行为期一天的特卖。如果你现在买这种微波炉，我们会免费送你一个五件套的微波炉专用器皿。”而实际上，这些器皿总是伴随着微波炉一起赠送的。但推销员将这些器皿描述为一种特别优惠或者是“仅仅为你准备的东西”，从而期望该顾客会更加愿意购买。这种策略的精髓在于以高的价格给产品标价，使得消费者会对价格进行考虑，之后通过一些“附加”的产品或者降低价格来促进销售。

这就是并非全部技术（that’s-not-all technique），看起来似乎很简单，让人怀疑它到底能否奏效。杰瑞·伯格（Jerry Burger, 1986）不这么看，他预测当一个交易是逐渐改良时要比直接呈现出它的好处时更容易成交。为了验证这个假说，他做了一个实验。他来到一个大学校园里摆摊售卖蛋糕，销售方法分为两种。第一种是直接告诉前来询问的大学生，他的蛋糕售价是 75 美分。第二种方法是，当有大学生上来问询时，他说蛋糕售价是 1 美元，大学生刚想要回应，他马上说，蛋糕可以以 75 美分的价格卖出去。按道理讲，伯格的这两种方法的最终售价是一样的，不会对销售结果造成影响。但是，在第一种方法的售卖情况下，有 44%前来问询的大学生买了蛋糕，而在第二种方法的情况下，却有 73%的大学生最终买了蛋糕，比前者显著地增加了。

（四）利用稀缺的依从策略

先看一则新闻：

提前 16 天排队购买 iPhone 6

2014 年 9 月 3 日，在纽约第五大道的苹果旗舰零售店外，已经有苹果粉丝排队等待 iPhone 6 的发售。而此时，距离苹果发布 iPhone 6 还有 6 天时间，距离 iPhone 6 正式在零售店开售还有长达 16 天的时间。为此，Business Insider 还特意与苹果零售店的员工进行了核实。该员工证实，确实已有消费者在门外排队。该员工称："确实有人在外面排队，但他们也不知道自己在排什么。我们之前也并未宣布任何消息。"苹果已经向媒体发出了邀请函，计划于 9 月 9 日举办发布会。据预计，苹果届时将发布两款大屏幕 iPhone 手机和一款智能手表。9 月 9 日发布 iPhone 6，意味着零售店正式开售的日期应该是 9 月 19 日。如今，距离该日期还有半个月之久(如图 11-9 所示)。

图 11-9 排队等候购买苹果手机的顾客

其实，从第一代苹果手机的发售就是这样的了。人们不禁要问，苹果手机的生产商为什么不精确地估计消费者对其手机的需求呢？他们是故意的。苹果手机的热销，一方面与其良好的品质、强大的品牌有关，另一方面也与其采用"饥饿营销"有很大关系，即有意创造供应量少于需求量的局面，尽力去利用稀缺（scarcity）的手段来进行营销。

在长期的进化过程中，人类就形成了对供应不足的食物偏爱的先天倾向。一项研究发现，一家自助餐餐厅的食物原本是难以下咽的，一场大火把餐厅烧毁之后，同样的食物被冠以“怀旧”之名而得以畅销。这已是生活中一个普遍的现象，一些匮乏的、稀有的或难以得到的东西会比那些供应充分、容易获取的东西让人们觉得更有价值，所谓“物以稀为贵”。因此，人们宁肯花费大量的时间与精力去追求那些稀缺的东西，而不去获取那些唾手可得的东西。利用好这一点，可以更有效地使人依从。

在追求爱情的过程中，如果一个对象“得来全不费功夫”，追求者可能不会很珍惜。所以，一些聪明人在被追求的过程中，明明很喜欢追求者，就是迟迟不表态，还暗示对方自己有很多追求者，这时，追求者的动机与欲望就会大增。在求职的过程中也是一样，求职者即使有真本事，也是招聘方需要的，如果表示出了对自己有意向的单位寥寥无几，招聘方也会漫不经心。反之，如果暗示招聘方有好几家单位都想要自己，招聘方就会急着要与求职者签约。

类似的招数，我们在市场销售中会发现很多。“限时折扣”屡试不爽，有的是真，有的是假。无论真假，都还管用。真的如每年的“双十一”购物节，即 11 月 11 日这天，大多数淘宝店家都会打折，其结果是这天的购物量是个天文数字。假的则是其实过了那个期限，很多商品依然是低价打折销售，甚至随后价格还更低，但有需求的消费者看到这样的活动，还是会急于行动的。

利用稀缺来促使人们依从的原理是什么？我们可以通过布雷姆（Brehm, 1966）提出的心理抗拒理论（Reactance）来解释，这个理论认为，人们不喜欢他们行动和思想的自由受到威胁。当他们感到自己的自由受到了威胁，一种不愉快的抗拒心态被激发。并且人们可以通过从事受威胁的行为来减少这个抗拒心理。根据这个理论，越禁止什么东西，使人们觉得不能自由选择它，人们就越要选择它。所以我们看到，当官方宣布一些禁书、禁歌、禁文、禁止的电影的时候，反倒激起了人们去追求原本对此不感兴趣的东西。同样，心里抗拒理论也有助于我们解释以下现象：女性的装扮应该是留长发、穿裙子，行为温顺，一些女性偏偏要留短发、一年四季穿长裤，行为粗鲁；一些人明明在生理上没有偏向同性，但在行为上就是要选择同性恋。心理抗拒理论甚至可以解释强奸和抢劫，当女性拒绝男性的性要求时，男性可能感觉自己的自由受到了限制，进而产生出一种挫折感，于是增强了其实施违法行为的欲望。同样，人们在被抢劫时若是反抗，反而会增强抢劫者抢劫的欲望。

第五节 服　　从

一、服从概述

在别人的直接命令和要求下做出的行为，就是服从。从众、众从过程中别人对自己的压力可能是微妙、不明显的，而服从的压力却是直接和明显的。依从过程中他人提出的是请求，而服从过程中他人发出的是命令。与从众、众从、依从一样，服从也是一种社会影响的普遍形式。说它普遍，是因为任何群体都有其结构，而群体结构则注定了有人是处于协调、指挥的位置，这些人有权力要求处于其下的其他群体成员作出相应的行为。相反，处于低级地位的群体成员则有义务听从上级的命令。在家庭，父母有权命令孩子；在学校，教师有权命令学生；在企业，经理有权命令职员；在飞机上，机长有权命令乘客；在军队，班长有权命令士兵。另一方面，在一些社会情境下，即使有些人的社会地位并不比我们高，我们也要服从他，这也是被普遍认可的。例如，节假日里景区游客听从志愿者的引导。可见，服从简直是无处不在。而且，人们已经把服从的这一社会规范内化，即使权威人士不在的社会情境中，人们的行为也照从不误，如遇到红灯，即使没有警察在场，也没有电子监控，人们也会将车停住。

以上描述的都是人们服从时好的一面，但服从的巨大危害我们也要知晓。最典型的一个例子莫过于“二战”时期纳粹德国对犹太人的大屠杀，其中，阿道夫·艾希曼的事例引人深思。

艾希曼在第二次世界大战期间任纳粹警察犹太处处长、犹太移民局局长。这个机构实际上是专门从事灭绝犹太人的工作的。根据战后纽伦堡国际军事法庭材料，在艾希曼的主持下，纳粹分子屠杀了 500 万 ~ 600 万犹太人。作为奥斯维辛集中营的主要负责人，艾希曼对死于该集中营的 20 万犹太人负有不可推卸的责任。“二战”结束后，艾希曼没有像其他纳粹高级军官一样被盟军逮捕，而完全销声匿迹了。他逃脱了纽伦堡国际军事法庭对他的审判。据以色列“摩萨德”获得的情报，艾希曼利用德国战败前夕的混乱，多次改变身份，乔装打扮，逃脱了一次又一次追捕。但艾希曼最终于 1960 年 5 月 11 日在阿根廷被以色列情报组织“摩萨德”的特工秘密逮捕，1961 年 4 月 11 日，审判开始，1962 年 5 月 29 日，以色列最高法院最终判他危害人类罪和战争罪，处以绞刑。1962 年 5 月 31 日，在第二次世界大战中屠杀大批犹太人的直接责任人阿道夫·艾希曼被执行死刑。

在审判过程中，著名哲学家汉娜·阿伦特（Hannah Arendt）当时作为《纽约客》的特派记者前往报道该审判，从阅读有关卷宗开始，到面对面冷眼观察坐在被告席上的艾希曼，以及听他满嘴空话地为自己辩护。她注意到了这个被誉为“魔鬼”的人并没有魔鬼的样子，他举止温和，语气轻柔，对人谦卑，在法庭上只是有礼貌地重复说自己之所以这么做，并不是因为恨犹太人，而是执行命令。当然，这些都会具有一定的欺骗性，但阿伦特经过综合考虑后总结道：“他并不是许多人所认为的魔鬼，事实上，他只不过是一名普通的官员，与其他官僚机构人员一样被告诫不得质疑下达的命令。”阿伦特断定被人们描绘成一个十恶不赦的“恶魔”的这个人，实际上并不拥有深刻的个性，仅仅是一个平凡无趣、近乎乏味的人，他的“个人素质是极为肤浅的”。因此，阿伦特提出的一个著名观点是：“平庸无奇的恶。”他之所以签发处死数十万犹太人命令的原因在于他根本不动脑子，他像机器一般顺从、麻木和不负责任。为此，阿伦特写了一本书《艾希曼在耶路撒冷》（*Eichmann in Jerusalem: A Report on the Banality of Evil*, 1963）来讨论这个现象。

人们不禁要问，服从到底有多可怕？难道只要是服从，数百万人就可以被屠杀？人的良知和责任到哪里去了？为了解开此类谜题，米尔格拉姆做了社会心理学史上著名的，也是争议极大的实验研究。

二、米尔格拉姆的服从实验

（一）米尔格拉姆其人

斯坦利·米尔格拉姆（Stanley Milgram, 1933—1984），美国著名社会心理学家,以对从众和服从行为的研究及提出“六度分隔理论”而著名。他生于纽约市，1954 年本科毕业于纽约昆斯学院，获政治学学士学位（实际上从他后来的成就看，应当感谢他的政治学背景，拓宽了他的视野，使得他能够考虑到超越实验室以外的许多重大的社会问题）。毕业后他向哈佛大学申请社会心理学研究生资格时，因为没有心理学背景曾遭到拒绝，于是不得不选修了 6 门心理学课程。最后于 1960 年获哈佛大学博士学位（毕业论文是关于从众行为的挪威/法国跨文化比较研究），毕业后就职于耶鲁大学，期间做了著名的系列“电击实验”。

1963 年重返哈佛，担任该校社会关系学系国际比较研究课题组负责人；可能因为“电击实验”而备受争议，哈佛对他再次拒绝，只聘任他为助理教授（大约相当于中国的讲师）而不给予正教授职位。但纽约城市大学却愿意给予他终身全职教授职位，遂于 1967 年转职纽约城市大学。米尔格拉姆曾师从两位社会心理学的奠基者所罗门·阿希和戈登·奥尔波特，有着优良的师承关系。作为美国科学促进会会员，1965 年获得该会颁发的社会心理学奖（AAAS）。因其众多的创造性研究，也获得了许多其他荣誉。但不幸的是米尔格拉姆于 1984 年因病英年早逝，社会心理学界因此陨落了一颗巨星。他的主要著作有《对权威的服从》《社会生活中的个体》等。

（二）实验过程

米尔格拉姆最早的服从实验是在耶鲁大学做的，1963 年，米尔格拉姆在纽黑文市的一张报纸上发表了一则广告，招募参与者来耶鲁大学进行记忆力和学习方法的研究。任何不是大中学在校生的成年男性都可以报名申请，每个参与者到达实验室后，获得了 4.5 美元，说是交通费以及来后无论发生了什么的实验费。

研究者选择了 40 名 20～50 岁的男子，各自分配了不同的见面时间。在一间很大的实验室里，大家都去见一位打扮整齐、身着灰色实验制服的小个子年轻人。同时见面的还有另一位“参与者”，一位长得像爱尔兰裔美国人的中年人，看上去样子不错。穿实验制服的人，即明显的研究者，实际上是 31 岁的中学生物学教师，而中年人是一位职业会计师。两人都是进行这项实验的心理学家——耶鲁大学的斯坦利·米尔格拉姆的合作者。他们将担当斯坦利导演的角色。

研究者向两位男人，真的和假的参与者，解释说，他在研究针对学习的惩罚效果。

其中一位将扮演教师，另一位扮演学习者。每当学生犯一个错误，老师就会给他一个电击。两位参与者抓阄决定各自扮演什么角色。"天真的"那位参与者抓到了"教师"那张。(为了确保效果，两张纸条上都写着"教师"，可是，串通好的那位会在抓起纸条后立即扔掉，不拿出来看。)

然后，研究者会带领两位参与者到一个小房间里去，学习者坐在一张桌子前，他的双臂被绑起来，电极接到手腕上。他说，他希望电击不会太重，他有心脏病。然后，教师被带入另一个邻近的房间，他可以在这里向学习者说话，也可以听到学习者的声音，可看不到他。桌子上有一个闪亮的大金属盒子，说是里面有一个电击发生器。前面有摆成一排的 30 个开关，每个开关上都标着电压数（15～450 伏特），开关下面还进行了标注：15～60 伏特是"轻微电击"；75～120 伏特是"中等电击"；135～180 伏特是"很强电击"；195～240 伏特是"极强电击"；255～300 伏特是"剧烈电击"；315～360 伏特标着"极剧烈电击"；375～420 伏特是"危险：严重电击"，还有两个开关，即 435 伏特和 450 伏特上面用醒目的红色标着"× × ×"(如图 11-10 所示)。

教师这个角色，研究者说，是要宣读一些成对的词（比如蓝色、天，狗、猫）给学习者听，再考他的记忆力。先念一组词中的第一个词，然后念四个可能答案词，让他选择其中正确的一个词。学习者通过面前的按钮来选择答案，教师桌上的灯泡就会亮起来。每当学习者选择了错误的答案，老师就掀动开关，给他一个电击，从最低的水平开始。学生多犯一个错误，老师给他的电击就增加 15 伏特。在实验开始之前，为了让参与者有电击的感觉，实验者让参与者体验了一下 45 伏特的电击，这其实已经很疼了，使其确信电击是真实的。

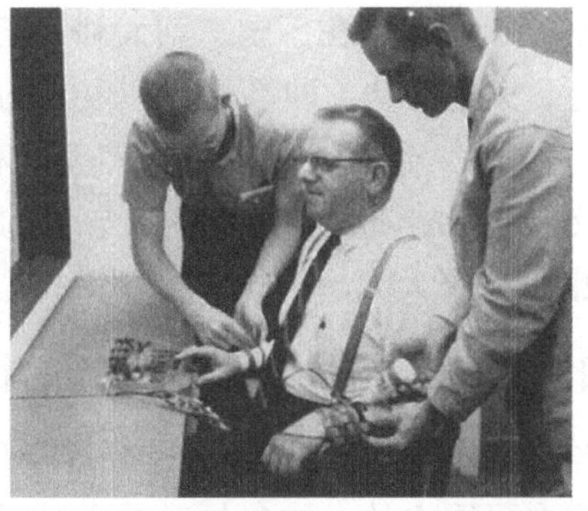

图 11-10　米尔格拉姆的服从实验

一开始，实验进行得很容易，什么事情也没有发生。学习者会给出一些正确的答案，也有一些错误答案，老师在每个错误答案之后给学习者一次电击，然后继续进行下去。随着学习者犯的错误越来越多，电击程度也越来越高了——当然，这些仪器都是些假摆设，实际上没有任何电流从里面出来——情形是越来越糟糕了。

最初的实验，当教师实施电击时学习者是没有声音的，只是到了 300 伏特以后，学习者就会撞墙。后来的实验改进了，变到了 75 伏的时候，学习者发出了听得见的呻吟声；到 120 伏的时候，他喊出声来，说电击已经弄得他很痛了；到 150 伏时，他叫出声来："放我走，我不想试了！"每当教师动摇时，站在他旁边的研究者都说："请继续下去。"到 180 伏时，学习者喊叫起来："我疼得受不了啦！"到 270 伏时，他号叫起来。当教师犹豫不决时，研究者说："实验要求你进行下去。"后来，当学习者开始撞墙，或者更后面，他开始尖声大叫时，研究者严肃地说："你得进行下去，这是必要的。"超过 300 伏时，隔壁只有沉静，再也没有提供答案了。这时，参与者问研究者怎么办，研究者说，过了 10 秒还不回答就算回答错误并实施电击，实验继续往下走，直至没有电击的伏特数可用。

（三）实验结果

在这个实验开始之前，他曾让耶鲁大学的同事、研究生和心理学专业的大四学生等 110 名有关心理和行为的专家看过这个实验的程序，其中还有 39 名精神病学家，并让他们估计有多少实验对象会把电压加到 450 伏，结果所有的人都说不会有人这么做。这些专家还估计只有 10%左右的人会把电击的电压实施到 180 伏特。

他们都预言错了！实际上，40 名参与者中的 26 名，即有 65%的参与者完全服从地对那个学习者实施了 450 伏特的电击，参与者最终实施电击的平均电压是 405 伏特。另外，在电压提升到 315 伏特以前，没有一个参与者拒绝服从。这个服从的程度大大超过了人们的预计。对于这个结果，米尔格拉姆认为应该从道德上进行严厉谴责。因为这与真实的社会生活不同，在这个实验过程中所谓的权威（即实验者）并没有真正的权力来发号施令，参与者即使不服从也不会受到任何处罚。

米尔格拉姆的实验在德国、意大利、澳大利亚、英国、约旦、西班牙、奥地利和荷兰被复制过，完全服从（即参与者把电击的电压加到最后的 450 伏特）的范围从最高的西班牙超过 90%，到意大利、德国和奥地利的超过 80%，到澳大利亚的男性参与者的 40%，以及到最低的澳大利亚女性参与者的 16%，各不相同。但要意识到，即使是最低的 16%，也是一个大大超出预料、令人担心的服从程度。

（四）对米尔格拉姆服从实验的批评

米尔格拉姆的服从实验可谓是心理学历史上最著名的实验之一，产生了深远的影响。它有很多可取之处，如参与者是通过登报招募来的，有学生、商人、教师等，与研究者总是用大学二年级的学生来参与研究相比，具有更广泛的代表性；其使用的电击实验技术，构思巧妙，使得研究的内部效度很高。但是，这个实验一经发布，就招致诸多批评，引起了学术界的深思，这些批评主要集中在以下两点：

1. 实验中的道德问题

米尔格拉姆的服从实验被认为有很多地方是不道德的，主要是：

第一，这个研究涉及欺瞒。例如，实验者告知参与者这是一个关于记忆和学习的实验，然而它不是；实验者告知参与者电击是真实的，当然它也不是。

第二，参与者没有真正的知情同意。当他们同意参加实验时，他们不知道实验的本质，因此事实上他们同意参加实验是没有意义的。

第三，老师的角色让他们产生心理不适；对很多参与者而言，这种不适感的水平很高。正如一个旁观米尔格拉姆实验的人所写的：

> 我看到一个老成持重的商人面带微笑地走进了实验室，一副胸有成竹、镇定自若的样子。可是不到 20 分钟，他就完全变了一个人。他浑身颤抖，话也说不清楚，不时地摸自己的耳垂，手也不停地扭来扭去，显然已经到了神经崩溃的边缘。有一刻，他用拳头敲打着自己的前额，小声说道："哦，上帝，让我们停下来吧。"但是，他还是继续服从研究人员的每一个命令并一直坚持到最后。

第四，参与者并不知道他们有退出实验的权利；事实上，实验者告诉他们的恰恰相反。例如，他们"必须继续下去"，这样就剥夺了他们的自由。

第五，参与者的自我概念会受到伤害。当实验结束时，一些人就会产生这样的迷惑：原先认为自己是一个有原则、不会轻易伤害别人的好人，现在却做出了伤害一个与自己无冤无仇的人行为（尽管这是假的）。那么，自己到底是一个什么样的人(Baumrind, 1964, 1985; Milgram, 1964; Miller, 2009)?

2. 缺乏普遍性

有些学者质疑在实验中电击学习者的做法，与生活中普遍服从的情形有很大的差别。电击已经是一种侵犯行为了，在现实生活中，上级要求下级服从的行为绝大多数都不是侵犯行为，至少很少是生理伤害性质的。

三、影响服从的因素

（一）情境因素

1. 接近性

米尔格拉姆在他早期的一系列实验中，考察了教师与学生之间距离对服从效果的影响，他把距离分为如下四种情况：

（1）远离受害者：教师和学生在分隔的房间，学生受到电击后没有任何反馈给教师。即学生受到电击后不说话，不呻吟、不尖叫等。

（2）得到声音反馈：教师和学生在分隔的房间，但学生受到电击后会有越来越严重的声音传给教师，上述的实验过程就是这种情况。

（3）邻近受害者：教师与学生在同一个房间里隔几英尺远坐着。

（4）触及受害者：教师与学生在同一个房间里，学生回答错误时要把自己的手放到电击板上去接受电击。如果学生不把手放上去，实验者就要求教师拿着学生的手放到电击板上去。

这四种情况依次使得教师与学生之间的距离越来越近。米尔格拉姆发现随着距离的接近，参与者服从的程度下降了。在远离受害者的情况下，有65%的参与者把电击的电压加至450伏特，所有参与者最终实施电击的平均电压是405伏特。在得到声音反馈的情况下，服从程度并没有实质性的下降，62.5%的参与者把电击的电压加至450伏特，所有参与者最终实施电击的平均电压是368伏特。而在邻近受害者的情况下，有40%的参与者把电击的电压加至450伏特，所有参与者最终实施电击的平均电压是312伏特。到了触及受害者的情况时，只有30%的参与者把电击的电压加至450伏特，所有参与者最终实施电击的平均电压是269伏特。（如图11-11所示）

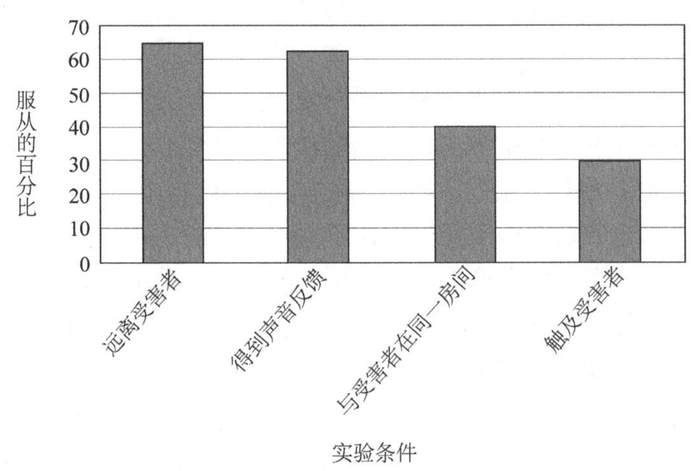

图11-11 接近程度对服从效果的影响

为什么减少教师与学生之间的距离能够降低参与者的服从性？米尔格拉姆认为，第一，距离的接近导致来自于学生的移情线索，比如学生的呻吟、尖叫和撞墙的声音等增多了。而在第一种远离学生的情境中，教师收不到来自于学生的反馈，就不能评估学生的痛苦程度，也很难引起教师良心的变化，教师实施伤害变得更容易了。不过，需要注意的是，即使是在后两种情境下，其服从程度依然很高。这就表明人们还是在其内心有某种东西，它不顾受害者痛苦的线索，使人们继续伤害别人。

米尔格拉姆认为，在第一种远离学生那样的情境下，人们会产生一种“认知窄化”（cognitive narrowing）的现象，即教师没把学生放在心上，而只是把注意力集中在那个学习任务上。如果受害者变得越来越可被观察到，认知窄化越不容易产生，服从行为就会减少。也就是说，对那些可以见到、听到、接触到的人，人们要去伤害他们就会变得愈加的困难。想一想战争变化的进程，在过去冷兵器时代，战争双方的人员是近距离的搏斗，死伤的过程就在眼前。而现代战争，巡航导弹可以打击数千公里以外地方的人员，士兵接到命令，几乎毫不犹豫，就会按下导弹发射的按钮！

2. 情境的权威性

米尔格拉姆最初的实验是在耶鲁大学进行的，参与者的服从程度之所以那么高，是不是会受到耶鲁大学那崇高的威望和声誉的胁迫？后来，米尔格拉姆在康涅狄格州的布里奇波特市的市中心租了一个房间来做实验，而且以“布里奇波特市研究会”的名义进行实验，实验者在介绍自己时，说是中学生物教师。在这种情况下，把电击加到 450 伏特的人数比例下降到了 47.5%。这表明权威性下降，人们的服从程度也会降低。

3. 权威的正统性

如果在做实验时，那个权威人物离开了会怎么样？在一个实验的变式中，米尔格拉姆安排实验者在实验中途离开被试，然后通过电话发出命令，结果只有 20%的被试把电击加到 450 伏特。

在这个过程中，参与者会觉得通过电话发出的命令其权威性不如在场的实验者。其他的实验对此做了进一步的验证，如戈夫那和格罗斯（Geffner and Gross, 1984）做的一个实验，实验者靠近正要过街的行人，要他们从另外一个街口过街。一半的时候实验者是穿着工作制服的，另一半的时候没有穿制服。结果行人在实验者穿制服时要比没穿制服时更加的服从。

4. 服从信息的冲突性

米尔格拉姆还研究了收到有冲突的服从信息时，人们会怎么办？米尔格拉姆在实验中安排了两种情况下的冲突。在第一种情况下，冲突信息来自于学习者和实验者。学习者要求被试继续实施电击，而实验者建议停止电击。在第二种情况下，有两个权威人物发号施令，但有冲突，一个说要继续电击，另一个却要参与者停止电击。

面对冲突的信息，参与者选择的是导致积极结果的那个信息：停止对学习者的伤害。无论是来自于哪种情况的信息冲突，都没有参与者把电击的电压加至最高的 450 伏特。

5. 群体效应

研究者研究了被试不是一个人，而是有多个人时的服从情况。在一个实验中，一个真实的参与者与另外两个实验者的助手一起做实验，那个真实的参与者以为另外两人也和自己一样是真实的参与者。当实验进行到实施 150 伏特的电击，学习者抗议时，一个助手决定不再继续电击下去了，他不听实验者的指示起身离开，穿过房间坐在边上的沙发上。到了 210 伏特时，另一个同伙也照着做。结果明显地减少了服从的情况，只有 10%的参与者把电压加至最高的 450 伏特，有 33%的参与者在第一个实验者的助手停止时，先于第二个实验者的助手离开，还有 33%的参与者在第二个实验者的助手停止时也离开了，即有近 2/3 的参与者没有服从实验者。

为什么在两个实验者的同伙不服从后会减少参与者的服从程度？一个解释就是责任分散。如前所述，责任分散指的是由于他人的在场，使得自己的责任感减小的现象。在服从的情境中，有两个其他的教师也在实施电击，参与者会觉得自己并不孤单，责任减轻了。但是，当两名其他的教师停止电击时，参与者就会觉得实施电击的责任瞬间加大了，实施电击时会更加谨慎，其服从的程度就会下降。

米尔格拉姆观察到了另外一个解释，当两个实验者的同伙抗拒实验时，一个新的规范就开始形成了：不服从的规范。服从于实验者的旧规范与不服从实验者的新规范就在参与者身上产生了冲突，而不服从的新规范要比电击伤害学习者的旧规范更具积极意义，如果要参与者选择，能带来积极效果的新规范就是一个更好的选项。更何况在实验中，当两个教师（假被试）都拒绝后，就是多数派了，对只有一个真实的参与者形成了从众的压力，能迫使他与两个同伙的行为一致。

（二）个人因素

1. 性别

在最早的实验里，所有的参与者都是男性，没有女性。后来重复米尔格拉姆的实验时，有些实验就加上了女性的参与者，结果发现服从的程度有性别差异。一个在澳大利亚做的实验中，基尔汉和曼（Kilham and Mann, 1974）发现男性的服从程度要高于女性。另一个在美国做的实验中，戈夫那和格罗斯（Geffner and Gross, 1984）发现男性要比女性更加服从于穿制服的权威人物。

另外还研究了当命令者的性别不同时，参与者的服从情况是怎样的。还是戈夫那和格罗斯（Geffner and Gross, 1984），他们考察了实验者的性别，参与者的性别和参与者的年龄造成的服从效应。结果表明，实验者的性别造成的总体影响不显著，而实验者的性别与参与者的年龄有交互作用，如下图所示。注意，当实验者是女性时，年龄大与年龄小（年龄大是指超过 50 岁，年龄小是指小于 30 岁）的参与者差异不显著。而当实验者是男性时，年轻的参与者要比年长的参与者服从程度更大（如图 11-12 所示）。

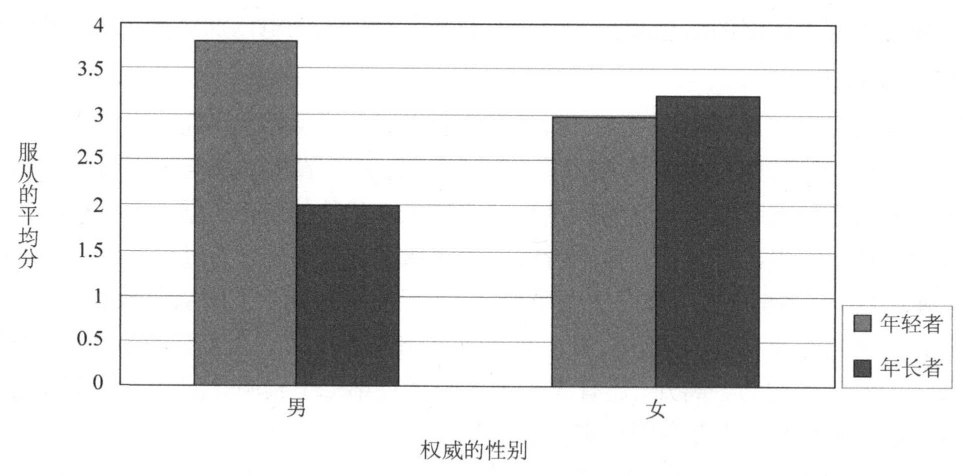

图 11-12　性别和年龄对服从效果的影响

2. 道德水平

很明显，伤害一个人的服从命令与不要随意地去伤害人的内心道德准则是相悖的，最终哪一方会取胜，取决于双方力量的强弱。米尔格拉姆实验之后，采用柯尔伯格的道德判断问卷测试了实验的参与者。结果发现，处于道德高水平的第 5、6 阶段上的参与者有 75%拒绝了权威的命令，停止了电击学习者；而处于道德发展第 3、4 阶段的参与者中，只有 12.5%的人拒绝继续实验。

3. 人格特征

服从程度的高低会与人的人格特征有关，研究证明，个人自尊心量表得分与服从行为之间具有中等相关（Santee,1982）；一个人的自尊心越低，其服从命令的可能性就越大（Carlsmith, 1978）。

（三）文化、社会与时代的因素

米尔格拉姆最初的服从实验是在美国做的，采用了特殊的实验技术。那么，在不同文化的社会、不同的实验情境下会有差异吗？荷兰的两位研究者米优斯和罗伊梅克斯（Wim Meeus and Quinten Raaijmakers, 1986）对米尔格拉姆的实验有所不满，认为在米尔格拉姆的实验里参与者的服从行为需要对服从对象进行生理上的伤害，这不太现实，在生活中极少发生。例如，在单位里领导叫你去做一件事，会损害他人利益，你会去做吗？

所以，米优斯和罗伊梅克斯研究了另一种不同于米尔格拉姆的服从行为：管理性服从（administrative obedience）。告诉荷兰的参与者，一所大学的心理系受委托要对求职者进行考试，参与者是主考官，参与者若让求职者通过考试了，他们就能得到工作；求职者没有通过考试，就不能得到这份工作。另外，还要借此机会测试一下他们对考试成绩的压力反应。按照实验者的指示，参与者制作了一系列有关求职测试的蔑视性的陈述句。最后定了 15 句，按顺序每一句都比前一句的轻蔑性要强。蔑视性最轻的是："你对第九个问题的回答是错的。"中等程度的是："如果你继续这个样子，你的考试会不及格。"最强的蔑视性陈述句是："按照这个考试成绩，你还是申请一个更低的职位好些。"参与者被要求在申请人求职过程中给予上述 15 句的评价，求职者听到这些评论会越来越难受。

结果是大多数荷兰的参与者都服从了，有 90%说完了那 15 条蔑视性的陈述句。这个实验过程类似于米尔格拉姆那越来越高的电击，但服从行为的性质有所不同，米尔格拉姆实验里的服从行为导致的是生理伤害，米优斯和罗伊梅克斯实验里的服从行为导致的是心理伤害，这样的服从行为在生活中更为常见。

基尔汉和曼（Kilham and Mann, 1974）在另一个米尔格拉姆实验的变式中，要澳大利亚的参与者承担不同的角色，一些参与者承担的是传达实验者命令的角色，另一部分参与者承担的是执行命令的角色。在传达的情况下，参与者只是要把实验者对出错的学习者实施电击的命令转述给执行者。在执行的情况下，执行者间接地收到实验者电击学习者的命令，即从传达者那里接受命令。研究者假设，传达者要比执行者的服从程度更高，因为他们不必直接对伤害学习者负责。结果支持了这个假设。

米尔格拉姆的服从实验在很多国家和地区被实施过。例如，约旦的成人把电击实施到底的是 62.5%；约旦的儿童是 73%（Shanab and Yahya, 1977）。服从率最高的记录是在德国，在重复米尔格拉姆的实验中，有 85%的参与者服从了实验者（Mantell, 1971）。总体而言，服从在人们的内心深处根深蒂固。

米尔格拉姆的服从实验是在1963年做的，现在已经到了21世纪，社会发生了很大的变化，人们还会像以前那样服从吗？2009年，美国的杰瑞·伯格（Jerry Burger）发表了他对米尔格拉姆服从实验进行部分复制的报告。在这次实验中，杰瑞·伯格招募了70名参与者，参与者里有男性，也有女性，年龄从20～81岁不等，每名参与者付与50美元的报酬，使用了与米尔格拉姆一样的实验程序。在米尔格拉姆最初的实验里，学习者最早提出抗议要求停止实验的电击电压是150伏特，此时，几乎所有的参与者都中断了实验并表示不愿继续把实验做下去，有些参与者就直接退出实验了。然而，剩下的参与者继续进行实验后，大多数会把实验进行到底。基于这样的情况，伯格只让参与者在做实验时把电击的电压到150伏特时就停止实验了，并以此来估计参与者会把电键按到450伏特的人数。实验也安排了一个研究者的同伴展现退出实验的情形。另外，根据现代心理学实验的伦理道德标准，那些在实验过程中过于紧张的参与者会被剔除出去。实验者再三提醒、告诉参与者他们可以随时退出实验而不会受到任何的处罚。

杰瑞·伯格的实验结果是，在施加到150伏特的电击时，70%的参与者（66.7%的男性，72.7%的女性）服从了，而且准备好继续实施电击（伯格的实验只到此为止）。相比米尔格拉姆的实验，在150伏特时，有83%的参与者服从，这两者之间的差异并不显著。另外两个结果也很有意思：第一，与米尔格拉姆的实验一样，男性与女性的服从程度没有显著差异；第二，当参与者看到实验者的同伙拒绝继续实验后，总共有54.5%的男性和68.4%的女性参与者继续进行实验，并没有影响到他们要停止实验的意愿。

四、服从的原因

无论是实验中的服从程度，还是现实中的服从情况，都表明人们的服从行为是普遍而严重的，而且触目惊心，大大地超出了人们的预料。那么，除了社会结构的宏观原因，即人们的层级、地位不同，下级服从上级之外，从心理的角度看，人们为什么要服从呢？

首先，在很多情形下，那些权威人物减轻了服从者服从行为的责任感。在听从了严苛的命令，做出了残忍的行为之后，“我只是服从命令”成了他们心理防卫的借口。在生活情境中，这种责任感的转移是潜隐的，他们会把命令者当成是责任者。军队里的官兵更是如此，因为他们一踏进军营，被灌输的观念就是“军人以服从命令为天职”。在米尔格拉姆的服从实验里，这种责任感的转移是外显的。从一开始参与者就被要求听从实验者，而不是关心学习者的福祉。

其次，权威人物身上经常拥有代表其权威形象的一些可见，甚至明显的标记。比如，他们穿戴有特别的制服、徽章，有特别的头衔，等等。这些东西提醒了人们要服从权威的意识，因为这是强有力的社会规范，人们很难抵抗它。人们不想犯错，很多时候服从命令就是简单有效的不犯错的做法。因为上级之所以是上级，总体而言他们更有能力，他们更正确。在米尔格拉姆的实验里，实验者穿着白色的大褂，暗示着参与者他是个博士，他是个权威。那么多的参与者服从他就不是太奇怪了。

第三个原因是，人们对命令者的服从是逐步升级的。服从者最初的行为强度是逐渐提升的。如在米尔格拉姆的实验中，第一次电击电压是 15 伏特，第二次是 30 伏特。在最后变为 450 伏特。这个过程是不是看上去很熟悉？没错，这就是依从中的“登门槛效应”。

最后一个原因是，很多情境里这些服从行为都是迅速发生的，快到身处其中者来不及多想。比如在生活里，游行示威的抗议活动很快就演变成了暴乱。在这么快的情况下，人们的行为几乎只能机械地、自动化地去服从，根本没有时间多想如何去做才好。在米尔格拉姆的实验中也是一样，参与者从进入实验室，到后续的实验进程，只经过很短的时间就做完了。这种快节奏，增加了人们服从的程度。

第十二章

偏见与歧视

【开篇案例】

“我有一个梦想”

“我有一个梦想。”这是1963年8月28日，美国民权领袖马丁·路德·金在他一个著名的演说中，不断重复的一句话。他用这句充满感染力的话来表达自己的愿望，就是终有一天，人类可以生活在一个没有种族偏见的世界里。虽然他的这番话是向美国人民说的，但是许多国家的人也有同样的梦想。

1963年11月20日，也就是马丁·路德·金发表那个演说三个月后，有超过100个国家采纳了《联合国消除一切形式种族歧视宣言》。在之后的几十年间，世界各国也采纳了其他类似的宣言。这些行动无疑值得称赞，但结果怎样呢？

加拿大：“虽然这个国家的种族多元化，政府也制定了许多法例和政策来保障不同群体的权利，可是，种族歧视仍然是该国一个严重的人权问题。”（国际特赦组织于2012年就加拿大的种族偏见问题所作的报告）

欧洲：“48%的欧洲人认为，自己的国家在解决歧视问题方面做得太少。”（2011年出版的《排外行为、偏见和歧视在欧洲的情况》）

非洲：“在许多国家，歧视妇女和对妇女施行暴力的事仍然十分常见。”（《国际特赦组织全年报告2012》）

尼泊尔：“贱民饱受歧视，特别是在经济、社交和文化等层面上。”（人权观察组织的《全球年度报告（2013）》）

东欧：“东欧的吉卜赛人不但在自己的国家遭到歧视，在国外也常被人看作犯罪分子。没有任何政治家愿意想办法去解决他们面对的问题。”（《经济学人》周刊，2010年9月4日）

2012年3月21日，联合国秘书长潘基文说：“有许多宝贵的条约和工具——以及综合性全球框架——可以用来防止和消除种族主义，种族歧视、仇外心理和相关不容忍行为。然而，种族主义继续给世界各地数以百万计的人们造成痛苦。”

2017年1月27日，美国总统特朗普（Trump）签署行政令，禁止7个伊斯兰国家的公民在90天内进入美国，这些国家为叙利亚、伊拉克、伊朗、苏丹、索马里、也门和利比亚，这一移民禁令无疑充满了对这些地区的种族偏见。微软CEO萨蒂亚·纳德拉（Satya Nadella）对美国总统特朗普的移民禁令发表评论，称任何社会在任何情况下都没有偏见的立足之地。

虽然在某些地区，当局在消除种族和其他形式的偏见方面有些成效，但是他们有没有将人们内心的偏见除去呢？抑或他们只是使人民不敢把偏见表露出来。有些人认为，当权者采取的措施充其量只能使人不致受到不公平的待遇，却无法根绝偏见。为什么呢？因为不公平的待遇是看得见的，可以用法律制裁，但偏见却是人心里的思想和感觉，是很难管制的。因此，要消除偏见，就不能只是遏制不公平的事，还得改变人们对某些群体的负面想法和感觉。这真的可以做到吗？怎样才能做到呢？偏见产生的根源究竟是什么？偏见还有哪些表现形式？这就是本章所要讨论的问题。

第一节 偏见和歧视的定义

一、偏见是负面态度

偏见（prejudice）是指对某一社会群体及其成员的一种不公正态度，是一种事先或预先就有的判断。近年来，社会心理学家已经从不同的角度对偏见加以定义。严格来说，有正向的偏见，也有负向的偏见。在本章，我们对偏见所下的定义仅限于负面态度。既然偏见是一种态度，那么它也是由三部分构成，即情感、行为倾向、认知（或观念）。所以一个对少数民族有偏见的人，就不喜欢少数民族，其行为方式也将是歧视性的，同时也相信他们是野蛮和无知的。偏见是一个普遍、持久，同时又是有害的社会现象。尽管人们知道它的不利后果，但是很多人都带有偏见。

一般来说，偏见通常被说成对一个人或事情的提前判断，即在缺乏对某人或事的直接经验时形成的对该人或事的观点或价值的经验。因此，我们将偏见界定为：人们依据错误的和不全面的信息概括而来的、针对某个特定群体的敌对的或负面的态度。例如，当我们说某个人对黑人持有偏见，我们的意思是说他（她）对黑人的行为持有敌意。这个人会感到，除个别黑人外，所有的黑人都是相差无几的，他（她）所强加给黑人的那些特征或者完全不正确，或者至多是将个别黑人的情况推及所有黑人。

社会心理学家给偏见提出了许多不同的定义。社会心理学经典著作《偏见的本质》一书中，戈登·奥尔波特（Gordon Allport）将偏见界定为：种族偏见是基于一个有过错的和顽固的判断的一种厌恶或反感。它可以作为整体而指向一个群体，或者指向一个人，因为他是群体的成员。正如米尔纳（Milner）所说，这个定义简明地抓住了主流社会心理学对偏见的几乎所有不同意义的五个主要特征：偏见是一个态度，它基于一个错误及顽固的判断，它是一个先入为主的概念，它是坚硬有弹性的，偏见是不好的。

戈登·奥尔波特在书中提到了这样一段对话：

X 先生：犹太人的麻烦在于他们只是关心自己的团体。

Y 先生：但是从社区捐助活动的记录来看，按犹太人的人口数量比例，他们对社区慈善事业的捐助是更为慷慨的。

X 先生：这表明他们总是邀宠，而且总是干预教会事务。除了金钱以外，他们什么都不在乎。所以会有那么多的犹太人银行。

Y 先生：但最近一项研究表明，从事银行业的犹太人是微不足道的，其比例远远低于非犹太人。

X 先生：的确如此，他们不会去从事那些受人尊敬的行业。他们只会搞电影业，或者经营夜总会。

这段话表明，偏见的隐藏性远胜于对它的一大堆定义，事实上，持有偏见的 X 先生是在说："不要用事实来干扰我的判断，我主意已定。"对于 Y 先生所提供的资料，X 先生根本无意去反驳。他要么通过歪曲事实来支持自己对犹太人的憎恨，要么对这些材料置之不理，进而展开新的攻击。一个持有很深的偏见的人，实际上不受这些与自己原有定型不一致信息的影响。这段话很有意思，非常典型地表现了偏见的根本特性：偏见不会愿意听从任何事实的辩驳，偏见是为偏见本身而存在的。正如社会心理学家埃利奥特·阿伦森（Elliot Aronson）援引一位法官的话来剖析偏见："去教育一个固执己见的人，就像让光线去照射瞳孔——它会自动缩小。"

二、歧视是负面行为

如果说偏见是一种消极的态度，那么歧视（discrimination）则是一种消极的行为，是指对某一社会群体或它的成员的一种不公正的消极行为。歧视行为常常来源于带偏见的态度，这再次说明了态度与行为的相互作用。种族主义（racism）和性别主义（sexism）则是由于歧视行为的简单重复而产生，前者是指对于特定的种族成员的偏见态度和歧视行为，后者则是指对于性别的偏见态度和歧视行为，如认为男性是有抱负、有独立精神、有竞争性的等，女性则是依赖性强、温柔和软弱的。

三、刻板印象与偏见和歧视

当一个群体成员（圈内"ingroup"）对另一个群体成员（圈外"outgroup"）表现出消极的态度的行为时，偏见就产生了。这种群体敌视有三个既相互联系又相互区别的子成分，那就是刻板印象、偏见、歧视。刻板印象（stereotype）是指人们对某个社会群体所形成的一种概括而固定的看法，偏见指圈内群体对圈外群体抱有的负面情感，歧视指人们对某个群体成员表现出来的不公正行为。

偏见与歧视、刻板印象、种族主义、性别主义等这些术语有着比较复杂的内涵，它们之间既有联系，又有区别，甚至更有交叉重叠的部分。刻板印象是指人们对某个社会群体所形成的一种概括而固定的看法。它主要通过两条途径形成：一是直接与某些人或某个群体接触，并将这些人的性格特征、行为方式加以概括化和固定化；二是依据间接的资料形成，如第三者的介绍、大众传媒的影响等。如不同的民族、不同的国家在个体头脑中有不同的形象，不同的职业也有不同的形象概念，如商人的精明、狡猾，知识分子的迂腐、文质彬彬等。因此刻板印象可以简化人们的认识过程，但它一旦形成就具有稳定性，容易导致成见。刻板印象往往有过分概括化的倾向，具有不准确的特点，且对抗或阻碍新信息。

那么刻板印象和偏见有本质区别吗？此前我们提到刻板印象是认知性的，偏见是情感性的，虽然这个区分原则既简单又有效，但实际上两个都含有认知和情感成分。举例来说，考虑一下对艾滋病患者的知觉，那些对男同性恋有偏见的人往往在脑海里为他们贴上一个群体标签（比如“男同性恋”），同时还在记忆里存储了伴随这个标签的刻板印象特质（比如“不道德”），并将群体标签与负性情感联系在一起。虽然我们可以将刻板印象与偏见区别开来，但实际上两者相伴相生（Dovidio et al., 1996; Stephan et al., 1994）。

另外，即便是偏见和刻板印象经常不可分开，但人们对自己持有偏见的不同群体可能会有不同的刻板印象。例如，在“二战”以前，虽然大多数美国人对黑人和犹太人都抱有偏见，但对这两个群体的刻板印象却大相径庭。人们认为，黑人很懒惰、不聪明，但有众多优秀的体育运动员；犹太人很精明、贪财且野心勃勃（Katz and Braly, 1993）。不过，这里仍然可以反映出那条不争的事实，即对一个群体抱有偏见经常与负面的刻板印象联系在一起。

歧视与偏见并不总是完全一致的。在拉皮尔（LaPiere, 1934）的研究中，几乎所有的饭店老板都彬彬有礼地接待了出现在他们门口的衣着华贵的华裔夫妇，也就是说，他们没有行为上表现出任何歧视中国人的迹象，尽管事后的调查显示他们对所有亚裔都抱有很深的偏见。今天，这种不一致的现象非常普遍，因为法律禁止任何基于种族、性别和民族的歧视行为。无论饭店老板对客人的群体归属抱有多深的偏见，都不允许他们为此拒绝提供服务。

偏见是一种态度，刻板印象是一种观念或看法，歧视则是导致种族主义和性别主义的机械地重复歧视行为。所以它们的共同点在于这些概念都是涉及对社会群体的消极评价现象。其形成的原因或过程可以说千差万别，但途径却只有两条：与他人的直接接触，或者通过间接的资料。

第二节　偏见与歧视的原因

一、社会认同理论

第四章“自我”所述的社会认同理论指出，社会认同的结果之一就是容易引发群际冲突，主要原因是“圈内人偏袒效应”（ingroup favorite effect）（Tajfel et al., 1971）。人们通常会对圈内成员给出更积极的评价，对他们的行为做出更有利的归因，给他们更多的奖励，预期从他们那里将得到更优惠的待遇，认为他们比圈外成员更有说服力（Allen and Wilder, 1975; Brewer, 1979; Hamilton and Troliet, 1986; Howard and Rothbart, 1980; Mackie et al., 1990; Wilder, 1990）。也就是说，只要人们觉得自己隶属于某个群体，他们就会对圈内人更好，对圈外人更差。这种行为是否正如现实群体冲突理论所认为的那样，只是为了使我们自己的利益最大化呢？显然不是。不论基于什么理由，只要有类别化的纯认知活动，就会引发圈内人偏袒效应。甚至在没有任何私利可图，与圈内成员的交往并不令人愉快，与圈外成员的交往没有什么不愉快时，也会出现这种现象。为了证实这一点，泰菲尔（Tajfel, 1969）在"最小差异群体情景"（minimal intergroup situation）中将被试随机分成两组，分组的标准是很模糊的，比如说是否喜欢画家康定斯基和保罗·克利。被试与圈内成员和圈外成员没有任何接触。随后让被试对实验中的其他人作出评价并且给他们一定的奖励。由于被试主观地将其他人分成圈内成员和圈外成员，因此对前者表现出了更有利的态度和行为。

在这种最小差异群体情景里表现出的圈内人偏袒效应非常有说服力，大量的其他研究也证实了这一点（Brewer and Brown, 1998）。当然，这并不是说人们只奖励圈内成员。相反，为了表示自己是公平的，人们往往会同时奖励两个群体的成员。但是无一例外的是，人们总是会对圈内人有一种系统性的偏袒。

为什么只要有圈内与圈外的划分，就会出现圈内人偏袒效应呢？为了解释这个现象，泰菲尔（1982）提出了社会认同理论（social identity theory）。这个理论有三个基本假设：第一，人们总是把人际社会分成圈内与圈外；第二，人们从对圈内人的认同中获得一种自尊的感觉；第三，人们的自我概念部分取决于他们对圈内和圈外人的评价。如果我们隶属于一个上层群体，我们的自尊水平会偏高；如果我们隶属于一个下层群体，我们的自尊水平会偏低。因此，社会认同理论既是一个认知理论，又是一个动机理论：说它是认知理论，是因为只要有对群体分类的认知过程，就会引发相应的效应；说它是动机理论，是因为社会认同可以满足自尊的需要。

社会认同理论有一些已得到实证的支持。我们都知道，自我感觉有一部分是与我们的社会群体认同相连的。在回答"我是谁？"这个问题时，人们的回答通常会指向自己所属的社会群体。有的人会说自己是一个女人、一个天主教徒、一个加拿大人、一个内科医生；有的人会说自己是一个传统的犹太人、一个波士顿人、一个共和党人。群体为个人提供了一种认同感，为个人的存在赋予了某种意义。

社会认同理论最大的问题是自尊所扮演的角色。实际上，从社会认同理论可以引申出两个独立的关于自尊的假设。第一个假设是圈内人偏袒效应可以增强社会认同，从而提高自尊水平。偏袒圈内成员会使本群体具有一种"正面的独特性"，使人们更加肯定自己的社会认同，并获得更高的自尊水平（Hogg and Abrams, 1990）。在仔细回顾了相关研究之后，我们发现绝大多数是支持这个假设的，也就是说，成功地区别对待相互竞争的群体，能够增强社会认同并提高与此相关的自尊水平。举一个简单的例子，西奥迪尼（Cialdini, 1976）和他的同事发现，在自己的校橄榄球队获胜后的第二天，大家更愿意穿上校服以表明自豪的心情；如果校队输给了别人，大家就不会这样做了。但是，对圈内人的偏袒只能在一个很狭窄的范围内使自尊的水平提高。比如说，校队的胜利会让大家更加认同他们，会让大家对自己学校的体育实力感到骄傲，但是这件事不能让涉及其他问题的自尊水平提高。

第二个假设是如果个人认同的群体是一个上层群体，那么个人的自尊水平相应地也会较高（Brewer and Brown, 1998）。因此，当个人的自尊水平较低或受到威胁的时候，会进一步激发圈内偏袒行为，圈内偏袒行为反过来又会提高自尊水平。但是，这个假设几乎没有得到任何实证支持。如果有的话，也只是支持了这一假设的反面：高自尊水平的人对本群体的认同感更强。可以肯定的是，自卑的人往往对圈外人有最深的偏见，但是与第二个假设相反的是，他们对本群体也没有好感（Rubin and Hewstone, 1998; Willis, 1981）。

对“私我”和“公我”的区分有助于解释上述现象。“私我”与个人的自我认同和自尊紧密相连。例如，在你涨薪的时候，你会为自己感到骄傲。而你的集体自尊心则更多地与你所属群体的表现有关。如果祖国屈辱地成为战败国，你的集体自尊心会受到伤害（即使你的个人自尊没有受到任何影响）。图 12-1 清楚地显示了这种差异。一项采用最小差异群体情景的研究证明这一区分是很有价值的。高度的集体自尊心会导致更多的圈内人偏袒。那些对自己所属群体感觉尤其良好的人非常在意它的好坏。与之形成鲜明对比的是，个人的自尊水平不会影响到个人对其他群体的态度（Crocker and Luhtanen, 1990）。因此，与其说是因为个人的自尊受到威胁，还不如说是因为集体自尊心受到威胁，而导致了对其他群体的偏见。

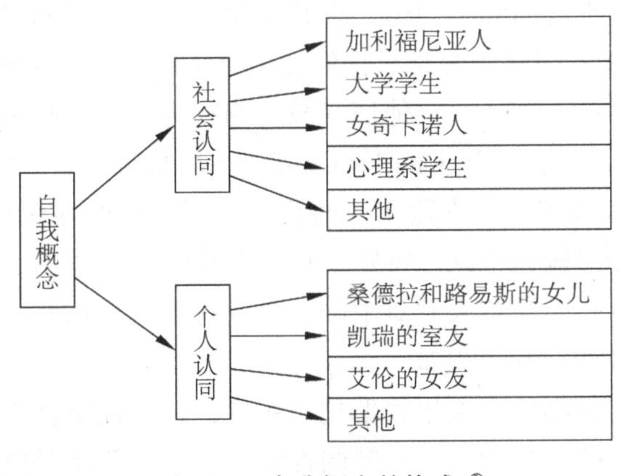

图 12-1　自我概念的构成[①]

二、政治经济竞争：现实冲突理论

经济和政治竞争偏见可以被视为经济和政治力量的结果。根据这一观点，由于资源是有限的，强势群体便试图通过对弱势群体的掠夺和诋毁，来获取一些物质利益。当时局紧张或者相互之间的排斥性目标（包括经济目标、政治目标或者意识形态目标）陷入冲突时，带有偏见的态度便会增多。而且不同国家与文化之间表现出一致性，比如，由

①自我概念由社会认同和个人认同组成。社会认同的基础是群体归属，个人认同的基础是自己特殊的特征。

于有限的工作岗位，盎格鲁人和墨西哥裔美国移民工人之间会存在偏见；由于领土争端，阿拉伯人和以色列人之间存在偏见，由于废除农奴制同题，美国北方人与南方人之间存在偏见。

随着工作岗位短缺而导致的竞争加剧，歧视、偏见以及负性定型也在大幅度增加。约翰·多拉德（John Dollard）早年曾经在一个工业小镇进行了一项有关偏见的经典研究，他证实，尽管最初这个小镇对德国人并没有明显的偏见，但随着工作岗位的短缺，偏见出现了：

那些主要来自附近农场的当地白人将攻击的矛头直指这些外来者。人们藐视这些德国人并对他们进行诋毁，当地白人在他们面前保持着一种充分的优越感……导致他们攻击这些德国人的主要原因是本地木材加工厂里工作岗位和地位方面的竞争。由于德国人的加入，当地白人感到工作岗位相当紧张。如果身处逆境，他们便有可能去指责那些德国人，正是他们的出现使得原本短缺的工作岗位更具竞争性。由此看来，除了对所有来到此地的外群体成员都持有的猜疑之外，这些当地人对德国人似乎并不存有传统类型的偏见。

同样，在整个 19 世纪美国民众对中国移民的偏见、暴力以及负性定型的变化，很大程度上是经济竞争的变化所驱动的。例如，当中国人试图到加利福尼亚去开采金矿的时候，他们被描绘成“堕落而邪恶的……极其贪婪的……残忍而且没有人性的”。但是，仅仅 20 年之后，当这些中国移民愿意承担修建横贯大陆铁路这项危险而艰苦的工作（这是一项白人不愿意从事的工作）时，他们又被普遍视为朴实、勤劳又守法的人。正如一位西部铁路巨头查尔斯·克罗克（Charles Crocker）所描述的：“他们堪与最为优秀的白人相媲美……他们非常诚实，非常聪明，而且总是能够很好地履行合同。”然而，铁路建成之后，工作岗位变得较为稀缺。特别是在南北战争结束以后，大批退役士兵涌入本已吃紧的劳务市场。由此而导致人们对中国人负性态度迅猛增长，对中国人的定型变为“罪犯”“教唆犯”“奸诈”和“愚笨”。

这些资料表明，竞争和冲突滋生着偏见。而且，这种现象已不仅仅限于历史上的影响，它似乎还具有持久的心理效应。一项调查发现，大多数反对黑人的偏见都出自那些在经济和社会状况稍稍高于黑人的群体。当这些白人与黑人对工作岗位竞争激烈时，这种倾向最为明显。与此同时，对这些资料也可有多种解释。在有些情况下，竞争这个变量会与教育水平、家庭背景等变量联系在一起。

三、权威主义人格

把偏见当成是个体人格动力过程的产物来分析的理论被称为“心理动力理论”（psycho-dynamic theory）。其中有一种理论把偏见作为一种人格障碍看待。其中最有名的例子是权威主义人格（authoritarian personality）(Adorno et al., 1950)。最初，人们用这样一些术语来描述权威人格的症状：对权威的过于服从，对传统行为规范的极端遵从，带有自我正直感的敌意，主张对离经叛道者和少数群体的成员进行责罚。有高度权威人格的人同样有高度的本族优越感，这一点转而反映在高的偏见水平上，比如排犹主义。这一理论颇有启发性，引发了大量的相关研究。

罗伯特·阿尔特梅耶（Robert Altemeyer, 1988）用类似于阿多诺及其同事（Adorno et al., 1950）使用的词汇来定义权威综合征（如表 12-1 所示）。不过，他认为这情况最常见于保守的政客，因为权威主义者倾向于支持既有的权威而不会像政治左翼派别那样对它提出质疑。右翼权威主义者常常对种族和民族群体抱有强烈的偏见，对同性恋、艾滋病患者、吸毒者和流浪者抱有深深的敌意（Haddock et al., 1993; Peterson et al., 1993）。当对离经叛道者进行的惩罚是经过了立法机构的批准时，有权威人格的人最有可能会表示支持，即便是这种处罚侵犯了基本的民权（Altemyer, 1988）。

表 12-1　与权威主义有关的两个概念

	权威人格	右翼权威主义
内容	对服从权威的过度需求 对传统行为规范的绝对遵从 对离经叛道行为的严厉惩罚	对既有的法律权威的权威主义式服从 保守主义——对标准社会规范的高度遵从、泛化的敌意 既有权威许可的、对离经叛道者的权威主义攻击性
来源	神秘的、不可思议的思想投射 人格冲突	得自父母和同伴的社会学习 缺乏与非传统的人或少数群体的交往经验

阿尔特梅耶用社会学习理论来解释权威主义的来源，而阿多诺及其同事采用的是心理动力理论，这是他们最大的区别。在阿尔特梅耶看来，权威人格形成于个人的直接经验和对权威主义父母及同伴的学习。在高度狭隘的宗教和社会环境中成长起来的个人，与非传统的人和少数群体的直接接触非常少，因而更容易成为具有权威人格的人。在某种意义上而言，阿尔特梅耶的观点是很乐观的：即权威主义并不是人格中根深蒂固、只能通对长期心理治疗才能动摇的东西。相反，通过接触非权威主义者和多样化的人群，可以将其削弱。

研究者的一个重要的发现是，那些专制主义倾向很高的人，不仅仅厌恶犹太人和黑人，而且对所有少数族裔都持有很大的偏见。一项针对苏联权威主义倾向的研究中，萨姆·麦克法兰（Sam McFarland）和他的同事们发现，那些权威主义倾向高的人，比较容易赞成恢复原有的共产主义制度。从意识形态上看，这与美国的权威主义者相去甚远，后者往往是反共产主义者。当然，二者的共同之处不在于某种具体的意识形态信仰，而是恪守成规以及对权威的崇拜。换言之，无论是美国还是俄罗斯的权威主义者，都有遵从他们属于各自文化的传统价值观的需要，也都有怀疑新观念和怀疑与自己不同的人们的倾向。

尽管关于权威人格的研究使人们对那些可能引起偏见的因素有了更多的了解，但值得注意的是，大量的数据体现的只是相关关系。我们仅仅知道两个变量是相关的，不能确定它们之间是因果关系。

四、公正理念

在解释别人的行为时，人们常常犯基本归因错误：人们总是热衷于将人们的行为归结于他们的内在倾向，而忽视那些重要的情境力量。之所以犯这类错误，部分原因在于我们关注的焦点在人而不是情境。一个人的种族或性别总是鲜明而引人注意的，而作用于这个人的情境力量通常不那么显而易见。人们常常忽略奴隶制度是奴隶行为的原因之一，代之以奴隶们自身的天性来解释奴隶行为。就在不久之前，人们在解释已知的男女差异时，同样的思路再次重现。由于性别角色的约束难以看到，所以人们把男性与女性的行为简单地归结为他们的天生倾向。人们越是认为人的特质是一成不变的，他们的刻板印象就越强烈（Levy et al., 1998; Williams and Eberhardt, 2008）

在滑铁卢大学和肯塔基大学经过一系列的研究之后，梅尔文 · 勒纳及其同事（Lerner and Miller, 1978; Lerner, 1980）发现，仅是观察到其他无辜者受害，就足以让受害者显得不那么值得尊敬。

勒纳（Lemer, 1980）指出，之所以存在这种对不幸者的贬低，是因为人们需要相信："我是一个公正的人，生活在一个公正的世界，这个世界的人们得到他们应得的东西。"他说，从很小的时候开始，我们受到的教育就是"善有善报，恶有恶报"。勤奋工作和高尚情操会换来奖赏，而懒惰和不道德则不会有好结果。由此我们很容易进一步认定春风得意的人必然是好人，而受苦受难的人是命中注定的。

一系列的研究探讨了这种公正世界现象（just-world phenomenon）（Hafer and Begue, 2005）。设想你同其他人一起，参加了勒纳的一项被说成是感受情绪线索的研究（Lerner and Simmons,1966）。以抽奖的方式选择一名参与者承担一项记忆任务。这个人一旦给出错误答案，就要接受痛苦的电击。你和其他人要注意他的情绪反应。

在观看了受害者接受这些显然十分痛苦的电击之后，实验者让你对受害者进行评价。你会怎么回应呢？是深表同情的怜悯吗？我们可能会这样期待。就像爱默生所写的那样："受难者是无法玷污的。"与此相反，实验结果表明，受难者是可以被玷污的。当观察者无力改变受害者的命运时，他们就经常会否定和贬低受害者。罗马讽刺作家尤维纳利斯早就预见到了这样的结果："罗马盗贼信奉的是运气……他们讨厌那些被判过刑的人。"

琳达 · 卡莉和她的同事（Carli et al., 1989, 1999）指出，这种公正世界的理念会影响人们对强奸受害者的印象。卡莉让人阅读关于一个男性和一个女性交往的详细描述。例如，一个女性和她的老板相约共进晚餐，她来到老板的家，每人饮了一杯红酒。有些人阅读的故事有一个快乐的结局："他将我引到沙发旁。握着我的手，向我求婚。"事后看来，人们不觉得这个结局有什么大惊小怪，还十分赞赏男女主人公的表现。其他人看到的故事则是另一个不同的结局："他随后变得非常粗暴，把我推向沙发。他把我按倒在沙发上，强奸了我。"如果是这个结局，一些人会指责那位女士在故事前段当中的行为就有失妥当。

这类研究表明，人们之所以对社会不公漠不关心，并不是因为他们不关心公正，而是因为他们眼里看不到不公正。那些相信世界是公正的人，认为被强奸的受害者一定行为轻佻（Borgida and Brekke, 1985）；遭遇虐待的配偶一定是自作自受（Summers and Feldman, 1984）；穷人注定过不上好日子（Furnham and Gunte, 1984）；生病的人应该为他们的疾病负责（Gruman and Sloan, 1983）。这些信念使得成功人士确信他们所得到的一切也是应得的。富有和健康的人认为自己的好运、别人的厄运，一切都是天经地义的。把好运和美德、厄运和不道德联系起来，能使幸运的人在自豪的同时，也不必对不幸的人承担责任。人们厌恶失败者，即使失败者倒霉的原因显然仅仅是运气不好。举例来说，儿童会认为幸运的人——比如在街边捡到钱的人——会比不幸运的人更可能做好事或者做一个好人（Olson et al., 2008）。人们明白赌博结果纯粹是运气的好坏，不应该影响他们对赌博者的评价。然而，他们还是忍不住要放马后炮——根据人们的结果去评价他们。好的决策也可能带来坏的结果，可人们无视这一事实，他们认定失败者能力较差（Baron and Hershey, 1988）。与此类似，律师和股市投机商可能根据自己的结果来评价自己。成功的时候自鸣得意，失败的时候自责不已。不能说天才和主动性与成功无关，但公正世界假设低估了不可控因素，这些因素会使一个人竭尽全力的努力付诸东流。

五、挫折攻击假说

另一种心理动力理论把偏见当成是“替代性攻击”（displaced aggression）。当一个人感到愤怒或受到挫折的时候，通常会对使自己不高兴的人或事表现出攻击性。可是，一旦因为恐惧或无法接近这个不愉快的根源而使得直接的报复无法实现时，个体会将愤怒发泄到另一个替代物身上。例如，在经济衰退中失业的人会感到愤怒，有攻击冲动，但却找不到应该对此具体负责的人。在这种情况下，人们会寻找一个替罪羊———个他们可以怪罪的人，一个他们能够攻击的人。研究显示，“二战”之前发生在美国南方的对黑人处以私刑的次数随经济情况的恶化而增加（Hovland and Sears, 1940）。贫穷的白人无力反击使他们受挫的真正来源——巨大的经济压力，因此他们选择了一个更实际、更安全的报复对象——当地的黑人。近年来，在经济状况和因仇恨而导致的犯罪之间没有发现类似的关系，原因可能在于：现在没有多少政治领袖会一贯地采取过去美国南方政客那种贬抑少数民族的做法，因此社会规范不再允许对他们进行随意的侵犯（Green et al., 1998）。

另外一些研究则令这一现象更为明确。津巴多（Zimbarbo, 1969）在一项实验中要求白人学习者向另一个学生发出一系列电击。被试有权力调整电击的强度。事实上，扮作学生的人是实验者的一位助手，他当然没有真正连接到仪器上。实验中这位助手是一个黑人或者是一个白人，通过培训让扮作学生的助手友好地对待被试或者对被试加以羞辱。结果发现，当助手友好地对待被试时，被试们向黑人助手所发出的电击强度也较弱；当被试遭到羞辱时，他们向黑人助手发出电击的强度远远高于对白人助手的电击强度。

第三节 偏见与歧视的主要表现

一、种族偏见与歧视

随着社会的发展、时代的进步，各个民族的开放、了解和合作，使各民族之间出现了混合的大趋势，但是种族偏见并没有完全消除。例如问白人“如果大量的黑人将成为你的邻居时你会搬走吗？”和“白人是否有权利使黑人不能成为自己的邻居？”这样的问题时，在20世纪60年代美国社会的调查中对这两个问题的肯定回答分别约占80%和50%，在20世纪90年代的调查中对这两个问题的肯定回答分别仅占20%左右和10%左右，可见白人对黑人的态度发生了较大的变化。在20世纪80年代后期的一项调查中表明，仅有3%的白人不愿意自己的孩子进入白人与黑人混合的学校，然而仍有57%的被调查者承认如果自己的孩子与黑人结婚将会是不幸福的。

需要指出的是这种调查只是反映了人们的外显态度，如果采用间接测量技术，也许人们的内隐态度还不是这么一回事。研究者在美国加利福尼亚大学做了一个实验：让大学生看一个男人在一场简短的争论中用手轻轻地推另一个人的录像带，如果是一个白人推了黑人，那么被试（看录像带的大学生）中仅有13%认为这是“暴力行为（Violent behavior）”，而大部分人认为这是一种游戏或取乐行为；但是，当一个黑人轻推了一个白人时，有73%的人认为这是“暴力行为”。这是值得人们思考的现象：直截了当的提问所得到的答案有时是真实的，有时却并不是这样，即当人们感到按自己的实际情况表明态度不会造成损失或没有压力时，大家会按真实的想法来表明自己的态度；而一旦自己的真实想法与社会潮流不同，真诚地表露出来可能会有压力或带来不安全时，真实的态度往往受到内心的抑制，它可能以无意识的方式表现出来。因而偏见有时是一种无意识的情绪反应。

二、性别偏见与歧视

性别偏见也是普遍存在的一种现象。首先来看一个非常有趣的实验：图12-2是其中的实验材料之一，把这个图片呈现给被试看，并告诉他们这是一个研究某个专题的研究生小组，然后要求被试猜测一下在这个小组内谁的作用最大。当这个小组全部都是男性或者全部都是女性时，绝大部分被试都认为坐在桌子中间的那个人作用最大；当这个小组里既有男性又有女性时，如果是一位男性坐在桌子中间，那么他也被认为是最有作用、最有贡献的人；可是当这个位置上坐着一位女性时，那么被试往往忽视这个位置的作用，人们更多地认为坐在其他位置上的男性所起的作用大。这个实验强有力地说明了在科学研究中对女性的偏见。其实性别偏见在其他诸如职业、家庭等各个方面都存在。

布罗沃曼等人在考察心理卫生临床工作者对常人和男女两性的心理健康的评判情况后，结果发现，健康男性的标准与常人（没有男女性别之分）的健康标准没有什么区别，但是对于女性来说，其健康标准与常人及男性的标准显然都有差别，主要表现在缺少社会价值。这再一次证实，在人们的头脑中，男性更注重工作成就的价值取向，女性则可能更注重人际关系等方面的价值标准。而且在这些专业的评判者中女性占了 1/3 以上，但她们的评判标准与男性的标准并无不同，这说明在性别判断中具有双重标准并不仅仅是男性单方面的看法，而是社会群体或整个社会所具有的偏见。

图 12-2 猜一猜，小组中谁的作用大?

尽管从 20 世纪 30 年代起，社会心理学家就开始关注社会偏见这一领域，但研究主题大多集中于种族、宗教和职业偏见，而对于性别偏见的关注则始于 20 世纪 70 年代的妇女解放运动（Rudman and Phelan, 2007）。性别偏见在社会生活中是如此司空见惯，甚至连女性自身都意识不到。在这种情况下，就不难理解为何社会心理学家们不将性别偏见作为急需解决的社会问题进行研究了。西方妇女解放运动后，在社会生活中对女性的偏见却依旧普遍存在，持有性别偏见者寻找种种借口为自己的偏颇观念辩解，并由此造成诸多误解。比如，性别偏见不会对女性造成实质性的伤害。持有性别偏见者认为传统的性别角色分工——男主外、女主内，可以最大限度地发挥男、女各自的家庭角色功能。男性在家庭中处于支配和主导的地位，是由于他们为女性提供了生活资源，并更好地保护了女性的结果。这种观念使得人们错误地认为，既然传统模式存在已久，且如此普遍，那么就有其合理性。还有一种误解，认为女性对自己的社会地位和生存状况非常满意，并表现出对性别刻板印象的适应行为，如“女为悦己者容”，家庭主妇为了得到生活资源就应该照料家庭。另外一种误解是，性别偏见现象几乎不存在了，现代社会为男女两性提供了平等的机会和资源，只要自己努力，就可以取得成功。这种刻意忽视性别偏见的观念不断传播，使得许多女性亦对性别偏见现象熟视无睹。

然而许多针对女性的实证研究却得出一致结论：在现代社会，女性仍然在遭受许多不公正的待遇。有研究者让女大学生通过日记的方式记录自己因为性别遭到的不公正对待。结果被试每周都记录了一到两个事件，并报告由此造成了自尊水平下降、愤怒和沮丧等心理后果（Swim et al., 2001）。有研究得出结论，西方近些年来针对女性的性别偏见程度加深了（Benokraitis and Feagin, 1995）。以往研究清楚地表明，现代女性还在遭受不公正的待遇，而关于性别偏见的种种误解，如性别偏见对女性无实质性伤害，女性对此欣然接受、现代社会已经基本不存在性别偏见等观念却长期存在，人们对此争论不休。

三、年龄偏见与歧视

在对年龄偏见的研究上，国内外很多研究都发现一般人倾向于把老年人与消极词汇联系在一起，也就是在词汇评价方面存在无意识的年龄歧视。国外许多学者也针对招聘过程中的年龄歧视问题，开展了许多研究，如辛格（Singer, 2002）等通过研究发现招聘者的年龄因素会导致在面试筛选过程出现年龄偏见；杰克逊（Jackson, 1984）等在研究中发现年轻的面试官存在着较为明显的年龄偏见，而年纪较大的面试官不太容易会受到面试者的年龄或性别的影响；芬克尔斯坦（Finkelstein, 1999）等检验了面试官的年龄、面试者的年龄和工作相关信息等因素对招聘决策的影响；阿沃里奥（Avolio, 2001）等考察了模拟面试情境中年龄刻板印象的影响，结果发现评价者对年轻的应聘者的评价更高。

第四节　偏见与歧视的消除

怎么样才能消除偏见？通常采取的措施是重新分配就业、收入、住房等引起群体竞争的资源。不过，对一个群体的帮助往往以牺牲另一个群体为代价，这样仍然会导致敌对情绪的高涨。资源是稀缺的，永远不可能使所有人都满意。即使是在经济繁荣时期，当大多数人的状况都有所改善时，相对剥夺感仍会引起群体间的冲突。

一、接触假说

“二战”以后，美国社会在住房、教育、工作和其他生活领域普遍存在着种族隔离。当时的许多社会学家认为，正是因为不了解黑人和他们的生活，所以才导致了错误的、过于简化的种族刻板印象（Myrdal, 1994）。如果的确是这样的话，那么多接触少数民族，会使优势群体更准确地了解他们，从而减少对他们的偏见。

然而，美国黑人和白人仍然处于隔离居住的状态。国民调查显示，大约 50%的白人居住的街区周围 0.5 英里内都没有黑人居住，有 2/3 的白人所在的公司没有黑人，只有 1/5 的白人有一个或一个以上的黑人熟人（Jackman and Crane, 1986; Kinder Mendelberg, 1995）。大约有 1/3 的黑人处于与白人“过度隔离”的状态，也就是说在他们居住的街区和邻近街区，甚至在下一个街区几乎都没有一个白人居民。对那些高收入或中产阶级黑人来说，也是如此。就这一点来讲，黑人的遭遇比较特殊，因为拉美人和亚洲人与白人的隔离状态都没有这么严重（Massey and Denton, 1993）。

这种缺乏接触的情况本身就是由偏见导致的。厌恶性种族主义理论解释了，白人对黑人的矛盾心理如何导致了他们对黑人的回避。同样地，对相互接触的预期会引发群体间的焦虑情绪；人们认为，和另一个群体成员的接触会让自己觉得尴尬、恼火或让人生疑（Islam and Hewstone, 1993），其实事实并不总是如此。有时弱势群体是很恭顺的，他们相互的交往很和谐，就像南北战争前的一些黑奴，或者说像某些女性以传统的方式对待男性一样（Jackman, 1994）。

那么，相互接触是否真的能消除偏见呢？从一些早期的关于解除隔离有何结果的经典研究来看，回答是肯定的。“二战”刚刚开始的时候，为了尽量减少种族冲突，美国军队没有采取种族混编的方式。然而，随着战争的深入进行，白人步兵的储备力量越来越少，军队开始允许黑人志愿者加入先前纯粹由白人组成的部队。调查显示，虽然之前绝大多数白人士兵反对混编，但实行混编后这种反对意见大大减少了（Stoufer et al., 1949）。与黑人士兵有密切联系的白人士兵态度变化最大，他们的刻板印象也大大减少了。

不过，群体接触带来的结果并不总是这么简单。在某些情况下，增加相互的接触确实可以减少偏见。在欧洲进行的一些研究发现，一个人认识的少数民族朋友越多，他的偏见就越少（Pettigrew, 1997）。与此类似，在美国进行的一项调查表明，多接触同性恋会使对他们的偏见在一年后降低。实际上这种联系是双向的，也可以说是偏见的减少增加了相互的接触（Herek and Capitani, 1996）。但是，有时接触得越多，偏见越深。在黑人最大聚居区居住的白人在政治态度上所持的偏见最深(Giles and Buckner, 1993; Taylor, 1999），与非法移民接触最多的白人也是如此（Espenshade and Calhoun, 1993）。

二、接触减少偏见的条件

许多专家指出，减少种族偏见这一问题的关键在于种族间接触的特定方式，而不是单纯的接触次数。戈登·阿尔波特（Gordon Allport, 1954）在他经典的接触理论（contact theory）中指出，以群体接触的方式来减少偏见，需要具备四个充分条件（如图 12-3 所示；另外请参考 Brewer and Brown,1998; Pettigrew, 1998）：

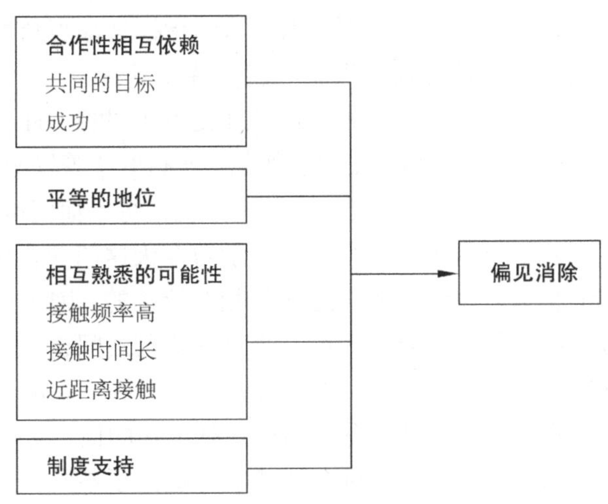

图 12-3 偏见消除的接触理论

（1）基于共同目标的合作性相互依赖（cooperative interdependence）是接触理论的核心部分。如果要想减少群体间的偏见，那么两个群体需要在一个目标的号召下协同工作，这时目标的实现需要双方共同努力，大家不再为稀缺的资源相互竞争。一个典型的例子是“二战”中黑人和白人为了战胜共同的敌人而肩并肩浴血奋战。1961 年谢里夫和他的同事进行了一个经典的研究——洞穴实验，在这个研究里他们向世人展示了竞争对群体关系的严重破坏力。在实验开始时，他们把同一个夏令营的男孩分成两个组，在两个组之间挑起竞争。结果发现竞争引发的敌意如此强烈，以至于后来在孩子们从事不具有任何竞争性的活动时（比如一起看电影），他们之间仍表现出很深的敌视。为了减少这种敌意，研究者让两个组的孩子一起解决一个问题，结果发现这样的方法很有效。后来的研究发现，群体在完成共同的任务时是否成功对偏见的程度也有很大的影响（Mackie et al., 1992）。如果人们在合作完成某项任务（比如战争、游戏或学习）时遭到了失败，那么他们往往会将责任归咎于少数群体。

（2）群体必须要以平等的身份进行接触。不改变传统的种族不平等地位，偏见是很难消除的。然而种族间的接触通常发生在少数群体以学生或学徒的身份参加的底层的工作，或参加那些没有人愿意干的工作的时候，这种情况下的接触通常只会巩固传统的刻板印象。

（3）群体间的接触必须是那些可能增加相互熟悉度的接触（Cook, 1978）。这种接触要有足够高的频率、足够长的时间和足够近的距离，使得相互接触的人之间可能发展友谊。简单地说，非私人性的或偶尔的接触不会对消除偏见产生任何作用（Brewe and Brown, 1998）。对接触同性恋的研究发现，如果要减少对他们的偏见，那么与他们接触的次数要足够多、接触的亲密程度要足够高，而且需要进行一些直接的、坦诚的交流（Herek and Capitianio, 1996）。

（4）对这种群体间的接触要有制度性的支持。当权者必须明确支持这种群体接触。如果在法庭命令消防队接收女队员的同时，消防队的指挥官却当众嘲笑女队员的工作能力，那么当地消防部门存在的性别歧视很有可能会持续下去。

为了减少在同一所学校读书的不同种族的孩子之间的冲突，社会心理学家依据接触理论提出的上述条件，设计了一些教学方法。例如，埃利奥特等发明了一种他们称为“拼图技术”的方法。一个班的孩子们被分成几个学习小组，每天他们都会花 1 小时的时间一起学习某个课程的内容。小组中的每个人负责学习今天这门课要讲的部分内容，然后把自己学的东西教给其他人。小组的成员之间是相互依赖的，因为如果没有其他人的帮助，自己是无法完成老师布置的学习任务的。小组的成员之间也是平等的，因为每个人都是“专家”，他们知道别人不知道的一些东西。最后，每个人都会得到一个关于自己学习水平的评价。如果他们不把自己独有的知识贡献出来的话，没有谁会得高分。这样，大家都开始积极地相互合作和学习。这种方法普遍地提高了不同种族和民族的孩子们之间的相互喜爱程度，增强了少数群体的孩子的自尊心，改善了大家的学习（Aronson and Gonzales, 1988; Brewer and Brown, 1998）。

那么日常生活中究竟有多少这样理想的群体接触情景呢？从理论上来说，职业橄榄球队的队员、越狱的同伙甚至篡位的协助者，以及一起完成统计作业的多种族的学习小组成员之间的相互偏见是比较少的。单纯将不同群体的成员划分成混合的学习小组，无助于减少种族偏见。今天，有助于消除种族偏见的种族间接触已经比过去多了，尤其是在工作场所。不过，除了工作场所以外，在其他的生活领域不同的种族和民族之间的接触却很少。即使在多种族混读的学校，孩子们仍然倾向于经常与同种族的孩子接触（Schofield, 1978）。因此，许多增加群体接触的努力都没有完全达到上面的提出的四个充分条件，收效甚微。

三、合作与互倚

取消学校里的种族隔离可以为增进学生之间的理解打开大门，但是它本身并非解决问题的最终办法。问题的关键，并不在于让来自不同的种族和民族背景的孩子们走进同一所学校，而在于这些孩子们走到一起后会发生些什么。假如孩子们处于一种高度竞争的环境之中，那么最初存在的紧张气氛可能会因为彼此相互接触而变得更加紧张。取消学校种族隔离常常会产生紧张气氛，谢里夫和他的同事们在一项暑期野营实验中，让两个小组在被置于竞争和冲突的情境时所产生的敌意。一旦敌意产生了，便不太可能通过简单地消除冲突和竞争来减少这种敌意。事实上，一旦彼此之间的不信任牢固地建立起来，即使是将两个地位平等、没有竞争的小组聚拢到一起，也会增加彼此之间的敌意和怀疑。例如，即使这些小组的孩子们坐在一起观看一场电影，彼此之间也会生出事端。

谢里夫最终是如何成功地减少了他们之间的敌意呢？他通过将这两组孩子置于相互依赖的情境中来做到这一点的，即让孩子们置身于一种只有相互合作才能实现目标的情境之中。例如，研究者通过破坏供水系统来制造一种紧急情况。修复该系统的唯一途径是，所有的孩子必须马上进行合作。在另一个场合下，在孩子们奔赴营地的路上，野营卡车抛锚了，要重新发动卡车，必须将它拉上一个很陡的山坡。只有全体孩子一起来拉，才能够完成这项工作。最终，敌对感和负向定型减少了。不同组的孩子们之间交起了朋友，他们开始友好地相处并且进行自发的合作。

这里的关键因素是相互依赖。相互依赖是这样一种情境：为了实现目标，个体之间彼此需要对方。一些研究者已经在严格控制的实验室实验中证实了合作的好处。例如，默顿·多伊奇证实，与竞争的氛围相比，身处合作气氛中解决问题的小组会比较友好、比较关心人。同样，帕特丽夏·凯南（Patricia Keenan）和彼得·卡纳维勒（Peter Carnevale）的研究也表明，小组内部的合作也有助于增进小组之间的合作。也就是说，某个小组内部建立起来的合作关系，会对后来小组之间的互动继续发挥作用。他们的研究表明，在随后进行的与其他小组的谈判中，与那些一开始就以一种竞争的方式工作的小组相比，那些从事合作任务的小组会更多地进行合作。

参考文献

[1] 阿伦森. 社会性动物［M］. 邢占军，译. 上海：华东师范大学出版社，2007.

[2] 斯蒂芬·弗兰佐. 社会心理学（第三版）［M］. 葛鉴桥等，译. 上海：上海人民出版社，2010.

[3] 肯里克，纽伯格，西奥迪尼. 自我·群体·社会：进入西奥迪尼的社会心理学课堂（原书第 5 版）［M］. 谢晓非等，译，北京：中国人民大学出版社，2011.

[4] 全国 13 所高等院校《社会心理学》编写组编. 社会心理学［M］. 天津：南开大学出版社，2008.

[5] 夏学銮. 整合社会心理学［M］. 郑州：河南人民出版社，1998.

[6] 巴克. 社会心理学［M］. 南开大学社会学系，译. 南开大学出版社，1984.

[7] 威廉·S.萨哈金. 社会心理学的历史与体系［M］. 周晓虹等，译. 贵阳：贵州人民出版社，1991.

[8] 周晓虹. 现代社会心理学史［M］. 北京：中国人民大学出版社，1993.

[9] 古斯塔夫·勒庞. 乌合之众：大众心理研究［M］. 冯克利，译. 北京：中央编译出版社，2000.

[10] 高觉敷. 西方社会心理学发展史［M］. 北京：人民教育出版社，1991.

[11] 车文博. 西方心理学史［M］. 杭州：浙江教育出版社，1998.

[12] 周晓虹. 现代社会心理学——多维视野中的社会行为研究［M］. 上海：上海人民出版社，1997.

[13] 埃德温·P.霍兰德. 社会心理学原理和方法（第四版）［M］. 冯文侣等，译，吴江霖，审校. 广州：广东高等教育出版社，1988.

[14] 苗力田. 亚里士多德全集（第九卷）［M］. 北京：中国人民大学出版社，1994.

[15] 菲利普·津巴多，迈克尔·利佩. 态度改变与社会影响［M］. 邓羽等，译. 北京：人民邮电出版社，2007.

[16] 罗伯特·J. 斯滕伯格，凯琳·斯滕伯格. 爱情心理学［M］. 李朝旭等，译. 北京：世界图书出版公司，2010.

[17] 时蓉华. 现代社会心理学. 上海：华东师范大学出版社，1989.

[18] 乔纳森·布朗，玛格丽特·布朗. 自我（第二版）. 王伟平，陈浩莺,译. 北京：人民邮电出版社，2015.

[19] 金盛华. 社会心理学（第二版）［M］. 北京：高等教育出版社，2010.

[20] 钟毅平. 社会行为研究——现代社会认知理论及实践［M］. 长沙：湖南教育出版社，1999.

[21] 侯玉波. 社会心理学（第二版）［M］. 北京：北京大学出版社，2007.

[22] 吉洛维奇. 吉洛维奇社会心理学［M］. 北京：中国人民大学出版社，2010.

[23] 舒华，张亚旭. 心理学研究方法［M］. 北京：人民教育出版社，2008.

[24] 陶冶. 问卷调查中的“假卷”现象和解决方法［J］. 社会，1991（11）:10-11.

[25] 王莉，陈会昌，陈欣银. 儿童 2 岁时情绪调节策略预测 4 岁时社会行为［J］. 心理学报，2002, 34(5):500-504.

[26] 张东军，罗艳艳，赵亚楠，等. 2008—2012 年 4 家心理学期刊刊载的人体对象论文的伦理学原则

遵守调查［J］. 中国心理卫生杂志，2014，28(8):561-566.

［27］张梅，辛自强，林崇德. 青少年社会认知复杂性与同伴交往的相关分析［J］. 心理科学，2011，34(2):354-360.

［28］泰勒，佩普劳，希尔斯. 社会心理学（第十版）［M］. 谢晓非等，译. 北京：北京大学出版社，2004.

［29］戴维·迈尔斯. 社会心理学纲要（第六版）［M］. 侯玉波，廖江群，译. 北京：人民邮电出版社，2014.

［30］Bernard E., Whitley Jr., Mary E. Kite.The Psychology of Prejudice and Discrimination[M]. 2nd ed Edition, 2010.

［31］Duncan BL. Differential Social Perception and Attribution of Intergroup Violence: Testing the Lower Limits of Stereotyping of Blacks[J]. Journal of Personality and Social Psychology, 1976, 34:590-598.

［32］Greenwald AG. What Cognitive Representations Underlie Social Attitudes?[J]. Bulletin of the Psychonomic Society, 1990, 28:254-260.

［33］Myers DG. Social Psychology[M]. New York: McGraw-Hill, Inc., 1993:381-382.

［34］J. C. Turner & H. Giles(Eds.). Intergroup behavior[M]. Oxford: Blackwell, 1981:102-143.

［35］Blair I.V., Judd C.M., Sadler M.S., Jenkins C., The Role of Afrocentric Features in Person Perception: Judging by Featuresand Categories[J]. Journal of Personality and Social Psychology, 2002, 83:5-25.

［36］Brewer M.B., Miller N. Beyond the Contact Hypothesis:Theoretical Perspectives on Desegregation[J]. In N. Miller & M.B. Brewer(Eds.) Groups in Contact: The Psychology of Desegregation[M]. Orlando FL: Academic Press, 1984:281-302.

［37］Campbell W.K., Sedikides C., Self-Threat Magnifies the Self-Serving Bias: A Meta-Analytic Integration[J]. Review of General Psychology, 1999, 3(1):23-43.

［38］Cunningham W.A., Preacher K.J., Banaji M.R., Implicit Attitude Measures: Consistency, Stability, and Convergent Validity[J]. Psychological Science, 2001(12):163-170.

［39］Roy F. Baumeister, Brad J. Bushman. Social Psychology and Human Nature[M]. 3rd ed. Belmont: Wadsworth,Cengage Learning, 2014.

［40］Jeff Greenberg, Toni Schmader, Jamie Arndt, Mark Landau. Social Psychology The Science of Everyday Life[M]. New York: Worth Publishers, 2015.

［41］Kevin Wren. Social Influences[M]. London: Routledge, 1999.

［42］Saul Kassin, Steven Fein, Hazel Rose Markus. Social Psychology[M]. 9th Edition. Belmont: Wadsworth, Cengage Learning, 2014.

［43］Michael A. Hogg, Graham M. Vaughan. Social Psychology[M]. 8th ed. Edinburgh: Pearson Education Limited, 2018.

［44］Nyla R. Branscomb, Robert A. Baron. Social Psychology[M]. 14th ed. New York: Pearson Education Limited, 2017.

［45］Thomas Gilovich, Dacher Keltner, Serena Chen, Richard E. Nisbett. Social Psychology[M]. 4th ed. New York: W. W. Norton & Company, Inc., 2016.

［46］John D. DeLamater, Daniel J. Myers. Social Psychology[M]. 8th ed. Belmont: Wadsworth, Cengage Learning, 2015.

［47］Elliot Aronson, Timothy D. Wilson, Robin M. Akert, Samuel R. Sommers. Social Psychology[M]. 9th ed. New York: Pearson Education, Inc., 2016.

［48］Catherine A. Sanderson. Social Psychology[M]. Hoboken :John Wiley & Sons, Inc., 2010.

［49］David G. Myers, Jean Twenge. Social Psychology[M]. 12th ed. New York: McGraw-Hill, 2016.

［50］Kenneth S. Bordens, Irwin A. Horowitz. Social Psychology[M]. 3rd ed. South Saint Paul: Freeload Press, 2008.

［51］Roy F. Baumeister, Brad J. Bushman. Social Psychology and Human Nature[M]. 3rd ed. Belmont: Wadsworth, Cengage Learning, 2014.

［52］Wendy Stainton Rogers. Social Psychology[M]. 2nd ed. New York: McGraw-Hill Education, 2011.

[53] Roy F. Baumeister, Kathleen D. Vohs. Encyclopedia of Social Psychology[M]. Los Angeles: SAGE Publications, Inc., 2007.
[54] Susan T. Fiske, Daniel T. Gilbert, Gardner Lindzey. Handbook of Social Psychology[M]. 15th ed. Hoboken, New Jersey：John Wiley and Sons Inc., 2010.
[55] John DeLamater, Amanda Ward. Handbook of Social Psychology[M]. 2nd ed. Dordrecht: Springer Science+Business Media, 2013.
[56] Cookie White Stephan, Walter O. Stephan, Thomas F. Pettigrew. The Future of Social Psychology: Defining the Relationship Between Sociology and Psychology[M]. New York:Springer-Verlag, 1991.
[57] Edgar F. Borgatta, Editor-in-Chief; Rhonda J. V. Montgomery, Managing Editor. Encyclopedia of Sociology[M]. 2nd ed. New York: Macmillan Reference USA, 2000.
[58] George Ritzer. Blackwell Encyclopedia of Sociology[M]. Malden: Blackwell Publishing Ltd., 2007.
[59] Richard E. Nisbett. The Geography of Thought: How Asians and Westerners Think Differently and Why[M]. New York: The Free Press, 2003.
[60] Dariusz Dolinski. Techniques of Social Influence the Psychology of Gaining Compliance[M]. New York: Routledge, 2016.
[61] Rowland S. Miller. Intimate Relationships[M] 7th ed. New York: McGraw-Hill Education, 2014.
[62] Gary R. VandenBos. APA Dictionary of Psychology[M]. 2nd ed. Washington: American Psychological Association, 2015.
[63] Kelley, Harold H. Personal Relationships: Their Structures and Processes[M]. Hillsdale: Lawrence Erlbaum Associates, Inc., 1979.
[64] Eliot R. Smith, Diane M. Mackie, Heather M. Claypool. Social Psychology[M]. 4th ed. New York: Psychology Press,2015.
[65] Dunn, D.S., Research Methods for Social Psychology[M]. 2nd ed. [M].N.Y: Psychology Press, 2012.
[66] Rogers, C.R., Toward a More Human Science of the Person[J]. Journal of Humanistic Psychology, 1985, 25(4):7-24.
[67] Rosnow, R.L., & Rosenthal, R. Beginning Behavioral Research: A Conceptual Primer[M]. 2nd ed. Englewood Cliffs, NJ: Prentice-Hall, 1996.
[68] Wertz, F.J., The Role of the Humanistic Movement in the History of Psychology[J]. Journal of Humanistic Psychology, 1998, 38(1):42-70.

教学支持说明

▶▶课件申请

尊敬的老师：

您好！感谢您选用清华大学出版社的教材！为更好地服务教学，我们为采用本书作为教材的老师提供教学辅助资源。该部分资源仅提供给授课教师使用，请您直接用手机扫描下方二维码完成认证及申请。

任课教师扫描二维码
可获取教学辅助资源

▶▶样书申请

为方便教师选用教材，我们为您提供免费赠送样书服务。授课教师扫描下方二维码即可获取清华大学出版社教材电子书目。在线填写个人信息，经审核认证后即可获取所选教材。我们会第一时间为您寄送样书。

任课教师扫描二维码
可获取教材电子书目

清华大学出版社

E-mail: tupfuwu@163.com 网址：http://www.tup.com.cn/
电话：010-83470332 / 83470142 传真：8610-83470107
地址：北京市海淀区双清路学研大厦B座509室 邮编：100084